"中原发展研究院智库丛书"的编撰和出版得到了中原发展研究基金会及郑州宇通集团公司、河南投资集团公司、河南民航发展投资公司、河南铁路投资公司、中原信托公司、中原证券公司、河南恒通化工集团公司等企业的赞助，也得到了深圳海王集团公司、北京汉唐教育集团公司、河南省财政税务高等专科学校等的专项资助。

中原发展研究院
智 库 丛 书

中原经济区
财政发展报告
(2014)

主　　　编◎耿明斋

执 行 主 编◎王雪云

常务副主编◎徐全红　文小才

社会科学文献出版社

SOCIAL SCIENCES ACADEMIC PRESS (CHINA)

总　序 *

　　由苏联开启，曾经波及半个地球，涵盖几十个国家的计划经济体制模式，是基于某种理论逻辑构建的。而针对这种体制所进行的市场化改革，却是基于经济发展的现实需要。最初，为了证明这种改革的正当性，人们往往采取对理论进行重新解释甚至不惜曲解的办法。而守护原有理论正当性和纯洁性的学者则将这些理论与已经变化了的现实相对照，指出现实中某些变化的非合法性，要求纠正并向原有的符合理论模式的体制回归。1990 年底，我参加了某个当时被认为是全国经济学界最重要的学术会议，强烈地感受到上述两派学者的分歧，也突然悟到他们都有一个共同的错误，即把现实放到了一个从属的地位，将现实的合法性归入某种理论框架，试图用理论的合法性来解释现实的合法性。这显然颠倒了理论与现实的关系。

　　其实，现实的合法性来源于自身，并不需要用理论来证明。因此，经济研究还有另外一条更为正确的途径，那就是从现实出发，从实际中我们所遇到的问题出发，先弄清楚问题是什么，然后再去寻找可以解释问题的理论。如果找不到现成的可以解释问题的理论，那就说明理论本身有问题，理论发展和创新的突破口也就找到了。自那以后，我就一头扎进了现实中，自觉走上了从现实出发、从问题出发的研究轨道。

　　还有一个问题也是经过长期琢磨和争论才弄清楚并坚持下来的，那就是我们研究的切入点和主攻方向究竟是涉及全局还是局部的问题；究竟是关注看起来更大、更重要但距离我们更遥远的事情，还是看起来更小也没那么重要但意义更深远的身边的事情。我们最终选择了后者，那就是发生在我们身边的看起

---

　　* 由《中原经济区竞争力报告（2012）》总序改写而成。

来渺小但对整个中国的现代化进程都具有深远影响的事情，即传统平原农区工业化与经济社会转型。时间已经证明当初我们的选择是正确的，相信其将继续证明我们的正确性。

十多年来，我们围绕传统平原农区工业化与经济社会转型这个主题进行了卓有成效的探索，主持了"欠发达平原农业区产业结构调整升级与工业化发展模式研究""传统平原农区工业化与社会转型路径研究""黄河中下游平原农区工业化与社会转型路径研究""中西部地区承接产业转移的重点与政策研究"等多项重大、重点、一般国家社科基金项目，以及一系列教育部、省政府、相关地方政府和企业委托项目的研究，完成了《关于建设中原城市群经济隆起带若干问题的思考》《河南省协调空间开发秩序和调整空间结构研究》《鹤壁现代城市形态发展战略规划》等多个区域发展研究报告，出版了包括《传统农区工业化与社会转型丛书》在内的专著数十种。2004 年初提出论证并被河南省委、省政府采纳，写入河南省"十一五"和"十二五"规划及历次省域经济发展重要文件的"郑汴一体化"战略，成为我们这个团队的品牌之作。

为了更好地凝练方向，聚集人才，积累资料和成果，早在 1994 年 1 月，我们就成立了"改革发展研究院"。2009 年 9 月，更是促成了河南省人民政府研究室与河南大学合作共建了"中原发展研究院"①。中原发展研究院的宗旨是更好地践行从现实出发、从身边的问题做起的研究理念，围绕传统平原农区工业化与经济社会转型这个主轴，以河南这个典型区域为对象，从宏观到微观、从经济结构到社会结构，把每个细枝末节都梳理清楚，在更基础的层面把握经济和社会演进的方向，为政府提供有科学依据的决策建议，为经济学术尤其是发展经济学、制度经济学和区域经济学提供有价值的思想素材，在传统的政府系列和高校及科研院所之外打造一个高端的智库机构。

2011 年 9 月，适逢中原发展研究院成立两周年之际，《国务院关于支持河南省加快建设中原经济区的指导意见》（国发〔2011〕32 号）的出台，标志着

---

① 2013 年河南省发展和改革委员会也加入了共建序列。

中原经济区正式上升为国家战略，同时，也意味着以河南省，即以中原为研究对象的中原发展研究院真正是应时而生的。中原发展研究院多位学者作为全程深度参与中原经济区上升国家战略研究谋划团队的核心成员，从一开始就意识到，作为较早就有意识地将自己的研究领域锁定在河南也就是中原的专业团队，我们应该为中原经济区的研究和建设做点什么。为此，从2011年3月开始，中原发展研究院启动了一项计划，就是全面梳理中原经济区经济社会发展的现状，比较其优势和劣势，分析其发展过程中遇到的问题，提出解决问题的思路，构成一个能够反映中原经济区经济社会发展运行状况的完整体系，成果以《中原经济区竞争力报告》为题，作为中原发展研究院的系列年度出版物，每年一本。首本于2012年4月面世，第二本2013年度报告当年4月出版，第三本2014年度报告也将如期出版。

2012年，适逢河南大学百年庆典，深圳海王集团总裁刘占军博士和北京汉唐教育集团张晓彬董事长两位校友得知我们的研究计划后，不仅非常赞赏，而且乐于施以援手，分别资助了《中原经济区发展指数研究报告》和《中原经济区金融竞争力报告》两个项目，首份报告已由人民出版社于2013年11月出版。

上述三份报告的编撰和出版，不仅使我们收获了知识和经验，也为我们赢得了社会声誉。受此激励，为了将"中原发展研究"这一主题做深做细做透，2013年下半年我们就开始酝酿谋划更大规模的研究出版计划。该计划的基本思路是：在继续编撰出版《中原经济区竞争力报告》和《中原经济区发展指数研究报告》这两份综合性报告的基础上，将"中原发展"问题按不同的经济社会活动领域分解成若干个专题，分别进行研究，并于每年定期出版专题报告，形成系列，冠以"中原发展研究院智库丛书"名称统一由社会科学文献出版社出版。截至目前，已经编撰完成、正在编撰和即将启动编撰并于2014年出版的专题报告有：《中原经济区财政发展报告》《中原经济区金融发展报告》《中原经济区工业化发展报告》《中原经济区城镇化发展报告》《中原经济区农业现代化发展报告》《中原经济区文化产业发展报告》《中原经济区社会发展报告》《郑州航空港经济综合实验区发展报告》《中国政府职能转换报告》等，加上上述两份综合性报告，形成总规模达 11 种的研究报告系列。①

"中原发展研究院智库丛书"实际上是自 20 世纪 90 年代初开启的传统平原农区工业化与经济社会转型研究的继续和升华，也是前述国家社科基金重大招标项目"中西部地区承接产业转移的重点与政策研究"（项目编号：11&ZD050）、国家社科基金重点项目"欠发达平原农业区产业结构调整升级与工业化发展模式研究"（项目编号：01AJY002）、国家社科基金重点项目"中西部地区承接产业转移的政策措施研究"（项目编号：09AZD024）、国家社科基金一般项目"传统平原农区工业化与社会转型路径研究"（项目编号：08BJL040）、河南省社科基金重大项目"中原经济区新型城镇化引领'三化'协调发展推进路径研究"（项目编号：2012A002），及教育部重点研究基地重大项目"黄河中下游平原农区工业化与社会转型路径研究"（项目编号：06JJD770009）等多个研究课题的一系列重要成果的有机组成部分，同时也融汇了中央相关部委、河南省委省政府及相关部门、相关基层政府与企业委托的各类专项研究课题及提交报告和政策建议的内容。

需要特别说明的是，该项研究和出版计划得到了郑州宇通集团公司、河南投资集团公司、河南民航发展投资公司、河南铁路投资公司、中原信托公司、中原证券公司、河南恒通化工集团公司等企业及河南省中原发展研究基金会的赞助，也得到了深圳海王集团公司、北京汉唐教育集团公司、河南省财政税务高等专科学校等的专项资助，同时，河南省发展和改革委员会、河南省财政厅也以政府购买服务的方式给予了支持，在此一并表示感谢，对这些企业及政府部门领导强烈的社会责任感和使命感表示深深的敬意。

"中原发展研究院智库丛书"为年度出版物，其所含所有报告均为每年一期，连续出版。

---

① 2013 年度开始编撰出版的《中原经济区金融竞争力报告》，自 2014 年度开始，名称将改为《中原经济区金融发展报告》。"中原发展研究院智库丛书"所含专题报告，可视人力、财力情况及需要随时增加。

　　该丛书是中原发展研究院的重点项目和拳头产品，我们为其的研究和撰写投入了大量精力，力求无憾。但因项目工程浩大，问题和瑕疵必然在所难免。期待着关心中原经济区建设的各级领导和专家及广大读者提出宝贵意见，以使该丛书能够不断改进，日臻完善。

耿明斋

2014 年 3 月 21 日

前　言

　　财政的直接含义是政府收支活动，本质是为了公共事务需要，以一定方式从初始创造与占有主体获取并再分配财富的过程。

　　人是群居的动物，人类个体的活动从来就是在社会中进行的。所以，人类一开始就有不同于个体事务的社会公共事务，从而就有了为满足社会事务需要而进行的从初始创造与占有主体获取财富并再分配的过程，也就是财政活动。其差别仅在于不同发展阶段从社会成员切割财富并再分配的数量与方式不同。

　　人类进入现代社会以后，由于群体增大，经济社会活动规模也随之增大，且成员之间的联系广泛而复杂，财政活动也越来越复杂，表现为繁多的税收种类和不同的收入与支出层级，以及繁多的支出种类和复杂的支出方式。但大体上来说，从"收"的方面讲，不外乎所得税、财产税、消费税等；从"支"的方面讲，不外乎教育、医疗、养老、救济等公共福利，国防、外交、内政等公共事务，道路、桥梁等公共基础设施。

　　在现代社会，财政收支规模直接反映经济活动规模，收支结构也直接反映了经济活动的结构与社会结构的状况，所以财政是经济社会活动状况的"晴雨表"，同时也是调节经济社会活动的"稳定器"。政府既可以通过增税抑制经济活动的过分高涨，也可以通过减税激活经济，使之走出低谷；既可以通过加大社会福利尤其是对弱势群体的支出稳定社会情绪，也可以通过转移支付平衡地区之间的贫富差距，从而保障社会秩序和维护社会稳定。

　　财政是经济社会体制的枢纽，也是社会现代化转型的关键。财政活动不仅是收支问题，而且涉及一系列决策机制和规则体系，即经济社会体制，如收多少，向谁收，谁来收，怎么收；支多少，向谁支，谁来支，怎么支，等等，既关乎社会成员之间、社会成员与社会代表即政府之间的权利、责任和利益分割，又关乎不同层级政府之间的权利、责任和利益分割。所以，围绕这些问题形成的决策机制和规则体系，会受到各类社会主体的重大关切，因而是经济社会体制的核心和枢纽。近代以来，在社会由传统向现代演进的过程中，财政决策机制和规则体系的改变和完善始终扮演着重要角色。可以说，财政决策机制和规则体系即财政体制的演变是社会现代化的关键。

　　改革开放以来，财政体制的演变在我国经济社会体系体制演变过程中也一直处于核心位置。20 世纪 80 年代初市场化改革起步阶段，作为改革切入点的利润留成和利改税，实际上解决的是政府和企业之间的权利和利益分割问题。20 世纪 90 年代中期的分税制改革，解决的是中央和地方以及各级地方政府之间的权利和利益分割问题。政府和社会成员（企业）之间，也就是政府和财富创造主体之间在财富占有和分割上的权利、利益关系和规则体系，以及不同层级政府之间在财富占有和分割上的权利、利益关系和规则体系，是整个改革进程中所要处理的最重要的权利、利益关系和规则体系，一直受到几乎所有改革参与者和利益相关方的高度关注。

在处于改革起点的计划经济体制中，财政收支占了社会财富的绝大部分，广义上、实际上是社会财富的全部，因为连企业职工工资的支付也是由政府统一规定的。财政支出不仅包括社会福利、社会事务和公共基础设施，而且包括生产性资本。在由计划经济向市场经济体制演进的过程中，财政功能上的一个重大变化是生产型资本投资功能逐步淡出。财政一旦回归现代社会通行的公共事务和公共福利支出，并发挥社会"稳定器"的功能，现有体制的问题就凸显出来了。这也是党的十八届三中全会以市场在资源配置中起决定性作用为导向的全面深化改革方案中，将财税体制改革放在突出位置的一个重要原因。一般公认，财政体制改革的方向应该是公共产品供给责任分解及各级政府稳定财源的保障方式。沿着这一改革方向至少需要解决如下几个方面的问题：一是公共产品的种类和供给水平；二是公共产品供给责任在各级政府之间的分解；三是税收体制改革，由以间接税为主转向以直接税为主，不同税种在各级政府财政之间及同一税种在不同层级政府之间的分割比例；四是转移支付制度改革，重新审视并确定转移支付的数量和方式。

《中原经济区财政发展报告（2014）》是"中原发展研究院智库丛书"的有机组成部分。之所以专门编撰出版该报告，是因为我们认为，财政活动不但是中原经济区整个经济社会活动的重要组成部分，而且是其枢纽和核心，正像上文我们已经说过的其在整个国家经济社会活动当中的地位那样。编撰财政发展报告来梳理和分析财政活动，不仅可以弄清楚区域财政收支活动本身的水平和结构，透视其中的问题，为改进和优化财政收支结构提供合理的政策建议，而且可以通过财政活动透视区域整个经济活动的水平与结构，发现其中的问题，并提供结构调整和优化资源配置的建议。同时，河南省作为户籍人口全国排名第一、地区生产总值总量全国排名第五的省域经济体，中原经济区作为拥有近2亿人口和近30万平方千米土地，地处内陆腹地且经济发展水平较低的粮食主产区，在全国经济社会现代化转型过程中具有典型意义。对河南省及中原经济区局部财政活动状况与经济活动状况的梳理与分析，也便于透视和洞察整个国家财政决策机制与规则体系现代化演变的方向，透视和洞察涉及国家经济社会发展全局的问题和演变方向。

最后，需要特别指出的是，《中原经济区财政发展报告（2014）》的编撰得到了河南省财政税务高等专科学校的支持与配合。作为河南省内唯一一所以财政税务高级专门人才培养为特色的高校，河南省财政税务高等专科学校不仅聚集了众多财政税务方面的专家，而且对以财政发展报告编撰为切入点深化财政税务领域研究的合作充满热情。为此，中原发展研究院与河南省财政税务高等专科学校共建了财政研究所。《中原经济区财政发展报告（2014）》既是双方合作的结晶，也是财政研究所分量最重的年度科研成果。

与"中原发展研究院智库丛书"中的其他报告一样，该报告也是以一年为周期，连续出版。希望学界同行及广大读者提出宝贵意见，以便我们不断改进，做得越来越好。

耿明斋

2014 年 3 月 24 日

目　录

综合篇（河南部分）

区域篇一（河南部分）

区域篇二（山西、河北、山东、安徽部分）

综合篇（河南部分）

第1章
河南省财政发展综述

1.1　河南省财政发展概况

1.1.1　财政收入

1. 财政总收入

按照财政部确定的口径，财政总收入包括地方公共财政收入、在当地缴纳的国内增值税中央分享收入、国内消费税、纳入分享范围的企业所得税中央分享收入、个人所得税中央分享收入。2012 年，河南省财政总收入完成 3282.8 亿元，增长 15.1%（见图 1-1），其中，地方公共财政收入 2040.6 亿元，占财政总收入的 62.2%；归入中央金库的国内增值税、国内消费税、企业所得税和个人所得税共 1242.2 亿元，占财政总收入的 37.8%。

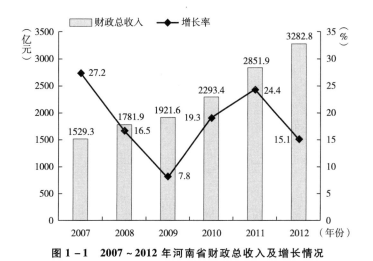

图 1-1　2007～2012 年河南省财政总收入及增长情况

2007～2012 年，河南省财政总收入由 1529.3 亿元增长到 3282.8 亿元，增长了 1 倍多，但增长率很不稳定，5 年来增长率最高的 2011 年达到 24.4%，最低的 2009 年仅有 7.8%。图 1-1 显示出 5 年增长率呈现倒 "N" 形走势，大起大落，意味着财政收入稳定性亟待提高。

2. 公共财政收入

从 2012 年起，一般预算收入改称公共财政收入。从预算体系看，公共财政收入是与公共预算相对应的收入，与政府性基金预算收入、国有资本经营预算收入并列。地方公共财政收入主要包括：国内增值税（地方共享的 25% 部分）、营业税、企业所得税（地方共享的 40% 部分）、个人所得税（地方共享的 40% 部分）、资源税、城市维护建设税、房产税、印花税、城镇土地使用税、土地增值税、车船税、耕地占用税、契税、烟叶税、纳入公共预算管理的非税收入。

2012 年，河南省公共财政收入完成 2040.6 亿元（见图 1-2），为预算的 104.9%，增长 18.5%。分级看，省级完成 123.6 亿元（见图 1-3），增长 9.8%；市县完成 1917 亿元，增长 19.1%。2007~2012 年，河南省公共财政总收入由 862.1 亿元增长到 2040.6 亿

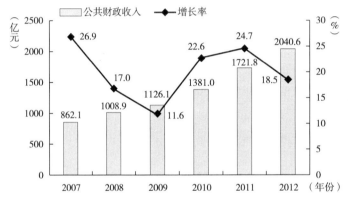

图 1-2 2007~2012 年河南省公共财政收入及增长情况

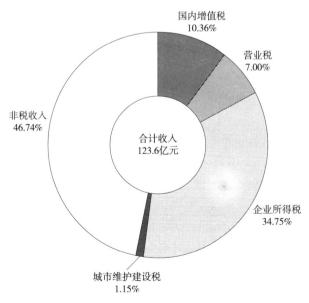

图 1-3 2012 年省级公共财政收入构成

元，增长 1 倍多，总量增长的趋势明显，但增长率尚不稳定，5 年来增长率最高的 2011 年达到 24.7%，最低的 2009 年仅有 11.6%。5 年增长率呈现"S"形走势，大起大落，意味着河南省公共财政收入稳定性也需要提高。

3. 税收收入

目前，我国共有 18 个税种，其中 16 个税种由税务部门负责征收，关税和船舶吨税由海关征收，进口环节的增值税、消费税由海关代征。截至 2012 年底，河南省财政总收入中涉及如下税种：增值税、消费税、营业税、企业所得税、个人所得税、资源税、城镇土地使用税、土地增值税、房产税、城市维护建设税、车船税、印花税、契税、耕地占用税、烟叶税。2012 年，在河南省财政总收入中，税收收入为 2711.7 亿元，其中地方税收收入 1469.5 亿元，占税收收入的 54.19%。

4. 财政经常性收入

财政经常性收入是指每个财政年度都能连续不断、稳定取得并统筹安排使用的财政收入。按照《财政部关于统一界定地方财政经常性收入口径的意见》（财预〔2004〕20 号）的规定，财政经常性收入原则上包括以下三个方面内容：一是地方公共预算收入（剔除城市维护建设税、罚没收入、专项收入及国有资产经营收益等一次性收入）；二是中央核定的增值税及消费税税收返还、所得税基数返还、成品油价格和税费改革税收返还；三是中央通过所得税分享改革增加的一般性转移支付收入。据此计算，2012 年河南省财政经常性收入增长 11.7%，增速慢于财政总收入。

5. 政府非税收入

政府非税收入（以下简称"非税收入"）是指由国家机关、事业单位、代行政府职能的社会团体及其他组织依法利用政府权力、政府信誉、国家资源、国有资产或提供特定公共服务征收、收取、提取、募集（以下统称"征收"）的除税收以外的财政资金收入。2012 年，河南省非税收入共完成 2005 亿元，增长 15%。其中，纳入公共预算管理的非税收入 571 亿元，增长 24.5%，占地方公共财政收入的 27.98%；政府性基金收入 1272.9 亿元，增长 12.5%；国有资本经营预算收入完成 21.1 亿元，增长 128%；纳入专户管理的非税收入 140 亿元，下降 6%。

6. 土地出让收入

土地出让收入是市县人民政府依据《中华人民共和国土地管理法》与《中华人民共和国城市房地产管理法》等有关法律法规和国家有关政策规定，以土地所有者身份出让国有土地使用权所取得的收入，主要是以招标、拍卖、挂牌和协议方式出让土地取得的收入，也包括向改变土地使用条件的土地使用者依法收取的收入、划拨土地时依法收取的拆迁安置等成本性收入、依法出租土地的租金收入等。从 2007 年开始，全部土地出让收入缴入地方国库，纳入地方政府性基金预算管理，与公共预算分开核算，专款专用。土地出让收支纳入政府性基金预决算编制范围，实行预决算管理制度。2012 年，河南省缴入国库的土地出让收入共计 968.13 亿元，同比增长 11.9%；支出 950.95 亿元，同比增长 13.9%。

7. 利用外国政府与国际金融组织贷款（赠款）

2012 年列入财政部国际金融组织、外国政府贷款（赠款）和清洁发展委托贷款规划的项目共计 16 个，获得各类优惠资金 1.9 亿美元，用于节能减排、教育、医疗、畜牧养殖和食品安全体系建设等领域。

1.1.2 财政支出

1. 公共财政支出总体情况

2012 年，河南省公共财政支出约 5006 亿元（见表 1-1，图 1-4），增长 17.8%。其中，省级支出 712.2 亿元，下降 3.3%，主要是 2011 年省本级列报的农资综合补贴、扶贫、农业综合开发 99.8 亿元在 2012 年改列市县支出，扣除此因素后，省本级增长 11.8%；市县级公共财政支出 4293.8 亿元，增长 22.3%。2008~2012 年总支出年均增长 21.7%。

表 1-1　2012 年河南省公共财政支出情况

单位：亿元，%

项　目	河南省公共财政支出预算数	完成数	完成数与预算数之比	完成数比上年增长
一般公共服务	674.1	670.8	99.5	20.0
国防	10.6	7.1	67.0	25.6
公共安全	247.1	242.7	98.2	18.5
教育	1138.4	1113.9	97.8	30.0
科学技术	71.2	70.7	99.3	24.9
文化体育与传媒	71.6	69.6	97.2	20.9
社会保障和就业	632.4	629.8	99.6	14.9
医疗卫生	431.8	425.6	98.6	17.7
环境保护	114.9	109.0	94.9	14.0
城乡社区事务	237.1	233.8	98.6	22.2
农林水事务	563.6	549.8	97.6	14.4
交通运输	305.0	294.9	96.7	4.9
资源勘探电力信息等事务	123.1	117.6	95.5	-7.1
商业服务业等事务	57.0	53.9	94.6	-20.2
金融监管等事务支出	26.5	25.1	94.7	49.0
国土资源气象等事务	77.6	55.1	71.0	-13.2
住房保障支出	188.5	184.5	97.9	29.3
粮油物资储备事务	41.7	41.2	98.8	3.4
国债付息支出	45.7	44.5	97.4	68.5
其他支出	93.7	66.2	70.7	-0.5
合　计	5151.8	5006.0	97.2	17.8

2. 法定支出情况

法定支出是指有关法律法规明确规定了支出比例或增长幅度要求的特定支出项目。

2012 年，支农、教育、科技支出均满足法定支出要求。河南省农林水事务支出、教育支出、科学技术支出完成数分别为 549.8 亿元、1113.9 亿元、70.7 亿元，实际完成数分别为预算的 97.6%、97.8%、99.3%，分别增长 14.4%、30%、24.9%，比河南省经常性财政收入增速 11.7% 分别高出 2.7 个、18.3 个、13.2 个百分点。

3. 财政支持经济平稳增长情况

2012 年初，面对复杂的外部环境和严峻的经济形势，河南省研究出台了促进经济增长的 32 条财政政策措施。2012 年 5 月，按照"扩需求、创优势、破瓶颈、惠民生"的总体要求，从提升新型城镇化引领作用、增强新型工业化主导作用、强化新型农业现代化基础地位、支持扩大开放和招商引资、支持金融业加快发展、切实保障和改善民生、综合运用财政政策工具七个方面，河南省研究出台了 22 条促进经济平稳较快发展的财政政策，涉及资金 101 亿元。2013 年 8 月，河南省再次结合经济运行情况，按照"生产与销售对接，稳增长与调结构、保民生相结合"原则，筹措资金 8.7 亿元，研究出台了涵盖教育、科技、农业、产业集聚区、危房改造、企业等多个方面的 10 条进一步促进经济平稳较快发展的财政政策。上述政策的实施，累计减轻企业与居民税费负担 195 亿元。

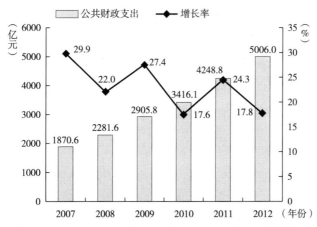

图 1-4　2007~2012 年河南省公共财政支出及增长情况

4. 财政支持经济结构调整

2012 年，河南省科学技术支出 70.7 亿元，比 2011 年增长 24.9%。其中，省级科学技术支出 11.1 亿元，比 2011 年增长 10.3%，主要用于支持开展基础研究和前沿技术研究、社会公益研究、重大共性关键技术研究开发，促进技术改造和自主创新；推动科技成果转化，发挥科技对经济社会发展的支撑作用。

在产业结构调整方面的措施包括：①支持工业企业转型发展。拨付 6.6 亿元，支持 273 个重点产业企业项目，带动社会投资 741 亿元。安排工业结构调整专项资金 2.58 亿元，通过贴息、补助等方式，吸引银行贷款 102.43 亿元。争取中央战略性新兴产业专项补助资金 1.92 亿元。②支持现代服务业发展。安排服务业引导资金 1 亿元，支持 44 个现代物流和文化旅游建设项目，带动社会资金 70 亿元。筹措商务中心区和特色商业区启动资金 4.3 亿元，促进城区服务业加快发展。争取中原广告产业园列入全国试点，获得中央财政扶持资金3500万元。③支持煤炭企业兼并重组。自2010年河南省煤炭企业兼并重组工作开展以来，省财政累计共安排资金15.79亿元，有力地促进了煤炭产业集中度的提升和安全生产形势的好转。④帮助困难企业脱危解困。在2011年底筹措3亿元资金支持重点电解铝企业发展的基础上，2012年6月，省财政又筹措2亿元资金，支持4家骨干电解铝企业，缓解了电解铝企业持续性经营困难。统筹国有资本经营预算资金0.45亿元，支持安阳钢铁集团有限责任公司、河南物资集团等困难企业解困。⑤支持中小微企业发展。筹措资金4.17亿元，突出支持面广、量大且转型快的中小微企业；筹措特色产业中小企业发展专项资金1.14亿元，支持河南省具有地域特色的中小企业向"特、新、专"的产业集群方向发展；筹措科技型中小企业技术创新资金0.86亿元，支持195户符合条件的中小企业进行新产品、新工艺和特色服务的创新；筹措中小企业信用担保体系补助资金2.02亿元，支持河南省信用担保体系建设；筹措中小企业发展专项资金0.72亿元，支持104户企业自主创新、技术改造和产品结构优化升级；筹措省级中小企业资金1亿元，支持特色突出的中小企业加快成长，引导中小企业与大型企业合作配套，实现专业化协作发展和中小企业服务体系建设。⑥支持落实节能减排政策。省财政筹措22.2亿元，支持实施一大批淘汰落后产能项目、节能技术改造项目、金太阳示范项目、光电建筑应用项目。筹措高效节能家电推广补贴资金2905万元、高效电机补助资金1.07亿元、节能汽车补贴资金3361万元，支持推广600万支高效照明产品、5620辆节能汽车；筹措3.5亿元，支持郑州市公共服务领域节能与新能源汽车示范推广试点，推广节能与新能源汽车850辆。

2012年，河南省调整完善了招商引资奖励政策，对34家企业的重大招商引资项目兑现奖励资金0.45亿元，引进资金14.5亿美元；对17个引进外来社会资本投资的教育、卫生、养老等社会事业发展项目兑现奖励资金0.26亿元，引进社会资本3.68亿元；对12个2011年招商引资先进市和7个对外贸易先进市进行了奖励。省财政筹措运用对外经贸区域协调发展资金、对外经济技术合作专项资金、中小企业国际市场开拓资金、外贸服务平台建设资金、外派劳务服务平台资金、进口贴息、技术出口贴息、出口信用保险、服务外包、外派劳务等资金3.13亿元，支持进出口企业1990多家、项目2870多个。

2012年，财政支持新型城镇化力度加大。①安排民航发展补助资金1.95亿元，为建设郑州航空经济综合试验区创造条件。拨付专项资金2亿元，用于"区港联动"配套综合保税区货站、机场现有货站改扩建工程资金缺口，以及融资建设国际窗口过渡性扩建工程。支持郑州航空港经济综合实验区建设，拨付15亿元支持郑州航空港经济综合实验区范围内的15万亩基本农田进行异地补划。②省财政筹措6.8亿元资金，通过基础设施贷款贴息、城投债贴息及发行费用补助、投融资平台增资补助等方式，支持17个城市新区公共基础设施建设。③筹措2.5亿元，对产业集聚区基础设施建设项目新增贷款给予贴息。④筹措城镇化建设引导资金5.4亿元，支持河南省108个县市已经形成一定产业和人口规模、基础条件好的中心镇发展成小城市。⑤筹措32亿元，采取先建后补、以奖代补和直接补助的方式，支持新型农村社区建设。

5. 财政支持"三农"情况

2012 年，河南省财政农林水事务支出 549.8 亿元（见图 1-5，图 1-6），比上年增长 14.4%，2008~2012 年均增长 29.2%。

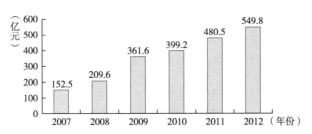

图 1-5　2007~2012 年河南省农林水事务财政支出情况

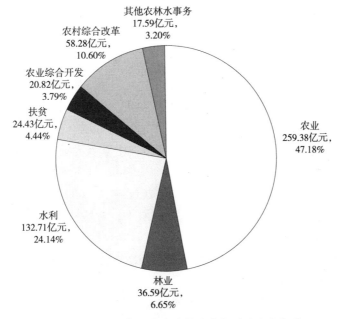

图 1-6　2012 年河南省农林水事务财政支出构成

6. 财政支持保障和改善民生的总体情况

2012 年，河南省财政民生支出达到 3611 亿元，增长 19.8%，占公共预算支出的 72.1%，比上年提高 1.1 个百分点。其中，用在与人民群众生活直接相关的教育、医疗卫生、社会保障和就业、住房保障、文化方面的民生支出合计为 2423.4 亿元；用在农业水利、公共交通运输、环境保护、城乡社区事务等方面与民生密切相关的支出合计为 1187.5 亿元。

7. 财政支持教育事业发展情况

2012 年，河南省财政教育支出 1113.9 亿元（见图 1-7），比 2011 年增长 30%，占公共财政支出的 22.25%，支出规模居全国第四位。

2012 年，河南省筹措资金 125 亿元，免除 1346 万名农村义务教育阶段学生的学杂费

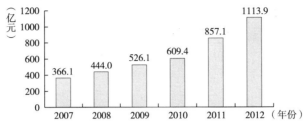

图1-7　2007~2012年河南省财政教育支出情况

和教科书费用，资助90万名家庭经济困难寄宿生；农村中小学生年均公用经费基准定额达到小学500元/人、初中700元/人，补助学校每名学生每年30元冬季取暖费；补助家庭经济困难寄宿生生活费，年均补助标准达到小学1000元/人、初中1250元/人；将农村中小学校舍维修改造补助标准从每平方米400元提高到600元；筹措奖励资金4.6亿元，约197万名城市义务教育阶段学生全部享受免学杂费待遇；筹措资金14.8亿元，对26个国家集中连片特殊困难地区重点县290万学生提供营养餐；筹措资金31.2亿元，支持农村义务教育薄弱学校改造；筹措资金8.2亿元，为招募合格的39679名特岗教师发放工资，工资标准从年人均2.054万元提高到年人均2.4万元，对11万名农村中小学教师进行短期培训；筹措资金12.2亿元，通过以奖代补方式，促进市县完成新建改扩建幼儿园5119所，在建1724所；安排资金1亿元，启动实施河南省职业教育品牌示范院校和特色院校建设计划；投入资金6亿元，支持职业院校101个重点专业、47所国家示范性职业院校、74个实训基地和8个综合性项目建设。2012年，河南省公共财政高等教育支出158.7亿元，普通本科高校学生平均拨款水平由2011年的9000元大幅提高到12000元；集中投入资金14亿元，引导高校办出特色、办出水平，对特色优势学科和急需紧缺专业给予重点扶持；支持高校化解债务风险，河南省累计拨付财政奖补资金58.9亿元，引导、激励高校偿还银行贷款140亿元；投入资金35.2亿元，资助高中阶段以上学生270万人次。

8. 财政支持医疗卫生事业发展情况

2012年，河南省医疗卫生财政支出425.6亿元（见图1-8，图1-9），比2011年增长17.7%，主要用于提高新型农村合作医疗和城镇居民基本医疗保险保障水平，加强基层公共卫生服务体系建设，向城乡居民免费提供基本公共服务，基层医疗卫生机构全面实施基本药物制度、提高城乡医疗救助水平，等等。

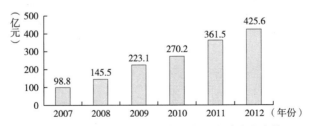

图1-8　2007~2012年河南省医疗卫生财政支出情况

2012年，新型农村合作医疗（简称"新农合"）和城镇居民基本医疗保险财政补助标准由每人每年200元提高到240元，新农合、城镇基本医疗保险参保率分别达到97.7%

和 95.5%；用于城、乡医疗救助的资金分别为 2 亿元和 5.6 亿元；村卫生室、乡镇卫生
院两级医疗机构实施基本药物制度的财政补助资金分别为 3.18 亿元、11.98 亿元；基本
公共卫生服务项目、年人均基本公共卫生经费标准分别由 2009 年的 9 类 21 项、15 元增加
到 2012 年的 12 类 42 项、25 元。

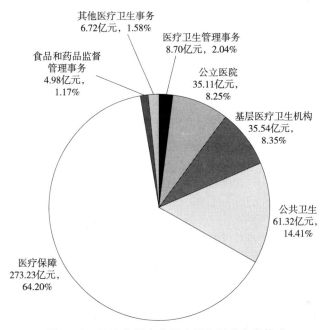

图 1 – 9　2012 年河南省医疗卫生财政支出构成

9. 财政支持社会保障和就业事业发展情况

2012 年，河南省社会保障和就业财政支出 629.8 亿元，比 2011 年增长 14.9%。其
中，省级财政社会保障和就业支出 169.9 亿元（见图 1 – 10），比 2011 年增长 11.3%。

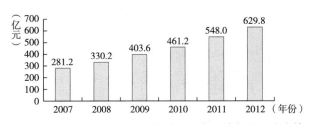

图 1 – 10　2007 ~ 2012 年河南省财政社会保障与就业支出情况

2005 ~ 2011 年，河南省在连续 7 年提高企业退休人员基本养老金水平的基础上，
2012 年继续提高企业退休人员基本养老金水平，月人均增加约 197 元；省财政对 16 ~ 59
周岁参保居民给予每人每年 20 元的参保补贴，在此基础上，对财政直管县参保居民每人
每年增加 10 元的参保补贴；财政分别支出 32.5 亿元和 40.8 亿元，用于城市和农村最低
生活保障救助，城乡低保对象月人均补助水平分别提高到不低于 180 元和 87 元；财政支
出 11 亿元，用于农村"五保户"供养和其他农村救助；将感染艾滋病病毒的未满 18 岁

人员纳入孤儿保障范围，由艾滋病导致单亲的未成年子女的救助标准从每人每月100元提高到200元，艾滋病患者生活定量补助标准由每人每月20元提高到200元；财政分别支出3亿元和1.4亿元，对5万名孤儿、13万人次流浪乞讨人员进行救助；支出自然灾害生活补助资金3.5亿元。

10. 财政支持保障性住房建设情况

2012年，河南省财政保障性住房支出184.46亿元（见图1-11），比上年增长29.3%，加上通过融资筹集的116.5亿元，共支出301.0亿元。

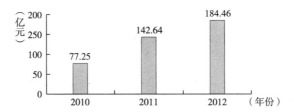

图1-11　2010~2012河南省财政住房保障支出情况

11. 财政支持文化发展情况

2012年，河南省财政文化体育与传媒支出69.6亿元（见图1-12，图1-13），比2011年增长20.9%。

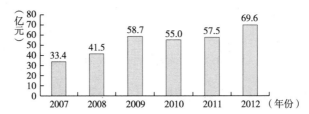

图1-12　2007~2012年河南省财政文化体育与传媒支出情况

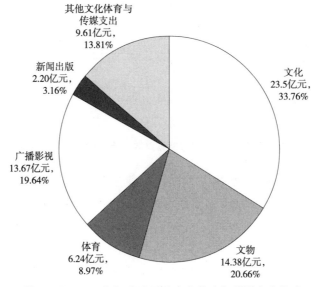

图1-13　2012年河南省财政文化体育与传媒支出构成

12. 财政保障群众生产生活安全情况

2012 年，河南省财政补助市、县政法专项资金 50 多亿元，河南省财政公共安全支出 242.73 亿元（见图 1-14），较上年增长 18.5%，2008~2012 年年均增长 15.2%。退还 15 万吨以下劝退小煤矿剩余可采储量采矿权价款 1.06 亿元，筹措 6623 万元资金，提高全省煤矿瓦斯综合防治和利用水平。筹措 1000 万元资金，奖励 2011 年度全省安全生产单位。省级安排食品检测监管经费和食品安全专项经费 8000 万元。

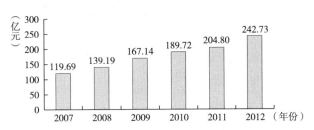

图 1-14　2007~2012 年河南省财政公共安全支出情况

13. 财政支持环境保护情况

河南省各级财政部门积极支持环境保护，推进生态文明建设。2012 年，河南省财政环境保护支出 109 亿元（见图 1-15，图 1-16），比 2011 年增长 14%。省财政筹措 5.76

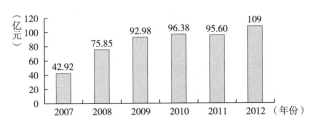

图 1-15　2007~2012 年河南省财政环境保护支出情况

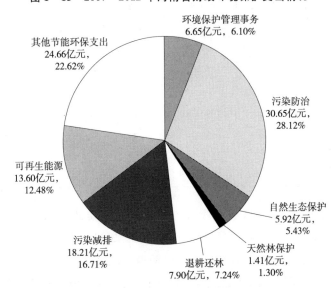

图 1-16　2012 年河南省财政环境保护支出构成

亿元，支持区域水环境综合整治；筹措 6 亿元，支持 41 个示范区共 771 个村农村实施环境连片整治项目；筹措 2.6 亿元资金，支持重金属污染防治；筹措 3800 万元资金，鼓励和引导企业开展清洁生产；筹措地质环境治理示范工程启动资金 1.7 亿元、特大型地质灾害防治资金 6073 万元；筹措 22.2 亿元资金，专项用于城镇污水垃圾处理设施及污水管网项目建设；安排林业专项资金 16 亿元；拨付重点生态功能区转移支付资金 11.25 亿元。

1.2 河南省财政发展的综合分析

1.2.1 河南省财政收支规模分析

第一，2002～2012 年，河南省财政收入、税收收入、财政支出和地区生产总值规模不断增加（见表 1-2）。2010 年，河南地区生产总值增长突破 2 万亿元，达到 23092 亿元，2012 年地区生产总值近 3 万亿元。其中，财政收入从 2002 年的 296.72 亿元增长到 2012 年的 2040.33 亿元，10 年间增长 5 倍多。税收收入 10 年绝对增长 1227.33 亿元，年平均增长率为 19.76%。财政支出同样逐年增加，2012 年达到 5006.39 亿元，年平均增长率约为 23.05%。

表 1-2 2002～2012 年河南省财政情况

单位：亿元，%

年 份	财政收入	税收收入	财政支出	地区生产总值	占地区生产总值比重		
					财政收入	税收收入	财政支出
2002	296.72	242.24	629.18	6169	4.81	3.93	10.20
2003	338.05	264.40	716.60	7049	4.80	3.75	10.17
2004	428.78	307.12	879.96	8815	4.86	3.48	9.98
2005	537.65	365.67	1116.04	10587	5.08	3.45	10.54
2006	679.17	471.80	1440.09	12496	5.44	3.78	11.52
2007	862.08	625.02	1870.61	15012	5.74	4.16	12.46
2008	1008.90	742.27	2281.61	18408	5.48	4.03	12.39
2009	1126.06	821.50	2905.76	19480	5.78	4.22	14.92
2010	1381.32	1016.55	3416.14	23092	5.98	4.40	14.79
2011	1721.76	1263.10	4248.82	26931	6.39	4.69	15.78
2012	2040.33	1469.57	5006.39	29810	6.84	4.93	16.79

第二，2002～2012 年河南省财政收入、税收收入和财政支出占地区生产总值的比重均有所增长。财政收入占地区生产总值的比重由 2002 年的 4.81% 增长到 2012 年的 6.84%。税收收入占地区生产总值的比重比财政收入占地区生产总值比重低 1～2 个百分点。财政支出占地区生产总值的比重上升更为明显，由 10.20% 上升到 16.79%。

第三，财政收入、税收收入和财政支出增长缺乏稳定性。2002～2012 年，河南省财政收入、税收收入和财政支出的增长率基本在 10% ~ 35%，波动范围较大（见表 1 - 3）。例如，税收收入的增长率最低年份 2003 年为 9.15%，最高年份 2007 年为 32.48%。

表 1 - 3　河南省财政收入、税收收入和财政支出增长率及全国排名

单位：%

年　份	环比增长率			全国排名		
	财政收入	税收收入	财政支出	财政收入	财政支出	地区生产总值
2002	—	—	—	9	8	5
2003	13.93	9.15	13.89	8	9	6
2004	26.84	16.16	22.80	8	9	5
2005	25.39	19.06	26.83	8	7	8
2006	26.32	29.02	29.04	8	6	5
2007	26.93	32.48	29.90	8	5	5
2008	17.03	18.76	21.97	9	6	5
2009	11.61	10.67	27.36	9	6	5
2010	22.67	23.74	17.56	9	5	5
2011	24.65	24.25	24.37	10	5	5
2012	18.50	16.35	17.83	11	5	5

第四，财政收入全国排名下降和财政支出全国排名上升同时存在，并且差距不断增加。2002 ~ 2012 年，河南省财政收入全国的排名在第 8 ~ 11 位，2007 年以来地方财政收入排名下降明显。同期财政支出在全国的排名整体处于上升趋势，近年稳定在第五位。从表 1 - 3 中可以看出，河南省 2002 ~ 2012 年地区生产总值在全国排名相对稳定在第五位。

第五，2002 ~ 2012 年，河南省财政收入、财政支出占全国的比重与地区生产总值占全国的比重不相一致（见表 1 - 4）。财政收入占全国财政收入的比重基本处于 3% ~ 4%（2006 年除外），财政支出占全国的比重整体在 4% ~ 5%，而地区生产总值占全国的比重则在 6% 左右浮动。三者之间层次分明，没有交集。

表 1 - 4　河南省财政收入、财政支出和地区生产总值占全国的比重

单位：亿元，%

年　份	财政收入		财政支出		地区生产总值	
	全　国	占　比	全　国	占　比	全　国	占　比
2002	8515	3.48	15280	4.12	102398	6.0
2003	9842	3.43	17185	4.17	116898	6.0
2004	11693	3.67	20593	4.27	136876	6.4
2005	14884	3.61	25155	4.44	182321	5.8
2006	38731	1.75	40213	3.58	210871	5.9
2007	23565	3.66	38120	4.91	249530	6.0

续表

| 年 份 | 财政收入 | | 财政支出 | | 地区生产总值 | |
	全 国	占 比	全 国	占 比	全 国	占 比
2008	28645	3.52	49053	4.65	300670	6.1
2009	32581	3.46	60594	4.80	340507	5.7
2010	40610	3.40	73602	4.64	437042	5.3
2011	52434	3.28	92415	4.60	471564	5.7
2012	61077	3.34	125712	3.98	519300	5.7

1.2.2 河南省财政发展与中部六省的比较

中部六省是指居于中国中部大陆腹地的六个省份，包括河南省、山西省、湖北省、安徽省、湖南省、江西省。中部六省依靠占全国10.7%的土地，承载了全国28.1%的人口，创造了全国约20%的地区生产总值，是我国的人口大区、经济腹地和重要市场，在中国地域分工中扮演着重要角色。

第一，2002~2012年中部六省的财政收入持续增长，河南省财政收入在六省中一直居于首位（见表1-5）。山西省10年净增长了1365亿元，年均增长率为25.94%；安徽省10年净增长了1593亿元，年均增长率为24.52%。另外几省的10年净增长也都在千亿元以上。中部六省财政收入10年间的排名，河南省稳居第一位，而江西省则一直低于其他五省。另外，山西省、安徽省、湖北省、湖南省的排名波动较大。

表1-5 2002~2012年中部六省地方财政收支额

单位：亿元

| 年 份 | 河南省 | | 山西省 | | 安徽省 | | 湖北省 | | 湖南省 | | 江西省 | |
	收入	支出	收入	支出	收入	支出	收入	支出	收入	支出	收入	支出
2002	297	629	151	334	200	457	243	511	231	533	141	341
2003	338	717	186	416	221	507	260	540	269	574	168	382
2004	429	880	256	519	275	602	310	646	321	720	206	454
2005	538	1116	368	669	334	713	376	779	395	873	253	564
2006	679	1440	583	916	428	940	476	1047	478	1065	306	696
2007	862	1871	598	1050	544	1244	590	1274	607	1357	390	905
2008	1009	2282	748	1315	725	1647	711	1605	723	1765	489	1210
2009	1126	2906	806	1562	864	2142	815	2091	848	2210	581	1562
2010	1381	3416	970	1931	1149	2584	1011	2501	1082	2702	778	1923
2011	1722	4249	1213	2364	1464	3306	1527	3160	1517	3521	1053	2535
2012	2040	5006	1516	2761	1793	3961	1823	3802	1776	4086	1372	3014

第二，2003~2012年，中部六省财政收入的增长率基本在10%~50%（见图1-

17）。山西省财政收入增长率波动较大，最高年份 2006 年达到 58.38%，最低年份 2007 年仅为 2.49%。其他省份相对稳定，增长趋势相同，增长幅度相差也较小。其中，2012 年的增长率较前一年稍低，但也都在 17% 以上，与 2010 年增长率持平。中部六省财政收入增长率的排名很不稳定，相对来说，山西省、安徽省、江西省增长率幅度较大，河南省增长率居中（见图 1 - 18）。

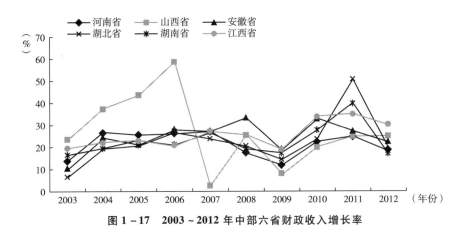

图 1 - 17　2003 ~ 2012 年中部六省财政收入增长率

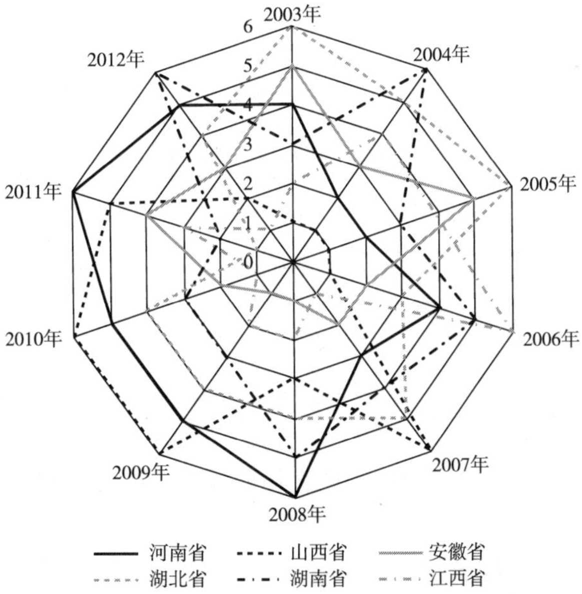

图 1 - 18　2003 ~ 2012 年中部六省财政收入增长率排名

第三，2002 ~ 2012 年，中部六省财政支出不断增长，但各省间支出差距逐渐增大。较明显的是河南省与其他五省，2002 年河南省财政支出与湖南省相差 96 亿元，2012 年两省相差 920 亿元，差距增大近十倍。其他五省之间的差距也在增加，到 2012 年湖南省、安徽省与湖北省财政支出量明显高于江西省、山西省（见图 1 - 19）。

第四，2003 ~ 2012 年中部六省财政支出增长率基本在 15% ~ 35%（见图 1 - 20）。六

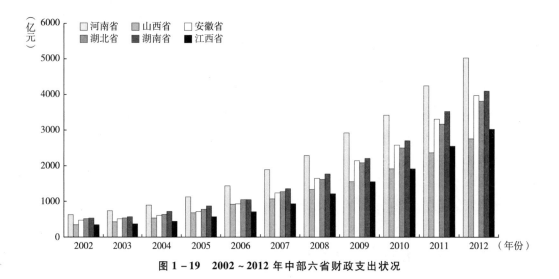

图 1 - 19　2002～2012 年中部六省财政支出状况

省之间的排名相对稳定，排在第一、第二位的分别是河南省、湖南省。第三、四位是湖北和安徽省，最后是山西省和江西省（见图 1 - 21）。财政支出增长率的排名则不太稳定，江西省总增长率较高（见图 1 - 22）。

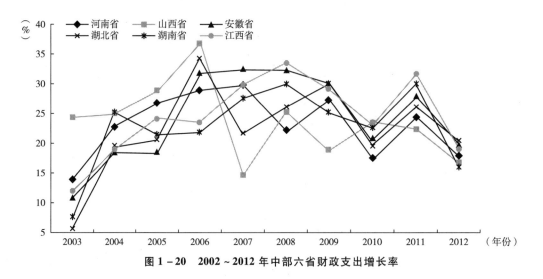

图 1 - 20　2002～2012 年中部六省财政支出增长率

1.2.3　河南省财政收支结构分析

第一，在 2002～2012 年河南省财政收入中，税收收入所占比重整体在 70% 以上（见图 1 - 23）。税收收入是财政收入的主体，10 年间占比呈下降趋势。其中，流转税占财政收入的 40% 左右，且近年来也呈现下降趋势（见图 1 - 24）；所得税占财政收入的比重为 10% ~ 20%，亦呈下降趋势（见图 1 - 25）；其他税收收入占财政收入的比重上升，2012 年占比超过 20%。非税收入占财政收入的比重整体呈现上升态势，2005 年达到 10 年内的最高点 31.99%，之后虽有所下降，但仍占近 30%，远远高于 2002 年的 18.36%（见图 1 - 26）。

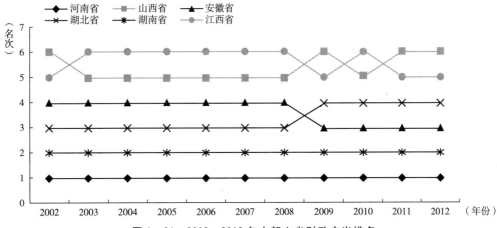

图 1 - 21　2002 ~ 2012 年中部六省财政支出排名

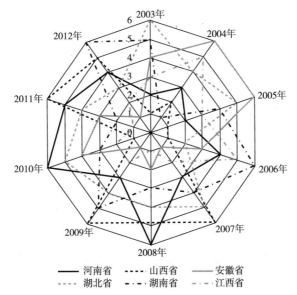

图 1 - 22　2003 ~ 2012 年中部六省财政支出增长率排名

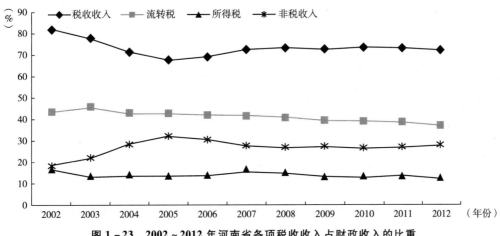

图 1 - 23　2002 ~ 2012 年河南省各项税收收入占财政收入的比重

017

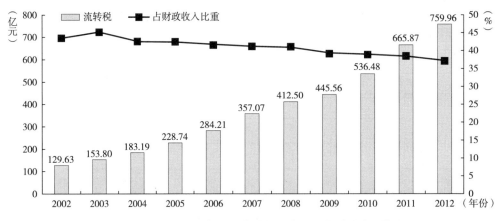

图 1 - 24　2002～2012 年河南省流转税收入及占财政收入的比重

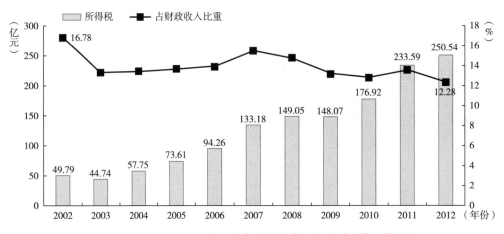

图 1 - 25　2002～2012 年河南省所得税收入及占财政收入的比重

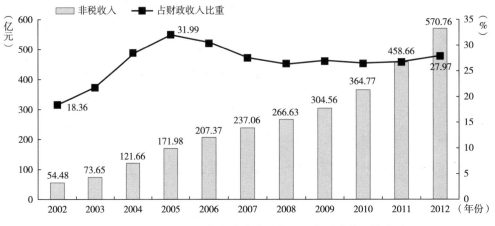

图 1 - 26　2002～2012 年河南省非税收入及占财政收入的比重

第二，2007～2012 年，河南省财政支出主要在一般公共服务、教育、社会保障和就业等方面（见表 1-6）。其他支出包括资源勘探、电力信息等事务，商业、服务业等事务，金融监管等事务，国土资源、气象等事务，住房保障事务，粮油物资储备事务，以及国债还本付息支出，等等。

表 1-6 2007～2012 年河南省财政支出情况

单位：亿元，%

项　目	2007 年		2008 年		2009 年	
	支出额	占　比	支出额	占　比	支出额	占　比
公共预算支出	1870.61	—	2281.61	—	2905.76	—
一般公共服务	355.71	19.02	406.59	17.82	459.01	15.80
国防	1.32	0.07	1.93	0.08	2.56	0.09
公共安全	119.69	6.40	139.19	6.10	167.14	5.75
教育	366.12	19.57	444.03	19.46	526.14	18.11
科学技术	25.23	1.35	30.44	1.33	35.52	1.22
文化体育与传媒	33.38	1.78	41.46	1.82	58.67	2.02
社会保障和就业	281.22	15.03	330.23	14.47	403.62	13.89
医疗卫生	98.78	5.28	145.47	6.38	223.15	7.68
环境保护	60.92	3.26	75.85	3.32	92.98	3.20
城乡社区事务	111.27	5.95	135.38	5.93	130.89	4.50
农林水事务	152.51	8.15	209.59	9.19	361.60	12.44
交通运输	40.30	2.15	43.17	1.89	177.62	6.11
其他支出	224.17	11.98	278.28	12.20	260.81	8.98

项　目	2010 年		2011 年		2012 年	
	支出额	占　比	支出额	占　比	支出额	占　比
公共预算支出	3416.14	—	4248.82	—	5006.40	—
一般公共服务	478.69	14.01	559.02	13.16	663.07	13.24
国防	4.16	0.12	5.67	0.13	7.13	0.14
公共安全	189.72	5.55	204.80	4.82	244.42	4.88
教育	609.37	17.84	857.14	20.17	1106.51	22.10
科学技术	44.67	1.31	56.59	1.33	69.64	1.39
文化体育与传媒	54.99	1.61	57.54	1.35	69.63	1.39
社会保障和就业	461.22	13.50	547.96	12.90	631.61	12.62
医疗卫生	270.21	7.91	361.48	8.51	425.99	8.51
环境保护	96.38	2.82	95.60	2.25	109.45	2.19
城乡社区事务	165.30	4.84	191.30	4.50	237.97	4.75
农林水事务	399.19	11.69	480.48	11.31	551.73	11.02
交通运输	173.84	5.09	281.21	6.62	300.43	6.00
其他支出	465.30	13.62	546.59	12.86	588.82	11.76

第三，2007～2012 年，河南省公共财政各项支出基本呈递增趋势（见图 1－27）。其中，教育支出的增长尤为明显，2012 年比上年净增长 249.37 亿元，增长率为 29%。

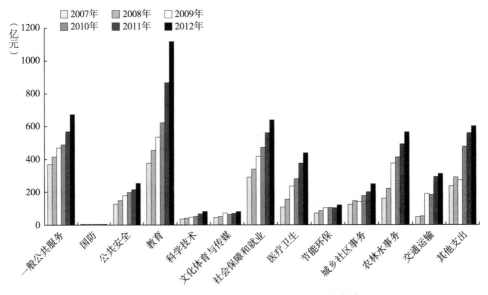

图 1－27　2007～2012 年河南省公共财政支出情况

第四，2007 年与 2012 年支出结构基本相似，各主要项目所占比例有轻微变动。教育支出占财政支出的比重由 2007 年的 20% 增长到 22%，交通运输业由 2% 增加到 6%，医疗卫生由 5% 增长到 9%；一般公共服务所占比重则由 2002 年的 19% 下降到 2012 年的 13%；社会保障和就业所占比重也下降了 2 个百分点（见图 1－28，图 1－29）。

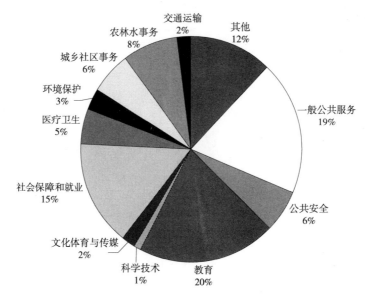

图 1－28　2007 年河南省公共财政支出结构

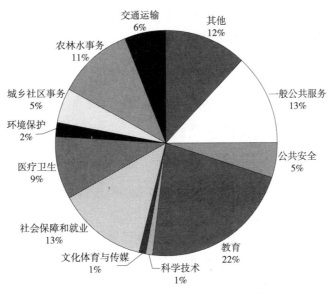

图 1 - 29　2012 年河南省公共预算支出结构

1.3　总结与政策建议

1.3.1　河南省 2012 年财政发展状况总结

2012 年，河南省财政收入和财政支出总规模都有大幅度提升，河南省财政总收入的中央和地方所占比例大致为 4 : 6，地方公共财政收入占总收入的比重与全国其他省份相比处于较高的水平。2012 年，河南省公共财政收入和增长率在全国各省中均居中间位置，略高于全国平均水平；在河南省全部税收收入中，有一半以上属于中央税；河南省非税收入占地方公共财政收入的比重较大，地方公共财政收入稳定性受到影响；河南省获得外国政府与国际金融组织贷款（赠款）的数额较少。

1.3.2　2007 ~ 2012 年河南省财政发展状况总结

2007 ~ 2012 年，河南省公共财政支出连年来支出不断增加，2012 年突破 5000 亿元，其中七成以上用于民生，主要在教育、医疗卫生、社会保障和就业等领域，公共财政支出支持经济平稳增长和经济结构调整，同时不断加大对"三农"的支持力度。2002 ~ 2012 年，河南省财政收入、税收收入、财政支出和地区生产总值规模不断增加，河南省财政收入、税收收入和财政支出占地区生产总值的比重均有所增长，但河南省财政收入、税收收入和财政支出增长速度缺乏稳定性。2002 ~ 2012 年，河南省财政收入全国排名下降和财政支出全国排名上升同时存在，并且两者排名差距不断增加；河南省财政收入、财政支出占全国的比重与地区生产总值占全国的比重不一致，地区生产总值占全国的比重较高，财政收入占全国的比重较低。

2002 ~ 2012 年，中部六省的财政收入均持续增长，河南省财政收入在中部六省中一直居于首位。2002~2012 年,中部六省财政收入的增长率基本在 10%~50%,河南省增长率居中;中部六省间支出差距逐渐增大,河南省支出规模一直居于首位;中部六省财政支出增长率基本在 15%~35%,河南省增长率居中。

在 2002~2012 年河南省财政收入中,税收收入所占比重整体在 70% 以上。税收收入是财政收入的主体,10 年间占比呈下降趋势;2007~2012 年,河南省财政支出主要在一般公共服务、教育、社会保障和就业等方面。

1.3.3　政策建议

第一,继续推进城镇化和工业化,大力发展现代服务业,做大区域经济规模,拓宽税基,提高地方公共财政收入在整个财政收入中的比重。

第二,继续推进税费改革,逐步增大税收收入占财政收入的比重。

第三,继续争取中央财政的转移支付,扩大公共财政支出规模,尤其是农业、基础设施和科技研发与推广方面的支出,在教育、医疗卫生、住房保障等民生领域的支出应保持一个高的增长率。

第 2 章
河南省财政支出报告

　　财政支出是指政府为提供公共物品及服务，将通过各种形式筹集的财政收入进行分配和使用的过程，它是整个财政分配活动的第二阶段。财政支出可以确保国家、地区职能的履行，政府经济作用的发挥，在市场经济社会中可以支持市场经济的形成和壮大。[①]

　　衡量财政支出的范围、力度及效果一般从支出规模、支出结构两个方面考察。财政支出规模反映政府经济活动的范围和对经济生活、社会生活的干预程度。当社会有效需求不足时，可通过增加财政支出扩大社会总需求；当社会有效需求过大时，可以通过减少财政支出抑制社会总需求，以实现供求均衡，促进经济的稳定增长。财政支出结构是指各类财政支出占总财政支出的比重，它直接关系到政府动员社会资源的程度，从而直接或间接地影响社会经济结构各个方面，包括社会总供需结构、产业结构、社会事业各个方面构成等，其对市场经济运行的影响可能比对财政支出规模的影响更大。[②]

2.1　河南省财政支出规模分析

　　财政支出规模是一个反映地方政府职能履行情况的重要指标，一般来说，财政支出规模与政府提供的公共产品成正比，财政支出规模越大，表明政府履行职能的能力越强，提供的公共产品和服务越多。可以认为财政支出规模反映了政府集中、占有和使用的经济资源量及其发挥职能作用的力度，也就是说，财政支出规模是政府活动及其对经济产生影响的集中体现。

2.1.1　财政支出的统计口径、规模指标和时期选择

1. 财政支出的统计口径

　　财政支出的统计有大口径和小口径之分，大口径的财政支出包括预算外公共支出资金，小口径的财政支出仅指纳入政府年度预算的财政支出。从理论的角度看，支出分析需要建立在"全部公共支出"概念的基础之上。根据这一概念，凡是公共部门为行使职能所支付的一切支出，都属于公共支出范畴。据此，公共支出分析不仅要关注预算内公共支出，而且应关注大量"准财政活动"领域中形成的公共支出。由于预算外资金的规模数据难以得到，所以本报告仅考虑小口径的财政支出，即一般预算支出，这些数据可以从官

---

① 丛树海：《公共支出分析》，上海财经大学出版社，1999。
② 丛树海：《公共支出分析》，上海财经大学出版社，1999。

方统计中得到，数据也比较准确。

2．财政支出的规模指标

本报告用下面几个指标来反映财政支出规模：①财政支出总额；②财政收入对支出的预算约束；③财政支出增长率；④人均财政支出；⑤财政支出弹性；⑥财政支出边际倾向。[1]

3．财政支出的时期选择

考虑到财政支出规模受到财政体制的影响，选择 1994 年分税制改革后的数据进行分析。

2.1.2 河南省历年财政支出规模概述

表 2－1 反映了财政支出规模的重要指标，下面我们对主要指标做重点分析。

表 2－1 河南省财政支出规模一览

年 份	财政支出总额（亿元）	财政支出增长率（％）	地区生产总值（亿元）	财政支出总额占地区生产总值的比重（％）	人均财政支出（元/人）	财政支出对地区生产总值的弹性	财政支出对地区生产总值的边际倾向
1994	169.62	14.82	2216.83	7.65	187.90	0.44	0.039
1995	207.28	22.20	2988.37	6.94	227.78	0.64	0.049
1996	255.29	23.16	3634.69	7.02	278.34	1.07	0.074
1997	290.84	13.93	4041.09	7.20	314.66	1.25	0.087
1998	323.63	11.27	4308.24	7.51	347.43	1.71	0.123
1999	384.32	18.75	4517.94	8.51	409.42	3.85	0.289
2000	445.53	15.93	5052.99	8.82	469.57	1.34	0.114
2001	508.58	14.15	5533.01	9.19	532.27	1.49	0.131
2002	629.18	23.71	6035.48	10.42	654.51	2.61	0.240
2003	716.60	13.89	6867.70	10.43	741.28	1.01	0.105
2004	879.96	22.80	8553.79	10.29	905.59	0.93	0.097
2005	1116.04	26.83	10587.42	10.54	1142.55	1.13	0.116
2006	1440.09	29.04	12362.79	11.65	1466.49	1.73	0.183
2007	1870.61	29.90	15012.46	12.46	1895.44	1.39	0.162
2008	2281.61	21.97	18018.53	12.66	2300.47	1.10	0.137
2009	2905.76	27.36	19480.46	14.92	2915.38	3.37	0.427
2010	3416.14	17.56	23092.36	14.79	3273.11	0.95	0.141
2011	4248.82	24.37	26931.03	15.78	4050.74	1.47	0.217
2012	5006.40	17.83	29599.31	16.91	4748.55	1.80	0.284

资料来源：根据 1995～2013 年《中国统计年鉴》相关数据计算而得。下同。

---

[1] 沈坤荣、付文林：《中国的财政分权制度与地区经济增长》，《管理世界》2005 年第 1 期。

第一，财政支出规模绝对数指标即财政支出总额，它可以比较直观地反映财政支出的现状和变化情况。从绝对总支出规模来看，河南省的财政支出一直处于增长状态，2012年相对于1994年增长了28.5倍，远高于同期地区生产总值的增长速度。

第二，财政支出占地区生产总值的比重是反映相对规模的重要指标，这一指标能够反映社会经济资源总量在公私两部门配置的比例。从衡量财政集中程度的角度来讲，财政支出总额占地区生产总值的比重更接近实际，表明了财政对地区生产总值的实际使用和支配的规模。由表2-1可知，河南省财政支出总额占地区生产总值的比重自1995年以来，一直持续增长，由最低的6.94%上升到16.91%，增加了约10个百分点，由此反映出政府配置资源的能力和范围在不断加强。

第三，财政支出增长率表示当年财政支出比上年同期财政支出增长的百分比。用公式表示如下：财政支出增长率 = （当年财政支出 - 上年财政支出）/上年财政支出。由表2-1可知，河南省的财政支出增长率比较高，很多年份都超过了20%，2007年的增长率最高，接近30%。总体上，1994～2012年河南省财政支出增长率略高于全国地方财政支出增长率。

第四，人均财政支出。随着财政支出总规模的扩大，人均财政支出在此期间也大幅度增加，但是其增长速度低于财政支出总规模的增长速度，2012年相对于1994年增长了24.3倍。

第五，财政支出对地区生产总值的弹性是指财政支出增长率与地区生产总值增长率之比，弹性系数大于1，表明财政支出增长速度快于地区生产总值增长速度。财政支出对地区生产总值的弹性的波动幅度比较大，最高为1999年的3.85，最低为1994年的0.44，绝大多数年份的弹性值大于1，表明总体上财政支出增长速度快于地区生产总值增长速度。

第六，财政支出对地区生产总值的边际倾向是财政支出增长额与地区生产总值增长额之比，该指标表明地区生产总值每增加一个单位，财政支出增加多少，或者财政支出增长额占地区生产总值增长额的比例。1994～2012年，河南省财政支出对地区生产总值的边际倾向在波动中上升，由1994年的0.039上升到2012年的0.284，表明河南省财政支出增长额占地区生产总值增长额的比例总体上处于上升趋势。

以上指标反映出，河南省的财政支出规模是不断扩大的，表明政府的事权或职能履行范围在不断增加。这种现象也是与瓦格纳法则相符合的。

2.1.3 河南省财政支出规模在全国的排位变化

为了全面研究河南省财政支出所处的状况，需要进行横向比较，为此，重点考察财政支出规模主要指标在全国的排位变化（见表2-2）。

1. 财政支出总额方面

就财政支出总额而言，河南省属于财政支出大省，自1994年以来，排名基本上在稳步提升。2012年，河南省在全国各地区中排在第五位，仅次于广东、江苏、山东和四川。

表 2 - 2　河南省财政支出规模的横向比较

年　份	财政支出总额			人均财政支出			财政支出占地区生产总值的比重		
	排　位	最高（亿元）	河南（亿元）	排　位	最高（元）	河南（元）	排　位	最高（%）	河南（%）
1994	8	416.83	169.62	28	1452.21	187.90	25	20.71	7.65
1995	8	525.63	207.28	29	1837.47	227.78	26	19.24	6.94
1996	8	601.23	255.29	30	2348.97	278.34	26	17.82	7.02
1997	7	682.66	284.37	31	2805.86	307.66	27	18.69	7.04
1998	7	825.61	323.63	31	3210.7	347.42	27	19.96	7.51
1999	6	965.90	384.32	31	3619.65	409.41	26	23.28	8.51
2000	7	1080.32	445.53	31	3782.24	469.57	26	25.89	8.82
2001	10	1321.33	508.58	31	4245.43	532.27	27	33.75	9.19
2002	8	1521.08	629.18	31	5034.35	654.51	26	34.85	10.42
2003	9	1695.63	716.60	31	6163.3	741.28	26	31.28	10.43
2004	9	1852.95	879.96	31	7534.2	905.59	25	29.46	10.29
2005	7	2289.07	1116.04	30	8710.34	1189.81	25	31.24	10.54
2006	6	2553.34	1440.09	31	9142.39	1533.31	25	33.10	11.65
2007	5	3159.57	1870.61	31	10570.15	1998.52	25	35.39	12.46
2008	6	3778.57	2281.61	31	13036.26	2419.78	25	35.69	12.66
2009	6	4334.37	2905.76	31	15829.37	3062.89	25	45.02	14.92
2010	5	5421.54	3416.14	31	18306.98	3632.26	25	55.05	14.79
2011	5	6712.40	4248.82	31	24995.38	4525.80	25	57.92	15.78
2012	5	7387.86	5006.40	31	29430.41	5322.56	24	61.21	16.91

注：①本表中 1994～1996 年不包括重庆地区；②人均财政支出根据一般预算支出除以年底总人口计算而得；③由于西藏情况特殊，数据不包括西藏地区。

（1）财政支出总额占全国的比重

图 2 - 1 反映了河南省财政支出占全国地方财政支出比重的变化情况，1994～2012 年可以划分为三个阶段：第一阶段是 1994～2001 年，基本处于持续下降状态；第二阶段是 2001～2007 年，所占比重持续上升；第三阶段是 2008 年以后，所占比重基本不变。2012 年相对于 1994 年的该项比重略有上升。

（2）财政支出总额与财政支出大省的比较

图 2 - 2 选取 2012 年我国财政支出大省广东、江苏、山东、四川和河南进行比较，自 1994 年以来，各地区的财政支出绝对规模都有大幅度增长，但支出规模的差异也越来越大，其中增长速度最快的是江苏省。河南省与财政支出大省的财政支出规模差距在拉大。

2. 人均财政支出方面

河南省由于人口众多，财政支出总额与人均财政支出总额在全国的排名形成强烈的反

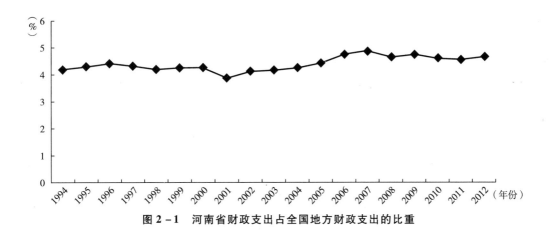

图 2-1 河南省财政支出占全国地方财政支出的比重

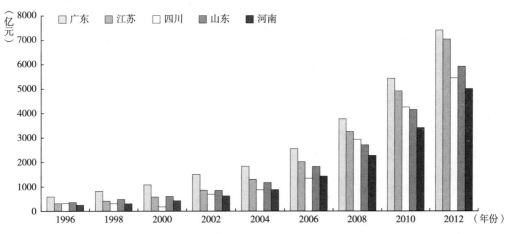

图 2-2 财政支出大省主要年份支出总额变化情况

差，人均财政支出在 1997 年以来除 2005 年外，均排在全国末位。由此反映出河南省所提供公共产品和服务的水平比较低，与全国平均水平尚有一定差距。河南省与发达地区的人均财政支出的绝对差距一直在持续增大，与北京、上海、广东和浙江的相对差距有所降低，但是与江苏的相对差距有所增加（见表 2-3）。

表 2-3 河南省与发达地区的人均财政支出差异情况

年 份		1995	1998	2000	2003	2005	2008	2010	2012
绝对差距（元）	北 京	1006.46	1905.25	2778.21	4305.45	5691.28	9139.43	10217.49	12486.88
	上 海	1609.70	2863.28	3312.67	5422.02	7520.53	9695.66	10709.43	12254.17
	江 苏	130.97	244.19	337.42	663.49	1015.51	1764.06	2612.57	3550.78
	浙 江	189.66	296.23	452.00	1105.07	1345.82	1817.70	2257.00	2276.27
	广 东	537.55	808.41	779.35	1150.53	1299.93	1399.66	1560.29	1651.06

年　份		1995	1998	2000	2003	2005	2008	2010	2012
相对差距	北　京	5.42	6.48	6.92	6.81	5.78	4.78	3.81	3.35
	上　海	8.07	9.24	8.05	8.31	7.32	5.01	3.95	3.30
	江　苏	1.57	1.70	1.72	1.90	1.85	1.73	1.72	1.67
	浙　江	1.83	1.85	1.96	2.49	2.13	1.75	1.62	1.43
	广　东	3.36	3.33	2.66	2.55	2.09	1.58	1.43	1.31

注：相对差距用该地区与河南省的人均财政支出之比表示。

3. 财政支出的相对规模

表 2 - 2 显示，河南省财政支出占地区生产总值的比重相对较低，低于绝大多数地区，排在第 24 ~ 27 位，但是高于财政收入占地区生产总值的比重，反映出财政支出的一部分来自中央的转移支付。另外，比较发现，西藏、青海、贵州、甘肃、新疆、宁夏、云南等西部地区的财政支出占地区生产总值的比重较高，在 30% 以上，主要得益于中央的转移支付。

2.1.4　河南省财政支出规模与中部六省的比较

在表 2 - 4 所显示的各项指标中，河南省财政支出总规模始终是第一位，但由于河南人口众多，人均财政支出基本排在末位，财政支出占地区生产总值的比重也基本排在末位。

表 2 - 4　河南省财政支出规模在中部六省的排位情况

年　份	财政支出总额	人均财政支出	财政支出占地区生产总值的比重
1994	1	5	5
1995	1	5	6
1996	1	6	6
1997	1	6	6
1998	1	6	6
1999	1	6	6
2000	1	6	6
2001	1	6	6
2002	1	6	6
2003	1	6	6
2004	1	6	6
2005	1	5	6
2006	1	6	6
2007	1	6	6

续表

年　份	财政支出总额	人均财政支出	财政支出占地区生产总值的比重
2008	1	6	6
2009	1	6	6
2010	1	6	6
2011	1	6	6
2012	1	6	5

2.1.5　河南省各地市财政支出规模的比较

1. 财政支出总额

由表 2 - 5 可知，就市级财政支出而言，郑州市财政支出在全省 18 个地市总财政支出的中所占比重由 1995 年的 10.86% 上升到 2012 年的 16.33%，省会的财政集中效应凸显。在各地市中，2012 年该项比例相对于 1995 年上升的还有商丘市、周口市、信阳市、驻马店市、许昌市和漯河市；鹤壁市维持不变；其他地区都有不同程度的下降，其中安阳市和焦作市下降幅度最大，分别为 2.62 个和 2.41 个百分点。

表 2 - 5　河南省各地市财政支出占各市财政支出总额中的比重情况

单位：%

地　　市	1995 年	1998 年	2000 年	2003 年	2005 年	2008 年	2010 年	2012 年
郑 州 市	10.86	13.70	15.01	14.86	15.05	15.57	15.37	16.33
开 封 市	4.66	4.36	4.65	4.53	4.30	4.01	4.19	4.00
洛 阳 市	9.17	9.05	8.79	8.90	9.79	9.17	8.31	8.04
平顶山市	6.03	5.58	5.22	4.86	5.35	5.52	5.35	4.89
安 阳 市	7.39	5.77	6.38	6.00	5.82	5.12	5.07	4.77
鹤 壁 市	1.95	1.86	1.77	1.80	2.01	1.74	2.13	1.95
新 乡 市	6.81	6.31	5.63	6.25	5.63	5.34	5.75	5.63
焦 作 市	6.28	5.74	4.65	4.81	5.04	4.37	4.38	3.87
濮 阳 市	4.36	4.15	4.45	3.97	3.84	3.44	3.24	3.51
许 昌 市	3.53	4.16	4.02	4.10	4.04	4.12	4.22	4.16
漯 河 市	2.57	2.76	2.86	2.85	2.85	2.41	2.52	2.60
三门峡市	3.28	3.37	3.58	3.26	3.48	3.52	3.43	3.20
南 阳 市	9.25	8.87	8.55	8.71	8.47	8.78	8.90	9.01
商 丘 市	4.98	5.30	5.12	5.82	5.86	6.34	6.48	6.67
信 阳 市	5.64	5.98	6.13	6.17	5.65	6.45	6.26	6.46
周 口 市	5.95	5.96	6.29	6.20	6.02	6.93	6.98	7.54
驻马店市	5.88	5.98	5.93	5.84	5.57	5.84	6.21	6.27
济 源 市	1.41	1.10	0.97	1.06	1.24	1.31	1.21	1.11

为了考察各地市财政支出规模的变化趋势，特计算各地市财政支出规模的变异系数。据此发现，各市财政支出规模异化趋势非常明显，而且差距持续扩大，变异系数由1995年的0.46上升到2012年的0.62。

2. 财政支出占地区生产总值的比重

观察表2-6可知，河南省各地市财政支出占地区生产总值的比重都呈逐年上升趋势。从中可以发现，该比重的离散程度在不断加大，2012年最高的是周口市，其财政支出占地区生产总值的比重为20.55%，最低的是许昌市，该项比例仅为10.39%。反映出各地市在提供公共产品和服务方面朝着不均衡的方向发展，各地区的可支配财政资源差距比较大。

表2-6　主要年份河南省各地市财政支出占地区生产总值的比重情况

单位：%

地　　市	1996年	1998年	2000年	2003年	2005年	2008年	2010年	2012年
郑 州 市	5.13	5.60	5.60	7.64	8.23	9.64	10.56	12.63
开 封 市	6.07	5.86	5.86	9.09	9.58	10.80	12.56	14.22
洛 阳 市	6.05	6.29	6.29	7.34	7.99	8.88	9.95	11.58
平顶山市	5.14	5.92	5.92	7.53	8.65	9.61	11.34	14.02
安 阳 市	6.23	6.61	6.61	9.40	9.47	9.19	10.69	13.07
鹤 壁 市	5.60	6.45	6.45	8.36	9.80	9.47	13.78	15.30
新 乡 市	5.24	6.25	6.25	9.34	9.39	10.45	13.41	14.91
焦 作 市	5.45	5.81	5.81	7.99	7.83	7.88	9.76	10.70
濮 阳 市	5.87	6.18	6.18	8.48	9.07	9.72	11.62	15.22
许 昌 市	4.42	4.34	4.34	5.65	6.05	7.21	8.91	10.39
漯 河 市	4.90	5.13	5.13	7.28	8.03	8.16	10.28	14.01
三门峡市	5.69	5.89	5.89	8.22	9.42	9.99	10.89	12.16
南 阳 市	5.21	4.83	4.83	6.82	7.30	9.98	12.65	16.51
商 丘 市	5.32	5.59	5.59	9.70	9.48	12.66	15.74	20.49
信 阳 市	6.62	6.62	6.62	10.07	10.08	13.84	15.91	19.83
周 口 市	5.19	5.18	5.18	8.71	9.17	13.09	15.77	20.55
驻马店市	6.15	6.26	6.26	9.57	10.10	13.36	16.35	19.58
济 源 市	5.92	6.00	6.00	6.35	7.82	8.44	9.81	11.07

3. 人均财政支出

就人均财政支出而言，省会郑州市一直处于第一位，其次是济源市，基本在第二位或第三位。另外，三门峡市、鹤壁市、洛阳市、焦作市等的人均财政支出也相对较高；周口市则一直处于末位，全省最少；驻马店市、商丘市、信阳市、南阳市以及开封市等地的人均财政支出水平相对较低（见表2-7）。

人均财政支出比值最高的郑州市和最低的周口市始终维持在3.3以上，反映出河南省各地市人均财政支出差异大，各地区居民所能享受的公共产品与服务差别比较大，与政府所提出的促进基本公共服务均等化的目标相背离。因此，需要河南省和中央政府通过合理的转移支付制度来扭转这种局面。

表 2 - 7　河南省各地市人均财政支出规模及排名情况

单位：元

地　市	1996 年		2000 年		2005 年		2010 年		2012 年	
	规模	排名	规模	排名	规模	排名	规模	排名	规模	排名
郑 州 市	425.45	1	783.58	1	2090.84	1	9456.11	1	9456.11	1
开 封 市	206.94	13	327.23	12	818.64	12	3373.98	13	3373.98	13
洛 阳 市	293.62	5	459.74	5	1384.90	4	5012.24	5	5012.24	5
平顶山市	224.13	11	355.06	10	984.14	9	3921.18	7	3921.18	9
安 阳 市	263.91	8	401.77	8	989.26	8	3569.58	10	3569.58	12
鹤 壁 市	282.97	6	413.32	7	1268.76	6	5209.42	4	5209.42	4
新 乡 市	267.19	7	341.77	11	924.87	11	4043.10	8	4043.10	8
焦 作 市	411.65	3	462.89	4	1339.85	5	4537.47	6	4537.47	6
濮 阳 市	261.16	9	417.17	6	972.83	10	3903.84	12	3903.84	10
许 昌 市	215.67	12	298.05	13	813.69	13	3696.23	11	3696.23	11
漯 河 市	225.47	10	380.47	9	1023.09	7	4071.59	9	4071.59	7
三门峡市	302.16	4	543.93	2	1423.18	3	6064.14	3	6064.14	3
南 阳 市	189.78	14	266.08	14	715.43	14	3316.07	14	3316.07	14
商 丘 市	142.47	17	209.76	17	650.63	16	3199.20	16	3199.20	16
信 阳 市	157.64	15	261.00	15	650.97	15	3240.28	15	3240.28	15
周 口 市	128.58	18	197.64	18	510.09	18	2874.42	18	2874.42	18
驻马店市	156.98	16	238.90	16	605.29	17	3016.67	17	3016.67	17
济 源 市	421.51	2	494.45	3	1696.99	2	6961.70	2	6961.70	2

从各地市人均财政支出规模的横向比较来看，同一年份的河南省各地市人均财政支出差距比较大，变异系数基本在 0.35 ~ 0.40，2009 年以后，离散程度略有下降，但总体上呈上升态势。

2.2　河南省财政支出结构分析

财政支出结构是指财政支出中各类支出在支出总额中所占的比重，反映了在一定的经济体制和财政体制下，在财政资金分配过程中，财政支出的构成要素之间相互联系、相互作用的关系。财政支出结构除了表现为一定的数量关系，实际上还是财政职能状态和政府政策的体现，且随着政府职能状况的变化，财政支出结构也会相应调整。财政支出结构受社会资源配置的制约，但支出结构优化程度又反过来制约着社会资源配置的效率。此外，财政支出结构还与经济发展阶段、经济发展程度密切相关。合理的财政支出结构是推动经济和社会发展的重要保障，财政支出结构的合理性，直接关系到财政支出本身的效率和经济效率。

各类财政支出具有不同的经济性质和功能，例如，社教文卫费形成了政府对人力资本的投资，从理论上说，它可以提高劳动者的素质与技能，推动生产率的发展；国防费是保卫国家安全及形成和平建设环境所不可或缺的支出，可满足全体社会成员对安全的消费需要；一般公共服务支出是一种纯消耗性的支出，是保障国家机器正常运转的必要开支；等等。

财政支出结构分析受到财政支出分类的约束，考虑到我国在2007年实行了新的财政收支分类改革，为了保证数据的持续性和可比性，本报告选择2007年后的数据进行分析。

2.2.1 2007～2012年河南省财政支出结构概述

在2007年的财政支出结构中，教育支出最高，总额为366.12亿元，占全省财政支出总额的19.57%，其次是一般公共服务支出，总额为355.71亿元，占19.02%，第三大支出是社会保障和就业支出，总额为281.22亿元，占15.03%，其他比较重大的支出依次是农林水事务支出（152.51亿元）占8.15%，工业商业金融等事务支出（136.91亿元）占7.32%，公共安全支出（119.69亿元）占6.40%，城乡社区事务支出（111.27亿元）占5.95%，医疗卫生支出（98.78亿元）占5.28%。

在2008年的财政支出结构中，仍然是教育支出最高，总额为444.03亿元，占全省财政支出总额的19.46%，所占比重较上年略有下降；其次是一般公共服务支出，总额为406.59亿元，占17.82%，该比例较上年下降1.2个百分点；第三大支出是社会保障和就业支出，总额为330.23亿元，占14.47%，该比例较上年下降约0.5个百分点；前三大支出所占比重较上年均有不同程度的下降；其他比较重大的支出依次是农林水事务支出（209.59亿元）占9.19%，该比例较上年上升约1个百分点；工业商业金融等事务支出（200.58亿元）占8.79%，较上年的比重明显上升；公共安全支出（139.19亿元）占6.10%，城乡社区事务支出（135.38亿元）占5.93%，医疗卫生支出（145.47亿元）占6.38%，占比明显上升。

在2009年的财政支出结构中，仍然是教育支出最高，总额为526.14亿元，占全省财政支出总额的18.11%，所占比重较上年下降1.35个百分点；其次是一般公共服务支出，总额为459.01亿元，占15.80%，该比例较上年下降2个百分点；第三大支出是社会保障和就业支出，总额为403.62亿元，占13.89%，该比例较上年下降0.58个百分点；与此前相同，前三大支出所占比重较上年均有不同程度的下降；其他比较重大的支出依次是农林水事务支出（361.60亿元）占12.44%，该比例较上年上升约3.26个百分点，增幅明显；医疗卫生支出（223.15亿元）占7.68%，占比较上年增加1.3个百分点，成为第五大支出；公共安全支出（167.14亿元）占5.75%，城乡社区事务支出（130.89亿元）占4.50%。

在2010年的财政支出结构中，仍然是教育支出最高，总额为609.37亿元，占全省财政支出总额的17.84%，所占比重较上年略有下降；其次是一般公共服务支出，总额为

478.69 亿元，占 14.01%，该比例较上年下降 1.78 个百分点；第三大支出是社会保障和就业支出，总额为 461.22 亿元，占 13.50%，该比例较上年下降 0.39 个百分点；其他比较重大的支出依次是农林水事务支出（399.19 亿元）占 11.69%；医疗卫生支出（270.21 亿元）占 7.91%；公共安全支出（189.72 亿元）占 5.55%，城乡社区事务支出（165.30 亿元）占 4.84%。

在 2011 年的财政支出结构中，教育支出最高，总额为 857.14 亿元，占全省财政支出总额的 20.17%，所占比重较上年增加 2.34 个百分点；其次是一般公共服务支出，总额为 559.02 亿元，占 13.16%，该比例较上年下降接近 1 个百分点；第三大支出是社会保障和就业支出，总额为 547.96 亿元，占 12.90%，该比例较上年下降 0.6 个百分点；其他比较重大的支出依次是农林水事务支出（480.48 亿元，占 11.31%）、医疗卫生支出（361.48 亿元，占 8.51%）、公共安全支出（204.80 亿元，占 4.82%）、城乡社区事务支出（191.30 亿元，占 4.50%）。

2012 年的财政支出结构相对于上年变化不大，各大类支出所占支出比重排序变化也不大。但是与 2007 年相比，财政支出比重由 19.5% 提高到 22.1%；一般公共服务支出比重由 19.02% 下降到 13.24%；社会保障支出由 15.03% 下降到 12.62%；农林水事务支出由 8.15% 增加到 11.02%；城乡社区事务支出由 5.95% 下降到 4.75%；医疗卫生支出由 5.28% 增加到 8.51%。

2.2.2　河南省财政支出结构的横向比较

1. 河南省与全国地方财政支出结构的比较

为了研究方便，本报告选择 2007 年和 2012 年两个代表性年份进行比较。

从图 2-3 可以看出，2007 年河南省的一般公共服务支出、教育支出、社会保障和就

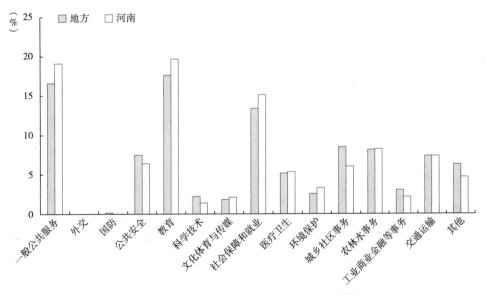

图 2-3　2007 年河南与全国地方财政支出结构比较

业支出的占比均明显高于其在地方财政支出中的比重，医疗卫生支出、环境保护支出、文化体育与传媒支出以及农林水事务支出所占比重略高于其在地方财政支出中的比重，而公共安全支出、科学技术支出、城乡社区事务支出所占比重低于其在全国地方财政支出中的比重。

对比图 2－4 可以发现，2012 年河南的一般公共服务支出、教育支出、社会保障和就业支出、医疗卫生支出所占比重仍然高于全国各地区的平均水平，而科学技术支出、文化体育与传媒支出、环境保护支出、城乡社区事务支出、交通运输支出、资源勘探电力信息等事务支出占比低于全国平均水平。其中，城乡社区事务支出所占比重明显低于全国平均水平。

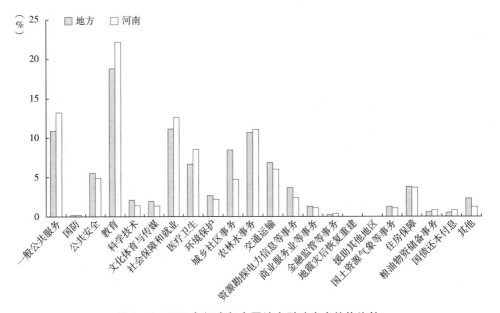

图 2－4　2012 年河南与全国地方财政支出结构比较

图 2－4 还反映出河南省的粮油物资储备事务支出占比相对较高，这与河南省是农业大省和产粮大省有关，在保障国家粮食安全方面发挥着重要作用。另外，河南省的国债还本付息支出占比也相对较高，反映出由于河南省经济比较落后，地方财力比较有限，地方债务压力比较大，财政支出对债务收入的依赖程度比较高，应该注意防范相关风险。

2. 与典型省份支出结构的比较

（1）与东部代表性省份财政支出结构的比较

图 2－5 中显示出河南省的一般公共服务支出、教育支出、社会保障和就业支出、医疗卫生支出、住房保障支出、粮油物资储备事务支出所占比重高于江苏省和广东省，其中，社会保障和就业支出所占比重高约 4.6 个百分点，比较显著。

在农林水事务支出方面，由于河南省与江苏省都是粮食主产区，这方面的支出比重相当；而由于广东是工业大省，属于粮食主销区，在农林水事务支出比重方面较河南省低些。

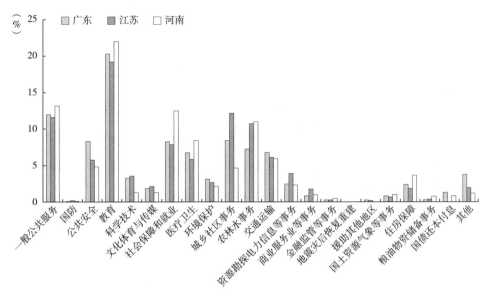

图 2 - 5　2012 年河南省财政支出结构与东部代表性省份的比较

在公共安全支出方面，河南省该项支出比重与江苏省比较接近，但是低于广东省。

在科学技术支出、城乡社区事务支出、环境保护支出方面，河南省该项支出比重明显低于江苏省和广东省，反映出河南省在这方面的支出有待加强。

通过与东部代表性省份的比较，河南省在城乡社区事务支出、科学技术支出方面存在明显的差距，有待提高。

（2）与中部六省的比较

2012 年，河南省的财政支出结构与山西、安徽、江西、湖北和湖南的相似系数[①]依次为：0.976、0.979、0.982、0.994、0.993，可见，河南省与湖北、湖南两省的相似度最高。

河南省一般公共服务支出占比仅略低于湖南省，高于其他四个省份；公共安全支出比重低于湖北省和安徽省而高于其他地区；教育支出占比明显高于其他五个省份；科学技术支出占比低于安徽和湖北，居于中间水平；文化体育与传媒支出占比仅略高于湖南省而低于其他省份；社会保障支出占比低于湖北、山西和湖南，高于安徽和江西；医疗卫生支出占比高于其他所有地区；环境保护支出占比低于其他所有省份；城乡社区事务支出占比也是最低；农林水事务支出占比仅高于安徽和湖南；交通运输支出占比高于安徽和湖北；资源勘探电力信息等事务支出占比和商业服务业等事务支出占比仅高于山西；金融监管等事务支出占比高于其他所有省份；援助其他地区支出占比低于其他所有省份；国土资源气象等事务支出仅高于江西；住房保障支出占比仅高于山西；粮油物资储备事务支出低于湖北而高于其他地区；国债还本付息支出明显高于其他所有省份（见图 2 - 6）。

①　相似系数计算公式：$\rho_{ij} = \dfrac{\sum (x_{in} - x_{jn})}{(\sum x_{in}^2)(\sum x_{jn}^2)}$，式中，$i$ 和 j 表示两个区域，x_{in} 和 x_{jn} 分别表示财政支出 n 个在区域 i 和区域 j 的财政支出结构中所占比重。

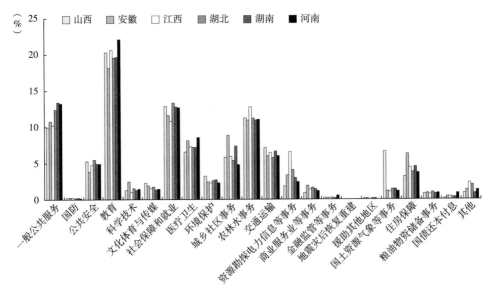

图 2 - 6　2012 年河南省财政支出结构与中部六省的比较

（3）与西部代表性省份的比较

图 2 - 7 中反映出在 2012 年河南省的财政支出中，一般公共服务支出占比高于甘肃但低于贵州，公共安全支出占比各地相差不大，社会保障和就业支出高于贵州而低于甘肃。

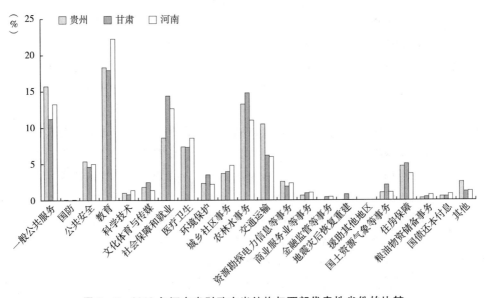

图 2 - 7　2012 年河南省财政支出结构与西部代表性省份的比较

河南省的教育支出、科学技术支出、医疗卫生支出、城乡社区事务支出以及国债还本付息支出占比高于贵州和甘肃，反映出河南省在这些领域的公共产品和服务的供给方面要好于西部省份。同时，河南省的农林水事务支出、住房保障支出占比低于贵州和甘肃。

2.2.3　河南省各地市财政支出结构的比较

表 2 - 8 显示河南省各地市的财政支出结构基本相同，但是个别地市的个别支出有一定差异。其中，就一般公共服务支出而言，开封市最高，占 20.94%，高于 13.86% 的均值，濮阳市最低，仅 9.16%；就公共安全而言，各市差别不大，基本在 4% ~ 5%；各地教育支出占比差别较大，以信阳市为最高，达到 27.10%，郑州市最低，为 17.70%；科学技术支出占比差别较小，鹤壁市最低，0.84%，郑州市最高，为 2.18%；文化体育与传媒支出的比重洛阳市为最高，达到 2.67%，商丘市最低，为 0.80%；社会保障和就业支出的比重濮阳市最高，为 14.06%，郑州市最低，为 7.95%；医疗卫生支出的比重周口市最高，为 12.64%，郑州市最低，为 6.57%；环境保护支出的比重济源市最高，为 5.05%，驻马店市最低，为 1.44%；城乡社区事务支出的比重郑州市最高，为 13.57%，远高于 4.67% 的平均水平，商丘市最低，仅 2.27%；农林水事务支出的比重濮阳市最高，为 15.29%，郑州市最低，为 7.43%；交通运输支出的比重南阳市最高，为 7.79%，郑州市最低，为 3.81%；住房保障支出鹤壁市最高，为 10.05%，许昌市最低，为 2.34%。

表 2 - 8　2012 年河南省各地市主要财政支出占比情况

单位：%

地　　市	一般公共服务	公共安全	教育	科学技术	文化体育与传媒	社会保障和就业	医疗卫生	环境保护	城乡社区事务	农林水事务	交通运输	住房保障
郑 州 市	11.81	5.12	17.70	2.18	1.55	7.95	6.57	2.01	13.57	7.43	3.81	2.49
开 封 市	20.94	5.16	19.54	1.08	1.22	13.74	11.06	1.68	2.30	12.53	3.85	3.21
洛 阳 市	11.61	5.25	22.95	2.00	2.67	9.21	7.54	2.54	7.51	10.45	4.88	3.43
平顶山市	14.78	5.59	21.75	1.18	1.44	12.01	9.32	3.74	3.83	12.16	3.93	3.60
安 阳 市	12.68	6.08	22.51	1.76	1.63	9.01	10.84	3.04	4.09	12.79	6.20	4.28
鹤 壁 市	10.05	5.69	19.94	0.84	1.73	10.89	7.84	3.99	4.62	10.28	5.34	10.05
新 乡 市	14.09	6.15	21.93	1.22	1.46	9.35	9.01	2.85	4.22	12.43	4.99	5.24
焦 作 市	13.87	6.82	19.96	1.98	1.45	10.54	9.10	3.44	5.58	10.23	5.37	3.60
濮 阳 市	9.16	5.29	23.47	1.22	1.37	14.06	9.67	1.92	4.29	15.29	7.43	3.13
许 昌 市	16.33	5.32	23.49	1.18	1.45	9.73	8.94	3.01	5.57	11.52	5.46	2.34
漯 河 市	13.68	5.42	20.21	0.53	1.26	10.77	9.84	1.73	5.33	10.87	6.34	5.40
三门峡市	16.90	4.75	21.33	1.63	1.41	8.85	7.07	4.18	3.93	12.05	5.82	2.79
南 阳 市	13.68	4.44	21.06	1.34	1.10	11.62	10.07	3.45	2.43	14.77	7.79	3.64
商 丘 市	11.96	4.11	25.83	0.65	0.80	13.01	10.37	1.54	2.27	13.18	5.81	6.61
信 阳 市	16.76	3.77	27.10	0.66	1.04	10.13	8.75	2.35	2.32	15.00	4.95	4.31
周 口 市	12.57	3.82	26.35	0.81	1.39	13.59	12.64	1.56	2.79	12.78	4.82	3.22
驻马店市	15.22	3.95	22.78	1.04	1.03	13.54	11.34	1.44	2.41	14.63	4.56	5.21
济 源 市	13.33	4.81	20.15	0.92	1.47	9.40	8.31	5.05	6.91	13.11	5.44	3.35

就各市的支出结构而言，存在一定的差别，利用变异系数来计算各项支出的结构占比差异，发现城乡社区事务支出占比的变异系数最大，为 0.59；教育支出占比的变异系数最小，为 0.11，这与教育支出的法定性不无关系。[①] 差异比较大的还有住房保障支出、科学技术支出和环境保护支出，变异系数依次为 0.44、0.40 和 0.39。

从中发现，郑州市作为河南省会，财政支出结构与其他地市有显著差异，表现在城乡社区事务支出的比重偏高，农林水事务支出的比重偏低。总体看来，各地市的财政支出结构与其经济结构、社会发展需求状况基本相符。

2.3　主要财政支出项目分析

2.3.1　一般公共服务支出分析

一般公共服务支出反映政府提供一般公共服务的支出，主要包括人大事务支出、政协事务支出、政府办公厅（室）及相关机构事务支出、发展与改革事务支出、统计信息事务支出、财政事务支出、税收事务支出、审计事务支出、海关事务支出、人力资源事务支出、纪检监察事务支出、人口与计划生育事务支出、商贸事务支出、知识产权事务支出、工商行政管理事务支出、质量技术监督与检验检疫事务支出、民族事务支出、宗教事务支出、港澳台侨事务支出、档案事务支出、民主党派及工商联事务支出、群众团体事务支出、党委办公厅（室）及相关机构事务支出、组织事务支出、宣传事务支出、统战事务支出、对外联络事务支出、其他共产党事务支出、其他一般公共服务支出等各项支出。从中可以看出，该项支出主要用于保障机关事业单位正常运转，支持各机关单位履行职能，保障各机关部门的项目支出需要，等等。

由于一般公共服务支出属于纯消耗性支出，因而其增长速度应小于财政支出的增长速度，这样才有利于把财政支出增长的大部分用于经济建设和社会事业。[②]

1. 一般公共服务支出的基本情况

（1）一般公共服务支出的规模变化情况

2012 年河南省一般公共服务支出总额为 663.07 亿元，在全国排在第四位，仅次于广东、江苏和山东；人均一般公共服务支出为 705 元，在全国排在第 28 位，仅高于四川、江西和河北。

图 2-8 显示，2007 年以来河南省一般公共服务支出规模持续增长，2012 年相对于 2007 年几乎增加了一倍，年均增速为 13.26%，而且增速有加快的趋势。就增速而言，河南省在 31 个省份中处于中间水平，其中，年均增速最快的是贵州，为 23.63%，其次是西藏，为 19.80%；而宁夏、北京、浙江、上海、山西等地的年均增速都在 10% 以下，得到了较好的控制。

[①] 国家相关法律规定，文卫支出要与财政收入保持相同增长比例。

[②] 樊丽明、李齐云：《中国地方财政运行分析》，经济科学出版社，2001，第 245 页。

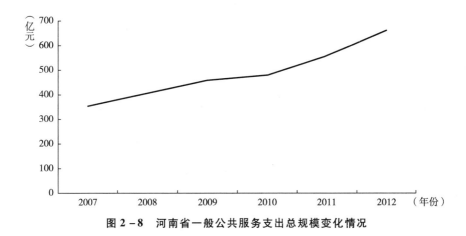

图 2 - 8　河南省一般公共服务支出总规模变化情况

（2）该项支出占财政支出的比重变化情况

图 2 - 9 显示，尽管一般公共支出的规模在不断上升，但是其占财政支出总额的比重不断下降，由 2007 年的 19.02% 下降到 2012 年的 13.24% 。由此反映出河南省该项支出在一定程度上得到了控制，财政支出结构确实在不断优化。

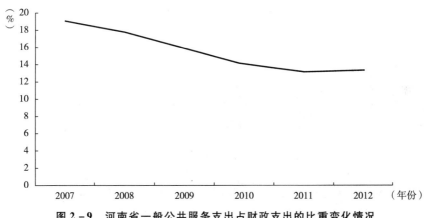

图 2 - 9　河南省一般公共服务支出占财政支出的比重变化情况

2. 河南省一般公共服务支出占财政支出比重在全国的排位变化

将全国 31 个省份的一般公共服务支出占财政支出比重从大到小进行排列，2007 ~ 2012 年河南省该比重排在第一位与第五位之间（见表 2 - 9），是最小值上海市的两倍以上，与最大比重更为接近。这意味着和全国的水平相比，河南省该比例相对偏高，需要进一步加强控制力度，进一步优化支出结构。

表 2 - 9　河南省一般公共服务支出占财政支出比重在全国的排位情况

单位：%

年　份		2007	2008	2009	2010	2011	2012
河　南	比　重	19.02	17.82	15.80	14.01	13.16	13.24
	排　位	5	2	3	1	3	4

续表

年　　份		2007	2008	2009	2010	2011	2012
最小值	比　重	8.37	7.66	6.91	6.84	6.03	6.01
	地　区	上海	上海	上海	上海	上海	上海
最大值	比　重	22.13	19.09	18.23	14.01	13.66	16.61
	地　区	西藏	青海	西藏	河南	贵州	西藏

3. 河南省一般公共服务支出与中部六省的比较

图 2-10 显示，中部六省的一般公共服务支出总额都是上升的，河南省的一般公共服务支出总额在中部六省始终居于第一位，而且绝对增加量也排在第一位。该项支出总额排在第二位的是湖南省，山西省自 2010 年排在末位，且其年均增速在中部六省中是最低的。

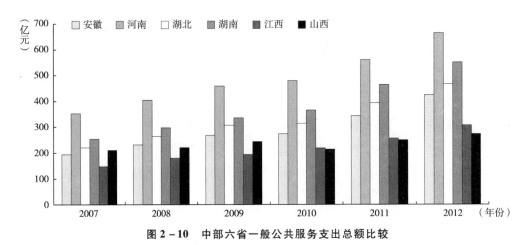

图 2-10　中部六省一般公共服务支出总额比较

图 2-11 显示，中部六省人均一般公共服务支出都处于上升状态，且离散程度逐年下降，越来越趋于一致，其中河南省一直排在第四位，2012 年降至第五位。

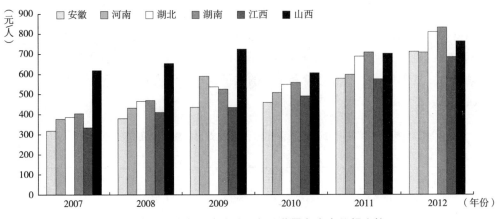

图 2-11　中部六省人均一般公共服务支出总额比较

图 2－12 显示，中部六省的一般公共服务支出占财政支出的比重基本上都呈下降趋势，其中山西省下降最为明显，由 2007 年的 20.01% 下降到 2012 年的 9.95%，其排位也由首位下降到末位。就河南省而言，在此期间下降了近 6 个百分点，但是相对比重仍然偏高。

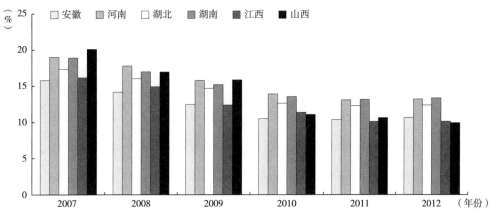

图 2－12　中部六省一般公共服务支出占财政支出的比重情况

将中部六省的一般公共服务支出占财政支出比重从大到小进行排列，河南省的排位情况见表 2－10。河南省在中部六省中的一般公共服务支出占财政支出的比重偏高，表 2－10 显示的排位为第一位或第二位，一般公共服务支出反映的是保障机构运行的基本开支，反映出河南省"吃财政饭"的特点比较突出。

表 2－10　河南省一般公共服务支出占财政支出比重与中部六省的比较

年　份	2007	2008	2009	2010	2011	2012
排　名	2	1	2	1	2	2

4. 河南省各地市一般公共服务支出占财政支出比重排位变化

表 2－11 显示，2007～2012 年郑州市该比重持续下降，由 18.86% 下降到 11.81%，同样有明显下降趋势的还有洛阳市、平顶山市、安阳市、鹤壁市、焦作市、濮阳市、许昌市、漯河市，这些地市的排位也明显后移；三门峡市、南阳市、驻马店市该比重虽略有下降，但是其排位明显前移；开封市该比重一直居高不下，基本维持在 20%～24%；其他地区的排位变化基本不大。

表 2－11　河南省各地市一般公共服务支出占财政支出比重及其排位情况

单位：%

地　市	占　比						排　位					
	2007 年	2008 年	2009 年	2010 年	2011 年	2012 年	2007 年	2008 年	2009 年	2010 年	2011 年	2012 年
郑州市	18.86	16.80	14.30	12.85	12.05	11.81	11	12	16	17	15	15
开封市	22.98	24.02	20.52	20.36	19.75	20.94	2	1	1	1	1	1

续表

地　市	占　比						排　位					
	2007 年	2008 年	2009 年	2010 年	2011 年	2012 年	2007 年	2008 年	2009 年	2010 年	2011 年	2012 年
洛　阳　市	15.92	15.79	15.55	13.27	10.99	11.61	16	15	11	16	18	16
平顶山市	22.06	21.29	19.45	17.18	16.09	14.78	3	2	2	4	4	6
安　阳　市	20.31	18.05	16.58	14.89	13.70	12.68	6	9	8	8	10	12
鹤　壁　市	17.15	18.12	15.18	12.25	11.40	10.05	14	8	13	18	16	17
新　乡　市	19.86	19.76	17.69	15.57	14.38	14.09	8	6	5	7	8	7
焦　作　市	21.73	20.54	17.21	16.03	15.01	13.87	4	5	6	6	6	8
濮　阳　市	20.16	16.74	14.74	13.70	11.08	9.16	7	13	14	14	17	18
许　昌　市	24.31	21.22	18.77	17.96	16.07	16.33	1	3	4	2	5	4
漯　河　市	20.51	18.46	17.08	14.60	13.54	13.68	5	7	7	10	12	10
三门峡市	17.89	17.79	15.94	16.97	16.45	16.90	12	10	9	5	2	2
南　阳　市	15.85	15.70	15.53	14.69	14.07	13.68	17	16	12	9	9	9
商　丘　市	16.15	14.90	14.05	13.63	12.09	11.96	15	18	18	15	14	14
信　阳　市	19.19	20.66	19.35	17.46	16.41	16.76	9	4	3	3	3	3
周　口　市	19.13	17.03	15.71	14.52	13.41	12.57	10	11	10	11	13	13
驻马店市	15.78	16.19	14.66	14.24	14.46	15.22	18	14	15	12	7	5
济　源　市	17.74	15.60	14.29	13.74	13.61	13.33	13	17	17	13	11	11

2.3.2　教育支出

　　财政支出中的教育支出反映了政府的教育事务支出，主要包括教育行政管理、学前教育、小学教育、初中教育、普通高中教育、普通高等教育、初等职业教育、中专教育、技校教育、职业高中教育、高等职业教育、广播电视教育、留学生教育、特殊教育、干部继续教育、教育机关服务等方面的支出。

　　教育支出是财政支出的重要内容，关系着国民素质的培养、民族的发展和未来，是民生财政的重要内容，也是衡量政府提供公共服务的重要指标。

　　1. 教育支出的基本情况

　　（1）规模变化情况

　　图 2-13 反映了 2007~2012 年河南省教育支出规模情况，从中可以看出，其一直处于上升状态，尤其是 2011~2012 年的增幅和增速上升显著，2012 年教育支出规模是 2007 年的 3 倍。从绝对规模来看，教育支出始终是河南省的第一大支出。在此期间，河南省教育支出的增长非常迅速，快于地区生产总值和财政支出的增长速度。

　　河南省教育支出的年均增速为 24.76%，就增速而言，在全国 31 个省份中居第 18 位；在中部六省中居于第六位，其中，江西省年均增速最快，为 29.05%。

　　2012 年，河南省教育支出为 1106.51 亿元，在全国居第四位，仅次于广东、江苏和山东；人均教育支出为 1176 元，排在全国 31 个省份的末位，与北京市（3038 元）、上海

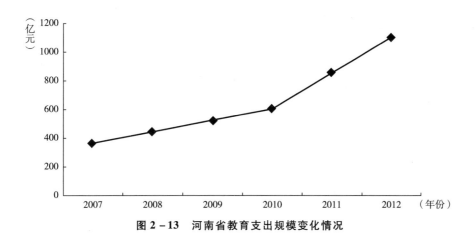

图 2 - 13　河南省教育支出规模变化情况

市（2726 元）等地的差异非常大。可见，河南省还要继续加大在教育方面的投入力度，提高人均支出水平。

（2）教育支出占财政支出的比重变化情况

图 2 - 14 显示，2007 ~ 2012 年教育支出占财政支出的比重先降后升，略有波动，总体呈上升趋势，从最初的 19.57% 上升到 22.10%。

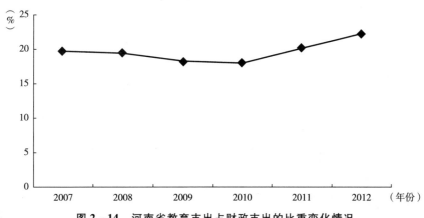

图 2 - 14　河南省教育支出占财政支出的比重变化情况

2012 年，河南省教育支出占财政支出比重在全国排在第二位，仅略低于山东省（22.22%），相对于 2007 年的全国第五位，排名明显前移。

由图 2 - 15 可知，河南省教育支出占地区生产总值的比重呈现阶段式上升趋势，但是尚未达到国家要求的 4% 的水平。

总之，河南在教育支出方面虽然占财政支出的比重较大，但是人口众多导致人均支出规模偏低，这是最大的困境。相关数据反映出河南省教育支出的增长更多的是受到法定支出要求和支出刚性需求的约束。

2. 河南省教育支出占财政支出与地区生产总值比重在全国的排位变化

表 2 - 12 显示出河南省教育支出占财政支出的比重在全国的排位比较靠前，但是其占地区生产总值的比重相对靠后，主要是因为河南省财政支出占地区生产总值的比重较低。

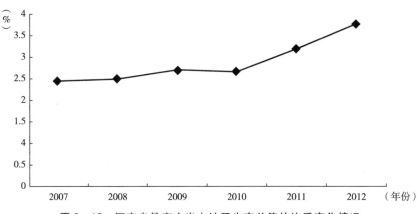

图 2 - 15 河南省教育支出占地区生产总值的比重变化情况

表 2 - 12 河南省教育支出占财政支出与地区生产总值比重在全国的排位情况

单位：%

年　份		2007	2008	2009	2010	2011	2012
占财政支出的比重	比　重	19.57	19.46	18.11	17.84	20.17	22.10
	位　次	5	6	8	8	2	2
占地区生产总值的比重	比　重	2.44	2.46	2.70	2.64	3.18	3.74
	位　次	19	21	20	20	17	18

3. 河南省教育支出与中部六省的比较

图 2 - 16 显示，就教育支出总量而言，河南省始终排在中部六省首位。

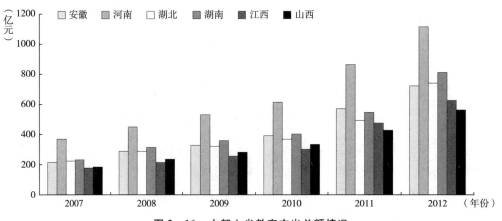

图 2 - 16 中部六省教育支出总额情况

图 2 - 17 显示了中部六省的人均教育支出水平。山西省一直处于首位，其他五个省份除了 2011 年，差别都不大。河南省人均教育支出的排名除了 2012 年居于末位外，其他年份都居于中间水平。

表 2 - 13 显示，河南省教育支出占财政支出的比重处于中部六省的首位，教育支出占地区生产总值的比重在中部六省处于中间水平，高于安徽省、江西省和山西省。

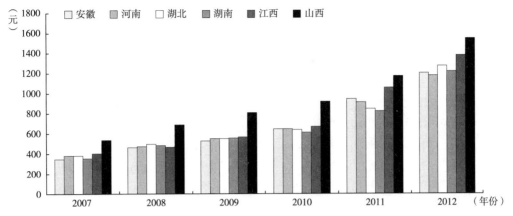

图 2 - 17　中部六省人均教育支出额情况

表 2 - 13　河南省教育支出占财政支出比重在中部六省的排位情况

年　份	2007	2008	2009	2010	2011	2012
占财政支出比重	1	1	1	1	1	1
占地区生产总值比重	3	1	2	3	3	3

4. 河南省各地市教育支出占财政支出比重排位变化

表 2 - 14 显示了 2007 ~ 2012 年河南省 18 个地市教育支出占财政支出比重及其排名情况，商丘市、周口市、信阳市等地区的该项比重较高，郑州市、焦作市、漯河市和济源市的该项比重较低。

表 2 - 14　河南省各地市教育支出占财政支出比重与排位情况

单位：%

地　　市	排名情况						比重情况					
	2007 年	2008 年	2009 年	2010 年	2011 年	2012 年	2007 年	2008 年	2009 年	2010 年	2011 年	2012 年
郑 州 市	17	17	12	18	18	18	17.64	17.88	17.55	15.77	16.23	17.70
开 封 市	10	10	11	12	14	17	19.12	19.30	18.11	16.93	19.36	19.54
洛 阳 市	12	13	9	9	9	6	19.04	19.01	19.79	19.28	21.33	22.95
平顶山市	13	15	15	13	13	10	18.36	18.37	17.03	16.61	19.39	21.75
安 阳 市	5	5	5	5	4	8	24.70	24.39	22.86	22.62	24.14	22.51
鹤 壁 市	14	14	16	16	12	16	18.31	18.84	16.61	15.92	19.54	19.94
新 乡 市	7	7	7	8	8	9	21.69	21.57	20.86	19.84	22.71	21.93
焦 作 市	18	16	18	15	17	15	17.16	18.13	16.46	16.14	17.20	19.96
濮 阳 市	4	4	3	2	5	5	24.90	25.12	23.37	23.48	24.06	23.47
许 昌 市	8	9	8	7	7	4	20.79	20.97	20.30	20.35	22.84	23.49
漯 河 市	16	12	13	17	16	13	17.88	19.22	17.28	15.79	18.56	20.21
三门峡市	11	11	14	10	11	11	19.11	19.22	17.27	19.01	20.97	21.33

续表

地　市	排名情况						比重情况					
	2007 年	2008 年	2009 年	2010 年	2011 年	2012 年	2007 年	2008 年	2009 年	2010 年	2011 年	2012 年
南 阳 市	9	8	10	11	10	12	20.64	21.07	19.18	18.28	21.24	21.06
商 丘 市	1	1	1	1	1	3	27.83	30.40	25.73	24.21	26.89	25.83
信 阳 市	3	3	4	4	2	1	25.89	25.30	23.04	23.04	26.16	27.10
周 口 市	2	2	2	3	3	2	27.07	26.96	24.15	23.31	24.95	26.35
驻马店市	6	6	6	6	6	7	22.03	23.19	21.45	20.37	23.01	22.78
济 源 市	15	18	17	14	15	14	17.95	16.53	16.55	16.37	19.06	20.15

为了比较各地市该比重的变化趋势，本报告计算出 2007～2012 年的变异系数依次为 0.17、0.17、0.15、0.16、0.14 和 0.11。变异系数有所减少，反映出各市教育支出占财政支出的比重出现趋同的现象，即相对差别越来越小。

表 2-15 显示出河南省 18 个地市的人均教育支出情况。从纵向来看，各地市人均教育支出都是逐年增加的；从横向来看，地区差异比较大，省会郑州市始终排在第一位，而开封、南阳、周口和驻马店的支出水平比较低。计算各年份的变异系数，从 2007 年的 0.297 下降到 2012 年的 0.283，最大值与最小值之比也呈略微下降之势，反映出各地市在教育支出方面有逐步均等化的趋势。

表 2-15　2012 年河南省各地市人均教育支出情况

单位：元

地　市	排名情况						人均教育支出					
	2007 年	2008 年	2009 年	2010 年	2011 年	2012 年	2007 年	2008 年	2009 年	2010 年	2011 年	2012 年
郑 州 市	1	1	1	1	1	1	643	780	929	960	1250	1674
开 封 市	17	17	15	18	16	18	238	297	362	397	554	659
洛 阳 市	4	4	4	4	4	4	428	495	616	663	925	1150
平顶山市	11	12	11	13	13	11	313	376	445	477	638	853
安 阳 市	7	7	7	6	8	14	368	428	511	570	738	804
鹤 壁 市	8	9	5	5	5	5	348	419	526	616	910	1039
新 乡 市	9	10	9	9	6	8	327	382	487	547	771	887
焦 作 市	6	8	8	8	12	7	373	425	489	551	684	906
濮 阳 市	5	5	6	7	7	6	375	442	522	565	743	916
许 昌 市	13	13	12	10	9	10	291	352	444	509	716	868
漯 河 市	14	14	14	14	14	13	276	336	396	416	595	823
三门峡市	3	3	3	3	3	3	439	563	660	806	1103	1294
南 阳 市	15	16	18	17	15	16	265	315	356	400	565	698
商 丘 市	10	6	10	11	10	12	317	433	467	506	692	826
信 阳 市	12	11	13	12	11	9	308	378	438	483	685	878

续表

地　　市	排名情况						人均教育支出					
	2007 年	2008 年	2009 年	2010 年	2011 年	2012 年	2007 年	2008 年	2009 年	2010 年	2011 年	2012 年
周 口 市	16	15	16	15	18	15	253	320	361	408	545	757
驻马店市	18	18	17	16	17	17	237	297	361	403	551	687
济 源 市	2	2	2	2	2	2	515	591	717	808	1117	1403

注：表中人均教育支出按照一般预算支出中教育支出除当年年底户籍人口数计算，由于 2010 年只有常住人口数，为保持口径一致，户籍人数用 2009 年和 2011 年的均值代替。

2.3.3　科学技术支出

科学技术支出反映了政府用于科学技术方面的支出，主要包括科学技术管理事务支出、基础研究支出、应用研究支出、技术研究与开发支出、科技条件与服务支出、社会科学支出、科学技术普及支出、科技交流与合作支出、科技重大专项支出、核电站乏燃料处理处置基金支出、其他科学技术支出。

"科学技术是第一生产力"，很显然，科学技术支出关系着社会发展与进步、民族的振兴与繁荣。由于科学研究的成果具有很强的公共物品性质，科学研究离不开政府的支持，所以科学技术支出是财政支出的重要组成部分。

1. 科学技术支出增长趋势

图 2 - 18 显示，河南省科学技术支出总额由 2007 年的 25.23 亿元增加到 2012 年的 69.64 亿元，增长比较迅速，年均增速在 20% 以上。

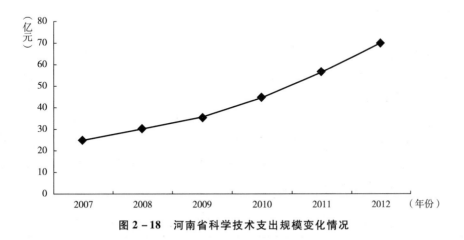

图 2 - 18　河南省科学技术支出规模变化情况

2. 科学技术支出占财政支出的比重

图 2 - 19 显示出 2007 ~ 2012 年，河南省科学技术支出占财政支出的比重呈现"V"形，以 2009 年的 1.22% 为最低，总体上略有上升。总的看来，河南省的科学技术支出绝对规模和相对规模都有所上升。

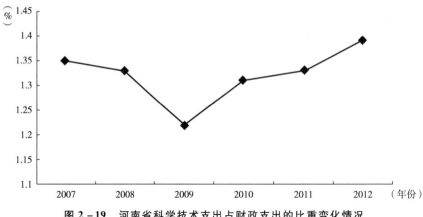

图 2-19　河南省科学技术支出占财政支出的比重变化情况

3. 河南省科学技术支出与全国各地区的比较

就科学技术支出总额而言，河南省的支出绝对规模排位情况见表 2-16，可以看出，河南省的排位呈下降趋势。就科学技术支出的增速而言，河南省排在全国第 12 位，与增速较快的地区安徽省（43.18%）、海南省（34.01%）、江苏省（30.21%）等地还有一定的差距。

表 2-16　河南省科学技术支出在全国的排位及其占地方科学技术支出总额的比重

单位：%

年　份	2007	2008	2009	2010	2011	2012
支出规模排名	8	8	9	9	10	10
支出规模占地方科学技术支出的比重	2.94	2.89	2.71	2.81	3.00	3.11

2012 年河南省人均科学技术支出为 74.04 元/人，排在全国第 25 位，与最高的上海市（1031 元/人）存在巨大差异，与江苏省（325 元/人）、浙江省（303 元/人）、广东省（233 元/人）等发达省份也存在明显差距。

表 2-17 显示了河南省科学技术支出占财政支出比重在全国居于中间水平，在位次上略有下降。另外，2007~2012 年河南省科学技术支出占全国地方该项支出的比重依次为 2.94%、2.89%、2.71%、2.81%、3.00% 和 3.11%，虽然有所上升，但是其排位有所下降，反映出河南省还需要继续加强在这方面的投入。

表 2-17　河南省科学技术支出占财政支出比重在全国的排位情况

年　份	2007	2008	2009	2010	2011	2012
位　次	13	12	11	14	16	17

4. 河南省科学技术支出与中部六省的比较

图 2-20 显示中部六省科学技术支出总规模情况，各省的科学技术支出规模都在不断增长，但增长趋势差异比较大，安徽省在 2009 年超过了河南省，成为第一大省，且在

2009 年后增幅迅猛,远远超过其他省份。河南省在 2007 年和 2008 年居于六省之首,从 2009 年开始降至第二位。就年均增速而言,安徽省居首位,河南省排在第四位,仅高于江西省和湖南省。2007～2012 年河南省科学技术支出占中部六省该项支出的比重依次为 24.03%、22.95%、22.49%、21.67%、21.10% 和 21.16%,可以看出其比重有所下降,但高于均值。

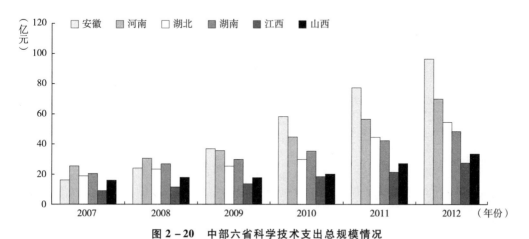

图 2-20 中部六省科学技术支出总规模情况

图 2-21 显示了中部六省人均科学技术支出情况,可以看出其差异化趋势非常明显,其中,安徽省人均支出增长最为迅速,自 2009 年开始居六省之首。河南省的人均科学技术支出在 2008～2011 年一直排在第五位,2007 年和 2012 年居于第四位;江西省一直排在末位。显然,河南省的人均科学技术支出优势并不突出。

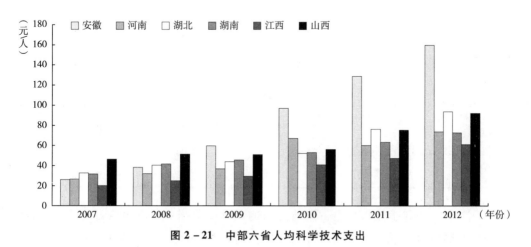

图 2-21 中部六省人均科学技术支出

表 2-18 反映出了河南省科学技术支出占财政支出的比重在中部六省的排名情况,总体上居于中间水平。

5. 河南省各地市科学技术支出情况比较

表 2-19 显示出河南省各地市科学技术支出占财政支出的比重情况,从中可以发现,

表 2-18　河南省科学技术支出占财政支出比重在中部六省的排位情况

年　份	2007	2008	2009	2010	2011	2012
位　次	4	5	3	2	3	3

郑州市、焦作市、洛阳市、安阳市的比重较大，排位相对较为靠前；漯河市、商丘市、信阳市和周口市等地的比重较小，排位相对较为靠后。

表 2-19　河南省各地市科学技术支出占财政支出比重与排位情况

单位：%

地　市	排位						比重					
	2007年	2008年	2009年	2010年	2011年	2012年	2007年	2008年	2009年	2010年	2011年	2012年
郑 州 市	1	7	4	2	4	1	1.71	1.56	1.56	2.23	1.79	2.18
开 封 市	11	12	11	11	11	11	1.12	1.16	1.05	1.05	1.05	1.08
洛 阳 市	5	3	3	6	2	2	1.63	1.80	1.79	1.43	2.01	2.00
平顶山市	7	10	10	10	7	9	1.35	1.29	1.15	1.10	1.27	1.18
安 阳 市	4	1	2	3	3	4	1.68	1.98	1.81	1.76	1.91	1.76
鹤 壁 市	13	8	14	14	14	14	1.06	1.45	0.82	0.86	0.87	0.84
新 乡 市	2	6	5	5	8	7	1.70	1.60	1.43	1.63	1.26	1.22
焦 作 市	3	2	1	1	1	3	1.68	1.83	2.26	2.31	2.25	1.98
濮 阳 市	8	11	9	8	9	8	1.29	1.21	1.21	1.21	1.21	1.22
许 昌 市	6	9	8	9	10	10	1.36	1.36	1.23	1.11	1.09	1.18
漯 河 市	17	13	16	18	16	18	0.74	1.01	0.68	0.64	0.65	0.53
三门峡市	9	5	7	4	5	5	1.27	1.64	1.40	1.71	1.62	1.63
南 阳 市	10	4	6	7	6	6	1.25	1.75	1.42	1.43	1.39	1.34
商 丘 市	16	16	15	16	15	17	0.75	0.77	0.68	0.69	0.69	0.65
信 阳 市	18	18	18	17	17	16	0.72	0.65	0.60	0.67	0.63	0.66
周 口 市	15	17	17	15	18	15	0.76	0.75	0.62	0.71	0.62	0.81
驻马店市	12	14	12	12	12	12	1.07	1.00	0.99	1.05	1.01	1.04
济 源 市	14	15	13	13	13	13	0.94	0.93	0.96	1.02	0.99	0.92

　　为了比较各地市科学技术支出占财政支出的比重变化趋势，本报告计算出了2007～2012年18个地市该比重的变异系数，依次为0.29、0.31、0.38、0.41、0.40和0.40。变异系数有所上升，表明各市该项比重差异逐渐增加。

　　从表2-20可以看出，各地市人均科学技术支出差异非常大，计算各年份的变异系数，发现离散程度偏高且逐年上升，由2007年的0.60上升到2012年的0.76，各市地之间的人均科学技术支出呈现异化状态。

表 2 - 20　2012 年河南省各地市人均科学技术支出情况

单位：元

地　市	排名情况						人均教育支出					
	2007 年	2008 年	2009 年	2010 年	2011 年	2012 年	2007 年	2008 年	2009 年	2010 年	2011 年	2012 年
郑 州 市	1	1	1	1	1	1	62.38	68.01	82.81	135.61	138.16	206.08
开 封 市	13	13	13	13	13	13	13.95	17.81	21.08	24.58	30.06	36.55
洛 阳 市	2	3	3	5	3	2	36.57	46.99	55.81	49.32	87.09	100.29
平顶山市	8	9	8	9	8	9	23.03	26.50	29.98	31.63	41.90	46.45
安 阳 市	7	5	6	7	5	6	24.95	34.73	40.42	44.29	58.20	62.73
鹤 壁 市	9	7	12	8	9	11	20.07	32.31	25.97	33.36	40.54	43.85
新 乡 市	6	8	7	6	7	7	25.63	28.26	33.51	44.91	42.77	49.45
焦 作 市	3	4	2	2	2	4	36.50	42.87	67.12	78.95	89.47	89.75
濮 阳 市	10	12	9	11	10	8	19.44	21.27	26.96	29.10	37.33	47.64
许 昌 市	11	11	10	12	12	12	19.09	22.89	26.88	27.79	34.11	43.59
漯 河 市	15	14	15	15	15	16	11.41	17.56	15.63	16.92	20.88	21.71
三门峡市	4	2	4	3	4	3	29.14	48.06	53.60	72.33	85.28	98.86
南 阳 市	12	10	11	10	11	10	15.99	26.21	26.33	31.20	37.06	44.48
商 丘 市	17	16	16	16	16	18	8.50	11.01	12.44	14.40	17.80	20.85
信 阳 市	16	17	17	17	17	17	8.58	9.76	11.31	14.00	16.57	21.38
周 口 市	18	18	18	18	18	15	7.08	8.94	9.33	12.52	13.53	23.37
驻马店市	14	15	14	14	14	14	11.49	12.79	16.59	20.72	24.17	31.36
济 源 市	5	6	5	4	6	5	26.87	33.30	41.42	50.44	57.81	64.08

表 2 - 20 还显示，省会郑州市人均科学技术支出始终排在第一位，洛阳市、焦作市、三门峡市等地的人均支出相对较高，而周口市、信阳市、商丘市、漯河市等地的人均支出水平比较低。

2.3.4　社会保障和就业支出

社会保障和就业支出是财政支出的重要组成部分，是政府在社会保障与就业方面的支出，主要包括社会保障和就业管理事务、民政管理事务、财政对社会保险基金的补助、补充全国社会保障基金、行政事业单位离退休、企业改革补助、就业补助、抚恤、退役安置、社会福利、残疾人事业、城市居民最低生活保障、其他城镇社会救济、农村社会救济、自然灾害生活救助、红十字事务等有关事项的支出。

1. 社会保障和就业支出增长趋势

图 2 - 22 显示出河南省社会保障和就业支出的规模由 2007 年的 281.22 亿元增加到 2012 年的 631.61 亿元，年均增速为 17.56%，增长趋势比较明显。

2. 社会保障和就业支出结构分析

图 2 - 23 显示与绝对规模变化趋势形成鲜明对比，河南省社会保障和就业支出的相对

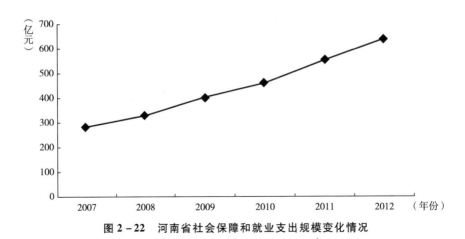

图 2 - 22　河南省社会保障和就业支出规模变化情况

规模逐年下降，由 2007 年的 15.03% 下降到 2012 年的 12.62%。

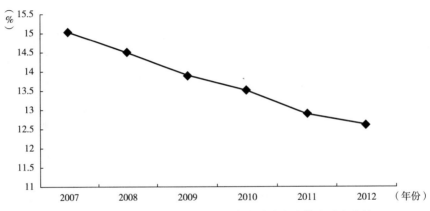

图 2 - 23　河南省社会保障和就业支出占财政支出的比重变化情况

3. 河南省社会保障和就业支出与全国各地区的比较

表 2 - 21 显示河南省社会保障和就业支出占财政支出比重在全国的排位逐年上升，由 2007 年的第 13 位上升到 2012 年的第 11 位。另外，2007 ~ 2012 年河南省社会保障和就业支出占全国地方该项支出的比重依次为 5.51%、5.11%、5.14%、5.31%、5.17%、5.26%，略呈上升态势。

表 2 - 21　河南省社会保障和就业支出占财政支出比重在全国的排位情况

年　份	2007	2008	2009	2010	2011	2012
占财政支出比重	13	14	16	11	12	11

4. 河南省社会保障和就业支出与中部六省的比较

表 2 - 22 反映出了河南省社会保障和就业支出占财政支出的比重在中部六省的排名情况，总体上比较靠后，但近年有所上升。2007 ~ 2012 年河南省社会保障和就业支出占中部六省该项支出的比重依次为 22.89%、21.34%、21.60%、22.31%、22.19%、

22.60%，可以看出比重变化不大，均高于均值。

表 2 - 22 河南省社会保障和就业支出占比在中部六省的排位情况

年 份	2007	2008	2009	2010	2011	2012
占财政支出比重	5	5	6	4	4	4

5. 河南省各地市社会保障和就业支出占财政支出比重排位变化

表 2 - 23 显示出各市社会保障和就业支出占财政支出的比重情况，综合来看，开封市、濮阳市、商丘市、驻马店市的排名比较靠前，郑州市、洛阳市、安阳市、新乡市、三门峡市的排名比较靠后。

表 2 - 23 河南省各地市社会保障和就业支出占财政支出比重与排位情况

单位：%

地 市	排 位						比 重					
	2007 年	2008 年	2009 年	2010 年	2011 年	2012 年	2007 年	2008 年	2009 年	2010 年	2011 年	2012 年
郑 州 市	12	11	15	13	18	18	12.75	10.85	10.25	10.21	8.68	7.95
开 封 市	1	1	2	1	2	2	22.31	17.46	16.74	16.27	14.66	13.74
洛 阳 市	18	18	18	17	17	15	10.05	8.37	9.36	9.26	9.07	9.21
平顶山市	8	8	7	8	5	6	14.80	12.88	13.83	12.81	12.93	12.01
安 阳 市	17	16	14	12	16	16	10.42	8.85	10.29	10.60	9.14	9.01
鹤 壁 市	6	5	1	11	10	8	15.25	14.20	18.75	11.13	11.35	10.89
新 乡 市	13	14	17	18	15	14	12.15	9.82	9.66	8.49	9.27	9.35
焦 作 市	15	13	10	15	12	10	11.19	10.32	11.13	9.56	10.10	10.54
濮 阳 市	3	2	4	2	1	1	17.38	15.97	15.64	15.93	15.74	14.06
许 昌 市	14	12	12	16	13	12	11.40	10.54	10.41	9.39	9.89	9.73
漯 河 市	7	6	6	7	7	9	15.18	14.00	14.26	12.89	12.56	10.77
三门峡市	11	15	16	14	14	17	13.23	9.10	9.78	9.82	9.49	8.85
南 阳 市	2	7	9	4	8	7	18.77	13.34	13.68	13.60	12.28	11.62
商 丘 市	4	3	3	5	4	5	17.29	14.93	15.66	13.37	13.65	13.01
信 阳 市	9	10	11	10	9	11	14.66	11.14	11.09	11.30	12.04	10.13
周 口 市	10	9	8	6	6	3	14.53	12.21	13.81	13.03	12.85	13.59
驻马店市	5	4	5	3	3	4	17.09	14.76	15.27	13.75	14.21	13.54
济 源 市	16	17	13	9	11	13	11.17	8.66	10.35	11.35	10.30	9.40

为了比较各地市社会保障和就业支出占财政支出的比重变化趋势，本报告计算出2007~2012 年 18 个地市该比重的变异系数，依次为 0.23、0.23、0.22、0.19、0.19、0.18。变异系数有所下降，表明各市该项比重逐渐趋同。

2.3.5 医疗和公共卫生支出

该项财政支出反映政府在医疗卫生方面的支出，具体包括医疗卫生管理事务、公立医院、基层医疗卫生机构、公共卫生、医疗保障、中医药、食品和药品监督管理事务等方面的支出。

1. 医疗和公共卫生支出增长趋势

图 2－24 显示出河南省医疗卫生支出由 2007 年的 98.78 亿元增加到 2012 年的 425.99 亿元，增长迅速，年均增速为 33.95%。

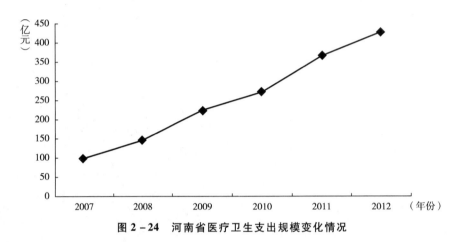

图 2－24　河南省医疗卫生支出规模变化情况

2. 医疗和公共卫生支出占财政支出的比重

图 2－25 显示与绝对规模变化趋势基本一致，河南省医疗卫生支出的相对规模由 2007 年的 5.28% 上升到 2012 年的 8.51%。

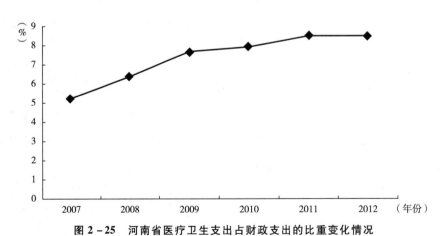

图 2－25　河南省医疗卫生支出占财政支出的比重变化情况

3. 河南省医疗和公共卫生支出占财政支出比重在全国的排位变化

表 2－24 显示河南省医疗和公共卫生支出占财政支出比重在全国的排位逐年上升，名次上升得很快，由 2007 年的第 12 位上升到 2012 年的第一位。另外，2007～2012 年河南

省医疗和公共卫生支出占全国地方该项支出的比重依次为 5.05%、5.37%、5.68%、5.71%、5.69%、5.94%，均高于平均值，而且呈增长趋势。

表 2 - 24　河南省医疗和公共卫生支出占财政支出比重在全国的排位情况

年　份	2007	2008	2009	2010	2011	2012
排　位	12	8	4	4	3	1

4. 河南省医疗和公共卫生支出占财政支出比重在中部六省的排位变化

表 2 - 25 反映出河南省医疗和公共卫生支出占中部六省该项支出的排位比较靠前，6 年中有 4 个年份居于第一位。同时，2007～2012 年河南省医疗和公共卫生支出占中部六省该项支出的比重依次为 24.72%、25.06%、24.53%、25.07%、24.12%、24.95%，可以看出比重变化不大，均高于均值。

表 2 - 25　河南省医疗和公共卫生支出占财政支出比重在中部六省的排位情况

年　份	2007	2008	2009	2010	2011	2012
排　位	2	1	3	1	1	1

5. 河南省各地市医疗和公共卫生支出占财政支出比重排位变化

表 2 - 26 显示出各市医疗和公共卫生支出占财政支出的比重情况，综合来看，周口市、驻马店市、安阳市、濮阳市的排名比较靠前；郑州市、洛阳市、济源市、三门峡市的排名比较靠后。

表 2 - 26　河南省各地市医疗和公共卫生支出占财政支出比重与排位情况

单位：%

地　市	排　位						比　重					
	2007 年	2008 年	2009 年	2010 年	2011 年	2012 年	2007 年	2008 年	2009 年	2010 年	2011 年	2012 年
郑 州 市	16	15	18	16	18	18	4.64	5.98	6.14	6.46	6.19	6.57
开 封 市	7	11	11	8	3	3	5.77	7.07	8.51	9.21	11.33	11.06
洛 阳 市	17	17	14	14	14	16	4.59	5.31	7.93	7.47	8.29	7.54
平顶山市	5	8	5	10	8	9	5.99	7.48	9.10	8.90	10.27	9.32
安 阳 市	1	3	8	6	4	4	6.73	8.17	8.92	9.83	11.23	10.84
鹤 壁 市	13	12	15	15	15	15	5.21	6.61	7.91	7.14	7.48	7.84
新 乡 市	9	9	9	12	10	11	5.74	7.35	8.85	8.26	9.28	9.01
焦 作 市	14	14	12	13	11	10	4.99	6.42	8.16	8.02	9.24	9.10
濮 阳 市	3	6	3	4	5	8	6.10	7.60	9.42	10.35	10.92	9.67
许 昌 市	15	13	16	11	13	12	4.69	6.52	7.57	8.51	8.84	8.94
漯 河 市	10	5	4	3	7	7	5.56	7.68	9.17	10.36	10.50	9.84
三门峡市	11	16	13	18	16	17	5.26	5.98	8.04	6.19	7.40	7.07

续表

地 市	排 位						比 重					
	2007 年	2008 年	2009 年	2010 年	2011 年	2012 年	2007 年	2008 年	2009 年	2010 年	2011 年	2012 年
南 阳 市	8	7	7	7	9	6	5.75	7.56	8.98	9.27	10.25	10.07
商 丘 市	2	4	10	5	6	5	6.45	7.91	8.54	10.05	10.82	10.37
信 阳 市	6	10	6	9	12	13	5.92	7.26	8.99	9.14	9.12	8.75
周 口 市	4	1	2	1	1	1	6.07	9.32	9.48	11.15	13.45	12.64
驻马店市	12	2	1	2	2	2	5.24	9.12	9.73	11.02	12.02	11.34
济 源 市	18	18	17	17	17	14	3.94	4.25	6.49	6.34	6.59	8.31

　　为了比较各地市医疗和公共卫生支出占财政支出的比重变化趋势，本报告计算出2007年至2012年变异系数，依次为0.13、0.18、0.12、0.18、0.20、0.17。变异系数有波动，表明各市该项比重的变化没有明显的规律。

2.3.6　城乡社区事务支出

　　该项支出反映政府城乡社区事务支出，主要包括城乡社区管理事务支出、城乡社区规划与管理支出、城乡社区公共设施支出、城乡社区住宅支出、城乡社区环境卫生支出、建设市场管理与监督支出等。

1. 城乡社区事务支出增长趋势

　　图2-26显示出河南省城乡社区事务支出由2007年的111.27亿元增加到2012年的237.97亿元，年均增速为16.42%，2009年以来增长趋势比较明显。

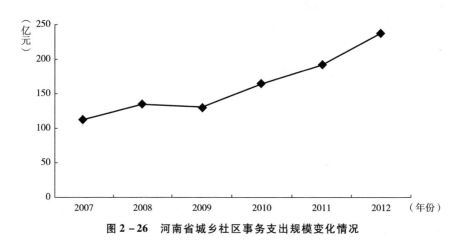

图2-26　河南省城乡社区事务支出规模变化情况

2. 城乡社区事务支出占财政支出的比重

　　图2-27显示出与城乡社区事务支出的绝对规模变化趋势相反，其占财政支出的比重却不断下降，由2007年的5.95%下降到2012年的4.75%，反映出其增长速度慢于财政支出总额的增速。

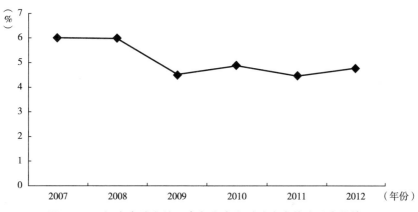

图 2 - 27 河南省城乡社区事务支出占财政支出的比重变化情况

3. 河南省城乡社区事务支出占财政支出比重在全国的排位变化

表 2 - 27 显示出河南省城乡社区事务支出占财政支出比重在全国的排位整体上呈下降趋势，由 2007 年的第 20 位下降到 2012 年的第 27 位。另外，2007～2012 年河南省城乡社区事务支出占全国地方该项支出的比重依次为 3.44%、3.23%、2.56%、2.77%、2.51% 和 2.63%，下降趋势比较明显，与前者相对应。

表 2 - 27　河南省城乡社区事务支出占比在全国的排位情况

年　份	2007	2008	2009	2010	2011	2012
占财政支出比重	20	23	26	24	26	27

4. 河南省城乡社区事务支出占财政支出比重在中部六省的排位变化

表 2 - 28 显示河南省城乡社区事务支出占财政支出比重在中部六省的排位整体上也呈下降趋势，由 2007 年的第 4 位下降到 2012 年的末位。另外，2007～2012 年河南省城乡社区事务支出占中部六省该项支出的比重依次为 24.10%、20.50%、18.23%、17.93%、16.25% 和 16.68%，下降趋势非常明显。这反映出河南省应该加强这方面的财政支出。

表 2 - 28　河南省城乡社区事务支出占比在中部六省的排位情况

年　份	2007	2008	2009	2010	2011	2012
占财政支出比重	4	4	6	5	6	6

5. 河南省各地市城乡社区事务支出占财政支出比重排位变化

表 2 - 29 显示出各市城乡社区事务支出占财政支出的比重情况，综合来看，郑州市、济源市、洛阳市、焦作市的排名比较靠前；开封市、南阳市、商丘市、驻马店市的排名比较靠后。

表 2 - 29　河南省各地市城乡社区事务支出占财政支出比重与排位情况

单位：%

地　市	比　重						排　位					
	2007 年	2008 年	2009 年	2010 年	2011 年	2012 年	2007 年	2008 年	2009 年	2010 年	2011 年	2012 年
郑 州 市	12.70	12.61	9.74	14.66	13.24	13.57	1	1	1	1	1	1
开 封 市	3.28	4.00	2.00	2.11	1.68	2.30	18	18	18	18	18	17
洛 阳 市	7.43	7.96	6.12	6.16	7.44	7.51	7	5	7	4	2	2
平顶山市	7.76	6.92	5.54	4.78	4.73	3.83	5	8	9	8	7	12
安 阳 市	6.46	6.86	5.68	4.26	3.59	4.09	11	9	8	11	12	10
鹤 壁 市	6.50	6.71	6.70	5.53	3.82	4.62	10	10	4	6	10	7
新 乡 市	5.94	5.57	5.46	4.25	3.63	4.22	12	12	10	12	11	9
焦 作 市	9.55	10.00	6.29	6.26	5.67	5.58	3	3	5	3	5	4
濮 阳 市	4.76	5.03	3.25	3.64	3.16	4.29	14	14	15	14	13	8
许 昌 市	8.62	9.78	6.24	6.04	6.10	5.57	4	4	6	5	4	5
漯 河 市	6.93	6.30	4.54	5.22	5.15	5.33	8	11	12	7	6	6
三门峡市	7.65	7.39	9.18	4.23	4.28	3.93	6	6	2	13	8	11
南 阳 市	3.68	4.20	2.85	3.27	2.21	2.43	17	15	17	15	16	14
商 丘 市	4.58	5.15	3.57	2.70	1.95	2.27	15	13	14	16	17	18
信 阳 市	4.16	4.02	3.61	4.44	2.38	2.32	16	17	13	10	14	16
周 口 市	6.76	7.31	4.84	4.67	3.95	2.79	9	7	11	9	9	13
驻马店市	5.46	4.15	3.09	2.60	2.36	2.41	13	16	16	17	15	15
济 源 市	10.47	10.71	7.71	8.40	6.84	6.91	2	2	3	2	3	3

　　为了比较各地市城乡社区事务支出占财政支出的比重变化趋势，本报告计算出了 2007～2012 年变异系数，依次为 0.36、0.36、0.40、0.54、0.60 和 0.59。变异系数明显变大，表明各市该项比重的变化趋异。

2.3.7　农林水事务支出

　　农林水事务支出反映了政府农林水事务支出，主要包括农业支出、林业支出、水利支出、扶贫支出、农业综合开发支出等。

　　1. 农林水事务支出增长趋势

　　图 2 - 28 显示出河南省农林水事务支出由 2007 年的 152.51 亿元增加到 2012 年的 551.73 亿元，年均增速为 29.33%，增长趋势明显。

　　2. 农林水事务支出结构分析

　　图 2 - 29 显示河南省 2007～2012 年农林水事务支出占财政支出的比重呈现倒 "V" 形，以 2009 年的 12.44% 为最高，总体上略有上升。

　　3. 河南省农林水事务支出占财政支出比重在全国的排位变化

　　表 2 - 30 显示出河南省 2007～2012 年农林水事务支出占财政支出的比重在全国的排位情况，先升后降，总体变化不大。另外，2007～2012 年河南省农林水事务支出占全国

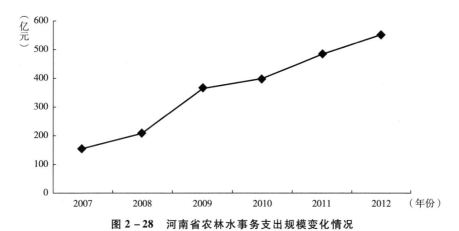

图 2 - 28 河南省农林水事务支出规模变化情况

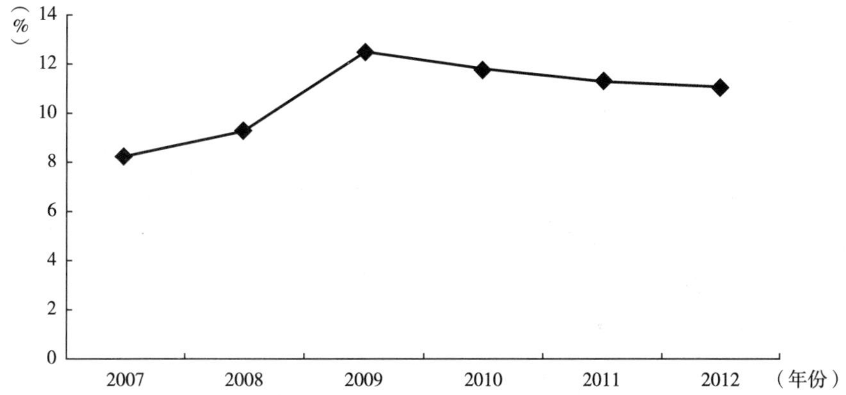

图 2 - 29 河南省农林水事务支出占财政支出的比重变化情况

地方该项支出的比重依次为 4.93%、4.95%、5.65%、5.16%、5.05% 和 4.81%，总体上略有下降。

表 2 - 30 河南省农林水事务支出占财政支出比重在全国的排位情况

年　份	2007	2008	2009	2010	2011	2012
排　位	19	16	13	16	16	19

4. 河南省农林水事务支出占财政支出比重在中部六省的排位变化

表 2 - 31 显示出河南省 2007～2012 年农林水事务支出占财政支出的比重在中部六省的排位情况，排位略有上升，由 2007 年的第五位上升到 2012 年的第四位。另外，2007～2012 年间河南省农林水事务支出占全国地方该项支出的比重依次为 21.86%、21.92%、23.27%、22.76%、22.53% 和 21.69%，总体变化不大。

表 2 - 31 河南省农林水事务支出占财政支出比重在中部六省的排位情况

年　份	2007	2008	2009	2010	2011	2012
排　位	5	4	4	4	3	4

5. 河南省各地市农林水事务支出占财政支出比重排位变化

表2-32显示出各市农林水事务支出占财政支出的比重情况，综合来看，濮阳市、信阳市、驻马店市、济源市等地的排位比较靠前；郑州市、洛阳市、焦作市、漯河市的排名比较靠后。

表2-32 河南省各地市农林水事务支出占财政支出比重与排位情况

单位：%

地 市	比 重						排 位					
	2007年	2008年	2009年	2010年	2011年	2012年	2007年	2008年	2009年	2010年	2011年	2012年
郑 州 市	6.37	7.27	8.78	7.11	7.08	7.43	18	18	17	18	18	18
开 封 市	8.02	9.45	10.47	9.81	10.68	12.53	9	9	8	10	6	9
洛 阳 市	7.48	9.42	8.64	8.38	8.78	10.45	12	10	18	16	15	15
平顶山市	7.44	8.57	9.83	9.65	10.32	12.16	13	16	12	11	8	11
安 阳 市	7.29	9.86	9.91	9.85	9.92	12.79	14	8	11	9	11	7
鹤 壁 市	9.54	8.77	9.06	9.16	9.05	10.28	3	13	15	14	14	16
新 乡 市	7.83	10.51	10.82	10.47	10.46	12.43	11	7	7	7	7	10
焦 作 市	6.63	8.65	8.81	8.45	8.75	10.23	17	15	16	15	16	17
濮 阳 市	9.49	11.12	11.39	10.66	12.35	15.29	4	6	5	6	3	1
许 昌 市	6.89	8.25	9.07	9.39	9.42	11.52	16	17	14	12	13	13
漯 河 市	7.25	8.76	9.16	8.08	8.19	10.87	15	14	13	17	17	14
三门峡市	8.84	11.53	10.26	10.88	10.07	12.05	7	3	10	5	9	12
南 阳 市	8.98	11.25	12.42	12.96	11.82	14.77	5	4	4	3	4	3
商 丘 市	8.17	9.07	11.10	10.43	9.93	13.18	8	11	6	8	10	5
信 阳 市	10.49	14.06	14.13	12.58	13.11	15.00	1	1	2	4	2	2
周 口 市	7.98	8.97	10.40	9.37	9.57	12.78	10	12	9	13	12	8
驻马店市	10.21	11.15	12.43	14.11	11.29	14.63	2	5	3	2	5	4
济 源 市	8.84	13.04	14.70	14.66	13.97	13.11	6	2	1	1	1	6

为了比较各地市农林水事务支出占财政支出的比重变化趋势，本报告计算出了2007～2012年变异系数，依次为0.15、0.18、0.17、0.20、0.17和0.16，变异系数变化不大。

2.4 小结

2.4.1 河南省财政支出的特点

第一，就支出规模而言，河南省的财政支出总额在全国比较靠前，近年来基本在第五位，与之形成鲜明对比的是河南省的人均财政支出规模和财政支出占地区生产总值的比重排名比较靠后，其中人均财政支出规模几乎一直排在全国末位，反映出河南是一个财政穷省。第二，自 1994 年到 2012 年河南省财政支出总额的增长率略高于全国地方财政支出总额的增长率。第三，就支出结构而言，河南省的财政支出结构得到了优化，作为消耗性支出的一般公共服务支出占比明显下降，与民生紧密相关的财政支出，如教育、社会保障、医疗卫生，所占的比重逐年提高。第四，就各地市财政支出而言，省会郑州市的相对规模一直处于上升状态，而且郑州市的财政支出结构与其他地区的差异比较大，体现出作为省会城市的特殊功能。各地市的人均财政支出水平存在明显的差异，郑州市的人均财政支出规模始终居全省首位，周口等地的财政困境并未得到缓解。第五，河南省在我国中部六省中，财政优势并不突出。

2.4.2　河南省财政支出存在的问题

第一，河南省人均财政支出较低。虽然河南省的财政支出总量比较大，但是由于河南省人口众多，各项人均财政支出水平比较低，与发达地区存在巨大差距，绝对差距持续扩大。第二，地区差异比较大，不利于基本公共服务的均等化。最高的郑州和最低的周口两地人均财政支出的比值始终维持在 3.3 以上，以 2012 年为例，郑州市高达 9456 元/人，而周口市仅有 2874 元/人，由此反映出河南省各地市人均财政支出差异大，各地区居民所能享受的公共产品与服务差别比较大，与政府所提出的促进基本公共服务均等化的目标相背离。第三，转移支付制度不健全，不能有力缩小地区间财力差距。河南省各地市人均财政支出的变异系数总体上呈上升态势。第四，财政支出结构还存在不合理现象，如一般公共服务支出占比较高，支农支出与河南作为农业大省和粮食大省的地位不相匹配，等等。

2.4.3　政策建议

第一，大力发展经济，促进经济结构优化，提高经济质量，增加财源。一个地方的财政支出水平受到财政收入水平的约束。河南作为中原大省，经济实力并不强，经济质量不高，财政收入水平比较低，最终影响到财政支出占地区生产总值的比重较低。因此，河南省需要大力发展经济，不断提高经济质量。第二，优化财政支出结构。针对目前河南省财政支出结构还不够合理的现状，需要优化结构，大力增加民生支出，降低行政成本，要大力推行科学预算管理，适时开展绩效预算。第三，建立健全省以下的转移支付制度，平衡地区之间的财力差距。转移支付制度是分税制体系下的重要组成部分，可以纵向和横向财力差距，是实现基本公共服务均等化的必要保障。由于河南省各市之间还存在着较大的差距，应该加大调节力度。

总之，河南的财政支出水平还需要进一步提高，并不断改善财政支出的结构，包括财政支出地区结构。这就需要大力发展经济，建设财源，完善转移支付制度，提高财政支出效率。

第3章

河南省财政收入报告

3.1 河南省财政收入规模分析

3.1.1 河南省历年财政收入规模概述

河南省 1994～2012 年财政收入稳步提高，1994 年公共预算收入为 93.35 亿元，1995 年突破 100 亿元，达到 124.63 亿元。2005 年，河南省公共预算收入总额为 537.65 亿元，首次突破 500 亿元；2008 年，河南省公共预算收入总额实现了一次巨大的飞跃，达到 1008.90 亿元，突破了 1000 亿元大关；在"十一五"期间，河南省的财政收入得到了长足的、快速的增长，于 2012 年突破了 2000 亿元，达到 2040.33 亿元（见表 3-1）。从人均规模上看，2005 年突破 500 元，达到 573.19 元，2008 年突破了 1000 元大关，实现人均财政收入 1070 元。截至 2012 年底，河南省人均财政收入实现 1935.25 元，仍未突破 2000 元。

表 3-1　河南省公共预算收入与人均财政收入（1994～2012 年）

年 份	公共预算收入总额（亿元）	增长率（%）	占地区生产总值比重（%）	人均财政收入总额（元）	人均财政收入增长率（%）
1994	93.35	—	4.21	103.41	—
1995	124.63	33.51	4.17	136.96	32.44
1996	162.06	30.03	4.46	176.69	29.01
1997	192.63	18.86	4.77	208.41	17.95
1998	208.20	8.08	4.83	223.51	7.25
1999	223.35	7.28	4.94	237.94	6.46
2000	246.47	10.35	4.88	259.77	9.17
2001	267.75	8.63	4.84	280.22	7.87
2002	296.72	10.82	4.92	308.67	10.15
2003	338.05	13.93	4.92	349.69	13.29
2004	428.78	26.84	5.01	441.27	26.19
2005	537.65	25.39	5.08	573.19	29.90
2006	679.17	26.32	5.49	723.14	26.16
2007	862.08	26.93	5.74	921.03	27.37
2008	1008.90	17.03	5.60	1070.00	16.18

年　份	公共预算收入总额 （亿元）	增长率 （％）	占地区生产总值 比重（％）	人均财政收入 总额（元）	人均财政收入 增长率（％）
2009	1126.06	11.61	5.78	1186.95	10.93
2010	1381.32	22.67	5.98	1468.63	23.73
2011	1721.76	24.65	6.39	1834.00	24.88
2012	2040.33	18.50	6.89	1935.25	5.52

从增长率的角度看，1994 年以来，公共预算收入增长率波动较大，基本上和经济增长相一致。2002 年以来，公共预算收入增长率在 20% 波动，稳定在 10%～30%，平均增长率为 21.39%（见图 3－1）。与此相一致，2002 年以来，人均财政收入增长率也在 10%～30%（见图 3－2）。

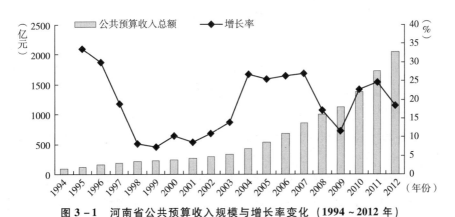

图 3－1　河南省公共预算收入规模与增长率变化（1994～2012 年）

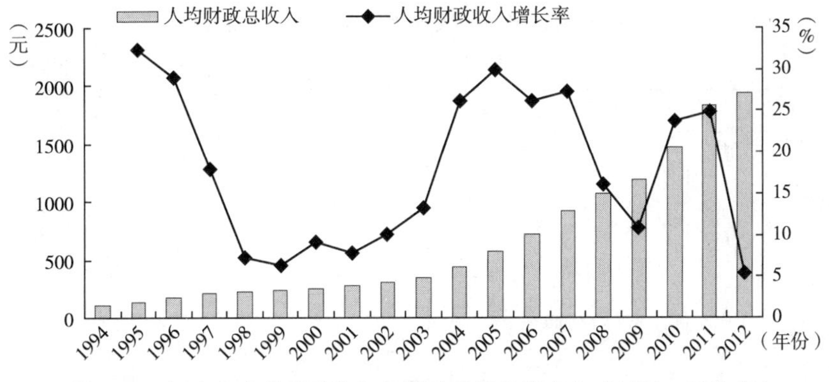

图 3－2　河南省人均财政收入规模及其增长率变化（1994～2012 年）

近十年来，河南省公共预算收入占地区生产总值的比重也在逐年提高（见图 3－3），2003～2004 年平均为 4.92% 左右；2005～2010 年所占比重处在 5%～6%；而从 2011 年开始，公共预算收入占地区生产总值的比重超过了 6%，2011 年为 6.39%，2012 年为 6.89%，未来还将呈现一种增长趋势。

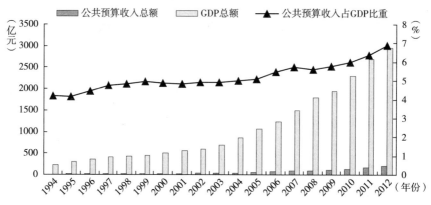

图 3-3　河南省公共预算收入占地区生产总值比重的变化（2002～2012年）

3.1.2　河南省财政收入规模在全国的排位变化

本节从三个方面分析河南省财政收入规模在全国的排位变化：其一，从财政收入总额的角度看，河南省一直处于全国31个省、自治区、直辖市的前十方阵，大多数年份排第八位，2011年、2012年处于第十位。其二，从财政收入增长率的角度看，河南省财政收入增长率的波动较大，2004年增长率达到26.84%，居全国第三位，2006年之后增长率的排位一直在第20位之后，2008年增长率达到17.03%，排全国第29位，高于山东（16.81%）和上海（13.7%），2012年增长率（18.50%）排第16位。其三，从人均财政收入的角度看，作为人口大省，河南省的人均财政收入排名一直处于全国第25位之后的后五方阵，2012年河南省人均财政收入（2169.43元）在全国排第30位（见表3-2），仅高于甘肃省（2020.83元）。

表 3-2　河南省财政收入规模在全国的排位变化

单位：亿元，%

年　份	财政收入总额排名	财政收入增长率排名	人均财政收入排名
2003	8	15	28
2004	8	3	27
2005	8	15	27
2006	8	8	26
2007	8	24	25
2008	9	29	28
2009	9	23	28
2010	9	25	29
2011	10	27	29
2012	10	16	30

3.1.3 河南省财政收入规模在中部六省的排位变化

2002～2012 年，中部六省的财政收入持续增长，除山西省外，各省增长率大体一致，增长率在 10%～40%。各省财政收入规模见图 3－4。

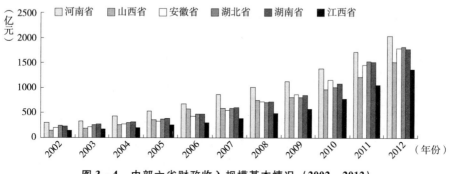

图 3－4 中部六省财政收入规模基本情况（2002～2012）

从财政收入总量上看，河南省在中部六省当中财政收入最高，并且在 2002～2012 年稳居第一位；而江西省则始终处于最后一位，其他省份的排位变动幅度相对较大（见表 3－3，图 3－5）。

表 3－3 中部六省财政收入及其排位（2002～2012 年）

单位：亿元

年份	河南省		山西省		安徽省		湖北省		湖南省		江西省	
	财政收入	排位	财政收入	排位	财政收入	排位	财政收入	排位	财政收入	排位	财政收入	排位
2002	296.72	1	150.82	5	200.22	4	243.44	2	231.15	3	140.55	6
2003	338.05	1	186.05	5	220.75	4	259.76	3	268.65	2	168.17	6
2004	428.78	1	256.36	5	274.63	4	310.45	3	320.63	2	205.77	6
2005	537.65	1	368.34	4	334.02	5	375.52	3	395.27	2	252.92	6
2006	679.17	1	583.38	2	428.03	5	476.08	4	477.93	3	305.52	6
2007	862.08	1	597.89	3	543.70	5	590.36	4	606.55	2	389.85	6
2008	1008.90	1	748.00	2	724.62	3	710.85	5	722.71	4	488.65	6
2009	1126.06	1	805.83	5	863.92	2	814.87	3	847.62	4	581.30	6
2010	1381.32	1	969.67	5	1149.40	2	1011.23	4	1081.69	3	778.09	6
2011	1721.76	1	1213.43	5	1463.56	4	1526.91	2	1517.07	3	1053.43	6
2012	2040.33	1	1516.38	5	1792.72	3	1823.05	2	1776.01	4	1371.90	6

从人均财政收入的角度看，山西省人均财政收入处于最高水平，2002～2012 年一直稳居中部六省之首。湖北省基本上稳居第二位（只是在 2010 年居第三位）。河南省人均财政收入排位在大多数年份位于中部六省之末，只是在 2004～2007 年短暂地摆脱末位（见表 3－4，图 3－6）。

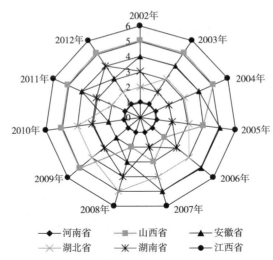

图 3 - 5　中部六省财政收入排位情况（2002～2012 年）

表 3 - 4　中部六省人均财政收入排位情况（2002～2012 年）

单位：元

年份	河南省		山西省		安徽省		湖北省		湖南省		江西省	
	人均财政收入	排位	人均财政收入	排位	人均财政收入	排位	人均财政收入	排位	人均财政收入	排位	人均财政收入	排位
2002	308.67	6	457.86	1	325.88	5	429.20	2	348.70	3	332.90	4
2003	349.69	6	561.41	1	358.19	5	456.92	2	403.20	3	395.32	4
2004	441.27	5	768.70	1	440.96	6	544.84	2	478.70	4	480.32	3
2005	573.19	5	1097.88	1	545.78	6	657.65	2	624.83	3	586.69	4
2006	723.14	4	1728.53	1	700.54	6	836.26	2	753.60	3	704.13	5
2007	921.03	4	1762.13	1	888.69	6	1035.90	2	954.45	3	892.51	6
2008	1070.00	6	2192.91	1	1181.12	3	1244.70	2	1132.77	4	1110.57	5
2009	1186.95	6	2351.42	1	1409.10	3	1424.60	2	1323.17	4	1311.60	5
2010	1468.71	6	2713.12	1	1929.49	2	1765.42	3	1646.41	5	1743.81	4
2011	1834.00	6	3377.21	1	2452.35	3	2651.81	2	2299.98	5	2347.21	4
2012	2169.43	6	4199.59	1	2993.82	4	3154.61	2	2675.14	5	3046.03	3

　　从财政收入增长率的角度看，中部六省财政收入增长率的排序波动比较大。河南省增长率排位在 2007 年之前曾经跻身前三位，但之后基本稳定在中部六省第五位。2007 年之前，山西省长期居于中部六省第一位；2007 年之后，财政收入增长率第一的位置被安徽省取代；2012 年，江西省财政收入增长率排名领先（见表 3 - 5，图 3 - 7）。

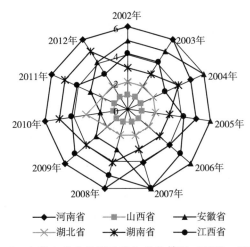

图 3 - 6 中部六省人均财政收入排位情况 (2002～2012 年)

表 3 - 5 中部六省财政收入增长率排位情况 (2003～2012 年)

单位：%

年份	河南省		山西省		安徽省		湖北省		湖南省		江西省	
	增长率	排位	增长率	排位	增长率	排位	增长率	排位	增长率	排位	增长率	排位
2003	13.29	4	22.61	1	9.91	5	6.46	6	15.63	3	18.75	2
2004	26.19	2	36.92	1	23.11	3	19.24	5	18.72	6	21.50	4
2005	29.90	3	42.82	1	23.77	4	20.71	6	30.53	2	22.14	5
2006	26.16	4	57.44	1	28.35	2	27.16	3	20.61	5	20.02	6
2007	27.37	1	1.94	6	26.86	2	23.87	5	26.65	4	26.75	3
2008	16.17	6	24.45	2	32.91	1	20.16	4	18.68	5	24.43	3
2009	10.93	5	7.23	6	19.30	1	14.45	4	16.81	3	18.10	2
2010	23.74	5	15.38	6	36.93	1	23.92	4	24.43	3	32.95	2
2011	24.87	5	24.48	6	27.10	4	50.21	1	39.70	2	34.60	3
2012	18.29	5	24.35	2	22.08	3	18.96	4	16.31	6	29.77	1

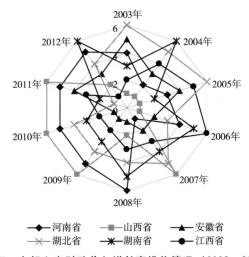

图 3 - 7 中部六省财政收入增长率排位情况 (2003～2012 年)

3.1.4　河南省各地市财政收入规模的排位变化

2002～2012 年，郑州市财政收入在河南省 18 个地市当中稳居第一位，洛阳市则稳居第二位；而鹤壁市与济源市则在最后两名中徘徊；周口市的财政收入波动较大。从表 3－6 看，郑州市和洛阳市财政收入在河南省的排位比较稳定（2002～2012 年分别一直处于第一位和第二位）。排位波动的地市主要是：2004 年及之前，南阳市排第三位，此后，2005 年排第六位，2006 年之后一直在第四位和第五位上波动；安阳市在 2004 年及之前排在第四位，之后在第五位和第六位次上不断转换，2012 年下降至第八位；新乡市在 2002 年和 2003 年排第五位，2004～2008 年居第七位，从 2009 年开始，排位不断上升，至 2012 年排第三位；焦作市在 2005 年及之前的排位呈上升趋势，2005 年排第三位，但此后的排位呈下降态势，2009 年稳定在第七位；周口市的排位变化起伏比较大，2002～2006 年排位持续下降，由 2002 年的第六位下降至 2006 年的第 16 位，此后开始回转，从 2009 年起，其排位基本稳定，2012 年排在第 12 位；驻马店市的波动也比较大，2002～2005 年其排位下降，此后上升，从 2009 年起，其排位稳定在第 13 位；平顶山市的排位在 2006～2011 年稳居第三位，2012 年，第三的位置被新乡市取代。

表 3－6　河南省各地市财政收入规模及其排位情况（2002～2012 年）

单位：亿元

地　市	2002 年		2003 年		2004 年		2005 年	
	财政收入	排　名	财政收入	排　名	财政收入	排　名	财政收入	排　名
郑 州 市	542006	1	658737	1	1048232	1	1361261	1
开 封 市	76451	15	87501	15	113257	15	139830	12
洛 阳 市	260354	2	302095	2	428068	2	609566	2
平顶山市	117618	9	137455	7	199611	6	290776	4
安 阳 市	151243	4	177717	4	236957	4	290142	5
鹤 壁 市	39709	17	44039	17	57460	17	81107	18
新 乡 市	130972	5	155482	5	199003	7	253681	7
焦 作 市	123892	7	153463	6	226760	5	302486	3
濮 阳 市	94004	13	102650	13	125592	12	153498	11
许 昌 市	95745	12	114880	11	161808	8	199572	8
漯 河 市	64616	16	77257	16	109042	16	132124	15
三门峡市	78203	14	87675	14	120591	14	166300	9
南 阳 市	190737	3	211580	3	252498	3	288288	6
商 丘 市	105608	10	117666	10	141553	9	165572	10
信 阳 市	97364	11	107525	12	122052	13	134370	13
周 口 市	128278	6	128368	8	135432	10	133409	14
驻马店市	120676	8	119539	9	128369	11	125321	16
济 源 市	33398	18	39784	18	56268	18	82865	17

续表

地　市	2006 年		2007 年		2008 年		2009 年	
	财政收入	排　名	财政收入	排　名	财政收入	排　名	财政收入	排　名
郑 州 市	1760266	1	2195183	1	2603899	1	3019248	1
开 封 市	162638	12	203160	14	261258	11	295495	12
洛 阳 市	766193	2	1001745	2	1165658	2	1202907	2
平顶山市	404019	3	501028	3	625203	3	702997	3
安 阳 市	345752	6	424749	6	500558	5	551931	6
鹤 壁 市	106243	18	140021	18	158739	18	180061	18
新 乡 市	319792	7	411351	7	487725	7	558896	5
焦 作 市	372910	4	465258	4	491800	6	544235	7
濮 阳 市	185749	11	231540	11	253041	14	253387	15
许 昌 市	255490	8	337625	8	416113	8	470876	8
漯 河 市	161385	15	181789	16	192043	16	204159	16
三门峡市	216330	9	293586	9	366956	9	415008	9
南 阳 市	363066	5	448269	5	512882	4	561666	4
商 丘 市	207872	10	267114	10	315912	10	353666	10
信 阳 市	162573	13	203629	13	249945	15	280210	14
周 口 市	152374	16	196481	15	254893	13	308618	11
驻马店市	162016	14	212669	12	256069	12	293191	13
济 源 市	108156	17	150393	17	180818	17	200066	17

地　市	2010 年		2011 年		2012 年			
	财政收入	排　名	财政收入	排　名	财政收入	排　名		
郑 州 市	3868000	1	5023200	1	6066488	1		
开 封 市	370300	12	490500	11	619175	11		
洛 阳 市	1420200	2	1782700	2	2052637	2		
平顶山市	805800	3	953000	3	1073568	4		
安 阳 市	650500	6	773600	6	835701	8		
鹤 壁 市	221500	18	280200	17	326589	17		
新 乡 市	704600	4	907300	4	1083460	3		
焦 作 市	633400	7	745100	7	851332	7		
濮 阳 市	301700	15	390200	15	480946	15		
许 昌 市	574500	8	741700	8	903669	6		
漯 河 市	261300	16	336900	16	416096	16		
三门峡市	497400	9	576100	9	686165	10		
南 阳 市	690700	5	871000	5	1036511	5		
商 丘 市	430000	10	564400	10	701907	9		
信 阳 市	341000	14	443300	14	554589	14		
周 口 市	383100	11	487200	12	601347	12		
驻马店市	364400	13	471000	13	589141	13		
济 源 市	222200	17	255200	18	288668	18		

3.2 河南省财政收入结构分析

3.2.1 河南省历年财政收入结构概述

从财政收入构成中税收收入与非税收入的对比上看，2002 年以来，河南省财政收入中税收收入规模在不断增加，但税收收入占财政收入的比重呈现小幅下降的趋势，基本稳定在 73% 左右。与此相对应，非税收入占财政收入的比重在 2005 年达到最高，近 32%，之后虽有下降，但仍接近 30% 的高位，远远高于 2002 年的 18.36%，2007 年以来，这一比例基本稳定在 27% 左右（见表 3-7）。

表 3-7 河南省历年财政收入结构（2002~2012 年）

单位：亿元，%

年 份	财政收入	税收收入	税收收入占比	非税收入	非税收入占比
2002	296.72	242.24	81.64	54.48	18.36
2003	338.05	264.40	78.21	73.65	21.79
2004	428.78	307.12	71.63	121.66	28.37
2005	537.65	365.67	68.01	171.98	31.99
2006	679.17	471.80	69.47	207.37	30.53
2007	862.08	625.02	72.50	237.06	27.50
2008	1008.90	742.27	73.57	266.63	26.43
2009	1126.06	821.50	72.95	304.56	27.05
2010	1381.32	1016.55	73.59	364.77	26.41
2011	1721.76	1263.10	73.36	458.66	26.64
2012	2040.33	1469.57	72.03	570.76	27.97

税收收入是财政收入的主要组成内容，从税收收入的构成上看，各项税收收入占财政收入的比重如表 3-8 所示。依此可以看出，流转税的主体地位与其在税收收入构成中的地位一致，其占财政收入的比重保持在 40% 左右，而 2008 年以来呈下降趋势，与金融危机以来整体经济形势不无关系。与此相对应，其他税（除流转税和所得税之外）占财政收入的比重高于所得税的比重，这与我国地方税的构成是一致的。

表 3-8 各项税收（类）与财政收入构成（2002~2012 年）

单位：亿元，%

年 份	财政收入	流转税	占财政收入的比重	所得税	占财政收入的比重	其他税	占财政收入的比重
2002	296.72	129.63	43.69	49.79	16.78	62.82	21.17
2003	338.05	153.80	45.49	44.74	13.23	65.86	19.48
2004	428.78	183.19	42.72	57.75	13.47	66.18	15.44

年　份	财政收入	流转税	占财政收入的比重	所得税	占财政收入的比重	其他税	占财政收入的比重
2005	537.65	228.74	42.54	73.61	13.69	63.32	11.78
2006	679.17	284.21	41.85	94.26	13.88	93.33	13.74
2007	862.08	357.07	41.42	133.18	15.45	134.77	15.63
2008	1008.90	412.50	40.89	149.05	14.77	180.72	17.91
2009	1126.06	445.56	39.57	148.07	13.15	227.87	20.24
2010	1381.32	536.48	38.84	176.92	12.81	303.15	21.95
2011	1721.76	665.87	38.67	233.59	13.57	363.64	21.12
2012	2040.33	759.96	37.25	250.54	12.28	459.07	22.50

3.2.2　河南省历年财政收入结构其及与全国主要省份的比较

为了更全面地认识河南省财政收入结构，本报告选择代表性省份做横向比较。依据以下原则选取代表性省份：首先，在各区内要有代表；其次，对河南省要有借鉴意义，与河南省在财政收入方面的差别不能太大。经过仔细比较，选定了以下几个省份：河北、辽宁、江苏、广东、四川、陕西。[①] 2012 年全国各省份公共预算收入概况见表 3-9。

表 3-9　2012 年全国各省份公共预算收入概况

单位：亿元

地　区		公共预算收入	地区内排名	全国排名
华北地区	北　京	3314.934	1	6
	天　津	1760.0201	3	15
	河　北	2084.2825	2	9
	山　西	1516.378	5	19
	内蒙古	1552.7453	4	18
东北地区	辽　宁	3105.3785	1	7
	吉　林	1041.2514	3	24
	黑龙江	1163.1708	2	23
华东地区	上　海	3743.7053	3	4
	江　苏	5860.6884	1	2
	浙　江	3441.2267	4	5
	安　徽	1792.7192	5	12
	福　建	1776.1728	6	14
	江　西	1371.994	7	20
	山　东	4059.4301	2	3

---

①　由于后文要对中部六省进行比较分析，所以，在选取代表性省份时不考虑中部六省。

续表

地 区		公共预算收入	地区内排名	全国排名
华中及华南地区	河 南	2040.331	2	10
	湖 北	1823.0532	3	11
	湖 南	1782.156	4	13
	广 东	6229.1804	1	1
	广 西	1166.0614	5	22
	海 南	409.437	6	28
西南地区	重 庆	1703.4885	2	16
	四 川	2421.2703	1	8
	贵 州	1014.0547	4	25
	云 南	1338.1509	3	21
	西 藏	86.5827	5	31
西北地区	陕 西	1600.6862	1	17
	甘 肃	520.3993	3	27
	青 海	186.4165	5	30
	宁 夏	263.9569	4	29
	新 疆	908.9655	2	26

2012 年，代表性省份财政收入构成和结构分析分别如表 3 - 10 和表 3 - 11 所示。在各省公共预算收入中，非税收入和税收收入的比例如下：河北、辽宁、四川三省均为 25∶75；江苏省为 18∶82；广东省为 19∶81；陕西省为 23∶77；河南省为 28∶72。河南省非税收入的比重远远高于发达省份广东和江苏，也高于四川、陕西等西部省份。在全部税收收入中，河南省所得税（含企业所得税和个人所得税）所占比例为 12%，大大低于广东省（19%）和江苏省（17%），略高于陕西和辽宁两省（10%），略低于河北和四川两省（13%）。

表 3 - 10　2012 年代表性省份财政收入构成

单位：亿元

省　份	财政收入	税收收入					非税收入
		增值税	营业税	企业所得税	个人所得税	其他税	
河北省	2084.28	250.29	533.45	226.20	50.19	500.44	523.69
辽宁省	3105.37	216.69	606.48	242.38	60.91	1190.69	788.19
江苏省	5860.68	708.74	1659.66	745.87	224.22	1444.06	1078.10
广东省	6229.18	793.84	1556.80	891.02	322.71	1509.49	1155.29
四川省	2421.27	205.67	725.40	246.44	73.40	576.10	594.22
陕西省	1600.68	189.45	392.90	160.91	42.05	815.35	469.13
河南省	2040.33	187.78	482.39	209.13	41.40	548.84	570.76

表 3 - 11   2012 年全国代表性省份财政收入结构分析

单位：%

省 份	非税收入	税收收入	增值税	营业税	企业所得税	个人所得税	其他税收
河北省	25	75	12	26	11	2	24
辽宁省	25	75	7	20	8	2	38
江苏省	18	82	12	28	13	4	25
广东省	19	81	13	25	14	5	24
四川省	25	75	8	30	10	3	24
陕西省	23	77	9	19	8	2	39
河南省	28	72	9	24	10	2	27

3.2.3   河南省财政收入结构与中部六省的比较

2002～2012 年，中部六省税收收入占财政收入的比重在 55%～85%（见图 3 - 8）。其中，湖南省所占比重偏低，处于 60%～70%，特别是 2010 年以后占比低于 65%。山西省税收收入占财政收入的比重波动较大，最低年份 2006 年为 56.65%，最高年份 2003 年达到 79.33%，2012 年占比为 68.93%。安徽省、湖北省、江西省与河南省相似性很大，2002～2007 年先降后升，之后趋于平稳，大体处于 70%～75%。

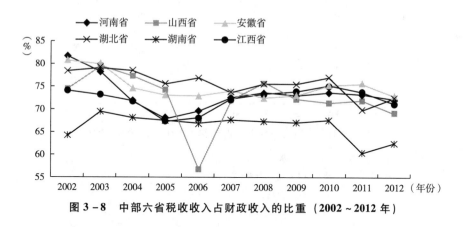

图 3 - 8   中部六省税收收入占财政收入的比重（2002～2012 年）

2002～2012 年，中部六省流转税收入占财政收入的比重处于 35%～55%（见图 3 - 9）。山西省波动范围较大，2008 年后与其他五省趋于一致。其他五省的流转税占财政收入的比重整体相似，呈下降趋势。

2002～2012 年，中部六省所得税收入占财政收入比重位于 8%～18%（见图 3 - 10）。河南省所得税收入占财政收入的比重在 12% 以上，占比在中部六省中处于较高位置。山西省所得税收入占财政收入的比重波动仍然较大。其他四个省份所得税收入占财政收入的比重从高到低依次是：湖北省、安徽省、江西省，湖南省。

图 3 - 11 显示，2002～2012 年，中部六省非税收入占财政收入的比重处于 15%～45%，浮动范围达到了 30 个百分点。与税收收入占财政收入的比重相对应，湖南省非税

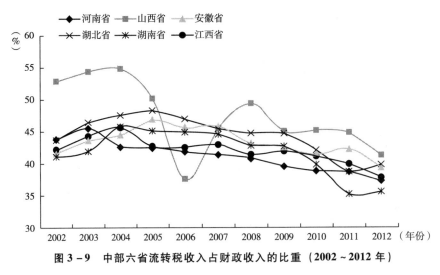

图 3 - 9　中部六省流转税收入占财政收入的比重（2002～2012 年）

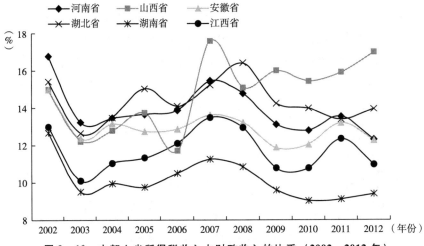

图 3 - 10　中部六省所得税收入占财政收入的比重（2002～2012 年）

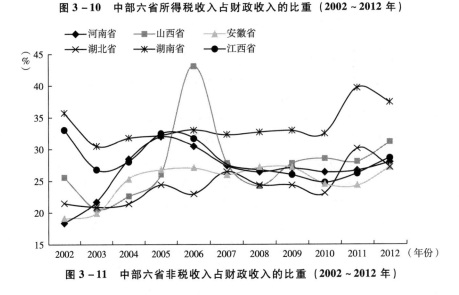

图 3 - 11　中部六省非税收入占财政收入的比重（2002～2012 年）

收入占财政收入的比重较高；山西省仍波动很大；其他四省在 15 个百分点的范围内波动，且占比呈提高趋势。

3.2.4 河南省各地市财政收入结构的比较①

各地市财政收入结构状况见表 3-12。从税收收入与非税收入在财政收入中的占比情况看，各地市税收收入占财政收入比重的变化趋势基本一致。除了济源市外，其他地市税收收入占比在 2005~2006 年处于低谷（基本处于 70% 以下，其中开封、鹤壁、焦作则处于 60% 以下），之后，税收收入占比逐步回升，稳定在 70% 左右（濮阳、许昌、漯河等地近年来税收收入占比稳定在 80% 左右），详见图 3-12。

表 3-12 河南省各地市财政收入结构基本情况（2002~2012 年）

单位：万元

郑州市

年 份	公共预算收入	税收收入			非税收入
		流转税	所得税	其他税收	
2002	542006	241673	110851	75539	113943
2003	658737	297604	125771	99109	136253
2004	1048232	444202	276501	126691	200838
2005	1361261	562054	211736	147701	439770
2006	1760266	696986	288053	194235	580992
2007	2195183	875486	421415	463320	434962
2008	2603899	998313	466551	620938	518097
2009	3019248	1148747	500188	728769	641544
2010	3868000	1509600	617500	1004300	736600
2011	5023200	1832500	781900	1281400	1127400
2012	6066488	2125192	842281	1556812	1542203

开封市

年 份	公共预算收入	税收收入			非税收入
		流转税	所得税	其他税收	
2002	76451	27059	5908	24464	19020
2003	87501	32424	6178	23932	24967
2004	113257	40301	11993	22820	38143
2005	139830	48973	9959	20944	59954
2006	162638	58873	10567	17843	75355
2007	203160	74058	18090	45077	65935

① 详见各地市财政分报告的分析。

开封市					
年　份	公共预算收入	税收收入			非税收入
		流转税	所得税	其他税收	
2008	261258	92728	21326	65771	81433
2009	295495	102798	23836	83084	85777
2010	370300	125200	26500	113400	105200
2011	490500	169100	40800	135700	144900
2012	619175	212160	44200	190796	172019

洛阳市					
年　份	公共预算收入	税收收入			非税收入
		流转税	所得税	其他税收	
2002	260354	112186	32248	36507	79413
2003	302095	132960	30786	45301	93048
2004	428068	178244	71342	53101	125381
2005	609566	216239	92921	69521	230885
2006	766193	260976	112375	98792	294050
2007	1001745	340207	176603	221791	263144
2008	1165658	373359	220610	280205	291484
2009	1202907	371924	148922	323367	358694
2010	1420200	454800	200100	380100	385200
2011	1782700	586800	251400	474100	470400
2012	2052637	656031	224613	604742	567251

平顶山市					
年　份	公共预算收入	税收收入			非税收入
		流转税	所得税	其他税收	
2002	117618	54233	10265	22131	30989
2003	137455	61598	8803	25636	41418
2004	199611	95607	20082	26210	57712
2005	290776	128183	30959	34194	97440
2006	404019	174659	44235	48057	137068
2007	501028	207039	65609	116823	111557
2008	625203	254230	60922	173841	136210
2009	702997	279249	70814	198187	154747
2010	805800	307200	68100	238300	192200
2011	953000	351600	84700	269400	247300
2012	1073568	373914	79558	291119	328977

安阳市

年　份	公共预算收入	税收收入			非税收入
		流转税	所得税	其他税收	
2002	151243	67996	13683	36205	33359
2003	177717	80621	12225	43855	41016
2004	236957	106074	23713	45519	61651
2005	290142	127652	22070	43753	96667
2006	345752	150146	28509	50594	116503
2007	424749	178118	37408	93973	115250
2008	500558	212156	50314	107854	130234
2009	551931	192643	46312	158368	154608
2010	650500	207000	49300	195000	199200
2011	773600	238100	70800	227700	237000
2012	835701	236420	66264	254599	278418

鹤壁市

年　份	公共预算收入	税收收入			非税收入
		流转税	所得税	其他税收	
2002	39709	17592	2514	7904	11699
2003	44039	19187	2729	8603	13520
2004	57460	22109	6789	8795	19767
2005	81107	28193	5884	9273	37757
2006	106243	35255	7978	13126	49884
2007	140021	46497	10183	32486	50855
2008	158739	55288	11489	44538	47424
2009	180061	63560	12722	52331	51448
2010	221500	76300	15500	68300	61400
2011	280200	94100	28400	77000	80700
2012	326589	101326	23803	97396	104064

新乡市

年　份	公共预算收入	税收收入			非税收入
		流转税	所得税	其他税收	
2002	130972	51446	19814	29124	30588
2003	155482	65349	19666	30324	40143
2004	199003	77910	32711	30570	57812
2005	253681	97814	27345	23993	104529
2006	319792	124250	36405	34648	124489

新乡市

年　份	公共预算收入	税收收入			非税收入
		流转税	所得税	其他税收	
2007	411351	154451	54446	85860	116594
2008	487725	175025	53082	115723	143895
2009	558896	193298	57892	148158	159548
2010	704600	234700	84800	197100	188000
2011	907300	306800	122900	245200	232400
2012	1083460	354517	129532	301133	298278

焦作市

年　份	公共预算收入	税收收入			非税收入
		流转税	所得税	其他税收	
2002	123892	53388	21635	20517	28352
2003	153463	68731	23500	22974	38258
2004	226760	93374	39104	27891	66391
2005	302486	125461	27263	29781	119981
2006	372910	142360	32311	42239	156000
2007	465258	168003	48827	129418	119010
2008	491800	178814	56615	124428	131943
2009	544235	178468	45969	168535	151263
2010	633400	201300	61000	195200	175900
2011	745100	237300	82000	202100	223700
2012	851332	252850	71997	230876	295609

濮阳市

年　份	公共预算收入	税收收入			非税收入
		流转税	所得税	其他税收	
2002	94004	37119	7213	22364	27308
2003	102650	42622	5945	24132	29951
2004	125592	50019	12537	21302	41734
2005	153498	61539	13521	17525	60913
2006	185749	81774	13079	23184	67712
2007	231540	98519	18082	57407	57532
2008	253041	110107	20987	64385	57562
2009	253387	100976	19812	71726	60873
2010	301700	120400	23900	98600	58800
2011	390200	164200	36300	113800	75900
2012	480946	196164	40735	157001	87046

许昌市

年　份	公共预算收入	税收收入			非税收入
		流转税	所得税	其他税收	
2002	95745	33297	6611	35092	20745
2003	114880	42892	4719	36655	30614
2004	161808	55241	15079	37553	53935
2005	199572	74065	18327	34334	72846
2006	255490	97265	26840	43104	88281
2007	337625	123318	51872	97283	65152
2008	416113	148689	59202	118474	89748
2009	470876	161479	47129	142442	119826
2010	574500	187400	61100	188200	137800
2011	741700	239900	88400	257300	156100
2012	903669	288786	93446	314303	207134

漯河市

年　份	公共预算收入	税收收入			非税收入
		流转税	所得税	其他税收	
2002	64616	24998	7431	21422	10765
2003	77257	28997	11246	22947	14067
2004	109042	37526	29817	18830	22869
2005	132124	44211	17803	15434	54676
2006	161385	53120	23233	21408	63624
2007	181789	66146	27781	38764	49098
2008	192043	78392	31182	44648	37821
2009	204159	81082	30404	57487	35186
2010	261300	104600	43700	66600	46400
2011	336900	134800	51700	89500	60900
2012	416096	155150	56550	121803	82593

三门峡市

年　份	公共预算收入	税收收入			非税收入
		流转税	所得税	其他税收	
2002	78203	30753	14859	13444	19147
2003	87675	36179	12962	16159	22375
2004	120591	47857	24511	15690	32533
2005	166300	64827	22201	20407	58865
2006	216330	84274	27589	27114	77353

续表

	三门峡市				
年 份	公共预算收入	税收收入			非税收入
		流转税	所得税	其他税收	
2007	293586	115892	40741	72682	64271
2008	366956	143677	44172	108278	70829
2009	415008	142922	32087	124784	115215
2010	497400	176100	45200	155500	120600
2011	576100	195300	66100	162300	152400
2012	686165	199207	56535	214707	215716

	南阳市				
年 份	公共预算收入	税收收入			非税收入
		流转税	所得税	其他税收	
2002	190737	62108	14337	73086	41206
2003	211580	68432	14859	75560	52729
2004	252498	87993	22248	57991	84266
2005	288288	113374	23531	34208	117175
2006	363066	149128	28425	46987	138526
2007	448269	189983	38577	92898	126811
2008	512882	213683	45288	126072	127839
2009	561666	212940	48326	154481	145919
2010	690700	247000	56600	237900	149200
2011	871000	302500	71500	301200	195800
2012	1036511	366569	84175	375106	210661

	商丘市				
年 份	公共预算收入	税收收入			非税收入
		流转税	所得税	其他税收	
2002	105608	27823	8129	46093	23563
2003	117666	36309	9627	45555	26175
2004	141553	46135	15482	39436	40500
2005	165572	68358	20134	24229	52851
2006	207872	85579	23587	31078	67628
2007	267114	106933	34390	61472	64319
2008	315912	134147	32319	73771	75675
2009	353666	147936	33961	88875	82894
2010	430000	179400	43400	115300	91900
2011	564400	248800	48400	155900	111300
2012	701907	280986	56620	191354	172947

年　份	公共预算收入	税收收入			非税收入
		流转税	所得税	其他税收	
			商丘市		

商丘市

年　份	公共预算收入	税收收入			非税收入
		流转税	所得税	其他税收	
2002	97364	31570	5778	39915	20101
2003	107525	37900	5017	39860	24748
2004	122052	46721	9438	30363	35530
2005	134370	55430	9535	14092	55313
2006	162573	68928	11611	22388	59646
2007	203629	86714	14876	42529	59510
2008	249945	99971	17164	58698	74112
2009	280210	114302	16601	69572	79735
2010	341000	136100	23400	96600	84900
2011	443300	184200	40100	118700	100300
2012	554589	222448	53030	147737	131374

周口市

年　份	公共预算收入	税收收入			非税收入
		流转税	所得税	其他税收	
2002	128278	29485	10641	63699	24453
2003	128368	31291	8081	59544	29452
2004	135432	39357	12713	45079	38283
2005	133409	47142	10609	10705	64953
2006	152374	58276	12039	17599	64460
2007	196481	71832	14962	45505	64182
2008	254893	96365	16619	65662	76247
2009	308618	106464	19419	86115	96620
2010	383100	124900	23400	119700	115100
2011	487200	164800	34700	130800	156900
2012	601347	179895	44552	180004	196896

驻马店市

年　份	公共预算收入	税收收入			非税收入
		流转税	所得税	其他税收	
2002	120676	27685	10958	56880	25153
2003	119539	30408	9360	52869	26902
2004	128369	37789	13931	41441	35208
2005	125321	46697	13214	14762	50648
2006	162016	63016	16562	22157	60281
2007	212669	86883	21312	48541	55933

续表

		税收收入			

驻马店市

年　份	公共预算收入	税收收入			非税收入
		流转税	所得税	其他税收	
2008	256069	100145	27222	61675	67027
2009	293191	116352	24784	77732	74323
2010	364400	137600	33500	106000	87300
2011	471000	176400	42700	131500	120400
2012	589141	197399	50214	182972	158556

济源市

年　份	公共预算收入	税收收入			非税收入
		流转税	所得税	其他税收	
2002	33398	13943	8228	3896	7331
2003	39784	17089	7553	4544	10598
2004	56268	21921	14199	6302	13846
2005	82865	36392	15064	9982	21427
2006	108156	47736	22390	12251	25779
2007	150393	65338	29821	28143	27091
2008	180818	76194	26677	42038	35909
2009	200066	72433	25977	62413	39243
2010	222200	66800	33600	67200	54600
2011	255200	80400	48400	64200	62200
2012	288668	85923	53573	74538	74634

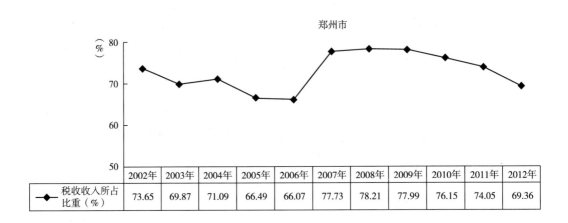

郑州市

	2002年	2003年	2004年	2005年	2006年	2007年	2008年	2009年	2010年	2011年	2012年
税收收入所占比重（%）	73.65	69.87	71.09	66.49	66.07	77.73	78.21	77.99	76.15	74.05	69.36

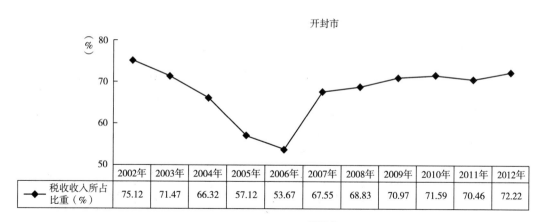

开封市

	2002年	2003年	2004年	2005年	2006年	2007年	2008年	2009年	2010年	2011年	2012年
◆ 税收收入所占比重（%）	75.12	71.47	66.32	57.12	53.67	67.55	68.83	70.97	71.59	70.46	72.22

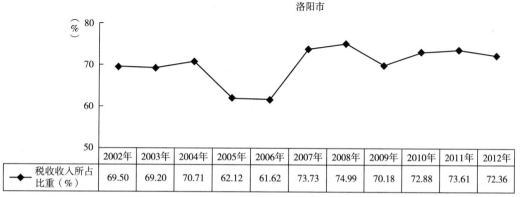

洛阳市

	2002年	2003年	2004年	2005年	2006年	2007年	2008年	2009年	2010年	2011年	2012年
◆ 税收收入所占比重（%）	69.50	69.20	70.71	62.12	61.62	73.73	74.99	70.18	72.88	73.61	72.36

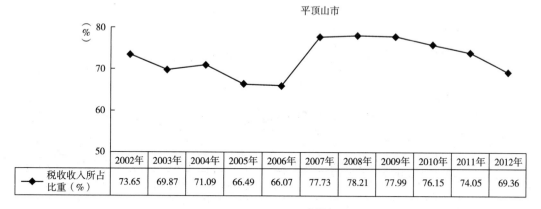

平顶山市

	2002年	2003年	2004年	2005年	2006年	2007年	2008年	2009年	2010年	2011年	2012年
◆ 税收收入所占比重（%）	73.65	69.87	71.09	66.49	66.07	77.73	78.21	77.99	76.15	74.05	69.36

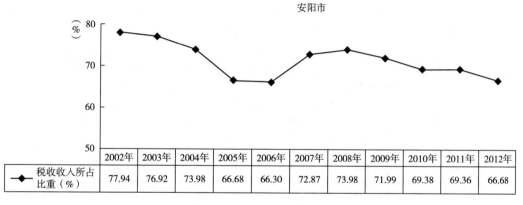

安阳市

	2002年	2003年	2004年	2005年	2006年	2007年	2008年	2009年	2010年	2011年	2012年
◆ 税收收入所占比重（%）	77.94	76.92	73.98	66.68	66.30	72.87	73.98	71.99	69.38	69.36	66.68

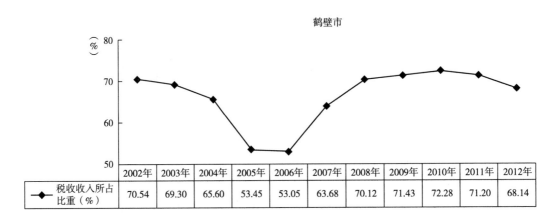

鹤壁市

	2002年	2003年	2004年	2005年	2006年	2007年	2008年	2009年	2010年	2011年	2012年
◆ 税收收入所占 比重（%）	70.54	69.30	65.60	53.45	53.05	63.68	70.12	71.43	72.28	71.20	68.14

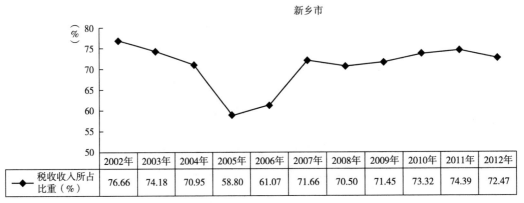

新乡市

	2002年	2003年	2004年	2005年	2006年	2007年	2008年	2009年	2010年	2011年	2012年
◆ 税收收入所占 比重（%）	76.66	74.18	70.95	58.80	61.07	71.66	70.50	71.45	73.32	74.39	72.47

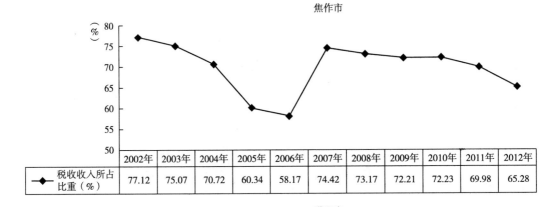

焦作市

	2002年	2003年	2004年	2005年	2006年	2007年	2008年	2009年	2010年	2011年	2012年
◆ 税收收入所占 比重（%）	77.12	75.07	70.72	60.34	58.17	74.42	73.17	72.21	72.23	69.98	65.28

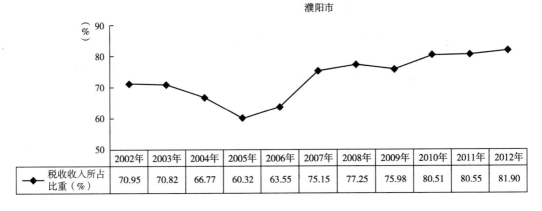

濮阳市

	2002年	2003年	2004年	2005年	2006年	2007年	2008年	2009年	2010年	2011年	2012年
◆ 税收收入所占 比重（%）	70.95	70.82	66.77	60.32	63.55	75.15	77.25	75.98	80.51	80.55	81.90

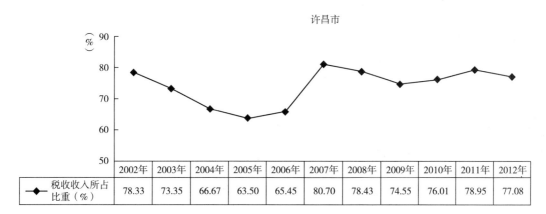

	2002年	2003年	2004年	2005年	2006年	2007年	2008年	2009年	2010年	2011年	2012年
◆ 税收收入所占比重（%）	78.33	73.35	66.67	63.50	65.45	80.70	78.43	74.55	76.01	78.95	77.08

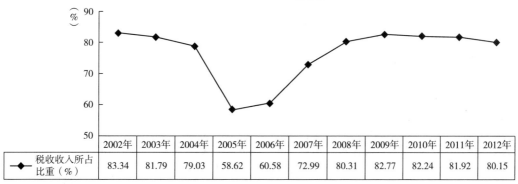

	2002年	2003年	2004年	2005年	2006年	2007年	2008年	2009年	2010年	2011年	2012年
◆ 税收收入所占比重（%）	83.34	81.79	79.03	58.62	60.58	72.99	80.31	82.77	82.24	81.92	80.15

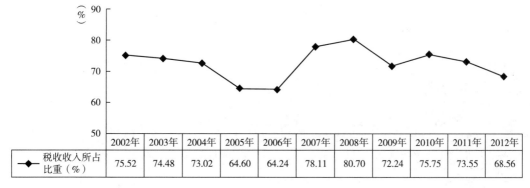

	2002年	2003年	2004年	2005年	2006年	2007年	2008年	2009年	2010年	2011年	2012年
◆ 税收收入所占比重（%）	75.52	74.48	73.02	64.60	64.24	78.11	80.70	72.24	75.75	73.55	68.56

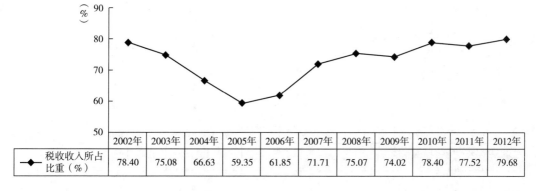

	2002年	2003年	2004年	2005年	2006年	2007年	2008年	2009年	2010年	2011年	2012年
◆ 税收收入所占比重（%）	78.40	75.08	66.63	59.35	61.85	71.71	75.07	74.02	78.40	77.52	79.68

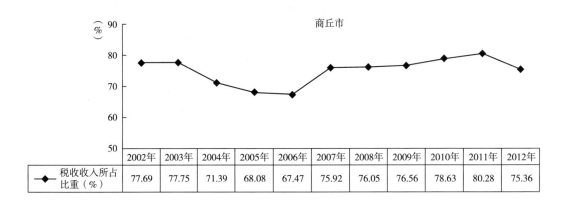

	2002年	2003年	2004年	2005年	2006年	2007年	2008年	2009年	2010年	2011年	2012年
◆ 税收收入所占比重（%）	77.69	77.75	71.39	68.08	67.47	75.92	76.05	76.56	78.63	80.28	75.36

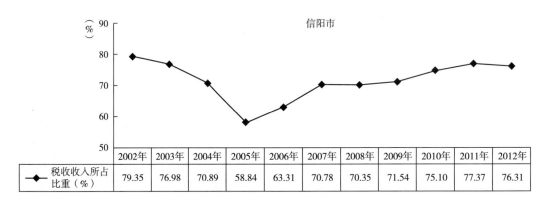

	2002年	2003年	2004年	2005年	2006年	2007年	2008年	2009年	2010年	2011年	2012年
◆ 税收收入所占比重（%）	79.35	76.98	70.89	58.84	63.31	70.78	70.35	71.54	75.10	77.37	76.31

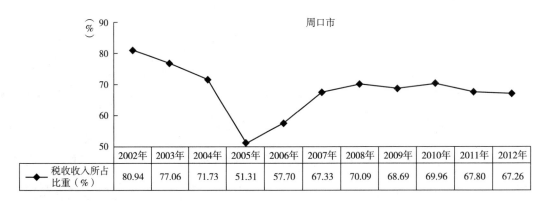

	2002年	2003年	2004年	2005年	2006年	2007年	2008年	2009年	2010年	2011年	2012年
◆ 税收收入所占比重（%）	80.94	77.06	71.73	51.31	57.70	67.33	70.09	68.69	69.96	67.80	67.26

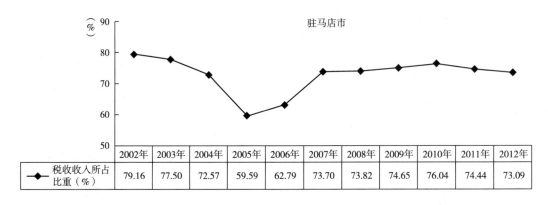

	2002年	2003年	2004年	2005年	2006年	2007年	2008年	2009年	2010年	2011年	2012年
◆ 税收收入所占比重（%）	79.16	77.50	72.57	59.59	62.79	73.70	73.82	74.65	76.04	74.44	73.09

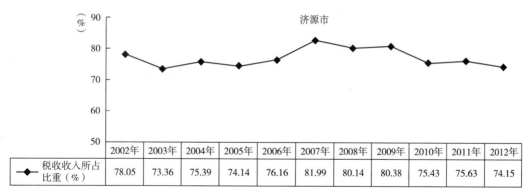

	2002年	2003年	2004年	2005年	2006年	2007年	2008年	2009年	2010年	2011年	2012年
税收收入所占比重（%）	78.05	73.36	75.39	74.14	76.16	81.99	80.14	80.38	75.43	75.63	74.15

图 3 - 12　河南省各地市财政收入构成分析（2002～2012 年）

从 2012 年各地财政收入构成上看，濮阳、漯河、南阳等地财政收入构成中税收收入占比已经超过 80%，平顶山、安阳、鹤壁、焦作、三门峡、周口等地市税收收入占比低于 70%，其他地方税收收入占比均处于 75% 左右。濮阳、商丘、信阳流转税收入占税收收入的比重超过 40%，安阳、三门峡这一比重低于 30%，其他地市则处于 35% 左右。而小税种税收占税收收入的比重相差不大，最小的是济源（25%），最大的是南阳（37%），一般处于 30% 左右（见表 3 - 13）。

表 3 - 13　2012 年河南省各地市财政收入结构比较

单位：%

地　市	非税收入	税收收入	流转税	所得税	其他税收
郑 州 市	25	75	35	14	26
开 封 市	28	72	34	7	31
洛 阳 市	28	72	32	11	29
平顶山市	31	69	35	7	27
安 阳 市	33	67	28	8	31
鹤 壁 市	32	68	31	7	30
新 乡 市	28	72	33	12	27
焦 作 市	35	65	30	8	17
濮 阳 市	18	82	41	8	33
许 昌 市	23	77	32	10	35
漯 河 市	20	80	37	14	29
三门峡市	31	69	29	8	32
南 阳 市	20	80	35	8	37
商 丘 市	25	75	40	8	27
信 阳 市	24	76	40	10	26
周 口 市	33	67	30	7	30
驻马店市	27	73	34	9	30
济 源 市	26	74	30	19	25

3.3 税收收入分析

3.3.1 税收收入整体性分析

河南省地方财政收入中税收收入规模持续增加，从 2002 年的 242.24 亿元增长至 2012 年的 1469.57 亿元，11 年增长了 5 倍多。其中，2007 年，河南省地方财政收入中税收收入规模突破 500 亿元，达到 625.02 亿元；2010 年突破 1000 亿元，达到 1016.55 亿元（见图 3 - 13）。

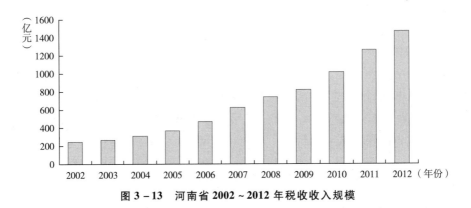

图 3 - 13　河南省 2002～2012 年税收收入规模

从中部六省的比较上看，11 年间，河南省税收收入总规模一直处于中部六省之首（见表 3 - 14）。从近五年的数据看，中部六省排第二位的发生了一些变化：2008 年为山西省（低于同年河南省 175.78 亿元），2009～2011 年为安徽省（分别低于当年河南省 192.18 亿元、150.00 亿元和 154.79 亿元），2012 年为湖北省（低于当年河南省 145.13 亿元）。近五年排位最后的是江西省（2008 年以来各年份税收收入分别低于河南省 384.31 亿元、391.48 亿元、431.44 亿元、486.01 亿元、491.61 亿元，分别相当于河南省当年税收收入的约 52%、48%、43%、39%、34%）。

表 3 - 14　中部六省税收收入规模（2002～2012 年）

单位：亿元

年　份	河南省	山西省	安徽省	湖北省	湖南省	江西省
2002	242.24	112.2	162.00	191.01	148.61	187.04
2003	264.4	147.6	176.77	205.38	186.61	123.05
2004	307.12	170.71	204.83	205.59	218.7	145.09
2005	365.5	272.75	234.16	263.28	267.87	170.72
2006	471.00	281.8	366.97	321.11	322.7	208.71
2007	625.02	430.5	401.88	433.98	410.66	281.86
2008	742.27	566.49	527.93	537.21	486.31	357.96

续表

年　份	河南省	山西省	安徽省	湖北省	湖南省	江西省
2009	821.50	581.91	629.32	616.06	568.27	430.02
2010	1016.55	692.71	866.55	777.96	730.84	585.11
2011	1263.10	872.88	1108.31	1067.11	915.4	777.09
2012	1469.57	1045.22	1305.09	1324.44	1110.7	977.96

从税收收入占地方财政收入的比重看，2005 年之前，河南省这一比重呈下降趋势，从 2002 年的 81.64% 降至 2005 年的 68.01%，此后开始缓慢上升，基本稳定在 73% 左右（见表 3-15）。至 2012 年，中部六省的这一比例基本稳定在 70% 左右。从河南省在中部六省这一比重的排位看，2002 年居第一位，2003 年居第三位（低于安徽的 80.08% 和山西的 79.33%），2004 年居第二位（低于安徽的 74.58%），2005 年居第四位（低于山西的 74.05%、湖北的 70.11% 和安徽的 70.10%），2006 年居第二位（低于安徽的 85.73%），2007 年居第三位（低于安徽的 73.92% 和湖北的 73.51%），2008 年居第三位（低于山西的 75.73% 和湖北的 75.57%），2009 年居第三位（低于湖北的 75.60% 和江西的 73.98%），2010 年居第四位（低于湖北的 76.93%、安徽的 75.39% 和江西的 75.20%），2011 年居第三位（低于安徽的 75.73% 和江西的 73.77%），2012 年居第三位（低于安徽的 72.8% 和湖北的 72.65%）。

表 3-15　中部六省税收收入占地方财政收入的比重（2002~2012 年）

单位：%

年　份	河南省	山西省	安徽省	湖北省	湖南省	江西省
2002	81.64	74.39	80.91	78.46	64.29	75.14
2003	78.21	79.33	80.08	79.07	69.46	73.17
2004	71.63	66.59	74.58	66.22	68.21	70.51
2005	68.01	74.05	70.10	70.11	67.77	67.50
2006	69.47	48.30	85.73	67.45	67.52	68.31
2007	72.50	72.00	73.92	73.51	67.70	72.30
2008	73.57	75.73	72.86	75.57	67.29	73.25
2009	72.95	72.21	72.84	75.60	67.04	73.98
2010	73.59	71.44	75.39	76.93	67.56	75.20
2011	73.36	71.93	75.73	69.89	60.34	73.77
2012	72.03	68.93	72.80	72.65	62.54	71.29

从税收收入占地区生产总值的比重看，2005 年之前，河南省这一比重呈下降趋势，从 2002 年的 4.01% 降至 2005 年的 3.45%，此后开始缓慢上升，至 2012 年，这一比重基本稳定在 4.93% 左右（见表 3-16）。从河南省在中部六省这一比重的排位看，2002 年、2003 年、2004 年和 2011 年居第五位，2005~2010 年以及 2012 年居第六位。2012 年，中

部六省这一比重的排位依次是：山西省（8.63%）、安徽省（7.58%）、江西省（7.55%）、湖北省（5.95%）、湖南省（5.01%）、河南省（4.93%）。

表3-16 中部六省税收收入占地区生产总值的比重（2002~2012年）

单位：%

年　份	河南省	山西省	安徽省	湖北省	湖南省	江西省
2002	4.01	4.83	4.60	4.53	3.58	5.74
2003	3.85	5.17	4.51	4.32	4.00	4.38
2004	3.59	4.78	4.30	3.65	3.88	4.20
2005	3.45	6.45	4.38	4.00	4.06	4.21
2006	3.81	5.78	6.00	4.22	4.20	4.33
2007	4.16	7.15	5.46	4.65	4.35	4.86
2008	4.12	7.74	5.96	4.74	4.21	5.13
2009	4.22	7.91	6.25	4.75	4.35	5.62
2010	4.40	7.53	7.01	4.87	4.56	6.19
2011	4.69	7.77	7.24	5.44	4.65	6.64
2012	4.93	8.63	7.58	5.95	5.01	7.55

　　从税收收入增长率的角度看，2007年之前，河南省地方财政收入中税收收入的增长率是呈上升趋势的，2007~2009年增长率重新下滑，虽然2010年开始增长率开始上升，但2012年的增长率也只有16.35%，与2004年差不多（见表3-17）。从河南省在中部六省这一比重的排位看，2004年居第三位，2005年、2007年和2010年居第四位，2006年居第二位，2008年和2009年居第五位，2011年和2012年居第六位。2012年中部六省这一比重的排位依次是：江西省（25.85%）、湖北省（24.11%）、湖南省（21.33%）、山西省（19.74%）、安徽省（17.75%）、河南省（16.35%）。

表3-17 中部六省税收收入增长率（2004~2012年）

单位：%

年　份	河南省	山西省	安徽省	湖北省	湖南省	江西省
2004	16.16	15.66	15.87	0.10	17.20	17.91
2005	19.01	59.77	14.32	28.06	22.48	17.66
2006	28.86	3.32	56.72	21.97	20.47	22.25
2007	32.70	52.77	9.51	35.15	27.26	35.05
2008	18.76	31.59	31.37	23.79	18.42	27.00
2009	10.67	2.72	19.21	14.68	16.85	20.13
2010	23.74	19.04	37.70	26.28	28.61	36.07
2011	24.25	26.01	27.90	37.17	25.25	32.81
2012	16.35	19.74	17.75	24.11	21.33	25.85

3.3.2　流转税各税税收分析

1. 增值税收入分析

从绝对规模上看，2002 年，归属河南省的增值税收入为 49.25 亿元，2012 年这一规模发展到 187.78 亿元，增长了近 3 倍。从增值税收入规模发展过程来看，整体趋势是持续增长（见图 3—14）。2009 年，受生产型增值税向消费型增值税转型改革的影响，增值税收入整体规模与 2008 年相比下降了 13 亿元，但之后依然呈增长趋势。

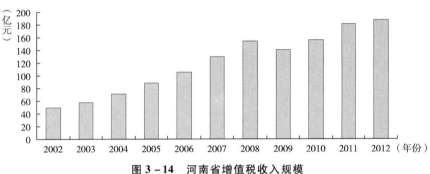

图 3—14　河南省增值税收入规模

从增值税收入在中部六省的比较上看，各省的绝对规模都呈现增长态势。但从特殊年份 2009 年的数据看，增值税转型对各省增值税税收收入的影响是不同的：受增值税转型的影响，河南省和山西省的增值税收入都有将明显的下降，河南省由 2008 年的 153.89 亿元下降到 2009 年的 140.82 亿元，山西省由 2008 年的 197.07 亿元下降到 2009 年的 175.61 亿元（见表 3—18）；而中部其他四省增值税的绝对收入规模依然呈现递增的趋势，只是增长率有了较明显的滑落。

表 3—18　中部六省增值税收入规模

单位：亿元

年　份	河南省	山西省	安徽省	湖北省	湖南省	江西省
2002	49.25	38.11	32.51	39.97	31.9	18.72
2003	57.95	51.36	36.95	45.64	36.12	23.07
2004	71.62	75.14	45.79	54.34	48.59	28.26
2005	87.97	102.7	57.72	65.91	58.93	33.87
2006	105.84	118.84	69.18	77.81	69.28	41.18
2007	129.96	146.11	82.38	93.64	86.36	53.05
2008	153.89	197.07	96.75	106.74	95.36	64.29
2009	140.82	175.61	106.18	113.96	96.58	66.74
2010	155.79	198.26	129.48	125.57	112.57	84.79
2011	181.38	239.97	164.68	148.36	135.24	105.9
2012	187.78	242.88	175.33	162.39	152.22	107.41

从绝对规模排位上看，2002～2012年，增值税收入一直没有发生变化的是江西省，一直居于中部六省的第六位。第一的位置仅在2002年和2003年两个年度归河南省（但绝对规模与山西省的差距很小，分别为11.14亿元和6.59亿元），其他年份则属于山西省。从2008年起，河南省与山西省的收入规模差距开始扩大。第三位在湖北省和安徽省之间进行转换，在2010年之前，第三位一直属于湖北省，从2010年开始，安徽省超过湖北省，居于第三位。从整体发展上看，河南省（第二位）与第三位之间的差距在缩小。2012年的排位情况如下：山西省第一（比河南省高55.10亿元），河南省第二，安徽省第三（比河南省低67.55亿元），湖北省第四（比安徽省低12.94亿元），湖南省第五（比湖北省低10.17亿元），江西省第六（比湖南省低44.81亿元）。

表3-19　河南省增值税收入分析

单位：亿元，%

年　份	增值税收入	增长率	税收收入	占　比	财政收入	占　比
2002	49.25	—	242.24	20.33	296.72	16.60
2003	57.95	17.66	264.40	21.92	338.05	17.14
2004	71.62	23.59	307.12	23.32	428.78	16.70
2005	87.97	22.83	365.67	24.07	537.65	16.36
2006	105.84	20.31	471.80	22.47	679.17	15.58
2007	129.96	22.79	625.02	20.79	862.08	15.08
2008	153.89	18.41	742.27	20.73	1008.90	15.25
2009	140.82	-8.49	821.50	17.14	1126.06	12.51
2010	155.79	10.63	1016.55	15.33	1381.32	11.28
2011	181.38	16.43	1263.10	14.36	1721.76	10.53
2012	187.78	3.53	1469.57	12.78	2040.33	9.20

从相对规模上看，2002年归属河南省的增值税收入占河南省地方财政收入的16.6%，这一比重在2012年为9.2%，整体呈现递减趋势（见表3-19）。而从全国整体上考虑，2002年全国增值税收入占财政收入的比重为32.68%，到2012年，该比重成为22.53%，也呈现递减趋势（见表3-20）。从占税收收入的比重看，2002年归属河南省的增值税收入占地方财政收入中税收收入的比重为20.33%，这一比重在2012年降至12.78%，从2005年开始递减，这一趋势和全国平均水平基本一致（见表3-21）。

表3-20　全国增值税收入分析

单位：亿元，%

年　份	增值税收入	增长率	税收收入	占　比	财政收入	占　比
2002	6178.39	—	17636.45	35.03	18903.64	32.68
2003	7236.54	17.66	20017.31	36.15	21715.25	33.32
2004	9017.94	23.59	24165.68	37.32	26396.47	34.16

续表

年　份	增值税收入	增长率	税收收入	占　比	财政收入	占　比
2005	10792.11	22.83	28778.54	37.50	31649.29	34.10
2006	12784.81	20.31	34804.35	36.73	38760.20	32.98
2007	15470.23	22.79	45621.97	33.91	51321.78	30.14
2008	17996.94	18.41	54223.79	33.19	61330.35	29.34
2009	18481.22	-8.49	59521.59	31.05	68518.30	26.97
2010	21093.48	10.63	73210.79	28.81	83101.51	25.38
2011	24266.63	16.43	89738.39	27.04	103874.43	23.36
2012	26415.51	3.53	100614.28	26.25	117253.52	22.53

从中部六省归属各省的增值税收入占各省地方财政收入中税收收入的比重来看，山西省所占比重最高（2004 年达到 44.02%，见表 3-21），这与山西省特有的经济结构相一致。比如，2013 年 1 月，山西省煤炭行业入库增值税达 40.7 亿元，在同比下降 38.73%、减收 25.72 亿元的情况下，仍然占到当月增值税收入规模的 51.81%。其他省份的这一比重及其发展趋势基本一致。

表 3-21　中部六省增值税收入占税收收入比重（2002~2012 年）

单位：%

年　份	河南省	山西省	安徽省	湖北省	湖南省	江西省
2002	20.33	33.97	20.07	20.93	21.47	10.01
2003	21.92	34.80	20.90	22.22	19.36	18.75
2004	23.32	44.02	22.36	26.43	22.22	19.48
2005	24.07	37.65	24.65	25.03	22.00	19.84
2006	22.47	42.17	18.85	24.23	21.47	19.73
2007	20.79	33.94	20.50	21.58	21.03	18.82
2008	20.73	34.79	18.33	19.87	19.61	17.96
2009	17.14	30.18	16.87	18.50	17.00	15.52
2010	15.33	28.62	14.94	16.14	15.40	14.49
2011	14.36	27.49	14.86	13.90	14.77	13.63
2012	12.78	23.24	13.43	12.26	13.70	10.98

从增长率的角度看，河南省 2008 年之前的增值税收入增长率基本保持在 20% 左右，增长率相对比较稳定（2003 年为 17.66%，2008 年为 18.41%），2009 年受增值税转型的影响，增值税收入增长率呈现负增长，之后缓慢上升，2012 年又急剧下降至 3.53%。

同中部六省其他省份相比，增值税收入增长率波动较大。其中，波动幅度最大的是山西省（最高是 2004 年的 46.3%，最低是 2009 年的 -10.89%）。从整体上看，在 2009 年之前，各省增值税收入增长率相对稳定在 20% 左右，2009 年之后，虽然增长率开始回升，但受整体经济形势的影响，增值税收入增长率水平仍处于波动之中（见表3-22）。

表3-22 中部六省及全国增值税收入增长率比较（2003～2012年）

单位：%

年 份	河南省	山西省	安徽省	湖北省	湖南省	江西省	全 国
2003	17.66	34.77	13.66	14.19	13.23	23.24	17.13
2004	23.59	46.30	23.92	19.06	34.52	22.50	24.62
2005	22.83	36.68	26.05	21.29	21.28	19.85	19.67
2006	20.31	15.72	19.85	18.05	17.56	21.58	18.46
2007	22.79	22.95	19.08	20.34	24.65	28.82	21.00
2008	18.41	34.88	17.44	13.99	10.42	21.19	16.33
2009	-8.49	-10.89	9.75	6.76	1.28	3.81	2.69
2010	10.63	12.90	21.94	10.19	16.56	27.05	14.13
2011	16.43	21.04	27.19	18.15	20.14	24.90	15.04
2012	3.53	1.21	6.47	9.46	12.56	1.43	8.86

2. 营业税收入分析

从绝对规模上看，2002年，河南省的营业税收入为63.14亿元，2012年，这一规模发展到482.39亿元，增长了近7倍。从营业税收入规模发展过程来看，整体趋势是持续增长的（见图3-15）。

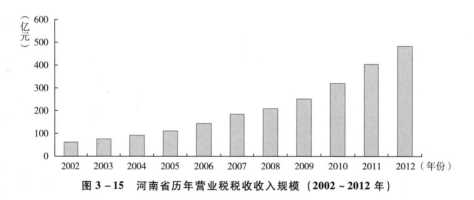

图3-15 河南省历年营业税税收收入规模（2002～2012年）

从营业税收入在中部六省的比较上看，各省的绝对规模都呈现增长态势（见表3-23）。从绝对规模排位上看，2002～2012年，一直没有发生变化的是河南省，一直居于中部六省第一位。山西省仅在2008年脱离第六位，其他年份均处于中部六省的末位。2012年的排位情况是：河南省第一（比湖北省高10.03亿元），湖北省第二，安徽省第三（比湖北省低20.94亿元），湖南省第四（比安徽省低84.86亿元），江西省第五（比湖南省低24.06亿元），山西省第六（比江西省低49.38亿元）

从相对规模上看，2002年河南省的营业税收入占河南省地方财政收入的比重为21.28%，这一比重在2012年为23.64%，整体呈现递增趋势（见表3-24）。而从全国整

表 3 - 23　中部六省营业税收入规模

单位：亿元

年　份	河南省	山西省	安徽省	湖北省	湖南省	江西省
2002	63.14	31.33	38.94	51.19	48.42	33.5
2003	75.31	36.63	45.97	57.42	60.23	43.16
2004	92.81	48.35	60.28	72.26	78.61	55.31
2005	111.60	60.7	78.1	91.33	94.25	62.84
2006	143.34	74.48	102.58	115.3	115.81	75.51
2007	184.24	95.08	136.62	139.59	148.64	97.4
2008	209.55	129.73	177.7	169.89	174.27	118.19
2009	252.81	145.82	219.77	206.79	217.2	153.5
2010	319.34	191.91	291.93	249.49	256.8	204.38
2011	404.27	242.81	379.18	366.77	320.58	272.79
2012	482.39	314.06	451.42	472.36	387.5	363.44

体上考虑，2002 年全国营业税收入占财政收入的比重为 12.96%，到 2012 年，该比重成为 13.43%，也呈现递增趋势（见表 3 - 25），但增速逐年减缓。从占税收收入的比重看，2002 年河南省的营业税收入占地方财政收入中税收收入的比重为 26.07%，2012 年增至 32.83%，2007 年和 2008 年有所下降，但整体上是稳定增长的，这一趋势和全国平均水平基本一致（见表 3 - 26）。

表 3 - 24　河南省营业税收入分析表

单位：亿元，%

年　份	营业税	增长率	税收收入	占　比	财政收入	占　比
2002	63.14	—	242.24	26.07	296.72	21.28
2003	75.31	19.27	264.40	28.48	338.05	22.28
2004	92.81	23.24	307.12	30.22	428.78	21.65
2005	111.60	20.25	365.67	30.53	537.65	20.76
2006	143.34	28.44	471.80	30.43	679.17	21.11
2007	184.24	28.53	625.02	29.48	862.08	21.37
2008	209.55	13.74	742.27	28.23	1008.90	20.77
2009	252.81	20.64	821.50	30.77	1126.06	22.45
2010	319.34	26.32	1016.55	31.41	1381.32	23.12
2011	404.27	26.60	1263.10	32.01	1721.76	23.48
2012	482.39	19.32	1469.57	32.83	2040.33	23.64

从中部六省各省的营业税收入占各省地方财政收入中税收收入的比重来看，各省份变化基本比较稳定，都在 30% 左右。这也充分显示了营业税作为地方主体税种的基本功能。河南省的这一比例在中部六省中处于较低水平，在大多数年份中，排名仅高于山西省。2002 ~

表 3 - 25　全国营业税收入分析

单位：亿元，%

年　份	营业税	增长率	税收收入	占　比	财政收入	占　比
2002	2450.33	—	17636.45	13.89	18903.64	12.96
2003	2844.45	16.08	20017.31	14.21	21715.25	13.10
2004	3581.97	25.93	24165.68	14.82	26396.47	13.57
2005	4232.46	18.16	28778.54	14.71	31649.29	13.37
2006	5128.71	21.18	34804.35	14.74	38760.2	13.23
2007	6582.17	28.34	45621.97	14.43	51321.78	12.83
2008	7626.39	15.86	54223.79	14.06	61330.35	12.43
2009	9013.98	18.19	59521.59	15.14	68518.3	13.16
2010	11157.91	23.78	73210.79	15.24	83101.51	13.43
2011	13679	22.59	89738.39	15.24	103874.43	13.17
2012	15747.64	15.12	100614.28	15.65	117253.52	13.43

2012年河南省的排名分别为：2002年居第四位（比最高的湖南省低了6个多百分点），2003年居第三位（比最高的江西省低了近7个百分点），2004年居第四位（比最高的江西省低了近8个百分点），2005年居第五位（比最高的江西省低了6个多百分点），2006年居第四位（比最高的江西省低了近6个百分点），2007年居第五位（比最高的湖南省低了近7个百分点），2008年居第五位（比最高的湖南省低了7个多百分点），2009年居第五位（比最高的湖南省低了近8个百分点），2010年居第五位（比最高的湖南省低了3个多百分点），2011年居第五位（比最高的江西省低了3个百分点），2012年居第五位（比最高的江西省低了4个多百分点）。由于营业税课税范围主要是第三产业，所以营业税比重排名较低也基本反映了河南省第三产业相对落后的事实。

表 3 - 26　中部六省与全国营业税收入占税收收入比重比较（2002~2012年）

单位：%

年　份	河南省	山西省	安徽省	湖北省	湖南省	江西省	全　国
2002	26.07	27.92	24.04	26.80	32.58	17.91	13.89
2003	28.48	24.82	26.01	27.96	32.28	35.08	14.21
2004	30.22	28.32	29.43	35.15	35.94	38.12	14.82
2005	30.53	22.25	33.35	34.69	35.18	36.81	14.71
2006	30.43	26.43	27.95	35.91	35.89	36.18	14.74
2007	29.48	22.09	34.00	32.17	36.20	34.56	14.43
2008	28.23	22.90	33.66	31.62	35.84	33.02	14.06
2009	30.77	25.06	34.92	33.57	38.22	35.70	15.14
2010	31.41	27.70	33.69	32.07	35.14	34.93	15.24
2011	32.01	27.82	34.21	34.37	35.02	35.10	15.24
2012	32.83	30.05	34.59	35.66	34.89	37.16	15.65

从增长率的角度看，河南省营业税收入增长率波动较大，但基本处于 20% 左右的增长水平（见表 3 - 27）。2008 年受金融危机的影响，河南省营业税收入增长率急剧下降至 13.74%，之后缓慢上升，2012 年又急剧下降至 19.32%。但从整体上看，河南省的营业税收入增长率与全国平均水平走势基本一致，高于全国平均水平。和周边省份相比，河南省营业税收入增长率一直处于较低水平，2012 年，河南省在中部六省营业税收入增长率排位中处于第五位（高于安徽的 19.05%），同年，江西省营业税收入增长率达到 33.23%；2010 年和 2011 年，河南省都排在第四位，而 2011 年江西省排第二位，营业税收入增长率为 33.47%。

表 3 - 27　中部六省与全国营业税收入增长率对比（2003 ~ 2012 年）

单位：%

年　份	河南省	山西省	安徽省	湖北省	湖南省	江西省	全　国
2003	19.27	16.92	18.05	12.17	24.39	28.84	16.08
2004	23.24	32.00	31.13	25.84	30.52	28.15	25.93
2005	20.25	25.54	29.56	26.39	19.90	13.61	18.16
2006	28.44	22.70	31.34	26.25	22.88	20.16	21.18
2007	28.53	27.66	33.18	21.07	28.35	28.99	28.34
2008	13.74	36.44	30.07	21.71	17.24	21.34	15.86
2009	20.64	12.40	23.67	21.72	24.63	29.88	18.19
2010	26.32	31.61	32.83	20.65	18.23	33.15	23.78
2011	26.60	26.52	29.89	47.01	24.84	33.47	22.59
2012	19.32	29.34	19.05	28.79	20.87	33.23	15.12

3. 城市维护建设税①

从绝对规模上看，2002 年，河南省的城市维护建设税收入为 17.24 亿元，2012 年，这一规模发展到 89.77 亿元，增长了 4 倍多。从城市维护建设税收入规模发展过程来看，整体趋势是持续增长的（见图 3 - 16）。

从城市维护建设税收入在中部六省的比较上看，各省的绝对规模都呈现增长态势（见表 3 - 28）。从绝对规模排位上看，2002 ~ 2011 年，河南省基本上一直居于中部六省第一位（2010 年排第二位，低于湖南省），但 2012 年排第三位。2002 ~ 2012 年，江西省均处于中部六省的末位。2012 年的排位情况如下：湖北省第一（比湖南省高 0.14 亿元，比河南省高 2.73 亿元），湖南省第二（比河南省高 2.59 亿元），河南省第三，安徽省第四（比河南省低 10.06 亿元），山西省第五（比安徽省低 11.92 亿元），江西省第六（比山西省低 19.8 亿元）。

---

① 严格来讲，城市维护建设税属于目的、行为税类，但由于城市维护建设税以增值税、营业税和消费税的应纳税额为税基，所以我们将其放在流转税的分析之中。

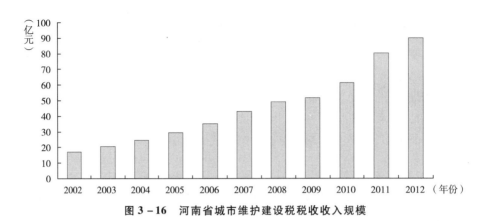

图 3 - 16　河南省城市维护建设税税收收入规模

表 3 - 28　中部六省城市维护建设税规模对比（2002 ~ 2012 年）

单位：亿元

年　份	河南省	山西省	安徽省	湖北省	湖南省	江西省
2002	17.24	10.1	11.82	15.00	14.54	6.99
2003	20.54	12.96	13.31	17.37	16.33	8.22
2004	24.60	16.83	16.05	20.85	19.64	10.29
2005	29.18	21.31	20.49	24.03	25.02	11.27
2006	35.02	25.66	23.48	30.16	29.7	13.46
2007	42.87	29.86	30.37	35.62	35.38	17.01
2008	49.06	43.01	38.08	41.57	40.16	19.96
2009	51.93	41.25	41.57	43.49	47.61	23.42
2010	61.35	47.39	54.4	50.49	62.01	30.75
2011	80.22	60.97	74.65	77.83	78.73	41.8
2012	89.77	67.79	79.71	92.50	92.36	47.99

从相对规模上看，2002 年河南省的城市维护建设税收入占河南省地方财政收入的 5.81%，2012 年为 4.40%，整体呈现递减趋势，后稳定在 4.5% 左右。从占税收收入的比重看，2002 年归属河南省的城市维护建设税收入占地方财政收入中税收收入的比重为 7.12%，这一比重在 2012 年降至 6.11%，从 2005 年开始递减，后稳定在 6% 左右（见表 3 - 29）。

表 3 - 29　河南省城市维护建设税收入分析

单位：亿元，%

年　份	城市维护建设税	增长率	税收收入	占　比	财政收入	占　比
2002	17.24	—	242.24	7.12	296.72	5.81
2003	20.54	19.14	264.40	7.77	338.05	6.08
2004	24.60	19.77	307.12	8.01	428.78	5.74

续表

年　份	城市维护建设税	增长率	税收收入	占　比	财政收入	占　比
2005	29.18	18.62	365.67	7.98	537.65	5.43
2006	35.02	20.01	471.80	7.44	679.17	5.16
2007	42.87	22.42	625.02	6.86	862.08	4.97
2008	49.06	14.44	742.27	6.61	1008.90	4.86
2009	51.93	5.85	821.50	6.32	1126.06	4.61
2010	61.35	18.14	1016.55	6.04	1381.32	4.44
2011	80.22	30.76	1263.10	6.35	1721.76	4.66
2012	89.77	11.90	1469.57	6.11	2040.33	4.40

从中部六省各省的城市维护建设税收入占各省地方财政收入中税收收入的比重来看，各省份变化基本比较稳定，都在7%左右（见表3-30）。河南省的这一比例在中部六省中处于较低水平，在大多数年份中，排名仅高于江西省。2002~2012年河南省的排名分别如下：2002年为第五位，2003年为第四位，2004年为第三位，2005年为第四位，2006年为第四位，2007年之后都处于第五位，2012年为第四位（和安徽并列）。

表3-30　中部六省城市维护建设税占税收收入的比重对比（2002~2012年）

单位：%

年　份	河南省	山西省	安徽省	湖北省	湖南省	江西省
2002	7.12	9.00	7.30	7.85	9.78	3.74
2003	7.77	8.78	7.53	8.46	8.75	6.68
2004	8.01	9.86	7.84	10.14	8.98	7.09
2005	7.98	7.81	8.75	9.13	9.34	6.60
2006	7.44	9.11	6.40	9.39	9.20	6.45
2007	6.86	6.94	7.56	8.21	8.62	6.03
2008	6.61	7.59	7.21	7.74	8.26	5.58
2009	6.32	7.09	6.61	7.06	8.38	5.45
2010	6.04	6.84	6.28	6.49	8.48	5.26
2011	6.35	6.98	6.74	7.29	8.60	5.38
2012	6.11	6.49	6.11	6.98	8.32	4.91

从增长率的角度看，河南省城市维护建设税收入增长率波动较大，2009年为5.85%，2010年增长至18.14%，到2011年这一增长率达到30.76%，但在2012年下降至11.90%。和周边省份相比，河南省城市维护建设税收入增长率一直处于中等偏下水平，中部六省的排位基本在第四位上下（见表3-31）。

表 3－31　中部六省城市维护建设税增长率对比 （2003～2012 年）

单位：%

年　份	河南省	山西省	安徽省	湖北省	湖南省	江西省
2003	19.14	28.32	12.61	15.80	12.31	17.60
2004	19.77	29.86	20.59	20.03	20.27	25.18
2005	18.62	26.62	27.66	15.25	27.39	9.52
2006	20.01	20.41	14.59	25.51	18.71	19.43
2007	22.42	16.37	29.34	18.10	19.12	26.37
2008	14.44	44.04	25.39	16.70	13.51	17.34
2009	5.85	-4.09	9.16	4.62	18.55	17.33
2010	18.14	14.88	30.86	16.10	30.25	31.30
2011	30.76	28.66	37.22	54.15	26.96	35.93
2012	11.90	11.19	6.78	18.85	17.31	14.81

3.3.3　所得税各税税收分析

1. 企业所得税收入分析

从绝对规模上看，2002～2012 年河南省企业所得税收入基本呈现不断扩大的趋势（见图 3－17），其中，2003 年与 2009 年相比于上年有小幅度回落。从整体来看，河南省企业所得税收入从 2002 年的 31.97 亿元增长到 2012 年的 209.13 亿元，增长了 554%。

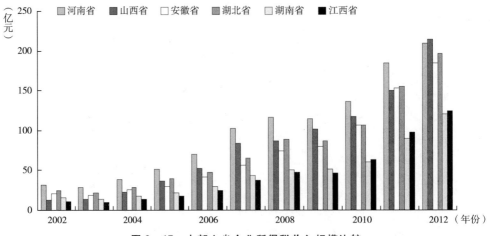

图 3－17　中部六省企业所得税收入规模比较

从与中部六省企业所得税收入规模的比较上看，山西省、安徽省、湖北省、湖南省、江西省的企业所得税收入总额增长趋势与河南省一致，10 年间分别增长 1602%、790%、706%、678%、1071%，均高于河南省。从中部六省企业所得税收入排位情况看，2002～2012 年，中部六省企业所得税收入排名除山西省外基本稳定 （见图 3－18）。2002～2011年，河南省企业所得税收入远远高于其他五省，稳居第一位。2012 年，山西省高于河南省 5.26 亿元，居第一位。2002 ~ 2012 年，山西省企业所得税收入排名在第一位和第五位间波动；湖北省在第二位与第三位间徘徊；安徽省在第三位与第四位间徘徊；湖南省和江西省基本处于第五位、第六位。

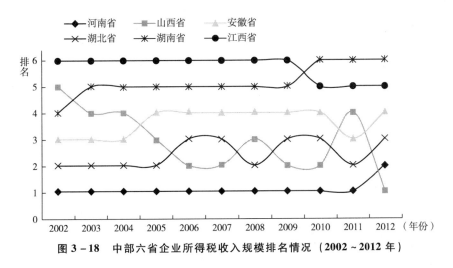

图 3 - 18　中部六省企业所得税收入规模排名情况（2002 ~ 2012 年）

中部六省基本省情相同，然而各个省又具有独特性，仅仅从绝对规模来比较企业所得税略显片面，需要进一步分析企业所得税收入占各省地方财政收入与税收总收入的比重以及各省企业所得税收入的增长率情况。

2002 ~ 2012 年，河南省企业所得税占财政收入的比重最低为 2003 年的 8.26%，最高为 2007 年的 11.94%（见表 3 - 32）。2002 ~ 2009 年，该比重起伏较大，2009 年以后基本稳定在 10%。由于财政收入的 70% 以上为税收收入，所以企业所得税占税收收入的比重在占财政收入比重的基础上增加了约 2 个百分点。企业所得税占地区生产总值的比重不足 1%。

表 3 - 32　河南省企业所得税收入分析（2002 ~ 2012 年）

单位：亿元，%

年　份	企业所得税收入	增长率	财政收入	占财政收入比重	税收收入	占税收收入比重	地区生产总值	占地区生产总值比重
2002	31.97	—	296.72	10.77	242.24	13.20	6169	0.52
2003	29.14	- 8.85	338.05	8.62	264.40	11.02	7049	0.41
2004	38.43	31.88	428.78	8.96	307.12	12.51	8815	0.44
2005	51.56	34.17	537.65	9.59	365.67	14.10	10587	0.49
2006	70.21	36.17	679.17	10.34	471.80	14.88	12496	0.56
2007	102.92	46.59	862.08	11.94	625.02	16.47	15012	0.69
2008	116.75	13.44	1008.90	11.57	742.27	15.73	18408	0.63
2009	114.74	- 1.72	1126.06	10.19	821.50	13.97	19480	0.59
2010	136.63	19.08	1381.32	9.89	1016.55	13.44	23092	0.59

续表

年　份	企业所得税收入	增长率	财政收入	占财政收入比重	税收收入	占税收收入比重	地区生产总值	占地区生产总值比重
2011	185.21	35.56	1721.76	10.76	1263.10	14.66	26931	0.69
2012	209.13	12.92	2040.33	10.25	1469.57	14.23	29810	0.70

从与中部六省的比较上看，2007～2012 年，中部六省企业所得税收入占本省税收收入的比重大体分布在 10%～20%（见图 3-19）。中部六省企业所得税占税收收入的比重趋势线层次明显，占比从低到高依次为：湖南省、江西省、安徽省、河南省、湖北省、山西省。

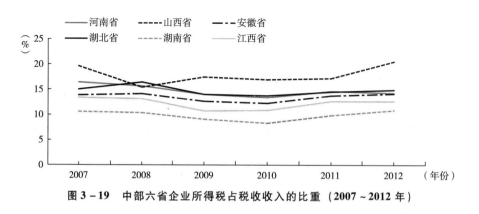

图 3-19　中部六省企业所得税占税收收入的比重（2007～2012 年）

从税收收入增长率的角度看，企业所得税与企业经营效益紧密相连，因而受经济形势的波动影响较大。河南省企业所得税收入增长率波动较大，正常年份增长率在 35%～40%（见表 3-32）。

统筹考虑中部六省的情况，2002～2012 年，中部六省企业所得税收入增长缺乏稳定性（见图 3-20）。2003 年，河南省、安徽省、湖北省、湖南省、江西省企业所得税收入增长率大幅度下降，甚至出现负增长；2004 年恢复上升；2004～2007 年波动增长；2008～2009 年受金融危机影响，增长率再次出现大幅度下降；2009 年经济逐步恢复，企业所得税收入回至金融危机前水平；2012 年增长率再次小幅度下降（山西省除外）。

2. 个人所得税税收收入分析

2002～2012 年，河南省个人所得税收入总额波动增长，2003 年与 2012 年较上一年度分别下降 2.22 亿元、6.97 亿元。河南省个人所得税收入 10 年间最高收入为 48.38 亿元，最低为 15.60 亿元。相同时间段内，中部其他五省个人所得税收入总额也于 2003 年和 2012 年较上一年度不同程度出现下降（除山西省 2012 年比上年增长 0.63%）。

从 2002～2012 年中部六省个人所得税收入排名看，2002～2009 年排名相对稳定，即河南省、山西省、安徽省、江西省分别为第一位、第四位、第五位、第六位，湖北省与湖南省交替第二位、第三位。2010～2012 年排名发生较大变化，2012 年河南省排第四位，湖北省居于第一位（见图 3-21）。

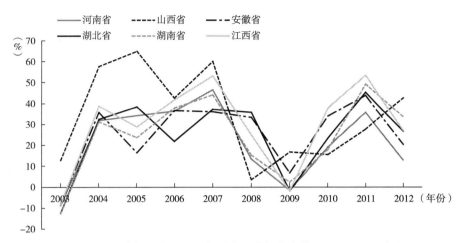

图 3 - 20　中部六省企业所得税收入增长率比较（2003～2012 年）

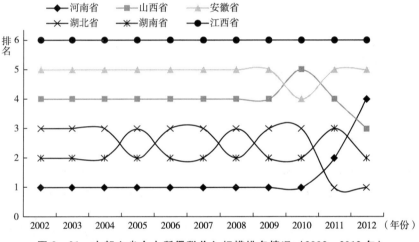

图 3 - 21　中部六省个人所得税收入规模排名情况（2002～2012 年）

　　从相对指标的角度看，2002～2012 年，河南省个人所得税占财政收入的比重最低为 2012 年的 2.03%，最高为 2002 年的 6.01%（见表 3 - 33）。2002～2012 年占财政收入的比重整体呈下降趋势，占税收收入的比重也由 2003 年的 7.36% 下降到 2012 年的 2.82%。个人所得税占地区生产总值的比重很小，且同样呈下降态势。

表 3 - 33　河南省个人所得税收入基本情况（2002～2012 年）

单位：亿元，%

年　份	个人所得税	增长率	财政收入	占　比	税收收入	占　比	地区生产总值	占　比
2002	17.82	—	296.72	6.01	242.24	7.36	6169	0.29
2003	15.60	-12.46	338.05	4.61	264.40	5.90	7049	0.22
2004	19.32	23.85	428.78	4.51	307.12	6.29	8815	0.22
2005	22.05	14.13	537.65	4.10	365.67	6.03	10587	0.21
2006	24.05	9.07	679.17	3.54	471.80	5.10	12496	0.19

续表

年　份	个人所得税	增长率	财政收入	占　比	税收收入	占　比	地区生产总值	占　比
2007	30.26	25.82	862.08	3.51	625.02	4.84	15012	0.20
2008	32.30	6.74	1008.90	3.20	742.27	4.35	18408	0.18
2009	33.33	3.19	1126.06	2.96	821.50	4.06	19480	0.17
2010	40.29	20.88	1381.32	2.92	1016.55	3.96	23092	0.17
2011	48.38	20.08	1721.76	2.81	1263.10	3.83	26931	0.18
2012	41.41	−14.41	2040.33	2.03	1469.57	2.82	29810	0.14

2007～2012年，中部六省个人所得税收入占本省税收收入的比重大体分布在3%～6%且总体呈下降趋势（见图3-22）。各省比重线从高到低排列基本是：河南省、山西省、湖北省、湖南省、江西省、安徽省。

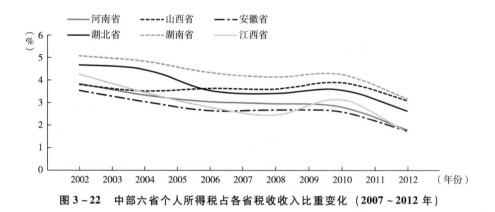

图3-22　中部六省个人所得税占各省税收收入比重变化（2007～2012年）

从增长率的角度看，河南省个人所得税增长率也呈现波动状态，其中2003年和2012年增长率呈现负增长，其余年份都在3%～21%（见图3-23）。

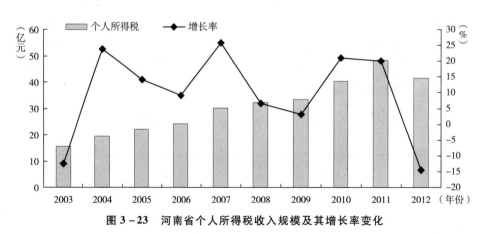

图3-23　河南省个人所得税收入规模及其增长率变化

2002～2012年，中部六省个人所得税收入增长步调一致，增长幅度不同（见图3-24）。2003年与2012年出现负增长，其他年份不同程度地呈现正增长（除2009年湖北省）。2011 年增长率最高，各省都在 20% 以上。

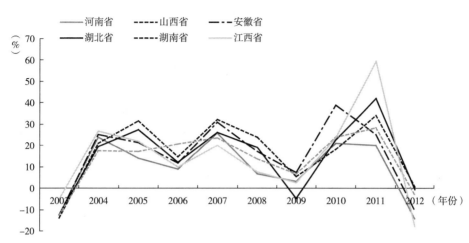

图 3 - 24 中部六省个人所得税收入增长率比较（2003 ~ 2012 年）

3.3.4 财产与行为税类税收分析

1. **房产税税收收入分析**

从绝对规模上看，2002 年，河南省的房产税收入为 8.75 亿元，2012 年这一规模发展
到 33.96 亿元，增长了近 3 倍。从房产税税收收入规模发展过程来看，整体趋势是持续增
长（见图 3 - 25）。

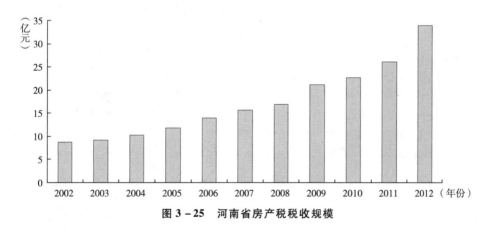

图 3 - 25 河南省房产税税收规模

就房产税收入在中部六省的比较上看，各省的绝对规模都呈现增长态势（见表 3 -
34）。从绝对规模排位上看，2002 ~ 2012 年，一直没有发生变化的是河南省和江西省，河
南省一直居于中部六省第一位。江西省则一直处于中部六省的末位。2012 年的排位情况
如下：河南省第一（比湖南省高 4.11 亿元），湖南省第二，湖北省第三（比湖南省低
0.57 亿元），安徽省第四（比湖北省低 0.43 亿元），山西省第五（比安徽省低 8.87 亿
元），江西省第六（比山西省低 4.12 亿元）。

表 3 - 34　中部六省房产税税收规模比较（2002～2012 年）

单位：%

年　份	河南省	山西省	安徽省	湖北省	湖南省	江西省
2002	8.75	4.96	5.51	7.02	5.42	3.18
2003	9.16	5.25	5.97	8.24	6.54	3.54
2004	10.28	5.41	6.16	8.82	7.58	3.94
2005	11.79	6.6	7.35	10.73	9.24	4.66
2006	14.02	7.76	8.43	11.73	10.09	5.23
2007	15.66	8.59	9.69	12.76	11.13	5.78
2008	16.89	10.62	11.37	16.18	13.56	6.8
2009	21.11	12.96	14.97	18.6	15.63	7.77
2010	22.77	13.5	17.62	18.83	17.92	9.13
2011	26.13	15.53	23.09	22.37	22.46	11.35
2012	33.96	19.98	28.85	29.28	29.85	15.86

从相对规模上看，2002 年河南省的房产税收入占河南省地方财政收入的 2.95%，2012 年为 1.66%，整体呈现递减趋势，2008 年起开始稳定增长，但幅度较小，后稳定在 1.6% 左右。从占税收收入的比重看，2002 年河南省的房产税收入占地方财政收入中税收收入的比重为 3.61%，2012 年降至 2.31%，最初逐年递减，2008 年开始稳定增长，后稳定在 2.3% 左右。

表 3 - 35　河南省房产税相关指标分析（2002～2012 年）

单位：亿元，%

年　份	房产税	增长率	税收收入	占税收收入比重	财政收入	占财政收入比重
2002	8.75	—	242.24	3.61	296.72	2.95
2003	9.16	4.69	264.40	3.46	338.05	2.71
2004	10.28	12.23	307.12	3.35	428.78	2.40
2005	11.79	14.69	365.67	3.23	537.65	2.19
2006	14.02	18.91	471.80	2.98	679.17	2.06
2007	15.66	11.70	625.02	2.51	862.08	1.82
2008	16.89	7.85	742.27	2.28	1008.90	1.67
2009	21.11	24.99	821.50	2.57	1126.06	1.87
2010	22.77	7.86	1016.55	2.24	1381.32	1.65
2011	26.13	14.76	1263.10	2.07	1721.76	1.52
2012	33.96	29.97	1469.57	2.31	2040.33	1.66

从中部六省各省的房产税收入占各省地方财政收入中税收收入的比重来看，各省份变化基本呈现下降的趋势，2011 年、2012 年稳定在 2.3% 左右（见表 3 - 36）。河南省的这一比例在中部六省中处于中等水平，2002～2012 年的排名一直处于第三位。而排第一位

的基本上在湖北省（2003~2009 年）、湖南省（2010~2012 年）。江西省和山西省在大多数年份中都处于后两位。

表 3-36　中部六省房产税占各自税收收入的比重对比（2002~2012 年）

单位：%

年　份	河南省	山西省	安徽省	湖北省	湖南省	江西省
2002	3.61	4.42	3.40	3.68	3.65	1.70
2003	3.46	3.56	3.38	4.01	3.50	2.88
2004	3.35	3.17	3.01	4.29	3.47	2.72
2005	3.23	2.42	3.14	4.08	3.45	2.73
2006	2.98	2.75	2.30	3.65	3.13	2.51
2007	2.51	2.00	2.41	2.94	2.71	2.05
2008	2.28	1.87	2.15	3.01	2.79	1.90
2009	2.57	2.23	2.38	3.02	2.75	1.81
2010	2.24	1.95	2.03	2.42	2.45	1.56
2011	2.07	1.78	2.08	2.10	2.45	1.46
2012	2.31	1.91	2.21	2.21	2.69	1.62

从增长率的角度看，河南省房产税增长率较大的波动，但整体呈递增趋势。2010 年以来中部六省房产税收入增长率基本保持一致，2010 年在整体处于较低水平，2011 年开始上升，大致在 20% 左右，2012 年在 30% 左右（见表 3-37）。但从 2010~2012 年的增长率看，河南省房产税增长率相对较低。

表 3-37　中部六省房产税增长率（2003~2012 年）

单位：%

年　份	河南省	山西省	安徽省	湖北省	湖南省	江西省
2003	4.69	5.85	8.35	17.38	20.66	11.32
2004	12.23	3.05	3.18	7.04	15.90	11.30
2005	14.69	22.00	19.32	21.66	21.90	18.27
2006	18.91	17.58	14.69	9.32	9.20	12.23
2007	11.70	10.70	14.95	8.78	10.31	10.52
2008	7.85	23.63	17.34	26.80	21.83	17.65
2009	24.99	22.03	31.66	14.96	15.27	14.26
2010	7.86	4.17	17.70	1.24	14.65	17.50
2011	14.76	15.04	31.04	18.80	25.33	24.32
2012	29.97	28.65	24.95	30.89	32.90	39.74

2. 契税税收收入分析

河南省契税收入在 2002~2012 年总体呈现逐步上升趋势，由 2002 年的 3.88 亿元上升到 2012 年的 120.21 亿元，特别是 2009 年以后四年呈现大幅上升（见表 3-38）。

综合分析中部六省 2002~2012 年契税收入情况整体来看，这六省在 11 年间都呈现上升趋势，但又有所不同：河南省、安徽省契税税收入最多且增长速度较快；江西省、湖南省及湖北省次之，增速稍慢；山西省契税收入最少，增速缓慢；江西省增长速度最慢。2002 年，湖北省和河南省绝对数值最高，分别为 4.50 亿元和 3.88 亿元，山西省最低，为 1.16 亿元，河南与周边六省绝对数值相差不大。比较 2012 年的数据，可知河南省、安徽省分别以 120.21 亿元和 117.09 亿元位居前列，而山西省的契税收入仅为 18.58 亿元，远远低于其他五省。这六省的绝对数值相差较大，详见表 3-38。

表 3-38　中部六省 2002~2012 年契税收入

单位：亿元

年　份	河　南	湖　南	湖　北	山　西	安　徽	江　西
2002	3.88	3.63	4.50	1.16	3.72	3.72
2003	5.91	5.55	5.75	1.56	7.10	6.85
2004	11.38	10.04	13.97	2.50	10.39	11.26
2005	19.43	19.45	15.03	3.19	17.81	14.96
2006	26.97	22.98	21.49	3.89	23.85	18.53
2007	35.07	30.72	27.09	5.58	31.35	26.16
2008	41.68	36.72	30.67	7.75	40.54	32.90
2009	61.06	41.65	37.40	7.78	47.90	44.31
2010	88.98	67.47	54.61	10.50	95.91	70.59
2011	98.06	78.07	72.74	18.49	100.27	78.04
2012	120.21	89.34	85.00	18.58	117.09	95.07

从相对指标的角度看，河南省契税收入占其财政收入和地区生产总值的比重在 11 年间呈逐步上升趋势，但 2009~2012 年有较小幅度的波动。但从 2002~2009 年的数据中可以看出，契税收入占财政收入的比重上升幅度比较小，2009~2011 年大幅度增长，2011 年达到最高点，2012 年又出现下降趋势（见表 3-39）。其原因有以下几点：①房地产市场的活跃为契税提供了上扬空间。随着我国经济的发展，房地产业经济总量逐渐扩大，增长较快。房地产市场的活跃给契税带来了丰厚的税源。②我国经济平稳较快增长。③契税作为地方税种，正逐步成为财政增收，特别是地方财政收入增长的可依赖税种。与中央税、地方税、共享税不同，契税是纯粹的地方税收，收入全部归地方政府所有，这就引起了地方政府特别是基层政府的重视，也调动了政府的积极性。④契税税制的设置，不仅能够调节房地产企业的利润水平，而且能直接影响房地产的试产需求，是调控房地产市场的有利杠杆。

表 3 – 39　中部六省契税收入占财政收入比重（2002～2012 年）

单位：%

年　份	河南省	山西省	安徽省	江西省	湖北省	湖南省
2002	1.31	0.77	1.86	2.65	1.85	1.57
2003	1.31	0.84	3.22	4.07	2.21	2.07
2004	1.75	0.98	3.78	5.47	4.50	3.13
2005	2.65	0.87	5.33	5.92	4.00	4.92
2006	3.61	0.67	5.57	6.07	4.51	4.81
2007	3.97	0.93	5.77	6.71	4.59	5.07
2008	4.07	1.04	5.60	6.73	4.32	5.08
2009	4.13	0.97	5.54	7.62	4.59	4.91
2010	5.42	1.08	8.34	9.07	5.40	6.24
2011	6.44	1.52	6.85	7.41	4.76	5.15
2012	5.70	1.23	6.53	6.93	4.66	5.01

　　和周边省份情况对比说明，从周边五省契税占财政收入比重的数据中比较可得，山西省契税收入占其财政收入的比重在六省中最低，陕西省最高。六省契税占各省财政收入的比重从低到高依次为：山西、安徽、湖北、湖南、江西、陕西。2012 年契税增速回落明显。契税的税基大体相当于土地和房产的交易总金额，土地的交易额与国土部门的用地规划密切相关，房产的交易额主要受新建住房、二手房的交易量和价格的影响。因此，契税收入增速回落明显的主要原因是商品房销售额增速放缓，房地产开发商购置土地的意愿下降。

　　从增长率的角度看，2003～2004 年河南省契税收入增长率呈上升趋势，说明增长较快；2004～2008 年契税收入增长率呈下降趋势，说明 2004～2008 年河南省的契税收入增幅较小，且每年的增幅呈现逐年降低的态势；2008～2009 年增长率呈上升趋势；2009～2010 年增长率趋势无变化，呈稳定态势；2010～2011 年河南省契税收入增长率呈下降趋势；2011～2012 年出现小幅上升（见表 3 – 40）。

表 3 – 40　中部六省契税收入增长率（2003～2012 年）

单位：%

年　份	河南省	湖南省	湖北省	山西省	安徽省	江西省
2003	52.32	52.89	27.78	34.48	90.86	84.14
2004	92.55	80.90	142.96	60.26	46.34	64.38
2005	70.74	93.73	7.59	27.60	71.41	32.86
2006	38.81	18.15	42.98	21.94	33.91	23.86
2007	30.03	33.68	26.06	43.44	31.45	41.18
2008	18.85	19.53	13.22	38.89	29.31	25.76
2009	46.50	13.43	21.94	0.39	18.15	34.68

年 份	河南省	湖南省	湖北省	山西省	安徽省	江西省
2010	45.73	61.99	46.02	34.96	100.23	59.31
2011	10.20	15.71	33.20	76.10	4.55	10.55
2012	22.59	14.44	16.85	0.49	16.77	21.82

从和周边省份契税增长率情况对比上看，江苏省契税收入增长率波动最大，而河南省则最为平缓，增长率波动幅度最小，且六省的契税增长率的增减呈相同态势。六省契税收入增长率波动幅度依次排名（由大到小）为：江苏省、山西省、湖北省、湖南省、山东省、河南省。

3. 印花税收入分析

印花税是一个较小的税种，从表3-41、表3-42、图3-26中可以看到，从绝对规模上看，河南省以及中部其他省份印花税收入规模都呈现稳步增大的趋势。但从相对指标上考虑，印花税收入占财政收入的比重相对较低，大多数地区的大多数年份这一比重一直在1%左右。从增长率上看，河南省印花税税收收入增长率有较大的波动，最低点处于2009年的9.84%，最高点处于2004年的65.85%，但近几年基本处于20%~30%，这与其他中部省份的增长率变化趋势基本一致。

表3-41　中部六省印花税收入规模

单位：亿元

年 份	河南省	山西省	安徽省	湖北省	湖南省	江西省
2002	1.38	1.4	1.34	2.01	1.41	0.68
2003	1.64	1.77	1.67	2.47	1.86	0.97
2004	2.72	2.28	2.25	3.16	2.36	1.22
2005	3.59	3.28	3	4.05	3.26	1.74
2006	5.79	3.96	3.67	5.35	4.02	2.27
2007	7.8	5.24	4.91	6.15	4.95	3.18
2008	10.26	7.07	6.33	8.64	6.44	4.38
2009	11.27	8.82	8.34	9.7	7.63	4.77
2010	14.23	11.2	11.15	12.28	9.48	6.23
2011	18.38	13.57	13.7	16.05	13.3	8.38
2012	21.3	17.77	15.78	18.04	15.38	9.92

表3-42　中部六省印花税收入占财政收入的比重

单位：%

年 份	河南省	山西省	安徽省	湖北省	湖南省	江西省
2002	0.47	0.93	0.67	0.83	0.61	0.48
2003	0.49	0.95	0.76	0.95	0.69	0.58
2004	0.63	0.89	0.82	1.02	0.74	0.59

续表

年　份	河南省	山西省	安徽省	湖北省	湖南省	江西省
2005	0.67	0.89	0.90	1.08	0.82	0.69
2006	0.85	0.68	0.86	1.12	0.84	0.74
2007	0.90	0.88	0.90	1.04	0.82	0.82
2008	1.02	0.95	0.87	1.22	0.89	0.90
2009	1.00	1.09	0.97	1.19	0.90	0.82
2010	1.03	1.16	0.97	1.21	0.88	0.80
2011	1.07	1.12	0.94	1.05	0.88	0.80
2012	1.04	1.17	0.88	0.99	0.86	0.72

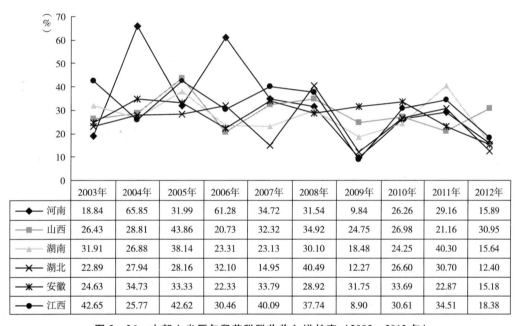

	2003年	2004年	2005年	2006年	2007年	2008年	2009年	2010年	2011年	2012年
河南	18.84	65.85	31.99	61.28	34.72	31.54	9.84	26.26	29.16	15.89
山西	26.43	28.81	43.86	20.73	32.32	34.92	24.75	26.98	21.16	30.95
湖南	31.91	26.88	38.14	23.31	23.13	30.10	18.48	24.25	40.30	15.64
湖北	22.89	27.94	28.16	32.10	14.95	40.49	12.27	26.60	30.70	12.40
安徽	24.63	34.73	33.33	22.33	33.79	28.92	31.75	33.69	22.87	15.18
江西	42.65	25.77	42.62	30.46	40.09	37.74	8.90	30.61	34.51	18.38

图 3 - 26　中部六省历年印花税税收收入增长率（2003～2012 年）

从中部六省印花税各种指标的排位上看，①绝对规模上的基本排位顺序从 2006 年以来大致稳定，河南省绝对规模最大，居第一位，第二位是湖北省，第三位是山西省，第四位是安徽省，湖南省和江西省居后两位；②从印花税增长率上看，中部六省的排位顺序变化较大；③从印花税占财政收入的比重上看，2009 年之后排位相对稳定，湖北省和山西省交替占据第一位，而河南省稳居第二位，安徽省、湖南省和江西省分别居于后三位。

4. 车船税收入分析

从绝对规模上看，2002 年，河南省的车船税收入为 0.63 亿元，2012 年发展到 16.17 亿元，增长了近 25 倍。从车船税税收收入规模发展过程来看，整体趋势是持续增长（见图 3 - 27）。

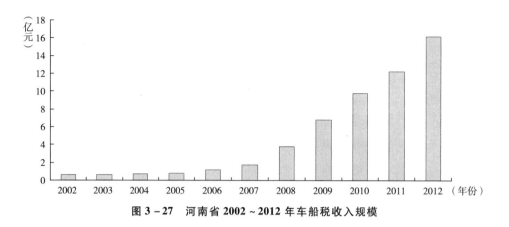

图 3 - 27　河南省 2002 ~ 2012 年车船税收入规模

从车船税税收收入在中部六省的比较上看，各省的绝对规模都呈现增长态势（见表 3 - 43）。从绝对规模排位上看，2008 年以来河南省一直处于中部六省之首，而江西省则一直处于末位。2002 ~ 2012 年，河南省车船税收入在中部六省的排位情况是：2002 年居第三位（与并列第一位的安徽与湖北相差 0.15 亿元），2003 年居第三位（与第二位的安徽省相差 0.04 亿元，与第一位的湖北省相差 0.33 亿元），2004 年居第三位（与第二位的安徽省相差 0.18 亿元，与第一位的湖北省相差 0.43 亿元），2005 年居第四位，2006 年居第三位，2007 年居第三位。2012 年中部六省的排位情况是：河南省第一（比山西省高 5.22 亿元），山西省第二，湖北省第三（比山西省低 1.33 亿元），湖南省第四（比湖北省低 0.41 亿元），安徽省第五（比湖南省低 0.07 亿元），江西西省第六（比安徽省低 2.24 亿元）。

表 3 - 43　中部六省车船税规模（2002 ~ 2012 年）

单位：亿元

年　份	河南省	山西省	安徽省	湖北省	湖南省	江西省
2002	0.63	0.34	0.78	0.78	0.48	0.29
2003	0.67	0.35	0.71	1.00	0.56	0.38
2004	0.73	0.34	0.91	1.16	0.7	0.56
2005	0.76	0.29	1.09	1.11	0.81	0.68
2006	1.16	0.33	1.56	1.3	0.89	0.78
2007	1.70	0.31	1.97	1.91	1.36	0.88
2008	3.78	2.21	3.42	2.87	2.85	1.65
2009	6.77	3.56	4.82	3.92	3.84	3.13
2010	9.79	6.96	5.95	5.5	5.18	4.15
2011	12.21	8.63	7.41	7.2	6.75	5.61
2012	16.17	10.95	9.14	9.62	9.21	6.90

从相对规模上看，2002 年河南省的车船税收入占河南省地方财政收入的 0.21%，2012 年为 0.79%，整体呈现递增趋势，后稳定在 0.7% 左右。从占税收收入的比重上看，

2002 年河南省的车船税收入占地方财政收入中税收收入的 0.26%，2012 年增至 1.10%，从 2007 年开始增长加速，后稳定在 1% 左右（见表 3 – 44）。

表 3 – 44　河南省车船税相关指标分析（2002 ~ 2012 年）

单位：亿元，%

年　份	车船税	增长率	税收收入	占税收收入比重	财政收入	占财政收入比重
2002	0.63	—	242.24	0.26	296.72	0.21
2003	0.67	6.35	264.40	0.25	338.05	0.20
2004	0.73	8.96	307.12	0.24	428.78	0.17
2005	0.76	4.11	365.67	0.21	537.65	0.14
2006	1.16	52.63	471.80	0.25	679.17	0.17
2007	1.70	46.55	625.02	0.27	862.08	0.20
2008	3.78	122.35	742.27	0.51	1008.90	0.37
2009	6.77	79.10	821.50	0.82	1126.06	0.60
2010	9.79	44.61	1016.55	0.96	1381.32	0.71
2011	12.21	24.72	1263.10	0.97	1721.76	0.71
2012	16.17	32.43	1469.57	1.10	2040.33	0.79

从中部六省各省的车船税收入占各省地方财政收入中税收收入的比重来看，2002 年以来一直处于递增的趋势，尽管这一比重相对较低，但近年来这一比重基本接近 1%（见表 3 – 45）。河南省的这一比例近年来在中部六省中处于相对较高的水平，2009 年以来基本处于第一位（2009 年和 2012 年）和第二位（2010 年和 2011 年）。山西省的这一比重变化较大，在 2010 年之前，山西省这一比重基本处于中部六省之末，2010 年和 2011 年上升到第一位。

表 3 – 45　中部六省车船税收入占税收收入比重（2002 ~ 2012 年）

单位：%

年　份	河南省	山西省	安徽省	湖北省	湖南省	江西省
2002	0.26	0.30	0.48	0.41	0.32	0.16
2003	0.25	0.24	0.40	0.49	0.30	0.31
2004	0.24	0.20	0.44	0.56	0.32	0.39
2005	0.21	0.11	0.47	0.42	0.30	0.40
2006	0.25	0.12	0.43	0.40	0.28	0.37
2007	0.27	0.07	0.49	0.44	0.33	0.31
2008	0.51	0.39	0.65	0.53	0.59	0.46
2009	0.82	0.61	0.77	0.64	0.68	0.73
2010	0.96	1.00	0.69	0.71	0.71	0.71
2011	0.97	0.99	0.67	0.67	0.74	0.72
2012	1.10	1.05	0.70	0.73	0.83	0.71

从增长率的角度看，河南省车船税增长率发展趋势和中部六省基本保持一致，虽然个别年份存在较大的波动，但整体呈递增趋势。2010 年以来中部六省房产税增长率基本保持一致，2010 年增长率排序基本上处于第三的位置（见表 3 - 46）。

表 3 - 46　中部六省车船税收入增长率（2003 ~ 2012 年）

单位：%

年　份	河南省	山西省	安徽省	湖北省	湖南省	江西省
2003	6.35	2.94	- 8.97	28.21	16.67	31.03
2004	8.96	- 2.86	28.17	16.00	25.00	47.37
2005	4.11	- 14.71	19.78	- 4.31	15.71	21.43
2006	52.63	13.79	43.12	17.12	9.88	14.71
2007	46.55	- 6.06	26.28	46.92	52.81	12.82
2008	122.35	612.90	73.60	50.26	109.56	87.50
2009	79.10	61.09	40.94	36.59	34.74	89.70
2010	44.61	95.51	23.44	40.31	34.90	32.59
2011	24.72	23.99	24.54	30.91	30.31	35.18
2012	32.43	26.88	23.35	33.61	36.44	22.99

5. 城镇土地使用税

从绝对规模上看，2002 年，河南省的城镇土地使用税税收收入为 2.12 亿元，2012 年发展到 75.61 亿元，增长了约 35 倍。从城镇土地使用税收入规模发展过程来看，整体趋势是持续增长，特别是 2007 年之后，绝对规模增长巨大（见图 3 - 28）。

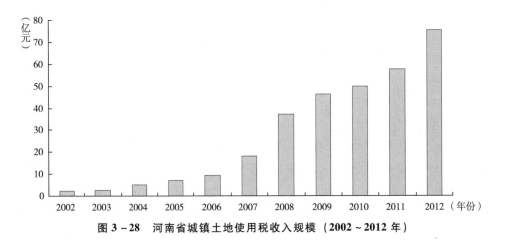

图 3 - 28　河南省城镇土地使用税收入规模（2002 ~ 2012 年）

从城镇土地使用税税收收入在中部六省的比较上看，各省的绝对规模都呈现增长态势（见表 3 - 47），2007 年以来增长幅度较大。从绝对规模排位上看，2004 年以来河南省一直居于中部六省第一位。2012 年的排位情况是：河南省第一（比安徽省高 8.86 亿元），安徽省第二，湖北省第三（比安徽省低 36.1 亿元），山西省第四（比湖北省低 3.18 亿元），湖南省第五（比山西省低 1.08 亿元），江西省第六（比湖南省低 1.22 亿元）。

表 3 - 47　中部六省城镇土地使用税规模（2002~2012 年）

单位：亿元

年　份	河南省	山西省	安徽省	湖北省	湖南省	江西省
2002	2.12	2.14	3.34	4.51	2.38	1.29
2003	2.43	2.12	3.35	4.69	2.31	1.63
2004	5.19	2.48	3.32	4.51	2.51	1.92
2005	7.24	4.50	4.35	5.06	2.91	2.31
2006	9.50	5.06	5.60	5.12	3.44	2.90
2007	18.23	5.73	7.32	9.92	4.12	4.40
2008	37.20	20.12	22.03	15.00	7.40	12.28
2009	46.28	22.32	28.36	19.03	11.81	12.45
2010	49.80	21.97	32.52	21.38	17.14	15.67
2011	57.72	25.05	42.85	24.12	19.70	18.28
2012	75.61	27.47	66.75	30.65	26.39	25.17

从相对规模上看，2002 年河南省的城镇土地使用税收入占河南省地方财政收入的 0.71%，这一比重在 2012 年为 3.71%，整体趋势呈现递增（见表 3 - 48），从 2009 年起有所下降，从 2012 年开始表现出增势。从占税收收入的比重看，2002 年河南省的城镇土地使用税收入占地方财政收入中税收收入的比重为 0.88%，这一比重在 2012 年增至 5.15%，接近城市维护建设税的比重，后来稳定在 5% 左右。

表 3 - 48　河南省城镇土地使用税相关指标分析（2002~2012 年）

单位：亿元，%

年　份	城镇土地使用税	增长率	税收收入	占税收收入比重	财政收入	占财政收入比重
2002	2.12	—	242.24	0.88	296.72	0.71
2003	2.43	14.62	264.40	0.92	338.05	0.72
2004	5.19	113.58	307.12	1.69	428.78	1.21
2005	7.24	39.50	365.67	1.98	537.65	1.35
2006	9.50	31.22	471.80	2.02	679.17	1.40
2007	18.23	91.89	625.02	2.92	862.08	2.11
2008	37.20	104.06	742.27	5.01	1008.90	3.69
2009	46.28	24.41	821.50	5.63	1126.06	4.11
2010	49.80	7.61	1016.55	4.90	1381.32	3.61
2011	57.72	15.90	1263.10	4.57	1721.76	3.35
2012	75.61	30.99	1469.57	5.15	2040.33	3.71

从中部六省各省的城镇土地使用税收入占各省地方财政收入中税收收入的比重来看，

大体呈现递增的趋势，但波动较大（见表3－49）。河南省的这一比重在中部六省中处于较高水平，从2005年起就一直居于中部六省第一位。与河南省这一比例的变化趋势比较接近的是安徽省，2008年以来排位一直处于第二位。江西、湖南、湖北近年来一直处于较低的位次。

表3－49　中部六省城镇土地使用税占税收收入的比重（2002～2012年）

单位：%

年　份	河南省	山西省	安徽省	湖北省	湖南省	江西省
2002	0.88	1.91	2.06	2.36	1.60	0.69
2003	0.92	1.44	1.90	2.28	1.24	1.32
2004	1.69	1.45	1.62	2.19	1.15	1.32
2005	1.98	1.65	1.86	1.92	1.09	1.35
2006	2.02	1.80	1.53	1.59	1.07	1.39
2007	2.92	1.33	1.82	2.29	1.00	1.56
2008	5.01	3.55	4.17	2.79	1.52	3.43
2009	5.63	3.84	4.51	3.09	2.08	2.90
2010	4.90	3.17	3.75	2.75	2.35	2.68
2011	4.57	2.87	3.87	2.26	2.15	2.35
2012	5.15	2.63	5.11	2.31	2.38	2.57

从增长率的角度看，河南省城镇土地使用税增长率较大的波动，但近年来呈稳定增长趋势（见表3－50）。2010～2012年，在中部六省城镇土地使用税排位上，河南省基本情况是：2010年居第五位（仅高于山西省的负增长），2011年居第三位，2012年居第四位。但2011～2012年安徽的增长率排位都处于第一位。经历了较高波动的山西省（2008年增长率为251.13%），2010～2012年基本处于中部六省的最后一位。

表3－50　中部六省城镇土地使用税增长率（2003～2012年）

单位：%

年　份	河南省	山西省	安徽省	湖北省	湖南省	江西省
2003	14.62	－0.93	0.30	3.99	－2.94	26.36
2004	113.58	16.98	－0.90	－3.84	8.66	17.79
2005	39.50	81.45	31.02	12.20	15.94	20.31
2006	31.22	12.44	28.74	1.19	18.21	25.54
2007	91.89	13.24	30.71	93.75	19.77	51.72
2008	104.06	251.13	200.96	51.21	79.61	179.09
2009	24.41	10.93	28.73	26.87	59.59	1.38
2010	7.61	－1.57	14.67	12.35	45.13	25.86
2011	15.90	14.02	31.77	12.82	14.94	16.66
2012	30.99	9.66	55.78	27.07	33.96	37.69

6. 土地增值税收入分析

从绝对规模上看，2002 年，河南省的土地增值税收入为 0.12 亿元，2012 年发展到 70.35 亿元，增长了近 600 倍。从土地增值税税收收入规模发展过程来看，整体趋势是持续增长。2007 年之后，绝对规模增长非常迅猛（见图 3－29）。

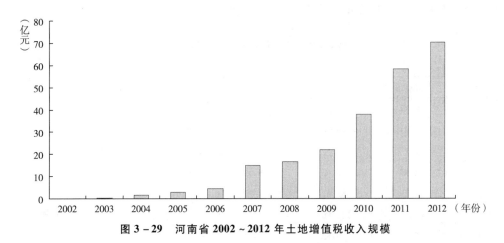

图 3－29　河南省 2002～2012 年土地增值税收入规模

从土地增值税税收收入在中部六省的比较上看，各省的绝对规模都呈现增长态势（见表 3－51），2007 年以来增长幅度较大。从绝对规模排位上看，2007～2011 年河南省一直居于中部六省第一位，2012 年降为第二位。而 2002～2012 年，山西省土地增值税收入规模在中部六省都处于第六位。2012 年的排位情况是：湖北省第一（比河南省高 22.31 亿元），河南省第二，安徽省第三（比河南省低 0.29 亿元），湖南省第四（比安徽省低 11.35 亿元），江西省第五（比湖南省低 6.43 亿元），山西省第六（比江西省低 36.95 亿元）。

表 3－51　中部六省土地增值税收入规模比较（2002～2012 年）

单位：亿元

年　份	河南省	山西省	安徽省	湖北省	湖南省	江西省
2002	0.12	0.01	0.65	0.17	0.18	0.3
2003	0.21	0.01	1.11	0.60	0.43	0.55
2004	1.70	0.02	1.83	0.93	0.48	1.42
2005	2.84	0.15	3.00	1.58	0.58	2.09
2006	4.59	0.42	4.60	3.64	1.05	4.05
2007	15.00	1.13	8.92	7.35	3.63	10.14
2008	16.37	1.81	12.31	13.98	5.04	12.33
2009	21.93	2.00	15.46	17.57	5.27	16.33
2010	37.96	4.65	30.22	30.54	19.54	25.72
2011	58.44	9.71	51.98	62.85	40.61	37.33
2012	70.35	15.33	70.06	92.66	58.71	52.28

从相对规模上看，2002年河南省的土地增值税收入占河南省地方财政收入的0.04%，这一比重在2012年为3.45%，整体呈现递增趋势。从占税收收入的比重看，2002年河南省的城镇土地使用税收入占地方财政收入中税收收入的0.05%，这一比重在2012年增至4.79%，接近城市维护建设税占的比重。2008年这一比重有所下降，但之后持续增长，整体表现出增势，近年来稳定在4.6%左右（见表3-52）。

表3-52　河南省土地增值税相关指标分析（2002~2012年）

单位：亿元，%

年　份	土地增值税	增长率	税收收入	占税收收入比重	财政收入	占财政收入比重
2002	0.12	—	242.24	0.05	296.72	0.04
2003	0.21	75.00	264.40	0.08	338.05	0.06
2004	1.7	709.52	307.12	0.55	428.78	0.40
2005	2.84	67.06	365.67	0.78	537.65	0.53
2006	4.59	61.62	471.80	0.97	679.17	0.68
2007	15	226.80	625.02	2.40	862.08	1.74
2008	16.37	9.13	742.27	2.21	1008.90	1.62
2009	21.93	33.96	821.50	2.67	1126.06	1.95
2010	37.96	73.10	1016.55	3.73	1381.32	2.75
2011	58.44	53.95	1263.10	4.63	1721.76	3.39
2012	70.35	20.38	1469.57	4.79	2040.33	3.45

　　从中部六省的土地增值税收入占各省地方财政收入中税收收入的比重来看，虽然各省都呈现递增的趋势，但各省之间的差异比较大。河南省的这一比例在中部六省中处于中等水平，虽然2012年该比重相对较高，但排第五位，仅高于山西省（见表3-53）。

表3-53　中部六省土地增值税收入占税收收入比重比较（2002~2012年）

单位：%

年　份	河南省	山西省	安徽省	湖北省	湖南省	江西省
2002	0.05	0.01	0.40	0.09	0.12	0.16
2003	0.08	0.01	0.63	0.29	0.23	0.45
2004	0.55	0.01	0.89	0.45	0.22	0.98
2005	0.78	0.05	1.28	0.60	0.22	1.22
2006	0.97	0.15	1.25	1.13	0.33	1.94
2007	2.40	0.26	2.22	1.69	0.88	3.60
2008	2.21	0.32	2.33	2.60	1.04	3.44
2009	2.67	0.34	2.46	2.85	0.93	3.80
2010	3.73	0.67	3.49	3.93	2.67	4.40
2011	4.63	1.11	4.69	5.89	4.44	4.80
2012	4.79	1.47	5.37	7.00	5.29	5.35

从增长率的角度看，河南省土地增值税增长率较大的波动，但近年来呈稳定增长趋势（见表 3 - 54）。2010 ~ 2012 年，在中部六省城镇土地使用税排序上，河南省的基本情况是：2010 年和 2011 年都是第五位（高于江西省），2012 年排在中部六省之末位。

表 3 - 54　中部六省土地增值税增长率比较（2003 ~ 2012 年）

单位：%

年　份	河南省	山西省	安徽省	湖北省	湖南省	江西省
2003	75.00	0.00	70.77	252.94	138.89	83.33
2004	709.52	100.00	64.86	55.00	11.63	158.18
2005	67.06	650.00	63.93	69.89	20.83	47.18
2006	61.62	180.00	53.33	130.38	81.03	93.78
2007	226.80	169.05	93.91	101.92	245.71	150.37
2008	9.13	60.18	38.00	90.20	38.84	21.60
2009	33.96	10.50	25.59	25.68	4.56	32.44
2010	73.10	132.50	95.47	73.82	270.78	57.50
2011	53.95	108.82	72.01	105.80	107.83	45.14
2012	20.38	57.88	34.78	47.43	44.57	40.05

7. 耕地占用税收入分析

从绝对指标的角度看，河南省耕地占用税收入在 2002 ~ 2012 年总体呈现逐步上升趋势，由 2002 年的 0.9 亿元上升到 2012 年的 78.15 亿元，特别是 2010 年以后三年呈现大幅上升（见图 3 - 30）。

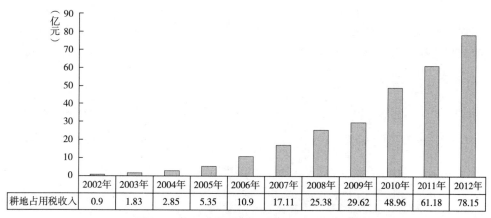

	2002年	2003年	2004年	2005年	2006年	2007年	2008年	2009年	2010年	2011年	2012年
耕地占用税收入	0.9	1.83	2.85	5.35	10.9	17.11	25.38	29.62	48.96	61.18	78.15

图 3 - 30　河南省耕地占用税税收收入规模

从中部六省的情况来看，中部六省的耕地占用税绝对规模在 11 年间都呈现上升趋势。但有所不同，河南省与江西省耕地占用税收入最多，且增长速度较快；安徽、湖南、湖北次之，增速较慢，其中安徽、湖南、湖北在 2005 年还有所降低；山西省收入最少，增速缓慢（见表 3 - 55）。

表 3 – 55　中部六省耕地占用税规模（2002～2012 年）

单位：亿元

年　份	河南省	山西省	安徽省	湖北省	湖南省	江西省
2002	0.9	0.86	1.75	1.41	2.24	0.47
2003	1.83	0.58	4	1.59	3.94	0.38
2004	2.85	0.79	6.25	3.63	6.47	0.73
2005	5.35	1.15	4.17	3.27	8.37	4.87
2006	10.9	1.24	8.17	3.39	9.79	3.75
2007	17.11	1.79	6.47	3.85	9.85	5.08
2008	25.38	2.23	13.21	7.03	18.02	11.8
2009	29.62	2.71	27.32	19.05	30.26	22.92
2010	48.96	3.87	45	56.25	53.21	35.74
2011	61.18	6.19	41.99	50.63	48.06	47.2
2012	78.15	8.95	50.61	69.29	64.72	71.76

从表 3 – 55 中也可以大致看出各省的基本排位变化：2002 年湖南省、安徽省绝对数值最高，分别为 2.24 亿元和 1.75 亿元；山西省及江西省最低，分别为 0.86 亿元与 0.47 亿元，且河南与周边五省绝对数值相差不大。比较 2012 年的数据，可知河南省、江西省分别以 78.15 亿元和 71.76 亿元，位居前列，而山西省的耕地占用税收入仅为 8.95 亿元，远远低于其他五省，且这六省的绝对数值相差较大。

从河南省耕地占用税占税收收入和财政收入的比重上看，10 年来，这两个比重也呈现较快增长的态势（图 3 – 31），占税收收入的比重从 2002 年不足 1% 到 2012 年的5.32%，2012 年耕地占用税占财政收入的比重也达到了 3.83%。尽管这一比重相对较低，但考虑到耕地占用税本身的性质，这一比例的增大也反映出河南省经济发展过程中对耕地占用的基本态势。

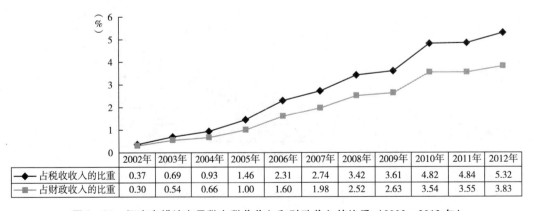

	2002年	2003年	2004年	2005年	2006年	2007年	2008年	2009年	2010年	2011年	2012年
占税收收入的比重	0.37	0.69	0.93	1.46	2.31	2.74	3.42	3.61	4.82	4.84	5.32
占财政收入的比重	0.30	0.54	0.66	1.00	1.60	1.98	2.52	2.63	3.54	3.55	3.83

图 3 – 31　河南省耕地占用税占税收收入和财政收入的比重（2002～2012 年）

从中部六省的比较看，河南省的耕地占用税收入占本省财政收入的比重呈现稳步上涨

的趋势，安徽省、湖北省、湖南省的耕地占用税收入占本省财政收入的比重呈现先增后降
再增的趋势，且均为在 2011 年下降、在 2012 年上升。山西省的耕地占用税占财政收入的
比重变化最小，且比值也最小。江西省 11 年间比重变化最快。从图 3 - 32 中也可以看到
其基本排位变化：2002 年，比重由小到大为河南、江西、山西、湖北、陕西、安徽、湖
南。2012 年比重由小到大为山西、陕西、安徽、湖南、湖北、河南、江西。各省耕地占
用税占财政收入的比重均较小。

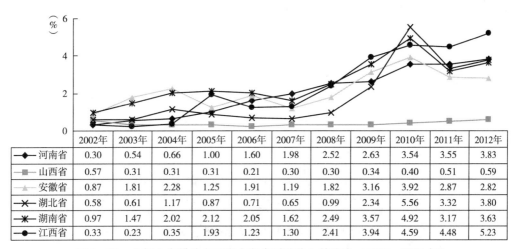

	2002年	2003年	2004年	2005年	2006年	2007年	2008年	2009年	2010年	2011年	2012年
河南省	0.30	0.54	0.66	1.00	1.60	1.98	2.52	2.63	3.54	3.55	3.83
山西省	0.57	0.31	0.31	0.31	0.21	0.30	0.30	0.34	0.40	0.51	0.59
安徽省	0.87	1.81	2.28	1.25	1.91	1.19	1.82	3.16	3.92	2.87	2.82
湖北省	0.58	0.61	1.17	0.87	0.71	0.65	0.99	2.34	5.56	3.32	3.80
湖南省	0.97	1.47	2.02	2.12	2.05	1.62	2.49	3.57	4.92	3.17	3.63
江西省	0.33	0.23	0.35	1.93	1.23	1.30	2.41	3.94	4.59	4.48	5.23

图 3 - 32　中部六省耕地占用税占各省财政收入的比重（2002 ~ 2012 年）

从增长率上看，河南省 2002 ~ 2012 年耕地占用税的增长率波动较大，但总体呈现上
升趋势，其中 2003 年、2006 年增长幅度最大，超过 100%，分别达到 103% 和 104%，
2009 年增长幅度最小，为 17%（见表 3 - 56）。

表 3 - 56　中部六省耕地占用税历年增长率（2003 ~ 2012 年）

单位：%

年　份	河南省	山西省	安徽省	湖北省	湖南省	江西省
2003	103	- 33	129	13	76	- 19
2004	56	36	56	128	64	92
2005	88	46	- 33	- 10	29	567
2006	104	8	96	4	17	- 23
2007	57	44	- 21	14	1	35
2008	48	25	104	83	83	132
2009	17	22	107	171	68	94
2010	65	43	65	195	76	56
2011	25	60	- 7	- 10	- 10	32
2012	28	45	21	37	35	52

表 3 - 56 反映出，河南省 2002 ~ 2012 年耕地占用税增长率总体呈现上升趋势，湖北

省、江西省则是呈现波动上升趋势；江西省 2005 年增长率最大，达 567%；安徽、湖南省波动下降；山西省总体变化不大。其中，尤以江西省 2005~2006 年变化幅度最大。

3.3.5 资源税类税收收入分析

从绝对规模上看，2002 年，河南省的资源税收入为 3.14 亿元，2012 年，这一规模发展到 34.13 亿元，增长了近 10 倍（见图 3-33）。从资源税收入规模发展过程来看，整体趋势是持续增长（2007~2011 年绝对规模趋于稳定）。

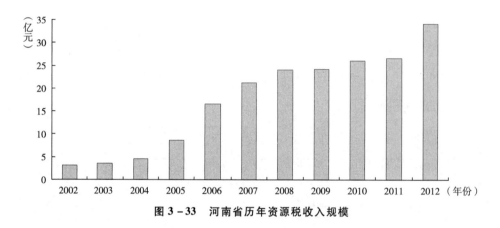

图 3-33 河南省历年资源税收入规模

从资源税收入在中部六省的比较上看，各省的绝对规模都呈现增长态势（见表 3-57），但各省每年增长规模有较大的差异，河南省、山西省和江西省的绝对规模都较大，而其他省份相对较小，这与各省矿产资源储量及其开发利用状况不同有很大关系。从绝对规模排位上看，2002 年以来山西省一直居于中部六省第一位，河南省一直处于第二位。2012 年的排位情况是：山西省第一（比河南省高 9.65 亿元），河南省第二，江西省第三（比河南省低 4.41 亿元），安徽省第四（比江西省低 11.8 亿元），湖北省第五（比安徽省低 5.5 亿元），湖南省第六（比湖北省低 3.98 亿元）。

表 3-57 中部六省资源税规模（2002~2012 年）

单位：亿元

年 份	河南省	山西省	安徽省	湖北省	湖南省	江西省
2002	3.14	6.98	2.18	1.51	0.74	1.02
2003	3.59	8.03	2.65	1.9	0.91	1.27
2004	4.49	8.7	3.43	2.38	1.06	1.65
2005	8.71	18.17	4.57	3.29	1.22	2.29
2006	16.59	20.4	6.05	4.25	2.06	3.46
2007	21.31	25.89	7.43	4.56	2.83	5.37
2008	24.10	31.74	9.85	5.36	3.37	8.9
2009	24.23	30.05	11.56	6.89	3.85	10.87

续表

年　份	河南省	山西省	安徽省	湖北省	湖南省	江西省
2010	26.08	32.65	12.65	8.4	6.14	12.91
2011	26.59	38.76	14.52	10.13	6.79	18.66
2012	34.13	43.78	17.92	12.43	8.45	29.72

　　从相对规模上看，2002 年河南省的资源税收入占河南省地方财政收入的 1.06%，这一比重在 2012 年为 1.67%，2006 年之前呈上升态势，之后处于下降势头。从占税收收入的比重上看，2002 年河南省的资源税收入占地方财政收入中税收收入的比重为 1.30%，这一比重在 2012 年增至 2.32%，近年来稳定在 2.2% 左右。

表 3 - 58　河南省资源税相关指标分析（2002 ~ 2012 年）

单位：亿元，%

年　份	资源税	增长率	税收收入	占税收收入比重	财政收入	占财政收入比重
2002	3.14	—	242.24	1.30	296.72	1.06
2003	3.59	14.33	264.40	1.36	338.05	1.06
2004	4.49	25.07	307.12	1.46	428.78	1.05
2005	8.71	93.99	365.67	2.38	537.65	1.62
2006	16.59	90.47	471.80	3.52	679.17	2.44
2007	21.31	28.45	625.02	3.41	862.08	2.47
2008	24.1	13.09	742.27	3.25	1008.90	2.39
2009	24.23	0.54	821.50	2.95	1126.06	2.15
2010	26.08	7.64	1016.55	2.57	1381.32	1.89
2011	26.59	1.96	1263.10	2.11	1721.76	1.54
2012	34.13	28.36	1469.57	2.32	2040.33	1.67

　　从中部六省各省的资源税收入占各省地方财政收入中税收收入的比重来看，各省份变化差异较大，虽然整体上呈现递减趋势，但 2011 ~ 2012 年相对稳定并呈现递增势头（见表 3 - 59）。资源税收入占税收收入的比重在各省的差异主要表现在，山西、河南等资源大省该比重较高。河南省的这一比例在中部六省中处于较高水平，在大多数年份中，排名仅低于山西省。2002 ~ 2012 年的排名分别为：2002 ~ 2004 年居第三位（低于安徽），2005 ~ 2010 年居第二位，2011 年和 2012 年居第三位（低于江西省）。

表 3 - 59　中部六省资源税占各自税收收入的比重对比（2002 ~ 2012 年）

单位：%

年　份	河南省	山西省	安徽省	湖北省	湖南省	江西省
2002	1.30	6.22	1.35	0.79	0.50	0.55
2003	1.36	5.44	1.50	0.93	0.49	1.03

年　份	河南省	山西省	安徽省	湖北省	湖南省	江西省
2004	1.46	5.10	1.67	1.16	0.48	1.14
2005	2.38	6.66	1.95	1.25	0.46	1.34
2006	3.52	7.24	1.65	1.32	0.64	1.66
2007	3.41	6.01	1.85	1.05	0.69	1.91
2008	3.25	5.60	1.87	1.00	0.69	2.49
2009	2.95	5.16	1.84	1.12	0.68	2.53
2010	2.57	4.71	1.46	1.08	0.84	2.21
2011	2.11	4.44	1.31	0.95	0.74	2.40
2012	2.32	4.19	1.37	0.94	0.76	3.04

从增长率的角度看，河南省和中部其他省份一样，资源税增长率波动较大，整体呈下降趋势，但 2010～2012 年呈现增长势头。河南省和中部其他省份增长率对比详见表 3-60。

表 3-60　中部六省资源税增长率（2003～2012 年）

单位：%

年　份	河南省	山西省	安徽省	湖北省	湖南省	江西省
2003	14.33	15.04	21.56	25.83	22.97	24.51
2004	25.07	8.34	29.43	25.26	16.48	29.92
2005	93.99	108.85	33.24	38.24	15.09	38.79
2006	90.47	12.27	32.39	29.18	68.85	51.09
2007	28.45	26.91	22.81	7.29	37.38	55.20
2008	13.09	22.60	32.57	17.54	19.08	65.74
2009	0.54	-5.32	17.36	28.54	14.24	22.13
2010	7.64	8.65	9.43	21.92	59.48	18.77
2011	1.96	18.71	14.78	20.60	10.59	44.54
2012	28.36	12.95	23.42	22.70	24.45	59.27

3.4　非税收入分析

3.4.1　非税收入的构成

非税收入一般包括专项收入、行政事业性收费收入、罚没收入、国有资本经营收入、国有资源（资产）有偿使用和其他收入。从非税收入的构成上看，总体而言，行政事业性收费所占的比重最大，平均在 34% 左右；其次是专项收入，在 20% 左右；国有资本经营收入近年来一直处于 17% 左右，超过罚没收入，居于第三位。从 2008～

2012 年的相关数据看，非税收入的内部结构也在发生着一定的变化，但整体趋于稳定（见表 3 - 61）。

表 3 - 61　河南省地方财政非税收入构成及其规模（2008 ~ 2012 年）

单位：亿元，%

项　目	2012 年		2011 年		2010 年		2009 年		2008 年	
	规模	比重	规模	比重	规模	比重	规模	比重	规模	比重
非税收入	570.77	100	458.65	100	364.77	100	304.56	21	266.63	24
专项收入	87.89	15	90.60	20	89.04	24	63.83	33	64.73	34
行政事业性收费收入	199.92	35	161.33	35	122.42	33	99.28	15	89.9	19
罚没收入	75.32	13	59.03	13	50.83	14	45.96	17	50.4	14
国有资本经营收入	88.48	16	71.97	16	60.36	17	51.8	9	37.4	5
国有资源（产）有偿使用收入	78.01	14	46.00	10	23.98	7	26.07	6	14.18	4
其他非税收入	41.14	7	29.72	6	18.14	5	17.61	21	10.02	24

从各省非税收入的构成上看，行政事业收费收入在各省非税收入中都处于领先地位，只是各自所占的比重有所差异。从 2011 年的数据对比看，山西省、湖北省、江西省行政事业性收费收入所占的比重都超过 40%，分别为 43%、45%、43%，其他省份都在 35% 左右。河南省、山西省、湖北省、湖南省、安徽省、山西省的专项收入占非税收入的比重分别为 20%、18%、11%、12%、23%、18%；罚没收入占比分别为 13%、14%、11%、10%、10%、14%；国有资源（资产）有偿使用收入占比分别为 10%、11%、10%、25%、18%、11%；国有资本经营收入占比分别为 16%、7%、9%、2%、8%、7%；其他非税收入占比分别为 6%、7%、14%、19%、7%、7%。其中，湖南省国有资源（资产）有偿使用收入占的比重高于其他省份，达到 1/4，这与 2011 年 10 月 1 日实施的《湖南省国有资源有偿使用收入管理办法》对河道采砂管理费、出租车经营权有偿出让和转让收入、景区门票等国有资源（资产）收入的征收力度加强有较大关系。河南省正在探索建立国有资源资产的征收管理制度，征管工作才刚刚起步，即便是纳入公共预算管理的非税收入总额很小，国有资源（资产）收入也才占纳入公共预算管理非税收入总额的约 1/10。如旅游胜地河南省开封市，其景区门票收入尚未纳入非税管理。

3.4.2　非税收入规模

近年来，河南省非税收入绝对规模在不断增长，从 2008 年的 266.63 亿元增长到 2012 年的 570.77 亿元（见表 3 - 62）。从绝对规模比较上看，2010 年之前，河南省非税收入绝对规模在中部六省中处于第一位，2011 年起湖南省非税收入规模超越河南，成为中部六省之首。

表 3 - 62　中部六省地方财政非税收入规模（2007～2012 年）

单位：亿元

年　份	河南省	安徽省	江西省	山西省	湖北省	湖南省
2007	237.06	141.82	107.99	167.39	156.38	195.89
2008	266.63	196.68	130.68	181.51	173.64	236.40
2009	304.56	234.59	151.28	223.92	198.80	279.34
2010	364.77	282.84	192.98	276.96	233.27	350.85
2011	458.65	355.25	276.34	340.55	459.79	601.67
2012	570.77	487.61	393.90	471.20	498.60	665.30

　　从非税收入占财政收入的比重看，河南省非税收入占比相对稳定，在 25% 左右，这与政府对非税收入的主观调控有较大关系，河南省在绩效考核中明确了税收收入占财政收入的比重不低于 75%，实际上将非税收入占比控制在了 25% 以内。同时，河南省不仅统筹了市县部分非税收入项目的增量，而且只象征性地将省级广播电视台的广告收入征收入库，以此控制河南省纳入公共预算管理的非税收入占地方财政收入的比重。中部其他省份除了湖南省非税收入占比超过 30%（2011 年接近 40%）之外，其他省份大多处于 20%～30%（见表 3 - 63）。

表 3 - 63　中部六省地方非税收入占财政收入的比重（2007～2012 年）

单位：%

年　份	河南省	安徽省	江西省	山西省	湖北省	湖南省
2007	27.50	26.08	27.70	28.00	26.49	32.30
2008	26.43	27.14	26.74	24.27	24.43	32.71
2009	27.05	27.15	26.02	27.79	24.40	32.96
2010	26.41	24.61	24.80	28.56	23.07	32.44
2011	26.64	24.27	26.23	28.07	30.11	39.66
2012	27.97	27.20	28.71	31.07	27.35	37.46

3.4.3　非税收入增长率

　　2008 年以来，河南省非税收入增长率稳步提高，从 2008 年的 12.47% 提高到 2011 年和 2012 年的 25% 左右。由于河南省确定了非税收入占财政收入比重不超过 25% 的比重，所以这样的增长速度基本和财政收入的增长速度一致。与此相对应，湖北省、湖南省和江西省非税收入的增长率在 2011 年有较大的提高（湖北省 97.11%，湖南省 71.49%，江西省 43.20%）（见表 3 - 64）。这一方面反映出金融危机对税收收入产生的较大负面影响使地方财政不得不转向对非税收入的依赖；另一方面结合非税收入占财政收入的比重，也反映出在现有财政体制下地方财政的一个基本选择，即在主体税种不明确或者归属地方财政的税收收入增长不能满足地方事权需要时的地方财政偏向。这一数据也基本能够对近年来地方财政"土地财政"化或"经营财政"化做出基本注解。

表 3 - 64　中部六省地方非税收入增长率（2008～2012 年）

单位：%

年　份	河南省	安徽省	江西省	山西省	湖北省	湖南省
2008	12.47	38.68	21.01	8.44	11.04	20.68
2009	14.23	19.27	15.76	23.37	14.49	18.16
2010	19.77	20.57	27.56	23.69	17.34	25.60
2011	25.74	25.60	43.20	22.96	97.11	71.49
2012	24.45	37.26	42.54	38.36	8.44	10.58

3.5　河南省财政收入结构存在的问题及完善思路

3.5.1　河南省财政收入结构存在的问题

1. 税收收入占一般预算收入的比重低

首先，税收占一般预算收入的比重呈下降趋势。2002 年以来，河南省税收占一般预算收入的比重呈现下降趋势，近年虽然有所提高，但仍然处于较低水平，2002 年该比重为 81.64%，2005 年仅为 68.01%，2012 年为 72.03%。

其次，与全国平均水平相比，该比重仍然处于较低水平。2006 年国家财政税收占一般预算收入的 89.8%，而河南省该比重为 69.47%。2012 年全国完成的税收收入占政府财政收入的比重为 86%，而河南省该比重为 72%，仍然低于全国平均水平。

再次，虽然河南省税收收入占一般预算收入的比重在中部六省中处于相对较高的比重，但和其他代表性省份相比还存在差距。以 2012 年的数据为例，河南省该比重为 72%，而代表性省份的该比重都高于河南省（陕西省为 77%，广东省为 81%，江苏省为 82%，河北省、辽宁省、四川省则为 75%）

最后，各地市税收收入占一般财政预算收入的比重参差不齐，但整体偏低。从 2012 年各地财政收入构成上看，濮阳、漯河、南阳等地市财政收入构成中税收收入占比已经超过 80%，平顶山、安阳、鹤壁、焦作、三门峡、周口等地市税收收入占比低于 70%，其他地市税收收入占比均处于 75% 左右。

2. 主体税种收入占税收收入的比重低

进一步分析税收收入的结构及各税种的收入增长情况可知，河南省主体税种占税收收入的比重不高，具有下降趋势；地方小税种增速明显，税收收入增长对地方小税种的依赖程度逐年提高。

其一，主体税种占税收的比重呈下降趋势。尽管在分析地方主体税种时经常考虑地方税种，但由于增值税、营业税、企业所得税、个人所得税、城市维护建设税在地方财政收入中占有重要的地位，是地方财政收入的重要组成部分，也最具有规范性和稳定性特点，所以我们这里的分析将这五个税种作为主体税种来分析。主体税种占税收的比重越高，越能反映出财政收入增长的规范性和稳定性。近年来，河南省主体税种虽然保持较高增长，但相对于税收收入增长而言，增幅较低。2008～2012 年，河南省主体税种占税收的比重分别为 75.65%、72.26%、70.18%、71.21%、68.76%，分别低于全国同期平均水平 6.43 个、8.24 个、7.55 个、4.99 个、7.31 个百分点（全国平均地方主体税种占地方财政收入的比重 2008～2012 年分别为 82.08%、80.50%、77.73%、76.20%、76.07%）。

其二，地方小税种收入增长较快。地方小税种是除增值税、营业税、企业所得税、个人所得税、城市维护建设税以外的税种，虽然总量不大，但是增长迅速，是地方财政收入的重要组成部分。2008～2012 年河南省契税收入分别占当年税收收入的 5.62%、7.43%、8.75%、7.76%、8.18%，分别比上一年度增长 18.85%、46.50%、45.73%、10.20%、22.59%；同期资源税收入分别占当年税收收入的 3.25%、2.95%、2.57%、2.11%、2.32%，较上年同期分别增长 13.09%、0.54%、7.64%、1.96%、28.36%。资源税增长的主要原因，一是部分资源产品税率或标准的调整，带来了资源税的较快增长；二是能源需求继续保持旺盛。与土地相关的城镇土地使用税、土地增值税和耕地占用税增长较快。2008～2012 年河南省与土地相关的税收收入占同期税收收入的比例分别为 10.64%、11.91%、13.45%、14.04%、15.25%，同比分别增长 56.83%、23.91%、39.75%、29.71%、26.37%，主要是由于土地开发和商品房销售增长。

3. 非税收入占财政收入的比重较高

近年来，随着经济的快速发展及收入分配的逐步调整，河南省非税收入总量大，增长迅速，地方政府在财政上越来越依赖非税收入。从规模上看，非税收入增长迅速。1994 年河南省非税收入为 65.72 亿元，非税收入占财政收入的 44.50%，占地区生产总值的 2.96%；2008 年河南省非税收入为 266.63 亿元；2012 年为 570.77 亿元，比 2008 年增长了约 1 倍。这不仅说明非税收入对实现地方政府财政收支平衡、促进社会发展起到了重要作用，而且表明地方政府在财政上也越来越依赖非税收入。

从结构上看，行政事业性经费收入、国有资本经营收入和国有资源（产）有偿使用收入是非税收入的主要来源。2012 年河南省政府非税收入为 570.77 亿元，其中，行政事业性收费占 35%，国有资本经营收入和国有资源（产）有偿使用收入占 30%。2009～2012 年，河南省非税收入中行政事业性收费分别比上年增长 10.43%、23.31%、31.78%、23.92%；国有资本经营收入和国有资源（产）有偿使用收入近 2010～2012 年分别比上年增长 44.51%、22.37%、52.22%。其中，国有资本经营收入和国有资源（产）有偿使用收入增长迅猛的原因是土地有偿使用收入增加过快。分析河南省近 2010～2012 年非税收入的结构可知：行政性事业经费是河南省非税收入的主要来源；以土地有偿使用收入为主体的政府性基金增长迅猛；国有资本经营收益和国有资源（产）有偿使用收入日益成为财政收入的重要组成部分。另外，专项收入属于有特定用途的一般预算收入，不能作为可支配财力使用，专项收入占一般财政预算收入的比重上升影响了可支配财力在一般财政预算收入中的比重。

3.5.2 河南省财政收入结构存在问题的原因

1. 经济结构不合理

经济结构不合理是造成财政收入低的主要原因。目前，河南省产业结构虽然有所调整，但仍不够合理，集中表现为：第一产业比重较大，第二、第三产业比重低。同时，在产业内部存在着层次低，加工链条短，附加值低，工业中现代制造业特别是高新技术产业发展缓慢，服务业中现代服务业和新兴服务业发展滞后等突出问题。第一，产业结构层次低影响财政收入结构。2012 年，河南省第一、第二、第三产业比重为 13:57:31，其中，第一产业所占比重高于全国平均水平 3 个百分点，第三产业占比低于全国 14 个百分点，与发达省份的差距更大。河南省是农业大省，随着农业税的全面免征，税负低的第一产业基本不提供财政收入，而税负高的第三产业所占比重较低，这造成了河南税收收入占一般财政预算收入的比重低。第二，工业经济中能源原材料工业比重大，影响财政收入结构。"十一五"期间，河南工业增长较快，年均增长速度达到 18%，而增值税年均增长速度偏低，仅为 15.6%。2012 年，河南省规模以上工业增加值比上年增长 14.6%，增值税增长率仅为 3.53%，增值税增长速度慢于第二产业增加值，这在一定程度上反映出第二产业对税收贡献率偏低、工业经济运行质量不高。全国经济普查资料显示，河南省国有及规模以上工业增加值中能源原材料工业、初级加工业两者共占 60.7%。这些行业税负偏低，仅为 19.7%，低于全部工业税负 2.1 个百分点。

2. 经济增长质量较差制约税收收入水平

经济增长方式粗放、经济增长质量和效益低，是税收收入占财政收入比重低的根本原因。第一，经济增长过程中能源消耗较多。2011 年，河南省单位生产总值能耗为 0.895 吨标准煤/万元，比 2010 年上升了 1.27%，在全国排第 13 位，不仅高于沿海发达省份，而且比全国平均水平高出 0.102 吨标准煤/万元。其中，单位工业增加值能耗远远高于全国平均值。可以看出，在能源消耗方面，河南省与全国平均值和发达地区相比有较大差距。第二，经济增长方式粗放带来经济效益较低。首先，河南经济增长过度依赖于投资。2011 年，河南省固定资产投资占地区生产总值的比重为 63%，高出全国平均水平 4 个百分点，过度依赖投资驱动经济增长影响税收和财政收入水平。其次，经济增长方式粗放带来经济效益较低、企业经营效益低、重点骨干企业税收增长滞后等制约税收增长。比如，2005 年百户大型企业和企业集团销售收入为 2480.8 亿元，较上年增长 30.35%，占全部工业增加值的 18.7%，但是实现税金 236.49 亿元，仅增长 17.66%。

3. 非税收入增长过快

第一，非税收入项目多，管理不规范。一是收费主体多元化、管理政出多门。乱收费的现象仍然存在，全国性、地方性非税项目繁多。二是管理不规范。有些非税收入由财政直接或委托征收缴入国库，但是相当大部分仍由部门和单位直接征收。执收执罚部门多、环节多、标准不一。有的部门乱收乱罚、应收不收问题突出。该取消的项目不取消，不该减免的越权减免，擅自设立收费项目、扩大征收范围、提高征收标准、搭车收费等现象屡禁不止，并且有些部门乱支滥用、截留挪用，通过扩张非税收入来寻求其部门利益。第二，非税收入收支两条线政策贯彻不彻底。目前，收支脱钩工作在河南省逐步推广运行，但是仍没有实行规范的完全的收支脱钩，"谁收谁支"模式没有根本改变，即使纳入部门预算管理，"明脱暗挂"现象仍普遍存在。如教育系统的收费，全额上缴财政又全额返还，收费多少与预算内安排教育经费严重脱节。第三，部分非税收入脱离预算管理。随着部门预算改革的不断深化，非税收入纳入预算管理力度不断加大。非税收入完全纳入预算管理的任务仍然很艰巨。纳入财政专户管理的非税收入虽然名义上接受财政监督，但是财政对其调度十分有限，很难形成可调控的财力。

4. 区域财税政策不均衡影响税收收入

改革开放以来，国家分别实施了东部开放、西部开发、东北振兴的区域发展战略，制定了相应的财税优惠政策，特别是东部地区利用优良的政策环境和优先发展的优势，通过关联交易等手段转移税收，造成河南省税源和税收错位。如外地工业品销售税收向区外加工业的转移，原料初级加工业税收向区外销售地转移，一些企业在外地办分支机构致使税源流失，等等。另外，海外代征税收集中在沿海缴纳，证券交易印花税等在特定地区征收，金融、石化等企业到外省汇总缴纳所得税等不可比因素也影响河南省税收占一般财政预算收入的比重。

3.5.3 优化财政收入结构，提高财政收入质量

1. 优化财政收入结构的思路与目标

从财政收入形成结构的角度说，优化结构就是要提高税收占一般财政预算收入的比重，降低非税收入比重。在清理和规范非税收入、加强综合预算管理的基础上，提高非税收入的可调剂比例，使之形成可支配财力，是优化财政收入结构的重要方面。优化经济结构、转变经济发展方式、提高经济运行质量和效益是提高税收占财政收入比重的根本。结合河南省经济社会发展的实际，在经济结构优化、经济运行质量和经济效益提高的基础上，通过改革与完善财税体制、规范税收与非税、完善和强化税收征管体系，建立税收收入占财政收入比重高、非税收入的可调剂比例高的财政收入结构，应该是优化河南省财政收入结构的目标所在。

2. 优化财政收入结构的对策与建议

第一，加快经济结构调整。通过优化第一产业、提高第二产业、壮大第三产业，解决"农业不优、工业不强、三产不新"的矛盾，努力形成以高新技术产业为先导、以基础产业和制造业为支撑、服务业全面发展的格局。

第二，转变经济发展方式。提高税收占财政收入的比重最终依赖于经济运行质量和经济效益的提高。经济发展质量不高、经济效益低是制约税收增长的主要原因。河南省要从根本上摆脱"高投入、高消耗、高污染、低效益"的困扰，就必须依靠科技进步，提高自主创新能力，节能减排，逐步实现经济增长方式由粗放型向集约型转变，经济发展从要素驱动型增长向创新驱动型增长转变。

第三，运用财税政策促进县域经济发展。一是运用财税政策，优化县域经济发展环境，促进经济发展。财政投入必要的资金，加快公共基础设施建设，优化县域经济发展的

外部环境；建立规范的转移支付制度，积极探索财政横向转移支付制度，有效地缩小地区经济发展差距；运用财税政策支持、引导各地发展，以市场为导向，扬长避短，充分发挥本地资源上的比较优势，确定各自的主导产业。二是加大财税支持力度，积极支持县域民营经济发展。实行国民待遇，为民营经济发展营造公开、公平、公正的财税政策环境。清理和修订限制民营经济发展的法律法规和政策，消除体制性障碍。积极探索财政性资金扶持民营企业发展的方式，如对国家倡导的产业、高科技企业，以财政贴息、国有资本参股等方式鼓励并扶持民间投资。通过贷款担保、贴息等方式，拓展民营企业的融资渠道，引导、聚集社会资本，增强民营企业实力。三是立足本地优势，发展支柱产业，壮大特色经济，做大做强特色优势产业。县域经济要加快发展，就必须培植强势，做亮特色经济。要坚持以市场需求为导向、以产业政策为指导，结合本地资源状况、产业结构、科技水平等因素，大力发展特色项目，培植"人无我有、人有我优、人优我特"的市场"亮点"，坚持走特色化、产业化、规范化道路。

第四，加强和规范非税收入管理。一是分类管理，分流归位。取消不合理的收费项目，如工商部门收取的市场管理费及个体户管理费、制度外收费等。"变费为税"，如将交通方面的养路费、交通运输管理费等合并后，改征燃油税；将环保部门的排污费以及污水处理费等改为环境保护税；等等。规范管理现有非税收入，挖掘有发展前景的非税收入。二是建立和完善非税收入征收、管理与监督体系。建立专门的非税收入征管机构，统一管理模式；规范票据管理，努力做到"以票控费、以票促收"；规范资金管理，加强资金监管；规范监管与统计报告制度，建立健全非税收入稽查机制；完善政策和法律体系，加快法制建设步伐。三是强化部门预算，实行综合预算，逐步把非税收入纳入预算管理。有计划地将非税收入纳入国库或财政专户，通过国库和财政专户两个收支核算体系，覆盖全部非税支活动。强化部门预算，将税收和非税收入有机结合，统筹安排，编制综合财政预算，适时削减财政专户的非税收入规模，按类型分别列入"一般预算"或"基金预算"管理，最终实现非税收入全部缴入国库。

第五，强化税收征管。要强化税收征管责任，抓好重点税源和纳税大户的监督检查。认真清理和取缔不符合国家政策的减免税政策以及到期和过期的税收优惠政策，积极清理和收缴企业欠款、国有资产转让及出售收入。进一步完善纳税申报制度，加快税收网络化信息建设，完善税源监控体系。要加强对重点税种和重点环节的征管工作，如加强对高收入行业、高收入人群的所得税征管，尤其要加强对个体私营经济、规模以下工业企业、外资企业的税收征管力度。

第4章
河南省省级以下财政管理体制

4.1 河南省行政区划与财政机构设置概述

4.1.1 河南省行政区划概述

河南省位于中国中东部，黄河中下游，黄淮海平原西南部。河南省古代辖区位于黄河之南，故名"河南"。2000多年前，河南是中国九州中心的豫州，所以河南简称"豫"，且有"中州"与"中原"之称。河南与河北、山西、陕西、湖北、安徽、山东毗邻。河南省总面积16.7万平方千米，2012年底总人口为10543万人，常住人口为9388万人。

河南辖郑州、开封、洛阳、平顶山、安阳、鹤壁、新乡、焦作、濮阳、许昌、漯河、三门峡、南阳、商丘、信阳、周口、驻马店17个省辖市，济源1个省直管市（现济源市城市行政级别为省直管的副地级市，机构按正厅级配置，享受地级市全部权限，是事实上的地级市），21个县级市，88个县，50个市辖区，1863个乡镇（852个乡、1011个镇），518个街道办事处，3866个居民委员会，47347个村委会。

4.1.2 各级财政机构设置

河南省各级财政机构的设置是财政管理体制的具体表现形式，一般按照统一领导、分级财政的原则，一级政府有一级施政范围，就必须相应地建立一级财政。目前，我国的财政管理机构，分为五级，包括中央、省、市、县（区）、乡。各级财政部门又设置不同业务分工的机构分别负责管理各项业务。

河南省财政厅是河南省省级财政主管部门，根据《中共河南省委河南省人民政府关于印发河南省人民政府机构改革实施意见的通知》（豫文〔2009〕18号）设立，为省政府组成部门，主要职责见表4-1。

表4-1 河南省财政厅职责一览

编 号	职 责
1	拟订全省财税发展战略、规划、政策和改革方案并组织实施，分析预测宏观经济形势，参与制定各项宏观经济政策，提出运用财税政策实施宏观调控和综合平衡社会财力的建议，拟订省与市县、政府与企业、政府与居民的分配政策，完善鼓励公益事业发展的财税政策

续表

编　号	职　责
2	起草全省财政、财务、会计管理的地方性法规、规章草案，组织涉外财政、债务等国际谈判并草签有关协议
3	负责全省财政收支管理工作，承担省级财政收支管理的责任；负责编制年度省级财政预算草案并组织执行，受省政府委托向省人民代表大会报告全省和省级财政预算及其执行情况；负责编制全省年度财政决算草案并向省人大常委会报告；组织制定经费开支标准、定额，负责审核批复部门（单位）的年度预决算；完善转移支付制度
4	负责政府非税收入和政府性基金管理；编制年度省级政府性基金预算草案，汇总年度全省政府性基金预算；管理财政票据；制定彩票管理政策，管理彩票市场，按规定管理彩票资金
5	组织制定全省财政国库管理制度、国库集中收付制度，指导和监督省级国库业务，按规定开展国库现金管理工作；负责制定政府采购制度，编制省级政府采购预算并监督管理
6	负责管理和监督省级行政、政法、教育、科学、文化、体育等支出，拟订行政事业单位财务管理制度和有关经费开支标准
7	负责管理和监督省级农业、林业、水利、扶贫等支出，研究提出支持农业发展的相关政策；负责拟订全省农业综合开发政策和项目、资金、财务管理工作
8	制定促进全省经济发展的财政政策，负责监督管理省级财政经济发展支出；制定全省基本建设财务制度；承担财政投资评审管理工作
9	负责管理和监督省级财政社会保障、就业及医疗卫生支出，会同有关部门拟订社会保障资金（基金）的财务管理制度，编制省级社会保障预算草案
10	起草全省地方性税收立法规划，与省地方税务部门共同上报税收地方性法规、规章草案；在国家规定的权限内，提出地方性税目税率调整和对全省财政影响较大的临时特案减免税的建议；负责全省耕地占用税和契税征收管理
11	负责制定行政事业单位国有资产管理制度，并对执行情况进行监督检查；管理行政事业单位国有资产，制定资产配置标准和相关费用标准，编制省级行政事业单位国有资产购置预算；负责省级事业单位对外投资的审批和监督管理；负责全省财政预算内行政、事业单位和社会团体的非贸易外汇管理
12	负责制定国有资本经营预算制度，编制省级国有资本经营预算，审核和汇总编制全省国有资本经营预决算草案，收取省本级企业国有资本收益，组织实施全省企业财务制度，参与拟订企业国有资产管理相关制度，按规定管理资产评估工作；监督管理公物拍卖
13	研究提出支持服务业发展和促进消费的财政政策；拟订商业流通、粮食、物资、供销企业的财务管理制度；承担有关政策性补贴和专项储备资金财政管理工作
14	承担地方金融类企业国有资产管理的有关工作；拟订地方金融类企业财务管理制度和地方政策性保险有关政策，按规定管理政策性金融业务
15	执行国家政府债务管理的政策和制度，拟订地方性有关政策、制度，负责统一管理政府债务，防范财政风险
16	负责管理全省会计工作，监督和规范会计行为，组织实施国家统一的会计制度，负责审批会计师事务所的设立，指导和监督注册会计师、会计师事务所的业务，指导和管理社会审计

续表

编　号	职　责
17	监督检查财税法规、政策的执行情况，依法查处违法违规行为；反映财政收支管理中的重大问题，提出加强财政管理的政策建议
18	承办省政府交办的其他事项

河南省财政厅共设有办公室、预算处、国库处、税政处等25个内设机构。省财政厅向省辖市派驻6个财政监督检查办事处（见表4－2），财政监督检查办事处由省财政厅直接管理。

表4－2　河南省财政厅财政监督检查办事处管辖范围对照

名　称	监督检查范围
郑州财政监督检查办事处	郑州、开封、商丘
洛阳财政监督检查办事处	洛阳、三门峡、平顶山
焦作财政监督检查办事处	焦作、新乡、济源
安阳财政监督检查办事处	安阳、濮阳、鹤壁
许昌财政监督检查办事处	许昌、漯河、周口
南阳财政监督检查办事处	南阳、驻马店、信阳

各省辖市（含济源市）一般设立市本级财政局，主要负责拟订该市财税发展战略、规划、政策和改革方案并组织实施，分析预测宏观经济形势，参与制定各项宏观经济政策，提出运用财税政策实施宏观调控和综合平衡社会财力的建议，拟订本市与县区、政府与企业、政府与居民的分配政策，完善鼓励公益事业发展的财税政策；负责该市财政收支管理工作，承担市级财政收支管理的责任；负责编制年度市级财政预算草案并组织执行，受市政府委托向市人民代表大会报告全市和市级财政预算及其执行情况；负责编制全市年度财政决算草案并向市人大常委会报告；组织制定经费开支标准、定额，负责审核批复部门的年度预决算；完善转移支付制度等方面的工作；各级财政局下设若干内设机构用于各项职能的执行。

县级市、县（区）财政局是本级人民政府组成部门，负责地方的财政工作，贯彻执行财务制度，按照政策组织财政收入，保证财政支出，管好用活地方的财政资金，促进工农业生产发展和各项事业发展；培训专职财会人员，提高科学理财的素质和企业财务管理水平；严肃财经纪律，提高经济效益；积极开发财源，为振兴地方经济服务。

乡镇财政是我国整个财政体系的基础层级，一般应该设立专门的财政机构用于管理本级政府的财政预算、收支等。但是在取消"农业税"之后，河南省采取了"乡财县管"的基本模式，就是在保持乡镇资金所有权、使用权和审批权不变的前提下，以乡镇为独立核算主体，实行"预算共编、账户统设、集中收支、采购统办、票据统管"的财政管理方式，由县级财政主管部门直接管理并监督乡镇财政收支。

4.1.3　行政区划与财政机构的对应关系

我国的财政管理体制与行政管理层级相对应，有一级政府就有一级财权。行政层次的设置是出于管理的需要，财政层次的设立在考虑到地方公共产品供给规模效益的同时，更加注重为地方政府工作开展提供便利，以及适应先行行政区划的区域管理。财政部门不仅承担着公共产品的支出，而且承担着支持当地经济社会发展的职能，尤其是在保证政府的正常运转和职能的发挥方面。

各级财政部门一般为本级政府的组成部门，财政部门的主要负责同志由本级人大常委会表决任免，副职一般由本级人民政府决定任免。河南省财政厅由省人大常委会预算工作委员会（简称"预算工委"）对口联系，并由预算工委初步审查河南省人民政府提请省人民代表大会及其常委会审议的预算草案、决算草案、预算调整方案和预算执行情况的报告，以及关于省本级财政预算执行和其他财政收支的审计工作报告；各省辖市财政部门也要有本级人民代表大会常委会预算工作委员会对口联系（鹤壁市为财政经济工作委员会代为联系），并履行相关监督、审查职能。

各级政府的财政预算草案、决算草案、预算调整方案和预算执行情况由本级政府的财政部门汇总起草后，报本级政府常务会讨论通过，然后向本级人民代表大会做关于本级总预算草案的报告，并将下一级政府报送备案的预算汇总后报本级人民代表大会常务委员会备案。预算草案由本级人民代表大会全体代表表决通过后，付诸实施。

4.1.4　特殊行政机构的财政体制设置

随着改革开放的不断深入，我国为促进某些特殊区域经济的迅速发展，批准在城市规划区内设立的经济技术开发区、保税区、高新技术产业开发区、国家旅游度假区等实行国家特定优惠政策。在开发区范围内，设有相应的管理委员会、投资公司，以投入资金，对本辖区进行开发、建设，具备政府职能部门的性质，其主要管理人员一般是当地政府行政管理的高层人员。截至目前，河南省现有国家级经济技术开发区 7 个，分别是郑州经济技术开发区、漯河经济技术开发区、开封经济技术开发区、鹤壁经济技术开发区、许昌经济技术开发区、洛阳经济技术开发区、新乡经济技术开发区；高新技术产业开发区 5 个，分别是郑州高新技术产业开发区、洛阳高新技术产业开发区、安阳高新技术产业开发区、南阳高新技术产业开发区、新乡国家高新技术产业开发区；保税区只有郑州新郑综合保税区一个。国家级开发区设立一级财政，可以组织税收和编制、实施财政预算，相应地制定特殊的区域管理的规范性文件，实现依法治区。

由于开发区是改革开放以后的新生事物，其主体功能定位特殊，管委会与其他市辖区政府、市直部门的行政属性也不尽相同。在这种背景和前提下，开发区财政工作有着自身的特质，具体如下。

第一，成立新，负担轻。开发区管委会与一般的行政区相比，组织架构和人员配备都非常精简，因为成立时间短，所以也很少存在"历史遗留问题"，财政负担较轻。

第二，事务少，目的强。开发区管委会承担的社会发展事务较少，开发区财政局与其他县区财政相比，在民生、教育、医疗、"三农"等方面基本没有涉及，其工作目标非常明确和单一，就是贯彻落实好上级政策，运用财政手段保障区内产业发展和重点项目建设。

第三，创新多，机制活。上级主管部门在人事、薪酬、审批权限等方面赋予了开发区管委会一定的创新灵活机制，财政部门能够立足于本地实际，统筹规划一套有利于队伍建设、项目推进和工作开展的财政供给与管理机制。

第四，政策优，领增长。开发区筹建时期以上级财政投入为主，地方政府为了招商引资、支持产业项目发展，制定出台了一系列优惠政策，对开发区内的税源企业进行重点培植，为以后拉动地方经济增长、带动产业转型升级打下坚实基础。

4.2　各级地方政府职能与公共产品供给

4.2.1　各级政府法定职权分析

所谓政府职权，就是行政主体依法拥有的在本地区实施行政管理活动的资格及其权能。政府职权的特征表现为法定性、国家意志性、专属性、不可处分性、单方性和优益性。各级政府在法定职权范围内，应充分行使管理本地区社会事务的行政职能，做到既不失职，又不越权，更不能非法侵犯公民的合法权益。根据《中华人民共和国地方各级人民代表大会和地方各级人民政府组织法》（简称《地方组织法》）第59条的规定，县级以上的地方各级人民政府可行使表4-3中所列职权。

表4-3　《地方组织法》规定县级以上的地方各级人民政府可行使职权一览

编　号	职　权
1	执行本级人民代表大会及其常务委员会的决议，以及上级国家行政机关的决定和命令，规定行政措施，发布决定和命令
2	领导所属各工作部门和下级人民政府的工作
3	改变或者撤销所属各工作部门的不适当的命令、指示和下级人民政府的不适当的决定、命令
4	依照法律的规定任免、培训、考核和奖惩国家行政机关工作人员
5	执行国民经济和社会发展计划、预算，管理本行政区域内的经济、教育、科学、文化、卫生、体育事业、环境和资源保护、城乡建设事业和财政、民政、公安、民族事务、司法行政、监察、计划生育等行政工作
6	保护社会主义的全民所有的财产和劳动群众集体所有的财产，保护公民私人所有的合法财产，维护社会秩序，保障公民的人身权利、民主权利和其他权利
7	保护各种经济组织的合法权益
8	保障少数民族的权利和尊重少数民族的风俗习惯，帮助本行政区域内各少数民族聚居的地方依照宪法和法律实行区域自治，帮助各少数民族发展政治、经济和文化的建设事业
9	保障宪法和法律赋予妇女的男女平等、同工同酬和婚姻自由等各项权利
10	办理上级国家行政机关交办的其他事项

粗略归纳《地方组织法》第 59 条关于地方各级人民政府的 10 项职权内容，可大体将其分为以下几个部分：执行权、命令权、监督权、任免权、撤销权、管理权、保护权，以及其他职权。

4.2.2　政府对本级财政部门的管理职权

按照《中华人民共和国预算法》的规定，地方各级人民代表大会、人民政府和财政部门在预算管理中承担着各自不同的职责。

地方各级人民代表大会拥有的预算管理职权是：审查本级总预算草案及本级总预算执行情况的报告；批准本级预算和本级预算执行情况的报告；改变或撤销本级人民代表大会常务委员会关于预算、决算的不适当决议；撤销本级政府关于预算、决算的不适当决定和命令。

地方各级人民代表大会常务委员会拥有的预算管理职权是：监督本级总预算的执行；审查和批准本级预算的调整方案；审查和批准本级政府决算；撤销本级政府关于预算、决算的不适当决定和命令；撤销下一级人民代表大会及其常务委员会关于预算、决算的不适当决定和命令。

地方各级人民政府拥有的预算管理职权是：编制本级预算、决算草案；向本级人民代表大会做关于本级总预算草案的报告；将下一级政府报送备案的预算汇总后报本级人民代表大会常务委员会备案；组织本级总预算的执行；决定本级预算预备费的动用；编制本级预算的调整方案；监督本级和下级政府各部门关于预算、决算的不适当决定、命令；向本级人民代表大会及其常务委员会报告本级总预算的执行情况。

地方各级政府财政部门拥有的预算管理职权是：具体编制本级预算、决算草案；具体组织本级总预算的执行；提出本级预算预备费动用方案；具体编制本级预算的调整方案；定期向本级政府和上一级政府财政部门报告本级总预算的执行情况。

4.2.3　一般公共产品基本概述和分类

公共产品与私人产品对应，是指具有消费或使用上的非竞争性和受益上的非排他性产品，亦被称为"公共财货""公共物品"。其特点是一些人对这一产品的消费不会影响另一些人对它的消费，具有非竞争性；某些人对这一产品的利用，不会排斥另一些人对它的利用，具有非排他性。公共产品一般由政府或社会团体提供。

公共产品可分为纯公共产品和准公共产品（即混合品）两类。纯公共产品是指那些为整个社会共同消费的产品。严格地讲，它是在消费过程中具有非竞争性和非排他性的产品，是任何一个人对该产品的消费都不减少别人对它进行同样消费的物品或劳务。纯公共产品还具有非分割性，它的消费是在保持其完整性的前提下，由众多的消费者共同享用的。纯公共产品不仅包括物质产品，而且包括各种公共服务。所以，有时把公共产品与劳务连在一起来看，除可供公共消费的物质产品外，政府为市场提供的服务，包括政府的行政和事业方面的服务，也是公共产品。这就是说，广义的公共产品既包括有形的公共产品，又包括无形的公共产品。纯公共产品一般由政府提供。准公共产品通常只具备非竞争性和非排他性两个特性的一个，而另一个则表现为不充分性。纯公共产品的范围是比较狭小的，但准公共产品的范围较宽，如教育、文化、广播、电视、医院、应用科学研究、体育、公路、农林技术推广等方面的事业单位，其向社会提供的产品或服务属于准公共产品。此外，实行企业化核算的自来水、供电、邮政、市政建设、铁路、港口、码头、城市公共交通等产品或服务，也属于准公共产品的范围。准公共产品一般由准公共组织提供，也可以由私人提供。

4.2.4 河南省各级政府提供公共产品情况

财政是提供公共产品的基本途径，当前我国正在加快建设公共财政，就是为满足社会对公共产品的需要而进行的。财政运行机制表现为国家以社会和经济管理者身份参与社会分配，并将收入用于政府公共活动支出，为社会提供公共产品和公共服务，以保障和改善民生，保证国家机器正常运转，维护国家安全和社会秩序，促进经济社会协调发展。

地方性公共产品是指受益范围局限于或主要局限于特定区域，只用于满足某一区域的公共产品，如城市的公安消防、图书馆、路灯、公园、水电气等。地方性公共产品具有以下三个方面的基本特征：一是地方性公共产品的收益范围基本上限制在本辖区之内；二是地方性公共产品主要由辖区的地方政府负责提供；三是本地区的所有居民都可以从中受益。

按照产品功能和特征的不同，可将地方性公共产品划分为地方社会管理、基础设施、地方社会服务和文化与传播媒介四大类，如表4-4所示。

表4-4 常见的地方性公共产品

类 别	地方性公共产品
地方社会管理	公共秩序、公共安全、公共规制等
基础设施	道路、交通、电力、电信、自来水、下水道、路灯、煤气管道等
地方社会服务	基础教育、医疗卫生、社会保障与社会福利、气象预报、消防等
文化与传播媒介	广播、电视、报纸、杂志、图书馆、博物馆、文物与文化遗产发掘等

资料来源：孙开《地方财政学》，经济科学出版社，2002，第36~38页。

4.3 河南省财政系统管理体制综述

4.3.1 河南省财政管理体制历史沿革

财政管理体制规范和处理的是各级政府之间的财政关系，河南省包括县乡在内的财政管理体制历经多次比较大的变革，实行过多种体制形式，大体上有六个典型时期。

从1950年初起，我国实行的是统收统支型财政管理体制，主要特征是中央财政具有全部财政资金管理权限，河南省财政作为中央的报账单位，代理中央财政组织收入，收入征缴后一律上缴中央金库，地方所需支出由中央统一核报，没有中央的支付命令，地方不得动用财政资金。这是一种高度集权型的财政管理体制，在这种体制下，各级地方财政并不是一级真正意义上的财政主体，也没有真正意义上的地方经济利益，地方经济利益完全服务于中央的利益。这种高度集权型的财政管理体制对集中全国财力平衡财政收支、稳定物价、渡过新中国成立初期的困难局面起到了重要作用。但是在这种体制下，地方无任何财权财力可言，完全成为中央的派出机构和报账单位，对地方积极性的发挥极为不利，可以说这种体制是一种在特定历史时期实行的特殊类型的财政管理体制。

1953 年，我国开始实行第一个五年计划，全国采取统一领导分级管理体制。其体制类型依旧属于统一领导、分级管理的类型，没有发生根本性变化。这一时期，主要财政政策、财政制度和财政计划由中央制定，实行统一领导，主要财政资金管理权限集中在中央，河南各级地方财政虽然在形式上是一级财政主体，但由于其财政管理权限很小，并不能构成一级独立的财政主体，地方财政收入指标由中央下达，作为任务地方必须完成。因此，在这种体制下地方财政并不是一级真正意义上的独立财政主体。

1978 年，我国开始实行经济体制改革，改革初期的基本思路是放权让利，采取划分收支分级包干体制，财政通俗地称这种体制为"分灶吃饭"体制。在这一时期，以行政隶属关系为基本标准，明确划分中央财政与地方财政各自的收入，原则上，中央企业收入、关税收入等属于中央固定收入；地方企业收入、农牧业税、盐税及地方税为地方固定收入，工商税则为调剂收入。在支出方面，根据中央财政与地方财政各自的事权确定支出划分，国防经费、对外援助经费、中央级的基本建设、中央行政管理费、中央科教文卫经费等由中央财政支出；地方基本建设、地方行政管理、地方科教文卫经费等由地方财政支出。河南省各级地方财政开始向一级独立的财政主体过渡，但尚未真正成为一级独立的财政主体，这种财政体制还不是一种规范化的分级财政体制。

党的十四大提出建立社会主义市场经济体制之后，经济体制改革进入全新阶段，1994 年，在全国范围内开始实行分级财政的财政管理体制，简称"分税制"改革。在一级政权一级财权的原则下，财政管理体制完全实行分级，河南省各级政府负责本地行政管理、公共安全、基本建设、城市维护和建设、文化教育卫生等地方性公共事务。收入划分实行分税制，将收入划分为中央固定收入、地方固定收入、中央与地方共享收入，中央收入一律进入中央金库，地方收入进入地方金库，中央与地方共享收入按一定标准共享。

为更好地适应中国特色社会主义市场经济建设，我国不断完善"分税制"财政管理体制。尤其是 2000 年，为适应农村税费改革的新形势，促进县、乡经济社会的协调发展，财政部印发了《改革和完善农村税费改革试点县、乡财政管理体制的指导性意见》，要求：地方明确划分县、乡政府的财政支出责任，合理调整支出范围；精简机构、压缩人员，减少不合理开支；实行分级管理的分税制财政管理体制，明确收入归属；建立规范性的转移支付制度。近段时期，为了解决县、乡财政困难，河南省开始探索实施"省管县"和"乡财县管"财政体制，通过财政体制的"扁平化"带动行政体制的"扁平化"，形成分税分级在省以下的实质性贯彻。

2013 年 8 月 1 日起，河南省正式开展"营改增"试点工作，主要涉及交通运输业（不包括铁路运输）、研发和技术服务行业、信息技术服务行业等，改变以往第二、第三产业征收税制不同的问题，打通了第二、第三产业的增值税抵扣链条，实现了由"道道征收、全额征收"向"环环抵扣、增值征收"的转变，解决了重复征税的问题，各级地方政府的主体税种面临重新构建，省级以下政府财权和事权需要重新界定。

4.3.2 河南省预算编制管理体系

政府预算是指经法定程序审核批准的具有法律效力的政府年度财政收支计划。我国实行一级政府一级预算，各级政府编制本级预算草案，并由同级人民代表大会批准后执行。政府各类收入反映了政府以行政权力和国有资产所有者身份集中社会资源的规模和份额，都应纳入政府预算体系管理，完整的政府预算体系包括公共财政预算、国有资本经营预算、政府性基金预算，以及社会保障预算（见图 4 - 1）。

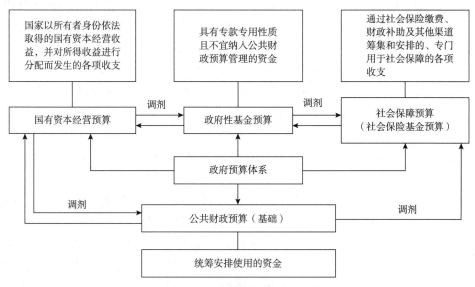

图 4 - 1　政府预算体系

预算编制采取一个部门一本预算方式编制，即与财政部门直接发生预算缴款与拨款关系的国家机关、社会团体和其他单位，依据国家有关法律、法规规定及其履行职能的需要编制的本部门年度收支计划。省级部门预算编制程序实行"二上二下"（见图 4 - 2）。"一上"是指省级部门编报部门预算建议数：由各部门组织所属预算单位编报非税收入、人员支出和公用支出预算建议，并结合省财政厅下达的项目支出申报建议规模，提出本部门项目支出预算建议，报省财政厅。"一下"是指财政部门下达切块限额：省财政厅审核汇总各部门预算建议数，下达部门非税收入预算和基本支出核定数后，向省政府提交一般预算项目资金分口切块限额和政府性基金等非税收支规模。经省政府常务会议研究确定后，下达至相关部门。"二上"是指省直部门上报部门预算：各部门按照省财政厅下达的非税收入预算、基本支出核定数和主管副省长对本部门项目资金安排意见，调整编制本部门收支预算建议，送省财政厅审核汇总。"二下"是指财政部门批复部门预算：省财政厅提出省级预算草案，报省政府审定和省人大预工委初审后，提交省人民代表大会审议，在省人民代表大会批准省级财政预算草案一个月内，将部门预算批复到各部门，各部门批复所属各单位的预算，并负责具体执行。

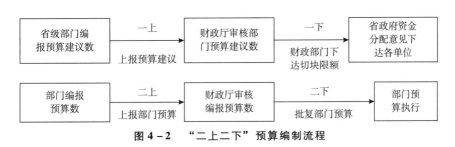

图 4-2 "二上二下"预算编制流程

为进一步提高预算编制的科学性，自 2013 年起，省级部门预算安排的项目分为部门预算规模内项目、财政临时项目、部门参与分配项目、财政代管项目。其中，部门预算规模内项目相对稳定，每年由部门进行清理调整；财政临时项目每年由省财政厅清理调整。部门预算批复增加财政临时项目，剔除部门参与分配项目，压缩财政代管项目规模，进一步缩小预决算差距。

4.3.3 河南省预算执行管理方式

预算执行管理是财政管理的重要组成部分，是预算实施的关键环节。预算执行的管理水平，直接关系到省委、省政府重大方针政策的贯彻落实，关系到各项财政政策实施的效果，关系到财政资金使用效益的提高。

近年来，按照建立中国特色公共财政体系的要求，通过体制、机制和制度创新，河南省的预算执行管理发生了根本性变化，逐步构建起中国特色现代财政国库管理体系，涵盖了国库集中收付、国库现金管理、政府采购管理、预算执行情况报告、政府会计核算管理及财政国库动态监控等诸多方面，并形成相互促进的有机整体，预算支出的及时性和均衡性明显提高，为加强和完善财政管理、贯彻落实财税政策、实施宏观调控提供了有效手段和坚强保障。

2003 年，河南省启动国库管理制度改革，建立以国库单一账户体系为基础、资金缴拨以国库集中收付为主要形式的财政国库管理制度。截至 2012 年底，所有省级部门及所属 1800 多个基层预算单位实施了国库集中支付制度改革；省、市、县级实行国库集中支付改革的预算单位有 3.3 万多个；改革的资金范围涵盖公共财政预算资金、政府性基金、国有资本经营预算资金、财政专户管理资金（见图 4-3）。

在非税收入国库集中收缴改革方面，省本级和所有市县实施了非税收入收缴改革，改

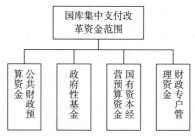

图 4 - 3　国库集中支付改革资金范围

革的资金范围扩大到行政事业性收费、政府性基金收入、专项收入、罚没收入、国有资源（产）有偿使用收入、国有资本经营收入及其他收入七大类（见图 4 - 4）。

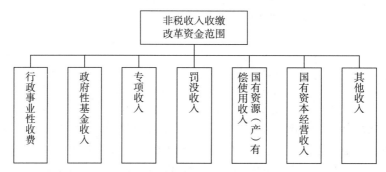

图 4 - 4　非税收入收缴改革资金范围

在国库集中收付制度改革基础上，河南省通过动态监控系统，对所有财政性资金收付全过程相关信息进行监测、判断、核实、处理，及时纠正预算执行偏差，保障财政资金安全、规范、有效，以达到纠偏、警示、威慑的目的。截至 2012 年底，省本级、18 个省辖市本级和 164 个县区（含开发区）已经开展预算执行动态监控工作，比 2011 年增加 6 个省辖市和 117 个县区，基本建立了覆盖全省各级财政的动态监控机制，保障了各项资金安全运行，取得了良好成效。

4.3.4　河南省政府采购管理方式

1999 年，河南省开始进行政府采购制度改革试点，先后制定了政府采购运行规程、政府采购预算管理办法、合同管理办法、供应商投诉处理规程、规范政府采购相关人行为和监督员制度等 30 多项制度规范，初步形成了全省政府采购法规制度体系，为监督管理部门依法行政奠定了基础，使当事人参与政府采购活动做到有法可依。

从采购品目看，已涉及货物、工程和服务三大类 70 多个品目；从采购资金看，已涵盖部门预算资金、中央和省级补助资金、自筹资金等多个方面；从纵深程度看，已深入省、市、县三级国家机关、事业单位和社会团体。

为推动河南省政府采购工作的"科学化、规范化和现代化"，从 2003 年开始，河南省探索搭建全省电子化政府采购平台。目前，全省 18 个省辖市和大部分县（市、区）基本实现了电子化。电子化政府采购工作对提高河南省政府采购监督管理水平和效率、减少人为影响因素、规范政府采购行为起到了重要作用。

随着政府采购制度改革的不断深化，政府采购在支持环境保护、自主创新以及企业发展等方面发挥的作用日益显现。2009 年，河南省研究出台了《关于政府采购支持企业发展的实施意见》，采取七项政府采购措施，扶持和促进河南省企业发展；2011 年研究制定了《河南省政府采购信用担保试点工作实施方案》，将信用担保引入政府采购活动，帮助中小企业拓展融资渠道；2012 年，联合七部门研究制定了《落实政府采购政策促进企业发展的若干措施》，促进企业发展，服务于中原经济区建设。

4.3.5　河南省行政事业单位财务会计管理

为进一步规范行政事业单位财务活动，确保其更好地履行职能，河南省采取积极措施，确保各项准则制度的贯彻落实。一是加强医院和基层医疗卫生机构会计制度建设。《基层医疗卫生机构会计制度》自 2011 年 7 月 1 日起实施，《医院会计制度》自 2012 年 1 月 1 日起实施。在认真做好宣传贯彻工作的同时，省财政厅与省卫生厅共同制定了《关于贯彻执行新医院财务会计制度的补充规定》（豫财会〔2011〕41号）。二是深入开展会计基础检查工作。连续两年对全省国家机关、事业单位的会计基础工作开展全面检查。针对检查中发现的问题督促各相关单位进行整改。通过检查，河南省进一步加强了行政事业单位会计基础工作规范化建设，对进一步提高会计工作水平起到了积极作用。三是贯彻落实财政部新出台的各项财务会计制度。2012 年，财政部陆续出台了一系列制度办法，其中，修订后的《事业单位财务规则》自 2012 年 4 月 1 日起施行；《行政单位财务规则》以及修订后的《事业单位会计准则》《事业单位会计制度》自 2013 年 1 月 1 日起施行；《行政事业单位内部控制规范（试行）》也于 2014 年 1 月 1 日起施行。省财政厅将采取积极措施，稳步促进相关法规制度的贯彻落实。

4.3.6　河南省财政监督体系

目前，河南省财政监督专职机构分省级财政监督机构和市县财政监督机构两大类。省级财政监督机构包括省财政厅监督检查局和省财政厅派出各省辖市、有关县（市）的 6个财政监督检查办事处（见图 4 - 5）。

省财政厅监督检查局负责拟订财政监督检查的政策和制度，统一组织全省财税法规、政策和资金、账户等财政财务管理制度执行情况的监督检查，依法纠正和查处违反财政、财务、会计方面法律、法规、制度的行为，并指导财政监督检查处的业务工作。各监督检查处负责监督检查各省辖市有关部门和单位执行国家财税法律、法规和方针、政策的情况，涉及省级财政预算的执行情况，应缴省级财政的非税收入和政府性基金入库情况，省级财政专项资金的管理和使用情况，等等。地方财政监督机构包括市县各级财政部门的监督机构和派出机构。各级财政监督机构及其派出机构向同级人民政府负责，并接受上级财政部门的业务指导。

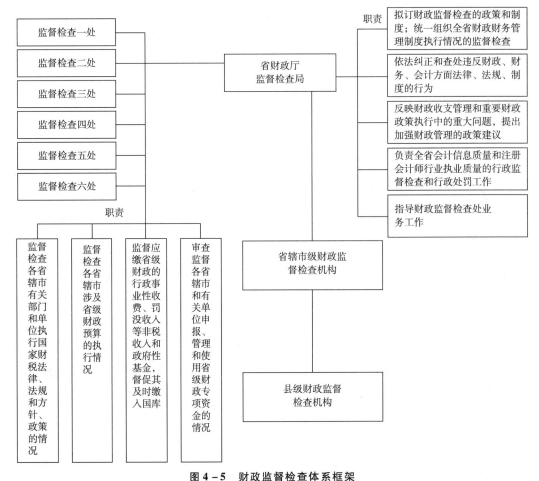

图 4 - 5　财政监督检查体系框架

4.4　河南省财政体制改革

4.4.1　营改增试点

随着我国工业化的深入推进，在现行税制的整体框架中，营业税与增值税并存导致的问题日益凸显，严重制约了产业的分工细化、服务业的发展以及企业的转型升级。2011年 10 月 26 日，国务院常务会议决定从 2012 年起在部分地区和行业开展深化增值税制度改革试点，逐步将目前征收营业税的行业改为征收增值税。这是国家继 1994 年分税制改革、2009 年增值税转型改革之后，又一次重大的税制改革，其意义和作用在于从制度上解决营业税制下重复征税问题，从而推进生产专业化分工、促进中小企业和现代服务业发展、加快经济发展方式转变和产业结构调整。

从 2013 年 8 月 1 日起，河南省正式开展营改增试点工作，包括交通运输业和部分现代服务业两部分。其中，交通运输业包括陆路运输服务、水路运输服务、航空运输服务和管道运输服务，部分现代服务业包括研发和技术服务、信息技术服务、文化创意服务、物流辅助服务、有形动产租赁服务和鉴证咨询服务，简称"1＋6"行业。在现行增值税17%标准税率和13%低税率基础上，新增11%和6%两档低税率。其中，交通运输业适用11%；试点现代服务业中，有形动产租赁服务适用17%，其他适用6%；增值税小规模纳税人征收率为3%；服务贸易进口在国内环节征收增值税，对特定服务出口实行免税制度或零税率。试点纳税人原享受的营业税优惠政策仍可延续，对部分营业税减免税优惠调整为即征即退，但对于通过改革能够解决的重复征税问题，予以取消；试点期间，针对具体情况采取适当的过渡政策。"1＋6"行业纳税人营改增后，按属地管理的原则，征管业务整体移交国税，由国税部门负责征收管理。营改增试点期间，保持现行财政体制基本稳定，原归属试点地区的营业税收入，改征增值税后仍归属试点地区，税款按原级次划分分别入库；因试点产生的财政减收，按现行财政体制由中央和地方分别负担。

4.4.2　"省直管县"和"乡财县管"改革

河南省积极创新省以下财政管理方式，推进了"省直管县"和"乡财县管"改革，并着力保障县级基本财力。"省直管县"是指在政府间收支划分、转移支付、资金往来、预决算、年终结算等方面，省财政与市、县财政直接联系，开展相关业务工作。推进"省直管县"财政管理方式改革，有利于减少财政管理级次，降低行政成本，推动城乡共同发展。目前，河南省24个市县实行了"省直管县"财政管理方式改革，占全部市县总数的22.2%。"乡财县管"是指以乡镇为独立核算主体，由县级财政部门直接管理并监督乡镇财政收支，实行县乡"预算共编、账户统设、集中收支、采购统办、票据统管"的财政管理方式。实行"乡财县管"改革，在坚持乡镇"三权"不变（预算管理权不变、资金所有权和使用权不变、财务审批权不变）的前提下，实施综合财政预算，集中和加强了乡镇收入管理，控制和约束了乡镇支出需求，统一和规范了乡镇财务核算，遏制和缩减了乡镇债务规模，提高了县乡财政管理水平。推进乡财县管改革，有利于减轻农民负担，巩固农村税费改革的成果；有利于缓解乡镇财政困难，推动乡镇政府职能转变。截至2012年底，对1883个乡镇实行了"乡财县管"，覆盖面达到97.4%。

县乡基层政府处于行政架构的末端，承担着提供辖区内基本公共服务的重要职责，对其履行职责所需的基本财力必须予以保障。按照党中央、国务院的要求和部署，为增强基层政府公共服务的能力，财政部决定从2009年起逐步建立县级基本财力保障机制。县级基本财力保障机制以实现"保工资、保运转、保民生"为目标，保障基层政府实施公共管理、提供基本公共服务以及落实党中央、国务院和省委、省政府各项民生政策的基本财力需要。

为缩小地区间财力差距，逐步实现基本公共服务均等化，促进区域协调发展，河南省从2007年起就建立了县级基本财力保障机制。对市县均衡性转移支付的分配分别按两部分测算：一是确保各级机关事业单位职工工资发放、机构正常运转和其他必要专项支出的"基本支出保障转移支付"；二是逐步实现地区间基本公共服务均等化的"基本公共服务均等化转移支付"。均衡性转移支付资金优先保证基本支出需要，然后用于基本公共服务均等化。2011 年，省财政进一步改进和完善了转移支付办法，实行"两补两奖"：一是县级基本财力保障补助，帮助县市达到最低保障水平；二是公共服务均等化补助，缩小县市之间公共服务差距；三是对控制财政供养人员进行奖励，引导县市增强自我约束；四是对保障基本支出进行奖励，鼓励县市优化支出结构。

2012 年，省财政多管齐下，采取了加大财力性转移支付和津补贴补助倾斜力度、优先安排专项补助、建立月报监控制度等多项有效措施。各缺口县（市、区）在统筹用好上级补助资金的同时，积极调整支出结构、努力加强资金管理，着力加大基本保障支出力度。经全省各级财政共同努力，据 2012 年收支快报数据测算，河南省全部弥补基本财力保障支出缺口 74.2 亿元，完成了消化全部缺口县的目标任务。

4.5 推进"三区"发展的政策措施

4.5.1 关于国家粮食生产核心区

为加快河南省国家粮食生产核心区建设，对照《河南省人民政府办公厅关于河南粮食生产核心区建设规划的实施意见》（豫政办〔2010〕114 号），省财政部门不断加大财政对"三农"的投入力度，建立健全"三农"投入稳定增长机制和支农惠农强农政策支持体系，有力地促进了农业生产、农民增收和农村社会事业全面发展。

一是支持高标准粮田"百千万工程"建设。省财政厅研究制定了《河南省人民政府关于支持高标准粮田建设的指导意见》，积极协调，有效统筹整合各类资金，集中用于高标准粮田建设，共筹措安排相关专项资金 122.2 亿元，项目完成后可新增旱涝保收高标准粮田 621 万亩。

二是支持现代农业产业集群发展。省财政厅研究制定了财政支持农业产业化集群发展的实施意见，统筹整合相关财政资金 80 亿元，提升农业产业化经营水平，带动农民增收。

三是推进农业综合开发中低产田改造。改造 203 万亩中低产田，项目总投资 23.4 亿元，其中，财政投资 19.12 亿元，农民群众筹资投劳 3.8 亿元，整合统筹其他资金 3554 万元，初步建成一批高标准粮田"百千万工程"。编制了《河南省农业综合开发高标准粮田建设规划（2012～2020 年)》，规划到 2020 年，基本完成河南粮食生产核心区中低产田改造和高标准农田建设任务，为实现全省 1300 亿斤粮食生产能力的目标提供支撑。

四是加大对农产品生产大县的奖励力度。对 109 个产粮大县（市、区）、52 个产油大县、61 个生猪调出大县奖励 39.2 亿元，增长 73.7%，调动了农产品主产区政府发展农业生产的积极性。

4.5.2 关于中原经济区

为深入贯彻落实《国务院关于支持河南省加快建设中原经济区的指导意见》（国发〔2011〕32 号），根据国家现行税收法律法规及有关政策规定，河南省财政厅按照中原经济区十大领域，分类整理出"不以牺牲农业和粮食、生态和环境为代价的'三化'（工业化、城镇化和农业现代化）协调发展"的 100 条现行税收优惠政策，详见《河南省财政厅关于印发促进中原经济区建设若干税收优惠政策规定的通知》（豫财税政〔2012〕6号）。

4.5.3　关于郑州航空港经济综合实验区

2013 年 3 月 7 日，国务院正式批复了《郑州航空港经济综合实验区发展规划（2013～2025 年)》。这是全国首个上升为国家战略的航空港经济发展先行区。规划中明确提到，实验区的有关财税支持政策由财政部牵头进行专题研究。截至目前，相关的优惠政策正在调研制定。

4.6　小结

财政是国家治理的基础和重要支柱，科学的财税体制是优化资源配置、维护市场统一、促进社会公平、实现国家长治久安的制度保障。在社会主义市场经济下，财政具有资源配置、收入分配、调控经济和监督管理等职能。党的十八大关于社会主义经济建设、政治建设、文化建设、社会建设、生态文明建设等方面的重大部署，以及实现全面建成小康社会和全面深化改革开放的目标，都与财政工作密切相关，对更好地发挥财税政策作用、优化财政支出结构、增强财政保障能力、加强财政管理等提出了新的更高要求，并明确提出要加快改革财税体制，健全中央和地方财力与事权相匹配的体制，完善促进基本公共服务均等化和主体功能区建设的公共财政体系，构建地方税体系，形成有利于结构优化、社会公平的税收制度。建立公共资源出让收益合理共享机制。党的十八届三中全会再次强调深化财税体制改革，必须完善立法、明确事权、改革税制、稳定税负、透明预算、提高效率，建立现代财政制度，发挥中央和地方两个积极性。要改进预算管理制度，完善一般性转移支付增长机制，完善税收制度，建立事权和支出责任相适应的制度，保持现有中央和地方财力格局总体稳定，结合税制改革，考虑税种属性，进一步理顺中央和地方收入划分。

1994 年以来，河南省按照分税制的要求，结合省内实际划分并逐步完善了省级以下各级政府的收支范围，建立了较为规范的省对下转移支付体系。同时，积极推进"省直管县"财政管理体制改革，不断探索创新财政管理方式。实施分税制以来，河南省省级以下财政体制主要经历了 2004 年、2009 年两次比较大的调整。目前，省级收入主要包括：卷烟企业和小浪底水库增值税 25% 的部分，铁路客运专线公司、高速公路公司的营业税和企业所得税，国有重点煤炭企业、烟草和跨地区经营企业的企业所得税。非税收入则主要按征收部门的隶属关系和预算级次来划分。2005 年以来，省级公共财政收入占全省的比例均在 9% 以下，2012 年为 6.1%。另外，省对市县部分收入实行增量分成，其中，增值税、营业税、个人所得税、耕地占用税、罚没收入、社会抚养费收入省级分成比例为 20%，企业所得税为 15%，资源税为 30%。

目前，河南省财政体制正处在深刻的变革期，为进一步适应中央关于深化财政财税体制改革的要求，结合河南正处于爬坡过坎、转型升级关键阶段的实际，以及提出打造富强河南、文明河南、平安河南、美丽河南"四个河南"和推进社会主义民主政治制度建设、加强和提高党的执政能力制度建设"两项建设"的工作安排，河南省财政体制将根据中央和省里的安排部署，充分发挥调控职能作用，在稳增长、促转型、破瓶颈、惠民生等方面积极作为，落实好、完善好财政政策，进一步强化导向作用，提升保障水平，集中财力支持国家粮食生产核心区、中原经济区、郑州航空港经济综合实验区建设，为实现中原崛起、河南振兴做出新的更大贡献。

第 5 章
财政管理体制改革专题

5.1 财政管理体制改革的理论依据

财政管理体制有广义和狭义两种含义，广义的财政管理体制包括预算管理体制、税收管理体制和财务管理体制等，狭义的财政管理体制仅指预算管理体制。预算管理体制是确定中央政府与地方政府以及地方各级政府之间各级预算管理的职责权限和预算收支范围的一项根本制度，它是财政管理体制的重要组成部分。在实际工作中，提到的财政体制一般是指预算管理体制。预算管理体制的核心问题是各级政府之间的收支划分。因此，财政体制改革的理论依据问题就是理论界对财政分权或分级财政问题的理论思考。

5.1.1 西方财政分权理论概述

财政分权理论的研究大致可分为传统财政分权理论和新一代财政分权理论。

传统财政分权理论的核心是解决公共品的供给效率，其理论可以上溯到 20 世纪 40 ~ 50 年代，并有两个主要的思想来源。一是哈耶克的"知识分散性理论"。该理论认为，知识的分散性、个体性和主观性客观上要求决策权与知识对称分布，相对于中央政府，地方政府具有获得公共产品知识的明显优势，因此把管理公共品供给和相应的财权下放给地方政府，就能提高社会福利，除非某种公共品有很大的地区间溢出效应。二是蒂布特的"用脚投票"理论。该理论强调居民通过"用脚投票"显示偏好，并在不同地区之间进行最符合其偏好的"公共服务 – 税收"组合的"财政选择"，这种"准市场"方式可以促使地方政府进行类似于市场竞争的辖区间竞争，从而成为解决政府税收、公共品供给与居民偏好相匹配的基本机制。

由此可以看出，传统财政分权理论是福利经济学的一个延伸，主要关注在既定政治制度下公共物品和服务（分层次）提供的均衡条件问题，虽然这一分权理论存在着许多现实中不可能实现的假设约束条件，但对财政体制改革的指导意义在于其从公共物品提供效率的角度探讨了政府间财政分权的必要性问题。同时，传统财政分权理论的基本思想是："财政分权 – 地方政府信息优势 – 辖区间竞争 – 政府质量改善。"在这一理论框架中，政府被看成一个"黑匣子"，由于假设政府是一个仁慈的政府，所以政府会如公众所愿，有效地提供所需的公共物品和服务。因此，这一理论忽略了对政治基础和官员激励机制的研究，使其对现实财政体制的指导作用大打折扣。

新一代财政分权理论主要是主张"市场维护型的财政联邦主义"（market preserving federalism），其主要观点是：一个国家的政治系统以市场机制的高效率为基础，利用合理的政府治理结构所确定的激励机制使中央政府和地方政府的职责（财权和事权）得以明确，使政府成为市场机制的维护者，以此保证并维护良好的市场机制，从而增加社会福利水平。在他们看来，中央政府具有天然的掠夺和干预主义倾向，中央向地方分权并由此在地方上制造出多个可供选择的权力中心，所以制衡中央政府就成为必要；而且多个权力中心的存在使得流动性要素所有者能够真正获得类似于市场的退出权，从而引发辖区间竞争，进而限制了地方政府的掠夺性行为。因此，其政策含义是：制度化地确立中央和地方的财权和事权、制度化地确保地方自主权，使各级政府都面临硬预算约束。其经济效果就是产生了政府之间的竞争，各级政府都成为相对独立的利益主体。

5.1.2　我国理论界对财政分权的思考

我国理论界对财政分权理论的思考是从对计划经济条件下财政体制问题的思考开始的。吴敬琏认为，在计划经济下，中央与地方的分权只是行政性分权，而在市场化改革过程中，分权应该是经济性分权。他认为，行政性分权是在"放权让利"和"调动积极性"的思想指导下进行的，其理论依据不是稀缺资源的有效配置理论，因此，它难以从根本上解决财政体制带来的各种问题。[①] 财政学界透过中西比较，对行政性分权做出了进一步解释。孙开注意到地方财政的利益主体地位受忽略的问题，他认为，在计划经济下，财政体制历经多次变化，但仍然维持了以中央统一领导为主的基本格局，地方财政是作为中央财政计划的执行单位来加以考虑和设置的，其本来应有的利益主体地位不受重视，缺乏自主理财的基本条件。这样，财政的分级只是表面的，其实质是高度集权的。[②] 张馨将中国的传统的财政体制理论概括为"体制原则论"，并认为这种"体制原则论"主张"统一领导、分级管理"的财政体制基本原则，强调各级财政收支都应纳入统一的国家预算，这实质上是从"国家分配论"引申出的一个分支理论。[③] 同时，张馨进一步阐述了我国传统的行政性分权的弊端：一是缺乏真正具有独立性的地方财政，无法建立起稳定的财政体制，地方政府也就无法对本地区的建设做长远规划和安排；二是中央和地方财政连成一体的财源，导致中央财政向地方财政放权越多，就越难以用国家统一计划对地方投资加以控制和限制，容易带来投资规模失控。而在这种体制下，控制基本建设规模的真正有效方法，只能是上收已下放的财权财力，但这又会抑制地方的积极性。[④]

财政分权是财政体制改革的核心问题。探讨财政分权的理论依据，特别是回顾我国理论界对财政分权理论的探讨，有助于进一步明确中国财政体制改革的基本方向，即在市场经济不断发展和完善的背景下，财政体制改革应不断剔除行政性分权的影子，推进和市场经济发展相一致的经济性分权，使各级政府真正实现责、权、利的统一和对等。

---

① 吴敬琏：《当代中国经济改革》，上海远东出版社，2004。
② 孙开：《政府间财政关系研究》，东北财经大学出版社，1994。
③ 张馨：《比较财政学教程》，中国人民大学出版社，2004。
④ 张馨：《财政·计划·市场——中西财政比较与借鉴》，中国财政经济出版社，1993。

5.2 我国现行分税制财政管理体制概况

分税制财政管理体制，简称分税制，是指将国家的全部税种在中央和地方政府之间进行划分，借以确定中央财政和地方财政收入范围的一种财政管理体制。其实质是根据中央政府和地方政府的事权确定其相应的财权，通过税种的划分形成中央与地方的收入体系。它是市场经济国家普遍推行的一种财政管理体制模式。我国现行分税制的主要内容包括以下四个方面。

5.2.1 中央与地方的事权和支出划分

根据现行中央政府与地方政府事权的划分，中央财政主要承担国家安全、外交和中央国家机关运转所需经费，调整国民经济结构、协调地区发展、实施宏观调控所必需的支出，以及由中央直接管理的事业发展支出。中央财政主要承担国防、武警、重点建设、中央单位事业和中央单位职工工资五大类支出，具体包括：国防费、武警经费、外交和援外支出、中央级行政管理费、中央统管的基本建设投资、中央直属企业的技术改造和新产品研制费、地质勘探费、由中央财政安排的支农支出、由中央负担的国内外债务的还本付息支出、中央本级负担的公检法支出，以及科教文卫等各项事业支出。

地方财政主要承担本地区政权机关运转所需支出以及本地区经济、事业发展所需支出，包括地方行政管理费，公检法支出，部分武警经费，民兵事业费，地方统筹的基本建设投资，地方企业的技术改造和新产品研制经费，支农支出，城市维护和建设经费，地方文化、教育、卫生等各项事业费，价格补贴支出以及其他支出。

5.2.2 中央与地方的收入划分

根据事权与财权相结合的原则，按税种划分中央与地方的收入，将维护国家权益、实施宏观调控所必需的税种划为中央税；将同经济发展直接相关的主要税种划为中央与地方共享税；将适合地方征管的税种划为地方税，并充实地方税税种，增加地方税收入。1994年分税制改革对中央和地方收入进行了划分，之后在实施过程中又进行了局部调整。当时的划分和随后的调整情况如下。

第一，中央固定收入。1994 年原方案包括：①关税及海关代征消费税和增值税；②消费税；③中央企业所得税；④地方银行和外资银行及非银行金融企业所得税；⑤铁道部门、各银行总行、各保险总公司等集中缴纳的收入（包括营业税、所得税、利润和城市维护建设税）；⑥中央企业上缴利润；等等。

关于外贸企业出口退税，原规定除 1993 年地方已经负担的 20% 部分列入地方上缴中央基数外，以后发生的出口退税全部由中央财政负担。2003 年 10 月对出口退税机制进行改革，改革后从 2004 年开始，出口退税将由中央和地方共同负担，办法是以 2003 年出口退税实退指标为基数，对超基数部分的应退税额，由中央与地方按 75：25 的比例进行承担。

第二，地方固定收入。1994年原方案包括：①营业税（不含各银行总行、铁道部门、各保险总公司集中缴纳的营业税）；②地方企业所得税（不含上述地方银行和外资银行及非银行金融企业所得税）和地方企业上缴利润；③个人所得税；④城镇土地使用税；⑤固定资产投资方向调节税；⑥城市维护建设税（不含各银行总行、铁道部门、各保险总公司集中缴纳的部分）；⑦房产税、车船使用税、印花税、屠宰税、农牧业税、农业特产税、耕地占用税、契税、遗产和赠与税、土地增值税、国有土地有偿使用收入等。

从2002年开始，改革原来按企业的行政隶属关系划分所得税收入的办法，对企业所得税和个人所得税收入实行中央和地方按比例分享的办法。改革的内容主要是：①分享范围。除铁路运输部门、国家邮政部门、中国工商银行、中国农业银行、中国银行、中国建设银行、国家开发银行、中国农业发展银行、中国进出口银行以及海洋石油天然气企业缴纳的所得税作为中央收入外，其他企业所得税和个人所得税收入由中央与地方按比例分享。②分享比例。2002年中央分享50%，地方分享50%；2003年中央分享60%，地方分享40%；2003年以后的分享比例根据实际收入情况再行考虑。③基数计算。以2001年为基期，按改革方案确定的分享范围和比例计算，地方分享的所得税收入，如果小于地方实际所得税收入，差额部分由中央作为基数返还地方；如果大于地方实际所得税收入，差额部分由地方作为基数上缴中央。④跨地区经营、集中缴库的中央企业所得税等收入，按相关因素在有关地区之间进行分配。⑤中央因改革所得税收入分享办法增加的收入全部用于对地方（主要是中西部地区）的一般性转移支付。

第三，中央与地方共享税种和共享收入。1994年方案原定的共享税种和分享比例是：增值税，地方分享25%；资源税，按不同的资源品种划分，大部分资源税作为地方收入，海洋石油资源税作为中央收入；证券交易税，原定中央与地方（上海和深圳两市）各分享50%。

1997年以后，国家对证券交易税的分享比例曾进行几次调整。1997年调整为中央分享80%，地方分享20%；1997年将证券交易税由3%调高为5%，其中，因调高税率所增加的收入全部归中央，由此分享比例折算为中央88%、地方12%；2000年决定将证券交易税的分享比例分三年最终调整为中央分享97%，地方分享3%，即2000年中央91%、地方9%，2001年中央94%、地方6%，2002年中央97%、地方3%。如上所说，从2002年开始，所得税也改为中央与地方的分享税种。

5.2.3 政府间财政转移支付制度

分税制在重新划分中央财政收入与地方财政收入的基础上，相应地调整了政府间财政转移支付数量和形式，除保留原体制下中央财政对地方的定额补助、专项补助和地方上解外，根据中央财政固定收入范围扩大、数量增加的新情况，着重建立了中央财政对地方财政的税收返还制度。具体办法是，中央税收上缴完成后，中央财政将一部分收入返还给地方使用。

按1994年制定的收入划分办法，原来属于地方支柱财源的消费税的全部和增值税的75%上划给中央，如果不采取适当措施给予补偿，必然侵害地方的既得利益，并增加改革的阻力。为了保护地方既得利益格局，中央采取"维持存量、调整增量"，逐步达到改革

目标的方针，为此制定了中央对地方税收返还的办法。税收返还数额的计算方法是：以
1993 年为基期，按分税后地方净上划中央的收入数额（消费税 + 75% 的增值税 – 中央下
划收入），作为中央对地方税收返还的基数，基数部分全部返还给地方。同时，为了确保
地方的既得利益，不仅税收返还基数全部返还给地方，而且 1994 年以后的税收返还数额
还要有一定的增长。增长办法是，将税收返还与各地区当年上缴中央金库的"两税"（消
费税和增值税的 75%）的增长率挂钩，税收返还的增长率按各地区"两税"增长率的
1：0.3 系数确定，即各地区的"两税"每增长 1%，税收返还增长 0.3%。

税收返还计算公式为

$$R = C + 75\% V - S$$

其中，R 是 1994 年税收返还基数，C 是消费税收入，V 是增值税收入，S 是 1993 年
中央对地方的下划收入。

税收返还增长计算公式为

$$R_n = R_{n-1} + R_{n-1} \times \frac{(C + 75\% V)_n - (C + 75\% V)_{n-1}}{(C + 75\% V)_{n-1}}$$

$$R_n = R_{n-1} \times (1 + 0.3 r_n)$$

其中，R_n 是 1994 年以后的第 n 年的中央对地方的税收返还；R_{n-1} 是第 $n-1$ 年中央对
地方的税收返还；r_n 是第 n 年的"两税"增长率。

此外，办法还规定如果 1994 年以后上划中央的"两税"收入达不到 1993 年的基数，
则相应扣减税收返还数额。由于"两税"属于中央税，由国税局征收，所以这种关于
"增长"和"扣减"的规定的目的是将"两税"的增长和地方的利益联系起来，更有利
于促进各地方关注"两税"的增长。

5.2.4　预算编制与资金调度

实行分税制后，中央和地方都要按照新口径编报预算。同时将中央税收返还数和地方
的原上解数抵扣，按抵扣后的净额占当年预计中央消费税和增值税收入数的比重，核定一
个"资金调度比例"，由金库按此比例划拨消费税和中央分享增值税给地方。

5.3　我国分税制财政管理体制存在的问题

5.3.1　我国分税制财政管理体制的整体性问题

1994 年，我国分税制改革确立了中央和地方的财权和事权，但在追求"两个比重"
提高背景下的财税体制改革，在运行中不可避免地固化了政府间的财政利益分配格局。

第一，在财权方面，地方政府没有税收立法权，使地方税的税基、税源、税率乃至以
后的调整权都集中在中央手中，[①]"所有'地方'税收都是分配的，并且税率和税基都是

---

① 陈少克：《县乡财政困难、财政风险与财政体制调整》，《地方财政研究》2007 年第 6 期。

由中央政府设定的"，^① 因而，地方政府无法也不能去根据当地经济发展的实际情况建立内含于经济发展的收入增长机制，即财政收入不能随当地经济形势的变化而弹性地变化，即在经济高涨的时候财政收入往往没有出现递增比例的增长。^② 比如，就个人所得税而言，1998 年、1999 年、2000 年、2001 年、2002 年的个人所得税占全部税收收入的比重分别为 3.91%、4.28%、5.57%、6.57%、7.12%，与个人财产占总财产的比重极不相称。这在客观上将会对政府财政预算平衡能力、宏观经济调控能力和债务偿还能力造成不利影响，致使财政抗拒风险的能力降低，从而加剧财政风险。

另外，财政分权使得边际收入的大部分归于地方政府，但在复杂的退税制度下，虽然中央政府承诺将来自增值税以及相关的特许权税——消费税的新增收入退给地方政府30%，但分税制仍然显著地削弱了企业和地方收入之间的关联。例如，烟草行业的产品税为40% ~66%，所以地方政府支持亏损企业往往能提高收入。在分税制下，虽然除增值税外还有40%的特许权税，但仅有25%的增值税归地方政府，而额外收入的30%上缴中央政府。在饱和的市场中，如果地方烟草生产企业不能增加销量（退税的基础），地方政府既得不到消费税税收，又得不到来自增值税的进一步退税。^③ 同时，现行分税制财政体制通过划定统一比例同地方政府分享原产地的增值税税收收入，从而确保了富裕地区能够得到更多的税收，这就使税收分享非常不平等：往往是沿海省份比内陆省份获得更多的税收分享额度，结果便是地方财政收入份额下降（见表5-1）。

表5-1 我国1994~2012年中央和地方财政收入及比重

单位：亿元，%

年 份	财政收入			比 重	
	全 国	中 央	地 方	中 央	地 方
1994	5218.10	2906.50	2311.60	55.7	44.3
1995	6242.20	3256.62	2985.58	52.2	47.8
1996	7407.99	3661.07	3746.92	49.4	50.6
1997	8651.14	4226.92	4424.22	48.9	51.1
1998	9875.95	4892.00	4983.95	49.5	50.5
1999	11444.08	5849.21	5594.87	51.1	48.9
2000	13395.23	6989.17	6406.06	52.2	47.8
2001	16386.04	8582.74	7803.30	52.4	47.6
2002	18903.64	10388.64	8515.00	55.0	45.0
2003	21715.25	11865.27	9849.98	54.6	45.4

---

① 〔美〕劳伦·勃兰特、〔美〕托马斯·罗斯基：《伟大的中国经济转型》，方颖译，格致出版社、上海人民出版社，2009，第374页。

② 陈少克：《县乡财政困难、财政风险与财政体制调整》，《地方财政研究》2007年第6期。

③ 〔美〕劳伦·勃兰特、〔美〕托马斯·罗斯基：《伟大的中国经济转型》，方颖译，格致出版社、上海人民出版社，2009，第368~369页。

续表

年　份	财政收入			比　重	
	全　国	中　央	地　方	中　央	地　方
2004	26396.47	14503.10	11893.37	54.9	45.1
2005	31649.29	16548.53	15100.76	52.3	47.7
2006	38760.20	20456.62	18303.58	52.8	47.2
2007	51321.78	27749.16	23572.62	54.1	45.9
2008	61330.35	32680.56	28649.79	53.3	46.7
2009	68518.30	35915.71	32602.59	52.4	47.6
2010	83101.51	42488.47	40613.04	51.1	48.9
2011	103740.00	51306.00	52434.00	49.5	50.5
2012	117210.00	56133.00	61077.00	47.9	52.1

资料来源：《中国财政年鉴（2011）》《2011 年全国财政收支情况》和《2012 年全国财政收支情况》（财政部网站，http://www.mof.gov.cn/zhengwuxinxi/caizhengshuju/）。

　　第二，在分税制财政体制下，地方政府财权弱化相伴随产生了扭曲性的税收竞争。例如，原产地（征税的地方，比如企业的总部）决定了地方政府分享的增值税和企业所得税收入的数量，所以，从长远来看，这可能会阻碍全国性企业的发展，减缓企业合并过程。如果一家企业在多个管辖区域内拥有生产设施（不是独立单位），这就会产生在哪里支付增值税和企业所得税的问题。企业可能在其总部所在地申报纳税，结果将不可避免地导致地方管辖区域为了使其增值税和所得税份额最大化而出台保护主义措施（这也是各地都在努力建立总部基地的原因之一），从而损害资源配置效率。特别是地方政府为了吸引更多的总部迁往自己的辖区，承诺向企业退回一部分税收，这种扭曲性的税收竞争显然是地方政府应对财政收入不可持续的一个重要举措，进而成为现行财政体制下财政利益分配格局的一个派生物。

　　第三，在事权划分上，中央和省级政府、省级政府和省以下政府之间的责任划分没有明确细化，这导致的主要问题是中央与地方事权越位、缺位和错位并存，中央政府（上级政府）过多地承担了本应由地方政府（下级政府）承担的基础建设和某些经济领域的支出责任，在普通教育、公共卫生、社会保障等公共服务领域，中央（上级）财政投入不足。比如中央工商交通及服务业支出占 20%，对企业亏损补贴占 20% 以上，个别年份甚至接近半数。中央占教育投入的支出不到 6%，其中普通教育支出不到 7%。在社会保障领域，中央支出的养老保险基金补助、抚恤社会救济及各类社会保障补助支出仅占全国支出的 2%、2.3% 和 1%。另外，一些本应由中央（上级）政府承担的财政支出（比如预备役部队及民兵训练基地及武器弹药仓库建设、执勤部队营房建设及生活补贴、消防业务费、警卫业务费等众多国防支出），却由地方（下级）政府财政负担，形成了所谓的"中央出钱，干地方的事情"和"地方出钱，干中央的事情"的局面。此外，省以下各级政府事权划分不统一、不规范，省与市县政府间事权错位也是阶段的突出问题。比如，支农支出、基础教育和公共卫生支出、社会保障支出等本应由省级政府主要承担，却落在市、县两级政府头上，加剧了基层财力紧张的状况。

支出责任的划分则不明确，直接后果表现为上下级政府之间对事权的相互推诿。虽然各级财政是相对独立的，但由于上级政府在政治上对下级政府仍然有绝对的权威，上级政府很容易出现机会主义行为，把问题尽量往下级政府压。特别是在分税制财政体制还没有在省级以下推行的情况下，由于地方政府之间没有明确的事权责任界区，这种事权的层层向下转移更成为一种便利之举。例如，下放亏损企业、无资金授权（unfunded mandates）[1]等。这样的结果直接导致基层政府承担大量支出责任，却没有充分的收入支持，[2] 结果便是地方财政收入份额下降，同时支出份额不断提高（见表 5-2）。

表 5-2　我国 1994~2012 年中央和地方财政支出及比重

单位：亿元，%

年　份	财政支出			比　重	
	全　国	中　央	地　方	中　央	地　方
1994	5792.62	1754.43	4038.19	30.3	69.7
1995	6823.72	1995.39	4828.33	29.2	70.8
1996	7937.55	2151.27	5786.28	27.1	72.9
1997	9233.56	2532.50	6701.06	27.4	72.6
1998	10798.18	3125.60	7672.58	28.9	71.1
1999	13187.67	4152.33	9035.34	31.5	68.5
2000	15886.50	5519.85	10366.65	34.7	65.3
2001	18902.58	5768.02	13134.56	30.5	69.5
2002	22053.15	6771.70	15281.45	30.7	69.3
2003	24649.95	7420.10	17229.85	30.1	69.9
2004	28486.89	7894.08	20592.81	27.7	72.3
2005	33930.28	8775.97	25154.31	25.9	74.1
2006	40422.73	9991.40	30431.33	24.7	75.3
2007	49781.35	11442.06	38339.29	23.0	77.0
2008	62592.66	13344.17	49248.49	21.3	78.7
2009	76299.93	15255.79	61044.14	20.0	80.0
2010	89874.16	15989.73	73884.43	17.8	82.2
2011	108930.00	16514.00	92416.00	15.2	84.8
2012	125712.00	18765.00	106947.00	14.9	85.1

　　资料来源：《中国财政年鉴（2011）》《2011 年全国财政收支情况》和《2012 年全国财政收支情况》（财政部网站，http://www.mof.gov.cn/zhengwuxinxi/caizhengshuju/）。

---

　① 无资金授权是美国的一种提法，指上级政府授权下级政府提供某些公共服务，但对其分内的责任既不出钱也不出力，即"上级吃饭，下级埋单"的情况。

　② 陈少克：《县乡财政困难、财政风险与财政体制调整》，《地方财政研究》2007 年第 6 期。

第四，在财权和事权不对等的情况下，地方财政越来越依赖于上级政府的财政转移支付。而在现行财政体制中，政府间的转移支付还存在诸如管理不规范、不透明等问题（主要是专项转移支付），因而在财政转移支付过程中，资金分配上的随意性便不可避免。特别是在我国大量存在的自上而下转移支付过程中，中央对基层政府的转移支付一般是通过省级政府作为"二转手"划拨给基层的，而"二转手"与"多转手"的形式使转移支付在"转"的过程中往往会产生巨大的漏出。①

同时，以"税收分享"和"税收返还"等形式存在的转移支付模式削弱了政府间转移支付的均等化能力。在以前的财政体制下，只有贫穷地区接受转移支付，而在现行财政体制下，包括上海、北京等发达地区在内的所有省级单位在财政支出上都依赖于中央政府的转移支付。比如，劳伦·勃兰特（Loren Brandt）和托马斯·罗斯基（Thomas G. Rawaki）的统计显示，中国中央政府转移支付为各省约 50% 的支出提供资金。② 这种税收分享和返还设计直接影响了财政利益分配的公平性：这种返还方式有利于富裕省份的退税在转移支付中占据主导地位，强化分税制自身的非平等特性。

5.3.2　我国现行财政管理体制对税制结构调整的影响

对我国现行财政分权体制争议最多之处表现在各级政府财权和事权的不对等，特别是地方政府在财政收入上表现出来的由地方财政自给能力不足而导致的地方财政能力的弱化，而财政收入的汲取能力下降是财政自给能力下降的重要原因。③ 虽然地方债的发行可以缓解地方财政困难，但债务本身是有偿的，其还本付息的要求使其在财政收入筹集的作用上不可能成为取代税收的更好手段。④ 虽然在分税制框架下税种被划分为中央税、地方税和共享税，但在地方税体系缺失⑤的同时，随着共享税分享比例的提高（如两大所得税由原来中央和地方"四六分"变为现在的"六四分"），地方税比重也相应降低。因此，改变现有财政利益分配格局，为地方政府构建一个具有长期稳定收入来源的地方税体系，以提高地方政府的财政收入筹集能力，便成为我国现行政府间财政关系对现行税制改革的重大挑战，成为中国税制改革顺利推进的重要因素。

第一，税制结构转型要考虑解决地方财政汲取能力弱化的问题。这意味着要不断突破现有分税制框架。但是，这将面临一系列挑战：其一，从税政管理权限划分上看，税权（包括税法的制定和修订，中央税、地方税和共享税的划分，等等）过多地集中于中央，

---

① 冯文荣、陈少克：《地方政府行为与县乡财政困难的形成——基于两种预算约束的分析》，《宁夏社会科学》2007 年第 6 期。

② 〔美〕劳伦·勃兰特、〔美〕托马斯·罗斯基：《伟大的中国经济转型》，方颖译，格致出版社、上海人民出版社，2009，第 370~371 页。

③ 陈少克：《县乡财政困难、财政风险与财政体制调整》，《地方财政研究》2007 年第 6 期。

④ 李玉红、白彦锋曾经对此做出了分析，认为我国 2009 年和 2010 年先后各发行的 2000 亿元地方债（财政部代发）中标利率总体上呈现先攀高、后回落的趋势，总体利率水平偏低，而且认购比例偏低。虽然总体上较低的利率水平有助于降低未来地方财政偿债的负担，但在二级市场上显然难以吸引投资者的目光，这导致地方债交投清淡，不利于地方债的长期发展。因此，债务筹资根本不具备为地方政府筹资的特质。详见李玉红、白彦锋：《地方税制改革格局中的主体税种选择问题研究》，《中央财经大学学报》2010 年第 6 期。

⑤ 其中，完全属于地方固定收入的税种有 10 个，而具有共享性质的就有 7 个。

对地方财政产生诸多不利影响。但税权的下放又将面临税收规则不统一的风险。其二，针对现行财政分权体制存在的问题，要解决的重要问题是如何提高地方政府的财政收入。目前，中央税种或中央与地方共享税种大多具有"税源相对集中稳定、征管相对便利"等特征，而"税源分散不稳定、征管难度和成本高"的小税种构成了地方税种的主体特征。现有税制结构框架中只有 18 个税种，在各级政府之间进行分税确实存在难度，[①] 要真正完善财政分权体制，就需要开征新的税种以便"有税可分"。其三，在税制结构不变的条件下，增加税种又面临着整个社会税负水平限制（见表 5 - 3），在不改变现有宏观税负的条件下增加税种（且不考虑增加什么样的税种），必将导致税收分散度的提高，[②] 进而增加税务管理的成本。其四，上述问题的解决只能在突破现有分税制框架下通过税制结构的全面调整来进行，但相关试点改革也没有进行突破性实验，如《财政部、国家税务总局、中国人民银行关于上海市开展营业税改征增值税试点有关预算管理问题的通知》（财预〔2011〕第 538 号）中规定，"试点期间收入归属保持不变"，这实际上没有涉及中央和地方关系的调整。因此，中央政府和地方政府这种近 20 年的收入分配格局如何破解是一个难题。

表 5 - 3　我国 2002 ~ 2012 年宏观税负状况

单位：亿元，%

年　份	地区生产总值	税收收入	税收收入/地区生产总值	财政收入	财政收入/地区生产总值
2002	119095	17636	14.81	18904	15.87
2003	134977	20017	14.83	21715	16.09
2004	159878	25718	16.09	26397	16.51
2005	183217	30866	16.85	31649	17.27
2006	211924	37636	17.76	39344	18.56
2007	257306	49449	19.22	51322	19.95
2008	300670	57862	19.24	61317	20.39
2009	335353	59515	17.75	68518	20.42
2010	401202	77390	19.29	83102	20.70
2011	471564	89720	19.03	103740	22.00
2012	519322	100601	19.37	117210	22.57

资料来源：根据国家统计局历年《国民经济和社会发展统计公报》及《中国统计年鉴》相关数据计算整理。

第二，现有税制体系中，地方税存在的主要问题是缺乏稳定的收入来源，因而税制结构转型改革需要着力构筑地方主体税种。但是地方主体税种的确定也存在诸多难题。就现

---

① 贾康、白景明：《县乡财政困难与财政体制创新》，《经济研究》2002 年第 2 期。

② 维托·坦兹（Vito Tanzi, 1981）在有效税制应具备的质量特征方面认为，一个良好的税制结构应该具有集中性的特征，即如果少量税种能够筹集到大部分收入，那么税制的透明度就比较高，管理就相对容易，税收政策调整就更有效，因而集中性是一个有效税制应具有的良好特征。

有相对稳定的地方税税种来说：其一，征收资源税主要是为了发挥其政策调节职能，由于资源区域分布不均，在不同地区项源税筹集财政收入的能力和潜力都有限且不均，所以项源税，不适合作为地方税的主体税种。其二，营业税是我国现行税制中地方税的主体税种，从 2008 年起，营业税在地方各税种税收收入中的比重超过了 50%，2011 年这一比重超过 52%。[①] 但随着营业税改征增值税的深入推进，其现有地方主体税种的地位也将受到极大威胁。其三，财产税具有地方主体税种的传统优势，而中国目前财产税体系还没有真正确立。虽然正在推进财产税体系建设，但其中涉及更大范围的利益协调。除此之外，即使建立、完善了财产税，并使之成为地方主体税种，地方政府财政也并不会因此而平稳，因为房地产税作为主体税种意味着各级地方政府要根据当年的预算、应纳税财产的总价值、其他来源的收入等变量确定其当年的税率，这种可变性使地方政府每年都不得不面临与公众之间持续的博弈，也不得不面临一系列风险。[②]

从政府间财政关系，特别是提高地方财政能力的角度看，需要对现有税制结构进行根本性调整，但其中现有财政体制框架本身对税制改革带来了诸多挑战，形成了对税制改革的一种约束。因此，税制结构的完善与调整也只能建立在财政体制不断完善的基础上。

5.4　深化财政体制改革及省以下财政体制问题探讨

5.4.1　财政体制改革的突破口：营业税改征增值税

财政部和国家税务总局 2011 年 11 月 16 日发布《营业税改征增值税试点方案》，同时印发了《交通运输业和部分现代服务业营业税改征增值税试点实施办法》《交通运输业和部分现代服务业营业税改征增值税试点有关事项的规定》和《交通运输业和部分现代服务业营业税改征增值税试点过渡政策的规定》（以下统一简称"11 月 16 日方案"），从 2012 年 1 月 1 日起，在上海市交通运输业和部分现代服务业开展营业税改征增值税试点。2012 年 7 月 25 日，国务院常务会议决定，自 2012 年 8 月 1 日起至 2012 年底，将交通运输业和部分现代服务业营业税改征增值税试点范围由上海分批扩大至北京、天津、江苏、浙江、安徽、福建、湖北、广东和厦门、深圳 10 个省、直辖市、计划单列市。截至 2013 年 8 月 1 日，营改增范围已推广到全国试行。

1. 营业税改征增值税的税制考虑

增值税"扩围"是指通过相关税制的调整扩大增值税的课征范围。在我国现行流转税税制体系中，增值税和营业税在课税范围上互不交叉，或者说是互补征收。因此，增值税"扩围"涉及的是增值税和营业税两大税种的调整。因此，从税制改革的角度看，营改增将使整个税制更加适应发展的要求。这体现在以下三个方面。

第一，营改增进一步简化了税制。2003 年，党的十六届三中全会通过的《关于完善

① 这一比重是指营业税收入占地方各税种税收收入的比重，不包括共享税种的税收收入。
② 马海涛：《中国税收风险研究报告》，经济科学出版社，2011，第 131～140 页。

159

社会主义市场经济体制若干问题的决定》针对税制改革，明确提出了"简税制、宽税基、低税率、严征管"的原则，这些年来的税制改革一直都是依照这个原则展开。营改增显然进一步简化了我国的现行税制，终结了货物与服务实行不同税收制度的历史。

第二，营改增进一步强化了税制中性。税制中性原则是1994年税制改革时就提出并坚守的一条重要原则。所谓税制中性，就是让税制对市场产生的扭曲性影响尽可能降到最低，为市场平等竞争创造条件。增值税较营业税，是一个具有明显中性特征的税种，目前在150多个国家实行。扩大增值税的范围，也就扩大了税制中性的领域，增强了整个税制的中性化，减少了对市场造成的扭曲。

第三，营改增有利于税收征管。一方面是税种减少，增值税与营业税并存导致的征管复杂性程度降低。一般而言，税种越多，征管就越复杂。这对降低征管成本也有明显的作用。另一方面是增值税的内在抵扣链条更加完整，减少了增值税的漏洞，使销项税的抵扣变得更简单明了，这在一定程度上可强化征管，减少税收流失。

营改增看似仅仅涉及两个税种，即增值税扩大范围和营业税退出，但实际上牵动了整个财税体制。从改革的角度观察，营改增是拉开整个财税改革大幕的抓手，将带动整个财税体制改革。

2. 推进增值税改革的制度困境：突破现有财政体制的点在什么地方

增值税是中央地方共享税，按照比例分税，75%归中央，25%属地方，进口货物的增值税全部归中央；而营业税除铁路部门、中央金融保险企业的营业税之外，其他的营业税全部归地方，是地方的重要财权和财力来源。从当前的税收收入结构来看，增值税是我国的第一大税种，营业税是仅次于企业所得税的第三大税种。营业税在地方收入（不含地方土地出让收入、两权价款等没有纳入现行分税制体制的收入，以及中央转移支付收入）中的占比一般为40%，是地方一般预算收入的重要来源。为了不影响地方利益，在没有调整体制的条件下，当前营改增试点过程中采取的解决办法是原来归地方的营业税，改征增值税之后依然入地方金库，中央不参与因试点带来的增值税增量分成。然而，随着营业税的全面退出，中央与地方之间财权的重新划分就将浮出水面。这意味着1994年财税改革打造的中央地方分税框架必须做出重大调整。

如果营改增在全国全面推行，那么中央与地方财政关系应当如何改革？是就税论税，打造一个地方主体税种来解决地方营改增之后主体税种缺位的问题，还是把分税纳入整个中央与地方财政关系框架来设计？不同的设想，有不同的路径，其难易程度与改革效果也是各不相同的。大致可以有以下五种难度、复杂性逐步递增的设想来化解营改增引发的财政体制问题。

一是继续沿用试点时采用的办法，原来征收营业税范围内产生的增值税继续缴入地方金库，归地方收入。其优点是现行的分税格局可以基本不动，省去了中央地方利益调整导致的诸多麻烦。但具体操作上会相当烦琐，容易混库，更重要的是将会对地方政府行为产生不确定性影响。显然，这种办法的负面作用很大，将进一步扭曲中央与地方财政关系。

二是对增值税的分享比例进行调整，中央的增值税分享比例下调，地方的分享比例上调，具体比例依据测算数据来确定，以不影响地方既得利益为基本原则。其优点是影响面小，仅仅涉及一个税种的分享比例调整。增值税主要来自生产环节，扩大地方分享比例，无疑将会强化地方政府的投资动机。在投资与消费严重失衡的条件下，这种制度安排会产生火上浇油的效果。这与调整经济结构和转变发展方式的要求是相悖的。

三是增值税的分享比例保持不变，或在调整的同时，对其他共享税种同时进行调整，例如在企业所得税、个人所得税中扩大地方的分享比例；也可以统筹考虑各个税种，重新划分中央与地方的财权，重新设定中央税与地方税。这需要通过评价各个税种对地方行为动机、中央收入以及对当前调结构、转方式的影响来综合权衡。这种方式涉及面广，改革难度较大。其优点是在保持中央与地方财政关系基本框架稳定的条件下，可以一并解决老体制的一些遗留问题，例如税收返还一并取消。这是在其他税种不进行改革条件下做出的一种选择，意味着税制结构的缺陷难以利用这个机会矫正。

四是在实行营改增的同时，对其他税种一并改革，据此再考虑财权划分。如消费税、资源税、环境税、房产税等都有改革的空间和增收的潜力。进一步完善整个税制，调整中央与地方之间的财权划分才有扎实的基础。税制改革与财权划分改革同时进行，用一揽子方案解决税制和财政体制中不适应经济社会发展新阶段比较突出的矛盾和问题。其优点是可避免改革的碎片化，减少改革的阵痛时间。但需要精心设计，并有决心和信心承受改革的风险压力。

五是把属于全民所有的公共资源、资产也纳入中央与地方之间的财权划分范围，把税权、费权、产权作为完整财权综合考虑，彻底调整中央与地方的财权划分范围、划分方式；同时，对中央与地方事权划分也进行调整，使广义财权、事权的划分改革同步推进。这涉及行政体制改革、公有制下的产权制度改革等重大问题，涉及面更宽，难度更大。其优点是改革的系统性、协调性、可持续性更强，可以化解诸多深层次的矛盾和问题，放大改革红利。

5.4.2　财政层级问题探讨

对于财政层级是分税制财政管理体制的内涵性问题，我国对它的探讨起源于学界对基层财政问题成因及对策的分析。贾康等发表了《县乡财政困难与财政体制创新》一文，其在分析县乡财政困难的原因时最早认为，"在我国以一个'地方政府'概念囊括省以下四级政府的特殊情况下，这些税种该怎么切分？不论怎样设计，看来都无法把'分税种形成不同层级政府收入'的分税制基本规定性，贯彻到一个五级政府的架构内去。换言之，这一架构使分税制在收入划分方面得不到最低限度的可行性"。[1] 因此，他们认为，"如果能把政府缩到实三级加两个半级（地市和乡作为派出机构层级），就非常接近市场经济国家的通常情况了，这种情况下的分税分级体制和现在省以下理不清的体制难题，就有望得到一个相对好处理的方案"。[2] 自此以来，构建三级财政层级框架成为完善分税制改革问题探讨的热点问题之一，因此，在"乡财县管"的基础上，通过"省直管县"的

---

[1]　贾康、白景明：《县乡财政困难与财政体制创新》，《经济研究》2002 年第 2 期。

[2]　贾康、白景明：《县乡财政困难与财政体制创新》，《经济研究》2002 年第 2 期。

方式构建三级财政层级成为理论界和财政管理实践中的热点问题。

1. 对"省直管县"的讨论

山西省从 1987 年 7 月起，对雁北地区实行省直接对县财政包干体制的试点（简称"省直管县"），是我国最早进行"省直管县"体制改革尝试的地区。财政部资料显示，从 1992 年起，全国 13 个省份已陆续开始试点。截至 2004 年，在全国 36 个省份与计划单列市中，除北京等 4 个直辖市、大连等 5 个计划单列市从体制上本来就是"直管县"外，浙江、安徽、湖北、黑龙江、福建、海南、宁夏等 7 个省份已实行"省直管县"财政管理体制；河北、山西、江西、河南、云南等 5 个省从 2005 年开始对部分县试行"省直管县"。2006 年底，全国先后已有浙江、安徽、湖北、吉林等 14 个省份实行了"省直管县"财政管理体制。

（1）政策背景

我国"省直管县"财政管理试点的政策背景有两方面，即中央反应推动和地方因素。其中，地方的试点探索在前，中央反应在后，是地方试点带动中央反应，中央反应又鼓舞带动地方试点的积极性。

从地方的角度看，其主要动因是县级财政困难。目前，各界认为各省实行县财省管试点的原因主要在于，县（市）一级的财权与事权不对称，财政供养人员过多，县乡政府债务沉重，资金调度困难，绝大部分县（市）依靠省财政转移支付才能保证国家规定工资和津补贴的正常发放。

"市管县"体制弊端日益显现。主流观点认为，"市管县"体制已不适应市场经济特别是区域经济发展的需要。"市管县"模式削弱了县域经济的自主权。一些规模小、辐射功能弱的地级市无法带动所辖县发展。"市县竞争"造成内耗及资源过度向中心城市集中。据了解，在"市管县"的财政体制下，县级地区容易"营养不良"，地级市的工作重心一般放在城区而不是农村，市级财政侧重于市区的发展，在经济利益上可能出现"市县争利"。

2005 年，全国财政工作会议要求完善省以下财政管理体制，试行省级直接对县的管理。党的十六届五中全会在《关于制定国民经济和社会发展第十一个五年规划的建议》中指出，要"理顺省以下财政管理体制，有条件的地方可实行省级直接对县的管理体制"。2008 年 10 月召开的十七届三中全会强调，要推进省直接管理县（市）财政体制改革，有条件的地方可依法探索省直接管理县（市）的体制。2009 年 2 月 1 日，中共中央、国务院发布了 2009 年中央一号文件，即《关于 2009 年促进农业稳定发展农民持续增收的若干意见》，明确提出要推进省直接管理县（市）财政体制改革，稳步推进扩权强县改革试点，鼓励有条件的省份率先减少行政层次，依法探索省直接管理县（市）的体制。2009 年 7 月 9 日，财政部公布《关于推进省直接管理县财政改革的意见》。

（2）政策目标

如果说此前关于省直接管理县财政改革的具体内容或者说此项改革具体要达成什么样的财政管理体制目标还是"摸着石头过河"、边走边看的话，那么随着 2009 年 7 月 9 日财政部公布《关于推进省直接管理县财政改革的意见》，这项改革试点不仅有了一个基本的时间表，更重要的是其具体政策目标有了明确的表述，现在各试点地区可以依此对照改进、步调一致，达成一个相同的政策目标。我国省直接管理县财政改革的具体政策目标就是财政部《关于推进省直接管理县财政改革的意见》中提到的五方面主要内容。

第一，收支划分。理顺省与市、县支出责任，确定市、县财政各自的支出范围，划分省与市、县的收入范围。

第二，转移支付。转移支付、税收返还、所得税返还等由省直接核定并补助到市、县，专项拨款补助，由各市、县直接向省级财政等有关部门申请，由省级财政部门直接下达市、县。市级财政可通过省级财政继续对县给予转移支付。

第三，财政预决算。市、县统一按照省级财政部门有关要求，各自编制本级财政收支预算和年终决算。市级财政部门汇总市本级、所属各区及有关县预算，并报市人民代表大会常委会备案。

第四，资金往来。建立省与市、县之间的财政资金直接往来关系，取消市与县之间日常的资金往来关系。省级财政直接确定各市、县的资金留解比例。各市、县金库按规定直接向省级金库报解财政库款。

第五，财政结算。年终各类结算事项一律由省级财政与各市、县财政直接办理，市、县之间结算事项，通过省级财政办理。各市、县举借国际金融组织贷款、外国政府贷款、国债转贷资金等，直接向省级财政部门申请转贷及承诺偿还，未能按规定偿还的由省财政直接对市、县进行扣款。

（3）省直管县的缺陷

其一，省管县财政体制是对省级政府管理的挑战。

目前，我国省级政府管理在许多方面与"省直管县"的要求是背道而驰的，这势必会影响到"省直管县"的推行和实施。推行"省直管县"所带来的新变化对目前的省级政府管理将提出以下几个方面的挑战。

第一，财政管理体制与行政管理体制相脱节。从"强县扩权"到"省直管县"是一个逐步深化的改革过程，这项改革的第一步，是在财政上实行省级直接对县的管理体制，即将财政收支、结算等由省直接分配下达到县市。[①] 显然，在财政上实行省级直接对县的管理体制，必将要求行政管理体制与之相匹配。然而，目前地方行政框架是省管市、市管县。财政实行"省直管县"，无形中从财政上越过市级，使市对县没有了财政管理权，这必然会导致体制内部运转不协调，甚至会产生矛盾和冲突。作为与行政权匹配的财政权的架空，无疑也会直接影响到行政管理权的实施。

第二，管理幅度的扩大，增加了省级财政的压力。"省直管县"财政体制遇到的最大障碍是省政府的管理幅度和管理难度加大问题。"省直管县"财政体制改革能否取得成功，关键在于省对所辖县的实际掌控能力。各个省在经济实力、地域面积、人口数量等方面都存在较大差别。学界普遍认可的省内有效管理幅度为 50～60 个县，而像四川、河北、山东、河南等大省，其所辖县数均超过或接近 100 个。虽然现代通信技术、交通状况今非

---

① 徐竹青：《省管县建制模式研究：以浙江为例》，《中共浙江省委党校学报》2004 年第 6 期。

昔比，但技术的支持仅是外部条件，管理的复杂性更多地体现在内部协调上。直接面对众多的县级单位，必将给省级带来一系列显性或隐性的管理问题，不少省份在管理半径骤增的背景下，将承受着巨大的压力。

"省直管县"的实质是对地方利益的重新调整。最大的变化是，处于矛盾核心的两个主体——市财政和县财政，由"父子关系"变为"竞争对手"。出于"自利"，地位平行的市、县在公共财政范畴内将会陷入博弈论的"囚徒困境"：具有理性的各区域利益主体选择使自身利益最大化的行为，会导致区域或社会整体的无效率。

在原来"市管县"体制下，为实现整体发展目标，这个问题可以通过上级对下级的行政力量实施纵向或横向的协调来解决。而在"省直管县"框架下，省级财政要在管理幅度骤增为原来的5~10倍的背景下，协调市县，统筹发展，这将是难度颇大的挑战。

其二，对省级城市的不利影响。

第一，制约了区域性中心城市的发展。地级市作为区域中心城市，在发挥其对周边地区的集聚与辐射作用的同时，其自身的发展也离不开周边腹地资源、产业、市场等方面的有效支撑。"省直管县"将打破"市管县"形成的以中心城市为核心、以市域为腹地的城镇体系格局，这使得中心城市的建设筹集不到所需要的财力，不利于地级市自身的发展，不利于城乡交通、通信等基础设施的统一规划和建设，影响区域发展格局的优化。

第二，可能对走向成熟的省域城镇体系造成不利影响。"省直管县"财政体制由于在事权、财权等方面增加了县域发展的自主权，必将使县域的发展加快，并直接表现为规模扩大、功能优化、实力增强，进而提升其在省域城镇体系中的地位。实行"省直管县"财政体制所带来的县域扩张，将有可能干扰发育过程中省域城镇体系的合理性。

其三，削弱县域经济的发展。

第一，抑制市级帮扶县级发展的积极性。浙江模式财政体制上实行"省直管县"，使得市级财政与县级财政的关系变成了平等关系，形成了良机、有利的事项相互争夺的局面。受利益驱动的影响，市级中心城市在统筹县域经济与社会协调发展中的作用大打折扣，市在区域经济规划布局、项目建设、资金和政策扶持上往往偏重于本级，难以合理有效地调配和利用区域内的资源和财力共同促进区域经济的协调快速发展，体制的变化会减弱市帮扶县发展的积极性。

第二，可能造成县域开发的无序进行。"省直管县"调动了县级政府的积极性，但其可能受"小宏观"的限制，在投资方向、结构组合、资源分配等方面不尽合理，易发生低水平重复建设、滥用资金等情况。而在地级市的虚化和省级政府尚未具备全面把握所属县域经济能力的情况下，各县出于自利考虑，很可能相互之间产生较为激烈的市场分割和县域竞争，从而背离省里"大宏观"的目标，省财政要预防改革后可能产生的"监督盲区"。比如，随着县域发展的自主权加大，各县由于受"县与市平级"思想的影响，可能会出现"开发热"现象，从而导致各县（市）之间盲目攀比、重复建设和无序开发，这不仅会导致大量耕地流失，而且会严重削弱财政资金的使用效益。

第三，"两个婆家"之忧。目前，大多数省份的"省直管县"财政管理方式都处于"双轨"运行状态，即省管与市管兼有。比如，湖北省《省管县财政体制下进一步理顺省市县关系的意见》，要求理顺省市县的关系，赋予市级财政必要的管理权限，以充分调动市级财政管理的积极性，要求"除省财政直接对县（市）进行财政预算管理、国库集中收付、各项转移支付及专项资金补助、贷款资金管理外，市财政要加强对县（市）财政收入管理、财政支出管理、财政政策和制度管理、综合性工作管理等"。比如，一些地级市为了保住既得利益，不愿放弃权力，下放的权力"虚"多"实"少。一些部门，尤其是土地、金融、工商、税务等垂直部门，对当地经济发展具有举足轻重的影响，一些垂直管理部门扩权前是"一个婆家"，扩权后变成"两个婆家"，工作程序重叠，难度加大。县财政受到省财政的双重管理，除行政成本增加外，分配自主权也受到很大制约。

2. 财政层级与政府治理

不管是"乡财县管"，还是"省直管县"，都是试图通过绕开行政层级这一现实中的难题探索财政层级的扁平化问题，然而，上文的分析表明，"省直管县"的有效推行最终仍要依赖于行政层级的调整。因此，脱离政府治理框架的财政层级问题本身就是个伪命题。中共十八届三中全会报告认为，"财政是国家治理的基础和重要支柱"，因此，财政层级问题，以及事权、财权问题的探讨，都要在国家治理框架内进行探讨。

中央与地方之间的财政关系，跟地方内部省、市、县、乡镇之间的财政关系具有本质的不同，中央与地方之间的财政关系要着眼于国家治理结构，而地方内部财政关系调整要着眼于地方治理架构，不能同等看待。这意味着财政体制改革要分如下两个层次来进行。[①]

一是在国家层面。在国家层面的财政体制要与国家治理架构相适应，国家层面的财政体制改革，即中央与地方之间的财政关系的改革仍要坚持分税制，这一点不能动摇，其基本框架依然适用于中央与地方之间行政分权的要求，符合激励相容，有利于调动地方的积极性。

二是在地方层面。在地方层面的财政体制要与地方治理架构相匹配。而地方层面的财政体制改革则不一定要照搬国家层面的分税制，可因地制宜。因为地方内部不具有同质性，如行政体制上有省、直辖市、自治区、特别行政区等不同存在形式，在人口规模、区域面积、经济发展水平及发展条件等方面更是差距甚大，分税制无法完全从国家层面贯穿到地方内部的各级政府之间。因此，地方财政体制完善要和地方政府治理结构结合起来。从目前来看，"省直管县"之所以存在诸多问题，从根本上看，是因为这种试点仅仅集中在财政层面，试图在不改变现有行政管理架构的基础上推进。从这个意义上讲，省以下财政体制要推进分税制改革，必须伴随行政管理层级的调整，财政体制意义上"省直管县"的推进必须与行政管理架构的"省直管县"相结合。

作为"国家治理的基础和重要支柱"的财政体制改革，要在国家治理的框架内充分发挥中央和地方两个积极性，并为完善国家治理机制提供支撑。因此，其核心问题应该是针对不同层次的国家治理结构，建立各级政府之间事权和支出责任相适应的制度。

---

① 刘尚希：《财政体制改革应把握三个基点》，人民网，http://finance.people.com.cn/BIG5/n/2013/1105/c1004-23435124.html，2013 年 11 月 5 日。

5.4.3　各级政府之间事权与支出责任划分问题探讨

1. 我国现行中央和地方事权范围划分

目前，我国对政府间事权划分的规定散见于《宪法》《地方组织法》《义务教育法》《公共卫生法》等法律法规之中，还没有专门的法律或法规对事权划分进行规范。不仅如此，我国宪法和有关法律法规只是在原则上对中央与地方间的事权进行了划分，省以下各级政府间事权责任的划分缺乏法律依据和约束，划分比较混乱和不稳定。法律的不完善使得各级政府在事权的履行过程中，上推下卸的问题屡见不鲜，并且政府间的事权往往是上级政府通过"决定""通知"的形式，凭借行政上的权威地位来调整，带有较强的随意性和不规范性。

根据现行中央政府与地方政府事权的划分，中央财政主要承担国家安全、外交和中央国家机关运转所需经费，调整国民经济结构、协调地区发展、实施宏观调控所必需的支出，以及由中央直接管理的事业发展支出。中央财政主要承担国防、武警、重点建设、中央单位事业和中央单位职工工资五大类支出，具体包括：国防费、武警经费、外交和援外支出、中央级行政管理费、中央统管的基本建设投资、中央直属企业的技术改造和新产品研制费、地质勘探费、由中央财政安排的支农支出、由中央负担的国内外债务的还本付息支出，以及中央本级负担的公检法支出和科教文卫等各项事业费支出。地方财政主要承担本地区政权机关运转所需支出以及本地区经济、事业发展所需支出，包括地方行政管理费，公检法支出，部分武警经费，民兵事业费，地方统筹的基本建设投资，地方企业的技术改造和新产品研制经费，支农支出，城市维护和建设经费，地方文化、教育、卫生等各项事业费，价格补贴支出，以及其他支出。

实际上，除了少数事权如外交、国防等部门主要属于中央政府外，各级政府的职责并没有明显区别，事权重叠交叉，地方政府拥有的事权几乎全是中央政府的事权延伸或细化，以致形成了同一事务各级政府"齐抓共管"的局面。

我国在各级政府之间具体事权划分中实行多重标准，不仅根据公共物品属性和行政隶属关系划分事权，而且采取了辅助性的属地原则。当根据不同划分标准所得出的划分结果出现冲突时，上级政府往往凭借其垂直行政体制下的权威性，按属地原则将事权责任转嫁给下级政府。比如，国防、武警、气象等本应由中央政府承担的事权，却部分下放给了地方政府。再如，基础教育、公共卫生、社会保障等具有较强区域外溢性的公共服务责任，过多地由基层政府承担。另外，较高级政府集中了过多的基础建设和经济建设支出份额，在地区性银行、邮电通信事业等本应由地方政府承担的事权方面，中央政府包揽过多。

2. 事权和支出责任划分依据的重新思考

事权和支出责任的划分要充分考虑国家治理架构的基本特征。从西方财政体制运行的基本架构看，分级财政体制运行比较成熟的国家一般与其国家治理结构上地方自治紧密结合，这也是财政联邦主义理论内涵的基本条件。换句话说，与分级分税财政体制运转相连的国家治理结构是分级地方自治。在事权和支出责任上的表现是各级政府都有独立的支出范围和支出责任，即中央的决策由中央政府出钱，地方的决策由地方政府出钱。

在我国，完善分税制财政体制框架必须和我国的国家治理结构结合起来考虑。我国是单一制国家，在地方系统中，村一级自治，乡级及以上不是自治。从中央和地方的关系上看，中央具有决策权，而地方通常具有的是执行权。我国的中央政府是世界上最小的中央政府，中央公务员占全国人口的比重大概是 5%～6%；在财政支出中，中央的比重只有15%；中央政府在国防和外交以外的领域几乎没有执行能力，而只有决策能力，所以中央政府严重依赖地方政府的执行。就地方政府职能而言，我国省级政府的职能主要表现在三个方面：其一是把中央政府的指令和决策向下传递，并将地方执行情况向上反馈；其二是执行中央指令和决策；其三是在有限范围内的决策权，但有限的决策权也要在中央政策体系范围内进行。[①] 这就意味着中国的国家治理结构基本上呈现"中央决策"和"地方执行"的基本架构。这样，中央决策地方出钱，或中央政府出一部分、地方政府也出一部分便是一种常态。这就形成了我国这种单一制国家的独特治理架构。因此，事权和支出责任的划分应该从如何完善"中央决策、地方执行"上入手。

据此，事权和支出责任划分改革的基本方向应当是决策权与执行权在中央、地方之间进行调整，在"中央决策、地方执行"的基本框架下，对部分决策权下移，尤其是一些行政审批，可以交给地方，以扩大地方决策的自主权；对地方的部分执行权上移，由中央来直接履行，减少地方过多的执行事项，从而减少地方支出责任。在地方内部，即省以下政府之间也应进行同样的事权改革，分门别类因地制宜，可把一些决策权下移到市一级或县一级，同时把一些执行权上移到市一级或省一级。

5.4.4　政府间财力分配问题探讨

1. 关于财权和财力的说明

"财权"从本质上讲是指"收税权"，即某级政府为满足特定的公共产品和服务需要而向辖区居民征收收入的权力，包括征收和使用两个层面，也就是某一级政府有相应层级的税收征收权，并对其收入进行支配使用，包括征税权、收费权及发债权等。而财力则是包括自有财力和可支配财力在内的可以供某级政府支配的财政收入。通过财权获得收入且可以随意支配的收入是自有财力，而从其他途径获得且可以支配的收入是可支配财力。

财权与财力既有区别又有联系。政府具有财权，一般也会拥有与其相应的财力，但拥有财力的政府不一定具有财权。实际上，往往是上级政府的财权大于其最终支配的财力，下级政府的财权小于其初始支配的财力，这主要是因为上级政府要把财力的一部分向下级政府转移使用。从这个意义上讲，财力实际上包含"初次分配"和"再分配"两个层次的理解。[②] 经过政府间转移支付后形成的各级政府间的财力分配格局属于"再分配"范畴；而根据"财权"中的"受益权"形成的各级政府间的财力分配格局属于"初次分配"，初次分配是政府间转移支付前形成的财力分配格局。

---

①　徐全红：《政府竞争、财政转型与中国农区工业化》，社会科学文献出版社，2013，第 163 页。
②　马海涛、任强、程岚：《我国中央和地方财力分配的合意性：基于"事权"与"事责"角度的分析》，《财政研究》2013 年第 4 期。

1994 年分税制改革通过赋予地方政府一定的财权貌似解决了财权与事权相匹配的问题，但由于中国各地区区域差异巨大，"财权与事权相匹配"与"财力与事权相匹配"对富裕地区和落后地区来说内涵是不同的：对东部一些富裕省份来说，用"财权与事权相匹配"的概念相对来说比较合适，因为这些省份经济发达，可以通过体制赋予的权力组织到相应的财力；而对落后地区来说，由于经济实力薄弱，即使中央政府赋予这些地方政府一定的财权，地方政府也无法组织到与事权相匹配的财力，因为其缺乏丰厚的税源。这时的"财权与事权相匹配"就失去了自身的意义，因为即使这样，也会造成"财力与事权不匹配"的局面，难以维持一级政府正常运转。而现实情况是，落后地区财力的解决很大一部分因素是靠中央的转移支付，而不是所谓的字面上的"财权"。对于落后地区，"财力与事权的匹配"远比"财权与事权相匹配"实在。因此，如果单纯地强调"财权与事权相匹配"，反而会误导人们的认识以及政府的实际工作，不利于解决现行县乡财政困难的矛盾。

但事权与财权相匹配本身也具有极强的重要性。政府间事权与财权的划分，政府间事权、财权的划分体制的一个基本标准就是要保证大部分地方通过其法定财权能筹集到与其事权相对称的财力。否则，大部分地方依赖于上级或中央支付的财政转移支付，而自身却筹集不到与事权相对应的财力，除了会影响地方政府发展经济的热情，还会造成财政资金的使用效率低下，而无效率的集权是不可持续的。当然，在政府间事权、财权基本匹配和稳定的财政体制下，也总有少数地方的自筹财力难以与其事权相匹配，这就需要发挥财政转移支付作用，促进地方政府的财力支出满足是自身事权的需要。

2. 政府间财力分配问题探讨

中央本级财政收入占全国收入的比重应保持在 50%，省本级收入保持在 20% 左右，市县收入保持在 30% 左右比较合理，这样既能保证各级政府具有稳定的财政收入，又能保证中央和省级政府的调控和转移支付能力。从财政支出和财力的分布看，中央本级支出大体保持在 25%，另外的 25% 转移到地方；省本级支出大体保持在 10%，另外 10% 转移到市县，这样市县的可用财力可以保持在 65% 左右。如果按照这样的比重和结构，在明确财权与事权的基础上合理安排财力，将会有利于政府间关系的稳定、政府效率的提高和国家财政的稳固与平衡。

一般来说，一级政府所拥有的财力主要由以下三个因素决定：一是一级政府所享有的财权；二是受经济发展条件和水平等因素制约的财政资源的丰裕程度；三是来自上级政府的转移支付水平。因此，政府间财力分配问题需要从以下三个层次来探讨。

（1）要适当下放财权，合理配置政府间税权、收费权和举债权

地方政府在处理社会经济事务中，特别是在向当地居民提供所需要的公共服务中，日益扮演着一个中央政府无法取代的重要角色，客观上要求赋予其在自行组织收入方面的灵活性。为此，需要赋予地方政府适度的财权，具体如下。

第一，应通过完善分税制的财政管理体制，赋予各省、自治区、直辖市人大、政府必要的税收方面的立法权和政策调整权。对全国普遍开征但经济影响较小的税种，立法权在中央，税收政策解释权应在地方，如城市维护建设税、房产税、城镇土地使用税、车船使用税、契税、耕地占用税等；对于收入规模小、未在全国普遍开征的税种，立法权和税收

政策解释权均应在地方，如屠宰税、筵席税等。

第二，可以允许有条件的省级政府发行一定规模的地方债，使地方政府的举债行为合法化。不过要注意设立严格的举债门槛，对债务发行进行严格审批，并明确规定债务收入的用途。

第三，在收费权方面，要继续规范地方政府的收费权，将各种收费逐步纳入预算。与此同时，应进一步明确政府间收费权的划分，并让地方政府能够参与分成比例的确定。

（2）完善地方税体系

首先，选择地方税主体税种。地方税主体税种税基应较广，收入稳定且规模较大，具有非流动性，税负不能转嫁。这样，本地的税负才能真正落实到本地居民身上，才能把地方公共物品的成本和收益较好地联系起来。地方税主体税种的选择主要有以下三种。

一是营业税。一般而言，经济发展水平越高，第三产业的发展动力越大，与此密切相关的营业税也有较大的增长空间。同时，营业税与地方经济紧密联系，有固定而充分的税源，具有良好的经济调节功能。考虑到营业税改征增值税，现行营业税将会发生较大的变化，所以可以在营业税的基础上设立地方销售税作为地方主体税种。地方销售税是在考虑到营业税改征增值税的条件下，对于原营业税中确实不适合改按增值税进行课征的项目，仍然保留下来按地方销售税进行课征。因此，地方销售税的课征方法仍然保持原营业税的课征方法。据此，地方销售税的课税范围应该是除生产性服务业劳务之外的其他劳务。由于这一课征范围涉及的是与人们生活密切相关的消费性服务业，所以税率结构应该适当降低，特别是其中关于不动产销售方面的地方销售税，出于对财产税税基的保护和降低居民税收负担的考虑，不动产销售的地方销售税的税率水平应该降低，可以考虑降为2%。同时，为鼓励服务业的发展，可考虑将企业未提供相关劳务而购进的货物中所包含的增值税进行一定比例的退税。同时，对于奢侈性服务业，比如娱乐业，应该加重税收负担（在消费行为调节基础上也实现了部分收入分配调节功能）。

二是房地产税。将房地产税、土地使用税合并为房地产税后，房地产税由于计税依据、税率、课税范围等发生变化，数量将会有显著增加。同时，随着经济的发展和市场机制的不断完善，作为财产税类主体税种的房地产税的收入将迅速增加。从国际惯例上看，房地产税一般是地方税的主体税种，而且房地产税具有将地方政府税收收入与地方公共服务提供连接起来的功能，能够保证地方财政民主化。但是从世界范围税制结构调整的趋势看，在单单以房地产税为主体税种的情况下，房地产税的税收负担往往与地方财政支出规模相连，在房地产估税价值不变、税率在社会压力下得以限制的情况下，地方财政困难将不可避免，因而配以地方销售税将有助于缓解地方财政困难，又将调动地方政府发展经济的积极性。

三是城市维护建设税。改革后的城市维护建设税由于计税依据的改变和课税范围的扩大，其数量在地方财政收入中占了较高比重，可作为地方税主体税种之一。

其次，适当增加新的地方税种。当前我国遗产税等尚未开征，影响了税收对经济的调节力度和广度。另外，目前相当一部分收费本身就具有税收的性质，如资源费、排污费等。因此，将一些具有税收性质的收费和基金纳入税收分配范畴，通过"税费归位"来理顺地方政府的分配秩序，无论从理论上还是从实践上说，都是完全必要而且紧迫的。实行"费改税"，将极大地提高地方税的收入规模。

最后，调整共享税分享比例。目前，中央政府税收收入大多依赖于属于共享税种的增值税和所得税。这意味着，中央政府要获得充足的税收收入，必须努力培养这两个税种的税基，这便使中央政府行为产生更强烈的增长导向。同时，地方政府有发展经济的强烈动力，但从经济发展中获得的税收增量相对较低，对地方政府发展经济的积极性产生了消极影响。在两大共享税种中，地方政府获得比重较低的状况也促使了"土地财政""收费财政""资源财政"等与经济可持续发展相悖的行为。因此，需要通过重构共享比例协调中央和地方税权关系。

第一，就增值税而言，随着营业税改征增值税的推进，原属地方主体税种的营业税将纳入增值税的课征范围。因此，从短期看，在保持地方政府营业税和获得的增值税税收收入占全国财政收入比重不变的条件下，营业税改征增值税后，增值税的分享比例应保持地方政府至少有52%的分享比例。① 从长期看，伴随着税制结构调整中流转税比例的适当下降或直接税比重的上升，这一分享比例可以继续保持，并继续保持进口环节增值税收入归中央政府。

第二，就所得税而言，逐步调整个人所得税共享比例，最终使个人所得税成为中央税种。企业所得税收入可保持现有分享比例，但应该做以下调整：其一，扩大企业所得税共享面，即将原属中央固定收入的中央企业所得税、地方银行和外资银行及非银行的金融企业所得税等列入共享范畴；其二，为配合共享面的调整，需调整企业纳税地点和计税方法，即企业（含分支机构）属地纳税（保证地方的可分享基数），总机构汇总在所在地缴纳企业所得税时，可采用已纳税款抵扣的方式，同时，汇总缴纳时可均衡分支机构之间的盈亏关系，配以按比例退税的原则，均衡地方政府和企业的利益。

（3）完善转移支付制度，促进"财力与事权相匹配"的实现

规范化的转移支付制度是以各级政府基本公共服务能力均衡化为目标，在合理划分政府间财权和事权的基础上，采取科学的方法，核定各级政府的"标准收入能力"和"标准支出要求"，据以确定均衡拨款和上缴，同时辅之以必要的专项拨款。为了进一步理顺政府间财政分配关系，保证"财力与事权相匹配"的实现，保障公共服务的有效提供，我国当前要进一步规范和完善我国现行的转移支付制度，具体措施包括：①提高一般性转移支付在全部转移支付中的比重，逐步降低直至最终取消税收返还制度，最终将其纳入一般性转移支付形式。②借鉴国外经验，进一步完善一般性转移支付资金分配计算公式，改进标准支出和标准收入的测算范围和内容，提高指标的科学性和可获得性。对于专项转移支付，要控制和缩小专项转移支付的规模和范围，应该明确界定列为专项转移支付项目的标准。加强对专项转移支付的审批管理，金额确定应该公式化，改革补助办法，并注重对资金使用情况的监督，防止专款不"专"等现象的出现。③在明确划分各级政府事权的基础上，尽快建立和完善省以下的一般转移支付制度，并通过立法的方式规范我国的转移支付体系。

---

① 目前，国内增值税占全国税收收入的比重在30%左右，营业税占全国税收收入的比重在16%左右。因而地方政府（整体上的）获得的营业税收入和增值税收入（25%）之和占全国税收收入的比重在24%左右。假设营业税改征增值税之后，新的增值税带来的税收收入占全国税收收入的比重仍为46%，那么要保证地方获得税收收入规模不变，地方政府对新增值税的分享比例应该是52%。

区域篇一（河南部分）

第6章
郑州市财政发展报告

6.1 郑州市财政发展概述

郑州市位于河南省中部偏北，全市总面积 7507 平方千米，辖 6 个区（金水区、二七区、惠济区、上街区、管城回族区、中原区），1 个国家级经济综合实验区（郑州航空港经济综合实验区），1 个国家级新区（郑东新区），1 个国家级高新技术产业开发区（郑州高新技术产业开发区），1 个国家级经济技术开发区（郑州经济技术开发区），1 个县（中牟县），代管 5 个县级市（新郑市、登封市、新密市、荥阳市、巩义市）。全市 2012 年底总人口约 903.1 万人，其中女性人口 438.5 万人，男性人口 464.6 万人；城镇人口 598.6 万人，乡村人口 304.5 万人，非农业人口 351.1 万人。

2012 年，郑州市完成地区生产总值约 5756.05 亿元，人均生产总值 63328 元，三次产业结构为 2.6：57.8：39.6。郑州市是中原地区的商贸中心，2012 年完成社会消费品零售总额 2290 亿元。郑州旅游资源丰富，2012 年全年实现旅游总收入 700.1 亿元。2012 年郑州市城镇居民人均可支配收入 24246 元，其中市区城镇居民人均可支配收入 25301 元，农村居民人均纯收入 12531 元。

2012 年全市全口径财政收入 1533 亿元，增长 17.5%。其中，上缴中央级 456 亿元，增长 15.9%；上缴省级 125 亿元，下降 33.4%。地方财政总收入 975 亿元，增长 18.8%。地方公共预算收入 606 亿元，增长 20.8%。地方财政基金预算收入 339 亿元，增长 57.1%。

2012 年全市公共预算收入实际完成 606.7 亿元，为预算的 104.9%，增长 20.8%；2012 年全市公共预算支出 700.64 亿元，为预算的 99.6%，按可比口径增长 23.7%；全市基金预算收入 339.41 亿元，增长 57.1%，增收 123.38 亿元。

2012 年市本级公共预算收入 252.41 亿元，为预算的 105.1%，增长 20.9%。2012 年市本级公共预算支出 283.25 亿元，为预算的 99.7%，按可比口径增长 22.6%。市本级基金预算收入 116.48 亿元，增长 95.4%。

6.2 郑州市财政收入规模分析

财政收入规模是一定时期内（通常为一年）财政收入来源的总量。财政收入规模的大小，可以采用绝对量和相对量两类指标加以反映。

6.2.1 郑州市财政收入绝对规模分析

财政收入的绝对规模是指一定时期内财政收入的实际数量。市级财政收入规模的统计有四个口径。一是全市公共预算收入，即归属于本级政府的各项税收收入加上行政事业性收费收入、罚没收入、国有资本经营收入。二是全市财政总收入，即全市公共预算收入加上上级补助、调入资金、上年结转、上年结余、债券转贷收入、调入预算稳定调节基金等的收入总额。三是市本级公共预算收入，即全市公共预算收入减除归属于各代管县（市）的财政收入后的数额。四是市本级收入总计，即市本级公共预算收入加上上级补助、调入资金、上年结转、上年结余、债券转贷收入等资金后的收入总额。本报告主要以全市公共预算收入为口径分析。

从表 6 - 1 可以看出，2003 ~ 2012 年，郑州市财政收入规模从 72.47 亿元增加到 2012 年的 606.65 亿元；财政收入较上年年均增加数为 60.30 亿元，2003 年以来年均财政收入增长率为 26.63%。10 年中，增幅最高的 2004 年达 58.36%，增幅最低的 2007 年只有 8.46%，增幅波动较大。当年财政收入在全省地市中的位次一直处于第一位。

表 6 - 1   郑州市 2003 ~ 2012 年公共预算收入情况

单位：亿元，%

年 份	公共预算收入	财政收入较上年增加数	财政收入较上年增加比重	当年财政收入在河南省的位次
2003	72.47	—	—	1
2004	114.76	42.29	58.36	1
2005	151.03	36.27	31.61	1
2006	202.39	51.36	34.01	1
2007	219.52	17.13	8.46	1
2008	260.39	48.87	18.62	1
2009	301.92	41.53	15.95	1
2010	386.80	84.88	28.11	1
2011	502.32	116.02	30.00	1
2012	606.65	104.33	20.80	1
平 均	—	60.30	26.63	—

表 6 - 2 反映了 2007 ~ 2012 年郑州市财政收入与中部另外 5 个省会相比的排名情况。2007 ~ 2012 年，郑州市财政收入总规模一直居中部六省第二位，仅次于湖北省会武汉市。但是 2007 年两市的收入相差 2.16 亿元，2012 年则相差 221.93 亿元。武汉市 2012 年财政

收入规模比 2007 年增加了 2.74 倍，合肥增加了 2.82 倍，郑州只增加了 1.76 倍。

表 6-2 郑州市 2007~2012 年财政收入与中部其他省会城市的比较情况

单位：亿元

城市	2007 年		2008 年		2009 年		2010 年		2011 年		2012 年	
	财政收入	排名	财政收入	排名	财政收入	排名	财政收入	排名	财政收入	排名	财政收入	排名
郑州	219.52	2	260.39	2	301.92	2	386.8	2	502.32	2	606.65	2
合肥	101.98	4	160.94	4	180.90	4	259.43	4	338.51	4	389.50	4
武汉	221.68	1	277.32	1	316.07	1	390.19	1	673.26	1	828.58	1
长沙	174.58	3	205.57	3	246.33	3	314.28	3	425.78	3	490.65	3
南昌	87.22	6	102.15	6	115.88	6	146.47	5	187.03	5	240.14	5
太原	88.42	5	116.92	5	117.53	5	138.48	6	174.72	6	215.67	6

6.2.2 郑州市财政收入的相对规模分析

财政收入的相对规模指一定时期内财政收入与有关经济指标的比率，通常用财政收入占地区生产总值的比重等来表示。

财政收入占地区生产总值的比重反映了政府分配的集中程度和财政能力，又反映了国家宏观税负水平。这一指标过高，企业和社会成员的负担就较重，经济发展缺乏动力；这一指标过低，则政府宏观调控的能力不足，经济社会发展缺乏公共品保障。因此，财政收入占地区生产总值比重应保持合理水平。从表 6-3 可以看出，2003~2012 年，郑州市财政收入占郑州市地区生产总值的比重呈现波动提高趋势。2012 年该比重为 10.54%，比 2003 年提高 3.97 个百分点。10 年中只有 2007 年和 2008 年下降，其中 2007 年下降幅度较大，达到 1.22 个百分点。

表 6-3 2003~2012 年郑州市财政收入占郑州市地区生产总值的比重情况

单位：亿元，%

年 份	财政收入	地区生产总值	财政收入占地区生产总值比重
2003	72.47	1102.30	6.57
2004	114.76	1377.90	8.33
2005	151.03	1660.60	9.95
2006	202.39	2013.50	10.05
2007	219.52	2486.75	8.83
2008	260.39	3003.99	8.67
2009	301.92	3308.51	9.13
2010	386.80	4040.89	9.57
2011	502.32	4912.70	10.22
2012	606.65	5756.05	10.54

从表 6 - 4 可以看出，2003 ~ 2012 年，郑州市财政收入占河南省财政收入的比重总体呈现提高趋势。2003 年该比重为 21.44%，2012 年达到 29.73%，比 2003 年增加 8.29 个百分点。2003 ~ 2012 年只有 2007 年比 2006 年降低 4.34 个百分点，其余均为提高，其中 2004 年增幅最大，达到 5.33 个百分点。这表明，郑州市市对河南省财政收入的贡献率在不断提高。

表 6 - 4　郑州市 2003 ~ 2012 年财政收入占河南省财政收入的比重情况

单位：亿元，%

年　份	财政收入	河南省财政收入	财政收入占河南省财政收入比重
2003	72.47	338.05	21.44
2004	114.76	428.78	26.76
2005	151.03	537.65	28.09
2006	202.39	679.17	29.80
2007	219.52	862.08	25.46
2008	260.39	1008.90	25.81
2009	301.92	1126.06	26.81
2010	386.80	1381.32	28.00
2011	502.32	1721.76	29.17
2012	606.65	2040.33	29.73

6.3　郑州市财政收入结构分析

财政收入结构指财政收入的构成、比例及其相互关系。它主要包括财政收入的价值构成、社会经济结构、部门结构、项目结构以及地区结构。这里主要分析郑州市财政收入的项目结构和地区结构。

6.3.1　郑州市财政收入的项目结构分析

财政收入的项目结构指国家财政收入由不同的征集方式形成的结构，主要由各项税收、企业收入、债务收入、征集能源交通重点建设基金、国家预算调节基金收入等组成。本报告主要分析各地级市财政收入中税收收入占比、税收收入中的主要税种项目结构等。

从表 6 - 5 可以看出，2007 ~ 2012 年，郑州市公共预算收入中税收收入的绝对额从 176.02 亿元增加到 452.40 亿元，2012 年是 2007 年的 2.57 倍，但税收收入占财政收入的比重从 2007 年的 80.2% 下降到 2012 年的 74.6%，共下降了 5.6 个百分点，其间，该比重只有 2010 年比 2009 年有所提高。相反，非税收入的占比从 2007 年的 19.8% 提高到 2012 年的 25.4%。这表明，近几年税收对郑州市财政收入的贡献在减小。

表 6 – 5　郑州市财政收入中税收收入的比重情况

单位：亿元，%

年　份	公共预算收入	税收收入	税收收入占比	非税收入	非税收入占比
2007	219.52	176.02	80.2	43.50	19.8
2008	260.39	208.58	80.1	51.81	19.9
2009	301.92	237.77	78.8	64.15	21.2
2010	386.80	313.15	81.0	73.65	19.0
2011	502.32	389.58	77.6	112.74	22.4
2012	606.65	452.40	74.6	154.25	25.4

从表 6 – 6 可以看出，2007～2012 年，郑州市财政收入占比远远低于全国水平。2007年，郑州市财政收入占比低于全国 8.87 个百分点，到 2012 年差距扩大到 11.23 个百分点。与河南省相比，2007～2012 年郑州市税收收入占比均高于河南省，但两者的差距在缩小，2007 年两者相差 7.7 个百分点，到 2012 年，两者仅相差 2.6 个百分点。另外，全国和全省的税收收入占比在 2007～2012 年虽有所下降，但相对比较稳定，而郑州市的降幅较大。在成熟市场经济国家，其中央和地方政府的财政收入均主要来自税收，郑州市在这方面还存在较大差距。

表 6 – 6　郑州市、河南省、全国 2007～2012 年税收收入占财政收入的比重

单位：%

年　份	郑州市税收收入占比	河南省税收收入占比	全国税收收入占比
2007	80.2	72.5	88.89
2008	80.1	73.6	88.41
2009	78.8	73.0	86.87
2010	81.0	73.6	88.10
2011	77.6	73.4	86.39
2012	74.6	72.0	85.83

注：①全国税收收入占比是根据历年《中国统计年鉴》计算得出；②2012 年数据为全国和河南省统计公报数据；③本报告河南省各地市此类表格均按此方式处理。

从表 6 – 7 可以看出，郑州市税收收入对营业税的依赖程度较大，营业税收入占比一直稳定在 1/3 以上；所得税收入（企业所得税和个人所得税）占比偏低且呈下降趋势，从 2007 年的 23.94% 下降到 2012 年的 18.60%，下降了 5.34 个百分点。2007～2012 年，在郑州市税收收入中，增值税的占比呈下降趋势，从 2007 年的 13.13% 下降到 2012 年的 9.19%，下降了 3.94 个百分点；营业税收入占比相对稳定在 36% 左右；企业所得税收入占比从 2007 年的 18.82% 下降到 2012 年的 14.97%；个人所得税收入占比从 2007 年的 5.12% 下降到 2012 年的 3.63%。

表 6 - 7   郑州市 2007～2012 年税收收入的项目结构情况

单位：万元，%

年　份	税收收入	增值税		营业税		企业所得税		个人所得税	
		数　额	占　比	数　额	占　比	数　额	占　比	数　额	占　比
2007	1760221	231170	13.13	644316	36.60	331307	18.82	90108	5.12
2008	2085802	275338	13.20	722975	34.66	362652	17.39	103900	4.98
2009	2377704	270294	11.37	878453	36.95	381708	16.05	118480	4.98
2010	3131475	316817	10.12	1192792	38.09	467218	14.92	150328	4.80
2011	3895778	385658	9.90	1446839	37.14	590617	15.16	191317	4.91
2012	4523996	415546	9.19	1710141	37.80	677153	14.97	164345	3.63

6.3.2　郑州市财政收入的地区结构分析

财政收入的地区结构指财政收入在中央和地方之间以及各地区之间的分布。本报告的分析主要中原经济区各地级市中各县区之间的财政收入的分布情况。

从表 6 - 8 可以看出，2007～2012 年，郑州市本级财政收入占郑州市财政收入的比重呈下降趋势。2007 年市本级财政收入 102.66 亿元，占郑州市财政收入的比重为 46.77%，2012 年市本级财政收入 252.44 亿元，占郑州市财政收入的比重为 41.61%，下降了 5.16 个百分点。在所辖的 10 个区中，金水区财政收入规模一直处于第一位，2012 年其财政收入占郑州市财政收入的比重为 6.76%；在所辖的六个县市中，中牟县的财政收入规模由 2007 年的最后一位上升到 2012 年的第一位，巩义市则由第一位退居第三位。

表 6 - 8   郑州市 2007～2012 年财政收入地区结构情况

单位：亿元

县　区	2007 年	2008 年	2009 年	2010 年	2011 年	2012 年
郑州市	219.5183	260.3899	301.9248	386.8040	502.3175	606.6488
市直本级	102.6587	118.0672	137.6091	169.0713	208.8362	252.4352
郑州新区	—	—	—	—	16.5108	20.3925
区级小计	63.3851	77.4302	88.9478	127.6487	159.4242	188.7527
二七区	8.5273	10.0673	11.6366	15.5627	18.7159	21.7699
金水区	16.1288	18.9950	21.9829	28.2672	35.0509	41.0383
中原区	7.7041	9.3296	10.7744	15.1571	18.6002	21.6811
管城回族区	7.2753	9.0310	10.4204	14.9313	16.8981	18.8110
上街区	4.3955	5.3033	5.4036	5.8502	7.5585	8.5358
惠济区	3.9783	5.7858	6.7700	7.6174	8.9748	10.0718
高新区	3.9657	5.1767	6.7599	9.1744	12.0215	15.1640
经济开发区	3.2594	3.9310	4.8136	7.4019	9.9332	12.0899
郑东新区	8.1507	9.8105	10.3864	22.0857	27.7745	32.3243

县　区	2007 年	2008 年	2009 年	2010 年	2011 年	2012 年
航空港区	—	—	—	1.6008	3.8966	7.2666
县市小计	53.4745	64.8925	75.3679	90.0840	117.5463	145.0684
巩义市	12.6126	13.9985	15.8529	18.0916	22.3216	26.0515
荥阳市	7.6106	9.0579	10.1626	11.6219	14.0843	16.5023
中牟县	5.1666	7.6286	9.0566	12.1666	19.2177	27.1777
新郑市	8.2642	10.3036	12.6913	16.1849	21.5666	26.9588
登封市	11.2057	13.2060	14.7968	16.9333	20.2267	23.9554
新密市	8.6148	10.6979	12.8077	15.0857	20.1294	24.4227

6.4　郑州市财政支出规模分析

郑州市财政支出有全市财政总支出、全市公共预算支出、市本级财政总支出、市本级公共预算支出等计算口径。本部分的分析基于全市公共预算支出口径。

6.4.1　郑州市财政支出规模的绝对数分析

从表 6-9 可以看出，郑州市公共预算支出规模从 2003 年的 90.30 亿元增加到 2012 年的 700.70 亿元；财政支出较上年年均增加数为 67.82 亿元。2003 年以来年均增长率为 25.57%，但年增幅波动较大，增幅最高的 2006 年达 39.85%，年增幅最低的 2007 年只有 11.74%。当年财政支出规模在全省地市中的位次一直处于第一位。

表 6-9　郑州市 2003～2012 年公共预算财政支出规模情况

单位：亿元，%

年　份	公共预算支出	财政支出较上年增加数	财政支出较上年增加比重	当年财政支出在河南省的位次
2003	90.30	—	—	1
2004	118.63	28.33	31.37	1
2005	154.02	35.39	29.83	1
2006	215.40	61.38	39.85	1
2007	240.68	25.28	11.74	1
2008	289.50	48.82	20.28	1
2009	353.05	63.55	21.95	1
2010	426.80	73.75	20.89	1
2011	566.58	139.78	32.75	1
2012	700.70	134.12	23.67	1
平　均	—	67.82	25.57	—

如表 6 - 10 所示，2007～2012 年郑州市财政支出规模与中部六省其他省会相比，一直处于第二位，仅次于武汉市。但从增幅看，郑州市则低于合肥市（4.33 倍）和南昌市（2.96 倍），居于第三位（2.91 倍）。

表 6 - 10　郑州市 2007～2012 年财政支出与中部六省省会的比较情况

单位：亿元

城市	2007 年		2008 年		2009 年		2010 年		2011 年		2012 年	
	财政支出	排名	财政支出	排名	财政支出	排名	财政支出	排名	财政支出	排名	财政支出	排名
郑州	240.68	2	289.50	2	353.05	2	426.80	2	566.58	2	700.70	2
合肥	132.26	4	207.18	4	245.86	4	317.72	4	474.89	4	572.29	4
武汉	307.23	1	377.88	1	503.64	1	583.55	1	765.04	1	885.55	1
长沙	218.17	3	260.56	3	314.08	3	403.33	3	520.89	3	624.62	3
南昌	116.86	5	147.67	6	181.70	5	232.03	5	298.80	5	345.99	5
太原	115.65	6	152.86	5	159.91	6	189.64	6	239.31	6	277.76	6

6.4.2　郑州市财政支出规模的相对数分析

从表 6 - 11 可以看出，2003～2012 年，郑州市财政支出占郑州市地区生产总值比重呈现波动提高趋势。2012 年该比重为 12.17%，比 2003 年提高 3.98 个百分点。

表 6 - 11　郑州市 2003～2012 年财政支出占地区生产总值的比重情况

单位：亿元，%

年　份	财政支出	地区生产总值	财政支出占地区生产总值占重
2003	90.30	1102.30	8.19
2004	118.63	1377.90	8.61
2005	154.02	1660.60	9.27
2006	215.40	2013.50	10.70
2007	240.68	2486.75	9.68
2008	289.50	3003.99	9.64
2009	353.05	3308.51	10.67
2010	426.80	4040.89	10.56
2011	566.58	4912.70	11.53
2012	700.70	5756.05	12.17

如表 6 - 12 所示，2003～2012 年，郑州市财政支出占河南省财政支出的比重呈现阶段性升降变化。2003～2006 年该比重从 12.60% 逐年提高到 14.96%；2006～2009 年该比重则从 14.96% 逐年下降到 12.15%，2009～2012 年该比重又从 12.15% 提高到 14.00%。

表 6 – 12 郑州市 2003～2012 年财政支出占河南省财政支出的比重情况

单位：亿元，%

年　份	郑州市财政支出	河南省财政支出	郑州市财政支出占河南省财政支出的比重
2003	90.30	716.60	12.60
2004	118.63	879.96	13.48
2005	154.02	1116.04	13.80
2006	215.40	1440.09	14.96
2007	240.68	1870.61	12.87
2008	289.50	2281.61	12.69
2009	353.05	2905.76	12.15
2010	426.80	3416.14	12.49
2011	566.58	4248.82	13.33
2012	700.70	5006.40	14.00

如表 6 – 13 所示，2007～2012 年，郑州市财政支出的边际系数总体上有小幅增加。2008 年该系数为 0.094，2012 年增加到 0.159，其中，2010 年比 2009 年有所下降，这表明郑州市政府对新增地区生产总值的集中和控制程度有所提高。

表 6 – 13 郑州市 2007～2012 年财政支出的边际系数

单位：亿元

年　份	财政支出	财政支出年增加额	地区生产总值	地区生产总值年增加额	财政支出的边际系数
2007	240.68	—	2486.75	—	—
2008	289.50	48.82	3003.99	517.24	0.094
2009	353.05	63.55	3308.51	304.52	0.209
2010	426.80	73.75	4040.89	732.18	0.101
2011	566.58	139.78	4912.70	871.81	0.160
2012	700.70	134.12	5756.05	843.35	0.159

如表 6 – 14 所示，2007～2012 年，郑州市财政支出的弹性系数呈现波动上升趋势。2008 年该系数为 0.98，2012 年上升到 1.38，其中，最高的 2009 年达到 2.17。这表明郑州市财政支出变化率对本市生产总值的变化率的敏感程度有所提高。

表 6 – 14 郑州市 2007～2012 年财政支出的弹性系数

单位：亿元，%

年　份	财政支出	财政支出年增长率	地区生产总值	地区生产总值年增长率	财政支出的弹性系数
2007	240.68	—	2486.75	—	—
2008	289.50	20.28	3003.99	20.80	0.98
2009	353.05	21.95	3308.51	10.14	2.17
2010	426.80	20.89	4040.89	22.13	0.94

年　份	财政支出	财政支出年增长率	地区生产总值	地区生产总值年增长率	财政支出的弹性系数
2011	566.58	32.75	4912.70	21.57	1.52
2012	700.70	23.67	5756.05	17.12	1.38

6.5　郑州市财政支出结构分析

6.5.1　郑州市财政支出的项目结构分析

如表6-15所示，郑州市2007年支出项目从大到小排序前五位的依次为一般公共服务、教育、社会保障和就业、城乡社区事务、公共安全，到2012年，这一顺序变为教育、城乡社区事务、一般公共服务、社会保障和就业、农林水事务。2012年郑州市财政支出是2007年的2.91倍，高于这一倍数的支出项目有交通运输（13.92倍）、环境保护（4.83倍）、医疗卫生（4.12倍）、科学技术（3.72倍）、农林水事务（3.46倍）、城乡社区服务（3.13倍）、教育（2.92倍），低于这一倍数的支出项目有文化体育与传媒（2.23倍）、公共安全（1.96倍）、一般公共服务（1.81倍）、社会保障和就业（1.77倍）。

表6-15　郑州市2007～2012年财政支出项目绝对数情况

单位：亿元

年份	支出合计	一般公共服务	公共安全	教育	科学技术	文化体育与传媒	社会保障和就业	医疗卫生	环境保护	城乡社区事务	农林水事务	交通运输
2007	240.68	45.36	18.27	42.42	4.12	4.86	31.39	11.16	3.02	30.54	15.31	1.92
2008	289.50	48.68	21.85	51.61	4.51	9.65	31.39	17.30	5.83	36.50	20.88	2.67
2009	353.05	50.48	23.40	61.94	5.52	11.37	36.20	21.55	9.56	34.40	31.02	8.74
2010	426.80	54.83	25.22	67.32	9.50	9.23	43.57	27.58	8.55	62.60	30.35	9.80
2011	566.58	68.31	27.99	91.97	10.16	8.62	49.03	35.18	13.25	74.99	40.10	21.83
2012	700.70	82.22	35.83	123.98	15.34	10.85	55.60	45.97	14.60	95.62	52.97	26.72

如表6-16所示，2007～2012年，郑州市一般公共服务支出占财政支出的比例从18.85%逐年下降到11.73%，下降了7.12个百分点。公共安全支出占比从2007年的7.60%下降到2012年的5.11%，6年下降了2.49个百分点。教育支出占比相对稳定在17%左右，在2009年和2010年有小幅下降，其余年份则有小幅提高。社会保障和就业支出占比从2007年的13.03%下降到2012年的7.93%，呈逐年下降趋势。城乡社区事务支出占比在2009年和2010年有较大波动，其他年份则稳定在13%左右。农林水事务支出占比和医疗卫生支出占比均稳中有升。上述变化表明，郑州市政府近几年着力调整优化支出

结构，集中财力解决涉及群众切身利益的教育、环保、就业、医疗卫生、文化体育等事业。

表 6 – 16 郑州市 2007～2012 年财政支出项目相对数情况

单位：%

年 份	财政支出合计	一般公共服务	公共安全	教育	科学技术	文化体育与传媒	社会保障和就业	医疗卫生	环境保护	城乡社区事务	农林水事务	交通运输
2007	100	18.85	7.60	17.63	1.71	2.02	13.03	4.63	1.25	12.68	6.34	0.80
2008	100	16.82	7.55	17.83	1.56	3.33	10.84	5.98	2.01	12.61	7.21	0.92
2009	100	14.30	6.63	17.54	1.56	3.22	10.25	6.10	2.71	9.74	7.88	2.48
2010	100	12.85	5.91	15.77	2.23	2.16	10.21	6.46	2.00	14.67	7.11	2.30
2011	100	12.06	4.94	16.23	1.79	1.52	8.65	6.21	2.34	13.24	7.08	3.85
2012	100	11.73	5.11	17.69	2.19	1.55	7.93	6.56	2.08	13.65	7.56	3.81

如表 6 – 17 所示，2007～2012 年，郑州市公共安全、科学技术、文化体育与传媒、城乡社区事务的支出比重都高于全省水平；郑州市一般公共服务、教育、社会保障和就业、医疗卫生、环境保护、农林水事务、交通运输支出所占的比重整体低于全省水平。

表 6 – 17 郑州市 2007～2012 年财政支出相对数结构与河南省比较分析

单位：%

年 份	省 市	一般公共服务	公共安全	教育	科学技术	文化体育与传媒	社会保障和就业	医疗卫生	环境保护	城乡社区事务	农林水事务	交通运输
2007	全 省	18.84	6.60	21.16	1.31	1.71	14.26	5.45	2.68	7.18	7.99	12.82
	郑州市	18.85	7.60	17.63	1.71	2.02	13.03	4.63	1.25	12.68	6.34	0.80
2008	全 省	17.90	6.40	21.56	1.37	1.87	11.85	7.12	3.87	7.27	9.70	11.10
	郑州市	16.82	7.55	17.83	1.56	3.33	10.84	5.98	2.01	12.61	7.21	0.92
2009	全 省	16.27	6.22	20.13	1.27	2.11	12.34	8.33	3.82	5.54	10.46	13.51
	郑州市	14.30	6.63	17.54	1.56	3.22	10.25	6.10	2.71	9.74	7.88	2.48
2010	全 省	14.01	5.55	17.84	1.31	1.61	13.50	7.91	2.82	4.84	11.69	5.09
	郑州市	12.85	5.91	15.77	2.23	2.16	10.21	6.46	2.00	14.67	7.11	2.30
2011	全 省	13.16	4.82	20.17	1.33	1.35	12.90	8.51	2.25	4.50	11.31	6.62
	郑州市	12.06	4.94	16.23	1.79	1.52	8.65	6.21	2.34	13.24	7.08	3.85
2012	全 省	13.24	4.88	22.10	1.39	1.39	12.62	8.51	2.19	4.75	11.02	6.00
	郑州市	11.73	5.11	17.69	2.19	1.55	7.93	6.56	2.08	13.65	7.56	3.81

6.5.2 郑州市财政支出的地区结构分析

如表 6 – 18 所示，金水区的财政支出规模在市属各区中一直处于首位，惠济区和上街区则处于后两位。在所辖六县市中，2007 年按支出规模从大到小排序依次为巩义市、登封市、新郑市、新密市、荥阳市、中牟县，2012 年该排序依次为中牟县、巩义市、新郑市、新密市、登封市、荥阳市。

表 6 – 18　郑州市各区县 2007～2012 年财政支出地区结构情况

单位：万元

县　区	2007 年	2008 年	2009 年	2010 年	2011 年	2012 年
郑 州 市	2406758	2895018	3530483	4267968	5665806	7006980
市直本级	954842	1095910	1369979	1638877	2310173	2833119
郑州新区	—	—	—	21849	39790	83031
区级小计	675522	841165	929376	1233170	1570373	1888600
二七区	82218	105758	117668	135672	178212	212075
金水区	145799	178297	194417	239718	301356	357244
中原区	75100	91932	104247	120702	163544	211036
管城回族区	70436	91446	101606	142977	165223	184198
上街区	49239	58677	68785	69624	88602	98247
惠济区	51589	71544	85728	88070	99831	116389
高新区	59946	73077	98601	128690	128964	168310
经济开发区	45354	50280	58943	90904	102599	130313
郑东新区	95841	120154	99381	196613	284019	292670
航空港区	—	—	—	20200	58023	118118
县市小计	776394	957943	1231128	1374072	1745470	2202230
巩义市	158208	182666	243508	274991	336199	390589
荥阳市	114499	141590	173741	183853	224610	274842
中牟县	100505	137613	177212	225991	303832	440419
新郑市	130793	158377	199370	218463	299665	375621
登封市	148783	171855	234715	234238	289029	353746
新密市	123606	165842	202582	236536	292135	367013

6.6　小结

2007～2012 年，郑州市财政规模随着经济的发展在不断增加，且其增速大于郑州市地区生产总值和河南省财政规模的增速。其中，2009 年郑州市财政收入增幅最小（15.95%），这与郑州市地区生产总值的年增长率变化情况是一致的。2008 年国际金融危机对郑州市 2009 年经济发展造成冲击，导致 2009 年郑州市经济增长放缓（年增长率为10.14%），这直接影响到该年度郑州市财政收入的增长。

2007～2012 年，郑州市税收收入占财政收入的比重从 80.2% 下降到 2012 年的

74.6%，下降了 5.6 个百分点。2007～2012 年，郑州市的财政规模在中部地区 6 个省会中的排名一直处于第二位。但财政收入规模与排第一位的武汉市的差距在拉大。这表明地方分税制改革滞后制约了郑州市财政收入结构的进一步优化。应加快完善地方分税制，扭转税收收入对地方财政收入的贡献率呈现不断下降的趋势。

从财政支出结构看，2007～2012 年，教育支出占比从第二位上升到第一位，城乡社区事务支出占比由第三位上升到第二位，交通运输支出、环境保护支出、医疗卫生支出等年均增长最快，而一般公共服务支出占比则从 18.85% 逐年下降到 11.73%，下降 7.12 个百分点，排位也从第一位下降到第三位。这表明政府部门的日常办公费支出相对规模在缩小，涉及群众切身利益的教育、环保、医疗卫生、文化体育等事业得到财政重点支持，财政支出结构在不断优化。

在郑州市代管的 6 个市县中，中牟县的财政规模从 2007 年的末位跃升到 2012 年的第一位。这主要是由于河南省郑汴一体化战略实施，地处郑州和开封之间的中牟县抓住了机遇，经济得到了快速发展。在郑州市所属的区中，由于金水区是省直单位集中区，所以其财政规模一直居于第一位。

第 7 章
开封市财政发展报告

7.1 开封市财政发展概述

开封市位于黄河中下游平原东部，太行山脉东南方，地处河南省中东部，东与商丘市相连，距黄海 500 千米，西与省会郑州毗邻，南接许昌市和周口市，北依黄河，与新乡市隔河相望，在中国版图上处于豫东大平原的中心部位。总面积 6444 平方千米，其中市区面积 362 平方千米。开封现辖尉氏县、兰考县、杞县、通许县、开封县五县和鼓楼区、龙亭区、禹王台区、顺河回族区、开封新区（金明区）五区。开封是中国八大古都之一，也是中原地区黄河沿线重要的历史文化国际旅游城市。

2012 年，开封市完成地区生产总值 1207.05 亿元，增长 11.1%；规模以上工业增加值 390.1 亿元，增长 17.8%；固定资产投资 738.2 亿元，增长 26.1%；社会消费品零售总额 503.5 亿元，增长 16%；城镇居民人均可支配收入 17545 元，增长 12.8%；农民人均纯收入 7414 元，增长 14.2%。

从三次产业的分布来看，2012 年，开封市实现第一产业增加值 257.66 亿元，增长 4.5%；第二产业增加值 538.36 亿元，增长 14.4%；第三产业增加值 416.13 亿元，增长 11.0%。三次产业结构为 21.3∶44.4∶34.3。

2012 年，开封市实现财政收入 61.92 亿元，比上年增长 26.24%。其中，税收收入 44.72 亿元，增长 29.39%，税收占地方公共预算收入的比重为 72.22%。地方公共预算支出 171.69 亿元，增长 18.42%。其中，教育支出 33.54 亿元，增长 19.49%；社会保障与就业支出 23.59 亿元，增长 10.94%；医疗卫生支出 18.99 亿元，增长 15.6%。

7.2 开封市财政收入规模分析

7.2.1 开封市财政收入绝对规模分析

多年来，开封市加强经济运行调节，持续推进各项建设，经济保持了平稳较快的增长态势，财政收入规模绝对数不断增加。

如表 7-1 所示，2003～2012 年，开封市财政收入规模的绝对数呈现稳步增长的态势，其中 2004 年突破 10 亿元大关，2007 年突破 20 亿元大关，2010 年突破 30 亿元大关，2011 年突破 40 亿元大关，2012 年突破 60 亿元大关。2003～2012 年，开封市的公共预算收入从 8.75 亿元增加到 61.92 亿元，10 年间增加了 53.17 亿元。2003～2012 年，开封市公共预算收入较上年增加数的年均增加值为 5.43 亿元。从增长率的角度来看，2003 年以来，基本上稳定在 10% ~ 30%，平均增长率为 24.29%。

从开封市财政收入在全省的位次看，2003 年居于全省的第 15 位，2008 ~ 2012 年基本维持在第 11 位、第 12 名，财政收入在全省的位次得到了一定程度的提升。从财政收入增长趋势来看，年度之间增长率波动较大，没有明显的规律。

表 7 - 1　开封市 2003 ~ 2012 年公共预算收入情况

单位：亿元，%

年　份	公共预算收入	财政收入较上年增加数	财政收入较上年增加比重	当年财政收入在河南省的位次
2003	8.75	1.11	14.45	15
2004	11.33	2.58	29.49	15
2005	13.98	2.65	23.39	12
2006	16.26	2.28	16.31	12
2007	20.32	4.06	24.97	14
2008	26.13	5.81	28.60	11
2009	29.55	3.42	13.09	12
2010	37.03	7.48	25.31	12
2011	49.05	12.02	32.46	11
2012	61.92	12.87	26.24	11
平　均	—	5.43	24.29	—

7.2.2　开封市财政收入相对规模分析

表 7 - 2 反映了 2003 ~ 2012 年开封市财政收入占地区生产总值的比重情况。2012 年开封市财政收入占开封市地区生产总值的比重为 5.13%，与 2011 年相比比重上升了 0.56个百分点。

表 7 - 2　2003 ~ 2012 年开封市财政收入占市地区生产总值的比重情况

单位：亿元，%

年　份	财政收入	地区生产总值	财政收入占地区生产总值比重
2003	8.75	282.09	3.10
2004	11.33	345.74	3.28
2005	13.98	325.17	4.30
2006	16.26	475.29	3.42
2007	20.32	555.44	3.66
2008	26.13	689.37	3.79
2009	29.55	778.72	3.79

续表

年　份	财政收入	地区生产总值	财政收入占地区生产总值比重
2010	37.03	927.16	3.99
2011	49.05	1072.42	4.57
2012	61.92	1207.05	5.13

　　在开封市地区生产总值不断增加的情况下，开封市的财政收入也随之而增加。10 年来，河南省财政收入占地区生产总值的比重也在逐年提高。2003～2010 年，该比重处在 3%～4%；而从 2011 年开始，开封市财政收入占地区生产总值的比重达到了 4.57%，2012 年增长到了 5.13%，呈现不断增长的趋势。

　　如表 7-3 所示，2012 年开封市财政收入占全省财政收入的比重为 3.03%，与 2011 年相比上升了 0.19 个百分点。2003～2012 年，开封市财政收入的绝对数都呈现稳定增加的趋势。开封市财政收入占河南省财政收入的比重在 2006 年、2007 年有小幅的下降，之后回升。开封市财政收入所占比重从 2003 年的 2.59% 上升至 2012 年的 3.03%，上升了 0.44 个百分点，这说明开封市对河南省财政收入的贡献率在不断上升。

表 7-3　开封市 2003～2012 年财政收入占河南省财政收入的比重情况

单位：亿元，%

年　份	财政收入	河南省财政收入	财政收入占河南省财政收入比重
2003	8.75	338.05	2.59
2004	11.33	428.78	2.64
2005	13.98	537.65	2.60
2006	16.26	679.17	2.39
2007	20.32	862.08	2.36
2008	26.13	1008.9	2.59
2009	29.55	1126.06	2.62
2010	37.03	1381.32	2.68
2011	49.05	1721.76	2.85
2012	61.92	2040.33	3.03

7.3　开封市财政收入结构分析

7.3.1　开封市财政收入的项目结构分析

　　表 7-4 和表 7-5 反映了 2007～2012 年开封市公共预算收入中税收收入的比重情况及与河南省、全国的比较情况。

　　如表 7-4 所示，2012 年开封市税收收入为 447156 万元，与 2011 年相比增加了

101556 万元；税收收入占公共预算收入的比重为 72.22%，同比上升了 1.76 个百分点。开封市非税收入为 172019 万元，与 2011 年相比下降了 27119 万元；非税收入占公共预算收入的比重为 27.78%，同比下降了 1.76 个百分点。

表 7 - 4　开封市 2007~2012 年公共预算收入中税收收入的比重情况

单位：万元，%

年　份	公共预算收入	税收收入	税收收入占比	非税收入	非税收入占比
2007	203160	137225	67.55	65935	32.45
2008	261258	179825	68.83	81433	31.17
2009	295500	209700	70.96	85800	29.04
2010	370300	265100	71.59	105200	28.41
2011	490500	345600	70.46	144900	29.54
2012	619175	447156	72.22	172019	27.78

从财政收入构成中税收收入与非税收入的对比来看，2007 年以来，开封市财政收入中税收收入规模在不断地增加，税收收入占财政收入的比重也呈现上升的趋势，基本保持在 70% 左右。与此相对应，开封市的非税收入比重相应地呈现不断下降态势，从 2007 年的 32.45% 下降到 2012 年的 27.78%。这说明开封市的税收收入对开封财政收入的贡献率在上升。

如表 7 - 5 所示，2012 年，开封市税收收入占比基本与河南省税收收入占比趋同，但与全国税收收入占比相比差距较大。2007~2012 年开封市税收收入占比与全国税收收入占比的差异整体呈现缩小的趋势。2007 年，开封市财政收入占比低于全国 21.34 个百分点，2009 年、2011 年、2012 年该比重差异较小。与河南省相比，2007~2010 年开封市税收收入占比与河南省税收收入占比的差异整体呈现缩小趋势。2007 年，开封市税收收入占比低河南省税收收入占比 4.95 个百分点，差距在不断缩小。2012 年，开封市税收收入占比超出河南省税收收入占比 0.22 个百分点。

表 7 - 5　开封市、河南省、全国 2007~2012 年税收收入占财政收入的比重

单位：%

年　份	开封市税收收入占比	河南省税收收入占比	全国税收收入占比
2007	67.55	72.50	88.89
2008	68.81	73.60	88.41
2009	70.96	73.00	86.87
2010	71.59	73.60	88.10
2011	70.46	73.40	86.39
2012	72.22	72.00	85.83

如表 7 - 6 所示，2007~2012 年开封市增值税、营业税、企业所得税总额都呈现上升趋势，个人所得税整体上呈现下降趋势。从税收结构上来看，开封市税收中，营业税所占

比重最高，增值税次之，再者是企业所得税，个人所得税所占比重最小。其中，营业税所占比重在 2007～2012 年呈现波动性增长的态势。增值税占比整体呈现逐年下降的趋势，在 2008 年有短暂上升。企业所得税比重大体在 10% 以内波动，个人所得税比重整体呈现下降趋势。其中，个人所得税在 2007～2012 年下降了 5.28 个百分点。

表 7-6　开封市 2007～2012 年税收收入的项目结构情况

单位：万元，%

年　份	税收收入	增值税		营业税		企业所得税		个人所得税	
		数　额	占　比	数　额	占　比	数　额	占　比	数　额	占　比
2007	137225	24268	17.68	49790	36.28	7982	5.82	10108	7.37
2008	179825	33214	18.47	59514	33.10	11633	6.47	9693	5.39
2009	209700	29700	14.16	73100	34.86	16500	7.87	7400	3.53
2010	265100	33400	12.60	91800	34.63	19000	7.17	7500	2.83
2011	345600	41200	11.92	127900	37.01	30900	8.94	9900	2.86
2012	447156	41351	9.25	170809	38.20	34855	7.79	9345	2.09

7.3.2　开封市财政收入的地区结构分析

开封市现辖杞县、通许县、尉氏县、开封县、兰考县五县，龙亭区、顺河回族区、鼓楼区、禹王台区、开封新区（金明区）五区，全市共有 91 个乡镇（场）。杞县面积 1243 平方千米，人口 105 万；通许县总面积 766.22 平方千米，人口 62 万人；尉氏县总面积约 1307.7 平方千米，总人口 675581 人；开封县总面积 1449.9 平方千米，人口 70 万人；兰考县总面积 1116 平方千米，耕地面积 105 万亩，总人口 80 万。

如表 7-7 所示，2007～2012 年，杞县、通许县、尉氏县、开封县、兰考县的财政收入绝对数发展趋势基本一致，整体呈现逐步上升的态势。2007～2012 年，尉氏县财政收入均位于开封市五个县的首位，除 2011 年其财政收入落后兰考县 0.02 亿元，尉氏县对开封市的财政收入贡献率最大。通许县的财政收入 6 年间均居开封市五县的最后一位，其与平均数的差距在不断扩大，特别是 2012 年，低于平均数 6.28 亿元。

表 7-7　开封市 2007～2012 年财政收入地区结构情况

单位：亿元

县区/年份	2007 年	2008 年	2009 年	2010 年	2011 年	2012 年
杞　县	1.75	2.30	2.60	3.16	4.30	6.01
通许县	1.13	1.40	1.52	1.81	2.36	3.35
尉氏县	2.65	3.27	3.42	3.94	5.12	7.17
开封县	1.71	2.13	2.39	2.85	3.56	4.49
兰考县	1.37	1.85	2.14	2.92	5.14	6.70
平　均	1.72	2.19	2.41	2.93	4.10	5.54

　　6 年间财政收入均高于平均数的一共有 2 个县，分别是尉氏县和杞县；低于平均数的一共有 2 个县，分别是开封县和通许县。2007～2010 年，兰考县的财政收入低于平均数值，2011 年、2012 年兰考县的财政收入增长速度较快，特别是 2011 年，增长率高达 76.08%，其财政收入均高于平均数值，2012 年兰考县财政收入高于平均数 1.24 亿元。

7.4　开封市财政支出规模分析

7.4.1　开封市财政支出规模的绝对数分析

　　表 7-8 反映了 2003～2012 年开封市财政支出规模的情况。2003～2012 年，开封市财政支出规模不断扩大。2003 年开封市财政支出仅有 25.64 亿元，而 2012 年开封市财政支出达 171.69 亿元，10 年间增加了 146.05 亿元。

表 7-8　开封市 2003～2012 年财政支出规模情况

单位：亿元，%

年　份	公共预算支出	财政支出较上年增加数	财政支出较上年增加比重	当年财政支出在河南省的位次
2003	25.64	3.40	15.31	12
2004	30.28	4.64	18.08	12
2005	39.07	8.79	29.03	12
2006	49.77	10.70	27.40	12
2007	60.04	10.27	17.11	13
2008	74.47	14.43	24.03	13
2009	97.23	22.76	30.56	13
2010	116.44	19.21	19.76	13
2011	144.99	28.55	24.52	12
2012	171.69	26.70	18.42	12
平　均	—	14.95	23.53	—

　　2003～2012 年，开封市财政支出规模年均增长率达 23.53%。2003～2012 年，开封市财政支出的增加值整体呈现上升趋势，增加比重波动较大。2003～2005 年，开封市财政支出的增加比重呈现逐步上升趋势；2005～2007 年，该比重有所下降；2007～2009 年，该比重上升；2009～2012 年，该比重波动下降。2011 年，开封市财政支出的增加值达到最大，为 28.55 亿元，增加比重达 24.52%。2003～2012 年开封市财政支出在全省的位次基本维持在第 12 位、第 13 位。

7.4.2　开封市财政支出规模的相对数分析

　　表 7-9 反映了 2003～2012 年开封市财政支出占地区生产总值的比重情况。2012 年，开封市财政支出占市生产总值比重为 14.22%，与 2011 年相比增加了 0.7 个百分点。

2003～2012 年，开封市财政支出与开封市地区生产总值整体上呈现上升态势。从开封市财政支出占地区生产总值的比重来说，除 2004 年、2006 年有短暂的下降，总体上呈现稳步上升趋势；2003 年该比重为 9.09%，2012 年该比重上升至 14.22%，10 年间增加了 5.13 个百分点。开封市财政支出占市地区生产总值的比重的不断上升反映出开封市财政支出的相对规模在不断变大。

表 7 - 9　开封市 2003～2012 年财政支出占市地区生产总值的比重情况

单位：亿元，%

年　份	财政支出	地区生产总值	财政支出占市地区生产总值的比重
2003	25.64	282.09	9.09
2004	30.28	345.74	8.76
2005	39.07	325.17	12.01
2006	49.77	475.29	10.47
2007	60.04	555.44	10.81
2008	74.47	689.37	10.80
2009	97.23	778.72	12.49
2010	116.44	927.16	12.56
2011	144.99	1072.42	13.52
2012	171.69	1207.05	14.22

如表 7 - 10 所示，2012 年开封市财政支出占全省财政支出的比重为 3.43%，比 2011 年上升了 0.02 个百分点。2003～2012 年，开封市财政支出的总额与河南省财政支出的总额整体上都呈现上升趋势。开封市财政支出占河南省财政支出的比重基本维持在 3%～4%，2003～2007 年，开封市财政支出占河南省财政支出的比重呈现波动下降的趋势，2007～2012 年，该比重呈现稳步上升的趋势。

表 7 - 10　开封市 2003～2012 年财政支出占河南省财政支出的比重情况

单位：亿元，%

年　份	开封市财政支出	河南省财政支出	财政支出占河南省财政支出的比重
2003	25.64	716.6	3.58
2004	30.28	879.96	3.44
2005	39.07	1116.04	3.50
2006	49.77	1440.09	3.46
2007	60.04	1870.61	3.21
2008	74.47	2281.61	3.26
2009	97.23	2905.76	3.35
2010	116.44	3416.14	3.41
2011	144.99	4248.82	3.41
2012	171.69	5006.4	3.43

如表 7 – 11 所示，2003 ~ 2012 年，开封市财政支出与开封市地区生产总值的年增加额总体呈现上升趋势。开封市财政支出的边际系数的变化没有明显规律，有些年份较大（如 2003 年达到 0.28），有些年份较小，甚至出现负值（如 2005 年为 – 0.43），而刨除这两个极端年份，其他年份大体维持在 0.1 ~ 0.2。

表 7 – 11　开封市 2003 ~ 2012 年财政支出的边际系数

单位：亿元

年　份	财政支出	财政支出年增加额	地区生产总值	地区生产总值年增加额	财政支出的边际系数
2003	25.64	3.40	282.09	12.19	0.28
2004	30.28	4.64	345.74	63.65	0.07
2005	39.07	8.79	325.17	– 20.57	– 0.43
2006	49.77	10.70	475.29	150.12	0.07
2007	60.04	10.27	555.44	80.15	0.13
2008	74.47	14.43	689.37	133.93	0.11
2009	97.23	22.76	778.72	89.35	0.25
2010	116.44	19.21	927.16	148.43	0.13
2011	144.99	28.55	1072.42	145.26	0.20
2012	171.69	26.70	1207.05	134.63	0.20

如表 7 – 12 所示，2003 ~ 2012 年，开封市财政支出的弹性系数没有明显变化趋势。在 2009 年，该系数高达 2.53。2010 年出现大幅的降落至 1.62，到 2011 年又回升至 1.90，2012 年该系数下降为 1.66。与 2003 年相比，2012 年财政支出变化率对地区生产总值的变化率的敏感程度有所下降。2003 ~ 2012 年，开封市财政支出的弹性系数大于 1，这表明财政支出增长速度快于地区生产总值增长速度。

表 7 – 12　开封市 2003 ~ 2012 年财政支出的弹性系数

单位：亿元，%

年　份	财政支出	财政支出年增长率	地区生产总值	地区生产总值年增长率	财政支出的弹性系数
2003	25.64	15.31	282.09	6.40	2.39
2004	30.28	18.08	345.74	10.70	1.69
2005	39.07	29.03	325.17	– 13.10	– 2.22
2006	49.77	27.40	475.29	13.40	2.04
2007	60.04	17.11	555.44	13.00	1.32
2008	74.47	24.03	689.37	13.10	1.83
2009	97.23	30.56	778.72	12.10	2.53
2010	116.44	19.76	927.16	12.20	1.62
2011	144.99	24.52	1072.42	12.90	1.90
2012	171.69	18.42	1207.05	11.10	1.66

7.5 开封市财政支出结构分析

7.5.1 开封市财政支出的项目结构分析

表7-13、表7-14和表7-15反映了2007~2012年开封市财政支出中各项目的具体情况及与河南省的比较情况。如表7-13所示，2007~2012年，开封市财政支出总规模不断扩大，财政支出各项目的绝对数均呈现稳步增长态势。在历年所有的支出项目中，一般公共服务支出的绝对数额都是最大的，其次是教育支出，再次是社会保障和就业支出。6年间，文化体育与传媒支出的绝对数最小。

表7-13 开封市2007~2012年财政支出各项目绝对数情况

单位：亿元

年　份	支出合计	一般公共服务	公共安全	教育	科学技术	文化体育与传媒	社会保障和就业	医疗卫生	环境保护	城乡社区事务	农林水事务	交通运输	住房保障
2007	60.04	13.79	3.96	11.48	0.67	0.79	13.39	3.46	1.78	1.97	4.81	3.93	
2008	74.47	17.89	4.68	14.38	0.86	0.79	13.00	5.27	2.83	2.98	7.04	4.77	
2009	97.23	19.95	5.95	17.6	1.03	1.38	16.28	8.28	4.15	1.94	10.18	10.48	
2010	116.44	23.71	7.23	19.71	1.22	2.65	18.95	10.73	2.59	2.45	11.42	5.23	2.48
2011	144.99	28.64	8.85	28.07	1.52	1.43	21.26	16.43	1.97	2.44	15.48	7.11	4.36
2012	171.69	35.95	8.86	33.54	1.86	2.10	23.59	18.99	2.89	3.96	21.51	6.61	5.52

如表7-14所示，在2007~2012年开封市财政支出中，一般公共服务支出比重最大，该比重基本保持在20%以上，但呈现波动下降的趋势。其次是教育支出，2010年开封市教育支出所占比重下降到16.93%，到2012年，开封市19.54%的财政支出用于支持开封市教育事业的发展。在开封市的财政支出中，科学技术支出所占比重呈现下降的趋势，下降的幅度较小，该项支出是开封市财政支出中最为薄弱的一部分。医疗卫生支出所占比重上升的幅度最大，由2007年的5.77%上升到2012年的11.06%。社会保障和就业支出所占的比重下降幅度最大，从2007年的22.31%下降到2012年的13.74%，6年间下降了8.57个百分点。科学技术、文化体育与传媒、环境保护、城乡社区服务支出所占比重基本维持在1%~5%。

如表7-15所示，2007~2012年，开封市一般公共服务、公共安全、社会保障和就业、医疗卫生支出所占财政支出的比重都高于全省水平；开封市教育、科学技术、文化体育与传媒、城乡社区事务、农林水事务、交通运输、住房保障、环境保护支出所占比重整体低于全省水平。

表 7 – 14　开封市 2007～2012 年财政支出项目相对数情况

单位：%

年　份	一般公共服务	公共安全	教育	科学技术	文化体育与传媒	社会保障和就业	医疗卫生	环境保护	城乡社区事务	农林水事务	交通运输	住房保障
2007	22.97	6.60	19.12	1.12	1.31	22.31	5.77	2.97	3.28	8.01	6.54	
2008	24.02	6.29	19.30	1.16	1.06	17.46	7.07	3.80	4.00	9.45	6.40	
2009	20.52	6.12	18.11	1.05	1.42	16.74	8.51	4.27	2.00	10.47	10.78	
2010	20.36	6.21	16.93	1.05	2.27	16.27	9.21	2.23	2.11	9.81	4.49	2.13
2011	19.75	6.10	19.36	1.05	0.98	14.66	11.33	1.36	1.68	10.68	4.9	3.01
2012	20.94	5.16	19.54	1.08	1.22	13.74	11.06	1.68	2.30	12.53	3.85	3.21

表 7 – 15　开封市 2007～2012 年财政支出相对数结构与河南省比较分析

单位：%

年　份	省市	一般公共服务	公共安全	教育	科学技术	文化体育与传媒	社会保障和就业	医疗卫生	环境保护	城乡社区事务	农林水事务	交通运输	住房保障
2007	全　省	18.84	6.6	21.16	1.31	1.71	14.26	5.45	2.68	7.18	7.99	12.82	
	开封市	22.97	6.6	19.12	1.12	1.31	22.31	5.77	2.97	3.28	8.01	6.54	
2008	全　省	17.9	6.4	21.56	1.37	1.87	11.85	7.12	3.87	7.27	9.7	11.1	
	开封市	24.02	6.29	19.3	1.16	1.06	17.46	7.07	3.8	4.00	9.45	6.4	
2009	全　省	16.27	6.22	20.13	1.27	2.11	12.34	8.33	3.82	5.54	10.46	13.51	
	开封市	20.52	6.12	18.11	1.05	1.42	16.74	8.51	4.27	2	10.47	10.78	
2010	全　省	14.01	5.55	17.84	1.31	1.61	13.5	7.91	2.82	4.84	11.69	5.09	2.26
	开封市	20.36	6.21	16.93	1.05	2.27	16.27	9.21	2.23	2.11	9.81	4.49	2.13
2011	全　省	13.16	4.82	20.17	1.33	1.35	12.9	8.51	2.25	4.5	11.31	6.62	3.36
	开封市	19.75	6.1	19.36	1.05	0.98	14.66	11.33	1.36	1.68	10.68	4.9	3.01
2012	全　省	13.24	4.88	22.1	1.39	1.39	12.62	8.51	2.19	4.75	11.02	6	3.71
	开封市	20.94	5.16	19.54	1.08	1.22	13.74	11.06	1.68	2.3	12.53	3.85	3.21

7.5.2　开封市财政支出的地区结构分析

表 7 – 16 反映了开封市各县 2007～2012 年财政支出地区结构的发展变化情况。2007～2012 年，杞县、通许县、尉氏县、开封县、兰考县的财政支出绝对数发展趋势基本保持一致，整体呈现逐步上升的态势。2007～2012 年，杞县的财政支出绝对数居开封市五县首位；通许县的财政支出绝对数居开封市五县的最后一位。

表7－16　开封市2007～2012年财政支出地区结构情况

单位：亿元

县　区	2007 年	2008 年	2009 年	2010 年	2011 年	2012 年
杞　县	8.36	10.33	13.53	15.14	19.03	25.08
通许县	5.17	6.20	8.27	9.73	13.28	15.08
尉氏县	8.27	10.07	12.42	15.01	19.01	23.53
开封县	6.17	8.13	10.65	11.94	15.21	18.00
兰考县	6.29	8.57	12.27	14.06	19.22	25.08
平均数	6.85	8.66	11.43	13.18	17.15	21.35

6年间，财政支出均高于平均数的一共有2个县，分别是杞县和尉氏县；财政支出均低于平均数的一共有2个县，分别是开封县和通许县。2007年、2008年兰考县的财政支出低于平均数，2009年兰考县的财政支出开始高于平均数，2012年其财政支出高于平均数3.73亿元。兰考县财政支出在2011年的增长速度较快，为36.77%。

7.6　小结

2012年开封市财政收支实现新突破，收入规模跨上新台阶，财政保障能力持续增强。在培育壮大财源的基础上，不断创新收入征管机制，以税源普查工作为抓手狠抓税收征管，进一步规范非税收入管理，做大了财政"蛋糕"。全市公共预算收入完成619175万元，增收128701万元，增长26.2%，高于全省平均增幅7.7个百分点，收入增幅连续两年全省排第一位。2009年以来，财政收入总量相继跨越了30亿元、40亿元大关，2012年跨过50亿元，直接进入60亿元的发展新阶段；收入总量由2009年29.5亿元增长到2012年的61.9亿元，三年翻了一番。同时，收入质量进一步提升。全市税收收入完成447156万元，增长29.4%，比全省平均增幅高13.1个百分点，增幅全省排第一位。收入总量是2009年的2.1倍，三年翻了一番。税收比重达72.2%，比2009年提高了1.2个百分点。全市公共预算支出完成1716822万元，增长18.4%，支出进度达到97.7%，为历年来支出进度最好水平。

近年来，开封市财政预算支出规模不断扩大，2007年开封市财政预算支出为60.04亿元，而2012年，开封市财政预算支出达171.69亿元。财政支出规模在全省的排位也由第13位上升至第12位。从财政支出的相对比重来看，开封市财政支出对地区生产总值的贡献程度不断提高，2007年开封市财政支出占地区生产总值的比重为10.81%，2012年该比重上升为14.22%。

从开封市财政支出的结构来看，2007～2012年，在开封市财政支出中，教育支出所占比重最大，一般公共服务支出次之，再就是社会保障和就业支出，科学技术支出占比最小。这说明开封市对科技和文化产业的支持力度最为薄弱，这对开封市长期经济的发展是十分不利的。

随着郑汴一体化进程的不断加快，作为中原经济区核心城市，开封市在河南经济社会发展中的地位将越来越重要。相对而言，受制于开封市经济社会发展状况，开封市的财政状况仍不容乐观。开封市财政运行和管理工作中仍然面临的主要困难和问题有：财政收入占生产总值比重、人均财力水平和可统筹用于民生的公共财政收入仍然偏低，财政收支矛盾十分突出；财政政策还不够完善，在促进经济发展方式转变和调节收入分配等方面的作用仍需加强；预算管理力度仍需加大，资金使用效益有待提高；等等。这些问题将通过今后的发展和工作的改进逐步解决。

今后，开封市需在以下几个方面加快发展，推动财政收支状况的进一步改善。一是推进产业转型升级，大力支持环境保护，加大对淘汰落后产能、重点节能工程、节能技术改造和环境保护支持力度，加快林业生态工程建设，促进经济较快发展。二是进一步认真落实强农惠农富农政策，促进粮食增产、农业增效和农民增收。三是要坚持以人为本，以民生工程为重点，调整优化支出结构，保障和改善民生力度持续加大。四是稳步提升财政管理监督水平，进一步提高预算管理水平，继续深化财政管理制度改革。继续细化预算编制，开展重大项目支出预算评审，提高预算完整性、科学性和透明度。狠抓预算执行管理和绩效评价工作，健全预算执行责任制和督导通报制度，提高财政支出的均衡性、时效性。

第8章
洛阳市财政发展报告

8.1　洛阳市财政发展概述

洛阳市位于河南省西部，东临郑州，西接三门峡，北跨黄河与焦作接壤，南与平顶山、南阳相连。洛阳市面积达 15208 平方千米，2012 年底拥有 654.99 万人。洛阳市现辖涧西区、西工区、老城区、瀍河回族区、洛龙区、伊滨区、吉利区七个区，孟津县、新安县、洛宁县、宜阳县、伊川县、嵩县、栾川县、汝阳县 8 个县以及偃师市 1 个县级市，伊滨区、洛阳新区、洛阳国家高新技术产业开发区、国家洛阳经济技术开发区 4 个经济功能区。洛阳市是中国优秀旅游城市和国家园林城市。

洛阳市是河南省及中原经济区的副中心城市，近年来发展迅速。2012 年，洛阳市共实现地区生产总值 2981.12 亿元，同比增长 10%。其总额在河南省仅次于郑州市，居河南省第二位。从三次产业的分布上看，2012 年，洛阳市第一产业增加值为 223.76 亿元，较上年上涨 4.6%。第二产业增加值达 1788.09 亿元，较上年上涨 11.2%。其中，轻工业 222.81 亿元，增长 24.0%；重工业 1125.34 亿元，增长 11.1%，轻重工业比例为 16.5∶83.5。第三产业增加值达 969.28 亿元，与 2011 年相比上升 8.8%。其中，洛阳市旅游业发展较为突出，2012 年接待国内外旅游总人数 7765 万人次，比上年增长 13.0%。

2012 年洛阳市地方财政总收入 379.0 亿元，比上年增长 10.1%。地方公共预算收入 205.3 亿元，增长 15.1%。其中，税收收入 148.5 亿元，增长 13.2%，税收占地方公共预算收入的比重为 72.4%。地方公共预算支出 345.1 亿元，增长 16.2%。其中，教育支出 79.2 亿元，增长 25.1%；社会保障和就业支出 31.8 亿元，增长 18.1%；医疗卫生支出 26.0 亿元，增长 5.8%。

8.2　洛阳市财政收入规模分析

8.2.1　洛阳市财政收入绝对规模分析

洛阳市公共预算收入及其变化情况如表 8 - 1 所示。自 2003 年以来，洛阳市公共预算收入实现稳步增长，10 年共上涨 175.1 亿元。10 年来，年均增长 17.51 亿元，年均增长率达 23.73%，其公共预算收入自 2003 年以来，一直居河南省第二位，仅次于省会郑州。

表 8 - 1　洛阳市 2003～2012 年公共预算收入情况

表 8 - 1　洛阳市 2003～2012 年公共预算收入情况

单位：亿元，%

年　份	公共预算收入	财政收入较上年增加数	财政收入增长率	当年财政收入在河南省的位次
2003	30.21	—	—	2
2004	42.81	12.60	41.70	2
2005	60.96	18.15	42.40	2
2006	76.62	15.66	25.69	2
2007	100.17	23.56	30.74	2
2008	116.57	16.39	16.36	2
2009	120.29	3.72	3.20	2
2010	142.02	21.73	18.06	2
2011	178.27	36.25	25.52	2
2012	205.26	26.99	15.14	2
平　均	—	17.51	23.73	—

2003 年，洛阳市财政收入规模达 30.21 亿元；2004～2012 年，洛阳市财政收入实现了稳步增长，其中，2005 年，洛阳市财政收入规模增长速度最快，达到 42.4%；2012 年，洛阳市财政预算收入突破 200 亿元大关。

8.2.2　洛阳市财政收入的相对规模分析

表 8 - 2 反映了 2003～2012 年洛阳市财政收入占地区生产总值的比重情况。自 2003 年以来，洛阳市财政收入占地区生产总值比重都高于 4%，并且所占比重整体呈现增长态势，2003～2012 年，由 4.40% 上升至 6.89%，上涨了 2.49 个百分点。但是 2006 年、2008 年、2009 年所占比重呈现短暂的下降。

表 8 - 2　2003～2012 年洛阳市财政收入占市地区生产总值的比重情况

单位：亿元，%

年　份	财政收入	地区生产总值	财政收入占地区生产总值比重
2003	30.21	686.32	4.40
2004	42.81	905.20	4.73
2005	60.96	880.28	6.92
2006	76.62	1333.65	5.75
2007	100.17	1595.32	6.28
2008	116.57	1919.64	6.07
2009	120.29	1825.76	6.59
2010	142.02	2320.25	6.12
2011	178.27	2702.76	6.60
2012	205.26	2981.12	6.89

在洛阳市地区生产总值不断上升的情况下，洛阳市财政收入占地区生产总值的比重仍呈现增长的态势，说明 2003～2012 年洛阳市的企业整体经营效益不断提升。

如表 8－3 所示，2003～2012 年，洛阳市财政收入占河南省财政收入比重从 2003 年的 8.94% 上升至 2007 年的 11.62%，上升了 2.68 个百分点，之后又下降至 2012 年的 10.06%，下降了 1.56 个百分点，说明洛阳市对河南省财政收入的贡献率 10 年间经历了先上升后下降的波动。

表 8－3　洛阳市 2003～2012 年财政收入占河南省财政收入的比重情况

单位：亿元，%

年　份	财政收入	河南省财政收入	财政收入占河南省财政收入的比重
2003	30.21	338.05	8.94
2004	42.81	428.78	9.98
2005	60.96	537.65	11.34
2006	76.62	679.17	11.28
2007	100.17	862.08	11.62
2008	116.57	1008.90	11.55
2009	120.29	1126.06	10.68
2010	142.02	1381.32	10.28
2011	178.27	1721.76	10.35
2012	205.26	2040.33	10.06

8.3　洛阳市财政收入结构分析

8.3.1　洛阳市财政收入的项目结构分析

表 8－4 和表 8－5 反映了 2007～2012 年洛阳市公共预算收入中税收收入的比重情况及与河南省、全国的比较情况。

如表 8－4 所示，洛阳市 2007～2012 年，公共预算收入逐年增加，由 100.17 亿元增加至 205.26 亿元。从总额上来看，无论是税收收入还是非税收入，都呈现上升的趋势。从洛阳市财政收入的构成上来看，2007～2012 年，洛阳市税收收入占比呈现波动下降的趋势，而非税收入占比呈现波动上升的趋势。2007 年，洛阳市税收收入占公共预算收入的 73.73%，而非税收入比重为 26.27%。2008 年税收收入比重呈现短暂的上升后，于 2009 年出现下降，2010 年，财政收入占公共预算收入的 72.88%，2011 年，财政收入占公共预算收入比重是这 6 年中最高的，达到 73.61%，随后，2012 年，财政收入占比下降到 72.36%，而非税收入占比上升至 27.64%。

表 8 - 4 洛阳市 2007 ~ 2012 年公共预算收入中税收入的比重情况

单位：亿元，%

年　份	公共预算收入	税收收入	税收收入占比	非税收入	非税收入占比
2007	100.17	73.86	73.73	26.31	26.27
2008	116.57	87.42	74.99	29.15	25.01
2009	120.29	84.42	70.18	35.87	29.82
2010	142.02	103.50	72.88	38.52	27.12
2011	178.27	131.23	73.61	47.04	26.39
2012	205.26	148.54	72.36	56.73	27.64

如表 8 - 5 所示，2007 ~ 2012 年，洛阳市财政收入占比远远低于全国财政收入占比。2007 年，洛阳市财政收入占比低于全国 15.16 个百分点，自 2008 年起，该比重差异逐步减少。与河南省相比，2007 ~ 2010 年洛阳市税收收入占比低于河南省，2011 年后，洛阳市税收收入占财政收入的比重高于河南省。

表 8 - 5 洛阳、河南省、全国 2007 ~ 2012 年税收收入占财政收入的比重

单位：%

年　份	洛阳市税收收入占比	河南省税收收入占比	全国税收收入占比
2007	73.73	75.70	88.89
2008	74.99	78.51	88.41
2009	70.18	74.92	86.87
2010	72.88	73.59	88.10
2011	73.61	73.36	86.39
2012	72.36	72.03	85.83

在许多发达国家和地区，税收收入占财政收入的比重都超过了 90%，而洛阳市这一比重，目前还不足 75%，比重较低。虽然洛阳市财政收入近年来呈现上升的趋势，但是我们更应该关注财政收入的来源和结构。

如表 8 - 6 所示，2007 ~ 2012 年洛阳市四种主要税种——增值税、营业税、企业所得税、个人所得税税收总额都呈现上升趋势。从税收结构来看，在洛阳市税收中，营业税所占比重最高，增值税次之，再就是企业所得税，个人所得税所占比重最小。其中，营业税所占比重在 2007 ~ 2012 年呈现增长的态势，这说明洛阳市第三产业发展速度不断加快。增值税与工业经济运行密不可分，其所占比重呈现逐年下降的趋势，这说明洛阳市工业增加值增加速度不断放缓。企业所得税与个人所得税呈现波动下降的趋势。其中，企业所得税所占比重自 2007 年的 19.04%，下降到 2012 年的 12.4%，下降了 6.96 个百分点。企业所得税所占比重下降也反映了洛阳市工业企业利润增加速度放缓。个人所得税在 2007 ~ 2012 年下降了 2.15 个百分点。

表 8 - 6　洛阳市 2007 ~ 2012 年税收收入的项目结构情况

单位：万元，%

年　份	税收收入	增值税		营业税		企业所得税		个人所得税	
		数　额	占　比	数　额	占　比	数　额	占　比	数　额	占　比
2007	73. 86	16. 33	22. 12	17. 69	23. 95	14. 06	19. 04	3. 60	4. 87
2008	87. 42	17. 01	19. 46	20. 33	23. 25	17. 83	20. 39	4. 24	4. 85
2009	84. 42	13. 39	15. 86	23. 80	28. 19	11. 05	13. 08	3. 85	4. 56
2010	103. 50	17. 56	16. 97	27. 92	26. 98	14. 77	14. 27	5. 24	5. 06
2011	131. 23	20. 25	15. 43	38. 43	29. 28	20. 00	15. 24	5. 14	3. 92
2012	148. 54	19. 14	12. 88	46. 47	31. 28	18. 42	12. 40	4. 04	2. 72

8.3.2　洛阳市财政收入的地区结构分析

洛阳市现辖 7 个区、1 个县级市、8 个县：涧西区、西工区、老城区、瀍河回族区、洛龙区、伊滨区、吉利区、偃师市、孟津县、新安县、洛宁县、宜阳县、伊川县、嵩县、栾川县、汝阳县，下辖 4 个经济功能区：伊滨区、洛阳新区（正厅级）、洛阳国家高新技术产业开发区（独立享有管辖权）、国家洛阳经济技术开发区。9 个县市财政收入状况如表 8 - 7 所示。

表 8 - 7　洛阳市 2007 ~ 2012 年财政收入地区结构情况

单位：亿元

县　市	2007 年	2008 年	2009 年	2010 年	2011 年	2012 年
孟津县	3. 36	4. 08	4. 64	5. 38	6. 61	8. 09
新安县	8. 61	9. 51	10. 51	12. 19	13. 06	13. 34
栾川县	10. 12	17. 74	10. 59	12. 49	15. 01	14. 17
嵩　县	2. 32	2. 97	3. 41	4. 00	4. 69	5. 56
汝阳县	2. 41	3. 05	2. 94	3. 36	3. 89	4. 63
宜阳县	2. 66	3. 12	3. 69	4. 27	5. 07	6. 18
洛宁县	2. 00	2. 50	2. 91	3. 43	4. 40	5. 63
伊川县	8. 12	9. 02	9. 23	10. 08	9. 10	10. 80
偃师市	9. 02	11. 03	11. 14	8. 24	9. 31	10. 40
平均数	5. 40	7. 00	6. 56	7. 05	7. 90	8. 76

洛阳市有 8 个县市财政收入总体上呈现上升的趋势，只有栾川县 2009 年的财政收入呈现短暂的下降，2010 年之后逐步回升；偃师市财政收入 2007 ~ 2009 年逐步上升，2009 年达到近些年的最高峰，2010 年下降至 8.24 亿元，随后逐渐回升。

如表 8 - 8 所示，洛阳市的 9 个县市中，新安县、栾川县、伊川县、偃师市对洛阳市财政收入的贡献最为显著。2012 年 9 个县市中财政收入超出平均数的县市有新安县、栾川县、伊川县以及偃师市。

表 8 - 8　2012 年洛阳市各县市财政收入分析

单位：亿元

县　　市	2007 年	2012 年	与平均数比较	是 2007 年的倍数
孟津县	3.36	8.09	- 0.67	2.41
新安县	8.61	13.34	4.58	1.55
栾川县	10.12	14.17	5.41	1.40
嵩　县	2.32	5.56	- 3.20	2.40
汝阳县	2.41	4.63	- 4.13	1.92
宜阳县	2.66	6.18	- 2.58	2.32
洛宁县	2	5.63	- 3.13	2.82
伊川县	8.12	10.8	2.04	1.33
偃师市	9.02	10.4	1.64	1.15
平　　均	5.4	8.76	—	—

8.4　洛阳市财政支出规模分析

8.4.1　洛阳市财政支出规模的绝对数分析

表 8 - 9 反映了 2003～2012 年洛阳市财政支出规模的情况。2003～2012 年，洛阳市财政支出规模不断扩大。2003 年洛阳市财政支出仅有 50.38 亿元，而 2012 年洛阳市财政支出达 345.11 亿元，财政支出较上年增加数年平均增长 29.47 亿元。从增长速度来看，2003～2012 年，洛阳市财政支出规模年均增长率达 23.84%。财政支出规模增速整体呈现加快的趋势，特别是 2007 年，洛阳市财政支出与 2006 年相比，增加了 33.91 亿元，增速达 30.18%。2010 年与 2012 年财政支出绝对数虽然呈现上升趋势，但是财政支出规模扩大的速度放缓。

表 8 - 9　洛阳市 2003～2012 年财政支出规模情况

单位：亿元，%

年　　份	公共预算支出	财政支出较上年增加数	财政支出较上年增加比重	当年财政支出在河南省的位次
2003	50.38	—	—	2
2004	62.82	12.44	24.70	2
2005	88.87	26.05	41.46	2
2006	112.32	23.45	26.40	2

年 份	公共预算支出	财政支出较上年增加数	财政支出较上年增加比重	当年财政支出在河南省的位次
2007	146.23	33.91	30.18	2
2008	170.41	24.18	16.54	2
2009	204.63	34.22	20.08	2
2010	230.80	26.17	12.79	3
2011	296.90	66.10	28.64	3
2012	345.11	48.21	16.24	3
平 均	—	29.47	23.84	—

8.4.2 洛阳市财政支出规模的相对数分析

表 8 - 10 反映了 2003 ~ 2012 年洛阳市财政支出占地区生产总值的比重情况。2003 ~ 2012 年，洛阳市财政支出与洛阳市地区生产总值总体上呈现上升态势。从洛阳市财政支出占地区生产总值的比重来看，总体上呈现上升趋势，2003 年该比重为 7.34%，然而 2012 年该比重上升至 11.58%，这说明洛阳市政府支出对洛阳市地区生产总值的拉动作用更加明显。

表 8 - 10　洛阳市 2003 ~ 2012 年财政支出占地区生产总值的比重情况

单位：亿元，%

年 份	财政支出	地区生产总值	财政支出占地区生产总值的比重
2003	50.38	686.32	7.34
2004	62.82	905.20	6.94
2005	88.87	880.28	10.10
2006	112.32	1333.65	8.42
2007	146.23	1595.32	9.17
2008	170.41	1919.64	8.88
2009	204.63	1825.76	11.21
2010	230.80	2320.25	9.95
2011	296.90	2702.76	10.99
2012	345.11	2981.12	11.58

如表 8 - 11 所示，2003 ~ 2012 年，洛阳市财政支出与河南省财政支出整体上都呈现上升趋势。洛阳市财政支出占河南省财政支出的比重整体上呈现下降趋势，2003 年洛阳市财政支出占河南省财政支出的 7.03%，而 2012 年这一比重下降至 6.89%，下降了 0.14 个百分点。

表 8 - 11　洛阳市 2003 ~ 2012 年财政支出占河南省财政支出的比重情况

单位：亿元，%

年　份	财政支出	河南省财政支出	财政支出占河南省财政支出的比重
2003	50.38	716.60	7.03
2004	62.82	879.96	7.14
2005	88.87	1116.04	7.96
2006	112.32	1440.09	7.80
2007	146.23	1870.61	7.82
2008	170.41	2281.61	7.47
2009	204.63	2905.76	7.04
2010	230.80	3416.14	6.76
2011	296.90	4248.82	6.99
2012	345.11	5006.40	6.89

如表 8 - 12 所示，2003 ~ 2012 年，洛阳市财政支出与洛阳市地区生产总值的年增加额大体上呈现上升趋势。洛阳市财政支出的边际系数呈现波动上升趋势，2003 年洛阳市边际支出系数为 0.03，而 2012 年财政支出边际系数高达 0.17。这说明洛阳市政府对新增地区生产总值的控制程度不断提高。

表 8 - 12　洛阳市 2003 ~ 2012 年财政支出的边际系数

单位：亿元

年　份	财政支出	财政支出年增加额	地区生产总值	地区生产总值年增加额	财政支出的边际系数
2003	50.38	4.58	686.32	151.31	0.03
2004	62.82	12.44	905.20	218.88	0.06
2005	88.87	26.04	880.28	- 24.92	- 1.05
2006	112.32	23.46	1333.65	453.37	0.05
2007	146.23	33.91	1595.32	261.67	0.13
2008	170.41	24.18	1919.64	324.32	0.07
2009	204.63	34.22	1825.76	- 93.88	- 0.36
2010	230.80	26.17	2320.25	494.49	0.05
2011	296.90	66.10	2702.76	382.51	0.17
2012	345.11	48.21	2981.12	278.36	0.17

如表 8 - 13 所示，2003 ~ 2012 年，洛阳市财政支出的弹性系数呈现波动上升趋势。2003 年洛阳市财政支出的弹性系数为 0.60。2012 年该系数上升为 1.62。这说明与 2003 年相比，2012 年整体上财政支出变化率对地区生产总值的变化率的敏感程度不断上升。

表 8 - 13　洛阳市 2003 ~ 2012 年财政支出的弹性系数

单位：亿元，%

年　份	财政支出	财政支出年增长率	地区生产总值	地区生产总值年增长率	财政支出的弹性系数
2003	50.38	10.01	686.32	16.60	0.60
2004	62.82	24.70	905.20	16.20	1.52
2005	88.87	41.46	880.28	15.10	2.75
2006	112.32	26.40	1333.65	15.70	1.68
2007	146.23	30.18	1595.32	16.20	1.86
2008	170.41	16.54	1919.64	14.40	1.15
2009	204.63	20.08	1825.76	13.30	1.51
2010	230.80	12.79	2320.25	13.30	0.96
2011	296.90	28.64	2702.76	12.50	2.29
2012	345.11	16.24	2981.12	10.00	1.62

8.5　洛阳市财政支出结构分析

8.5.1　洛阳市财政支出项目结构分析

表 8 - 14、表 8 - 15 反映了 2007 ~ 2012 年洛阳市财政支出中各项目的具体情况。

表 8 - 14　洛阳市 2007 ~ 2012 年财政支出各项目绝对数情况

单位：亿元

年份	一般公共服务	公共安全	教育	科学技术	文化体育与传媒	社会保障和就业	医疗卫生	环境保护	城乡社区事务	农林水事务	交通运输	住房保障
2007	23.28	9.75	27.84	2.38	4.18	14.69	6.70	4.83	10.87	10.94	30.77	
2008	26.90	11.56	32.39	3.08	4.07	14.26	9.04	6.05	13.57	16.05	33.44	
2009	31.81	13.52	40.50	3.67	6.00	19.16	16.24	7.75	12.52	17.68	35.78	
2010	30.63	14.55	44.50	3.31	5.35	21.37	17.24	6.89	14.21	19.34	10.33	5.74
2011	32.63	15.95	63.33	5.96	5.85	26.93	24.60	6.31	22.10	26.07	16.19	11.46
2012	40.08	18.11	79.19	6.91	9.21	31.79	26.02	8.77	25.93	36.05	16.83	11.84

如表 8 - 14 所示，2007 ~ 2012 年，洛阳市财政支出总规模都不断扩大，用于一般公共服务、公共安全、教育、科学技术、文化体育与传媒、社会保障和就业的支出都不断上升。其中，教育支出绝对额最大，增长最快，其次是一般公共服务支出，再就是社会保障和就业支出，最少的是科学技术支出。

如表 8 - 15 所示，在 2007 ~ 2012 年洛阳市财政支出中，教育支出所占比重最大，约占到整个洛阳市财政支出的 20%，并且该比重呈现增长的趋势，2012 年，洛阳市 22.95% 的财政支出用于支持洛阳市教育事业的发展。其次，洛阳市的一般公共服务支出所占比重占整个财政支出的 10%~15%，且该比重自 2007 年以来有所下降，2007 年洛阳市的一般公共服务支出占到其财政总支出的 15.92%，而 2012 年仅有 11.61% 的财政支出用于一般公共服务。在洛阳市的财政支出中，科学技术支出所占比重 2007 年仅为 1.63%，2012 年尽管该比重上升至 2%，但是该项支出仍然是洛阳市财政支出中最为薄弱的一部分。

表 8 – 15　洛阳市 2007~2012 年财政支出项目相对数情况

单位：%

年份	一般公共服务	公共安全	教育	科学技术	文化体育与传媒	社会保障和就业	医疗卫生	环境保护	城乡社区事务	农林水事务	交通运输	住房保障
2007	15.92	6.67	19.04	1.63	2.86	10.05	4.59	3.31	7.43	7.48	21.04	
2008	15.79	6.78	19.01	1.80	2.39	8.37	5.31	3.55	7.96	9.42	19.63	
2009	15.55	6.61	19.79	1.79	2.93	9.36	7.93	3.79	6.12	8.64	17.49	
2010	13.27	6.31	19.28	1.43	2.32	9.26	7.47	2.99	6.16	8.38	4.47	2.49
2011	10.99	5.37	21.33	2.01	1.97	9.07	8.29	2.12	7.44	8.78	5.45	3.86
2012	11.61	5.25	22.95	2.00	2.67	9.21	7.54	2.54	7.51	10.45	4.88	3.43

2007~2012 年，洛阳市公共安全支出、科学技术支出、文化体育与传媒支出所占财政支出的比重都高于河南省水平；洛阳市的一般公共服务支出、社会保障支出所占比重整体低于河南省水平。2007 年，洛阳市教育支出所占财政收入的比重低于河南省 2.12 个百分点，随着洛阳市不断加大对教育的投入力度，该比重的差距将逐渐缩小，2010 年，洛阳市教育支出所占比重已经超过河南省；2012 年，洛阳市教育支出所占比重高于河南省 2.77 个百分点。

如表 8 – 16 所示，2007~2012 年，洛阳市的公共安全、教育、科学技术、文化体育与传媒、环境保护、城乡社区事务支出所占比重都高于全省水平；洛阳市一般公共服务、社会保障和就业、医疗卫生、农林水事务、交通运输、住房保障支出所占比重整体低于全省水平。

表 8 – 16　洛阳市 2007~2012 年财政支出相对数结构与河南省比较分析

单位：%

年份	省市	一般公共服务	公共安全	教育	科学技术	文化体育与传媒	社会保障和就业	医疗卫生	环境保护	城乡社区事务	农林水事务	交通运输	住房保障
2007	全省	18.84	6.6	21.16	1.31	1.71	14.26	5.45	2.68	7.18	7.99	12.82	
	洛阳市	15.92	6.67	19.04	1.63	2.86	10.05	4.59	3.31	7.43	7.48	21.04	
2008	全省	17.9	6.4	21.56	1.37	1.87	11.85	7.12	3.87	7.27	9.7	11.1	
	洛阳市	15.79	6.78	19.01	1.8	2.39	8.37	5.31	3.55	7.96	9.42	19.63	

续表

年份	省市	一般公共服务	公共安全	教育	科学技术	文化体育与传媒	社会保障和就业	医疗卫生	环境保护	城乡社区事务	农林水事务	交通运输	住房保障
2009	全 省	16.27	6.22	20.13	1.27	2.11	12.34	8.33	3.82	5.54	10.46	13.51	
	洛阳市	15.55	6.61	19.79	1.79	2.93	9.36	7.93	3.79	6.12	8.64	17.49	
2010	全 省	14.01	5.55	17.84	1.31	1.61	13.5	7.91	2.82	4.84	11.69	5.09	2.26
	洛阳市	13.27	6.31	19.28	1.43	2.32	9.26	7.47	2.99	6.16	8.38	4.47	2.49
2011	全 省	13.16	4.82	20.17	1.33	1.35	12.9	8.51	2.25	4.5	11.31	6.62	3.36
	洛阳市	10.99	5.37	21.33	2.01	1.97	9.07	8.29	2.12	7.44	8.78	5.45	3.86
2012	全 省	13.24	4.88	22.1	1.39	1.39	12.62	8.51	2.19	4.75	11.02	6	3.71
	洛阳市	11.61	5.25	22.95	2	2.67	9.21	7.54	2.54	7.51	10.45	4.88	3.43

8.5.2 洛阳市财政支出区域结构分析

洛阳市财政支出区域情况如表 8 - 17 所示。在 2007～2012 年洛阳市 9 个县市中，孟津县、新安县、嵩县、汝阳县、宜阳县、洛宁县、伊川县财政支出逐年增加。栾川县、偃师市财政支出呈现波动上升的趋势，其财政支出分别在 2009 年、2010 年呈现短暂下降后下一年迅速反弹的态势。

表 8 - 17　洛阳市 2007～2012 年财政支出地区结构情况

单位：亿元

县　区	2007 年	2008 年	2009 年	2010 年	2011 年	2012 年
孟津县	6.40	7.87	9.64	11.25	14.54	16.73
新安县	11.99	13.72	17.21	18.97	20.58	22.94
栾川县	12.35	14.69	12.39	14.56	18.00	19.52
嵩　县	6.95	8.51	11.19	11.95	16.27	19.83
汝阳县	6.17	7.58	9.85	9.90	12.67	16.14
宜阳县	7.54	9.22	12.77	14.17	18.02	21.02
洛宁县	6.52	7.83	10.05	11.79	14.46	18.25
伊川县	11.94	13.86	17.51	17.97	21.82	24.23
偃师市	13.18	16.18	18.66	15.81	18.29	20.73
平均数	9.23	11.05	13.25	14.04	17.18	19.93

在洛阳市 9 个县市中，财政支出最多的县市主要有伊川县、新安县、宜阳县等。2012 年财政支出超出 9 县市平均数的县市主要有新安县、栾川县、宜阳县、伊川县、偃师市。

8.6　小结

2003 年以来，洛阳市公共预算收入实现稳步增长，一直居河南省第二位，仅次于省会郑州。洛阳市财政收入占地区生产总值比重整体呈现增长态势。

在洛阳市的财政收入结构中，税收收入占比呈现波动下降的趋势，而非税收入占比呈现波动上升的趋势。从税收结构上来看，增值税占税收收入的比重呈现逐年下降的趋势，企业所得税与个人所得税呈现波动下降的趋势，税种结构尚待进一步优化。

洛阳市财政支出规模不断扩大。其原因在于，一是洛阳市近年来经济不断发展，为洛阳市财政支出规模的扩大奠定了基础。当然，洛阳市财政支出绝对规模的增加也在一定程度上受我国物价水平上涨因素的影响。二是洛阳市人口规模不断扩大，要求洛阳市相应地增加社会生产的投资。2007 年，洛阳市共有 650 万人，然而 2012 年洛阳市人口数就增加至 689 万人，这有效地促进了洛阳市财政支出的增加。三是洛阳市自 2008 年金融危机以来，实行较为积极的财政政策，增加财政支出，以扩大洛阳市内需。特别是洛阳市增加对教育和民生的支出，用于提高洛阳市教育水平，保障民生。虽然洛阳市财政支出的绝对数呈现增加的趋势，但是其内部结构表现不平衡，主要表现在科学技术、文化体育与传媒、节能保护支出少，尤其是科学技术支出少。这对促进洛阳市高新技术的发展、建立环境节约型社会、促进文化产业的发展是不利的。

洛阳市财政收入工作应继续坚持科学发展观，坚持以组织收入、科学理财为主题，以增活力、重民生为重点，积极创新发展理念，着力培植财源，狠抓收入征管，强化支出监督，努力实现地方财政收入大跨越。

洛阳市财政支出工作应以强化科学管理为着眼点，不断提升财政支出管理水平。一是要坚持规范财政支出范围、支出标准和审批程序；二是要不断改进和完善收付集中制，增强财政资金调控能力，进一步提高资金使用效益和预算透明度。

第9章
平顶山市财政发展报告

9.1 平顶山市财政发展综述

平顶山市1957年建市,1964年改为特区,1968年重新设市。平顶山市总面积7882平方千米,总人口503万人,管辖新华区、卫东区、湛河区、石龙区、高新技术开发区五区(新城区正在申报),宝丰县、郏县、鲁山县、叶县四县,舞钢市、汝州市两个代管县级市。平顶山市工业基础雄厚,经过半个多世纪的开发建设,已成为以能源、原材料为主体,煤炭、电力、冶金、化工、纺织、建材等综合发展的工业城市。全市现有各类工业企业4万多家,其中规模以上企业739家。

2012年平顶山市公共预算收入、支出分别突破100亿元和200亿元关口,财政各项工作站上了新的起点。统计数据显示,2012年全市境域内的财政总收入为217亿元,同比增长7%。公共预算收入突破100亿元,达到107.5亿元,同比增长12.8%。全市地方财政支出256.3亿元,同比增长20.4%。公共预算支出突破200亿元,达到209.8亿元,同比增长19.8%。同年,平顶山市财政支出结构进一步优化,法定支出、重点支出和民生支出得到较好保障,全市财政用于人民群众生活直接相关的教育、医疗卫生、就业、社会保障和住房保障等民生的支出共153亿元,占公共预算支出的比重达到73%,超出全省平均水平0.9个百分点,促进了全市经济和社会事业发展。

9.2 平顶山市财政收入规模分析

9.2.1 平顶山市财政收入绝对规模分析

多年来,平顶山市加强经济运行调节,持续推进各项建设,经济保持了平稳较快的增长态势,财政收入规模绝对数不断增加。

从表9-1可以看出,平顶山市财政收入规模的绝对数稳步增加,从2003年的13.75亿元增加到2012年的107.36亿元,增长了6.8倍;其中,2005年突破20亿元大关,2006年突破40亿元大关,2007年突破50亿元大关,2008年突破60亿元大关,2009年突破70亿元大关,2010年突破80亿元大关,2012年突破100亿元。2003年以来年均增加绝对数为9.56亿元,年均增长率为25.65%;财政收入在全省的位次从2003年的第七位升至2012年的第四位。平顶山财政收入绝对规模呈现逐年上升的趋势,而财政收入增长率则于2004年较2003年有较大增长幅度以后,出现逐年下降的趋势。

表 9 - 1　平顶山市 2003～2012 年公共预算收入情况

单位：亿元，%

年　份	公共预算收入	财政收入较上年增加数	财政收入较上年增加比重	财政收入在河南省的位次
2003	13.75	1.98	16.87	7
2004	19.96	6.22	45.22	6
2005	29.08	9.12	45.67	4
2006	40.40	11.32	38.95	3
2007	50.10	9.70	24.01	3
2008	62.52	12.42	24.78	3
2009	70.30	7.78	12.44	3
2010	80.58	10.28	14.62	3
2011	95.30	14.72	18.27	3
2012	107.36	12.06	12.65	4
平　均	—	9.56	25.65	—

9.2.2　平顶山市财政收入相对规模分析

表 9 - 2 反映了 2003～2012 年平顶山市财政收入占地区生产总值的比重情况。2003～2012 年，在平顶山市地区生产总值不断提高的情况下，平顶山市财政收入占市生产总值比重从 2003 年的 3.76% 增加到 2012 年的 7.18%，增加了 3.42 个百分点。平顶山财政收入绝对规模、平顶山国民生产总值的绝对数以及平顶山财政收入占地区生产总值比重均呈现逐年上升的趋势。

表 9 - 2　2003～2012 年平顶山市财政收入占市地区生产总值的比重情况

单位：亿元，%

年　份	财政收入	地区生产总值	财政收入占地区生产总值比重
2003	13.75	365.66	3.76
2004	19.96	455.37	4.38
2005	29.08	560.99	5.18
2006	40.40	675.41	5.98
2007	50.10	821.16	6.10
2008	62.52	1067.70	5.86
2009	70.30	1048.33	6.71
2010	80.58	1310.84	6.15
2011	95.30	1484.61	6.42
2012	107.36	1495.80	7.18

从表 9 - 3 可以看出，平顶山市公共财政收入的绝对数随着河南省财政收入的不断增加，其占河南省财政收入的比重从 2003 年的 4.07% 上升到 2009 年的 6.24%，上升了

2.17 个百分点，而 2010 ~ 2012 年其占河南省财政收入的比重则降至 5.26%，降低了 0.98 个百分点。在平顶山市财政收入、河南省财政收入逐年上升的同时，财政收入占河南省财政收入的比重呈现先升后降的趋势。

表 9 - 3　平顶山市 2003 ~ 2012 年财政收入占河南省财政收入的比重情况

单位：亿元，%

年　份	财政收入	河南省财政收入	财政收入占河南省财政收入比重
2003	13.75	338.05	4.07
2004	19.96	428.78	4.66
2005	29.08	537.65	5.41
2006	40.40	679.17	5.95
2007	50.10	862.08	5.81
2008	62.52	1008.90	6.20
2009	70.30	1126.06	6.24
2010	80.58	1381.32	5.83
2011	95.30	1721.76	5.54
2012	107.36	2040.33	5.26

9.3　平顶山市财政收入结构分析

9.3.1　平顶山市财政收入项目结构分析

表 9 - 4 和表 9 - 5 反映了 2007 ~ 2012 年平顶山市公共预算收入中税收收入的比重情况及与全省、全国的比较情况。

表 9 - 4 列示了平顶山市 2007 ~ 2012 年的公共预算收入、税收收入及其占比、非税收入及其占比，可以看出，平顶山市税收收入的绝对额随着时间的推移在逐年增加，从 2007 年的 389471 万元增加到 2012 年的 744591 万元，增加了 0.91 倍；同时，税收收入占公共预算收入的比重从 2007 年的 77.73% 增加到 2008 年的 78.21%，增加了 0.48 个百分点，只是在随后的 2009 ~ 2012 年又呈现下降态势。从纳入公共预算的非税收入来看，非税收入占公共预算的比重在逐年上升，从 2007 年的 22.27% 增加到 2012 年的 30.64%，增加了 8.37 个百分点。

表 9 - 4　平顶山市 2007 ~ 2012 年公共预算收入中税收收入的比重情况

单位：万元，%

年　份	公共预算收入	税收收入	税收入占比	非税收入	非税收入占比
2007	501028	389471	77.73	111557	22.27
2008	625203	488993	78.21	136210	21.79

年　份	公共预算收入	税收收入	税收入占比	非税收入	非税收入占比
2009	703000	548300	77.99	154700	22.01
2010	805800	613700	76.16	192200	23.84
2011	953000	705600	74.04	247300	25.96
2012	1073568	744591	69.36	328977	30.64

表 9 - 5 列示了平顶山市税收收入占比、河南省税收收入占比和全国税收收入占比，从表中可以明显看出，无论是河南省的这一比例还是平顶山市的这一比例，都没有全国税收收入占比高，差距最大的年份是 2012 年，达到 16.47 个百分点，其他年份的差距也都在 10 个百分点以上。平顶山市税收占财政收入的比重在逐年下降，2007 年这一比例为77.73%，到 2012 年达到了 69.36%，下降了 8.37 个百分点；同样，我国这一比例也是逐年下降的。平顶山市乃至河南省税收占财政收入比重较低，警示我们要在近年来我国财政收入不断增长的同时，关注财政收入结构问题。

表 9 - 5　平顶山市、河南省、全国 2007 ~ 2012 年税收收入占财政收入比重

单位：%

年　份	平顶山市税收收入占比	河南省税收收入占比	全国税收收入占比
2007	77.73	72.5	88.89
2008	78.21	73.6	88.41
2009	77.99	73.0	86.87
2010	76.16	73.6	88.10
2011	74.04	73.4	86.39
2012	69.36	72.0	85.83

表 9 - 6 列示了平顶山市 2007 ~ 2012 年四大税种（增值税、营业税、企业所得税、个人所得税）收入及其占税收收入总额的比重。可以看出，四大税种的绝对额都呈现逐年上升的态势；营业税在税收中所占比重最大，其次是增值税，再次是企业所得税和个人所得税。在四大税种中，营业税占比在逐年上升，从 2007 年的 27.02% 上升至 2012 年的31.87%，上升了 4.85 个百分点，上升的幅度较大；而增值税、企业所得税和个人所得税的占比在逐年下降，其中增值税在 2007 ~ 2012 年下降了 7.78 个百分点，企业所得税下降了 5.27 个百分点，个人所得税下降了 0.89 个百分点，下降的幅度都较大。这说明了以下几个方面的问题：由于增值税与工业经济运行密切相关，增值税的下降表明平顶山市工业增加值增速放缓，而企业所得税的下降说明了工业企业利润略有下降；营业税的增加说明了平顶山市第三产业的较快发展；个人所得税下降的主要原因在于我国个人所得税改革缩小了税基。

表 9 - 6　平顶山市 2007～2012 年税收收入的项目结构情况

单位：万元，%

年　份	税收收入	增值税		营业税		企业所得税		个人所得税	
		数　额	占　比	数　额	占　比	数　额	占　比	数　额	占　比
2007	389472	101787	26.13	105252	27.02	51259	13.16	14350	3.68
2008	488993	136464	27.91	117766	24.08	44890	9.18	16032	3.28
2009	548300	141500	25.81	137700	25.11	47300	8.63	23500	4.29
2010	613700	134300	21.88	172900	28.17	43400	7.07	24700	4.02
2011	705600	148300	21.02	203300	28.81	57300	8.12	27400	3.88
2012	744591	136609	18.35	237305	31.87	58760	7.89	20798	2.79

9.3.2　平顶山市财政收入地区结构分析

平顶山市位于河南省中部，1957 年建市，现辖 1 市 4 县 5 区，土地面积 7882 平方千米，总人口 503 万人。其中，宝丰县总面积 722 平方千米，人口 50 万人；叶县总面积 1387 平方千米，人口 86 万人；鲁山县总面积 2406 平方千米，人口 88 万人；郏县总面积 727 平方千米，人口 59 万人；舞钢市总面积 645.67 平方千米，人口 33 万人。

第一，平顶山市辖管的县市公共预算收入的绝对数大体上是逐年增加的，例外的是舞钢市的公共预算收入从 2008 年的 90586 万元下降至 2009 年的 74093 万元，接着 2010 年又下降至 70021 万元，其他县市均保持稳定增长。第二，2007～2008 年公共预算收入绝对数最大的是舞钢市，2009～2012 年为汝州市；2007 年郏县的公共预算收入绝对数达到当年的最小值，2008～2011 年为叶县，2012 年鲁山县的公共预算绝对数是最小的。第三，2007～2012 年，公共预算收入增幅最大的为汝州市，从 2007 年的 47249 万元持续增长至 2012 年的 136862 万元，增长了 89613 万元，提高了将近两倍；增幅最小的是舞钢市，从 2007 年的 78286 万元增长至 2012 年的 86448 万元，仅增长了 8162 万元，提高了 10.42%。第四，从平均增速来看，2007～2012 年增长最快的是汝州市，平均增速为 23.39%；增长最慢的是舞钢市。第五，2007～2012 年平顶山所辖县市均有较强的发展势头，其中，宝丰县在 2008 年、2012 年增长速度分别达到最大值与最小值，为 31.10%、15.10%；叶县在 2012 年、2008 年增长速度分别达到最大值与最小值，为 30.84%、12.06%；鲁山县在 2008 年、2011 年增长速度分别达到最大值与最小值，为 25.17%、10.19%；郏县在 2008 年、2009 年和 2012 年增长速度分别达到最大值与最小值，为 50.77%、20.01%；舞钢市在 2008 年、2009 年增长速度分别达到最大值与最小值，为 15.71%、-18.21%；汝州市在 2008 年、2010 年增长速度分别达到最大值与最小值，为 31.15%、18.90%。

第一，从表 9 - 8 来看，2012 年财政收入超出平均数的县区有宝丰县、舞钢市和汝州市；第二，从 2012 年是 2007 年的倍数来看，汝州市的公共预算收入的增长最快，2012

年是 2007 年的 2.90 倍；其次是宝丰县，其 2012 年公共预算收入是 2007 年的 3.21 倍；增长最慢的是舞钢市，2012 年其财政收入只有 2007 年的 1.10 倍。

表 9 - 7　平顶山市 2007～2012 年财政收入地区结构情况

单位：万元

县　区	2007 年	2008 年	2009 年	2010 年	2011 年	2012 年
宝丰县	31972	41914	50368	62595	80284	92410
叶　县	25075	28100	31756	37300	43968	57526
鲁山县	29000	36300	41200	46968	51756	57063
郏　县	20099	30303	36366	44643	53800	64567
舞钢市	78286	90586	74093	70021	78550	86448
汝州市	47249	61969	76200	90598	113998	136862
平　均	38614	48195	51664	58688	70393	82479

表 9 - 8　平顶山市 2007～2012 年平顶山市各县市财政收入分析

单位：万元

县　区	2007 年	2012 年	2012 年与当年平均数之差	2012 年是 2007 年的倍数
宝丰县	31972	92410	9931	2.89
叶　县	25075	57526	- 24953	2.29
鲁山县	29000	57063	- 25416	1.97
郏　县	20099	64567	- 17912	3.21
舞钢市	78286	86448	3969	1.10
汝州市	47249	136862	54383	2.90

9.4　平顶山市财政支出规模分析

9.4.1　平顶山市财政支出规模的绝对数

表 9 - 9 反映了 2003～2012 年开封市财政支出规模的情况。平顶山市财政支出规模的绝对数稳步增加，其中，2004 年突破 30 亿元大关，2005 年突破 40 亿元大关，2006 年突破 60 亿元大关，2007 年突破 80 亿元大关，2008 年突破 100 亿元大关，2009 年突破 130 亿元大关，2010 年突破 140 亿元大关，2011 年突破 170 亿元大关，2012 年突破 200 亿元大关；2003 年以来财政支出较上年增加数年均增加绝对数为 18.58 亿元，年均增加比重为 25.31%；当年财政支出在全省的位次由第十位降至第九位。平顶山市财政支出增长率经历了先升后降再缓慢回升的变化趋势。

表 9 – 9　平顶山市 2003～2012 年财政支出规模情况

单位：亿元，%

年　份	公共预算支出	财政支出较上年增加数	财政支出较上年增加比重	当年财政支出在河南省的位次
2003	27.52	3.71	15.57	10
2004	35.37	7.85	28.51	10
2005	48.54	13.18	37.25	10
2006	68.11	19.57	40.32	6
2007	84.85	16.74	24.57	8
2008	102.65	17.80	20.98	8
2009	131.47	28.82	28.08	9
2010	148.59	17.12	13.02	9
2011	175.17	26.58	17.89	9
2012	209.65	34.48	19.68	9
平　均	—	18.58	25.31	—

9.4.2　平顶山市财政支出规模的相对数

表 9 – 10 反映了 2003～2012 年平顶山市财政支出占地区生产总值的比重情况。平顶山市财政支出从 2003 年的 27.52 亿元增至 2012 年的 209.65 亿元，增长了 7.62 倍；平顶山市地区生产总值则从 365.66 亿元增加到 1495.80 亿元，增长了 3.09 倍；财政支出的增长速度明显快于地区生产总值的增长速度。平顶山市财政支出占市生产总值比重从 2003 年的 7.53% 增加到 2012 年的 14.02%，增加了 6.49 个百分点，这说明了平顶山市随着市生产总值增长加大了财政支出力度。

表 9 – 10　平顶山市 2003～2012 年财政支出占市地区生产总值的比重情况

单位：亿元，%

年　份	财政支出	地区生产总值	财政支出占地区生产总值比重
2003	27.52	365.66	7.53
2004	35.37	455.37	7.77
2005	48.54	560.99	8.65
2006	68.11	675.41	10.08
2007	84.85	821.16	10.33
2008	102.65	1067.70	9.61
2009	131.47	1048.33	12.54
2010	148.59	1310.84	11.34
2011	175.17	1484.61	11.80
2012	209.65	1495.80	14.02

从表 9 – 11 可以看出，平顶山市公共财政支出绝对数不断增加，其占河南省财政

支出的比重则先上升后小幅下降,即先从 2003 年的 3.84% 升至 2006 年的 4.73%,上升了 0.89 个百分点,之后有小幅度下降,降至 2012 年的 4.19%,下降了 0.54 个百分点。

表 9 - 11　平顶山市 2003 ~ 2012 年财政支出占河南省财政支出的比重情况

单位:亿元,%

年　份	财政支出	河南省财政支出	财政支出占河南省财政支出比重
2003	27.52	716.6	3.84
2004	35.37	879.96	4.02
2005	48.54	1116.04	4.35
2006	68.11	1440.09	4.73
2007	84.85	1870.61	4.54
2008	102.65	2281.61	4.50
2009	131.47	2905.76	4.52
2010	148.59	3416.14	4.35
2011	175.17	4248.82	4.12
2012	209.65	5006.4	4.19

从表 9 - 12 可以看出,平顶山市财政支出年增加额不断加大,从 2003 年的 3.71 亿元增加到 2012 年的 34.48 亿元;平顶山市地区生产总值年增加额从 2003 年的 44.15 亿元升至 2008 年 246.54 亿元,2009 年是负增长,2010 年增幅继续增大,2012 年则增幅下降很大,可见平顶山市地区生产总值年增加额在 2008 年之后并无规律性。平顶山市财政支出的边际系数从 2003 年的 0.08 升至 2006 年的 0.17,之后又降至 2010 年的 0.07,最后升至 2012 年的 3.08。平顶山市财政支出的边际系数的升降也没有明显的规律可循,不过可以看出平顶山财政支出的边际系数多数年份是小于 1 的,即财政支出的增加额度小于地区生产总值的增加额度,只有 2012 年度是例外,财政支出的增加额度是地区生产总值增加额度的 3.08 倍。

表 9 - 12　平顶山市 2003 ~ 2012 年财政支出的边际系数

单位:亿元

年　份	财政支出	财政支出年增加额	地区生产总值	地区生产总值年增加额	财政支出的边际系数
2003	27.52	3.71	365.66	44.15	0.08
2004	35.37	7.85	455.37	89.70	0.09
2005	48.54	13.18	560.99	105.63	0.12
2006	68.11	19.57	675.41	114.42	0.17
2007	84.85	16.74	821.16	145.75	0.11

年　份	财政支出	财政支出年增加额	地区生产总值	地区生产总值年增加额	财政支出的边际系数
2008	102.65	17.80	1067.70	246.54	0.07
2009	131.47	28.82	1048.33	-19.37	-1.49
2010	148.59	17.12	1310.84	262.51	0.07
2011	175.17	26.58	1484.61	173.77	0.15
2012	209.65	34.48	1495.80	11.19	3.08

从表 9 - 13 可以看出，平顶山市财政支出的弹性系数首先从 2003 年的 1.13 升到 2006年的 1.98，然后降低至 2009 年的 -15.48，最后又上升到 2012 年的 26.24，发生了很大变化。除了个别年份（2008 年、2009 年、2010 年）外，多数年份的弹性系数是大于 1的，说明平顶山市财政支出的年增长率快于平顶山市地区生产总值的年增长率，2012 年更是走向了极端的 26.24。

表 9 - 13　平顶山市 2003 ~ 2012 年财政支出的弹性系数

单位：亿元，%

年　份	财政支出	财政支出年增长率	地区生产总值	地区生产总值年增长率	财政支出的弹性系数
2003	27.52	15.57	365.66	13.73	1.13
2004	35.37	28.51	455.37	24.53	1.16
2005	48.54	37.25	560.99	23.20	1.61
2006	68.11	40.32	675.41	20.40	1.98
2007	84.85	24.57	821.16	21.58	1.14
2008	102.65	20.98	1067.70	30.02	0.70
2009	131.47	28.08	1048.33	-1.81	-15.48
2010	148.59	13.02	1310.84	25.04	0.52
2011	175.17	17.89	1484.61	13.26	1.35
2012	209.65	19.68	1495.80	0.75	26.24

9.5　平顶山市财政支出结构分析

9.5.1　平顶山市财政支出项目结构分析

表 9 - 14、表 9 - 15 和表 9 - 16 反映了 2007 ~ 2012 年平顶山市财政支出中各项目的具体情况及与全省的比较情况。

由表 9 - 14 可知，平顶山市财政支出各项目的绝对数 2007 ~ 2012 年都呈现稳步增长的态势；在历年所有的支出项目中，教育支出的绝对数额都是最大的，其次是一般公共服务支出，再次是社会保障和就业支出、医疗卫生支出、农林水事务支出等。

表 9 - 14　平顶山市 2007～2012 年财政支出各项目绝对数情况

单位：亿元

年份	财政支出合计	一般公共服务	公共安全	教育	科学技术	文化体育与传媒	社会保障和就业	医疗卫生	环境保护	城乡社区事务	农林水事务	交通运输	住房保障
2007	84.85	18.72	6.16	15.58	1.15	1.50	12.55	5.08	2.22	6.58	6.32	9.00	
2008	102.65	21.85	6.90	18.85	1.33	2.19	13.22	7.68	4.94	7.10	8.79	9.78	
2009	131.47	25.57	8.46	22.39	1.51	3.05	18.19	11.96	4.31	7.29	12.92	15.80	
2010	148.59	25.53	9.22	24.69	1.64	3.10	19.03	13.22	5.21	7.10	14.34	6.74	3.05
2011	175.17	28.18	10.02	33.97	2.23	3.40	22.65	17.99	4.17	8.29	18.08	8.25	4.84
2012	209.65	30.98	11.72	45.61	2.48	3.03	25.17	19.54	7.84	8.03	25.50	8.24	7.54

表 9 - 15 为我们计算出的 2007～2012 年平顶山市各项目支出占总支出的比重。从各个项目历年的数据看，平顶山市一般公共服务支出尽管总额在不断上升，但是其占总支出的比重在逐年下降，从 2007 年的 22.06% 下降到 2012 年的 14.78%，这一趋势符合公共财政的内在要求；公共安全支出占比在基本稳定的基础上有所下降，从 2007 年的 7.26% 下降至 2012 年的 5.59%，下降了 1.67 个百分点；教育支出占比总体呈现先降后升趋势，2007 年为 18.36%，到 2010 年降至 16.61%，2012 年又上升至 21.75%；科技支出占比整体呈现逐年下降趋势；文化体育与传媒支出先是上升，而后下降；社会保障和就业支出逐年下降；医疗卫生支出整体呈现上升趋势，而且上升的幅度较大，从 2003 年的 5.99% 上升至 2011 年的 10.27%，上升了 4.38 个百分点；环境保护支出先升后降，最高占比为 2008 年的 4.81%；城乡社区事务支出逐年下降，从 2007 年的 7.75% 下降为 2012 年的 3.83%，下降了 3.72 个百分点；交通运输、住房保障和就业支出逐年下降趋势明显。此外，从各年的财政支出相对数排名情况看，平顶山市最初是公共服务支出比重最高，从 2011 年开始教育支出占据第一位。

表 9 - 15　平顶山市 2007～2012 年财政支出项目相对数情况

单位：%

年份	一般公共服务	公共安全	教育	科学技术	文化体育与传媒	社会保障和就业	医疗卫生	环境保护	城乡社区事务	农林水事务	交通运输	住房保障
2007	22.06	7.26	18.36	1.36	1.77	14.79	5.99	2.62	7.75	7.45	10.61	
2008	21.29	6.72	18.36	1.30	2.13	12.88	7.48	4.81	6.92	8.56	9.53	
2009	19.45	6.43	17.03	1.15	2.32	13.84	9.10	3.28	5.54	9.83	12.02	
2010	17.18	6.21	16.61	1.10	2.08	12.81	8.90	3.51	4.78	9.65	4.54	2.05
2011	16.09	5.72	19.39	1.27	1.94	12.93	10.27	2.38	4.73	10.32	4.71	2.76
2012	14.78	5.59	21.75	1.18	1.44	12.01	9.32	3.74	3.83	12.16	3.93	3.60

根据表9-16，从历年平顶山市和全省的财政支出项目结构（相对数）数据比对来看，一是平顶山市历年的一般公共服务项目占比要高于全省占比，其年度差额幅度在1.54～3.24个百分点，差额幅度较大；二是平顶山市在公共安全方面的投入要高于全省投入水平，其年度差额幅度在0.21～0.90个百分点；三是平顶山市在教育支出方面的投入要略低于全省投入水平；四是平顶山市在科技支出方面的投入在2007～2012年要略低于全省水平；五是平顶山市在文化体育和传媒方面的支出水平略比全省水平高；六是平顶山市在社会保障和就业方面的支出与全省水平持平；七是平顶山市在医疗方面的投入要略高于全省投入水平；八是平顶山市在其他方面的投入要与全省投入水平基本相当。

表9-16 平顶山市2007～2012年财政支出相对数结构与河南省比较分析

单位：%

年　份		一般公共服务	公共安全	教育	科学技术	文化体育与传媒	社会保障和就业	医疗卫生	环境保护	城乡社区事务	农林水事务	交通运输	住房保障
2007	全　省	18.84	6.60	21.16	1.31	1.71	14.26	5.45	2.68	7.18	7.99	12.82	
	平顶山	22.06	7.26	18.36	1.36	1.77	14.79	5.99	2.62	7.75	7.45	10.61	
2008	全　省	17.80	6.20	19.50	1.30	1.80	14.50	6.40	3.30	5.90	9.20	12.20	
	平顶山	21.29	6.72	18.36	1.30	2.13	12.88	7.48	4.81	6.92	8.56	9.53	
2009	全　省	16.27	6.22	20.13	1.27	2.11	12.34	8.33	3.82	5.54	10.46	13.51	
	平顶山	19.45	6.43	17.03	1.15	2.32	13.84	9.10	3.28	5.54	9.83	12.02	
2010	全　省	14.01	5.55	17.84	1.31	1.61	13.50	7.91	2.82	4.84	11.69	5.09	2.26
	平顶山	17.18	6.21	16.61	1.10	2.08	12.81	8.90	3.51	4.78	9.65	4.54	2.05
2011	全　省	13.16	4.82	20.17	1.33	1.35	12.90	8.51	2.25	4.50	11.31	6.62	3.36
	平顶山	16.09	5.72	19.39	1.27	1.94	12.93	10.27	2.38	4.73	10.32	4.71	2.76
2012	全　省	13.24	4.88	22.10	1.39	1.39	12.62	8.51	2.19	4.75	11.02	6.00	3.71
	平顶山	14.78	5.59	21.75	1.18	1.44	12.01	9.32	3.74	3.83	12.16	3.93	3.60

9.5.2　平顶山市财政支出地区结构分析

表9-17反映了平顶山市各县市2007～2012年财政支出地区结构的发展变化情况。第一，平顶山市辖管的县市公共预算财政支出的绝对数大体上是逐年增加的，例外的是舞钢市的公共预算财政支出从2008年的119047万元下降至2009年的113093万元，接着2010年又下降至103619万元，其他县市均保持稳定增长。第二，2007～2012年平顶山市各县市公共预算财政支出绝对数最大的均是汝州市；2007～2009年郏县的公共预算财政支出绝对数达到当年的最小值，2010～2012年舞钢市的公共预算绝对数是最小的。第三，2007～2012年，平顶山市各县市财政支出增幅趋势与财政收入增幅趋势保持一致。公共预算财政支出增幅最大的为汝州市，从2007年的105052万元持续增长至2012年的302994万元，增长了197942万元，提高了将近两倍；增幅最小的是舞钢市，从2007年的

100277 万元增长至 2012 年的 154451 万元，仅增长了 54174 万元，提高了 54.02%。第四，从平均增速来看，2007～2012 年增长最快的是郏县，平均增速为 25.39%；增长最慢的是舞钢市。第五，2007～2012 年平顶山市所辖县市均有较强的发展势头，其中，宝丰县在 2009 年、2010 年增长速度分别达到最大值与最小值，为 31.50%、15.10%；叶县在 2009 年、2010 年增长速度分别达到最大值与最小值，为 30.07%、8.18%；鲁山县在 2012 年、2010 年增长速度分别达到最大值与最小值，为 32.87%、12.75%；郏县在 2008 年、2012 年增长速度分别达到最大值与最小值，为 33.05%、17.77%；舞钢市在 2012 年、2010 年增长速度分别达到最大值与最小值，为 29.14%、 -8.38%；汝州市在 2012 年、2010 年增长速度分别达到最大值与最小值，为 28.65%、18.54%。

表 9 - 17　平顶山市 2007～2012 年财政支出地区结构情况

单位：万元

县　区	2007 年	2008 年	2009 年	2010 年	2011 年	2012 年
宝丰县	68338	88609	116525	127130	155430	194371
叶　县	79671	99430	129327	139912	166555	208369
鲁山县	89023	103699	133369	150369	181726	241466
郏　县	60131	80006	105659	130038	161618	190336
舞钢市	100277	119047	113093	103619	119600	154451
汝州市	105052	129414	165117	195727	235516	302994
平均数	83749	103368	127182	141133	170074	215331

第一，从 2012 年各县市财政支出分析表来看，2012 年财政支出超出平均数的县市有鲁山县、汝州市；第二，从 2012 年是 2007 年的倍数来看，郏县的公共预算财政支出增长最快，2012 年是 2007 年的 3.17 倍；其次是汝州市，其 2012 年公共预算财政支出是 2007 年的 2.88 倍；增长最慢的是舞钢市，2012 年其财政支出只有 2007 年的 1.54 倍。

表 9 - 18　2012 年平顶山市各县市区财政支出分析

单位：万元

县　区	2007 年	2012 年	2012 年与当年平均数之差	2012 年是 2007 年的倍数
宝丰县	68338	194371	-20960	2.84
叶　县	79671	208369	-6962	2.62
鲁山县	89023	241466	26135	2.71
郏　县	60131	190336	-24995	3.17
舞钢市	100277	154451	-60880	1.54
汝州市	105052	302994	87663	2.88

9.6　小结

2007～2012 年，平顶山市财政收入、财政支出总量持续增长，占地区生产总值比重都呈增长趋势，这与全国的趋势是一致的。但是，平顶山市财政收入、财政支出占河南省财政收入、财政支出在全省所占的比重呈及位次呈现下降趋势，税收收入占公共预算收入的比重在2009～2012年呈现下降态势，低于河南省和全国水平，说明该市需要进一步挖潜经济发展优势，随着经济效益的提高优化财政收入结构，提高财政在全省的地位。

本地区国民生产总值的增长是其财政收入不断增加的主要原因。2003年，平顶山市的地区生产总值为365.66亿元，其财政收入为13.75亿元；到了2012年，平顶山市的地区生产总值为1495.80亿元，使财政收入绝对规模也达到了创纪录的107.36亿元。当然，平顶山市财政收入规模的增加也在一定程度上受我国物价水平上涨因素的影响。除了财政收入的绝对规模增加以外，平顶山市财政收入占地区生产总值的比重也略有上升，这与平顶山市企业的经营效益不断提升、产业结构不断优化有着紧密联系。从平顶山市财政收入的结构来看，平顶山市税收收入占公共预算收入的比重在2007～2012年呈现下降态势。非税收入占公共预算的比重从2007年的22.27%增加到2012年的30.64%。

平顶山市财政支出规模的绝对数稳步增加，但其一般预算支出在全省的位次由第六位降至第九位。其占地区生产总值的比重从2007年的10.33%增加到2012年的14.02%，增加了3.69个百分点。2007～2011年，平顶山市财政支出在全省财政支出的比重由上升变为下降，而且各个项目总体上都呈下降趋势。

第 10 章
安阳市财政发展报告

10.1 安阳市财政发展概述

安阳市地处晋、冀、豫三省交会处，西依太行山脉与山西接壤，北隔漳河与河北省邯郸市相望，东与濮阳市毗邻，南与鹤壁、新乡连接。西部为山区，东部为平原。2012 年底安阳市总人口为 573.77 万人，全市城镇人口 215.67 万人，城镇化率为 42.43%。

2012 年，安阳市实现地区生产总值 1566.9 亿元，同比增长 7.4%；规模以上工业增加值 740 亿元，同比增长 9.5%；全社会固定资产投资 1120 亿元，同比增长 21.1%；社会消费品零售总额 469 亿元，同比增长 15.4%；城镇居民人均可支配收入 21042 元，同比增长 12.6%；农民人均纯收入 8618 元，同比增长 13.6%。从三次产业的分布上来看，第一产业增加值 187.3 亿元，增长 4.3%；第二产业增加值 924.7 亿元，增长 8.3%；第三产业增加值 480.8 亿元，增长 6.8%。三次产业结构为 11.7∶58.1∶30.2。

2012 年，安阳市实现公共预算收入 83.57 亿元，比上年增长 8.03%，其中，税收收入 55.7 亿元，增长 3.9%，税收占公共预算收入的比重为 66.68%。公共预算支出 204.81 亿元，增长 17.34%，其中，教育支出增长 9.42%，社会保障与就业支出增长 15.67%，医疗卫生支出增长 13.27%，一般公共服务支出增长 8.62%。

10.2 安阳市财政收入规模分析

10.2.1 安阳市财政收入绝对规模分析

多年来，安阳市加强经济运行调节，持续推进各项建设，经济保持了平稳较快的增长态势，财政收入规模绝对数不断增加。

如表 10-1 所示，自 2003 年以来，安阳市公共预算收入呈现平稳增长态势，10 年共上涨 65.8 亿元。10 年来，年均增长 6.22 亿元，年均增长率达 18.77%，其公共预算收入自 2003 年以来从全省第四位下降到 2012 年的全省第八位。

2003 年，安阳市财政收入规模达 17.77 亿元；2004 年，安阳市财政收入规模增长速度最快，达到 33.33%，2003~2012 年，安阳市财政收入规模的绝对数呈现稳步增长的态势，其中，2006 年突破 30 亿元大关，2007 年突破 40 亿元大关，2008 年突破 50 亿元大关，2010 年突破 60 亿元大关，2011 年突破 70 亿元大关，2012 年突破 80 亿元大关。

表 10 - 1 安阳市 2003～2012 年公共预算收入情况

单位：亿元，%

年 份	公共预算收入	财政收入较上年增加数	财政收入较上年增加比重	当年财政收入在河南省的位次
2003	17.77	2.65	17.50	4
2004	23.70	5.92	33.33	4
2005	29.01	5.32	22.45	5
2006	34.58	5.56	19.17	6
2007	42.47	7.89	22.82	6
2008	50.06	7.59	17.87	5
2009	55.19	5.13	10.25	6
2010	65.05	9.86	17.87	6
2011	77.36	12.31	18.92	6
2012	83.57	6.21	8.03	8
平 均	—	6.22	18.77	—

10.2.2 安阳市财政收入相对规模分析

表 10 - 2 反映了 2003～2012 年安阳市财政收入占地区生产总值的比重情况。2003 年以来，安阳市财政收入占地区生产总值比重都高于 4%，所占比重基本保持在 4.8%～6%。2003～2012 年，该比重除在 2006 年、2007 年、2008 年出现小幅的降落，所占比重整体上基本呈现增长趋势。2005 年比重达到最大值，为 6.43%。安阳市财政收入占地区生产总值的比重由 2003 年的 4.91% 上涨到 2012 年的 5.33%，增长了 0.42 个百分点。

表 10 - 2 2003～2012 年安阳市财政收入占地区生产总值的比重情况

单位：亿元，%

年 份	财政收入	地区生产总值	财政收入占地区生产总值比重
2003	17.77	361.79	4.91
2004	23.70	463.47	5.11
2005	29.01	451.51	6.43
2006	34.58	646.00	5.35
2007	42.47	807.82	5.26
2008	50.06	1036.05	4.83
2009	55.19	1124.88	4.91
2010	65.05	1315.59	4.94
2011	77.36	1486.61	5.20
2012	83.57	1566.90	5.33

如表 10 - 3 所示，2003～2012 年，安阳市财政收入占河南省财政收入的比重呈现不断下降的趋势，从 2003 年的 5.26% 下降至 2012 年的 4.1%，10 年间下降了 1.16 个百分

点，可见安阳市对河南省财政收入的贡献率在不断下降。

表 10 – 3　安阳市 2003～2012 年财政收入占河南省财政收入的比重情况

单位：亿元，%

年　份	财政收入	河南省财政收入	财政收入占河南省财政收入比重
2003	17.77	338.05	5.26
2004	23.70	428.78	5.53
2005	29.01	537.65	5.40
2006	34.58	679.17	5.09
2007	42.47	862.08	4.93
2008	50.06	1008.9	4.96
2009	55.19	1126.06	4.90
2010	65.05	1381.32	4.71
2011	77.36	1721.76	4.49
2012	83.57	2040.33	4.10

10.3　安阳市财政收入结构分析

10.3.1　安阳市财政收入的项目结构分析

表 7 – 4 和表 7 – 5 反映了 2007～2012 年安阳市公共预算收入中税收收入的比重情况及与河南省、全国的比较情况。

如表 10 – 4 所示，安阳市 2007～2012 年，公共预算收入逐年增加，由 424700 万元增加至 835700 万元。从总额上来看，无论是税收收入还是非税收入，安阳市都呈现上升的趋势。

表 10 – 4　安阳市 2007～2012 年公共预算收入中税收收入的比重情况

单位：万元，%

年　份	公共预算收入	税收收入	税收收入占比	非税收入	非税收入占比
2007	424700	309499	72.87	115250	27.14
2008	500600	370324	73.98	130234	26.02
2009	551900	397300	71.99	154600	28.01
2010	650500	451300	69.38	199200	30.62
2011	773600	536500	69.35	237000	30.64
2012	835700	557283	66.68	278418	33.32

从安阳市财政收入的构成上来看，2007～2012 年，安阳市税收收入占比基本呈现稳步下降的趋势，而非税收入占整体的比例呈现逐步上升的趋势。2007 年，安阳市税收收

入占比为 72.87%，而非税收入比重占比为 27.14%。2008 年税收收入比重呈现短暂的上升，相应的非税收入比重呈现短暂的下降。2012 年，税收收入占比下降到 66.68%，较 2007 年相比下降了 6.19 个百分点；非税收入占比上升至 33.32%。

如表 10－5 所示，2012 年，安阳市税收收入占比远远低于河南省税收收入占比和全国税收收入占比。2007～2012 年，安阳市税收收入占比与全国税收收入占比的差异整体上呈现扩大的趋势。2007 年，安阳市财政收入占比低于全国 16.02 个百分点，2008 年、2009 年该比重差异有所减少。与河南省相比，2007 年安阳市税收收入占比高于河南省税收收入占比 0.37 个百分点，但是 2009 年以来，安阳市税收收入比重逐步低于河南省，2012 年相差 5.32 个百分点。

表 10－5　安阳市、河南省、全国 2007～2012 年税收收入与财政收入的比重

单位：%

年　份	安阳市税收收入占比	河南省税收收入占比	全国税收收入占比
2007	72.87	72.50	88.89
2008	73.98	73.60	88.41
2009	71.99	73.00	86.87
2010	69.38	73.60	88.10
2011	69.35	73.40	86.39
2012	66.68	72.00	85.83

如表 10－6 所示，2007～2012 年安阳市增值税、个人所得税税收总额呈现下降趋势，营业税、企业所得税呈现上升趋势。从税收结构上来看，在 2012 年安阳市税收中，营业税所占比重最高，增值税次之，再就是企业所得税，个人所得税所占比重最小。2007～2012 年，安阳市营业税所占比重呈现增长态势。增值税占比呈现逐步下降的趋势，企业所得税呈现波动上升的趋势。其中，企业所得税所占比重自 2007 年的 7.56% 上升到 2012 年的 9.72%，上升了 2.16 个百分点。个人所得税在 2007～2012 年下降了 2.36 个百分点。

表 10－6　安阳市 2007～2012 年税收收入的项目结构情况

单位：万元，%

年　份	税收收入	增值税		营业税		企业所得税		个人所得税	
		数　额	占　比	数　额	占　比	数　额	占　比	数　额	占　比
2007	309499	102069	32.98	76049	24.57	23402	7.56	14006	4.53
2008	370324	124944	33.74	87212	23.55	35191	9.50	15123	4.08
2009	397300	89900	22.63	102800	25.87	30200	7.60	16100	4.05
2010	451300	82600	18.30	124400	27.56	36800	8.15	12500	2.77
2011	536500	80500	15.00	157600	29.38	54900	10.23	15900	2.96
2012	557283	63926	11.47	172494	30.95	54179	9.72	12085	2.17

10.3.2 安阳市财政收入的地区结构分析

安阳市现辖林州市1个县级市，安阳县、汤阴县、内黄县、滑县4个县，文峰区、北关区、殷都区、龙安区、安阳新区5个区，一个国家级高新技术产业开发区（安阳国家高新技术产业开发区），一个国家级经济技术开发区（红旗渠国家经济技术开发区），一个省级高新技术开发区（安阳中原高新技术产业开发区）和9个省级产业集聚区。林州市面积2046平方千米，人口78.96万人；滑县面积1814平方千米，人口126.32万人；安阳县面积1202平方千米，人口84.89万人；汤阴县面积646平方千米，人口43.07万人；内黄县面积1161平方千米，人口69.34万人。

如表10-7所示，2007～2012年，安阳县、汤阴县、滑县、内黄县、林州市的财政收入绝对数均呈现上升的趋势，安阳县财政收入对安阳市的贡献率最大。2007～2011年，安阳县财政收入在5个县市中位于第一位，2012年，安阳县财政收入增长放缓，较上年增长了0.55个百分点。2012年，林州市的财政收入超过安阳县，居第一位。6年间，内黄县财政收入均位居安阳5个县市中的最后一位，2010年其财政收入与平均数相差最大，为2.68亿元。2011年，内黄县财政收入增速变大，但2012年其财政收入增速又开始放缓。2007～2012年，安阳县、林州市财政收入普遍高于平均数3亿～4亿元。2007～2012年，汤阴县和滑县财政收入相差较小。2007～2009年，汤阴县财政收入高于滑县，2010～2012年，滑县财政收入逐渐高于汤阴县，并且差距在不断变大。

表 10-7 安阳市 2007～2012 年财政收入地区结构情况

单位：亿元

县 区	2007 年	2008 年	2009 年	2010 年	2011 年	2012 年
安阳县	6.29	7.51	8.76	10.03	11.34	11.40
汤阴县	1.46	1.72	2.06	2.88	4.01	5.33
滑 县	2.03	2.22	2.49	3.00	3.80	4.85
内黄县	1.11	1.32	1.35	1.67	3.01	3.40
林州市	5.23	7.01	8.08	9.07	10.25	11.42
平 均	3.22	3.96	4.55	5.33	6.48	7.28

10.4 安阳市财政支出规模分析

10.4.1 安阳市财政支出规模的绝对数分析

表10-8反映了2003～2012年安阳市财政支出规模的情况。2003～2012年，安阳市财政支出规模的绝对数不断扩大。2003年安阳市财政支出仅有34.01亿元，而2012年安阳市财政支出达204.81亿元，突破200亿元大关。10年来，安阳市财政支出较上年增加数平均增长17.47亿元。从增长速度来看，2003～2012年，安阳市财政支出规模均增长

率达 22.08%。财政支出规模增速波动较大。2010 年与 2012 年安阳市财政支出绝对数虽然呈现上升趋势，但是财政支出规模扩大的速度放缓。

表 10 – 8　安阳市 2003～2012 年财政支出规模情况

单位：亿元，%

年　份	公共预算支出	财政支出较上年增加数	财政支出较上增加比重	当财政支出在河南省的位次
2003	34.01	3.93	13.06	7
2004	42.23	8.22	24.18	5
2005	52.81	10.58	25.05	6
2006	63.56	10.76	20.37	10
2007	80.34	16.78	26.40	10
2008	95.18	14.84	18.47	10
2009	121.73	26.55	27.90	10
2010	140.65	18.92	15.54	10
2011	174.54	33.89	24.10	10
2012	204.81	30.27	17.34	10
平　均	—	17.47	22.08	—

10.4.2　安阳市财政支出规模的相对数分析

表 10 – 9 反映了 2003～2012 年开封市财政支出占地区生产总值的比重情况。2003～2012 年，安阳市财政支出与安阳市地区生产总值总体上呈现上升态势。从安阳市财政支出占地区生产总值的比重来说，其总体上呈现上升趋势，在 2004 年、2006 年、2008 年、2010 年出现小幅回落。2003 年该比重为 9.4%，2012 年该比重上升至 13.07%，10 年间增加了 3.67 个百分点。

表 10 – 9　安阳市 2003～2012 年财政支出占地区生产总值的比重情况

单位：亿元，%

年　份	财政支出	地区生产总值	财政支出占地区生产总值比重
2003	34.01	361.79	9.40
2004	42.23	463.47	9.11
2005	52.81	451.51	11.70
2006	63.56	646.00	9.84
2007	80.34	807.82	9.95
2008	95.18	1036.05	9.19
2009	121.73	1124.88	10.82
2010	140.65	1315.59	10.69
2011	174.54	1486.61	11.74
2012	204.81	1566.90	13.07

如表 10 - 10 所示，2003 ~ 2012 年，安阳市财政支出与河南省财政支出整体上都呈现上升趋势。安阳市财政支出占河南省财政支出的比重呈现波动式下降的趋势，安阳市财政支出的占比在 2004 年、2009 年有小幅上升。2003 年安阳市财政支出占河南省财政支出的 4.75%，而 2012 年这一比重下降至 4.09%，下降了 0.66 个百分点。这说明安阳市的财政支出对河南省的财政支出的贡献率逐步下降。

表 10 - 10　安阳市 2003 ~ 2012 年财政支出占河南省财政支出的比重情况

单位：亿元，%

年　份	财政支出	河南省财政支出	财政支出占河南省财政支出的比重
2003	34.01	716.6	4.75
2004	42.23	879.96	4.80
2005	52.81	1116.04	4.73
2006	63.56	1440.09	4.41
2007	80.34	1870.61	4.29
2008	95.18	2281.61	4.17
2009	121.73	2905.76	4.19
2010	140.65	3416.14	4.12
2011	174.54	4248.82	4.11
2012	204.81	5006.4	4.09

如表 10 - 11 所示，2003 ~ 2012 年，安阳市财政支出的边际系数呈现波动上升的趋势，在 2005 年、2008 年、2010 年出现短暂下降，其中，2005 年该边际系数出现负值，为 - 0.88。2003 年安阳市财政支出边际系数为 0.08，2012 年财政支出边际系数达 0.38。这说明安阳市政府对地区生产总值的控制程度不断提高。

表 10 - 11　安阳市 2003 ~ 2012 年财政支出的边际系数

单位：亿元

年　份	财政支出	财政支出增加额	地区生产总值	地区生产总值增加额	财政支出的边际系数
2003	34.01	3.93	361.79	49.15	0.08
2004	42.23	8.22	463.47	101.68	0.08
2005	52.81	10.58	451.51	- 11.96	- 0.88
2006	63.56	10.76	646.00	194.49	0.06
2007	80.34	16.78	807.82	161.82	0.10
2008	95.18	14.84	1036.05	228.23	0.07
2009	121.73	26.55	1124.88	88.83	0.30
2010	140.65	18.92	1315.59	190.71	0.10
2011	174.54	33.89	1486.61	171.02	0.20
2012	204.81	30.27	1566.90	80.2869	0.38

如表 10 – 12 所示，2003～2012 年，安阳市财政支出的弹性系数呈现波动上升趋势。在 2006 年、2008 年、2010 年该系数出现下降。2009 年该系数出现大幅上升，高达 2.45。这说明与 2003 年相比，2012 年安阳市财政支出变化率对地区生产总值的变化率的敏感程度不断上升。

表 10 – 12　安阳市 2003～2012 年财政支出的弹性系数

单位：亿元，%

年　份	财政支出	财政支出增长率	地区生产总值	地区生产总值增长率	财政支出的弹性系数
2003	34.01	13.06	361.79	13.80	0.95
2004	42.23	24.18	463.47	15.90	1.52
2005	52.81	25.05	451.51	– 14.80	– 1.69
2006	63.56	20.37	646.00	15.80	1.29
2007	80.34	26.40	807.82	18.10	1.46
2008	95.18	18.47	1036.05	13.10	1.41
2009	121.73	27.90	1124.88	11.40	2.45
2010	140.65	15.54	1315.59	13.50	1.15
2011	174.54	24.10	1486.61	12.20	1.98
2012	204.81	17.34	1566.90	7.40	2.34

10.5　安阳市财政支出结构分析

10.5.1　安阳市财政支出的项目结构分析

表 10 –13、表 7 – 14 和表 7 – 15 反映了 2007～2012 年安阳市财政支出中各项目的具体情况及与河南省的比较情况。

如表 10 –13 所示，2007～2012 年，安阳市财政支出总规模不断扩大，财政支出各项目的绝对数均呈现稳步增长态势。在历年所有的支出项目中，教育支出的绝对数额都是最大的，其次是一般公共服务支出。2007～2010 年，社会保障和就业支出排在安阳市财政支出各项目中的第三位，但在 2011～2012 年，农林水事务支出超过社会保障和就业支出，居第三位。科学技术支出、文化体育与传媒支出绝对数较小，增长平缓。

表 10 –13　安阳市 2007～2012 年财政支出各项目绝对数情况

单位：亿元

年份	财政支出合计	一般公共服务	公共安全	教育	科学技术	文化体育与传媒	社会保障和就业	医疗卫生	环境保护	城乡社区事务	农林水事务	交通运输	住房保障
2007	80.34	16.32	6.9	19.85	1.35	1.54	8.37	5.4	1.92	5.19	5.86	7.65	
2008	95.18	17.18	7.21	23.22	1.88	2.88	8.42	7.78	2.69	6.53	9.39	8.02	

续表

年份	财政支出合计	一般公共服务	公共安全	教育	科学技术	文化体育与传媒	社会保障和就业	医疗卫生	环境保护	城乡社区事务	农林水事务	交通运输	住房保障
2009	121.73	20.18	8.28	27.83	2.2	3.18	12.52	10.85	2.75	6.92	12.06	14.95	
2010	140.65	20.94	10.08	31.81	2.47	1.93	14.92	13.82	4.54	5.99	13.86	5.42	3.35
2011	174.54	23.91	10.16	42.14	3.33	3.23	15.95	19.6	6.1	6.26	17.32	8.77	5.98
2012	204.81	25.97	12.45	46.11	3.6	3.35	18.45	22.2	6.24	8.38	26.2	12.71	8.76

如表 10-14 所示，在 2007~2012 年安阳市财政支出中，教育所占比重最大，约占到整个安阳市财政支出的 20%。2012 年，安阳市 22.51% 的财政支出用于支持安阳市教育事业的发展。安阳市的一般公共服务支出所占比重在逐步下降，在安阳市财政支出各项目占比中下降幅度最大，该比重自 2007 年的 20.31% 下降到 2012 年的 12.68%，下降了 7.63 个百分点。在安阳市的财政支出中，科学技术支出所占比重 2007 年为 1.68%，2012 年上升至 1.76%。文化体育与传媒所占比重有些年份较大（如 2008 年达到 3.02%），刨除年份较大的两年，该项支出所占比重基本维持在 1%~2%。科学技术、文化体育与传媒支出是安阳市财政支出中较为薄弱的两部分。2007~2012 年，环境保护支出所占比重上升缓慢，由 2007 年的 2.39% 上升到 2012 年的 3.04%，6 年间上升了 0.65 个百分点。安阳公共安全支出所占比重基本维持在 6%~9%。

表 10-14 安阳市 2007~2012 年财政支出项目相对数情况

单位：%

年 份	一般公共服务	公共安全	教育	科学技术	文化体育与传媒	社会保障和就业	医疗卫生	环境保护	城乡社区事务	农林水事务	交通运输	住房保障
2007	20.31	8.59	24.7	1.68	1.91	10.42	6.73	2.39	6.46	7.29	9.52	
2008	18.05	7.57	24.39	1.98	3.02	8.85	8.17	2.82	6.86	9.86	8.43	
2009	16.58	6.8	22.86	1.81	2.62	10.29	8.92	2.26	5.68	9.91	12.28	
2010	14.89	7.17	22.62	1.76	1.37	10.61	9.83	3.23	4.26	9.85	3.85	2.38
2011	13.7	5.82	24.14	1.91	1.85	9.14	11.23	3.49	3.59	9.92	5.02	3.43
2012	12.68	6.08	22.51	1.76	1.63	9.01	10.84	3.04	4.09	12.79	6.2	4.28

如表 10-15 所示，2007~2012 年，安阳市公共安全、科学技术、文化体育与传媒、一般公共服务、医疗卫生支出所占财政支出的比重都高于河南省；安阳市社会保障和就业、城乡社区事务、农林水事务、交通运输支出所占比重整体低于河南省。

表 10 - 15　安阳市 2007 ~ 2012 年财政支出项目结构相对数与河南省比较分析

单位：%

年份	省市	一般公共服务	公共安全	教育	科学技术	文化体育与传媒	社会保障和就业	医疗卫生	环境保护	城乡社区事务	农林水事务	交通运输	住房保障
2007	全　省	18.84	6.6	21.16	1.31	1.71	14.26	5.45	2.68	7.18	7.99	12.82	
	安阳市	20.31	8.59	24.7	1.68	1.91	10.42	6.73	2.39	6.46	7.29	9.52	
2008	全　省	17.9	6.4	21.56	1.37	1.87	11.85	7.12	3.87	7.27	9.7	11.1	
	安阳市	18.05	7.57	24.39	1.98	3.02	8.85	8.17	2.82	6.86	9.86	8.43	
2009	全　省	16.27	6.22	20.13	1.27	2.11	12.34	8.33	3.82	5.54	10.46	13.51	
	安阳市	16.58	6.8	22.86	1.81	2.62	10.29	8.92	2.26	5.68	9.91	12.28	
2010	全　省	14.01	5.55	17.84	1.31	1.61	13.5	7.91	2.82	4.84	11.69	5.09	2.26
	安阳市	14.89	7.17	22.62	1.76	1.37	10.61	9.83	3.23	4.26	9.85	3.85	2.38
2011	全　省	13.16	4.82	20.17	1.33	1.35	12.9	8.51	2.25	4.5	11.31	6.62	3.36
	安阳市	13.7	5.82	24.14	1.91	1.85	9.14	11.23	3.49	3.59	9.92	5.02	3.43
2012	全　省	13.24	4.88	22.1	1.39	1.39	12.62	8.51	2.19	4.75	11.02	6	3.71
	安阳市	12.68	6.08	22.51	1.76	1.63	9.01	10.84	3.04	4.09	12.79	6.2	4.28

10.5.2　安阳市财政支出的地区结构分析

表 10 - 16 反映了安阳市各县市 2007 ~ 2012 年财政支出地区结构的发展变化情况。2007 ~ 2012 年，安阳县、汤阴县、滑县、内黄县、林州市财政支出整体上呈现平稳上升趋势，除林州市财政支出在 2010 年有小幅下降。2008 年、2009 年林州市财政支出居安阳5 个县市的第一位，2010 ~ 2012 年，滑县财政支出居安阳 5 个县市的首位。2007 ~ 2012 年，汤阴县财政支出居安阳 5 个县市的最后一位。2007 ~ 2012 年，在安阳市 5 个县市中，财政支出高于平均数的共有 3 个，分别是安阳县、滑县、林州市；低于平均数的共有 2 个，分别是汤阴县、内黄县。2011 年、2012 年滑县财政支出增长速度较快，增长速度分别为 27.63%、32.61%。

表 10 - 16　安阳市 2007 ~ 2012 年财政支出地区结构情况

单位：亿元

县　区	2007 年	2008 年	2009 年	2010 年	2011 年	2012 年
安阳县	11.13	12.69	17.21	19.34	23.44	26.68
汤阴县	4.85	6.17	7.37	9.17	12.85	15.37
滑　县	10.14	12.45	17.08	20.65	26.36	34.95
内黄县	6.05	7.80	10.83	12.41	16.07	18.12
林州市	10.05	13.11	18.38	18.18	22.77	27.92
平均数	8.44	10.44	14.17	15.95	20.30	24.61

10.6　小结

2003 年以来，安阳市公共预算收入呈现平稳增长态势，10 年共上涨 65.8 亿元。在安阳市地区生产总值不断上升的情况下，安阳市财政收入占地区生产总值的比重呈现不断增长的态势。安阳市地区生产总值的不断增加是财政收入规模不断增长的主要原因。2007 年，安阳市地区生产总值为 807.82 亿元，其财政收入为 42.47 亿元；到了 2012 年，安阳市地区生产总值为 1566.9 亿元，财政收入绝对规模达到了 83.57 亿元，突破 80 亿元大关。当然，安阳市财政收入绝对规模的增加也在一定程度上受我国物价水平上涨因素的影响。

除了安阳市财政收入的绝对规模增加以外，安阳市财政收入占地区生产总值的比重也有一个较大幅度的增长。其原因首先在于，安阳是河南省的重要工业基地，已初步形成了冶金、电子、化工、电力、机械、纺织、医药、烟草等工业体系。全市现有限额以上工业企业 466 家，大中型企业 64 家。安阳钢铁集团、安彩集团被列入全国 500 家最大的工业企业。安彩集团是中国最大的彩色玻壳生产基地，产量居世界第四位。"安彩"牌玻壳、"YA"牌热轧带肋钢筋、"红旗渠"牌香烟、"金钟"牌电池等产品成为全国或全省知名品牌。近年来，安阳充分发挥区位优势，不断加快经济发展步伐，综合经济实力逐年增强。

然而，2003～2012 年，安阳市财政收入占河南省财政收入的比重呈现不断下降的趋势，对河南省财政收入的贡献率在不断下降。安阳市税收收入占公共预算收入比重稳步下降，远远低于河南省税收收入占比和全国税收收入占比。

2003～2012 年，安阳市财政支出规模的绝对数不断扩大，财政支出规模增速波动较大，财政支出与安阳市地区生产总值总体上呈现上升态势，财政支出中教育支出上升最快，占比最大。科学技术支出是安阳市财政支出中最为薄弱的一部分。

安阳市财政运行和管理工作中存在的主要困难和问题是：受经济形势和产业结构等因素影响，财政发展质量和效益仍不够高，人均财力水平仍然偏低，社会事业发展对财政投入的要求越来越高，财政收支矛盾突出；预算管理力度仍需加大，资金使用效益有待提高；一些基层单位财务管理和会计基础工作薄弱，财政监管任务繁重。

第 11 章
鹤壁市财政发展报告

11.1　鹤壁市财政发展综述

鹤壁市位于河南省北部，辖浚县、淇县、淇滨区、山城区、鹤山区和鹤壁经济开发区。京广铁路、京港澳高速公路纵贯南北，鹤壁至濮阳高速公路横穿东西。鹤壁矿产资源丰富，水、电资源充裕。

2012 年鹤壁市地区生产总值为 545.78 亿元，同比增长 9.04%，人均生产总值为 34456 元。其中，第一产业增加值为 58.13 亿元，同比增长 3.89%；规模以上工业增加值为 331.47 亿元，同比增长 8.17%；第三产业增加值为 103.07 亿元，同比增长 13.88%。三次产业结构为 12:67:21。2012 年底从业人员 90.40 万人，其中城镇从业人员 27.88 万人，乡村从业人员 62.52 万人。城镇登记失业人数为 0.54 万人，失业率为 2.00%，比上年下降 1.9 个百分点。全市城镇化率达到 51.60%，比上年提高 1.8 个百分点。

1994 年分税制改革以来，全市财政收入年均递增 16.9%，财政支出年均递增 13.2%。2000 年全市地区生产总值 85.2 亿元，其中农业增加值 19.2 亿元，工业增加值 36.1 亿元，第三产业增加值达到 24.6 亿元，社会商品零售总额 21.7 亿元，地方财政收入和支出分别达到 3.25 亿元和 5.7 亿元。2011 年全市财政总收入增幅比上年提高 7.3 个百分点，一般预算收入增幅比上年提高 3.5 个百分点，增量和增速均为 4 年来最高。与经济发展密切相关的增值税、营业税、企业所得税等主体税收增长 34.4%，高出全省平均水平 8.4 个百分点。县均一般预算收入达到 3 亿元，区均一般预算收入达到 2.4 亿元。财政支出规模也持续扩大。在努力增收的基础上，2012 年争取各类补助 45.94 亿元，比上年增加 11.49 亿元，全市一般预算支出超过 70 亿元，比上年增支 15 亿元。全市农林水事务支出增长 63.5%，教育支出增长 54.1%，科学技术支出增长 26.7%，均高于财政经常性收入增幅。全市财政用于教育、医疗、社保、住房、文化、农业、交通和环保等民生领域的投入达到 53.61 亿元，占一般预算支出的 72.2%，较上年提高 6.3 个百分点，比全省平均水平高 7.8 个百分点。县均一般预算支出达到 14.6 亿元，区均一般预算支出达到 6.4 亿元，保障能力持续增强。2012 年全市财政收支迈上新台阶，公共预算收支分别突破 30 亿元、80 亿元大关，人均财政收支分别突破 2000 元、5000 元。

11.2　鹤壁市财政收入规模分析

11.2.1　鹤壁市财政收入绝对规模分析

多年来，鹤壁市加强经济运行调节，持续推进各项建设，经济保持了平稳较快的增长态势，财政收入规模绝对数不断增加。

从表 11 - 1 可以看出，鹤壁市公共预算收入规模的绝对数稳步增加，2003 年到 2012 年的 10 年间从 4.40 亿元增加到 32.66 亿元，增长了 6 倍多。其中，2004 年突破 5 亿元大关，2006 年突破 10 亿元大关，2008 年突破 15 亿元大关，2010 年突破 20 亿元大关，2012 年突破 30 亿元大关；2003 年以来年均增加绝对数为 2.87 亿元，年均财政收入增长率为 24.95%；当年财政收入在全省的位次保持在第 17 位。鹤壁市 2003~2012 年公共预算收入增长最快的是 2005 年，增速为 41.15%；增速最慢的是 2003 年，增速仅有 10.90%。从增长趋势上看，2003~2012 年，财政收入绝对数逐年增长的趋势没有变化，环比增长率经历了先升后降，再上升再下降的变化过程。

表 11 - 1　鹤壁市 2003~2012 年公共预算收入情况

单位：亿元，%

年　份	公共预算收入	财政收入较上年增加数	财政收入较上年增加比重	财政收入在河南省的位次
2003	4.40	0.43	10.90	17
2004	5.75	1.34	30.48	17
2005	8.11	2.36	41.15	18
2006	10.62	2.51	30.99	18
2007	14.00	3.38	31.79	18
2008	15.87	1.87	13.36	18
2009	18.01	2.14	13.48	18
2010	22.15	4.14	22.99	18
2011	28.02	5.87	26.50	17
2012	32.66	4.64	16.56	17
平　均	—	2.87	24.95	—

11.2.2　鹤壁市财政收入相对规模分析

表 11 - 2 反映了 2003~2012 年鹤壁市财政收入占地区生产总值的比重情况。在鹤壁市地区生产总值不断增加的情况下，鹤壁市财政收入占市生产总值比重从 2003 年的 3.60% 增加到 2012 年的 5.98%，增加了 2.38 个百分点。这表明了鹤壁市企业的经营效益在不断增大，产业结构在不断优化。

表 11 - 2　2003~2012 年鹤壁市财政收入占市地区生产总值的比重情况

单位：亿元，%

年　份	财政收入	地区生产总值	财政收入占地区生产总值比重
2003	4.40	122.25	3.60
2004	5.75	148.54	3.87
2005	8.11	186.24	4.36

年　份	财政收入	地区生产总值	财政收入占地区生产总值比重
2006	10.62	221.67	4.79
2007	14.00	274.43	5.10
2008	15.87	342.35	4.64
2009	18.01	328.16	5.49
2010	22.15	429.12	5.16
2011	28.02	500.52	5.60
2012	32.66	545.78	5.98

鹤壁市 2003～2012 年财政收入占地区生产总值的比重呈现稳步上升的趋势，仅在 2008 年和 2010 年出现了小幅度的下降，即从 2007 年的 5.10% 下降至 2008 年的 4.64%，从 2009 年的 5.49% 下降至 2010 年的 5.16%；2012 年，鹤壁市财政收入占地区生产总值的比重达到最大值，为 5.98%，2003 年比重最小，为 3.60%。

从表 11－3 可以看出，2003～2012 年鹤壁市财政收入占河南省财政收入的比重从 2003 年的 1.30% 增加到 2012 年的 1.60%，增长了 0.30 个百分点。这说明鹤壁市对河南省财政收入的贡献率虽然不大但有增长的趋势。

表 11－3　鹤壁市 2003～2012 年财政收入占河南省财政收入的比重情况

单位：亿元，%

年　份	财政收入	河南省财政收入	财政收入占河南省财政收入比重
2003	4.40	338.05	1.30
2004	5.75	428.78	1.34
2005	8.11	537.65	1.51
2006	10.62	679.17	1.56
2007	14.00	862.08	1.62
2008	15.87	1008.90	1.57
2009	18.01	1126.06	1.60
2010	22.15	1381.32	1.60
2011	28.02	1721.76	1.63
2012	32.66	2040.33	1.60

鹤壁市 2003～2012 年财政收入占河南省财政收入的比重呈现上升的趋势，仅在 2008 年和 2012 年出现了小幅度的下降，即从 2007 年的 1.62% 下降至 2008 年的 1.57%，从 2011 年的 1.63% 下降至 2012 年的 1.60%；10 年间，鹤壁市财政收入占全省财政收入的比重最高是 2011 年的 1.63%，最低为 2003 年的 1.30%，总体来看呈现逐年稳步上升的态势。

11.3　鹤壁市财政收入结构分析

11.3.1　鹤壁市财政收入项目结构分析

表 11 - 4 和表 11 - 5 反映了 2007～2012 年鹤壁市公共预算收入中税收收入的比重情况及与河南省、全国的比较情况。

表 11 - 4 列示了鹤壁市 2007～2012 年的公共预算收入、税收收入及其占比、非税收入及其占比，可以看出，鹤壁市税收收入的绝对额随着时间的推移在逐年增加，从 2007 年的 89166 万元增加到 2012 年的 222525 万元，增加了 2.50 倍；同时，税收收入占公共预算收入的比重也在随着时间的推移增加，从 2007 年的 63.68% 增加到 2010 年的 72.33%，增加了 8.65 个百分点，只是在随后的 2011 年、2012 年又分别下降至 71.20%、68.14%。从纳入公共预算的非税收入来看，则情况正好相反，非税收入占公共预算的比重在逐年下降，从 2007 年的 36.32% 下降到 2010 年的 27.67%，之后的 2011 年、2012 年又有所反弹。

表 11 - 4　鹤壁市 2007～2012 年公共预算收入中税收收入的比重情况

单位：万元，%

年　份	公共预算收入	税收收入	税收收入占比	非税收入	非税收入占比
2007	140021	89166	63.68	50855	36.32
2008	158739	111315	70.12	47424	29.88
2009	180100	128600	71.44	51400	28.56
2010	221500	160200	72.33	61400	27.67
2011	280200	199500	71.20	80700	28.80
2012	326589	222525	68.14	104064	31.86

表 11 - 5 列示了鹤壁市税收收入占比、河南省税收收入占比和全国税收收入占比，从表中可以明显看出，无论是河南省的这一比例还是鹤壁市的这一比例，都没有全国税收收入占比高，差距最大的年份是 2007 年，达到 25.21 个百分点，其他年份的差距也都在 15 个百分点以上。但可喜的是，鹤壁市税收占财政收入的比重在逐年上升，2007 年这一比重为 63.68%，到 2010 年达到了 72.33%，上升了 8.65 个百分点，这一趋势是好的，而我国这一比例是逐年下降的。

表 11 - 5　鹤壁市、河南省、全国 2007～2012 年税收收入占财政收入的比重

单位：%

年　份	鹤壁市税收收入占比	河南省税收收入占比	全国税收收入占比
2007	63.68	72.5	88.89

续表

年 份	鹤壁市税收收入占比	河南省税收收入占比	全国税收收入占比
2008	70.12	73.6	88.41
2009	71.44	73.0	86.87
2010	72.33	73.6	88.10
2011	71.20	73.4	86.39
2012	68.14	72.0	85.83

2007～2012 年，鹤壁市的四大税种（增值税、营业税、企业所得税、个人所得税）收入绝对额都呈现逐年上升的态势；营业税在税收中所占比重最大，其次是增值税，再次是企业所得税和个人所得税。在四大税种中，营业税和企业所得税占比在逐年上升，其中企业所得税从 2007 年的 6.44% 上升至 2012 年的 7.26%，上升了 0.82 个百分点，上升的幅度较大；而增值税和个人所得税的占比在逐年下降，其中增值税在 2007～2012 年下降了 10.54 个百分点，个人所得税下降了 1.54 个百分点，下降的幅度都较大。这说明了以下几个方面的问题：一是由于增值税与工业经济运行密切相关，增值税的下降说明了鹤壁市工业增加值增速放缓，而企业所得税的增加说明了工业企业利润的大幅增加；营业税的增加说明了鹤壁市第三产业较快发展；导致个人所得税下降的主要原因是我国个人所得税改革，缩小了税基（见表 11－6）。

表 11－6　鹤壁市 2007～2012 年税收收入的项目结构情况

单位：万元，%

年 份	税收收入	增值税		营业税		企业所得税		个人所得税	
		数 额	占 比	数 额	占 比	数 额	占 比	数 额	占 比
2007	89166	23187	26.00	23310	26.14	5743	6.44	4440	4.98
2008	111315	28078	25.22	27210	24.44	6826	6.13	4663	4.19
2009	128600	28100	21.85	35500	27.6	8700	6.77	4000	3.11
2010	160200	31500	19.66	44800	27.97	10300	6.43	5200	3.25
2011	199500	36500	18.30	57600	28.87	17500	8.77	10900	5.46
2012	222525	34400	15.46	66926	30.08	16156	7.26	7647	3.44

11.3.2　鹤壁市财政收入地区结构分析

鹤壁市总面积 2182 平方千米，2012 年底总人口为 160.28 万人，常住人口 158.80 万人，辖两县三区，分别为浚县、淇县、淇滨区、山城区、鹤山区和鹤壁经济开发区。其中，浚县面积 1030 平方千米，人口 66.5 万人；淇县面积 567 平方千米，人口 26.9 万人。

表 11 - 7　鹤壁市 2007～2012 年财政收入地区结构情况

单位：万元

县　域	2007 年	2008 年	2009 年	2010 年	2011 年	2012 年
浚　县	13496	14596	16800	20083	27040	32653
淇　县	17051	18857	21876	26305	34606	41700

第一，鹤壁市辖管两个县公共预算收入的绝对数大体上是逐年增加的，其中，浚县在 2011 年财政收入增加了 6957 万元，达到最大增加值，2008 年增加了 1100 万元，达到最小增加值；淇县在 2011 年财政收入增加了 8301 万元，达到最大增加值，2008 年仅增加了 1806 万元，达到最小增加值。第二，2007～2008 年公共预算收入绝对数最大的是淇县，而浚县的公共预算收入 2007～2012 年均未超过淇县。第三，2007～2012 年，公共预算收入增幅较大的为淇县，从 2007 年的 17051 万元持续增长至 2012 年的 41700 万元，增长了 24649 万元，提高了 1.45 倍；增幅较小的是浚县，从 2007 年的 13496 万元增长至 2012 年的 32653 万元，仅增长了 19157 万元，提高了 1.42 倍（见表 11 - 7）。第四，从平均增速来看，2007～2012 年增长较快的是淇县，平均增速为 18.59%；增长较慢的是浚县，增速为 17.68%。第五，2007～2012 年鹤壁的两个县均有较强的发展势头，其中，浚县在 2011 年、2008 年增长速度分别达到最大值与最小值，为 34.64%、8.15%；淇县在 2011 年、2008 年增长速度分别达到最大值与最小值，为 31.56%、10.59%。

从表 11 - 8 看，2012 年财政收入超出平均数的县为淇县；从是 2007 年的倍数来看，淇县的公共预算收入的增长较快，2012 年是 2007 年的 2.45 倍；增长较慢的是浚县，2012 年其财政收入只有 2007 年的 2.42 倍。

表 11 - 8　2012 年鹤壁市各县市区财政收入分析

单位：万元

县　域	2007 年	2012 年	2012 年与当年平均数之差	是 2007 年的倍数
浚　县	13496	32653	- 4523.5	2.42
淇　县	17051	41700	4523.5	2.45

11.4　鹤壁市财政支出规模分析

11.4.1　鹤壁市财政支出规模的绝对数分析

表 11 - 9 反映了 2003～2012 年鹤壁市财政支出规模的情况。鹤壁市财政支出规模的绝对数稳步增加，其中 2003 年突破 10 亿元大关，2006 年突破 20 亿元大关，2008 年突破 30 亿元大关，2009 年突破 40 亿元大关，2010 年突破 50 亿元大关，2011 年突破 70 亿元大关，2012 年突破 80 亿元大关。2003 年以来，财政支出较上年增加数年均增量为 7.32 亿元，2003 年以来年均财政支出增长率为 26.29%；当年财政支出在全省的位次保持在第

17 位不变，较为靠后

表 11 - 9　鹤壁市 2003 ~ 2012 年财政支出规模情况

单位：亿元，%

年　　份	公共预算支出	财政支出较上年增加数	财政支出较上年增加比重	当年财政支出在河南省的位次
2003	10. 22	- 0. 13	- 1. 22	17
2004	12. 58	2. 36	23. 05	17
2005	18. 25	5. 67	45. 13	17
2006	20. 69	2. 44	13. 38	17
2007	27. 56	6. 87	33. 19	17
2008	32. 42	4. 86	17. 63	17
2009	46. 34	13. 92	42. 94	17
2010	59. 13	12. 79	27. 60	17
2011	74. 25	15. 12	25. 57	17
2012	83. 50	9. 25	12. 46	17
平　　均	—	7. 32	26. 29	—

　　鹤壁市 2003 ~ 2012 年公共预算支出绝对数逐年稳步增加。从增长率来看，各年之间没有明显的规律性趋势，年度之间增长速度也不均衡，增长最快的是 2005 年，增速为 45.13%；增速最慢的是 2003 年，增长率为 - 1.22%。

11.4.2　鹤壁市财政支出规模的相对数

　　表 11 - 10 反映了 2003 ~ 2012 年鹤壁市财政支出占地区生产总值的比重情况。鹤壁市 2003 ~ 2012 年财政支出占市生产总值的比重呈现上升的趋势，仅在 2006 年、2008 年和 2010 年出现了小幅度下降，与财政收入的变动趋势基本保持一致，即从 2005 年的 9.80% 下降到 2006 年的 9.33%，从 2007 年的 10.04% 下降到 2008 年的 9.47%，从 2009 年的 14.12% 下降到 2010 年的 13.78%。2012 年鹤壁市财政支出占地区生产总值的比重达到最大值，为 15.30%，2003 年比重达到最小值，为 8.36%。

表 11 - 10　鹤壁市 2003 ~ 2012 年财政支出占地区生产总值的比重情况

单位：亿元，%

年　　份	财政支出	地区生产总值	财政支出占地区生产总值比重
2003	10. 22	122. 25	8. 36
2004	12. 58	148. 54	8. 47
2005	18. 25	186. 24	9. 80
2006	20. 69	221. 67	9. 33

续表

年 份	财政支出	地区生产总值	财政支出占地区生产总值比重
2007	27.56	274.43	10.04
2008	32.42	342.35	9.47
2009	46.34	328.16	14.12
2010	59.13	429.12	13.78
2011	74.25	500.52	14.83
2012	83.50	545.78	15.30

从表 11-11 可以看出，2003~2012 年鹤壁市财政支出占河南省财政支出的比重先从 2003 年的 1.43% 上升至 2005 年的 1.64%，上升了 0.21 个百分点；而后又下降至 2008 年的 1.42%，较 2005 年下降了 0.22 个百分点；随后，又增加至 2011 年的 1.75%，较 2008 年上升了 0.33 个百分点；最后下降至 2012 年的 1.67%，较 2011 年下降了 0.08 个百分点。

表 11-11　鹤壁市 2003~2012 年财政支出占河南省财政支出的比重情况

单位：亿元，%

年 份	财政支出	河南省财政支出	财政支出占河南省财政支出比重
2003	10.22	716.6	1.43
2004	12.58	879.96	1.43
2005	18.25	1116.04	1.64
2006	20.69	1440.09	1.44
2007	27.56	1870.61	1.47
2008	32.42	2281.61	1.42
2009	46.34	2905.76	1.59
2010	59.13	3416.14	1.73
2011	74.25	4248.82	1.75
2012	83.50	5006.4	1.67

鹤壁市 2003~2012 年财政支出占河南省财政支出的比重呈现先升后降、再升再降的趋势。鹤壁市财政支出占全省财政支出的比重最高是 2011 年的 1.75%，比重最低为 2008 年的 1.42%，其他年份波动不大，但普遍来说比重都很小，均未超过 2%。由表 11-12 可知，2003~2012 年，鹤壁市财政支出的边际系数的变化没有明显规律，有些年份相对较大（如 2011 年达到 0.21），有些年份较小，甚至出现负值（如 2003 年为 -0.01，2009 年为 -0.98），然而刨除这些极端的年份，其他年份大体维持在 0.05~0.25，这说明鹤壁市地区生产总值年每增加 1 亿元，其财政支出增加 0.05 亿~0.25 亿元。

表 11 - 12　鹤壁市 2003 ~ 2012 年财政支出的边际系数

单位：亿元

年　份	财政支出	财政支出年增加额	地区生产总值	地区生产总值年增加额	财政支出的边际系数
2003	10. 22	- 0. 13	122. 25	17. 20	- 0. 01
2004	12. 58	2. 36	148. 54	26. 30	0. 09
2005	18. 25	5. 67	186. 24	37. 69	0. 15
2006	20. 69	2. 44	221. 67	35. 43	0. 07
2007	27. 56	6. 87	274. 43	52. 76	0. 13
2008	32. 42	4. 86	342. 35	67. 92	0. 07
2009	46. 34	13. 92	328. 16	- 14. 19	- 0. 98
2010	59. 13	12. 79	429. 12	100. 96	0. 13
2011	74. 25	15. 12	500. 52	71. 40	0. 21
2012	83. 50	9. 25	545. 78	45. 26	0. 20

　　由表 11 - 13 可知，鹤壁市财政支出的弹性系数也呈现不稳定变化的趋势，有些年份相对较大（如 2011 年达到 1.54），有些年份较小（如 2006 年为 0.70），有些年份出现负值（如 2003 年为 - 0.07，2009 年为 - 10.36），但综合分析大部分年份的财政支出弹性系数，在 1 附近浮动，这说明财政支出的变化率快于年度地区生产总值变化率，或者说财政支出变化相对于年度地区生产总值变化比较敏感。

表 11 - 13　鹤壁市 2003 ~ 2012 年财政支出的弹性系数

单位：亿元，%

年　份	财政支出	财政支出年增长率	地区生产总值	地区生产总值年增长率	财政支出的弹性系数
2003	10. 22	- 1. 22	122. 25	16. 37	- 0. 07
2004	12. 58	23. 05	148. 54	21. 51	1. 07
2005	18. 25	45. 13	186. 24	25. 37	1. 78
2006	20. 69	13. 38	221. 67	19. 03	0. 70
2007	27. 56	33. 19	274. 43	23. 80	1. 39
2008	32. 42	17. 63	342. 35	24. 75	0. 71
2009	46. 34	42. 94	328. 16	- 4. 14	- 10. 36
2010	59. 13	27. 60	429. 12	30. 77	0. 90
2011	74. 25	25. 57	500. 52	16. 64	1. 54
2012	83. 50	12. 46	545. 78	9. 04	1. 38

11.5　鹤壁市财政支出结构分析

11.5.1　鹤壁市财政支出项目结构分析

　　表 11 - 14、表 11 - 15 和表 11 - 16 反映了 2007 ~ 2012 年鹤壁市财政支出中各项目的

具体情况及与全省的比较情况。

表 11 - 14　鹤壁市 2007～2012 年财政支出各项目绝对数情况表

单位：亿元

年份	财政支出合计	一般公共服务	公共安全	教育	科学技术	文化体育与传媒	社会保障和就业	医疗卫生	环境保护	城乡社区事务	农林水事务	交通运输	住房保障
2007	27.56	4.73	1.88	5.05	0.29	0.47	4.20	1.44	0.90	1.79	2.63	4.18	
2008	32.42	5.88	2.08	6.11	0.47	0.55	4.60	2.14	1.86	2.17	2.84	3.72	
2009	46.34	7.03	2.86	7.70	0.38	0.87	8.69	3.67	2.27	3.10	4.20	5.56	
2010	59.13	7.25	3.31	9.41	0.51	0.92	6.58	4.22	3.20	3.27	5.42	2.24	6.98
2011	74.25	8.46	3.77	14.51	0.65	1.02	8.42	5.56	2.10	2.84	6.72	3.44	11.83
2012	83.50	8.39	4.75	16.65	0.70	1.45	9.09	6.54	3.33	3.86	8.58	4.46	8.39

由表 11 - 14 可知，鹤壁市财政支出各项目的绝对数在 2007～2012 年都呈现稳定增长的态势。在所有的支出项目中，教育支出的绝对数是相对最大的，其次是社会保障和就业，再次是农林水事务支出。

表 11 - 15 显示了 2007～2012 年鹤壁市各项目支出占财政支出的比重。从各个项目历年的数据来看，鹤壁市一般公共服务支出尽管总额在不断上升，但是其占总支出的比重在逐年下降，从 2007 年的 5.57% 下降到 2012 年的 4.00%，这一趋势符合公共财政的内在要求；公共安全支出占比在基本稳定的基础上有所提高；教育支出占比总体呈现上升趋势，个别年份有下降的情况，比如从 2008 年的 5.95% 下降至 2009 年的 5.86%，从 2011 年的 8.28% 下降至 2012 年的 7.94%，但下降浮动均不大；科技支出占比呈现稳定趋势；文化体育与传媒支出浮动上升，从 2007 年的 0.56% 上升到 2012 年的 0.69%，上升了 0.13 个百分点；社会保障和就业支出呈现下降趋势，中间只有从 2008 年的 4.48% 上升至 2009 年的 6.61%，从 2010 年的 4.43% 上升至 2011 年的 4.81%，其余年份均有不同程度的下降，总体来看是从 2007 年的 4.95% 下降到 2012 年的 4.34%，下降了 0.61 个百分点；医疗卫生支出呈现逐年增长的趋势，从 2007 年的 1.69% 持续增长至 2011 年的 3.17%，仅在 2012 年下降至 3.12%；环境保护支出先升后降，最高占比为 2010 年的 2.15%，最低则为 2007 年的 1.06%；城乡社区事务支出呈现下降的趋势，从 2007 年的 2.11% 下降为 2012 年的 1.84%，下降了 0.27 个百分点；交通运输支出和住房保障支出各年基本保持稳定。此外，从各年的财政支出相对数排名情况，教育支出在历年都是第一位的，这和绝对数支出的排名是吻合的，其次是社会保障和就业支出，再次是农林水事务支出等。

根据表 11 - 16，从历年鹤壁市和河南省的财政支出项目结构（相对数）数据比对来看，可以发现以下问题。一是鹤壁的一般公共服务项目占比要低于全省水平，其年度差额幅度在 8.33～13.27 个百分点；二是鹤壁市在公共安全方面的投入要低于全省投入水平，其年度差额幅度在 2.61～4.38 个百分点；三是鹤壁市在教育支出方面的投入要远远低于

表 11 - 15　鹤壁市 2007～2012 年财政支出各项目相对数情况

单位：%

年份	一般公共服务	公共安全	教育	科学技术	文化体育与传媒	社会保障和就业	医疗卫生	环境保护	城乡社区事务	农林水事务	交通运输	住房保障
2007	5.57	2.22	5.95	0.34	0.56	4.95	1.69	1.06	2.11	3.10	4.93	
2008	5.73	2.03	5.95	0.46	0.54	4.48	2.08	1.81	2.11	2.77	3.62	
2009	5.35	2.18	5.86	0.29	0.66	6.61	2.79	1.73	2.36	3.19	4.23	
2010	4.88	2.23	6.34	0.34	0.62	4.43	2.84	2.15	2.20	3.65	1.51	4.70
2011	4.83	2.15	8.28	0.37	0.58	4.81	3.17	1.20	1.62	3.84	1.96	6.75
2012	4.00	2.27	7.94	0.34	0.69	4.34	3.12	1.59	1.84	4.09	2.13	4.00

全省投入水平，其年度差额幅度在 11.50～15.21 个百分点；四是鹤壁市在科技支出方面的投入略低于全省水平，其年度差额幅度在 0.84～1.05 个百分点；五是鹤壁市在文化体育和传媒方面的支出水平稍微低于全省投入水平，其年度差额幅度在 0.70～1.45个百分点；六是鹤壁市在社会保障和就业方面的支出历年都低于全省水平，其年度差额幅度在 5.73～10.02 个百分点；七是鹤壁在医疗方面的投入要略低于全省投入水平，其年度差额幅度在 3.76～5.54 个百分点；八是鹤壁市在其他方面的投入都略低于全省投入水平。

表 11 - 16　鹤壁市 2007～2012 年财政支出相对数结构域河南省比较分析

单位：%

年份		一般公共服务	公共安全	教育	科学技术	文化体育与传媒	社会保障和就业	医疗卫生	环境保护	城乡社区事务	农林水事务	交通运输	住房保障
2007	全省	18.84	6.60	21.16	1.31	1.71	14.26	5.45	2.68	7.18	7.99	12.82	
	鹤壁	5.57	2.22	5.95	0.34	0.56	4.95	1.69	1.06	2.11	3.10	4.93	
2008	全省	17.80	6.20	19.50	1.30	1.80	14.50	6.40	3.30	5.90	9.20	12.20	
	鹤壁	5.73	2.03	5.95	0.46	0.54	4.48	2.08	1.81	2.11	2.77	3.62	
2009	全省	16.27	6.22	20.13	1.27	2.11	12.34	8.33	3.82	5.54	10.46	13.51	
	鹤壁	5.35	2.18	5.86	0.29	0.66	6.61	2.79	1.73	2.36	3.19	4.23	
2010	全省	14.01	5.55	17.84	1.31	1.61	13.50	7.91	2.82	4.84	11.69	5.09	2.26
	鹤壁	4.88	2.23	6.34	0.34	0.62	4.43	2.84	2.15	2.20	3.65	1.51	4.70
2011	全省	13.16	4.82	20.17	1.33	1.35	12.90	8.51	2.25	4.50	11.31	6.62	3.36
	鹤壁	4.83	2.15	8.28	0.37	0.58	4.81	3.17	1.20	1.62	3.84	1.96	6.75
2012	全省	13.24	4.88	22.10	1.39	1.39	12.62	8.51	2.19	4.75	11.02	6.00	3.71
	鹤壁	4.00	2.27	7.94	0.34	0.69	4.34	3.12	1.59	1.84	4.09	2.13	4.00

11.5.2　鹤壁市财政支出地区结构分析

表 11－17 反映了鹤壁市浚县和淇县 2007～2012 年财政支出地区结构的发展变化情况。第一，鹤壁市辖管的两个县公共预算财政支出的绝对数是逐年增加的。其中，浚县 2011 年财政支出增加了 59912 万元，达到最大增加值，2012 年增加了 11568 万元，达到最小增加值；淇县 2012 年财政支出增加了 24590 万元，达到最大增加值，2008 年仅增加了 6073 万元，达到最小增加值。第二，2007～2012 年鹤壁市各县公共预算财政支出绝对数最大的是浚县，而淇县的公共预算财政支出 2007～2012 年均未超过浚县。第三，鹤壁市公共预算财政支出增幅较大的为浚县，从 2007 年的 58967 万元持续增长至 2012 年的 191226 万元，增长了 132259 万元，提高了 2.24 倍；增幅较小的是淇县，从 2007 年的 47346 万元增长至 2012 年的 136781 万元，仅增长了 89435 万元，提高了 1.89 倍。第四，从平均增速来看，2007～2012 年增长较快的是淇县，平均增速为 22.74%；增长较慢的是浚县，平均增速为 22.37%。第五，2007～2012 年鹤壁市的两个县均有较强的发展势头，其中，浚县在 2011 年、2012 年增长速度分别达到最大值与最小值，为 50.03%、6.44%；淇县在 2010 年、2008 年增长速度分别达到最大值与最小值，为 31.22%、12.83%。

表 11－17　鹤壁市 2007～2012 年财政支出地区结构情况

单位：万元

县　城	2007 年	2008 年	2009 年	2010 年	2011 年	2012 年
浚　县	58967	74377	100978	119746	179658	191226
淇　县	47346	53419	69466	91153	112191	136781

从表 11－18 看，2012 年财政支出超出平均数的是浚县，正好与收入的地区结构相反；从是 2007 年的倍数来看，浚县的公共预算财政支出的增长较快，2012 年是 2007 年的 3.24 倍；增长较慢的是淇县，2012 年其财政支出只有 2007 年的 2.89 倍，趋势也与预算财政收入相反。

表 11－18　2012 年鹤壁市各县财政支出分析

单位：万元

县　城	2007 年	2012 年	2012 年与当年平均数之差	2012 年是 2007 年的倍数
浚　县	58967	191226	27222.5	3.24
淇　县	47346	136781	－27222.5	2.89

11.6　小结

多年来，鹤壁市财政收入的绝对规模不断增加，其主要得益于鹤壁市经济发展。2003年，鹤壁市的地区生产总值为 122.25 亿元，财政收入为 4.40 亿元；2012 年，鹤壁市的地区生产总值为 545.78 亿元，财政收入绝对规模也达到了创纪录的 32.66 亿元。当然，鹤壁市财政收入绝对规模的增加也在一定程度上受我国物价水平上涨因素的影响。

2003~2012 年，鹤壁市财政收入占河南省财政收入逐年上升，对河南省财政收入的贡献率在不断提高。2007~2012 年，鹤壁市的税收收入占财政收入的比重不断下降，鹤壁市营业税、企业所得税总额都呈现上升趋势，增值税整体上呈现下降趋势，个人所得税呈现波动下降的趋势。

除了鹤壁市财政收入的绝对规模增加以外，我们还注意到其财政收入的相对规模也有一定幅度的增长，其财政收入在河南省的排名在缓慢提升。其原因在于，财政收入的稳步增长是全市经济运行积极变化的反映，经济恢复性增长后，增速缓慢回落并走稳是财政收入继续保持平稳增长的根本原因。此外，鹤壁市委、市政府高度重视，及时召开全市预算执行分析和经济运行分析会议，剖析形势，加强督导；税务部门依靠税收信息化建设，制定征管措施，严格征管质量考核，强化税源监控，做到应收尽收；财政部门积极协税、护税，全面落实"收支两条线"和票款分离政策，确保了财政收入的稳步增长。

2003~2012 年，鹤壁市财政支出呈现逐年增加的态势，2012 年鹤壁市财政支出居河南省第 17 位，增长率呈现波动下降的趋势。2003~2012 年，鹤壁市财政支出与鹤壁市地区生产总值总体上呈现上升态势，鹤壁市财政收入、财政支出占河南省财政收入、财政支出在全省所占的比重及位次、税收收入占公共预算收入的比重基本稳定。但该市环境保护支出、住房保障支出占全省同类项目的比重，比该市财政支出总量占全省财政支出总量的比重明显偏高，说明鹤壁市善于挖潜经济优势，随着经济效益的提高，优化财政收入结构，保持了财政在全省的地位。

第 12 章
新乡市财政发展报告

12.1　新乡市财政发展概述

新乡市位于河南省北部，北依太行山，南临黄河，紧邻省会郑州，是中原经济区核心区重要组成部分。现辖 12 个县（市、区）、2 个国家级开发区（新乡高新技术产业开发区和新乡经济技术开发区）、1 个城市新区（平原新区），总面积 8249 平方千米、总人口570 万人，其中市区建成区面积 110 平方千米，人口 106 万人。

2012 年，新乡市地区生产总值 1619.77 亿元，同比增长 8.75%，人均生产总值为28598 元。其中，第一产业增加值为 200.34 亿元，同比增长 6.90%；规模以上工业增加值 731.06 亿元，同比增长 4.31%；第三产业增加值为 493.78 亿元，同比增长17.19%。三次产业结构为 12.4∶58.7∶28.9。全年居民消费价格总水平比上年上涨2.4%。其中，食品类价格上涨 4.3%。2012 年底从业人员 323.34 万人，其中城镇从业人员 70.09 万人。全市新增就业 0.63 万人；下岗失业人员实现再就业 3.08 万人；就业困难人员实现再就业 1.2 万人；新增农村劳动力转移 6.2 万人；外出务工人员就业135.75 万人。城镇登记失业率为 3.82%。全市城镇化率达到 44.69%，比上年提高 1.8个百分点。

新乡市地方财政收入由 1949 年的 781 万元，增加到 2007 年的 41.1 亿元，翻了约 9番，2012 年又提升至 108.3 亿元，财政收入规模在全省的位次从 2007 年的第七位上升至2012 年的第三位，实现新的突破。全市地方财政支出由 1949 年的 874 万元，增加到 2007年的 82.4 亿元，2012 年又提升至 240.9 亿元，财政支出规模在全省的位次从 2007 年的第九位升至 2012 年的第八位。

新乡市财政收入结构不断优化。一是财政收入占地区生产总值的比重稳步提高。新乡市财政收入占地区生产总值的比重从 2003 年的 4.10% 提高到 2012 年的6.69%。二是税收收入占比提高。新乡市 2007 年税收收入占公共财政收入的比重为71.7%，排全省第 14 位；2012 年税收收入占公共财政收入比重为 72.5%，排全省第十位。近年来，新乡市民生财政投入不断加大，财政支出结构不断优化。2007 年全市教育、医疗卫生、社会保障与就业、住房保障、文化体育与传媒、农林水事务、交通运输、环境保护和城乡社区事务等与民生密切相关的支出（财政部口径）累计完成 50 亿元，占全市财政支出的 59.2%。2012 年累计完成 172.1 亿元，占全市财政支出的 71.4%。

12.2 新乡市财政收入规模分析

12.2.1 新乡市财政收入绝对规模分析

多年来，新乡市加强经济运行调节，持续推进各项建设，经济保持了平稳较快的增长态势，财政收入规模绝对数不断增加。

从表12-1可以看出，新乡市公共预算收入规模的绝对数稳步增加，从2003年的15.55亿元增加到2012年的108.30亿元，增长了近6倍。其中，2005年突破20亿元大关，2006年突破30亿元大关，2007年突破40亿元大关，2009年突破50亿元大关，2010年突破70亿元大关，2011年突破90亿元大关，2012年突破100亿元大关；2003~2012年财政收入较上年增加数年均为9.52亿元，2003~2012年年均财政收入增长率为24.07%；财政收入在全省的位次从第七位上升至第三位。新乡市2003~2012年公共预算收入增长最快的是2011年，增速为28.77%；增速最慢的是2009年，增速仅有14.60%。从增长趋势上看，2003~2012年，财政收入绝对数逐年增长的趋势没有变化，环比增长率经历了先升后降又升的变化过程。

表12-1　新乡市2003~2012年公共预算收入情况

单位：亿元，%

年　份	公共预算收入	财政收入较上年增加数	财政收入年增长率	财政收入在河南省的位次
2003	15.55	2.45	18.71	5
2004	19.90	4.35	27.99	7
2005	25.37	5.47	27.48	7
2006	31.98	6.61	26.06	7
2007	41.14	9.16	28.64	7
2008	48.77	7.63	18.55	7
2009	55.89	7.12	14.60	5
2010	70.46	14.57	26.07	4
2011	90.73	20.27	28.77	4
2012	108.30	17.57	19.37	3
年均增加数	—	9.52	24.07	—

12.2.2 新乡市财政收入相对规模分析

表12-2反映了2003~2012年新乡市财政收入占地区生产总值的比重情况。2003~2012年，在新乡市地区生产总值不断增加的情况下，新乡市财政收入占市生产总值比重从2003年的4.10%增加到2012年的6.69%，增加了2.59个百分点。一般来说，经济运行质量高、第一产业比重低、新兴行业、资源型行业和高附加值行业比重大的地区，财政

收入占地区生产总值的比重比较高。这在一定程度上表明了新乡市企业的经营效益在不断增大，产业结构在不断优化。新乡市 2003～2012 年财政收入占地区生产总值的比重呈现稳步上升的趋势，仅在 2010 年出现了小幅度的下降，即从 2009 年的 6.19% 下降至 2010 年的 5.92%；2012 年新乡市财政收入占市地区生产总值的比重达到最大值，为 6.69%，2003 年比重达到最小值，为 4.10%。

表 12－2　2003～2012 年新乡市财政收入占市地区生产总值的比重情况

单位：亿元，%

年　份	财政收入	地区生产总值	财政收入占地区生产总值比重
2003	15.55	378.95	4.10
2004	19.90	461.51	4.31
2005	25.37	544.16	4.66
2006	31.98	639.99	5.00
2007	41.14	779.68	5.28
2008	48.77	949.49	5.14
2009	55.89	902.96	6.19
2010	70.46	1189.94	5.92
2011	90.73	1489.41	6.09
2012	108.30	1619.77	6.69

从表 12－3 可以看出，2003～2012 年新乡市财政收入占河南省财政收入的比重从 2003 年的 4.60% 增加到 2012 年的 5.31%，增长了 0.71 个百分点。这说明，新乡市对河南省财政收入的贡献率在不断增加。新乡市 2003～2012 年财政收入占河南省财政收入的比重呈现上升的趋势，仅在 2006 年出现了小幅度的下降，即从 2005 年的 4.72% 下降至 2006 年的 4.71%；10 年间，新乡市财政收入占省财政收入的比重最高是 2012 年的 5.31%，最低为 2003 年的 4.60%，总体来看呈现逐年稳步上升的态势。

表 12－3　新乡市 2003～2012 年财政收入占河南省财政收入的比重情况

单位：亿元，%

年　份	财政收入	河南省财政收入	财政收入占河南省财政收入比重
2003	15.55	338.05	4.60
2004	19.90	428.78	4.64
2005	25.37	537.65	4.72
2006	31.98	679.17	4.71
2007	41.14	862.08	4.77
2008	48.77	1008.90	4.83
2009	55.89	1126.06	4.96
2010	70.46	1381.32	5.10

续表

年　份	财政收入	河南省财政收入	财政收入占河南省财政收入比重
2011	90.73	1721.76	5.27
2012	108.30	2040.33	5.31

12.3　新乡市财政收入结构分析

12.3.1　新乡市财政收入的项目结构分析

表12-4列示了新乡市2007～2012年的公共预算收入、税收收入及其占比、非税收入及其占比，可以看出，新乡市税收收入的绝对额随着时间的推移在逐年增加，从2007年的294757万元增加到2012年的785200万元，增加了2.68倍；同时，税收收入占公共预算收入的比重也在随着时间的推移增加，从2007年的71.66%增加到2011年的74.39%，增加了2.73个百分点，只是在随后的2012年又下降至72.47%，比上一年下降了1.92个百分点。从纳入公共预算的非税收入来看则正好相反，非税收入占公共预算的比重在逐年下降，从2007年的28.34%下降到2011年的25.61%，2012年有所反弹。

表12-4　新乡市2007～2012年公共预算收入中税收收入的比重情况

单位：万元，%

年　份	公共预算收入	税收收入	税收收入占比	非税收入	非税收入占比
2007	411351	294757	71.66	116594	28.34
2008	487725	343830	70.50	143895	29.50
2009	558896	399348	71.45	159548	28.55
2010	704600	516500	73.30	188000	26.70
2011	907300	674900	74.39	232400	25.61
2012	1083500	785200	72.47	298300	27.53

表12-5列示了新乡市税收收入占比、河南省税收收入占比和全国税收收入占比，从表中可以明显看出，无论是河南省的这一比例还是新乡市的这一比例，都没有全国税收收入占比高，差距最大的年份是2008年，达到17.91个百分点，其他年份的差距也都在13个百分点以上。但可喜的是，新乡市税收占财政收入的比重在逐年上升，2007年这一比例为71.66%，到2011年达到了74.39%，上升了2.73个百分点。这一趋势是好的，而我国这一比例是逐年下降的。新乡市乃至河南省税收占财政收入比重较低，警示我们要在近年来我国财政收入不断增长的同时，关注财政收入结构问题。

表 12 - 5　新乡、河南省、全国 2007～2012 年税收收入占财政收入的比重

单位：%

年　份	新乡市税收收入占比	河南省税收收入占比	全国税收收入占比
2007	71.66	72.5	88.89
2008	70.50	73.6	88.41
2009	71.45	73.0	86.87
2010	73.30	73.6	88.1
2011	74.39	73.4	86.39
2012	72.47	72.0	85.83

表 12 - 6 列示了新乡市 2007～2012 年四大税种（增值税、营业税、企业所得税、个人所得税）收入及其占税收收入总额的比重。可以看出，四大税种的绝对额都呈现逐年上升的态势；营业税在税收中所占比重最大，其次是增值税，再次是企业所得税和个人所得税。在四大税种中，营业税和企业所得税占比在逐年上升，其中企业所得税从 2007 年的 13.62% 上升至 2011 年的 15.28%，上升了 1.66 个百分点，上升的幅度较大；而增值税和个人所得税的占比在逐年下降，其中增值税在 2007～2011 年下降了 7.93 个百分点，个人所得税下降了 1.93 个百分点，下降的幅度都较大。营业税的增加说明了新乡市第三产业的较快发展；个人所得税下降的主要原因在于我国个人所得税改革缩小了税基。

表 12 - 6　新乡市 2007～2012 年税收收入的项目结构情况

单位：万元，%

年　份	税收收入	增值税		营业税		企业所得税		个人所得税	
		数　额	占　比	数　额	占　比	数　额	占　比	数　额	占　比
2007	294757	69014	23.41	85437	28.99	40133	13.62	14313	4.86
2008	343830	77964	22.68	97061	28.23	39939	11.62	13143	3.82
2009	399348	78600	19.68	114698	28.72	45096	11.29	12796	3.20
2010	516500	89500	17.33	145200	28.11	69300	13.42	15500	3.00
2011	674900	108100	16.02	198700	29.44	103100	15.28	19800	2.93
2012	785182	113712	14.48	240805	30.67	112884	14.38	16648	2.12

12.3.2　新乡市财政收入的地区结构分析

新乡市现辖 12 个县市区（四区两市六县）、1 个城市新区（平原新区）。表 12 - 7 反映了新乡市 2007～2012 年财政收入地区结构情况。新乡市 12 个县市区财政收入的绝对数都是逐年增加的，例外的是新乡县的财政收入从 2011 年的 7.00 亿元下降至 2012 年的 6.30 亿元。在新乡市 12 个县市区中，辉县市、长垣县、新乡县、开发区处于第一集团军，历年财政收入大多超出平均数 1 亿元左右（除开发区外）。从 2012 年各县市财政收入来看，2012 年财政收入超出平均数的县市区有辉县市、卫辉市、新乡县、长垣县、红

旗区、开发区；从 2012 年是 2007 年的倍数来看，工业园区财政收入的增长最快，2012 年是 2007 年的 18.30 倍；其次是开发区，其 2012 年财政收入是 2007 年的 6.05 倍；增长最慢的是新乡县，2012 年其财政收入只有 2007 年的 1.53 倍。

表 12-7 新乡市 2007~2012 年财政收入地区结构情况

单位：亿元

县　　市	2007 年	2008 年	2009 年	2010 年	2011 年	2012 年
封 丘 县	1.2	1.52	1.64	1.83	2.12	2.5
辉 县 市	5.3	7.02	9.01	12.07	16.6	19.21
获 嘉 县	1.16	1.3	1.38	1.58	2.2	2.81
卫 辉 市	1.97	2.52	3.02	3.66	4.52	5.5
新 乡 县	4.13	4.76	5.01	6.01	7	6.3
延 津 县	1.56	1.92	2.21	2.7	3.51	4.07
原 阳 县	1.45	1.71	1.97	2.01	2.66	3.47
长 垣 县	3.23	4	4.33	5.01	6.32	8
凤 泉 区	0.66	0.82	0.99	1.55	1.89	2.08
红 旗 区	1.4	1.85	2.25	3.03	4.09	5.13
开 发 区	1.12	1.58	2.1	4.4	5.56	6.78
牧 野 区	1.38	1.8	2.18	3.02	4	5
平 原 新 区	—	—	—	0.03	0.52	1.09
卫 滨 区	1.16	1.42	1.71	2.03	2.73	3.04
工 业 园 区	0.1	0.3	0.45	0.7	1.38	1.83
平　　均	1.84	2.32	2.73	3.31	4.34	5.12

12.4 新乡市财政支出规模分析

12.4.1 新乡市财政支出规模的绝对数分析

从表 12-8 可以看出，新乡市财政支出规模的绝对数稳步增加，其中，2003 年突破 30 亿元大关，2010 年突破 150 亿元大关，2012 年突破 240 亿元大关；2003~2012 年财政支出较上年增加数年均为 21.02 亿元，2003~2012 年年均财政支出增长率为 22.00%；新乡市财政支出在全省的位次一直比较稳定，处于第 8~9 位。新乡市财政支出的排名相对于其财政收入的排名较为靠后。

新乡市 2003~2012 年公共预算支出绝对数逐年稳步增加；从增长率来看，各年之间没有明显的规律性趋势，年度之间增长速度也不均衡，增长最快的就是 2009 年，增速为 32.61%；增速最慢的是 2003 年，增速仅有 13.15%。

表 12 - 8　新乡市 2003 ~ 2012 年财政支出规模情况

单位：亿元，%

年　份	公共预算支出	财政支出较上年增加数	财政支出年增加比重	财政支出在河南省的位次
2003	35. 38	4. 11	13. 15	4
2004	40. 84	5. 46	15. 43	7
2005	51. 08	10. 25	25. 09	8
2006	65. 92	14. 83	29. 04	8
2007	84. 19	18. 27	27. 72	9
2008	99. 23	15. 04	17. 86	9
2009	131. 58	32. 36	32. 61	8
2010	159. 53	27. 94	21. 24	8
2011	201. 32	41. 79	26. 20	8
2012	241. 50	40. 18	19. 96	8
平　均	—	21. 02	22. 00	—

12.4.2　新乡市财政支出规模的相对数分析

由表 12 - 9 可知，新乡市 2003 ~ 2012 年财政支出占地区生产总值的比重呈现上升的趋势，仅在 2004 年和 2010 年出现了小幅度的下降，与财政收入的变动趋势保持一致，即从 2003 年的 9.34% 下降到 2004 年的 8.85%，从 2009 年的 14.57% 下降至 2010 年的 13.41%；新乡市在 2012 年财政支出占地区生产总值的比重达到最大值，为 14.92%，在 2004 年比重达到最小值，为 8.85%。

表 12 - 9　新乡市 2003 ~ 2012 年财政支出占市地区生产总值比重情况

单位：亿元，%

年　份	财政支出	地区生产总值	财政支出占地区生产总值比重
2003	35. 38	378. 95	9. 34
2004	40. 84	461. 51	8. 85
2005	51. 08	544. 16	9. 39
2006	65. 92	639. 99	10. 30
2007	84. 19	779. 68	10. 80
2008	99. 23	949. 49	10. 45
2009	131. 58	902. 96	14. 57
2010	159. 53	1189. 94	13. 41
2011	201. 32	1489. 41	13. 52
2012	241. 50	1619. 77	14. 91

从表 12 - 10 可以看出，2003 ~ 2012 年新乡市财政支出占河南省财政支出的比重先从 2003 年的 4.94% 下降到 2008 年的 4.35%，下降了 0.59 个百分点；而后又从 2008 年的

4.35%增加到2012年的4.82%，增长了0.32个百分点。

表12-10　新乡市2003～2012年财政支出占河南省财政支出的比重情况

单位：亿元，%

年　份	财政支出	河南省财政支出	财政支出占河南省财政支出的比重
2003	35.38	716.60	4.94
2004	40.84	879.96	4.64
2005	51.08	1116.04	4.58
2006	65.92	1440.09	4.58
2007	84.19	1870.61	4.50
2008	99.23	2281.61	4.35
2009	131.58	2905.76	4.53
2010	159.53	3416.14	4.67
2011	201.32	4248.82	4.74
2012	241.50	5006.40	4.82

新乡市2003～2012年财政支出占河南省财政支出的比重呈现先降后升的趋势；新乡市财政支出占全省财政支出的比重最高是2003年的4.94%，最低为2008年的4.35%，其他年份波动不大，但普遍来说比重都很小，均未超过5%。

由表12-11可知，2003～2012年，新乡市财政支出的边际系数的变化没有明显的规律，有些年份较大（如2012年达到0.31），有些年份较小，甚至出现负值（如2009年为-0.70），然而剔除这两个极端的年份，其他年份大体维持0.10～0.15，这说明新乡市地区生产总值年每增加1亿元，其财政支出增加0.10亿～0.15亿元。

表12-11　新乡市2003～2012年财政支出的边际系数

单位：亿元

年　份	财政支出	财政支出年增加额	地区生产总值	地区生产总值增加额	财政支出的边际系数
2003	35.38	4.11	378.95	38.48	0.11
2004	40.84	5.46	461.51	82.57	0.07
2005	51.08	10.25	544.16	82.65	0.12
2006	65.92	14.83	639.99	95.82	0.15
2007	84.19	18.27	779.68	139.69	0.13
2008	99.23	15.04	949.49	169.81	0.09
2009	131.58	32.36	902.96	-46.53	-0.70
2010	159.53	27.94	1189.94	286.98	0.10
2011	201.32	41.79	1489.41	299.47	0.14
2012	241.50	40.18	1619.77	130.36	0.31

由表12-12可知，新乡市财政支出的弹性系数也呈现不稳定变化的趋势，有些年份

较大（如 2012 年达到 2.28），有些年份较小（如 2010 年为 0.67），有些年份出现负值（如 2009 年为 -6.65），但综合分析，大部分年份的财政支出弹性系数大于 1，这说明财政支出的变化率快于年度地区生产总值变化率，或者说财政支出变化相对于年度地区生产总值变化比较敏感。

表 12 - 12　新乡市 2003～2012 年财政支出的弹性系数

单位：亿元，%

年　份	财政支出	财政支出年增长率	地区生产总值	地区生产总值年增长率	财政支出的弹性系数
2003	35. 38	13. 15	378. 95	11. 30	1. 16
2004	40. 84	15. 43	461. 51	21. 79	0. 71
2005	51. 08	25. 09	544. 16	17. 91	1. 40
2006	65. 92	29. 04	639. 99	17. 61	1. 65
2007	84. 19	27. 72	779. 68	21. 83	1. 27
2008	99. 23	17. 86	949. 49	21. 78	0. 82
2009	131. 58	32. 61	902. 96	- 4. 90	- 6. 65
2010	159. 53	21. 24	1189. 94	31. 78	0. 67
2011	201. 32	26. 20	1489. 41	25. 17	1. 04
2012	241. 50	19. 96	1619. 77	8. 75	2. 28

12.5　新乡市财政支出结构分析

12.5.1　新乡市财政支出的项目结构分析

由表 12 - 13 可知，新乡市财政支出各项目的绝对数在 2007～2012 年都呈现稳步增长的态势；在历年所有的支出项目中，教育支出的绝对数额都是最大的，其次是一般公共服务支出，再次是农林水事务支出。

表 12 - 13　新乡市 2007～2012 年财政支出各项目绝对数情况

单位：亿元

年份	财政支出合计	一般公共服务	公共安全	教育	科学技术	文化体育与传媒	社会保障和就业	医疗卫生	环境保护	城乡社区事务	农林水事务	交通运输	住房保障
2007	84. 19	16. 72	6. 06	18. 26	1. 43	0. 84	10. 23	4. 83	2. 51	5	6. 59	11. 71	
2008	99. 23	19. 61	7. 48	21. 41	1. 58	3. 46	9. 74	7. 29	3. 28	5. 53	10. 43	9. 41	
2009	131. 58	23. 28	9. 13	27. 45	1. 89	1. 32	12. 71	11. 65	7. 6	7. 18	14. 24	15. 12	
2010	159. 53	24. 84	11. 32	31. 64	2. 6	1. 84	13. 54	13. 21	8. 42	6. 78	16. 7	6. 79	4. 14
2011	201. 32	28. 94	12. 68	45. 72	2. 54	2. 84	18. 65	18. 69	7. 33	7. 31	21. 05	12. 24	9. 9
2012	241. 5	34. 03	14. 85	53	2. 95	3. 52	22. 59	21. 76	6. 89	10. 2	30. 03	12. 06	12. 64

表 12 - 14 显示了 2007～2012 年新乡市各项目支出占总支出的比重。从各个项目历年的数据来看，新乡市一般公共服务支出尽管总额在不断上升，但是其占总支出的比重在逐年下降，从 2007 年的 19.86% 下降到 2012 年的 14.09%，这一趋势符合公共财政的内在要求；公共安全支出占比在基本稳定的基础上有所下降；教育支出占比总体呈现上升趋势，个别年份有下降的情况，如 2010 年这一比例为 19.83%，低于 2007 年 21.69% 的水平；科学技术支出占比呈现逐年下降趋势；文化体育与传媒支出逐年上升，从 2007 年的 1.00% 上升到 2012 年的 1.46%，上升了 0.46 个百分点；社会保障和就业支出逐年下降，从 2007 年的 12.15% 下降到 2012 年的 9.35%，下降了 3.16 个百分点；环境保护支出先升后降，最高占比为 2009 年的 5.78%，最低则为 2012 年的 2.855%；城乡社区事务支出逐年上升，从 2007 年的 7.83% 上升为 2012 年的 12.43%，上升了 4.6 个百分点；交通运输和住房保障支出各年基本保持稳定，没有明显变化。此外，从各年的财政支出相对数排名情况看，教育支出在历年都是第一位的，这和其绝对数支出的排名是吻合的，其次是一般公共服务支出，再次是农林水事务支出。

表 12 - 14　新乡市 2007～2012 年财政支出各项目相对数情况

单位：%

年　份	一般公共服务	公共安全	教育	科学技术	文化体育与传媒	社会保障和就业	医疗卫生	环境保护	城乡社区事务	农林水事务	交通运输	住房保障
2007	19.86	7.2	21.69	1.7	1	12.15	5.74	2.98	5.9	7.83	13.91	
2008	19.76	7.54	21.58	1.59	3.49	9.82	7.35	3.31	5.57	10.51	9.48	
2009	17.69	6.94	20.86	1.44	1	9.66	8.85	5.78	5.46	10.82	11.49	
2010	15.57	7.1	19.83	1.63	1.15	8.49	8.28	5.28	4.25	10.47	4.26	2.6
2011	14.38	6.3	22.71	1.26	1.41	9.26	9.28	3.64	3.63	10.46	6.08	4.92
2012	14.09	6.15	21.95	1.22	1.46	9.35	9.01	2.85	4.22	12.43	4.99	5.23

根据表 12 - 15，通过历年新乡市和河南省的财政支出项目结构（相对数）数据比对，可以发现以下问题。一是新乡的一般公共服务项目占比要高于全省，其年度差额幅度在 0.85～1.86 个百分点之间；二是新乡市在公共安全方面的投入要高于全省投入水平，其年度差额幅度在 0.6～1.55 个百分点；三是新乡市在教育支出方面的投入要略高于全省投入水平，基本持平；四是新乡市在科技支出方面的投入在 2007～2010 年要略高于全省水平，但 2011 年和 2012 年两年则略低于全省投入水平；五是新乡市在文化体育和传媒方面的支出水平并无规律可循，有些年份高，有些年份低，但差别都不大；六是新乡市在社会保障和就业方面的支出历年都低于全省水平，有些年份要低 3 个百分点以上；七是新乡市在医疗卫生方面的投入要略高于全省投入水平；八是新乡市在其他方面的投入要与全省投入水平基本相当。

表 12－15　新乡市 2007～2012 年财政支出相对数结构与河南省比较分析

单位：%

年份	省市	一般公共服务	公共安全	教育	科学技术	文化体育与传媒	社会保障和就业	医疗卫生	环境保护	城乡社区事务	农林水事务	交通运输	住房保障
2007	全　省	18.84	6.6	21.16	1.31	1.71	14.26	5.45	2.68	7.18	7.99	12.82	
	新乡市	19.86	7.2	21.69	1.7	1	12.15	5.74	2.98	5.9	7.83	13.91	
2008	全　省	17.8	6.2	19.5	1.3	1.8	14.5	6.4	3.3	5.9	9.2	12.2	
	新乡市	19.76	7.54	21.58	1.59	3.49	9.82	7.35	3.31	5.57	10.51	9.48	
2009	全　省	16.27	6.22	20.13	1.27	2.11	12.34	8.33	3.82	5.54	10.46	13.51	
	新乡市	17.69	6.94	20.86	1.44	1	9.66	8.85	5.78	5.46	10.82	11.49	
2010	全　省	14.01	5.55	17.84	1.31	1.61	13.5	7.91	2.82	4.84	11.69	5.09	2.26
	新乡市	15.57	7.1	19.83	1.63	1.15	8.49	8.28	5.28	4.25	10.47	4.26	2.6
2011	全　省	13.16	4.82	20.17	1.33	1.35	12.9	8.51	2.25	4.5	11.31	6.62	3.36
	新乡市	14.38	6.3	22.71	1.26	1.41	9.26	9.28	3.64	3.63	10.46	6.08	4.92
2012	全　省	13.24	4.88	22.1	1.39	1.39	12.62	8.51	2.19	4.75	11.02	6	3.71
	新乡市	14.09	6.15	21.95	1.22	1.46	9.35	9.01	2.85	4.22	12.43	4.99	5.23

12.5.2　新乡市财政支出的地区结构分析

表 12－16 反映了新乡市各县市 2007～2012 年财政支出地区结构的发展变化情况。首先，新乡市 8 个县市财政支出的绝对数都是逐年增加的，例外的是新乡县的财政支出从 2011 年的 135393 万元下降至 2012 年的 128730 万元，下降了 6663 万元。其次，从财政支出的绝对数看，在新乡市 12 个县市区中，辉县市、长垣县及封丘县处于第一集团军；新乡县与获嘉县排位靠后。从 2012 年各县市财政支出来看，2012 年财政支出超出平均数的县市有封丘县、长垣县、辉县市；从 2012 年是 2007 年的倍数来看，长垣县财政支出的增长最快，2012 年是 2007 年的 3.36 倍；其次是封丘县，其 2012 年财政支出是 2007 年的 2.97 倍；增长最慢的是新乡县，其 2012 年财政支出只有 2007 年的 1.95 倍。

表 12－16　新乡市各县市 2007～2012 年财政支出地区结构情况

单位：万元

县　市	2007 年	2008 年	2009 年	2010 年	2011 年	2012 年
新乡县	65864	77047	102521	117990	135393	128730
获嘉县	41920	52645	66758	80018	100419	120880
原阳县	64050	82082	111910	126318	143347	177800
延津县	49859	65398	80256	110540	143069	157871
封丘县	65605	85576	119401	129144	161999	195025
长垣县	78022	96024	132902	154202	202486	261842

县　市	2007 年	2008 年	2009 年	2010 年	2011 年	2012 年
卫辉市	59759	75016	98816	111687	149605	170328
辉县市	105881	122458	173233	210558	258736	296876
平均值	66370	82030.75	110724.625	130057.125	161881.75	188669

12.6　小结

从新乡市的实际情况看，2003 年，新乡市的地区生产总值为 378.95 亿元，其财政收入为 15.55 亿元；2012 年，新乡市的地区生产总值为 1618.93 亿元，财政收入绝对规模也达到了创纪录的 108.30 亿元。当然，新乡市财政收入绝对规模的增加也在一定程度上受我国物价水平上涨因素的影响。

除了新乡市财政收入的绝对规模增加以外，我们还注意到其财政收入的相对规模也有一个较大幅度的增长，更重要的是其财政收入在河南省的排名在逐年提升。其原因在于，一是新乡的民营经济、乡镇企业发展得好，新乡的民营经济、乡镇经济在全省排名第一，所谓"众人拾柴火焰高"，新乡的经济正是依靠这些众多中小企业来支撑的，新乡的部分中小企业，如华兰生物等，已经上市。二是新乡的农村经济发展得好，新乡的农村经济在全省也是排名第一的。新乡重视农村经济的发展，正是因为重视农村经济，新乡才出现了全国经济百强镇——小冀镇和孟庄镇，新乡的七里营、刘庄、耿庄等都是全国著名的先进现代化农村。

多年来，新乡市加强经济运行调节，持续推进各项建设，经济保持了平稳较快的增长态势，财政收入规模绝对数不断增加。新乡市财政收入 1949 年为 781 万元，2012 年提升至 108.3 亿元，财政收入规模在全省的位次从第七位上升至 2012 年的第三位。新乡市公共预算收入规模的绝对数稳步增加，2003 年以来年均财政收入增长率为 23.62%。新乡市财政收入占地区生产总值比重逐年增加，2012 年达到 6.69%，这在一定程度上表明了新乡市企业的经营效益在不断增大，产业结构在不断优化。2003～2012 年新乡市财政收入占河南省财政收入的比重从 2003 年的 4.60% 增加到 2012 年的 5.31%，增长了 0.71 个百分点，新乡市对河南省财政收入的贡献率在不断增加。新乡市税收占财政收入的比重在逐年上升，这一趋势是好的，但和全国比较，税收收入占财政收入的比重仍然较低。在税种结构中，新乡市的营业税和企业所得税占比逐年上升。新乡市 12 个县市区财政收入的绝对数都是逐年增加的，其中，辉县市、长垣县、新乡县、开发区处于第一集团军，历年财政收入大多超出平均数 1 亿元左右。

从财政支出看，新乡市财政支出规模的绝对数稳步增加，新乡市财政支出在全省的位次一直比较稳定，处于第八位和第九位。新乡市财政支出的排名相对于其财政收入的排名较为靠后。新乡市 2003～2012 年财政支出占地区生产总值的比重呈现上升的趋势，新乡市 2003～2012 年财政支出占河南省财政支出的比重呈现先降后升的趋势；新乡市财政支出各项目的绝对数都呈现稳步增长的态势；在历年所有的支出项目中，教育支出的绝对数额都是最大的，其次是一般公共服务支出，再次是农林水事务支出。应该注意的是新乡的一般公共服务项目占比要高于全省，而在社会保障和就业方面的支出历年都低于全省水平。

　　新乡市财政收支的良好现状除了经济发展水平的提升等因素以外，还得益于财政管理机制、督查机制、执行机制、奖惩机制方面取得的创新。一是创新管理机制。按照管理科学化、精细化的要求，积极探索新形势下财政管理的方式方法。推进预算绩效管理，2013年在市县区全面开展试点，逐步建立"预算编制有目标、预算执行有监控、预算完成有评价、评价结果有反馈、反馈结果有应用"的预算绩效管理模式。二是创新督查机制。进一步建立覆盖所有政府性资金和财政运行全过程的监管机制。探索建立财政监督成果与预算管理挂钩机制，在预算安排与资金使用中充分运用监督成果，将监督结果与具体责任主体的责任挂钩，加大处理处罚和责任追究力度。2012年共核查9个项目，查处存在问题项目6个，取消3个单位的申报资格，查处虚假申报资金302万元。目前，新乡市正在结合实际拟定《新乡市财政局财政监督成果运用制度》。三是创新执行机制。按照"三抓两促"的要求，进一步提升财政部门执行力。从制度上，研究制定《新乡市财政局工作督查督办制度》，加强督查督办，使市委、市政府部署的各项工作任务及时得到较好落实。从效率上，进一步强化责任意识，优化业务流程，简化工作程序，提升信息化水平，努力建立规范科学、运转协调、公正透明、廉洁高效的工作执行机制。按照"减环节不减责任、省时间不省内容"的原则，财政资金网上拨付流程由原先的7个节点15个工作日简化到4个节点5个工作日办毕。取消了"政府采购资金划拨通知单"和"政府采购资金报账通知书"，转为内部流程，节约了预算单位和供应商的时间。设置《温馨提示函》，提醒预算单位及时报送拨款依据，加快资金催办件办理速度。四是创新奖惩机制。局办公室、驻局监察室、人事科等科室建立了对各科室日常工作的差错记分制，并设立台账进行统计，作为年终绩效考核的重要依据。

第 13 章
焦作市财政发展报告

13.1　焦作市财政发展概述

焦作市，北依太行山与山西省接壤，东临新乡市，西临济源市，南临黄河，与郑州市、洛阳市相望。焦作市现辖 4 个市辖区、4 个县、1 个省级高新技术产业开发区，代管 2 个县级市：解放区、山阳区、中站区、马村区，修武县、武陟县、温县、博爱县，沁阳市、孟州市。焦作市面积 4072 平方千米，全市总人口 366 万人。另外，焦作是中国太极拳发源地，旅游资源丰富，是中国首个荣获联合国"世界杰出旅游服务品牌"奖项的中国城市。

2012 年，焦作实现地区生产总值 1551.35 亿元，增长 11.2%；规模以上工业增加值 910.3 亿元，增长 14.2%；全社会固定资产投资 1154.2 亿元，增长 21.6%；社会消费品零售总额 437.2 亿元，增长 15.4%；城镇居民人均可支配收入 20136 元，增长 11.8%，高于全省平均水平 2.3 个百分点；农民人均纯收入 10113 元，增长 13.6%，高于全省平均水平 2.3 个百分点。

从三次产业的分布来看，第一产业增加值为 122.42 亿元，增长 4.5%；第二产业增加值为 1075.88 亿元，增长 12.6%；第三产业增加值为 378.02 亿元，增长 9.8%。人均生产总值达到 44730 元。三次产业结构由 2011 年的 7.9∶68.9∶23.2 变化为 2012 年的 7.8∶68.2∶24.0，第三产业比重比上年提高 0.8 个百分点。

2012 年，焦作市实现财政收入 85.13 亿元，比上年增长 14.25%。其中，税收收入 55.57 亿元，增长 13.2%，税收收入占地方公共预算收入的比重为 65.28%。地方公共预算支出 165.97 亿元，增长 14.62%。其中，教育支出 33.13 亿元，增长 33%；社会保障和就业支出 17.49 亿元，增长 19.63%；医疗卫生支出 15.11 亿元，增长 12.93%。人均公共预算收入和人均公共预算支出分别达 2414 元、4718 元，高于全省平均水平 372 元、144 元。

13.2　焦作市财政收入规模分析

13.2.1　焦作市财政收入绝对规模分析

多年来，焦作市加强经济运行调节，持续推进各项建设，经济保持了平稳较快的增长态势，财政收入规模绝对数不断增加。

如表 13 - 1 所示，2012 年焦作市实现公共预算收入 85.13 亿元，同比增加 10.62 亿元，增长了 14.25%，财政收入位于河南省的第七位，与 2011 年相比排位没有发生变化。2003～2012 年，焦作市财政收入规模的绝对数呈现稳步增长的态势，其中 2010 年突破 60 亿元大关，2011 年突破 70 亿元大关，2012 年突破 80 亿元大关。从 2003 年以来焦作市公共预算收入的年均增加值为 7.27 亿元，其年均增加的比重为 20.97%。从 2003 年到 2012 年焦作市的公共预算收入从 15.35 亿元增加到 85.13 亿元，10 年间增加了 69.78 亿元。但从"当年财政收入在全省的位次"来看，焦作市财政收入在 2005 年一度居全省第三位，之后，其位次逐年下降到第七位。

表 13 - 1　焦作市 2003～2012 年公共预算收入情况

单位：亿元，%

年　份	公共预算收入	财政收入较上年增加数	财政收入较上年增加比重	当年财政收入在河南省的位次
2003	15.35	2.96	23.87	6
2004	22.68	7.33	47.76	5
2005	30.25	7.57	33.39	3
2006	37.29	7.04	23.28	4
2007	46.53	9.24	24.78	4
2008	49.18	2.65	5.70	6
2009	54.42	5.24	10.65	7
2010	63.34	8.92	16.39	7
2011	74.51	11.17	17.63	7
2012	85.13	10.62	14.25	7
平　均	—	7.27	20.97	—

13.2.2　焦作市财政收入相对规模分析

如表 13 - 2 所示，2012 年焦作市财政收入占焦作市地区生产总值的比重为 5.49%，与 2011 年相比比重上升了 0.33 个百分点。在焦作市地区生产总值不断增加的情况下，焦作市的财政收入也随之而增加。2003～2005 年，该比重呈现上升的趋势；2005～2008 年，该比重呈现波动下降的趋势；2008～2012 年，该比重呈现平稳上升的趋势。其比重从 2003 年的 4.49% 上升到 2012 年的 5.49%，增加了 1 个百分点。

表 13 - 2　2003～2012 年焦作市财政收入占地区生产总值的比重情况

单位：亿元，%

年　份	财政收入	地区生产总值	财政收入占地区生产总值比重
2003	15.35	341.42	4.49
2004	22.68	455.70	4.98
2005	30.25	449.25	6.73

续表

年　份	财政收入	地区生产总值	财政收入占地区生产总值比重
2006	37.29	699.10	5.33
2007	46.53	856	5.44
2008	49.18	1031.59	4.77
2009	54.42	1071.42	5.08
2010	63.34	1245.93	5.08
2011	74.51	1442.62	5.16
2012	85.13	1551.35	5.49

如表 13－3 所示，2012 年焦作市财政收入占全省财政收入的比重为 4.17%，与 2011 年相比比重下降了 0.16 个百分点。2003～2012 年，焦作市财政收入占河南省财政收入从最大值 5.63% 下降至 2012 年的 4.17%，总体下降了 1.46 个百分点，这说明焦作市对河南省财政收入的贡献率在不断下降。

表 13－3　焦作市 2003～2012 年财政收入占河南省财政收入的比重情况

单位：亿元，%

年　份	财政收入	河南省财政收入	财政收入占河南省财政收入比重
2003	15.35	338.05	4.54
2004	22.68	428.78	5.29
2005	30.25	537.65	5.63
2006	37.29	679.17	5.49
2007	46.53	862.08	5.40
2008	49.18	1008.9	4.87
2009	54.42	1126.06	4.83
2010	63.34	1381.32	4.59
2011	74.51	1721.76	4.33
2012	85.13	2040.33	4.17

13.3　焦作市财政收入结构分析

13.3.1　焦作市财政收入的项目结构分析

表 13－4、表 13－5 和表 13－6 反映了 2007～2012 年焦作市公共预算收入中税收收入的比重情况及与河南省、全国的比较情况。

如表 13－4 所示，2012 年焦作市税收收入 555723 万元，与 2011 年相比增加了 34323 万元；税收收入占公共预算收入的比重为 65.28%，同比下降了 4.7 个百分点。焦作市非税收入为 295609 万元，与 2011 年相比增加了 71909 万元；非税收入占公共预算收入的比重为 34.72%，同比上升了 4.7 个百分点。

表 13 - 4　焦作市 2007～2012 年公共预算收入中税收收入的比重情况

单位：万元，%

年　份	公共预算收入	税收收入	税收收入占比	非税收入	非税收入占比
2007	465300	346248	74.41	119010	25.58
2008	491800	359857	73.17	131943	26.83
2009	544200	393000	72.22	151300	27.80
2010	633400	457400	72.21	175900	27.77
2011	745100	521400	69.98	223700	30.02
2012	851300	555723	65.28	295609	34.72

2007～2012 年，焦作市税收收入、非税收入的绝对数均呈现平稳增长的趋势。焦作市的税收收入从 2007 年的 346248 万元增加到 2012 年的 555723 万元，增加了 209475 万元；税收收入占比则在不断下降，从 74.41% 增加到 65.28%。2007～2012 年，焦作市的非税收入比重相应的呈现不断上升的态势，从 2007 年的 25.58% 上升到 2012 年的 34.72%。这说明焦作市的税收收入对焦作财政收入的贡献率在下降。

如表 13 - 5 所示，2012 年焦作市税收收入占焦作市公共预算收入的比重为 65.28%，与 2011 年相比下降了 4.7 个百分点。与河南省税收收入占河南省公共预算收入的比重相比相差 6.72 个百分点，与全国相比相差高达 20.55 个百分点。

表 13 - 5　焦作市、全省、河南国 2007～2012 年税收收入占财政收入的比重

单位：%

年　份	焦作市税收收入占比	河南省税收收入占比	全国税收收入占比
2007	74.41	72.50	88.89
2008	73.17	73.60	88.41
2009	72.22	73.00	86.87
2010	72.21	73.60	88.10
2011	69.98	73.40	86.39
2012	65.28	72.00	85.83

2007～2012 年，焦作市税收收入占焦作市公共预算收入的比重呈现稳步下降趋势。焦作市税收收入占焦作市公共预算收入的比重由 2007 年的 74.41% 下降到 2012 年的 65.28%，6 年间下降了 9.13 个百分点。2007～2012 年，河南省税收收入占河南省公共预算收入的比重整体上呈现下降的趋势，在 2008 年、2010 年出现短暂的增长，比重基本维持在 72% 到 73.6%。

2007～2012 年，全国税收收入占全国公共预算收入的比重整体上呈现下降趋势，在 2010 年出现短暂的下降，比重基本保持在 85%～89%。2007～2012 年，焦作市税收收入占比与全国税收收入占比的波动趋势保持一致，但相差较大。

如表 13-6 所示，2007~2012 年焦作市营业税、企业所得税总额都呈现上升趋势，增值税整体上呈现下降趋势，个人所得税呈现波动上升的趋势。从税收结构上来看，焦作市税收中，营业税所占比重最高，增值税次之，再者是企业所得税，个人所得税所占比重最小。其中，营业税所占比重在 2007~2012 年呈现增长的态势。企业所得税比重大体在 10% 左右波动。个人所得税比重整体呈现下降趋势，其中，个人所得税在 2007~2012 年下降了 1.09 个百分点。

表 13-6　焦作市 2007~2012 年税收收入的项目结构情况

单位：万元，%

年　份	税收收入	增值税		营业税		企业所得税		个人所得税	
		数　额	占　比	数　额	占　比	数　额	占　比	数　额	占　比
2007	346248	90294	26.08	77709	22.44	36628	10.58	12199	3.52
2008	359857	93437	25.97	85377	23.73	45272	12.58	11343	3.15
2009	393000	80600	20.51	97900	24.91	34500	8.78	11500	2.93
2010	457400	83800	18.32	117500	25.69	46600	10.19	14400	3.15
2011	521400	91300	17.51	146000	28.00	61400	11.78	20600	3.95
2012	555723	85391	15.37	167459	30.13	58486	10.52	13511	2.43

13.3.2　焦作市财政收入的地区结构分析

焦作现辖 4 个市辖区、4 个县、一个省级高新技术产业开发区，代管 2 个县级市，即：解放区、山阳区、中站区、马村区、修武县、武陟县、温县、博爱县、沁阳市、孟州市。全市共有 45 个街道、36 个镇、22 个乡。其中，修武县总面积 722 平方千米，人口 29 万人；博爱县总面积 492 平方千米，人口 44 万人；武陟县总面积 860 平方千米，人口 71 万人；温县总面积 462 平方千米，人口 43 万人；沁阳市总面积 623 平方千米，人口 47 万人；孟州市总面积 542 平方千米，人口 37 万人。

如表 13-7 所示，2007~2012 年，焦作市 6 个县市财政收入整体呈现上升趋势，除在 2010 年博爱县财政收入有小幅的下降，沁阳市财政收入对焦作市的贡献率最大。2007~2012 年，沁阳市财政收入在焦作 6 个县市中位居首位，并与居第二位的孟州市相比差距在不断的拉大。6 年间，温县财政收入位居焦作最后一位，其增长速度缓慢。2007~2012 年，沁阳市、孟州市财政收入普遍高于平均数；温县、修武县、武陟县财政收入普遍低于平均数。2008 年、2009 年博爱县财政收入高于平均数，2010~2012 年，博爱县财政收入低于平均数，且差距在不断的拉大。

表 13-7　焦作市 2007~2012 年财政收入地区结构情况

单位：亿元

县　市	2007 年	2008 年	2009 年	2010 年	2011 年	2012 年
修武县	3.01	3.63	4.03	4.70	5.62	6.69

续表

县　市	2007 年	2008 年	2009 年	2010 年	2011 年	2012 年
博爱县	4.55	4.57	5.03	4.88	5.38	5.63
武陟县	4.00	4.24	4.92	5.60	6.37	7.21
温　县	3.01	2.71	3.06	3.43	3.81	4.42
沁阳市	5.24	5.80	7.34	8.45	10.05	11.26
孟州市	4.86	5.12	6.03	6.88	7.22	8.16
平均数	4.11	4.35	5.07	5.66	6.41	7.23

13.4　焦作市财政支出规模分析

13.4.1　焦作市财政支出规模的绝对数分析

表 13 - 8 反映了 2003 ~ 2012 年焦作市财政支出规模的情况。2012 年焦作市财政支出为 165.97 亿元，同比增加 21.17 亿元，增长了 14.62%。焦作市财政支出位于河南省财政支出排位的第 13 位，与 2011 年相比排位没有发生变化。

表 13 - 8　焦作市 2003 ~ 2012 年财政支出规模情况

单位：亿元，%

年　份	公共预算支出	财政支出较上年增加数	财政支出较上年增加比重	当年财政支出在河南省的位次
2003	27.27	5.17	23.37	11
2004	34.56	7.29	26.74	11
2005	45.75	11.20	32.40	11
2006	57.78	12.03	26.28	11
2007	75.03	17.25	29.86	11
2008	81.25	6.21	8.28	11
2009	103.50	22.25	27.39	11
2010	121.55	18.05	17.44	11
2011	144.8	23.25	19.13	13
2012	165.97	21.17	14.62	13
平　均	—	14.39	22.22	—

2003 ~ 2012 年，焦作市财政支出呈现逐年增加的态势。其中，2009 年突破 100 亿元大关，2010 年突破 120 亿元大关，2011 年突破 140 亿元大关，2012 年突破 160 亿元大关。与 2003 年相比，2012 年焦作市财政支出在河南省中的排位下降了两位。

从增长速度来看，2003 ~ 2012 年，焦作市财政支出规模年均增长率达 22.22%，增长率呈现波动下降的趋势。在 2008 年，焦作市财政支出较上年的增加比重达到最低值，为 8.28%。这说明，2003 ~ 2012 年焦作市财政支出规模扩大的速度放缓。

13.4.2　焦作市财政支出规模的相对数分析

表13-9反映了2003~2012年焦作市财政支出占地区生产总值的比重情况。焦作市财政支出占市生产总值比重为10.7%，与2011年相比增加了0.66个百分点。2003~2012年，焦作市财政支出与焦作市地区生产总值总体上呈现上升态势。从焦作市财政支出占地区生产总值的比重来说，总体上呈现上升趋势，在2004年、2006年、2008年出现小幅下降；2003年该比重为7.99%，而2012年该比重上升至10.7%，6年间上升了2.71个百分点。

表13-9　焦作市2003~2012年财政支出占地区生产总值的比重情况

单位：亿元，%

年　份	财政支出	地区生产总值	财政支出占地区生产总值比重
2003	27.27	341.42	7.99
2004	34.56	455.70	7.58
2005	45.75	449.25	10.18
2006	57.78	699.10	8.26
2007	75.03	856.00	8.77
2008	81.25	1031.59	7.88
2009	103.50	1071.42	9.66
2010	121.55	1245.93	9.76
2011	144.8	1442.62	10.04
2012	165.97	1551.35	10.70

如表13-10所示，2012年焦作市财政支出占全省财政支出的比重为3.32%，比2011年下降了0.09个百分点。2003~2012年，焦作市财政支出与河南省财政支出整体上都呈现上升趋势。焦作市财政支出占河南省财政支出的比重基本呈现平稳下降趋势，2005年焦作市财政支出占河南省财政支出的4.1%，而2012年这一比重下降至3.32%，下降了0.78个百分点。

表13-10　焦作市2003~2012年财政支出占河南省财政支出的比重情况

单位：亿元，%

年　份	财政支出	河南省财政支出	财政支出占河南省财政支出的比重
2003	27.27	716.6	3.80
2004	34.56	879.96	3.93
2005	45.75	1116.04	4.10
2006	57.78	1440.09	4.01
2007	75.03	1870.61	4.01
2008	81.25	2281.61	3.56

年　份	财政支出	河南省财政支出	财政支出占河南省财政支出的比重
2009	103.50	2905.76	3.56
2010	121.55	3416.14	3.56
2011	144.8	4248.82	3.41
2012	165.97	5006.4	3.32

如表 13 - 11 所示，2003 ~ 2012 年，焦作市财政支出的边际系数的变化没有明显的规律，有些年份较大（如 2009 年达到 0.56），有些年份较小，甚至出现负值（如 2005 年为 - 1.74）。然而刨除这两个极端的年份，其他年份大体维持在 0.1 ~ 0.2。

表 13 - 11　焦作市 2003 ~ 2012 年财政支出的边际系数

单位：亿元

年　份	财政支出	财政支出年增加额	地区生产总值	地区生产总值年增加额	财政支出的边际系数
2003	27.27	5.17	341.42	53.8	0.1
2004	34.56	7.29	455.7	114.28	0.06
2005	45.75	11.2	449.25	- 6.45	- 1.74
2006	57.78	12.03	699.1	249.85	0.05
2007	75.03	17.25	856	156.9	0.11
2008	81.25	6.21	1031.59	175.59	0.04
2009	103.5	22.25	1071.42	39.83	0.56
2010	121.55	18.05	1245.93	174.51	0.1
2011	144.8	23.25	1442.62	196.69	0.12
2012	165.97	21.17	1551.35	108.73	0.19

如表 13 - 12 所示，2003 ~ 2012 年，焦作市财政支出的弹性系数呈现不稳定变化的趋势。2012 年该系数下降为 1.31。2005 年焦作市财政支出的弹性系数达到十年的最低值为 - 1.93，弹性系数小于 1。这说明与 2003 年相比，2012 年焦作市财政支出变化率对地区生产总值的变化率的敏感程度不断下降。

表 13 - 12　焦作市 2003 ~ 2012 年财政支出的弹性系数

单位：亿元，%

年　份	财政支出	财政支出年增长率	地区生产总值	地区生产总值年增长率	财政支出的弹性系数
2003	27.27	23.37	341.42	15.00	1.56
2004	34.56	26.74	455.7	21.10	1.27
2005	45.75	32.40	449.25	- 16.80	- 1.93
2006	57.78	26.28	699.1	15.80	1.66
2007	75.03	29.86	856	17.00	1.76

续表

年　份	财政支出	财政支出年增长率	地区生产总值	地区生产总值年增长率	财政支出的弹性系数
2008	81.25	8.28	1031.59	12.60	0.66
2009	103.5	27.39	1071.42	11.30	2.42
2010	121.55	17.44	1245.93	11.90	1.47
2011	144.8	19.13	1442.62	13.40	1.43
2012	165.97	14.62	1551.35	11.20	1.31

13.5　焦作市财政支出结构分析

13.5.1　焦作市财政支出的项目结构分析

表13－13、表13－14和表13－15反映了2007～2012年焦作市财政支出中各项目的具体情况及与全省的比较情况。

如表13－13所示，2007～2012年，焦作市财政支出的各项目数的绝对数呈现稳步增长的趋势。2007～2009年，一般公共服务支出的绝对数在焦作市财政支出各项目中为最大，2010～2012年，教育支出超过一般公共服务支出位居各项支出的首位。科学技术支出、文化体育与传媒支出在各项支出中位于最后。

表13－13　焦作市2007～2012年财政支出各项目绝对数情况

单位：亿元

年份	财政支出合计	一般公共服务	公共安全	教育	科学技术	文化体育与传媒	社会保障和就业	医疗卫生	环境保护	城乡社区事务	农林水事务	交通运输	住房保障
2007	75.03	16.3	4.81	12.88	1.26	2.02	8.4	3.74	2.03	7.17	4.98	11.45	
2008	81.25	16.69	5.75	14.73	1.49	1.97	8.39	5.22	2.71	8.13	7.03	9.15	
2009	103.5	17.81	7.22	17.04	2.34	2.48	11.52	8.44	5.35	6.51	9.12	15.69	
2010	121.55	19.48	8.05	19.61	2.81	1.77	11.62	9.74	6.19	7.6	10.27	5.5	3.28
2011	144.8	21.74	9.14	24.91	3.26	2.27	14.62	13.38	4.4	8.22	12.66	8.95	5.45
2012	165.97	23.03	11.33	33.13	3.28	2.41	17.49	15.11	5.7	9.26	16.98	8.91	5.97

如表13－14所示，2007～2012年焦作市财政支出中，教育所占比重最大，占到整个焦作市财政支出的19.96%左右，并且该比重呈现增长的趋势，2012年，焦作市19.96%的财政支出用于支持焦作市教育事业的发展。其次，焦作市一般公共服务支出所占比重在逐年下降，2007年焦作市一般公共服务支出占到其财政总支出的21.73%，而2012年仅有13.87%用于一般公共服务。在焦作市的财政支出中，科学技术支出所占比重呈现逐年下降的趋势，2012年仅为1.98%，该项支出仍然是焦作市财政支出中

最为薄弱的一部分。

表 13 – 14　焦作市 2007～2012 年财政支出各项目相对数情况

单位：%

年　　份	一般公共服务	公共安全	教育	科学技术	文化体育与传媒	社会保障和就业	医疗卫生	环境保护	城乡社区事务	农林水事务	交通运输	住房保障
2007	21.73	6.41	17.16	1.68	2.69	11.19	4.99	2.71	9.55	6.63	15.26	
2008	20.54	7.08	18.13	1.83	2.42	10.32	6.42	3.34	10	8.65	11.27	
2009	17.21	6.98	16.46	2.26	2.39	11.13	8.16	5.17	6.29	8.81	15.16	
2010	16.03	6.62	16.13	2.31	1.46	9.56	8.01	5.09	6.25	8.45	4.52	2.33
2011	15.01	6.31	17.2	2.25	1.57	10.1	9.24	3.04	5.68	8.74	6.18	3.12
2012	13.87	6.82	19.96	1.98	1.45	10.54	9.1	3.44	5.58	10.23	5.37	2.92

如表 13 – 15 所示，2012 年，焦作市的一般公共服务、公共安全、科学技术、文化体育与传媒、医疗卫生、环境保护、城乡社区事务支出所占财政支出的比重都高于河南省；焦作市教育、交通运输、住房保障、社会保障和就业、农林水事务支出所占比重整体低于河南省；2007 年，焦作市教育支出所占财政收入的比重低于河南省 4 个百分点，随着焦作市不断加大对教育的投入力度，该比重的差距逐渐缩小。

表 13 – 15　焦作市 2007～2012 年财政支出项目结构相对数与河南省比较分析

单位：%

年份	省市	一般公共服务	公共安全	教育	科学技术	文化体育与传媒	社会保障和就业	医疗卫生	环境保护	城乡社区事务	农林水事务	交通运输	住房保障
2007	河南省	18.84	6.6	21.16	1.31	1.71	14.26	5.45	2.68	7.18	7.99	12.82	
	焦作市	21.73	6.41	17.16	1.68	2.69	11.19	4.99	2.71	9.55	6.63	15.26	
2008	河南省	17.9	6.4	21.56	1.37	1.87	11.85	7.12	3.87	7.27	9.7	11.1	
	焦作市	20.54	7.08	18.13	1.83	2.42	10.32	6.42	3.34	10	8.65	11.27	
2009	河南省	16.27	6.22	20.13	1.27	2.11	12.34	8.33	3.82	5.54	10.46	13.51	
	焦作市	17.21	6.98	16.46	2.26	2.39	11.13	8.16	5.17	6.29	8.81	15.16	
2010	河南省	14.01	5.55	17.84	1.31	1.61	13.5	7.91	2.82	4.84	11.69	5.09	2.26
	焦作市	16.03	6.62	16.13	2.31	1.46	9.56	8.01	5.09	6.25	8.45	4.52	2.33
2011	河南省	13.16	4.82	20.17	1.33	1.35	12.9	8.51	2.25	4.5	11.31	6.62	3.36
	焦作市	15.01	6.31	17.2	2.25	1.57	10.1	9.24	3.04	5.68	8.74	6.18	3.12
2012	河南省	13.24	4.88	22.1	1.39	1.39	12.62	8.51	2.19	4.75	11.02	6	3.71
	焦作市	13.87	6.82	19.96	1.98	1.45	10.54	9.1	3.44	5.58	10.23	5.37	2.92

13.5.2 焦作市财政支出的地区结构分析

表 13 - 16 反映了焦作市各县市 2007 ~ 2012 年财政支出地区结构的发展变化情况。修武县、博爱县、武陟县、温县、沁阳市、孟州市财政支出均呈现稳步增长的趋势。2007 ~ 2012 年，沁阳市财政支出位于焦作市五个县的首位，修武县财政支出位于最后一位。六年间财政支出整体高于平均数的一共有 3 个县市，分别是沁阳市、武陟县、孟州市；低于平均数值的一共有 3 个县，分别是修武县、温县、博爱县。2007 ~ 2009 年，博爱县财政支出趋于平均数，但在 2010 年之后与平均数值差距逐渐拉大。2010 ~ 2012 年，博爱县、修武县、温县财政支出相差较小。孟州市 6 年来与平均数值趋于一致。2011 年，武陟县财政支出的增长率变大，但在 2012 年又趋于平缓。

表 13 - 16　焦作市 2007 ~ 2012 年财政支出地区结构情况

单位：亿元

县　市	2007 年	2008 年	2009 年	2010 年	2011 年	2012 年
修武县	5.14	6.38	7.42	9.67	11.36	13.22
博爱县	6.96	7.75	10.25	10.28	11.67	12.82
武陟县	8.06	9.00	11.17	13.12	16.50	17.71
温　县	6.43	6.83	9.10	9.34	11.56	13.27
沁阳市	8.80	9.90	13.32	15.06	18.05	20.59
孟州市	7.54	8.25	10.57	11.70	13.63	16.19
平　均	7.15	8.02	10.30	11.53	13.80	15.63

13.6　小结

多年来，焦作市财政收入的绝对规模不断增加，其主要得益于焦作市的经济发展。2007 年，焦作市的地区生产总值为 856 亿元，其财政收入为 46.53 亿元；2012 年，焦作市的地区生产总值为 1551.35 亿元，财政收入绝对规模也达到了创纪录的 85.13 亿元。当然，焦作市财政收入绝对规模的增加也在一定程度上受我国物价水平上涨因素的影响。

2003 ~ 2012 年，焦作市财政收入占河南省财政收入逐年下降，对河南省财政收入的贡献率在不断下降。2007 ~ 2012 年，焦作市的税收收入占财政收入的比重不断下降，焦作市营业税、企业所得税总额都呈现上升趋势，增值税整体上呈现下降趋势，个人所得税呈现波动上升的趋势。

2003 ~ 2012 年，焦作市财政支出呈现逐年增加的态势，2012 年焦作市财政支出居河南省财政支出排位的第 13 位。焦作市财政支出规模年均增长率达 22.22%，增长率呈现波动下降的趋势。2003 ~ 2012 年，焦作市财政支出与焦作市地区生产总值总体上呈现上升态势。焦作市财政支出结构中，无论是用于一般公共服务、公共安全、教育、科学技术、文化体育与传媒、社会保障和就业、医疗卫生、环境保护、城乡社区事务、农林水事务的支出，还是用于交通运输、住房保障的支出，都不断上升。其中教育支出上升最快，占比也最大。

今后，焦作市财政工作应围绕以下方面加以改进。一是要充分发挥财税职能优势，紧紧围绕经济转型示范市建设，从政策资金信息等生产要素上，最大限度地支持生态友好、资源节约和新型工业化、农业化、城镇化以及文化旅游、城乡一体等项目建设。二是要优先民生保障，提高人民群众的幸福生活水平。三是要强化绩效管理，持续推进财改和医改制度创新。以创建全国地方公共财政改革示范市为契机，坚持顶层设计和基层实践相结合，统筹谋划，务实运作，继续深化部门预算、国库支付、政府采购、评审复审、绩效管理等财政综合改革，不断完善分权制衡、阳光财政、复式预算、公众参与、项目滚动管理、集合大办制等运行机制，努力实现财政科学化精细化管理。四是要规范财权"入笼"，提升财政监督管理水平。包括健全部门预算与绩效管理衔接机制，完善预算分配制度，建立第三方评价机制，提高财政项目评价结果质量和应用水平，健全完善绩效评价管理体系。

第 14 章
濮阳市财政发展报告

14.1　濮阳市财政发展概述

濮阳旧称澶州，位于河南省东北部，黄河下游北岸，冀、鲁、豫三省交界处。濮阳市现辖两区五县，即华龙区、经济技术开发区、濮阳县、清丰县、南乐县、范县、台前县。全市土地面积为 4188 平方千米，约占全省土地面积的 2.57%，市区土地面积 255 平方千米，全市总人口 384 万人。

2012 年濮阳市实现地区生产总值 989.70 亿元，同比增长 10.29%，人均生产总值为 27654 元。其中，第一产业增加值实现 137.76 亿元，同比增长 7.22%；规模以上工业增加值实现 542.81 亿元，同比增长 11.26%；第三产业增加值实现 207.41 亿元，同比增长 11.75%。2011 年居民消费价格总指数为 105.3，其中食品为 112.0；2012 年濮阳市居民消费价格总指数为 102.8，其中食品为 103.4。2012 年濮阳市城镇居民人均可支配收入为 19511 元，比上年增长 13.26%，农村居民人均纯收入为 864 元，比上年增长 14.20%。2012 年底从业人员 240.95 万人，其中城镇从业人员 50.55 万人。全市新增就业 2.63 万人；城镇登记失业率为 3.00%。全市城镇化率达到 35.20%，比上年提高 1.85 个百分点。

濮阳市地方财政收入从 2003 年的 10.27 亿元，增加到 2007 年的 23.15 亿元，翻了一倍之多，2012 年又提升至 48.09 亿元，规模在全省位次下降至第 15 位。全市地方财政支出从 2003 年的 22.48 亿元，增加到 2007 年的 54.45 亿元，跟财政收入的增长趋势一样，也翻了一倍之多，2012 年又提升至 150.66 亿元，规模在全省的位次保持在第 14 位。

濮阳市财政收入结构不断优化。一是财政收入占地区生产总值的比重稳步提高。濮阳市财政收入占地区生产总值比重从 2003 年的 3.87% 提高到 2012 年的 4.86%，提升了 0.99 个百分点。二是税收收入占比提高。濮阳市 2007 年税收收入占公共财政收入比重为 75.15%；2012 年税收收入占公共财政收入比重为 81.90%。近年来，濮阳市民生财政投入不断加大，财政支出结构不断优化。2007 年全市教育、医疗卫生、社会保障和就业、住房保障、文化体育与传媒、农林水事务、交通运输、环境保护和城乡社区事务等与民生密切相关的支出累计完成 36.58 亿元，占全市财政支出的 67.18%。2012 年累计完成 107.42 亿元，占全市财政支出的 71.29%。

14.2　濮阳市财政收入规模分析

14.2.1　濮阳市财政收入绝对规模分析

多年来，濮阳市加强经济运行调节，持续推进各项建设，经济保持了平稳较快的增长态势，财政收入规模绝对数不断增加。

从表 14-1 可以看出，濮阳市财政收入规模的绝对数稳步增加，2003～2012 年从 10.27 亿元增加到 48.09 亿元，增长了近 4 倍。其中 2003 年突破 10 亿元，2005 年突破 15 亿元，2007 年突破 20 亿元，2008 年突破 25 亿元，2010 年突破 30 亿元，2012 年超过 48 亿元。2003～2012 年财政收入较上年增加数平均为 3.87 亿元，年均增长率为 18.71%；当年财政收入在全省的位次从 2003 年的第 13 位下降至 2012 年的第 15 位。

表 14-1　濮阳市 2003～2012 年公共预算收入情况

单位：亿元，%

年　份	公共预算收入	财政收入较上年增加数	财政收入较上年增加比重	当年财政收入在河南省的位次
2003	10.27	0.86	9.20	13
2004	12.56	2.29	22.35	12
2005	15.35	2.79	22.22	11
2006	18.57	3.23	21.01	11
2007	23.15	4.58	24.65	11
2008	25.30	2.15	9.29	14
2009	25.34	0.03	0.14	15
2010	30.17	4.83	19.07	15
2011	39.02	8.85	29.33	15
2012	48.09	9.07	23.24	15
平　均	—	3.87	18.71	—

濮阳市 2003～2012 年公共预算收入增长最快的是 2011 年，当年财政收入为 39.02 亿元，增速达到 29.33%；增速最慢的是 2009 年，增速仅为 0.14%。从增长趋势上看，濮阳市公共预算收入绝对数逐年增长，在 2003～2004 年增长之后经历了小幅度的下降，随后又从 2007 年的 23.15 亿元增长到 2008 年的 25.30 亿元，到 2009 年仅增长了 0.04 亿元，至 25.34 亿元，其中增长率从 2007 年的 4.58% 降至 2008 年的 2.15%，2009 年的增长率直接降至 0.03%。2010～2012 年则保持了持续的增长态势。

14.2.2　濮阳市财政收入相对规模分析

从表 14-2 可以看出，2003～2012 年，在濮阳市地区生产总值不断增加的情况下，濮阳市财政收入占地区生产总值的比重从 2003 年的 3.87% 增加到 2012 年的 4.86%，增加了 0.99 个百分点，总体维持在 4.23% 左右，这表明了濮阳市企业的经营效益在不断增大，产业结构在不断优化。

濮阳市 2003～2012 年财政收入占市地区生产总值的比重呈现先上升后下降再上升的趋势，其中，在 2008 年和 2010 年出现了小幅度的下降，即从 2007 年的 4.4% 下降至 2008 年的 3.85%，从 2009 年的 4.00% 下降至 2010 年的 3.89%；2012 年，濮阳市财政收入占市地区生产总值的比重达到最大值，为 4.86%，2008 年比重最小，为 3.85%。

表 14 - 2　2003~2012 年濮阳市财政收入占市地区生产总值的比重情况

单位：亿元，%

年　份	财政收入	地区生产总值	财政收入占地区生产总值比重
2003	10.27	265.03	3.87
2004	12.56	317.42	3.96
2005	15.35	383.98	4.00
2006	18.57	456.24	4.07
2007	23.15	526.14	4.40
2008	25.30	657.28	3.85
2009	25.34	632.69	4.00
2010	30.17	775.40	3.89
2011	39.02	897.34	4.35
2012	48.09	989.70	4.86

　　从表 14 - 3 可以看出，濮阳市 2003~2012 年财政收入绝对数不断增加，其相对数也呈现围绕均值小幅波动的态势。首先，濮阳市公共预算收入从 2007 年的 23.15 亿元增长到 2012 年的 48.09 亿元，增长了 1 倍多，而公共预算收入占河南省公共预算收入的比重从 2.69% 降低到 2.36%，降低了 0.33 个百分点，且其比重均值仅为 2.38%。这充分说明，濮阳市对河南省财政收入的贡献率微弱且逐年降低。其次，2007~2012 年，在濮阳市地区生产总值不断增加的情况下，濮阳市财政收入占市地区生产总值比重变化不大，在比重均值 4.23% 附近浮动，这说明了濮阳市企业的经营效益在不断增大，产业结构正在趋于稳定。

表 14 - 3　濮阳市 2003~2012 年财政收入占河南省财政收入的比重情况

单位：亿元，%

年　份	财政收入	河南省财政收入	财政收入占河南省财政收入比重
2003	10.27	338.05	3.04
2004	12.56	428.78	2.93
2005	15.35	537.65	2.85
2006	18.57	679.17	2.73
2007	23.15	862.08	2.69
2008	25.30	1008.90	2.51
2009	25.34	1126.06	2.25
2010	30.17	1381.32	2.18
2011	39.02	1721.76	2.27
2012	48.09	2040.33	2.36

　　濮阳市 2003~2012 年财政收入占河南省财政收入的比重呈现先下降后上升的趋势，从 2007 年的 2.69% 下降至 2010 年的 2.18%，随即开始上升至 2012 年的 2.36%；濮阳市

财政收入占全省财政收入的比重最高是 2003 年的 3.04%，最低为 2010 年的 2.18%，其他年份波动不大。

14.3 濮阳市财政收入结构分析

14.3.1 濮阳市财政收入的项目结构分析

表 14 - 4 列示了濮阳市 2007～2012 年的公共预算收入、税收收入及其占比、非税收入及其占比。可以看出，濮阳市税收收入的绝对额随着时间的推移在逐年增加，从 2007 年的 174008 万元增加到 2012 年的 393900 万元，增加了 1.3 倍；同时，税收收入占公共预算收入的比重也在随着时间的推移而增加，从 2007 年的 75.15% 上升到 2008 年的 77.25%，增加了 2.1 个百分点，2009 年有小幅度的下降，随后 2010 年又开始上升，到 2012 年增加到 81.90%，2007～2012 年濮阳市公共预算收入中税收收入平均占比为 78.56%。从纳入公共预算收入的非税收入来看则正好相反，非税收入占公共预算收入的比重在逐年下降，从 2007 年的 24.85% 下降至 2008 年的 22.75%，随后又增长到 2009 年的 24.02%，之后又一直保持下降的趋势，2012 年下降至 18.10%，2007～2012 年濮阳市公共预算收入中非税收入平均占比为 21.44%。

表 14 - 4 濮阳市 2007～2012 年公共预算收入中税收收入的比重情况

单位：万元，%

年 份	公共预算收入	税收收入	税收收入占比	非税收入	非税收入占比
2007	231540	174008	75.15	57532	24.85
2008	253041	195479	77.25	57562	22.75
2009	253387	192514	75.98	60873	24.02
2010	301700	242900	80.51	58800	19.49
2011	390200	314300	80.55	75900	19.45
2012	480946	393900	81.90	87046	18.10

表 14 - 5 列示了濮阳市税收收入占比、河南省税收收入占比和全国税收收入占比。濮阳市财政收入中税收收入所占比例与河南省税收收入占比相比较大，差距最大的年份是 2012 年，达到 9.87 个百分点，但与全国税收收入占比相比较小，差距最大的年份是 2007 年，达到 13.74 个百分点。且濮阳市税收收入占财政收入的比重与河南省税收收入占比的差距在逐年递增，2007 年差距为 2.65%，到 2012 年变为 9.87%，增加了 7.22 个百分点。

表 14 - 5 濮阳市、河南省、全国 2007～2012 年税收收入占财政收入的比重

单位：%

年 份	濮阳市税收收入占比	河南省税收收入占比	全国税收收入占比
2007	75.15	72.50	88.89
2008	77.25	73.57	88.41

续表

年　份	濮阳市税收收入占比	河南省税收收入占比	全国税收收入占比
2009	75.98	72.95	86.87
2010	80.51	73.59	88.1
2011	80.55	73.36	86.39
2012	81.90	72.03	85.83（统计公报）

表 14-6 列示了濮阳市 2007～2012 年四大税种（增值税、营业税、企业所得税、个人所得税）收入及其占税收收入总额的比重。可以看出，四大税种的绝对额都呈现逐年上升的态势；营业税在税收中所占比重最大，其次是增值税，再次是企业所得税和个人所得税。在四大税种中，营业税和企业所得税占比明显在逐年上升，其中，营业税从 2007 年的 28.99% 上升至 2012 年的 30.67%，上升了 1.68 个百分点，上升的幅度较大，说明了濮阳市第三产业的在最近几年得到了较快发展；企业所得税从 2007 年的 13.62% 上升至 2012 年的 14.38%，上升了 0.76 个百分点，仅次于营业税。而增值税和个人所得税的占比在逐年下降，其中，增值税从 2007 年到 2012 年下降了 8.93 个百分点，下降的幅度较大；个人所得税下降了 2.74 个百分点，其主要原因在于我国个人所得税改革缩小了税基。

表 14-6　濮阳市 2007～2012 年税收收入的项目结构情况

单位：万元

年　份	税收收入	增值税		营业税		企业所得税		个人所得税	
		数　额	占　比	数　额	占　比	数　额	占　比	数　额	占　比
2007	294757	69014	23.41	85437	28.99	40133	13.62	14313	4.86
2008	343830	77964	22.68	97061	28.23	39939	11.62	13143	3.82
2009	399348	78600	19.68	114698	28.72	45096	11.29	12796	3.20
2010	516500	89500	17.33	145200	28.11	69300	13.42	15500	3.00
2011	674900	108100	16.02	198700	29.44	103100	15.28	19800	2.93
2012	785182	113712	14.48	240805	30.67	112884	14.38	16648	2.12

14.3.2　濮阳市财政收入的地区结构分析

濮阳市行政上现辖 2 个区 5 个县，即华龙区、经济技术开发区、濮阳县、清丰县、南乐县、范县、台前县。濮阳县总面积 1452 平方千米，人口 105 万人；清丰县总面积 825 平方千米，人口 62 万人；南乐县总面积 621 平方千米，人口 49 万人；范县总面积 587 平方千米，人口 50 万人；台前县总面积 451 平方千米，人口 34 万人。

第一，濮阳市所辖 5 个县财政收入的绝对数除范县外，均是逐年增加的，范县的财政收入从 2007 年的 12347 万元下降至 2008 年的 10544 万元，下降了 1803 万元，其他县各年均保持稳定增长。第二，2007～2012 年，濮阳市各县的公共预算收入规模最大的是濮阳县，最小的是台前县。第三，2007～2012 年，财政收入增幅最大的为濮阳县，从 2007 年的 31416 万元持续增长至 2012 年的 58744 万元，提高了 86.99%。第四，从平均增速来看，2007～2012 年增长最快的是台前县，平均增速为 22.60%。

表 14 − 7　濮阳市 2007～2012 年财政收入地区结构情况

单位：亿元

县　域	2007 年	2008 年	2009 年	2010 年	2011 年	2012 年
清丰县	12311	12487	14195	18048	21986	28291
南乐县	7955	8060	9160	11646	15955	19648
范　县	12347	10544	11988	14558	20146	24791
台前县	4683	5385	6122	7766	11006	13832
濮阳县	31416	34389	37834	41618	48283	58744
平　均	13742.4	14173	15859.8	18727.2	23475.2	29061.2

从濮阳市 2012 年各县市财政收入分析表来看，2012 年财政收入超出平均数的县为濮阳县；从增长倍数来看，台前县的公共预算收入的增长倍数最大，2012 年是 2007 年的 2.95 倍；其次是南乐县，其 2012 年公共预算收入是 2007 年的 2.47 倍；增长倍数最小的是濮阳县，其 2012 年财政收入只有 2007 年的 1.87 倍。

表 14 − 8　2012 年濮阳市各县财政收入分析

单位：亿元

县　城	2007 年	2012 年	2012 年与当年平均数之差	2012 年是 2007 年的倍数
清丰县	12311	28291	− 770.2	2.30
南乐县	7955	19648	− 9413.2	2.47
范　县	12347	24791	− 4270.2	2.01
台前县	4683	13832	− 15229.2	2.95
濮阳县	31416	58744	29682.8	1.87

14.4　濮阳市财政支出规模分析

14.4.1　濮阳市财政支出规模的绝对数分析

从表 14 − 9 可以看出，濮阳市公共预算财政支出规模的绝对数稳步增加，从 2003 年的 22.48 亿元增长到 2012 年的 150.66 亿元，增加了 128.18 亿元，2003～2012 年财政支出较上年增加数平均为 13.07 亿元，年均增长率为 23.54%，其财政支出在全省的位次从 2003 年的第 14 位下降至 2008 年的第 15 位，并一直保持至 2011 年，到 2012 年又提升至第 14 位。

表 14 - 9　濮阳市 2003～2012 年财政支出规模情况

单位：亿元，%

年　份	公共预算支出	财政支出较上年增加数	财政支出较上年增加比重	当年财政支出在河南省的位次
2003	22.48	2.54	12.72	14
2004	25.46	2.98	13.23	14
2005	34.82	9.36	36.77	14
2006	42.44	7.62	21.88	14
2007	54.45	12.02	28.32	14
2008	63.87	9.42	17.29	15
2009	81.55	17.68	27.68	15
2010	90.10	8.55	10.49	15
2011	118.45	28.35	31.47	15
2012	150.66	32.21	27.19	14
平　均		13.07	23.54	—

濮阳市 2003～2012 年公共预算支出绝对数逐年稳步增加。从增长率来看，各年之间没有明显的规律性趋势，年度之间增长速度也不均衡。其中，公共预算支出增长最快的是 2005 年，当年财政支出为 34.82 亿元，增速为 36.77%；增速最慢的是 2010 年，当年财政支出达到 90.1 亿元，但增速仅有 10.49%。

14.4.2　濮阳市财政支出规模的相对数分析

从表 14 - 10 可以看出，在濮阳市地区生产总值不断增加的情况下，财政支出所占地区生产总值的比重也在逐步上升，从 2003 年的 8.48% 增长至 2012 年的 15.22%，仅在 2004 年、2008 年和 2010 年出现了小幅度下降，即从 2003 年的 8.48% 下降至 2004 年的 8.02%，从 2007 年的 10.35 下降至 2008 年的 9.72%，从 2009 年的 12.89% 下降至 2010 年的 11.62%，其余年份均保持稳步上升；濮阳市在 2012 年财政支出占市地区生产总值的比重达到最大值，为 15.22%，在 2004 年达到最小值，为 8.02%。

表 14 - 10　濮阳市 2003～2012 年财政支出占地区生产总值比重情况

单位：亿元，%

年　份	财政支出	地区生产总值	财政支出占地区生产总值的比重
2003	22.48	265.03	8.48
2004	25.46	317.42	8.02
2005	34.82	383.98	9.07
2006	42.44	456.24	9.30
2007	54.45	526.14	10.35
2008	63.87	657.28	9.72
2009	81.55	632.69	12.89

续表

年　份	财政支出	地区生产总值	财政支出占地区生产总值的比重
2010	90.10	775.40	11.62
2011	118.45	897.34	13.20
2012	150.66	989.70	15.22

从表 14-11 可以看出，濮阳市公共财政收入绝对数不断地大幅增加，其相对数也呈现围绕均值上下小幅度波动的稳定态势。2003～2012 年濮阳市财政支出占河南省财政支出的比重呈现频繁变动趋势，先从 2003 年的 3.14% 下降到 2004 年的 2.89%，下降了 0.25 个百分点；而后又从 2005 年的 3.12% 下降至 2010 年的 2.64%，下降了 0.48 个百分点；随后又上升至 2012 年的 3.01%，较 2010 年增长了 0.37 个百分点。

表 14-11　濮阳市 2003～2012 年财政支出占河南省财政支出的比重情况

单位：亿元，%

年　份	财政支出	河南省财政支出	财政支出占河南省财政支出的比重
2003	22.48	716.60	3.14
2004	25.46	879.96	2.89
2005	34.82	1116.04	3.12
2006	42.44	1440.09	2.95
2007	54.45	1870.61	2.91
2008	63.87	2281.61	2.80
2009	81.55	2905.76	2.81
2010	90.10	3416.14	2.64
2011	118.45	4248.82	2.79
2012	150.66	5006.40	3.01

濮阳市 2003～2012 年财政支出占河南省财政支出的比重呈现先降后升、再降再升的趋势。濮阳市财政支出占全省财政支出的比重最高的是 2003 年的 3.14%，最低的为 2010 年的 2.64%，其他年份波动不大。

由表 14-12 可知，濮阳市财政支出的边际系数有些年份较大（如 2012 年达到 0.35），有些年份较小甚至出现负值（如 2009 年为 -0.72）。2003～2008 年系数变化不大，均在 0.06～0.17 的范围内变化，然后从 2008 年的 0.07 上升至 2012 年的 0.35，说明当地政府对新增地区生产总值的集中和控制程度在不断提升。

表 14-12　濮阳市 2003～2012 年财政支出的边际系数

单位：亿元

年　份	财政支出	财政支出年增加额	地区生产总值	地区生产总值年增加额	财政支出的边际系数
2003	22.48	2.54	265.03	27.89	0.09

年　份	财政支出	财政支出年增加额	地区生产总值	地区生产总值年增加额	财政支出的边际系数
2004	25.46	2.98	317.42	52.39	0.06
2005	34.82	9.36	383.98	66.56	0.14
2006	42.44	7.62	456.24	72.26	0.11
2007	54.45	12.02	526.14	69.90	0.17
2008	63.87	9.42	657.28	131.14	0.07
2009	81.55	17.68	632.69	−24.59	−0.72
2010	90.10	8.55	775.40	142.72	0.06
2011	118.45	28.35	897.34	121.94	0.23
2012	150.66	32.21	989.70	92.36	0.35

由表 14 − 13 可知，濮阳市财政支出的弹性系数呈现先下降后上升、再降再升的趋势，从 2003 年的 1.08 小幅度下降至 2004 年的 0.67，随后增长至 2005 年的 1.75，接着又下降至 2006 年的 1.16，到 2007 年又上升至 1.85，2009 年下降至 − 7.40，然后一路上升至 2012 年的 2.64。

表 14 − 13　濮阳市 2003 ~ 2012 年财政支出的弹性系数

单位：亿元，%

年　份	财政支出	财政支出年增长率	地区生产总值	地区生产总值年增长率	财政支出的弹性系数
2003	22.48	12.72	265.03	11.76	1.08
2004	25.46	13.23	317.42	19.77	0.67
2005	34.82	36.77	383.98	20.97	1.75
2006	42.44	21.88	456.24	18.82	1.16
2007	54.45	28.32	526.14	15.32	1.85
2008	63.87	17.29	657.28	24.92	0.69
2009	81.55	27.68	632.69	−3.74	−7.40
2010	90.10	10.49	775.40	22.56	0.46
2011	118.45	31.47	897.34	15.73	2.00
2012	150.66	27.19	989.70	10.29	2.64

14.5　濮阳市财政支出结构分析

14.5.1　濮阳市财政支出项目结构分析

由表 14 − 14 可知，濮阳市财政支出各项目的绝对数在 2007 ~ 2012 年都呈现稳步增长的态势。在历年所有的支出项目中，教育支出的绝对数额都是最大的，其次是农林水事务支出、社会保障和就业支出、一般公共服务支出。

表 14 – 14　濮阳市 2007 ~ 2012 年财政支出各项目绝对数情况

单位：亿元

年　份	财政支出合计	一般公共服务	公共安全	教育	科学技术	文化体育与传媒	社会保障和就业	医疗卫生	环境保护	城乡社区事务	农林水事务	其他
2007	54. 45	10. 98	3. 79	13. 56	0. 70	0. 80	9. 46	3. 32	0. 98	2. 59	5. 17	3. 10
2008	63. 87	10. 69	3. 95	16. 05	0. 77	0. 96	10. 20	4. 86	1. 62	3. 21	7. 10	4. 46
2009	81. 55	12. 02	5. 33	19. 06	0. 98	1. 12	12. 76	7. 68	1. 95	2. 65	9. 29	8. 71
2010	90. 10	12. 35	5. 72	21. 15	1. 09	1. 03	14. 35	9. 32	1. 77	3. 28	9. 60	10. 44
2011	118. 45	13. 12	6. 74	28. 50	1. 43	1. 58	18. 64	12. 94	1. 78	3. 75	14. 63	15. 34
2012	150. 66	13. 80	7. 97	35. 36	1. 84	2. 06	21. 18	14. 57	2. 90	6. 47	23. 04	21. 47

表 14 – 15 显示，濮阳市一般公共服务支出总额在不断上升，但是其占总支出的比重在逐年下降，从 2007 年的 20.16% 下降到 2012 年的 9.16%，这一趋势符合公共财政的内在要求；公共安全支出占比在基本稳定的基础上有所下降；教育支出占比总体呈现稳定趋势，保持在 24% 左右；科学技术支出占比呈现稳定趋势，保持在 1.22%；文化体育与传媒支出逐年下降，从 2007 年的 1.47% 下降到 2012 年的 1.37%，下降了 0.10 个百分点；社会保障和就业支出逐年下降，从 2007 年的 17.38% 下降到 2012 年的 14.06%，下降了 3.32 个百分点；环境保护支出先升后降，最高占比为 2008 年的 2.54%，最低则为 2011 年的 1.50%；城乡社区事务支出先升后降再升，从 2007 年的 4.76% 上升为 2008 年的 5.03%，随后又下降至 2009 年的 3.25%，最后上升至 2012 年的 4.29%。此外，从各年的财政支出相对数排名情况，教育支出在历年都是第一位的，其次是农林水事务支出、社会保障和就业支出、一般公共服务支出等。

表 14 – 15　濮阳市 2007 ~ 2012 年财政支出各项目相对数情况

单位：%

年份	一般公共服务	公共安全	教育	科学技术	文化体育与传媒	社会保障和就业	医疗卫生	环境保护	城乡社区事务	农林水事务	其他
2007	20. 16	6. 97	24. 90	1. 29	1. 47	17. 38	6. 10	1. 79	4. 76	9. 49	5. 69
2008	16. 74	6. 18	25. 12	1. 21	1. 51	15. 97	7. 60	2. 54	5. 03	11. 12	6. 97
2009	14. 74	6. 53	23. 37	1. 21	1. 38	15. 64	9. 42	2. 39	3. 25	11. 39	10. 67
2010	13. 70	6. 35	23. 48	1. 21	1. 15	15. 93	10. 35	1. 96	3. 64	10. 66	11. 57
2011	11. 08	5. 69	24. 06	1. 21	1. 34	15. 74	10. 92	1. 50	3. 16	12. 35	12. 95
2012	9. 16	5. 29	23. 47	1. 22	1. 37	14. 06	9. 67	1. 92	4. 29	15. 29	14. 25

14.5.2　濮阳市财政支出地区结构分析

第一，濮阳市辖管的 6 个县公共预算财政支出的绝对数大体上是逐年增加的，例外的是南乐县的公共预算财政支出从 2009 年的 90971 万元下降至 2010 年的 90253 万元，其他各县各年都保持稳定增长。第二，2007～2012 年濮阳市各县公共预算财政支出绝对数最大的均是濮阳县，最小的均为台前县。第三，2007～2012 年，公共预算财政支出增长最快的是清丰县，平均增速为 24.87%（见表 14－16）。

表 14－16　濮阳市 2007～2012 年财政支出相对数结构与河南省比较分析

单位：%

县　城	2007 年	2008 年	2009 年	2010 年	2011 年	2012 年
清丰县	60568	74973	99711	115817	146072	188008
南乐县	48433	62327	90971	90253	116848	147034
范　县	56689	61739	92273	99748	129317	159803
台前县	45481	53556	72892	76419	98881	136867
濮阳县	99958	129756	160336	177278	231640	293240
平　均	62225.8	76470.2	103236.6	111903	144551.6	184990.4

从表 14－17 可以看出，2012 年财政支出超出平均数的县有清丰县、濮阳县；从增长倍数来看，清丰县的公共预算财政支出的增长倍数最大，2012 年是 2007 年的 3.10 倍；其次是南乐县，为 3.04 倍；增长倍数最小的是范县，其 2012 年财政支出只有 2007 年的 2.82 倍。

表 14－17　濮阳市各县市区财政支出分析

单位：亿元

县　城	2007 年	2012 年	2012 年与当年平均数之差	2012 年是 2007 年的倍数
清丰县	60568	188008	3017.6	3.10
南乐县	48433	147034	－37956.4	3.04
范　县	56689	159803	－25187.4	2.82
台前县	45481	136867	－48123.4	3.01
濮阳县	99958	293240	108249.6	2.93

14.6　小结

经济发展水平对财政收入规模形成基础性制约。经济总量与财政收入之间是源与流、根与叶的关系，源远则流长，根深则叶茂。一般来讲，经济发展水平越高，地区生产总值就越多，财政收入规模就越大，占地区生产总值的比重也会越高。从濮阳市的实际情况看，2003 年，濮阳市的地区生产总值为 265.03 亿元，其财政收入为 10.27 亿元；2012年，濮阳市的地区生产总值为 989.70 亿元，其财政收入为 48.09 亿元，财政收入绝对规模翻了两倍多。当然，濮阳市财政收入绝对规模的增加也在一定程度上受我国物价水平上涨因素的影响。

　　濮阳是随着中原油田的开发而兴建的一座石油化工城市，是河南省确定的重点石油化工基地。建市以来，濮阳依托油气资源，相继建成了中原乙烯、中原大化等大型化工企业，以石油化工为主的工业体系构成了濮阳强大经济支撑，但其财政收入在河南省的排位一直居位于中后位置。

　　濮阳抢抓中原经济区建设重大机遇，以持续开展"一创双优"活动为动力，坚持"4321"发展思路，持续求进，奋力赶超，积极应对经济下行压力，以智慧破难题，以实干图赶超，实现了经济社会快速发展，主要经济指标大幅跃升，成功迈出了"二三五"赶超目标第一步，彻底打破了长期沉闷局面，站在了新的战略起点，进入了科学发展、务实发展、赶超发展的新阶段。濮阳市着力在新型城镇化、新型工业化、新型农业现代化和基础设施建设上取得新突破，着力在改革开放、改善民生、社会管理创新上取得新突破，着力在以领导方式转变加快发展方式转变上取得新突破，确保经济社会持续健康较快发展。目前，濮阳市着重于调整产业结构，增添经济发展活力，强化工业支撑，6 个集聚区完成扩区调整，拓展了发展空间。其中，河南煤化乙二醇、恒润石化碳四综合利用一期等62 个重点工业项目建成投产，天能循环经济产业园、昶森电子单晶铜等一批大项目、好项目顺利推进。

第15章
许昌市财政发展报告

15.1　许昌市财政发展概述

许昌市位于河南省中部，属于中原经济区的核心城市之一。许昌市面积达 4996 平方千米，辖魏都区、许昌县、鄢陵县、襄城县、长葛市、禹州市，另外，许昌市还设有许昌新区、东城区及国家许昌经济开发区三个现代化新城区。2012 年底，许昌市拥有常住人口 430 万人。

2012 年，许昌市地区生产总值达 1716.19 亿元，比上年增长 12.2%。其中，第一产业增加值达 177.82 亿元，增长 3.5%；第二产业增加值达 1150.13 亿元，增长 13.7%；第三产业增加值达 388.24 亿元，增长 11.4%。2012 年许昌市人均地区生产总值达 39947元，增长 11.2%。

2000 年，许昌市财政收入为 8.70 亿元，2012 年达到 90.37 亿元，2012 年是 2000 年的 10.4 倍。分级看，2012 年市本级（含东城区、经济开发区）收入 26.8 亿元，比上年增长 20%；县级收入 63.6 亿元，增长 22.6%。从收入结构看，2012 年许昌市税收收入达 69.65 亿元，增长 19%，占公共预算收入的 77.08%；非税收入达 20.71 亿元，增长 32.7%。2012 年许昌市地方公共预算支出 178.39 亿元，比上年增长 18.7%。其中，涉及民生民本的支出为 127.1 亿元，增长 19.5%，占公共预算支出的 71.2%。

15.2　许昌市财政收入规模分析

15.2.1　许昌市财政收入绝对规模分析

许昌市公共预算收入及其变化情况如表 15-1 所示。自 2003 年以来，许昌市公共预算收入实现稳步增长，10 年共上涨 78.88 亿元。2003～2012 年财政收入较上年增加数平均为 7.89 亿元。其公共预算收入在 2003 年处于河南省第 11 位，2012 年，许昌市公共预算收入达 90.37 亿元，排位提高了 5 个位次，居河南省第六位。

表 15-1　许昌市 2003～2012 年公共预算收入情况

单位：亿元，%

年　份	公共预算收入	财政收入较上年增加数	财政收入增长率	当年财政收入在河南省的位次
2003	11.49	1.91	19.99	11

年　份	公共预算收入	财政收入较上年增加数	财政收入增长率	当年财政收入在河南省的位次
2004	16. 18	4. 69	40. 85	8
2005	19. 96	3. 78	23. 34	8
2006	25. 55	5. 59	28. 02	8
2007	33. 76	8. 21	32. 15	8
2008	41. 61	7. 85	23. 25	8
2009	47. 09	5. 48	13. 16	8
2010	57. 45	10. 36	22. 01	8
2011	74. 17	16. 72	29. 10	8
2012	90. 37	16. 20	21. 84	6
平　均	—	7. 89	24. 36	—

从增长速度来看，2003～2012 年，许昌市公共预算财政总收入年均增长率达24.36%，10 年中有 8 年增速在 20% 以上，其中，2004 年增长速度增长最快，达40.85%，2009 年的增速最慢，为 13.16%。

15.2.2　许昌市财政收入相对规模分析

许昌市公共预算收入占地区生产总值比重情况如表 15 - 2 所示。自 2003 年以来，许昌市财政收入占地区生产总值的比重整体呈现稳定增长态势，从 2003 年的 2.79% 上升至2012 年的 5.27%，上涨了 2.48 个百分点。其间，只有 2004～2006 年该占比的上升态势有所起伏。

表 15 - 2　许昌市 2003～2012 年财政收入占地区生产总值的比重情况

单位：亿元，%

年　份	财政收入	地区生产总值	财政收入占地区生产总值比重
2003	11. 49	411. 68	2. 79
2004	16. 18	515. 82	3. 14
2005	19. 96	489. 25	4. 08
2006	25. 55	718. 54	3. 56
2007	33. 76	855. 40	3. 95
2008	41. 61	1062. 05	3. 92
2009	47. 09	1130. 75	4. 16
2010	57. 45	1316. 49	4. 36
2011	74. 17	1588. 74	4. 67
2012	90. 37	1716. 19	5. 27

表 15 - 3 反映了许昌市 2003～2012 年财政收入占河南省财政收入的比重情况。许昌

市财政收入占河南省财政收入从 3.40% 上升至 4.43%，总体上升了 1.03 个百分点，这说明许昌市对河南省财政收入的贡献率在不断上升。

表 15 – 3　许昌市 2003～2012 年财政收入占河南省财政收入的比重情况

单位：亿元，%

年　份	财政收入	河南省财政收入	财政收入占河南省财政收入的比重
2003	11.49	338.05	3.40
2004	16.18	428.78	3.77
2005	19.96	537.65	3.71
2006	25.55	679.17	3.76
2007	33.76	862.08	3.92
2008	41.61	1008.90	4.12
2009	47.09	1126.06	4.18
2010	57.45	1381.32	4.16
2011	74.17	1721.76	4.31
2012	90.37	2040.33	4.43

15.3　许昌市财政收入结构分析

财政收入结构是指财政收入来源的多种构成、比例及其相互关系。它主要包括财政收入的价值构成、社会经济结构、部门结构、项目结构以及地区结构。本报告主要分析许昌市财政收入的项目结构、地区结构。

15.3.1　许昌市财政收入的项目结构分析

表 15 – 4 反映了许昌市 2007～2012 年公共预算收入中税收收入占比的变化情况。2007～2012 年，许昌市公共预算收入中无论是税收收入规模还是非税收入规模，都呈现上升的趋势。税收收入是许昌市财政收入的主要来源。

表 15 – 4　许昌市 2007～2012 年公共预算收入中税收收入的比重情况

单位：亿元，%

年　份	公共预算收入	税收收入	税收收入占比	非税收入	非税收入占比
2007	33.76	27.25	80.70	6.52	19.30
2008	41.61	32.64	78.43	8.97	21.57
2009	47.09	35.11	74.55	11.98	25.45
2010	57.45	43.67	76.01	13.78	23.99
2011	74.17	58.55	78.94	15.61	21.05
2012	90.37	69.65	77.08	20.71	22.92

从许昌市财政收入的相对构成上来看，2007～2012 年，许昌市税收收入占比总体上呈现下降的趋势，而非税收入占比总体上呈现上升的趋势。2007 年，许昌市税收收入占其公共预算收入的 80.70%，而非税收入比重为 19.30%。2008 年及其随后的一年，许昌市财政收入中税收收入占比较 2007 年有所下降，非税收入占比有所上升。但 2010～2012 年，税收收入占比与之前的两年相比呈现短暂的上升后，于 2012 年下降至 77.08%。与之相反，非税收入占比 2010～2011 年短暂的下降后最终于 2012 年上升至 22.92%。

许昌市税收收入占财政收入的比重与全国和全省的差异可通过表 15－5 反映出来。2007～2012 年，许昌市财政收入占比低于全国财政收入占比。2007 年，许昌市财政收入占比低于全国 8.19 个百分点，整体上来说，该差异逐步缩小，只有 2009 年，许昌市低于全国 14.32 个百分点。与河南省相比，许昌市税收收入占比在 2007～2009 年略低于河南省，但是 2010 年以后，许昌市税收收入占财政收入的比重高于河南省。

表 15－5　许昌、河南省、全国 2007～2012 年税收收入占财政收入的比重

单位：%

年　份	许昌市税收收入占比	河南省税收收入占比	全国税收收入占比
2007	80.70	75.70	88.89
2008	78.43	78.51	88.41
2009	74.55	74.92	86.87
2010	76.01	73.59	88.10
2011	78.94	73.36	86.39
2012	77.08	72.03	85.83

表 15－6 反映了许昌市 2007～2012 年税收收入的项目结构情况。在 2007～2012 年许昌市税收中，营业税所占比重最高，增值税次之，个人所得税所占比重最小。其中，营业税所占比重在 2007～2012 年呈现波动上升的趋势；企业所得税与个人所得税占比呈现波动下降的趋势。企业所得税所占比重自 2007 年的 15.23% 下降到 2012 年的 10.51%，下降了 4.72 个百分点。企业所得税所占比重下降也反映了许昌市企业利润增加速度放缓。而个人所得税在 2007～2012 年下降了 0.91 个百分点。这主要是我国个人所得税从 2007 年起两次调高工资薪金所得的费用扣除额，导致个人所得税税基有所变化。

表 15－6　许昌市 2007～2012 年税收收入的项目结构情况

单位：亿元，%

年　份	税收收入	增值税		营业税		企业所得税		个人所得税	
		数　额	占　比	数　额	占　比	数　额	占　比	数　额	占　比
2007	27.25	4.94	18.12	7.39	27.14	4.15	15.23	1.04	3.81
2008	32.64	6.51	19.95	8.36	25.61	4.79	14.66	1.14	3.48
2009	35.11	6.80	19.36	9.35	26.64	3.50	9.98	1.21	3.44
2010	43.67	7.67	17.56	11.07	25.35	4.72	10.81	1.39	3.18

年　份	税收收入	增值税		营业税		企业所得税		个人所得税	
		数　额	占　比	数　额	占　比	数　额	占　比	数　额	占　比
2011	58.55	8.49	14.50	15.50	26.47	6.93	11.84	1.91	3.26
2012	69.65	9.93	14.25	18.95	27.21	7.32	10.51	2.02	2.90

15.3.2 许昌市财政收入的地区结构分析

许昌市现辖许昌县、鄢陵县、襄城县3个县，其占地面积分别为1002、866、897平方千米。许昌市还辖2个县级市，即长葛市、禹州市，其面积分别为649、1461平方千米。其财政收入状况如表15-7所示。

表 15-7 许昌市 2007～2012 年财政收入地区结构情况

单位：亿元

县　　市	2007 年	2008 年	2009 年	2010 年	2011 年	2012 年
许昌县	3.06	3.01	3.34	4.02	5.16	6.50
鄢陵县	1.85	2.07	2.31	3.00	4.20	5.60
襄城县	2.85	3.80	4.80	6.10	7.33	8.60
禹州市	10.00	12.60	14.24	16.52	20.79	24.34
长葛市	5.00	5.71	6.45	7.50	10.13	13.00
平　　均	4.55	5.44	6.23	7.43	9.52	11.61

2007～2012年，在许昌市所辖5个县市中，财政收入都是呈现逐年增加的趋势。其中，禹州市和长葛市财政收入规模在5个县市中一直处于前两位，鄢陵县一直处于第五位，襄城县的位次由2007年的末位上升到2012年的第三位。禹州市财政收入占许昌市财政收入的比重由2007年的29.62%下降到2012年的26.93%，鄢陵县财政收入占许昌市财政收入的比重由2007年的5.48%上升到2012年的6.20%。

15.4 许昌市财政支出规模分析

15.4.1 许昌市财政支出规模的绝对数分析

表15-8反映了许昌市2003～2012年财政支出规模变化情况。2003～2012年，许昌市财政支出规模不断扩大。2003年许昌市财政支出为23.25亿元，2012年达到178.39亿元，财政支出较上年增加数平均为15.51亿元。从增长速度来看，2003～2012年，许昌市财政支出规模年均增长率达22.98%，但财政支出规模增速起伏较大，增长缺乏稳定性。

表 15 - 8　许昌市 2003～2012 年财政支出规模情况

单位：亿元，%

年　份	公共预算支出	财政支出较上年增加数	财政支出较上年增加比重	当年财政支出在河南省的位次
2003	23.25	2.61	11.21	13
2004	29.65	6.40	27.54	13
2005	36.66	7.01	23.63	13
2006	47.70	11.04	30.10	13
2007	63.68	15.98	33.51	12
2008	76.60	12.92	20.30	12
2009	100.29	23.69	30.92	12
2010	117.23	16.94	16.90	12
2011	150.31	33.07	28.21	11
2012	178.39	28.09	18.69	11
平　均		15.51	22.98	

15.4.2　许昌市财政支出规模的相对数分析

表 15 - 9 反映了许昌市 2003～2012 年财政支出占许昌市地区生产总值比重的变化情况。2003～2012 年许昌市财政支出占地区生产总值的比重总体上呈现上升趋势，2003 年该比重为 5.65%，2012 年上升至 10.39%。只有 2006 年和 2010 年该比重呈现短暂的下降。

表 15 - 9　许昌市 2003～2012 年财政支出占市地区生产总值比重情况

单位：亿元，%

年　份	财政支出	地区生产总值	财政支出占地区生产总值的比重
2003	23.25	411.68	5.65
2004	29.65	515.82	5.75
2005	36.66	489.25	7.49
2006	47.70	718.54	6.64
2007	63.68	855.40	7.44
2008	76.60	1062.05	7.21
2009	100.29	1130.75	8.87
2010	117.23	1316.49	8.91
2011	150.31	1588.74	9.46
2012	178.39	1716.19	10.39

表 15 - 10 反映了许昌市 2003～2012 年财政支出占河南省财政支出比重的变化情况。2003～2012 年，许昌市财政支出占河南省财政支出的比重也逐年增加，2003 年许昌市财政支出占河南省财政支出的 3.24%，2012 年这一比重上升至 3.56%，上升了 0.32 个百分点。

表 15－10　许昌市 2003～2012 年财政支出占河南省财政支出的比重情况

单位：亿元，%

年　份	财政支出	河南省财政支出	财政支出占河南省财政支出的比重
2003	23.25	716.60	3.24
2004	29.65	879.96	3.37
2005	36.66	1116.04	3.28
2006	47.70	1440.09	3.31
2007	63.68	1870.61	3.40
2008	76.60	2281.61	3.36
2009	100.29	2905.76	3.45
2010	117.23	3416.14	3.43
2011	150.31	4248.82	3.54
2012	178.39	5006.40	3.56

如表 15－11 所示，2003～2012 年，许昌市财政支出的边际系数呈现波动上升的趋势，2003 年许昌市边际支出系数为 0.05，2012 年达到 0.22。其中，2009 年许昌市财政支出边际系数达 10 年中最高的 0.34。

表 15－11　许昌市 2003～2012 年财政支出的边际系数

单位：亿元

年　份	财政支出	财政支出年增加额	地区生产总值	地区生产总值年增加额	财政支出的边际系数
2003	23.25	2.61	411.68	48.86	0.05
2004	29.65	6.40	515.82	104.14	0.06
2005	36.66	7.01	489.25	－26.57	－0.26
2006	47.70	11.04	718.54	229.29	0.05
2007	63.68	15.98	855.40	136.86	0.12
2008	76.60	12.92	1062.05	206.65	0.06
2009	100.29	23.69	1130.75	68.70	0.34
2010	117.23	16.94	1316.49	185.74	0.09
2011	150.31	33.07	1588.74	272.25	0.12
2012	178.39	28.09	1716.19	127.45	0.22

如表 15－12 所示，2003～2012 年，许昌市财政支出的弹性系数波动较大。2003 年许昌市财政支出的弹性系数为 0.99，2012 年该系数上升至 1.53。10 年中只有 2003 年该系数小于 1，其中，2006 年、2007 年、2009 年该系数大于 2。这说明许昌市 2003～2012 年财政支出弹性较大，对上级转移支付的依赖性较强。

单位：亿元，%

年　份	财政支出	财政支出年增长率	地区生产总值	地区生产总值年增长率	财政支出的弹性系数
2003	23.25	12.62	411.68	12.80	0.99
2004	29.65	27.54	515.82	14.60	1.89
2005	36.66	23.63	489.25	13.50	1.75
2006	47.70	30.10	718.54	14.90	2.02
2007	63.68	33.51	855.40	14.80	2.26
2008	76.60	20.30	1062.05	12.60	1.61
2009	100.29	30.92	1130.75	12.50	2.47
2010	117.23	16.90	1316.49	13.60	1.24
2011	150.31	28.21	1588.74	15.20	1.86
2012	178.39	18.69	1716.19	12.20	1.53

15.5　许昌市财政支出结构分析

15.5.1　许昌市财政支出项目结构分析

表 15－13 反映了 2007～2012 年许昌市财政支出主要项目金额的变化情况。2007～2012 年，许昌市财政支出总规模都不断扩大，无论是用于一般公共服务、公共安全、教育、科学技术的支出还是用于社会保障和就业的支出，都在不断增加。

表 15－13　2007～2012 年财政支出各项目绝对数情况

单位：亿元

年　份	一般公共服务	公共安全	教育	科学技术	文化体育与传媒	社会保障和就业	医疗卫生	环境保护	城乡社区事务	农林水事务	交通运输	住房保障
2007	15.48	4.23	13.24	0.87	1.12	7.26	2.99	1.62	5.49	4.39	6.99	
2008	16.25	4.85	16.06	1.04	1.39	8.08	4.99	2.26	7.49	6.32	7.87	
2009	18.82	6.09	20.36	1.23	4.53	10.44	7.60	3.25	6.26	9.10	12.61	
2010	21.06	7.13	23.86	1.30	4.83	11.00	9.97	2.40	7.08	11.00	4.83	1.85
2011	24.16	7.80	34.33	1.64	3.64	14.86	13.28	4.83	9.17	14.15	8.02	4.08
2012	29.13	9.48	41.91	2.10	2.59	17.37	15.94	5.37	9.93	20.55	9.75	4.18

从许昌市的支出结构来看，许昌市教育支出的绝对额最大，2012 年达 41.91 亿元，其次是一般公共服务支出，再者是社会保障和就业支出，用于科学技术方面的支出数额最小，并且该项支出在 2007～2012 年增加速度较为缓慢。

表 15－14 反映了 2007～2012 年许昌市财政支出主要项目占当年财政支出之比的变化

情况。2007～2008 年许昌市财政支出中，一般公共服务所支出占比最大，2009 年以后，财政支出用于教育支出的比重最大，占整个许昌市财政支出的 20% 以上，并且该比重呈现增长的趋势，2012 年，许昌市 23.49% 的财政支出用于支持许昌市教育事业的发展。2007 年以来，许昌市一般公共服务支出所占比重 2007 年以来一直呈现下降的趋势。2007年许昌市一般公共服务支出占其财政总支出的 24.31%，2012 年下降到 16.33%。科学技术支出所占比重 2007 年为 1.36%，2012 年下降至 1.18%。

表 15 - 14　许昌市 2007～2012 年财政支出各项目相对数情况

单位：%

年份	一般公共服务	公共安全	教育	科学技术	文化体育与传媒	社会保障和就业	医疗卫生	环境保护	城乡社区事务	农林水事务	交通运输	住房保障
2007	24.31	6.64	20.79	1.36	1.76	11.40	4.69	2.54	8.62	6.89	10.99	
2008	21.22	6.33	20.97	1.36	1.81	10.54	6.52	2.95	9.78	8.25	10.28	
2009	18.77	6.07	20.30	1.23	4.52	10.41	7.57	3.24	6.24	9.07	12.57	
2010	17.96	6.08	20.35	1.11	4.12	9.39	8.51	2.04	6.04	9.39	4.12	1.57
2011	16.07	5.19	22.84	1.09	2.42	9.89	8.84	3.21	6.10	9.42	5.33	2.71
2012	16.33	5.32	23.49	1.18	1.45	9.73	8.94	3.01	5.57	11.52	5.46	2.34

如表 15 - 15 所示，2007～2012 年，许昌市一般公共财政支出、公共安全支出、文化体育与传媒支出占财政支出的比重高于河南省；科学技术支出、社会保障和就业支出所占比重低于河南省；许昌市的教育支出所占比重最初低于河南省，近年来，许昌市不断加大对教育的投入，该比重逐年上升，于 2009 年超过河南省教育支出所占的比重。

表 15 - 15　许昌市 2007～2012 年财政支出相对数结构与河南省比较分析

单位：%

年份	省市	一般公共服务	公共安全	教育	科学技术	文化体育与传媒	社会保障和就业	医疗卫生	环境保护	城乡社区事务	农林水事务	交通运输	住房保障
2007	河南省	18.84	6.6	21.16	1.31	1.71	14.26	5.45	2.68	7.18	7.99	12.82	
	许昌市	24.31	6.64	20.79	1.36	1.76	11.40	4.69	2.54	8.62	6.89	10.99	
2008	河南省	17.8	6.2	19.5	1.3	1.8	14.5	6.4	3.3	5.9	9.2	12.2	
	许昌市	21.22	6.33	20.97	1.36	1.81	10.54	6.52	2.95	9.78	8.25	10.28	
2009	河南省	16.27	6.22	20.13	1.27	2.11	12.34	8.33	3.82	5.54	10.46	13.51	
	许昌市	18.77	6.07	20.30	1.23	4.52	10.41	7.57	3.24	6.24	9.07	12.57	
2010	河南省	14.01	5.55	17.84	1.31	1.61	13.5	7.91	2.82	4.84	11.69	5.09	2.26
	许昌市	17.96	6.08	20.35	1.11	4.12	9.39	8.51	2.04	6.04	9.39	4.12	1.57

续表

年　份	省市	一般公共服务	公共安全	教育	科学技术	文化体育与传媒	社会保障和就业	医疗卫生	环境保护	城乡社区事务	农林水事务	交通运输	住房保障
2011	河南省	13.16	4.82	20.17	1.33	1.35	12.9	8.51	2.25	4.5	11.31	6.62	3.36
	许昌市	16.07	5.19	22.84	1.09	2.42	9.89	8.84	3.21	6.10	9.42	5.33	2.71
2012	河南省	13.24	4.88	22.1	1.39	1.39	12.62	8.51	2.19	4.75	11.02	6	3.71
	许昌市	16.33	5.32	23.49	1.18	1.45	9.73	8.94	3.01	5.57	11.52	5.46	2.34

15.5.2　许昌市财政支出区域结构分析

许昌市财政支出区域情况如表 15 – 16 所示。2007 ~ 2012 年许昌市所辖的三县两市财政支出都呈现逐年上升的趋势。从财政支出的绝对数额来看，禹州市、长葛市财政支出规模一直处于第一位、第二位。2012 年财政支出超过平均数的只有禹州市、长葛市，其他的三个县均低于平均数。许昌县、鄢陵县、襄城县三个县的财政支出规模相差不大，但襄城县由 2007 年的第三位降为 2012 年的第五位。

表 15 – 16　许昌市各县市 2007 ~ 2012 年财政支出地区结构情况

单位：亿元

县区/年份	2007 年	2008 年	2009 年	2010 年	2011 年	2012 年
许昌县	7.39	7.99	11.03	13.14	17.35	21.39
鄢陵县	7.02	8.12	10.61	12.68	16.35	20.51
襄城县	7.49	9.39	12.91	14.60	18.16	20.24
禹州市	15.02	19.39	23.80	26.79	31.82	39.71
长葛市	9.26	11.13	13.91	15.95	20.86	25.85
平　均	9.24	11.20	14.45	16.63	20.91	25.54

15.6　小结

从财政收入的规模看，2003 年以来，许昌市财政收入规模不断扩大，2003 年，许昌市公共预算收入为 11.49 亿元，2012 年上升至 90.37 亿元，财政收入规模在河南省的排位由第 11 位提高至第六位。许昌市财政收入占地区生产总值的比重不断提高，2003 年，许昌市财政收入占地区生产总值的 2.79%，2012 年该比重上升至 5.27%。

从许昌市财政收入对河南省财政收入的贡献来看，2003 ~ 2012 年许昌市财政收入占河南省财政收入的 3.40%，2012 年上升至 4.43%。其原因在于，2003 ~ 2012 年许昌市的工业发展较好，如禹州市的煤化工产业、长葛的铝产业以及汽车制造业、食品工业、装备制造业、高新技术等产业都发展迅速，为许昌市财政收入的增加做出了突出贡献。

从许昌市的财政收入结构来看，税收收入成为许昌市财政收入的主要来源，但整体上，税收收入占比逐年下降，非税收入占比有所上升。2007 年，税收收入占许昌市公共预算收入的比重为 80.70%，2012 年下降至 77.08%。2007 年以来，在许昌市的财政收入中，营业税是占比最高的，其次是增值税。并且营业税和增值税对税收收入的贡献率不断提高。

2007 年以来，许昌市公共预算财政支出的规模不断扩大，2007 年财政预算支出为 63.68 亿元，2012 年该支出达 178.39 亿元，公共财政支出规模在河南省也由第 12 位提升至第 11 位。许昌市财政支出对经济的拉动作用也日益突出，2007 年，许昌市财政支出仅占到许昌市地区生产总值的 7.44%，然而 2012 年该比重上升至 10.39%。

从许昌市公共财政支出的结构来看，许昌市财政支出较多地用于一般公共服务与教育，在科学技术和文化体育与传媒方面的支出较少。从相对数来看，许昌市教育支出所占的比重呈现上升的趋势，用于一般公共服务、公共安全、科学技术、文化体育与传媒、社会保障和就业方面的支出的比重整体上都呈现下降的趋势。

另外，许昌市财政具有典型的农区财政的特点。财政收入占地区生产总值的比重偏低，如 2012 年许昌市财政收入占地区生产总值的比重为 5.27%，而同期河南省的比重为 6.89%，郑州市为 10.54%。地方财政支出规模大大超过财政收入规模，财政运行对上级转移支付的依赖性较大，如 2012 年财政收入为 90.37 亿元，财政支出达到 178.39 亿元，财政支出规模大约是财政收入规模的 2 倍。

第 16 章
漯河市财政发展报告

16.1 漯河市财政发展概述

漯河市位于河南省中部偏南、伏牛山东麓平原和淮北平原交错地带，境内主要有沙河、澧河、颍河等河流，风景秀丽。岳飞指挥的"郾城大捷"发生在漯河市郾城区。漯河市辖郾城区、源汇区、召陵区、漯河西区、临颍县和舞阳县，总面积为 2617 平方千米，人口 274 万人。漯河市是中国著名的食品名城。双汇集团、南街村集团、乐天澳的利集团总部位于漯河市，可口可乐、百事可乐、康师傅、统一等知名企业在漯河设立工厂。漯河还是中西部首个、全国第二个"中国品牌城市"。

2012 年漯河市实现地区生产总值 812.4 亿元，同比增长 12.1%，增速居全省第三位；固定资产投资 526.8 亿元，增长 23.7%，增速居全省第七位；社会消费品零售总额 294.4 亿元，增长 15.9%，增速居全省第五位；规模以上工业利润 228.3 亿元，增长 21.6%，增速居全省第四位。经济运行质量持续提升，主要经济指标增速进入全省第一方阵。改革深入推进，30 家企业实施了战略重组；双汇集团整体上市，成为全省市值最大的上市公司；漯河银行挂牌运营，漯河市农村发展投资有限公司正式成立，农村信用社达标升级全面完成，城投 12 亿元二期债券成功发行；城市公交改革取得新突破，市公交集团成功组建。开放招商成果丰硕，全年实际利用外资 6.2 亿美元、实际利用省外资金 150 亿元，外贸出口总额 2.5 亿美元；与 13 个省直部门签订了战略合作协议，争取上级政策性资金 75.6 亿元；成功举办了第十届中国（漯河）食品博览会，中国食品名城的知名度和影响力进一步扩大。重点项目建设力度加大，52 个项目竣工投入运营，64 个项目开工建设，140 个市定重点项目完成投资 208 亿元，省定重点项目投资完成率居全省第一位。产业集聚区建设加快推进，6 个产业集聚区全部实现扩区，新增面积 45.7 平方千米，完成投资 380 亿元，实现主营业务收入 1200 亿元，从业人员达到 12.6 万人。城镇居民人均可支配收入 19136 元、农民人均纯收入 8755 元，分别增长 12.6% 和 13.7%，城乡居民收入实现了与经济同步增长。城乡居民存款余额达到 367.4 亿元，增长 23.3%，增速居全省第一位。全年城镇新增就业 7.4 万人、再就业 2.6 万人，新增农村劳动力转移就业 3.9 万人。发放个人住房公积金贷款 5.4 亿元，建设各类保障性住房 1.2 万套。

2012 年，漯河市全年财政总收入 83.5 亿元，比上年增长 24.2%。地方公共预算收入 41.6 亿元，比上年净增 7.9 亿元，增长 23.5%，增速居全省第五位。财政总支出达到 111.2 亿元，增长 27.1%。税收收入占地方公共预算收入的比重达到 80.2%，居全省第二位；各级财政用于民生的支出达到 86 亿元，占公共预算支出的 77.3%。

16.2 漯河市财政收入规模分析

16.2.1 漯河市财政收入绝对规模分析

多年来，漯河市加强经济运行调节，持续推进各项建设，经济保持了平稳较快的增长态势，财政收入规模绝对数不断增加。

从表16－1可以看出，漯河市财政收入规模的绝对数稳步增加，其中，2004年突破10亿元大关，2009年突破20亿元大关，2012年突破40亿元大关；2003年以来年均增加绝对数为3.51亿元，2003年以来年均财政收入增长率为18.61%；当年财政收入在全省的位次从2003年到2012年没有发生变化，一直在第15名、第16名之间徘徊。

表16－1　漯河市2003～2012年公共预算收入情况

单位：亿元，%

年　份	公共预算收入	财政收入增长额	财政收入增长率	当年财政收入在河南省的位次
2003	7.73	1.27	16.38	16
2004	10.90	3.18	29.15	16
2005	13.21	2.31	17.47	15
2006	16.14	2.93	18.13	15
2007	18.18	2.04	12.64	16
2008	19.20	1.03	5.64	16
2009	20.42	1.21	6.31	16
2010	26.13	5.71	27.99	16
2011	33.69	7.56	28.93	16
2012	41.61	7.92	23.51	16

漯河市2003～2012年公共预算收入增长最快的是2004年，增速为29.15%，；增速最慢的是2008年，增速仅有5.64%。从增长趋势上看，2003～2012年，财政收入绝对数逐年增长的趋势没有变化，环比增长率经历了"V"形反转的变化过程。

16.2.2 漯河市财政收入相对规模分析

表16－2反映了2003～2012年漯河市财政收入占地区生产总值的比重情况。漯河市公共预算收入规模的绝对数稳步增加，2003～2012年从7.73亿元增加到41.61亿元，增长了4倍多。2007～2012年，在漯河市地区生产总值不断增加的情况下，漯河市财政收入占地区生产总值比重从2003年的3.49%增加到5.22%，增加了1.73个百分点，这说明了漯河市企业的经营效益在不断增大，产业结构在不断优化。

表 16 – 2　2003 ~ 2012 年漯河市财政收入占地区生产总值的比重情况

单位：亿元，%

年　份	财政收入	地区生产总值	财政收入占地区生产总值比重
2003	7.73	221.57	3.49
2004	10.90	279.56	3.90
2005	13.21	322.14	4.10
2006	16.14	380.28	4.24
2007	18.18	437.02	4.16
2008	19.20	550.26	3.49
2009	20.42	541.68	3.77
2010	26.13	680.49	3.84
2011	33.69	751.70	4.48
2012	41.61	797.12	5.22

漯河市 2003 ~ 2012 年财政收入占地区生产总值的比重呈现稳步上升的趋势，仅在 2008 年出现了小幅度的下降，即从 2007 年所占比例 4.16% 下降至 2008 年的 3.49%；2012 年漯河市财政收入占市地区生产总值的比重达到最大值，为 5.22%，2008 年达到最小值，为 3.49%。

从表 16 – 3 可以看出，漯河市公共财政收入绝对数不断增加，相对数呈现"U"形反转的态势。第一阶段，2004 ~ 2009 年，漯河市财政收入占河南省财政收入的比重从 2004 年的 2.54% 下降到 2009 年的 1.81%，到达谷底；第二阶段，2010 ~ 2012 年开始，漯河市财政收入占河南省财政收入的比重由 2010 年的 1.89% 上升到 2012 年的 2.04%，恢复缓慢上升态势。

表 16 – 3　漯河市 2003 ~ 2012 年财政收入占河南省财政收入的比重情况

单位：亿元，%

年　份	漯河市财政收入	河南省财政收入	漯河市财政收入占河南省财政收入比重
2003	7.73	338.05	2.29
2004	10.90	428.78	2.54
2005	13.21	537.65	2.46
2006	16.14	679.17	2.38
2007	18.18	862.08	2.11
2008	19.20	1008.9	1.90
2009	20.42	1039.66	1.81
2010	26.13	1381.32	1.89
2011	33.69	1721.76	1.96
2012	41.61	2040.6	2.04

漯河市 2003～2012 年财政收入占河南省财政收入的比重呈现缓慢下降的趋势，在 2008 年、2009 年出现了小幅度的下降，即从 2007 年的 2.11% 下降至 2008 年的 1.90%、2009 年的 1.81%。10 年间，漯河市财政收入占全省财政收入的比重最高是 2004 年的 2.54%，最低为 2009 年的 1.81%，总体来看呈现缓慢下降，但自 2009 年起呈现逐年稳步上升的态势。

从漯河市的实际情况看，2007 年，漯河市的地区生产总值为 437.02 亿元，其财政收入为 18.18 亿元；2012 年，漯河市的地区生产总值为 797.12 亿元，财政收入绝对规模也达到了 41.61 亿元。当然，漯河市财政收入绝对规模的增加也在一定程度上受我国物价水平上涨因素的影响。除了漯河市财政收入的绝对规模增加以外，我们还注意到其财政收入的相对规模也有一个较大幅度的增长，更重要的是，其财政收入在河南省的排位在逐年提升。其原因在于，一是漯河的民营经济、乡镇企业发展得好，正是这些小企业使得漯河市财政收入增长得这么迅速；二是漯河市的大型企业发展势头迅猛，比如双汇等企业，正是一些大企业使得漯河的地区生产总值增长，从而带动财政收入增长。

16.3 漯河市财政收入结构分析

16.3.1 漯河市财政收入的项目结构分析

表 16-4 显示了漯河市 2007～2012 年的公共预算收入、税收收入及其占比、非税收入及其占比，可以看出，漯河市税收收入的绝对额随着时间的推移在逐年增加，从 2007 年的 181789 万元增加到 2012 年的 416096 万元，增加了 1.29 倍；同时，税收收入占公共预算收入的比重也在随着时间的推移而增加，从 2007 年的 72.99% 增加到 2012 年的 80.15%，增加了 7.16 个百分点。从纳入公共预算收入的非税收入来看，情况则正好相反，非税收入占公共预算收入的比重在逐年下降，从 2007 年的 27.01% 下降到 2011 年的 18.08%，之后的 2012 年有所反弹，升至 19.85%。

表 16-4　漯河市 2007～2012 年公共预算收入中税收收入的比重情况

单位：万元，%

年　份	公共预算收入	税收收入	税收收入占比	非税收入	非税收入占比
2007	181789	132691	72.99	49098	27.01
2008	192043	154222	80.31	37821	19.69
2009	204159	168973	82.77	35186	17.23
2010	261300	214900	82.24	46400	17.76
2011	336900	276000	81.92	60900	18.08
2012	416096	333503	80.15	82593	19.85

表 16 - 5 显示了漯河市税收收入占比、河南省税收收入占比和全国税收收入占比。无论是河南省的这一比例还是漯河市的这一比例，都没有全国税收收入占比高，差距最大的年份是 2007 年，达到 15.9 个百分点，其他年份的差距也都在 7 个百分点左右。但可喜的是，漯河市税收收入占财政收入的比重在逐年上升，2007 年这一比例为 72.99%，到 2009 年达到了 82.77%，上升了 9.78 个百分点，这一趋势是好的，而我国这一比例是逐年下降的。税收在多数国家财政收入中的比重超过了 90%，著名经济学家熊彼特由此将现代国家称为税收国家。可见，税收国家是在财政国家的模式下从收入层面对国家进行的定位。漯河市乃至河南省税收收入占财政收入比重较低，警示我们要在我国财政收入不断增长的同时，关注财政收入结构问题。

表 16 - 5　漯河、河南省、全国 2007～2012 年税收收入占财政收入的比重

单位 : %

年　份	漯河市税收收入占比	河南省税收收入占比	全国税收收入占比
2007	72.99	72.5	88.89
2008	80.31	73.6	88.41
2009	82.77	73.0	86.87
2010	82.24	73.6	88.10
2011	81.92	73.4	86.39
2012	80.15	72.0	85.83

表 16 - 6 显示了漯河市 2007～2012 年四大税种（增值税、营业税、企业所得税、个人所得税）收入及其占税收收入总额的比重。可以看出，四大税种的绝对额都呈现逐年上升的态势；营业税在税收收入中所占比重最大，其就是增值税，再次是企业所得税和个人所得税。在四大税种中，营业税占比在逐年上升，其中营业税从 2007 年的 25.64% 上升至 2012 年的 28.81%，上升了 3.17 个百分点，上升的幅度较大；而增值税和个人所得税的占比在逐年下降，其中增值税在 2007～2012 年下降了 6.5 个百分点，个人所得税下降了 4.12 个百分点，下降的幅度都较大；企业所得税占比变化不大，2007 年为 14.46%，2012 年为 14.61%，变化并不明显。这说明了以下几个方面的问题：一是由于增值税与工业经济运行密切相关，增值税的下降说明了漯河市工业增加值增速放缓，而企业所得税的增加说明了工业企业利润的大幅增加；营业税的增加说明了漯河市第三产业的发展较快；个人所得税下降的主要原因在于我国个人所得税改革缩小了税基。

表 16 - 6　漯河市 2007～2012 年税收收入的项目结构情况

单位：万元, %

年　份	税收收入	增值税		营业税		企业所得税		个人所得税	
		数额	占比	数额	占比	数额	占比	数额	占比
2007	132691	32122	24.21	34024	25.64	19193	14.46	8588	6.47
2008	154222	39048	25.32	39344	25.51	23269	15.09	7913	5.13

年 份	税收收入	增值税		营业税		企业所得税		个人所得税	
		数额	占比	数额	占比	数额	占比	数额	占比
2009	168973	38399	22.72	42683	25.26	24312	14.39	6092	3.61
2010	214900	45800	21.31	58800	27.36	37000	17.22	6700	3.12
2011	276000	49000	17.75	85800	31.09	43800	15.87	7900	2.86
2012	333503	59067	17.71	96083	28.81	48712	14.61	7838	2.35

16.3.2 漯河市财政收入的地区结构分析

漯河市现辖 2 个县，即舞阳县、临颍县。其中，舞阳县辖 8 镇 6 乡，总面积 777 平方千米，耕地面积 75 万亩，总人口 60 万；临颍县辖 9 镇 6 乡，361 个行政村，总面积 821 平方千米，总人口 75 万人。临颍县是国家级无公害农产品示范基地县、全国食品加工强县、全国科技工作先进县，是河南省对外开放重点县、依法治理百强县、社会治安综合治理模范县、省级卫生县城，是省定 35 个扩权县和 26 个城镇化建设重点县之一。

表 16 - 7 显示了 2007~2012 年漯河市辖 2 县的财政收入情况。可以看出，漯河市 2 个县财政收入的绝对数都是逐年增加的。从平均数看，2012 年是 2007 年的 2.61 倍。参考各年财政收入的绝对数，在漯河 2 个县中，临颍县财政收入状况要好于舞阳县，2007 年临颍县的财政收入高出舞阳县 1035 万元，2012 年扩大为 9258 万元，绝对数差额在增大。从相对数来看，2007 年其差额是平均数的 5.77%，到 2012 年则增加为 19.82%。

表 16 - 7 漯河市各县 2007~2012 年财政收入地区结构情况

单位：万元

县 域	2007 年	2008 年	2009 年	2010 年	2011 年	2012 年
舞阳县	17406	20252	22600	23955	33202	42078
临颍县	18441	21523	24549	31148	40735	51336
平 均	17923.5	20887.5	23574.5	27551.5	36968.5	46707

16.4 漯河市财政支出规模分析

16.4.1 漯河市财政支出规模的绝对数分析

从表 16 - 8 可以看出，漯河市的财政支出是在稳步增加的，2003 年财政支出 16.13 亿元，2012 年增长到 111.70 亿元，2003~2012 年财政支出较上年增加数平均为 9.79 亿元，年均增长率为 21.57%，增长比较迅速，在全省的排名没有变化，都是在全省排第 16 名，排名稳定。

表 16 - 8　漯河市 2003～2012 年财政支出规模情况

单位：亿元,%

年　份	公共预算支出	财政支出较上年增加数	财政支出较上年增加比重	当年财政支出在河南省的位次
2003	16.13	2.37	14.69	16
2004	20.63	4.50	21.79	16
2005	25.87	5.25	20.28	16
2006	32.05	6.18	19.28	16
2007	39.44	7.38	23.03	16
2008	44.88	5.45	13.81	16
2009	59.07	14.18	31.60	16
2010	69.97	10.90	18.45	16
2011	87.48	17.51	25.03	16
2012	111.70	24.22	27.69	16

漯河市 2003～2012 年公共预算支出绝对数逐年稳步增加。从增长率来看，各年之间呈波浪形增长的趋势，年度之间增长速度也不均衡，增长最快的就是 2009 年，增速为 31.60%；增速最慢的是 2008 年，增速仅有 13.81%。

16.4.2　漯河市财政支出规模的相对数分析

从表 16 - 9 可以看出，漯河市财政支出占漯河市地区生产总值的比重从 2003 年的 7.28% 到 2012 年的 14.01%，增长比较迅速，其中，2008 年受到金融危机的影响，财政收入占地区生产总值的比例有所下降，达到 8.16%，其他年份都在增长。

表 16 - 9　漯河市 2003～2012 年财政支出占市地区生产总值比重情况

单位：亿元,%

年　份	财政支出	地区生产总值	财政支出占地区生产总值的比重
2003	16.13	221.57	7.28
2004	20.63	279.56	7.38
2005	25.87	322.14	8.03
2006	32.05	380.28	8.43
2007	39.44	437.02	9.02
2008	44.88	550.26	8.16
2009	59.07	541.68	10.90
2010	69.97	680.49	10.28
2011	87.48	751.70	11.64
2012	111.70	797.12	14.01

漯河市 2003～2012 年财政支出占市地区生产总值的比重呈现上升的趋势，仅在 2008 年出现了小幅度的下降，与财政收入的变动趋势保持一致，即从 2007 年的 9.02% 下降到

2008 年的 8.16。2012 年漯河市财政支出占市地区生产总值的比重达到最大值，为 14.01%，2003 年达到最小值，为 7.28%。

从表 16-10 可以看出漯河市财政支出与河南省财政支出之间的关系，在漯河市财政支出增长的同时，河南省的财政支出也在增长，但是漯河市财政支出占河南省财政支出的比重从 2003 年的 2.25% 变为 2012 年的 2.23%，变化不是很明显，说明漯河市财政支出在河南省变化并不是很明显。

表 16-10　漯河市 2003~2012 年财政支出占河南省财政支出的比重情况

单位：亿元，%

年　份	财政支出	河南省财政支出	财政支出占河南省财政支出的比重
2003	16.13	716.6	2.25
2004	20.63	879.96	2.34
2005	25.87	1116.04	2.32
2006	32.05	1440.09	2.23
2007	39.44	1870.61	2.11
2008	44.88	2281.61	1.97
2009	59.07	2905.76	2.03
2010	69.97	3416.14	2.05
2011	87.48	4248.82	2.06
2012	111.70	5006.40	2.23

漯河市 2003~2012 年财政支出占河南省财政支出的比重呈现"U"形反转的趋势。漯河市财政支出占全省财政支出的比重最高是 2004 年的 2.34%，最低为 2008 年的 1.97%，其他年份波动不大，但普遍来说比重很小，均未超过 2.5%。

从表 16-11 可以看出，漯河市财政支出的边际系数从 2003 年的 0.11 变为 2012 年的 0.53，可见漯河市财政支出的年增加额相对于地区生产总值年增加额的结构是在发生着变化的。2007~2009 年，漯河市财政支出的边际系数缓慢下降，2009 年达到 -1.65，这主要是金融危机导致经济下滑。2010 年该系数变为 0.08，实现了由负到正的转变。2010~2012 年漯河市财政支出的边际系数有增大的趋势，说明财政支出增长快于地区生产总值的增长。从边际系数的分析中可以使得我们对漯河市的财政支出规模有更深层的了解。

表 16-11　漯河市 2003~2012 年财政支出的边际系数

单位：亿元

年　份	财政支出	财政支出年增加额	地区生产总值	地区生产总值年增加额	财政支出的边际系数
2003	16.13	2.37	221.57	20.8	0.11
2004	20.63	4.50	279.56	57.99	0.08
2005	25.87	5.25	322.14	142.48	0.04
2006	32.05	6.18	380.28	58.14	0.11

续表

年　份	财政支出	财政支出年增加额	地区生产总值	地区生产总值年增加额	财政支出的边际系数
2007	39.44	7.38	437.02	56.75	0.13
2008	44.88	5.45	550.26	113.24	0.05
2009	59.07	14.18	541.68	−8.58	−1.65
2010	69.97	10.90	680.49	138.82	0.08
2011	87.48	17.51	751.70	71.21	0.25
2012	111.70	24.22	797.12	45.42	0.53

由表 16－12 可以看出，漯河市财政支出的弹性系数从 2003 年的 1.52 变为 2012 年的 4.58，变化很大，不稳定。2007～2009 年漯河市财政支出的弹性系数出现了下降，但 2009 年达到了 −20.26，2010 年达到 0.72，实现了由负到正的转变。2010～2012 年漯河市的财政支出弹性系数是正值，并有增大的趋势，说明漯河市财政支出的增长快于地区生产总值的增长。

表 16－12　漯河市 2003～2012 年财政支出的弹性系数

单位：亿元

年　份	财政支出	财政支出年增长率	地区生产总值	地区生产总值年增长率	财政支出的弹性系数
2003	16.13	17.22	221.57	11.30	1.52
2004	20.63	27.90	279.56	13.60	2.05
2005	25.87	25.40	322.14	15.80	1.61
2006	32.05	23.89	380.28	15.30	1.56
2007	39.44	23.03	437.02	14.92	1.54
2008	44.88	13.81	550.26	25.91	0.53
2009	59.07	31.60	541.68	−1.56	−20.26
2010	69.97	18.45	680.49	25.63	0.72
2011	87.48	25.03	751.70	10.46	2.39
2012	111.70	27.69	797.12	6.04	4.58

16.5　漯河市财政支出结构分析

16.5.1　漯河市财政支出项目结构分析

从表 16－13 可以看出，河南省的财政支出从 2007 年的 1546.99 亿元增大到 2012 年的 5006.40 亿元增长了 2.3 倍，漯河市的财政支出也从 2007 年的 39.44 亿元增大到 2012 年的 111.70 亿元，增长了 1.8 倍，小于全省的增长倍数。2010 年后统计项目发生变化，财政支出中其他支出被分为交通运输支出和住房保障支出两项。在漯河市中的财政支出中，教育、一般公共服务、社会保障和就业、农林水事务在漯河市的财政支出中占有较大份额，其中教育支出 2012 年为 22.58 亿元，一般公共服务支出为 15.28 亿元。并且，2007 年漯河市教育支出 7.05 亿元，到 2012 年增长了 2 倍多，增长较快。

表 16－13　漯河市 2007～2012 年财政支出各项目绝对数情况

单位：亿元

年份	财政支出合计	一般公共服务	公共安全	教育	科学技术	文化体育与传媒	社会保障和就业	医疗卫生	环境保护	城乡社区事务	农林水事务	交通运输	住房保障
2007	39.44	8.09	2.40	7.05	0.29	0.66	5.99	2.19	0.62	2.73	2.86	6.52	
2008	44.88	8.29	2.91	8.63	0.45	0.55	6.28	3.45	1.09	2.83	3.93	6.47	
2009	59.07	10.09	3.84	10.21	0.40	0.98	8.42	5.41	1.87	2.68	5.41	9.75	
2010	69.97	10.21	4.16	11.05	0.45	1.21	9.02	7.25	1.58	3.65	5.65	3.43	2.48
2011	87.48	11.84	4.33	16.23	0.57	1.16	10.99	9.19	2.03	4.50	7.16	6.45	3.85
2012	111.70	15.28	6.06	22.58	0.60	1.41	12.03	10.99	1.94	5.96	12.14	7.08	6.03

从表 16－14 可以看出，漯河市财政支出占河南省财政支出的比例从 2007 年的 2.55％ 下降到了 2012 年的 2.23％，下降比例不多，相对比较稳定，其中的各个支出项目变化也不是很剧烈，相对稳定，说明漯河市的财政支出水平与河南省的支出相适应。其中，2012 年漯河市教育支出比重为 20.21％，在其他支出项目比重中最高，说明漯河市在住房保障支出中投入较多。2012 年漯河市科学技术支出比重为 0.54％，在其他支出项目比重中最低，说明漯河市在科学技术支出中投入较少。

表 16－14　漯河市 2007～2012 年财政支出各项目相对数情况

单位：%

年份	一般公共服务	公共安全	教育	科学技术	文化体育与传媒	社会保障和就业	医疗卫生	环境保护	城乡社区事务	农林水事务	交通运输	住房保障
2007	20.51	20.51	17.88	0.74	1.67	15.19	5.55	1.57	6.92	7.25	16.53	
2008	18.47	6.48	19.23	1.00	1.23	13.99	7.69	2.43	6.31	8.76	14.42	
2009	17.08	6.50	17.28	0.68	1.66	14.25	9.16	3.17	4.54	9.16	16.51	
2010	14.59	5.95	15.79	0.64	1.73	12.89	10.36	2.26	5.22	8.07	4.90	3.54
2011	13.53	4.95	18.55	0.65	1.33	12.56	10.51	2.32	5.14	8.18	7.37	4.40
2012	13.68	5.43	20.21	0.54	1.26	10.77	9.84	1.74	5.34	10.87	6.34	5.40

从表 16－15 可以看出，在 2012 年漯河市财政支出中，一般公共服务支出、公共安全支出、医疗卫生支出、城乡社区事务支出、住房保障支出所占比重高于河南省这些支出的比重。

表 16 - 15　漯河市 2007～2012 年财政支出相对数结构与河南省比较分析

单位:%

年份	省市	一般公共服务	公共安全	教育	科学技术	文化体育与传媒	社会保障和就业	医疗卫生	环境保护	城乡社区事务	农林水事务	交通运输	住房保障
2007	河南省	18.84	6.6	21.16	1.31	1.71	14.26	5.45	2.68	7.18	7.99	12.82	
	漯河市	20.51	20.51	17.88	0.74	1.67	15.19	5.55	1.57	6.92	7.25	16.53	
2008	河南省	17.8	6.2	19.5	1.3	1.8	14.5	6.4	3.3	5.9	9.2	12.2	
	漯河市	18.47	6.48	19.23	1.00	1.23	13.99	7.69	2.43	6.31	8.76	14.42	
2009	河南省	16.27	6.22	20.13	1.27	2.11	12.34	8.33	3.82	5.54	10.46	13.51	
	漯河市	17.08	6.50	17.28	0.68	1.66	14.25	9.16	3.17	4.54	9.16	16.51	
2010	河南省	14.01	5.55	17.84	1.31	1.61	13.5	7.91	2.82	4.84	11.69	5.09	2.26
	漯河市	14.59	5.95	15.79	0.64	1.73	12.89	10.36	2.26	5.22	8.07	4.90	3.54
2011	河南省	13.16	4.82	20.17	1.33	1.35	12.9	8.51	2.25	4.5	11.31	6.62	3.36
	漯河市	13.53	4.95	18.55	0.65	1.33	12.56	10.51	2.32	5.14	8.18	7.37	4.40
2012	河南省	13.24	4.88	22.1	1.39	1.39	12.62	8.51	2.19	4.75	11.02	6	3.71
	漯河市	13.68	5.43	20.21	0.54	1.26	10.77	9.84	1.74	5.34	10.87	6.34	5.40

16.5.2　漯河市财政支出的地区结构分析

表 16 - 16 显示了 2007～2012 年漯河市两县的财政支出情况,漯河市两个县财政支出的绝对数都是逐年增加的。从平均数看,2012 年是 2007 年的 2.92 倍。参考各年财政支出的绝对数,在漯河两县中,临颍县财政支出数额高出舞阳县,2007 年临颍县的财政收入高出舞阳县 11652 万元,2012 年扩大为 40154 万元,绝对数差额在增大。从相对数来看,其 2007 年差额是平均数的 18.57%,到 2012 年则增加为 21.89%。

表 16 - 16　漯河市各县 2007～2012 年财政支出

单位:万元

县　域	2007 年	2008 年	2009 年	2010 年	2011 年	2012 年
舞阳县	56936	74140	98426	106326	127107	163326
临颍县	68588	84509	109106	121792	156532	203480
平　均	62762	79324.5	103766	114059	141819.5	183403

16.6　小结

漯河市财政收入稳步增长。近年来,漯河市财税部门上下通力合作,依法组织收入,加强税收征管的基础基层工作,进一步提高财政收入的增长速度和增长质量,同时加强非税收入征管，开展非税收入稽查和会计质量检查，实行"票款分离"，收入直达国库。财政收入规模绝对数不断增加。漯河市财政收入由 2003 年的 7.73 亿元提升至 2012 年的 41.61 亿元，增长 4.4 倍，其规模在全省的位次一直在第 15 位、第 16 位徘徊，说明漯河市财政收入增长与全省财政收入基本保持同步。漯河市公共预算收入规模的绝对数稳步增加，2003 年以来年均财政收入增长率为 18.61%。漯河市财政收入占地区生产总值比重逐年增加，由 2003 年的 3.49% 上升到 2012 年的 5.22%，这在一定程度上表明了漯河市企业的经营效益在不断增大，产业结构在不断优化。2003～2012 年漯河市财政收入占河南省财政收入的比重 2008 年以来有所下滑，说明 2008 年国际金融危机对以加工业为主的漯河市经济的影响大于一般地市。2012 年全市公共预算收入完成 41.61 万元，比上年增长 23.51%，增幅较大。

漯河市财政支出规模迈上新台阶。近年来，漯河市财政坚持"积极稳妥、保障民生"，促进了社会事业的发展和民生问题的持续改善。一是统筹安排，确保财政供给人员的工资性支出。二是保证机构正常运转的需要，对省、市政府确定的十项民生工程和十件实事等项目支出，及时进行了安排。三是对法定支出和涉及稳定的支出、重点工程支出，按照轻重缓急，多方筹措资金，妥善加以安排。2004 年全市公共预算支出规模登上 20 亿元台阶，2009 年登上 50 亿元台阶，2012 年突破 100 亿元大关，达到 111.7 亿元。与人民群众日常生活密切相关的基本民生支出，2012 年达到 86 亿元，占公共预算支出的 77.3%。

抓住中原经济区建设机遇，积极申报项目，全年争取中央、省项目及补助资金。2012 年，漯河市争取该类资金 75.6 亿元，为漯河市经济发展增添了动力。投入重点项目资金，保证了许慎文化园二期工程、交通路沙河桥加宽加固工程、107 国道改造工程等市定重点项目建设顺利推进。拨付家电下乡、家电以旧换新补贴资金，促进城乡居民消费增长，拉动社会消费。积极开展服务企业活动，设立中小企业发展专项资金，累计投入科学技术、工业结构调整、可再生能源利用、产业振兴技术改造、中小微企业发展资金，落实企业贷款担保资金、企业项目贷款、企业退税，支持企业研发新产品和技术成果转化，增强企业自主创新能力和市场竞争力。

围绕产业集聚发展、产城融合发展，认真贯彻落实省、市关于加快产业集聚发展的政策措施，筹措拨付产业集聚区"三税"核查奖励、基础设施建设、企业贷款贴息资金，支持实施产业集聚区拓展空间、功能配套等"九大提升"工程，使漯河市产业集聚区建设走在了全省前列。落实招商引资奖励和扶持资金，支持第十届中国（漯河）食博会、"百企招百商"与"百名闽商进漯河"等重大招商活动，推动全市招商引资工作不断取得新成效。

坚持以人为本，以民生实事为重点，集中财力解决涉及群众切身利益的问题。2012 年，漯河市财政民生支出为 86 亿元，占公共预算支出的比例达 77.3%。特别是优先保障教育发展，漯河市教育支出 2007 年为 7.05 亿元，2012 年为 22.5 亿元，增长了 2 倍多，其中，2012 年增长 38.3%，高出当年公共预算总支出增长率（27.69%）10 个百分点以上，完成了国家确定的教育支出占公共预算支出比例目标。落实城乡义务教育经费保障机制；加快推进学前教育三年行动计划；完成职业教育攻坚计划，加强职业教育院校基础设施建设，扩大中职教育免学费范围；支持高校化解债务，减轻高校偿债压力，促进漯河市高等院校持续健康发展。

漯河市财政收支的良好现状除了经济发展水平的提升等因素以外，还得益于财政科学理财能力的提升。近年来，漯河市财政财政主要从部门预算编制、国库管理制度改革、依法理财、财政信息化建设和财政监管方面进行了一系列探索，具体如下。

一是完善部门预算编制办法。将当年预计结余结转资金和上级提前告知专项转移支付资金全部编入年初部门预算，按经济分类试编"三公经费"和会议费预算，提高年初预算编制完整性。加强资金跟踪问效，对 15 万元以上项目实行财政绩效考评，加快解决"重投入轻绩效"的问题。二是深化财政国库管理制度改革。2012 年市级新增 126 个预算单位实行网上支付，市级预算单位网上支付实现全覆盖。加快县区国库集中支付改革，将乡镇作为一个预算单位纳入县级改革范围，乡镇实现了国库集中支付管理。三是推进依法理财。先后制定了《漯河市地方政府性债务统计暂行考核办法》《关于加强政府债务管理工作的意见》《漯河市市级基本建设财政审核运转程序》《漯河市国有资本经营预算实施意见》《漯河市市本级企业国有资本收益收取管理暂行办法》等规章制度，进一步规范了财政财务管理，增强了财政工作的制度性和规范性。深入推进"六五"普法工作，漯河市财政部门获得了"全国财政普法先进单位"称号。四是推进财政信息化建设，健全财政大平台系统标准体系，市级国库总账系统、市级非税收入网上征管系统、县乡财政小平台、乡镇预算执行系统投入运行。政府采购和财政投资评审制度进一步完善，采购节约率、审减率分别达到 12.3%、16.8%，节约资金 1.7 亿元，提高了资金的使用效益。五是强化财政监督检查。组织开展"会计基础规范年"活动和防汛抗旱、农村安全饮水、农村基础设施补助、农村公益事业补助、现代农业发展等资金专项检查，切实做好行政事业单位国有资产处置审批、调剂工作，有效防范了违规违纪问题的发生。

第 17 章
三门峡市财政发展报告

17.1 三门峡市财政发展综述

三门峡位于河南省西部，辖渑池县、陕县、卢氏县、灵宝市、义马市和湖滨区。陇海铁路横穿东西，黄河公路大桥连接豫、晋两省，高速公路通向东、西、北三个方向。三门峡市资源丰富，黄金、铝、煤是三大优势矿产资源。灵宝苹果、大枣、杜仲和卢氏连翘、木耳获国家地理标志产品称号。

2012 年，三门峡市实现地区生产总值 1127.32 亿元，按照可比价格计算，比 2011 年增长 9.4%。其中，第一产业增加值为 90.57 亿元，增长 5%；第二产业增加值为 766.41 亿元，增长 13.6%；第三产业增加值为 270.34 亿元，增长 9.5%。三次产业结构由 2011 年的 7.9∶68.8∶23.3 变化为 7.9∶68.6∶23.5。

1986~1990 年，随着改革的不断深入，经济发展速度的加快，三门峡财政收入的增长幅度明显提高。1987 年三门峡财政收入突破亿元大关，达到 11558.4 万元。1986~1990 年财政收入累计完成 71201.6 万元，是 1966~1976 年收入总额的 2.2 倍，比 1977~1985 年收入总额高出 9.4%；年均收入 14240.3 万元，是 1966~1976 年平均收入的 4.8 倍，是 1977~1985 年平均收入的近 2 倍；平均增速为 14.2%。其中，工商税收收入为 61934.4 万元，占同期财政收入的 87%；企业税收收入为 2037.4 万元，占 2.9%；农业税收入（包括农林特产税和耕地占用税）为 3499.1 万元，占 4.9%；其他（包括国家预算调节基金、专款收入和其他收入）税收收入为 3730.7 万元，占 5.2%。

1990 年，三门峡市财政收入完成 17988.1 万元，比 1986 年增长了 84.4%，是 1952 年的 19.1 倍。其中，工商税收收入 16230.8 万元，占收入总额的 90.2%，为 1952 年的 42.6 倍。2001 年，三门峡市地方财政收入达到 9.14 亿元，2010 年达到 81.72 亿元。2012 年三门峡市实现财政总收入 105.55 亿元，比 2011 年增长 12.1%；公共预算收入 68.62 亿元，增长 19.1%，其中税收收入 47.04 亿元，增长 11.1%，税收占收入公共预算收入的 68.6%。在主要税种中，营业税、资源税、城市维护建设税和房产税分别比 2011 年增长 9.5%、29.0%、3.0% 和 37.0%；增值税、企业所得税和个人所得税分别比 2011 年下降 8.0%、14.4% 和 14.8%。2012 年三门峡市公共预算支出完成 137.13 亿元，增长 18.52%。2012 年三门峡市教育、科学技术、农林水事务支出增速分别达到 17.4%、15.1% 和 38.3%，三门峡市涉及民生的支出达 99.2 亿元，比 2011 年增长 36.2%，占公共预算支出的比重达到 72%。

17.2　三门峡市财政收入规模分析

17.2.1　三门峡市财政收入绝对规模分析

多年来，三门峡市加强经济运行调节，持续推进各项建设，经济保持了平稳较快的增长态势，财政收入规模绝对数不断增加。

从表 17-1 可以看出，三门峡市财政收入规模的绝对数稳步增加，其中 2006 年突破 20 亿元大关，2012 年突破 60 亿元大关；2003～2012 年财政收入较上年增加数平均为 5.99 亿元，年均增加的比重为 22.70%；当年财政收入在河南省的位次从 2003 年的第 14 位上升至 2012 年的第十位。

表 17-1　三门峡市 2003～2012 年公共预算收入情况

单位：亿元，%

年　份	公共预算收入	财政收入较上年增加数	财政收入较上年增加比重	当年财政收入在河南省的位次
2003	8.77	0.95	12.11	14
2004	12.06	3.29	37.54	14
2005	16.63	4.57	37.90	9
2006	21.63	5.00	30.08	9
2007	29.36	7.73	35.72	9
2008	36.70	7.34	25.00	9
2009	41.50	4.80	13.08	9
2010	49.74	8.24	19.86	9
2011	57.61	7.87	15.82	9
2012	68.62	11.01	19.11	10
平　均	—	5.99	22.70	—

17.2.2　三门峡市财政收入相对规模分析

从表 17-2 可以看出，2003～2012 年，在三门峡市地区生产总值不断增加的情况下，三门峡市财政收入占市生产总值比重从 2003 年的 3.90% 增加到 2012 年的 6.09%，增加了 2.19 个百分点，这说明了三门峡市企业的经营效益在不断增大，产业结构在不断优化。

表 17-2　2003～2012 年三门峡市财政收入占市地区生产总值的比重情况

单位：亿元，%

年　份	财政收入	地区生产总值	财政收入占地区生产总值比重
2003	8.77	224.56	3.90
2004	12.06	274.65	4.39

年　份	财政收入	地区生产总值	财政收入占地区生产总值比重
2005	16.63	257.67	6.45
2006	21.63	412.15	5.25
2007	29.36	518.42	5.66
2008	36.70	654.21	5.61
2009	41.50	647.48	6.41
2010	49.74	874.42	5.69
2011	57.61	1030.45	5.59
2012	68.62	1127.32	6.09

从表 17-3 可以看出，2003~2012 年，三门峡市财政收入占河南省财政收入的比重从 2.59% 上升至 3.36%，上升了 0.77 个百分点。其中，2003~2009 年持续上升，增长了 1.40%，而 2010~2012 年比重却从 3.60% 下降到了 3.36%。

表 17-3　三门峡市 2003~2012 年财政收入占河南省财政收入的比重情况

单位：亿元，%

年　份	财政收入	河南省财政收入	市财政收入占河南省财政收入比重
2003	8.77	338.05	2.59
2004	12.06	428.78	2.81
2005	16.63	537.65	3.09
2006	21.63	679.17	3.19
2007	29.36	862.08	3.41
2008	36.70	1008.9	3.64
2009	41.50	1126.06	3.69
2010	49.74	1381.32	3.60
2011	57.61	1721.76	3.35
2012	68.62	2040.33	3.36

17.3　三门峡市财政收入结构分析

17.3.1　三门峡市财政收入的项目结构分析

表 17-4 显示了三门峡市 2007~2012 年的公共预算收入、税收收入及其占比、非税收入及其占比，可以看出，三门峡市税收收入的绝对额随着时间的推移在逐年增加，从 2007 年的 229315 万元增加到 2012 年的 470449 万元，增加了 1.05 倍；同时，税收收入占公共预算收入的比重从 2007 年的 78.11% 增加到 2008 年的 80.70%，增加了 2.59 个百分点，只是在随后的 2009~2012 年又下降至 68.56%。从纳入公共预算收入的非税收入来

看则正好相反，非税收入占公共预算收入的比重在逐年增加，从 2007 年的 21.89% 增加到 2012 年的 31.44%。

表 17－4　三门峡市 2007～2012 年公共预算收入中税收收入的比重情况

单位：万元，%

年　份	公共预算收入	税收收入	税收收入占比	非税收入	非税收入占比
2007	293586	229315	78.11	64271	21.89
2008	366956	296127	80.70	70829	19.30
2009	415000	299800	72.24	115200	27.76
2010	497400	376800	75.75	120600	24.25
2011	576100	423600	73.53	152400	26.45
2012	686165	470449	68.56	215716	31.44

表 17－5 显示了三门峡市税收收入占比、河南省税收收入占比和全国税收收入占比变化情况。三门峡市税收占财政收入的比重在逐年降低，2007 年这一比例为 78.11%，到 2012 年降低到 68.56%，降低了 9.55 个百分点，同时明显低于河南省和全国的水平。

表 17－5　三门峡、河南省、全国 2007～2012 年税收收入占财政收入的比重

单位：%

年　份	三门峡市税收收入占比	河南省税收收入占比	全国税收收入占比
2007	78.11	72.5	88.89
2008	80.70	73.6	88.41
2009	72.24	73.0	86.87
2010	75.75	73.6	88.10
2011	73.53	73.4	86.39
2012	68.56	72.0	85.83

表 17－6 显示了三门峡市 2007～2012 年四大税种（增值税、营业税、企业所得税、个人所得税）收入及其占税收收入总额的比重。营业税在税收中所占比重最大，其次是增值税，再次是企业所得税和个人所得税。在四大税种中，营业税占比从 2007 年的 20.05% 上升至 2012 年的 25.91%，上升了 5.86 个百分点，上升的幅度较大；而增值税、企业所得税和个人所得税的占比在逐年下降，其中增值税占比下降了 14.06 个百分点，企业所得税下降了 3.04 个百分点，个人所得税下降了 2.71 个百分点。

表 17－6　三门峡市 2007～2012 年税收收入的项目结构情况

单位：万元，%

年　份	税收收入	增值税		营业税		企业所得税		个人所得税	
		数额	占比	数额	占比	数额	占比	数额	占比
2007	229315	69923	30.49	45969	20.05	27769	12.11	12972	5.66
2008	296127	86542	29.22	57135	19.29	32159	10.86	12013	4.06

年　份	税收收入	增值税		营业税		企业所得税		个人所得税	
		数额	占比	数额	占比	数额	占比	数额	占比
2009	299800	70100	23.38	72800	24.28	21700	7.24	10400	3.47
2010	376800	81800	21.71	94300	25.03	28500	7.56	16700	4.43
2011	423600	84000	19.83	111300	26.27	49800	11.76	16300	3.85
2012	470449	77283	16.43	121924	25.91	42661	9.07	13874	2.95

17.3.2　三门峡市财政收入的地区结构分析

三门峡市现辖渑池县、陕县、卢氏县3个县，其占地面积分别为1002、866、897平方千米。三门峡市还辖2个县级市，即义马市、灵宝市，其占地面积分别为649、1461平方千米。其财政收入状况如表17-7所示。

表17-7　三门峡市2007～2012年财政收入地区结构情况

单位：万元

县　市	2007年	2008年	2009年	2010年	2011年	2012年
渑池县	61068	76518	85078	101588	121212	143618
陕　县	38217	50018	57217	69028	79028	93196
卢氏县	14069	18600	22066	28169	35069	42519
义马市	32516	41018	50188	60829	75832	91219
灵宝市	54488	70018	77718	90000	107988	130188
平　均	40071.6	51234.4	58453.4	69922.8	83825.8	100148

2007～2012年，在三门峡市所辖5个县市中，财政收入都是呈现逐年增加的趋势。三门峡排位均没有变化，其中渑池县和卢氏县的财政收入规模在5个县市中一直处于前两位，陕县一直处于第五位，卢氏县、灵宝市保持在第三位与第四位。虽然各县市的公共预算收入绝对值排位没有变化，但各县市占三门峡市财政收入的比重在发生变化。其中，比重上升的有：卢氏县，其财政收入占三门峡市财政收入的比重由2007年的7.02%上升到2012年的8.49%，上升了1.47个百分点；义马市，其财政收入占三门峡市财政收入的比重由2007年的16.23%上升到2012年的18.22%，上升了1.99个百分点。比重下降的有：渑池县，其财政收入占三门峡市财政收入的比重由2007年的30.48%下降到2012年的28.68%，下降了1.80个百分点；陕县，其财政收入占三门峡市财政收入的比重由2007年的19.07%下降到2012年的18.61%，下降了0.46个百分点；灵宝市，其财政收入占三门峡市财政收入的比重由2007年的27.20%下降到2012年的26.00%，下降了1.20个百分点。从2012年三门峡市各县市财政收入来看，2012年财政收入超出平均数的县市有渑池县、灵宝市；从2012年是2007年的倍数来看，卢氏县财政收入的增长倍数最大，2012年是2007年的3.02倍；其次是义马市，其2012年财政收入是2007年的2.81

倍；倍数最小的是渑池县，其 2012 年财政收入只有 2007 年的 2.35 倍。

17.4 三门峡市财政支出规模分析

17.4.1 三门峡市财政支出规模的绝对数分析

从表 17 – 8 可以看出，三门峡市财政支出规模的绝对数稳步增加，其中，2003 年突破 18 亿元，2009 年突破 80 亿元，2012 年突破 1300 亿元；2003 ~ 2012 年财政支出较上年增加数平均为 11.87 亿元，年均增加比重为 21.94%；当年财政支出在全省的位次维持在第 14 位、第 15 位附近。

表 17 – 8 三门峡市 2003 ~ 2012 年财政支出规模情况

单位：亿元，%

年　份	公共预算支出	财政支出较上年增加数	财政支出较上年增加比重	当年财政支出在河南省的位次
2003	18.45	1.80	10.78	15
2004	23.29	4.84	26.23	15
2005	31.57	8.28	35.54	15
2006	37.74	6.17	19.55	15
2007	51.25	13.51	35.8	15
2008	65.38	14.13	27.57	14
2009	85.66	20.28	31.02	14
2010	95.26	9.60	11.21	14
2011	118.61	23.35	24.51	14
2012	137.13	18.52	15.61	15
平　均	—	11.87	21.94	—

17.4.2 三门峡市财政支出规模的相对数分析

2003 ~ 2012 年，在三门峡市地区生产总值不断增加的情况下，三门峡市财政支出占地区生产总值比重从 2003 年的 8.22% 增加到 2012 年的 12.16%，增加了 3.94 个百分点。

表 17 – 9 三门峡市 2003 ~ 2012 年财政支出占市地区生产总值比重情况

单位：亿元，%

年　份	财政支出	地区生产总值	财政支出占地区生产总值比重
2003	18.45	224.56	8.22
2004	23.29	274.65	8.48
2005	31.57	257.67	12.25
2006	37.74	412.15	9.16

年 份	财政支出	地区生产总值	财政支出占地区生产总值比重
2007	51.25	518.42	9.89
2008	65.38	654.21	9.99
2009	85.66	647.48	13.23
2010	95.26	874.42	10.89
2011	118.61	1030.45	11.51
2012	137.13	1127.32	12.16

从表 17 – 10 可以看出，2003~2012 年，三门峡市公共财政支出占河南省财政支出的比例基本维持在 2.5%~3.0%，最高的 2009 年达到 2.95%，最低的 2003 年为 2.57%。

表 17 – 10　三门峡市 2003~2012 年财政支出占河南省财政支出的比重情况

单位：亿元，%

年 份	财政支出	河南省财政支出	财政支出占河南省财政支出的比重
2003	18.45	716.60	2.57
2004	23.29	879.96	2.65
2005	31.57	1116.04	2.83
2006	37.74	1440.09	2.62
2007	51.25	1870.61	2.74
2008	65.38	2281.61	2.87
2009	85.66	2905.76	2.95
2010	95.26	3416.14	2.79
2011	118.61	4248.82	2.79
2012	137.13	5006.40	2.74

从表 17 – 11 可以看出，2003~2012 年，三门峡市财政支出的边际系数呈现波动上升趋势。但 2005 年和 2009 年发生异动，因为该两年地区生产总值增加额为负值。

表 17 – 11　三门峡市 2003~2012 年财政支出的边际系数

单位：亿元

年 份	财政支出	财政支出年增加额	地区生产总值	地区生产总值增加额	财政支出的边际系数
2003	18.45	1.80	224.56	27.38	0.07
2004	23.29	4.84	274.65	50.09	0.10
2005	31.57	8.28	257.67	– 16.98	– 0.49
2006	37.74	6.17	412.15	154.48	0.04
2007	51.25	13.51	518.42	106.27	0.13

年　份	财政支出	财政支出年增加额	地区生产总值	地区生产总值增加额	财政支出的边际系数
2008	65.38	14.13	654.21	135.79	0.10
2009	85.66	20.28	647.48	-6.73	-3.01
2010	95.26	9.60	874.42	226.94	0.04
2011	118.61	23.35	1030.45	156.03	0.15
2012	137.13	18.52	1127.32	96.87	0.19

由表 17 - 12 可以看出，三门峡市财政支出的弹性系数大多数年份在 1.0 ~ 2.0，表明三门峡市的财政支出增长与经济增长相关性较强。

表 17 - 12　三门峡市 2003 ~ 2012 年财政支出的弹性系数

单位：亿元,%

年　份	三门峡市财政支出	三门峡市财政支出年增长率	三门峡市地区生产总值	三门峡市 GDP年增长率	三门峡市财政支出的弹性系数
2003	18.45	10.78	224.56	11.50	0.94
2004	23.29	26.23	274.65	13.40	1.96
2005	31.57	35.54	257.67	14.80	2.40
2006	37.74	19.55	412.15	16.90	1.16
2007	51.25	35.80	518.42	25.78	1.39
2008	65.38	27.57	654.21	26.19	1.05
2009	85.66	31.02	647.48	-1.03	-30.12
2010	95.26	11.21	874.42	35.05	0.32
2011	118.61	24.51	1030.45	17.84	1.37
2012	137.13	15.61	1127.32	9.40	1.66

17.5　三门峡市财政支出结构分析

17.5.1　三门峡市财政支出的项目结构分析

表 17 - 13 和表 7 - 14 分别反映了三门峡市 2007 ~ 2012 年财政支出各项目绝对数和相对数变化情况。

从表 17 - 13 和表 17 - 14 可以看出，2007 ~ 2011 年，三门峡市财政支出一般公共服务、公共安全支出、社会保障和就业支出占财政支出的比例在下降，教育支出、农林水事务支出的比重在上升。

表 17 – 13　三门峡市 2007～2012 年财政支出各项目绝对数情况

单位：亿元

年份	财政支出合计	一般公共服务	公共安全	教育	科学技术	文化体育与传媒	社会保障和就业	医疗卫生	环境保护	城乡社区事务	农林水事务	交通运输	住房保障
2007	51.25	9.17	3.30	9.80	0.65	0.74	6.78	2.70	2.19	3.92	4.53	7.48	
2008	65.38	11.63	4.27	12.57	1.07	1.55	5.95	3.91	4.60	4.83	7.54	7.46	
2009	85.66	13.65	5.18	14.79	1.20	2.29	8.38	6.89	5.16	7.86	8.79	11.47	
2010	95.26	16.16	5.89	18.11	1.63	1.53	9.35	5.89	3.97	4.03	10.36	5.72	2.86
2011	118.61	19.52	6.07	24.88	1.92	1.88	11.26	8.77	4.77	5.08	11.94	9.06	3.69
2012	137.13	23.17	6.51	29.25	2.24	1.93	12.13	9.69	5.73	5.38	16.52	7.98	3.82

表 17 – 14　三门峡市 2007～2012 年财政支出各项目相对数情况

单位：%

年份	财政支出合计	一般公共服务	公共安全	教育	科学技术	文化体育与传媒	社会保障和就业	医疗卫生	环境保护	城乡社区事务	农林水事务	交通运输	住房保障
2007	100.00	17.89	6.44	19.12	1.27	1.44	13.23	5.27	4.27	7.65	8.84	14.60	
2008	100.00	17.79	6.53	19.23	1.64	2.37	9.10	5.98	7.04	7.39	11.53	11.41	
2009	100.00	15.94	6.05	17.27	1.40	2.67	9.78	8.04	6.02	9.18	10.26	13.39	
2010	100.00	16.96	6.18	19.01	1.71	1.61	9.82	6.18	4.17	4.23	10.88	6.00	3.00
2011	100.00	16.46	5.12	20.98	1.62	1.59	9.49	7.39	4.02	4.28	10.07	7.64	3.11
2012	100.00	16.90	4.75	21.33	1.63	1.41	8.85	7.07	4.18	3.92	12.05	5.82	2.79

如表 17 – 15 所示，2012 年，三门峡市一般公共服务支出、科学技术支出、文化体育与传媒支出、农林水事务支出比重超过河南省这些支出所占的比重。公共安全支出、教育支出、文化体育与传媒支出、社会保障和就业支出、医疗卫生支出等所占比重低于河南省的支出比重。

表 17 – 15　三门峡市 2007～2012 年财政支出相对数结构与河南省比较分析

单位：%

年份	省市	一般公共服务	公共安全	教育	科学技术	文化体育与传媒	社会保障和就业	医疗卫生	环境保护	城乡社区事务	农林水事务	交通运输	住房保障
2007	河南省	18.84	6.6	21.16	1.31	1.71	14.26	5.45	2.68	7.18	7.99	12.82	
	三门峡市	17.89	6.44	19.12	1.27	1.44	13.23	5.27	4.27	7.65	8.84	14.60	
2008	河南省	17.8	6.2	19.5	1.3	1.8	14.5	6.4	3.3	5.9	9.2	12.2	
	三门峡市	17.79	6.53	19.23	1.64	2.37	9.10	5.98	7.04	7.39	11.53	11.41	

续表

年份	省市	一般公共服务	公共安全	教育	科学技术	文化体育与传媒	社会保障和就业	医疗卫生	环境保护	城乡社区事务	农林水事务	交通运输	住房保障
2009	河南省	16.27	6.22	20.13	1.27	2.11	12.34	8.33	3.82	5.54	10.46	13.51	
	三门峡市	15.94	6.05	17.27	1.40	2.67	9.78	8.04	6.02	9.18	10.26	13.39	
2010	河南省	14.01	5.55	17.84	1.31	1.61	13.5	7.91	2.82	4.84	11.69	5.09	2.26
	三门峡市	16.96	6.18	19.01	1.71	1.61	9.82	6.18	4.17	4.23	10.88	6.00	3.00
2011	河南省	13.16	4.82	20.17	1.33	1.35	12.9	8.51	2.25	4.5	11.31	6.62	3.36
	三门峡市	16.46	5.12	20.98	1.62	1.59	9.49	7.39	4.02	4.28	10.07	7.64	3.11
2012	河南省	13.24	4.88	22.1	1.39	1.39	12.62	8.51	2.19	4.75	11.02	6	3.71
	三门峡市	16.90	4.75	21.33	1.63	1.41	8.85	7.07	4.18	3.92	12.05	5.82	2.79

17.5.2　三门峡市财政支出的地区结构分析

三门峡市财政支出区域情况如表 17 - 16 所示。2007～2012 年，在三门峡市所辖 5 个县市中，财政支出大致呈现逐年增加的趋势。例外的是，陕县公共预算收入从 2009 年的 115966 万元下降至 2010 年的 115457 万元，下降了 509 万元；义马市的公共预算收入从 2009 年的 76902 万元下降至 2010 年的 76219 万元，下降了 683 万元。2007～2012 年，三门峡市财政支出的排位发生了变化，卢氏县的排位从 2007 年的第四位下降至第五位，义马市的排位从 2007 年的第五位上升至第四位，其余保持不变。其中，渑池县和灵宝市的财政支出规模在 5 个县市中一直处于前两位，陕县一直处于第三位。在各县市的公共预算支出绝对值排位发生变化的同时，其占三门峡市财政支出的比重也在发生变化。其中，比重上升的有：卢氏县，其财政支出占三门峡市财政支出的比重由 2007 年的 26.99% 上升到 2012 年的 31.31%，上升了 4.32 个百分点；义马市，其财政支出占三门峡市财政支出的比重由 2007 年的 20.70% 上升到 2012 年的 23.35%，上升了 2.65 个百分点；灵宝市，其财政支出占三门峡市财政支出的比重由 2007 年的 49.56% 上升到 2012 年的 50.84%，上升了 1.28 个百分点。比重下降的有：渑池县，其财政支出占三门峡市财政支出的比重由 2007 年的 44.24% 下降到 2012 年的 41.17%，下降了 3.07 个百分点；陕县，其财政支出占三门峡市财政支出的比重由 2007 年的 34.33% 下降到 2012 年的 32.88%，下降了 1.45 个百分点。从 2012 年三门峡市各县市财政支出来看，2012 年财政支出超出平均数的县市有渑池县、灵宝市；三门峡市支出的增长趋势与收入保持一致。从 2012 年是 2007 年的倍数来看，卢氏县财政收入的增长倍数最大，2012 年是 2007 年的 2.90 倍；其次是义马市，其 2012 年财政收入是 2007 年的 2.82 倍；增长倍数最小的是渑池县，其 2012 年财政收入只有 2007 年的 2.33 倍。

表 17 - 16　三门峡市各县市 2007～2012 年财政支出地区结构情况

单位：万元

县　市	2007 年	2008 年	2009 年	2010 年	2011 年	2012 年
渑池县	88633	116545	136978	149616	182838	206159
陕　县	68780	88826	115966	115457	140549	164635
卢氏县	54086	64928	96859	108658	129566	156770
义马市	41484	56497	76902	76219	108935	116904
灵宝市	99293	138990	158010	186793	230575	254600
平　均	70455.2	93157.2	116943	127348.6	158492.6	179813.6

17.6　小结

地方政府经济发展水平从总体上反映着一个国家社会产品的丰富程度和经济效益的高低，它对财政收入规模形成基础性制约。在其他条件不变的前提下，财政收入会随着社会产品总量的增长而提高。从三门峡市的实际情况看，2003 年三门峡市的地区生产总值为224.56 亿元，2012 年三门峡市的地区生产总值为 1127.32 亿元，与 2003 年相比增长了4.02 倍，同期其财政收入也由 8.77 亿元增长到 68.62 亿元，增长了 6.82 倍。当然，三门峡市财政收入绝对规模的增加也在一定程度上受我国物价水平上涨因素的影响。

2007～2012 年，在地区生产总值不断增加的情况下，三门峡市财政收入占地区生产总值比重上升，从 2003 年的 3.90% 增加到 2012 年的 6.09%，增加了 2.19 个百分点，占河南省财政收入的比重从 2.59% 上升至 3.36%，上升了 0.77 个百分点。这表明三门峡市的财政增收工作成绩显著。同期税收收入占公共预算收入的比重从 2007 年的 78.11% 下降至 2012 年的 68.56%，这与各地方政府通过出让土地使用权筹集财政收入的情况基本相同。应通过推进地方财税体制改革，提高税收对地方财政的贡献率，规范地方政府的财政收入渠道。

从三门峡市财政支出规模看，2003～2012 年财政支出较上年增加数平均为 11.87 亿元，年均增加比重为 21.94%；财政支出在全省的位次维持在第 14 位、第 15 位，占生产总值的比重从 2007 年的 9.89% 增加到 2012 年的 12.16%。从财政支出结构看，2007～2011 年，三门峡市的一般公共服务支出、公共安全支出、社会保障和就业支出占财政支出的比例在下降，教育支出、农林水事务支出的比重在上升。这表明三门峡市在压缩政府部门日常行政支出、支持教育事业发展方面取得了进展。

第 18 章
商丘市财政发展报告

18.1 商丘市财政发展概述

商丘市东与江苏省相望，北与山东省接壤，南与安徽省相连。商丘市现辖梁园区、睢阳区 2 个区，永城市 1 个县级市和柘城县、虞城县、夏邑县、宁陵县、民权县、睢县 6 个县，总面积 10704 平方千米，总人口 732 万人。商丘是亚欧大陆桥中国段重要的中心城市，中原经济区东部经济、交通和工商业中心，国家中东部豫、鲁、苏、皖四省接合部区域性中心城市。

2012 年，商丘市实现地区生产总值 1397.28 亿元，增长 10.8%；规模以上工业增加值 496.5 亿元，增长 17.1%；固定资产投资 1023 亿元，增长 23.9%；社会消费品零售总额 546.1 亿元，增长 15.9%；金融机构各项贷款余额 705 亿元，比年初增长 19.8%；城镇居民人均可支配收入 18312 元，增长 13.4%；农民人均纯收入 6426 元，增长 14%。

从三次产业的分布来看，2012 年商丘市第一产业增加值为 323.22 亿元，增长 4.7%；第二产业增加值为 674.23 亿元，增长 14.5%；第三产业增加值为 420.85 亿元，增长 11.1%。三次产业结构为 22.8∶47.5∶29.7，第二、第三产业比重比上年提高 1.4 个百分点。

2012 年商丘市实现财政收入 70.19 亿元，比上年增长 24.36%。其中，税收收入 52.9 亿元，增长 16.72%，税收占地方公共预算收入的比重为 75.36%。地方公共预算支出 286.31 亿元，增长 25.01%。其中，教育支出 73.95 亿元，增长 20.05%；社会保障与就业支出 37.24 亿元，增长 19.13%；医疗卫生支出 29.7 亿元，增长 19.81%。

18.2 商丘市财政收入规模分析

18.2.1 商丘市财政收入绝对规模分析

如表 18-1 所示，自 2003 年以来，商丘市公共预算收入呈现平稳增长态势，10 年共上涨 58.42 亿元。2003~2012 年财政收入较上年增加数平均为 5.96 亿元，年均增加比重达 20.01%。2003~2012 年，商丘市财政收入在河南省的位次基本维持在第 9~10 名。

表 18 −1　商丘市 2003 ~ 2012 年公共预算收入情况

单位：亿元,%

年　份	公共预算收入	财政收入较上年增加数	财政收入较上年增加比重	当年财政收入在河南省的位次
2003	11.77	1.21	11.42	10
2004	14.16	2.39	20.30	9
2005	16.56	2.40	16.97	10
2006	20.79	4.23	25.55	10
2007	26.71	5.92	28.48	10
2008	31.59	4.88	18.27	10
2009	35.37	3.78	11.97	10
2010	43	7.63	21.57	10
2011	56.44	13.44	31.26	10
2012	70.19	13.75	24.36	9
平　均	—	5.96	20.01	—

2003 年，商丘市财政收入规模达 11.77 亿元；2011 年，商丘市财政收入规模增长速度最快，达到 31.26%，2003 ~ 2007 年，商丘市财政收入增长速度呈现波动上升的趋势；2007 ~ 2009 年，增长速度呈现下降趋势；2009 ~ 2011 年，增长速度呈现大幅上升趋势，2012 年有所回落。

18.2.2　商丘市财政收入相对规模分析

如表 18 −2 所示，自 2003 年以来，商丘市财政收入占地区生产总值比重整体呈现不断上升的趋势。2011 年，商丘市财政收入占地区生产总值的比重突破 4%，2012 年，商丘市财政收入占地区生产总值的比重突破 5%，达到 5.02%。2003 ~ 2012 年，商丘市财政收入占地区生产总值的比重由 3.46% 增长到 5.02%，增长了 1.56 个百分点。

表 18 −2　2003 ~ 2012 年商丘市财政收入占市地区生产总值的比重情况

单位：亿元,%

年　份	财政收入	地区生产总值	财政收入占地区生产总值比重
2003	11.77	339.75	3.46
2004	14.16	455.84	3.11
2005	16.56	451.43	3.67
2006	20.79	650.98	3.19
2007	26.71	765.67	3.49
2008	31.59	931.39	3.39
2009	35.37	995.55	3.55
2010	43	1143.79	3.76
2011	56.44	1308.37	4.31
2012	70.19	1397.28	5.02

如表 18 - 3 所示，2012 年商丘市财政收入占河南省财政收入的比重为 3.44%。2003～2012 年，无论是商丘市还是河南省，财政预算收入都实现了稳步增加。2003～2005 年商丘市财政收入占河南省财政收入的比重呈现大幅下降，2005～2009 年该比重缓慢上升，2010 年出现短暂下降，2010～2012 年该比重有所上升。2005～2012 年商丘市财政收入占河南省财政收入的比重不断上升，这说明商丘市对河南省财政收入的贡献率在不断上升。

表 18 - 3　商丘市 2003～2012 年财政收入占河南省财政收入的比重情况

单位：亿元，%

年　份	商丘市财政收入	河南省财政收入	商丘市财政收入占河南省财政收入比重
2003	11.77	338.05	3.48
2004	14.16	428.78	3.30
2005	16.56	537.65	3.08
2006	20.79	679.17	3.06
2007	26.71	862.08	3.10
2008	31.59	1008.9	3.13
2009	35.37	1126.06	3.14
2010	43	1381.32	3.11
2011	56.44	1721.76	3.28
2012	70.19	2040.33	3.44

18.3　商丘市财政收入结构分析

18.3.1　商丘市财政收入的项目结构分析

如表 18 - 4 所示，从商丘市财政收入的构成上来看，2007～2011 年，商丘市税收收入占比基本呈现稳步上升的趋势。2012 年商丘市税收收入占比出现大幅的下降，其比重由 2011 年的 80.30% 下降至 2012 年的 75.36%，下降了 4.94 个百分点。2012 年商丘市税收收入占比比 2007 年低 0.56 个百分点。相应的，2007～2011 年，商丘市非税收入占比整体呈现逐步下降的趋势。2012 年，商丘市非税收入占比有所上升。

表 18 - 4　商丘市 2007～2012 年公共预算收入中税收收入的比重情况

单位：万元，%

年　份	公共预算收入	税收收入	税收收入占比	非税收入	非税收入占比
2007	267100	202795	75.92	64319	24.08
2008	315900	240237	76.05	75675	23.96
2009	353700	270800	76.56	82900	23.44

年份	公共预算收入	税收收入	税收收入占比	非税收入	非税收入占比
2010	430000	338200	78.65	91900	21.37
2011	564400	453200	80.30	111300	19.72
2012	701900	528960	75.36	172947	24.64

如表 18-5 所示，2007~2012 年，全国税收收入占比呈现波动式下降的趋势，河南省税收收入呈现先波动式上升，后下降的趋势。商丘市税收收入占比与河南省的情况相似，也是呈现先上升后下降的态势。2007~2011 年，商丘市税收收入的占比与全国税收收入的占比的差距在不断缩小。2007 年商丘市税收收入占比低于全国的 12.97 个百分点，到 2011 年这一差距缩小了 6.09 个百分点。但到 2012 年这一差距又有所变大。与河南省税收收入占比相比，商丘市税收收入的占比略高。

表 18-5　商丘市、河南省、全国 2007~2012 年税收收入占财政收入的比重

单位：%

年份	商丘市税收收入占比	河南省税收收入占比	全国税收收入占比
2007	75.92	72.50	88.89
2008	76.05	73.60	88.41
2009	76.56	73.00	86.87
2010	78.65	73.60	88.10
2011	80.30	73.40	86.39
2012	75.36	72.00	85.83

如表 18-6 所示，2007~2012 年，商丘市增值税、个人所得税、营业税、企业所得税总额整体上呈现上升趋势。从商丘市税收结构上来看，在 2012 年商丘市税收中，营业税所占比重最高，增值税次之，再者是企业所得税，个人所得税所占比重最小。2007~2012 年，商丘市营业税所占比重整体呈现增长的态势，在 2009 年有短暂的下降。

表 18-6　商丘市 2007~2012 年税收收入的项目结构情况

单位：万元，%

年份	税收收入	增值税		营业税		企业所得税		个人所得税	
		数额	占比	数额	占比	数额	占比	数额	占比
2007	202795	44928	22.15	62005	30.58	22891	11.29	11499	5.67
2008	240237	58225	24.24	75922	31.60	22169	9.23	10150	4.22
2009	270800	65500	24.19	82400	30.43	21900	8.09	12100	4.47
2010	338200	75600	22.35	103800	30.69	30100	8.90	13300	3.93
2011	453200	95300	21.03	153500	33.87	34600	7.63	13800	3.05
2012	528960	93871	17.75	187115	35.37	40070	7.58	16550	3.13

18.3.2　商丘市财政收入的地区结构分析

商丘市现辖梁园区、睢阳区 2 个区，永城市 1 个县级市，民权县、睢县、宁陵县、柘城县、虞城县、夏邑县 6 个县，辖 1 个副厅级新区（商丘新区）、18 个省级开发区（1 个省级综合保税区、1 个省级经济技术开发区、2 个省级高新技术产业开发区、3 个省级工业园区、11 个省级产业集聚区）、23 个街道办事处、117 个镇、50 个乡。

如表 18 - 7 所示，2007 ~ 2012 年，商丘市 7 个县市财政收入整体呈现增长的趋势，永城市财政收入对商丘市的贡献最大。2007 ~ 2012 年，永城市财政收入一直位于商丘市 7 个县市的首位，与位居第二位的虞城县相比差距在不断拉大，由 2007 年相差 6.94 亿元到 2012 年相差 19.33 亿元；宁陵县财政收入位居商丘市 7 个县市的最后一位。除永城市外，商丘市其余 6 个县市的财政收入差距较小，增长缓慢。

表 18 - 7　商丘市 2007 ~ 2012 年财政收入地区结构情况

单位：亿元

县　市	2007 年	2008 年	2009 年	2010 年	2011 年	2012 年
民权县	0.80	1.03	1.34	1.80	2.68	3.59
睢　县	0.85	1.04	1.17	1.42	2.01	2.80
宁陵县	0.73	0.82	1.00	1.32	1.67	2.17
柘城县	0.80	1.03	1.28	1.62	2.38	3.32
虞城县	1.36	1.50	1.80	2.23	3.06	4.28
夏邑县	0.88	1.09	1.21	1.60	2.54	3.36
永城市	8.30	10.04	11.27	13.03	20.01	23.61
平　均	1.96	2.36	2.72	3.29	4.91	6.16

18.4　商丘市财政支出规模分析

18.4.1　商丘市财政支出规模的绝对数分析

如表 18 - 8 所示，2003 ~ 2012 年，商丘市财政支出规模不断扩大。2007 年商丘市财政支出仅有 93.8 亿元，而 2012 年商丘市财政支出达 286.31 亿元，突破 200 亿元大关。2003 ~ 2012 年财政支出较上年增加数平均为 25.64 亿元。从增长速度来看，2003 ~ 2006 年，商丘市财政支出增速不断上升，2006 ~ 2012 年增速基本稳定。其财政支出规模在河南省排位由 2003 年的第九位上升至 2012 年第五位。

中原经济区财政发展报告（2014）

表 18 - 8　商丘市 2003～2012 年财政支出规模情况

单位：亿元，%

年　份	公共预算支出	财政支出较上年增加数	财政支出年增长率	财政支出在河南省的位次
2003	32.95	3.01	10.04	9
2004	40.06	7.12	21.60	8
2005	53.15	13.09	32.67	5
2006	73.71	20.56	38.69	5
2007	93.80	20.09	27.26	6
2008	117.94	24.13	25.73	6
2009	151.11	33.18	28.13	6
2010	179.98	28.87	19.10	5
2011	229.04	49.06	27.26	5
2012	286.31	57.27	25.01	5
平　均	—	25.64	24.25	—

18.4.2　商丘市财政支出规模的相对数分析

如表 18 - 9 所示，2003～2012 年，商丘市财政支出与商丘市地区生产总值呈现稳步上升态势，商丘市财政支出占商丘市地区生产总值的比重也呈现波动上升的趋势。由 2003 年的 9.7% 增长到 2012 年的 20.49%，增长了 10.79 个百分点。其中商丘市财政支出占地区生产总值的比重在 2012 年达到最大值。

表 18 - 9　商丘市 2003～2012 年财政支出占地区生产总值比重情况

单位：亿元

年　份	财政支出	地区生产总值	财政支出占地区生产总值比重
2003	32.95	339.75	9.70
2004	40.06	455.84	8.79
2005	53.15	451.43	11.77
2006	73.71	650.98	11.32
2007	93.80	765.67	12.25
2008	117.94	931.39	12.66
2009	151.11	995.55	15.18
2010	179.98	1143.79	15.74
2011	229.04	1308.37	17.51
2012	286.31	1397.28	20.49

如表 18 - 10 所示，2003～2012 年，商丘市财政支出与河南省财政支出整体上呈现上升趋势。商丘市财政支出占河南省财政支出的比重呈现稳步上升的趋势，2003 年商丘市财政支出占河南省财政支出的 4.6%，而 2012 年这一比重上升至 5.72%，上升了 1.12 个百分点。这说明商丘市的财政支出对河南省的财政支出的贡献率逐步上升。

表 18－10　商丘市 2003～2012 年财政支出占河南省财政支出的比重情况

单位：亿元，%

年　份	财政支出	河南省财政支出	财政支出占河南省财政支出的比重
2003	32.95	716.6	4.60
2004	40.06	879.96	4.55
2005	53.15	1116.04	4.76
2006	73.71	1440.09	5.12
2007	93.80	1870.61	5.01
2008	117.94	2281.61	5.17
2009	151.11	2905.76	5.20
2010	179.98	3416.14	5.27
2011	229.04	4248.82	5.39
2012	286.31	5006.4	5.72

　　如表 18－11 所示，2003～2012 年，商丘市财政支出与商丘市地区生产总值的年增加额总体呈现上升趋势。商丘市财政支出的边际系数呈现波动上升的趋势，在 2008 年、2010 年出现短暂的下降。其中在 2009 年、2012 年，商丘市财政支出的边际系数值较大，分别为 0.52、0.64。有些年份较小，甚至出现负值（如 2005 年达到 -2.97）。刨除两个负值，商丘市财政支出的边际系数基本维持在 0～0.5。商丘市财政支出的边际系数由 2004 年的 0.06 增加到 2012 年的 0.64。

表 18－11　商丘市 2003～2012 年财政支出的边际系数

单位：亿元

年　份	财政支出	财政支出年增加额	地区生产总值	地区生产总值年增加额	财政支出的边际系数
2003	32.95	3.01	716.6	-2.98	-1.01
2004	40.06	7.12	879.96	116.09	0.06
2005	53.15	13.09	1116.04	-4.41	-2.97
2006	73.71	20.56	1440.09	199.55	0.10
2007	93.8	20.09	765.67	114.69	0.18
2008	117.94	24.13	931.39	165.72	0.15
2009	151.11	33.18	995.55	64.16	0.52
2010	179.98	28.87	1143.79	148.24	0.19
2011	229.04	49.06	1308.37	164.58	0.30
2012	286.31	57.27	1397.28	88.905	0.64

　　如表 18－12 所示，2003～2012 年，商丘市财政支出的弹性系数呈现不稳定变化的趋势。2004 年为 0.96，2003 年、2007 年、2010 年大于 1，其余年份均大于 2，这说明财政支出的变化率快于年度地区生产总值变化率，财政支出变化相对于年度地区生产总值变化比较敏感。

表 18 - 12　商丘市 2003～2012 年财政支出的弹性系数

单位：亿元

年　份	财政支出	财政支出年增长率	地区生产总值	地区生产总值年增长率	财政支出的弹性系数
2003	32.95	10.04	716.6	-9.90	1.01
2004	40.06	21.60	879.96	22.40	0.96
2005	53.15	32.67	1116.04	-14.50	-2.25
2006	73.71	38.69	1440.09	13.50	2.87
2007	93.8	21.42	765.67	12.90	1.66
2008	117.94	25.73	931.39	11.40	2.26
2009	151.11	28.13	995.55	10.80	2.60
2010	179.98	19.10	1143.79	11.10	1.72
2011	229.04	27.26	1308.37	10.70	2.55
2012	286.31	25.01	1397.28	10.80	2.32

18.5　商丘市财政支出结构分析

18.5.1　商丘市财政支出的项目结构分析

如表 18 - 13 所示，2007～2012 年，商丘市财政支出总规模不断扩大，财政支出各项目的绝对数均呈现稳步增长态势。在历年所有的支出项目中，教育支出的绝对数额都是最大的，其次是社会保障和就业支出，再次是农林水事务支出。2012 年，商丘市农林水事务支出的绝对数超过社会保障和就业的支出绝对数。

表 18 - 13　商丘市 2007～2012 年财政支出各项目绝对数情况

单位：亿元

年份	财政支出合计	一般公共服务	公共安全	教育	科学技术	文化体育与传媒	社会保障和就业	医疗卫生	环境保护	城乡社区事务	农林水事务	交通运输	住房保障
2007	93.8	15.15	5.23	26.1	0.7	1.97	16.22	6.05	2.44	4.29	7.66	7.99	
2008	117.94	17.57	6.14	35.86	0.91	1.46	17.61	9.33	3.05	6.07	10.69	9.23	
2009	151.11	21.23	8.34	38.89	1.04	1.64	23.67	12.9	3.38	5.39	16.77	17.85	
2010	179.98	24.54	9.77	43.58	1.24	1.81	24.06	18.09	3.04	4.86	18.77	6.58	8.25
2011	229.04	27.69	9.83	61.6	1.58	1.75	31.26	24.79	4.15	4.46	22.74	11.94	13.34
2012	286.31	34.24	11.78	73.95	1.87	2.28	37.24	29.7	4.41	6.5	37.72	16.64	18.92

如表 18 - 14 所示，在 2007～2012 年商丘市财政支出中，教育支出所占比重最大，占整个商丘市财政支出的 25%～30%。2012 年，商丘市 25.83% 的财政支出用于支持商丘市教育事业的发展。科学技术支出所占比重最小，并呈现下降趋势，由 2007 年的 0.75%

下降到 2012 年的 0.65%。交通运输支出所占比重由 2008 年的 7.83% 上升至 2009 年的
11.81%，增加了 3.98 个百分点。社会保障和就业支出比重、城乡社区事务支出比重呈现
波动下降的趋势，农林水事务支出、医疗卫生支出所占比重呈现稳步上升的趋势。2007~
2012 年，商丘市一般公共服务支出所占比重呈现持续下降的趋势，由 2007 年的 16.15%
下降到 2012 年的 11.96%，下降了 4.19 个百分点。

表 18-14　商丘市 2007~2012 年财政支出各项目相对数情况

单位:%

年份	一般公共服务	公共安全	教育	科学技术	文化体育与传媒	社会保障和就业	医疗卫生	环境保护	城乡社区事务	农林水事务	交通运输	住房保障
2007	16.15	5.58	27.83	0.75	2.1	17.29	6.45	2.6	4.58	8.17	8.52	
2008	14.9	5.21	30.4	0.77	1.24	14.93	7.91	2.59	5.15	9.07	7.83	
2009	14.05	5.52	25.73	0.68	1.09	15.66	8.54	2.24	3.57	11.1	11.81	
2010	13.63	5.43	24.21	0.69	1.01	13.37	10.05	1.69	2.7	10.43	3.66	4.58
2011	12.09	4.29	26.89	0.69	0.76	13.65	10.82	1.81	1.95	9.93	5.21	5.82
2012	11.96	4.11	25.83	0.65	0.8	13.01	10.37	1.54	2.27	13.18	5.81	6.61

从表 18-15 可以看出，2007~2012 年商丘市教育支出、社会保障和就业支出、医疗
卫生支出、农林水事务支出、住房保障支出所占比重均高于河南省水平，一般公共服务支
出、公共安全支出、科学技术支出、文化体育与传媒支出、节能保护支出、城乡社区事务
支出、交通运输支出所占比重均低于河南省水平。

表 18-15　商丘市 2007~2012 年财政支出相对数结构与河南省比较分析

单位:%

年份	省市	一般公共服务	公共安全	教育	科学技术	文化体育与传媒	社会保障和就业	医疗卫生	环境保护	城乡社区事务	农林水事务	交通运输	住房保障
2007	河南省	18.84	6.6	21.16	1.31	1.71	14.26	5.45	2.68	7.18	7.99	12.82	
	商丘市	16.15	5.58	27.83	0.75	2.1	17.29	6.45	2.6	4.58	8.17	8.52	
2008	河南省	17.9	6.4	21.56	1.37	1.87	11.85	7.12	3.87	7.27	9.7	11.1	
	商丘市	14.9	5.21	30.4	0.77	1.24	14.93	7.91	2.59	5.15	9.07	7.83	
2009	河南省	16.27	6.22	20.13	1.27	2.11	12.34	8.33	3.82	5.54	10.46	13.51	
	商丘市	14.05	5.52	25.73	0.68	1.09	15.66	8.54	2.24	3.57	11.1	11.81	
2010	河南省	14.01	5.55	17.84	1.31	1.61	13.5	7.91	2.82	4.84	11.69	5.09	2.26
	商丘市	13.63	5.43	24.21	0.69	1.01	13.37	10.05	1.69	2.7	10.43	3.66	4.58
2011	河南省	13.16	4.82	20.17	1.33	1.35	12.9	8.51	2.25	4.5	11.31	6.62	3.36
	商丘市	12.09	4.29	26.89	0.69	0.76	13.65	10.82	1.81	1.95	9.93	5.21	5.82
2012	河南省	13.24	4.88	22.1	1.39	1.39	12.62	8.51	2.19	4.75	11.02	6	3.71
	商丘市	11.96	4.11	25.83	0.65	0.8	13.01	10.37	1.54	2.27	13.18	5.81	6.61

18.5.2 商丘市财政支出的地区结构分析

如表18-16所示，2007~2012年，商丘市7个县市财政支出整体呈现增长的趋势。6年来，永城市财政支出一直位于商丘市7个县市的首位，与位居第二位的虞城县相比差距在不断的拉大，由2007年相差5.45亿元到2012年相差13.26亿元；宁陵县财政支出位居商丘市7个县市的最后一名。2007~2012年，永城市、虞城县、夏邑县财政支出基本高于平均数，柘城县、宁陵县、民权县、睢县财政支出低于平均数。

表18-16 商丘市各县市2007~2012年财政支出地区结构情况

单位：亿元

县　市	2007 年	2008 年	2009 年	2010 年	2011 年	2012 年
民权县	8.00	10.14	13.51	15.38	19.13	27.73
睢　县	7.56	9.52	12.32	14.67	17.00	22.46
宁陵县	6.47	7.73	10.54	12.15	15.04	18.19
柘城县	8.16	10.78	13.87	15.51	20.08	28.16
虞城县	9.55	11.83	15.60	18.89	25.99	28.40
夏邑县	8.69	12.13	15.24	18.13	23.04	29.06
永城市	15.00	19.46	24.17	26.88	32.65	41.65
平　均	9.06	11.66	15.03	17.37	21.85	27.95

18.6 小结

近年来，商丘市加强经济运行调节，持续推进各项建设，经济保持良好发展态势，财政收入规模不断扩大。从商丘市财政收入的规模来看，2003~2012年，商丘市财政收入不断增加，2003年商丘市财政收入为11.77亿元，至2012年，商丘市财政收入突破70.19亿元；2005~2011年，商丘市财政收入在河南省排名都排在第十位，2012年上升到第九位。2003年以来，商丘市财政收入占地区生产总值比重整体呈现不断上升的趋势。2003~2012年，商丘市财政收入占地区生产总值的比重由3.46%提高到5.02%，提高了1.56个百分点。在商丘市地区生产总值不断上升的情况下，商丘市财政收入占地区生产总值的比重呈现增长的态势，这说明了2003~2012年商丘市的企业经营效益不断提升，结构不断优化。财政收入的规模是衡量地方政府在社会经济生活中职能范围的重要指标。经济发展水平对财政收入规模形成基础性制约。2007年，商丘市的地区生产总值为765.67亿元，其财政收入为26.71亿元；2012年，商丘市的地区生产总值为1397.28亿元，财政收入绝对规模达到了70.19亿元，突破70亿元大关。除了商丘市财政收入的绝对规模增加以外，其财政收入的相对规模也有一个较大幅度的增长。其原因在于，商丘的制冷家电、超硬材料、纺织服装、煤化工、电动车等主导产业集聚集群效应逐步显现，碳纤维项目二期、冰熊制冷压缩机和压花铝板生产续建、香雪海家电科技二期、安踏鞋业一期、国药集团一期、应天海乐电子扩建、富士康实训工厂等项目相继竣工或投产。

从商丘市财政收入的结构来看，2007~2011 年，商丘市税收收入占比基本呈现稳步上升的趋势。2012 年商丘市税收收入占比出现大幅的下降，其比重由 2011 年的 80.30%下降至 2012 年的 75.36%，下降了 4.94 个百分点。2012 年商丘市税收收入占比比 2007年时的低 0.56 个百分点。从商丘市税收结构上来看，营业税所占比重最高，增值税次之，再就是企业所得税，个人所得税所占比重最小。

从商丘市财政支出的规模来看，2003~2012 年，商丘市财政支出规模不断扩大。2007 年商丘市财政支出仅有 93.8 亿元，而 2012 年商丘市财政支出达 286.31 亿元。其财政支出规模在河南省排位由 2003 年的第九位上升至 2012 年第五位。2003~2012 年，商丘市财政支出占商丘市地区生产总值的比重呈现波动上升的趋势。商丘市财政支出占河南省财政支出的比重呈现稳步上升的趋势，2003 年商丘市财政支出占河南省财政支出的4.6%，2012 年这一比重上升至 5.72%，提高了 1.12 个百分点。

从商丘市财政支出的结构来看，2007~2012 年，医疗卫生、农林水事务支出上升最快。商丘市教育支出、社会保障和就业支出、农林水事务支出、医疗卫生支出、住房保障支出所占财政支出的比重都高于河南省；商丘市公共安全支出、一般公共服务支出、科学技术支出、文化体育与传媒支出、环境保护支出、城乡社区事务支出、交通运输支出所占比重整体低于河南省。

为保证商丘市财政实现又好又快发展，建议地方政府重点做好以下工作：一是促进经济平稳较快发展，落实结构性减税政策，努力扩大消费需求，着力扩大投资需求，支持扩大对外开放；二是支持推进新型城镇化，积极加大城镇化建设投入，有序推进农村转移人口市民化，促进城乡一体化发展，支持综合交通体系建设；三是支持推进新型工业化，促进产业转型升级，支持服务业发展壮大，强化产业发展载体建设，提升创新驱动能力，促进中小微企业健康发展，加快推进节能减排；四是支持推进新型农业现代化，提高农业综合生产能力，提高农业综合生产效益，拓宽农民增收渠道，加快农村综合改革；五是支持民生改善和社会管理创新，推动教育事业加快发展，加强社会保障体系建设，深化医药卫生体制改革，加强保障性安居工程建设，推动文化事业发展，优化国民收入分配格局，支持加强和创新社会管理；六是提高财政管理绩效，加快财税体制改革，推进依法行政依法理财，完善预算管理制度，做好国有资产管理工作，加强政府性债务管理，推进财政管理信息化建设，狠抓增收节支，严格财政监督。

第 19 章
周口市财政发展报告

19.1 周口市财政发展概述

周口市位于河南省东南部，东临安徽阜阳市，西接河南漯河市、许昌市，南与驻马店市相连，北和开封市、商丘市接壤，2000 年 6 月 8 日，经国务院批准撤地设市。全市面积 11959 平方千米，现有人口 1120.6 万人。辖扶沟县、西华县、商水县、太康县、鹿邑县、郸城县、淮阳县、沈丘县、项城市、川汇区 10 个县市区和周口经济开发区 1 个省级开发区。

2012 年周口市完成地区生产总值 1592.4 亿元，增长 10.7%；全社会固定资产投资 1040.3 亿元，增长 22%；社会消费品零售总额 664.1 亿元，增长 16.1%；公共财政收入 60.1 亿元，增长 23.4%，支出 324.9 亿元，增长 32.7%；城镇居民人均可支配收入 16503 元，农民人均纯收入 6199 元，分别增长 13.2% 和 13.8%；节能减排完成省政府下达的目标任务，各项事业呈现了持续、健康、向上的良好发展态势。实施亿元以上在建项目 424 个，完成投资 568.9 亿元，增长 89.4%；争取中央和省项目资金 25.7 亿元；138 个重点项目和分两批集中开工的 200 个新建项目，完成投资 524.8 亿元，是年度计划的 122.1%。其中，"双十五工程"完成投资 107.5 亿元，是年度计划的 143.2%。

2012 年周口市完成公共财政收入 60.1 亿元，为公共预算收入的 109.1%，增长 23.4%，增收 11.4 亿元。其中，税收收入完成 40.4 亿元，增长 22.4%，增收 7.4 亿元。税收收入占公共财政收入的比重为 67.3%。公共财政支出完成 324.9 亿元，为公共预算收入的 97.4%，增长 32.7%，增支 80.1 亿元。2012 年周口市政府性基金收入完成 71.8 亿元，为公共预算收入的 196.9%，增长 128.6%，增收 40.4 亿元，主要是国有土地使用权出让收入增加 37.3 亿元。政府性基金支出 2012 年完成 67.1 亿元，为公共预算收入的 78.4%，增长 136.5%，增支 38.8 亿元，主要是国有土地使用权出让收入安排的支出增加 33.3 亿元。

19.2 周口市财政收入规模分析

19.2.1 周口市财政收入绝对规模分析

多年来，周口市加强经济运行调节，持续推进各项建设，经济保持了平稳较快的增长态势，财政收入规模绝对数不断增加。

从表 19-1 可以看出，周口市财政收入规模的绝对数稳步增加，2003 年突破 10 亿元大关，2009 年突破 30 亿元大关，2012 年突破 60 亿元大关；2007 年以来年均增加绝对数为 7.48 亿元，2007 年以来年均增加的相对数为 25.75%；当年财政收入在全省的位次先降后升，第一阶段从 2003 年的第八位回落到 2006 年的第 16 位，第二阶段从 2006 年的第 16 位上升至第 12 位，其中 2009 年财政收入在全省的为此曾上升到第 11 位。

表 19-1　周口市 2003～2012 年公共预算收入情况

单位：亿元,%

年　份	公共预算收入	财政收入较上年增加数	财政收入增长率	当年财政收入在河南省的位次
2003	12.84	0.01	0.07	8
2004	13.54	0.71	5.50	10
2005	13.34	-0.20	-1.49	14
2006	15.24	1.90	14.22	16
2007	19.65	4.41	28.95	15
2008	25.49	5.84	29.73	13
2009	30.86	5.37	21.08	11
2010	38.31	7.45	24.13	12
2011	48.72	10.41	27.17	12
2012	60.13	11.41	23.43	12

周口市 2003～2012 年公共预算收入增长最快的是 2008 年，增速为 29.73%，增速最慢的是 2005 年，增速仅有 -1.49%。从增长趋势上看，2003～2012 年，财政收入绝对数逐年增长的趋势没有变化，环比增长率经历了先抑后扬的变化过程。

19.2.2　周口市财政收入相对规模分析

周口市 2003～2012 年财政收入占地区生产总值的比重情况如表 19-2 所示。从表 19-2 可以看出，2003～2012 年，在周口市地区生产总值不断增加的情况下，周口市财政收入占市生产总值比重从 2003 年的 3.18% 增加到 3.82%，增加了 0.64 个百分点，这说明了周口市企业的经营效益在不断增大，产业结构在不断优化。

表 19-2　周口市 2003～2012 年财政收入占市地区生产总值的比重情况

单位：亿元,%

年　份	财政收入	地区生产总值	财政收入占地区生产总值比重
2003	12.84	403.46	3.18
2004	13.54	521.98	2.59
2005	13.34	595.50	2.24
2006	15.24	677.74	2.25
2007	19.65	798.54	2.46

年　份	财政收入	地区生产总值	财政收入占地区生产总值比重
2008	25.49	984.13	2.59
2009	30.86	951.63	3.24
2010	38.31	1228.30	3.12
2011	48.72	1407.49	3.46
2012	60.13	1574.72	3.82

周口市 2003～2012 年财政收入占地区生产总值的比重呈现稳步上升的趋势，仅在 2004 年和 2010 年出现了小幅度的下降，即从 2003 年的 3.18% 下降至 2004 年的 2.59%，从 2009 年的 3.24% 下降至 2010 年的 3.12%；2012 年周口市财政收入占市地区生产总值的比重达到最大值，为 3.82%，2005 年达到最小值，为 2.24%。

从表 19－3 可以看出，周口市公共财政收入绝对数不断增加，相对数呈现稳定增长的态势。2003～2012 年周口市财政收入占河南省财政收入的比重从 2003 年的 3.80% 下降到 2006 年的 2.24%，到达谷底之后逐步缓慢上升，增加到 2012 年的 2.95%，步入稳定增长阶段。

表 19－3　周口市财政收入占河南省财政收入的比重情况

单位：亿元，%

年　份	周口市财政收入	河南省财政收入	周口市财政收入占河南省财政收入比重
2003	12.84	338.05	3.80
2004	13.54	428.78	3.16
2005	13.34	537.65	2.48
2006	15.24	679.17	2.24
2007	19.65	862.08	2.28
2008	25.49	1008.9	2.53
2009	30.86	1039.66	2.74
2010	38.31	1381.32	2.77
2011	48.72	1721.76	2.83
2012	60.13	2040.33	2.95

周口市 2003～2012 年财政收入占河南省财政收入的比重呈现 "U" 形反转的趋势，2003 年周口市财政收入占市占河南省财政收入的比重达到最大值，为 3.80%，2007 年达到最小值，为 2.28%。

19.3　周口市财政收入结构分析

19.3.1　周口市财政收入的项目结构分析

周口市 2007～2012 年财政收入中税收收入的比重情况如表 19－4 所示。表 19－4 显示了周口市 2007～2012 年的公共预算收入、税收收入及其占比、非税收入及其占比。周口市税收收入的绝对额随着时间的推移在逐年增加,从 2007 年的 132299 万元增加到 2012 年的 404451 万元,增加了 3.06 倍;同时,税收收入占公共预算收入的比重也在随着时间的推移增加,从 2007 年的 67.33% 增加到 2012 年的 67.26%,几乎没有变化。从纳入公共预算收入的非税收入来看,情况正好相反,非税收入占公共预算收入的比重在逐年下降,从 2007 年的 32.67% 下降到 2011 年的 32.20%,之后的 2012 年有所反弹,升至 32.74%。

表 19 - 4　周口市 2007～2012 年财政收入中税收收入的比重情况

单位:万元,%

年　份	公共预算收入	税收收入	税收入占比	非税收入	非税收入占比
2007	196481	132299	67.33	64182	32.67
2008	254893	178646	70.09	76247	29.91
2009	308618	211998	68.69	96620	31.31
2010	383100	268000	69.96	115100	30.04
2011	487200	330400	67.82	156900	32.20
2012	601347	404451	67.26	196896	32.74

表 19 - 5 显示了周口市税收收入占比、河南省税收收入占比和全国税收收入占比。无论是河南省的这一比例还是周口市的这一比例,都没有全国税收收入占比高,差距最大的年份是 2007 年,达到 21.56 个百分点,其他年份的差距也都在 19 个百分点左右。但可喜的是,周口市税收占财政收入的比重在逐年上升,2007 年这一比例为 67.33%,到 2010 年达到了 69.96%,上升了 2.63 个百分点,这一趋势是好的,而我国这一比例是逐年下降的。税收在多数国家财政收入中的比重超过了 90%,著名经济学家熊彼特由此将现代国家称为税收国家。可见,税收国家是在财政国家的模式下从收入层面对国家进行的定位。周口市乃至河南省税收占财政收入比重较低,警示我们要在我国财政收入不断增长的同时,关注财政收入结构问题。

表 19 - 5　周口市、河南省、全国 2007～2012 年税收收入占财政收入比重

单位:%

年　份	周口市税收收入占比	河南省税收收入占比	全国税收收入占比
2007	67.33	72.5	88.89
2008	70.09	73.6	88.41
2009	68.69	73.0	86.87
2010	69.96	73.6	88.10
2011	67.82	73.4	86.39
2012	67.26	72.0	85.83

表 19-6 显示了周口市 2007～2012 年四大税种（增值税、营业税、企业所得税、个人所得税）收入及其占税收收入总额的比重。可以看出，四大税种的绝对额都呈现逐年上升的态势；营业税在税收中所占比重最大，其次是增值税，再次是企业所得税和个人所得税。在四大税种中，营业税占比在逐年下降，其中营业税从 2007 年的 37.97% 下降至 2012 年的 35.19%，下降了 2.78 个百分点，下降的幅度不大；而增值税和个人所得税的占比也在逐年下降，其中增值税从 2007 年到 2012 年下降了 7.04 个百分点，个人所得税下降了 5.93 个百分点，下降的幅度都较大；企业所得税占比则呈现上升趋势，2007 年为 3.47%，而到了 2012 年，这一比例为 9.11%，上升了 5.64 个百分点，上升幅度较大。

表 19-6　周口市 2007～2012 年税收收入的项目结构情况

单位：万元，%

年　份	税收收入	增值税		营业税		企业所得税		个人所得税	
		数额	占比	数额	占比	数额	占比	数额	占比
2007	132299	21599	16.33	50233	37.97	4593	3.47	10369	7.84
2008	178646	26005	14.56	70360	39.39	7454	4.17	9165	5.13
2009	211998	28643	13.51	77821	36.71	10557	4.98	8862	4.18
2010	268000	31700	11.83	93200	34.78	14700	5.49	8700	3.25
2011	330400	37300	11.29	127500	38.59	26100	7.90	8600	2.60
2012	404451	37559	9.29	142336	35.19	36842	9.11	7710	1.91

19.3.2　周口市财政收入的地区结构分析

周口市现辖 8 个县、1 个县级市，其中，扶沟县地处河南省中部，面积 1170 平方千米，人口 70.52 万人。西华县位于河南省东部，总面积 1194 平方千米，常住人口 76.30 万人。商水县位于河南省东南部，面积 1313 平方千米，人口 116.21 万人。沈丘县位于豫皖交界处，总人口 123 万人，总面积 1080 平方千米。郸城县地处黄淮平原腹地，位于河南省东部，总面积 1471 平方千米。淮阳县地处河南省东南部，总面积 1320.7 平方千米，总人口 129 万人。太康县总面积 1759 平方千米，总人口 138 万人。鹿邑县位于豫皖交界的河南省东部，属河南省直管县级市，总面积 1245.5 平方千米。项城市位于河南省东南部，与安徽省接壤，总面积 1083 平方千米，人口 116.9 万人。表 19-7 反映了周口市 2007～2012 年财政收入地区结构情况。

表 19-7　周口市 2007～2012 年财政收入地区结构情况

单位：万元

县　市	2007 年	2008 年	2009 年	2010 年	2011 年	2012 年
扶沟县	13036	16584	19058	22039	26839	34715
西华县	11133	14665	17130	20911	25627	33989
商水县	12096	15823	18090	22432	28300	38488

续表

县　市	2007 年	2008 年	2009 年	2010 年	2011 年	2012 年
沈丘县	15666	22008	27169	34328	44575	55540
郸城县	15078	20096	25166	33890	41893	50689
淮阳县	14019	16969	20866	26936	35423	40138
太康县	12106	14623	18444	24199	35016	50109
鹿邑县	18618	25216	31818	39018	45669	60136
项城市	27310	28890	32730	37017	44748	52201

周口市 9 个县市财政收入的绝对数都是逐年增加的，其中，财政收入最多的县是鹿邑县，2012 年财政收入超过了 6 亿元；最少的是西华县，2012 年财政收入为 3.4 亿元。2012 年，5 个县市的财政收入超过 5 亿元，所有县市的财政收入都在 3 亿元以上。

19.4　周口市财政支出规模分析

19.4.1　周口市财政支出规模的绝对数分析

周口市 2003～2012 年财政支出规模情况如表 19-8 所示。周口市的财政支出是在稳步增加的，2003 年财政支出 35.13 亿元，2012 年增长到 323.56 亿元，2003～2012 年财政支出较上年增加数平均为 29.20 亿元，年均增加比重为 26.49%，增长比较迅速，在全省的排名从 2003 年的第五名上升到 2012 年的第四名。

表 19-8　周口市 2003～2012 年财政支出规模情况

单位：亿元，%

年　份	公共预算支出	财政支出较上年增加数	财政支出较上年增加比重	当年财政支出在河南省的位次
2003	35.13	3.58	11.36	5
2004	42.00	6.87	19.56	6
2005	54.62	12.62	30.06	4
2006	78.57	23.95	43.86	4
2007	101.04	22.47	28.60	4
2008	128.83	27.79	27.51	4
2009	162.93	34.10	26.47	4
2010	193.70	30.77	18.89	4
2011	244.83	51.13	26.40	4
2012	323.56	78.73	32.15	4
平　均	136.52	29.20	26.49	—

周口市 2003～2012 年公共预算支出绝对数逐年稳步增加。从增长率来看，呈波浪形上升的趋势，年度之间增长速度不均衡，增长最快的是 2006 年，增速为 43.86%；增速最慢的是 2003 年，增速仅有 11.36%。

19.4.2 周口市财政支出规模的相对数分析

周口市 2003～2012 年财政支出占地区生产总值的比重情况如表 19－9 所示。周口市财政支出与周口市地区生产总值之间的关系，2007 年周口市财政支出为 101.04 亿元，地区生产总值为 798.54 亿元，财政支出占周口市地区生产总值的比重为 12.65%，到 2012 年，财政支出为 323.56 亿元，地区生产总值为 1574.72 亿元，财政支出占地区生产总值的比重为 20.55%，增长比较迅速，其中，2008 年受到金融危机的影响，周口市财政收入占地区生产总值的比重并没有因此受到太大的影响，2003～2012 年财政支出占地区生产总值比重都在稳定增长，只是 2008 年受到金融危机影响增长趋缓。

表 19－9　周口市 2003～2012 年财政支出占周口市地区生产总值的比重情况

单位：亿元，%

年　份	财政支出	地区生产总值	财政支出占地区生产总值的比重
2003	35.13	403.46	8.71
2004	42.00	521.98	8.05
2005	54.62	595.50	9.17
2006	78.57	677.74	11.59
2007	101.04	798.54	12.65
2008	128.83	984.13	13.09
2009	162.93	951.63	17.12
2010	193.70	1228.30	15.77
2011	244.83	1407.49	17.40
2012	323.56	1574.72	20.55

周口市 2003～2012 年财政支出占市地区生产总值的比重呈现稳步上升的趋势，仅 2004 年和 2010 年出现了小幅度的下降，与财政收入的变动趋势保持一致，从 2003 年的 8.71% 下降至 2004 年的 8.05%，从 2009 年的 17.12% 下降至 2010 年的 15.77%；2012 年周口市财政支出占市地区生产总值的比重达到最大值，为 20.55%，2004 年达到最小值，为 8.05%。

从表 19－10 可以看出周口市财政支出与河南省财政支出之间的关系，在周口市财政支出增长的同时，河南省的财政支出也在增长，但是周口市财政支出占河南省财政支出的比重从 2003 年的 4.90% 变为 2012 年的 6.46%，说明周口市财政支出在河南省财政支出的比重，呈缓慢均衡增长。

表 19 – 10　周口市 2003～2012 年财政支出占河南省财政支出的比重情况

单位：亿元，%

年　份	周口市财政支出	河南省财政支出	财政支出占河南省财政支出的比重
2003	35.13	716.6	4.90
2004	42.00	879.96	4.77
2005	54.62	1116.04	4.89
2006	78.57	1440.09	5.46
2007	101.04	1870.61	5.40
2008	128.83	2281.61	5.65
2009	162.93	2905.76	5.61
2010	193.70	3416.14	5.67
2011	244.83	4248.82	5.76
2012	323.56	5006.40	6.46

周口市 2003～2012 年财政支出占河南省财政支出的比重呈现缓慢均衡增长的趋势。周口市财政支出占全省财政支出的比重最低是 2004 年的 4.77%，最高为 2012 年的 6.46%，其他年份波动不大。

从表 19 – 11 可以看出，周口市财政支出的边际系数从 2007 年的 0.19 变为 2012 年的 0.47，可见周口市财政支出的年增加额相对于地区生产总值年增加额的结构是在发生着变化的。2007～2009 年，周口市的财政支出的边际系数缓慢下降，但在 2009 年达到 –1.05，主要是金融危机导致经济下滑引起的。2010 年为 0.11，实现了由负到正的转变。2010～2012 年周口市财政支出的边际系数有增大的趋势说明财政支出增长快于地区生产总值的增长。从边际系数的分析中可以使得我们对周口市的财政支出规模有更深层的了解。

表 19 – 11　周口市 2007～2012 年财政支出的边际系数

单位：亿元

年　份	财政支出	财政支出年增加额	地区生产总值	地区生产总值年增加额	财政支出的边际系数
2007	101.04	22.47	798.54	120.79	0.19
2008	128.83	27.79	984.13	185.59	0.15
2009	162.93	34.10	951.63	–32.50	–1.05
2010	193.70	30.77	1228.30	276.67	0.11
2011	244.83	51.13	1407.49	179.19	0.29
2012	323.56	78.73	1574.72	167.23	0.47

由表 19 – 12 可以看出，周口市财政支出的弹性系数从 2007 年的 1.29 到 2012 年的 2.33，中间年份变化很大，不稳定。2007～2009 年周口市财政支出的弹性系数出现了下降，但 2009 年达到了 –9.58，2010 年达到 0.63，实现了由负到正的转变。2010～2012 年

周口市的财政支出弹性系数是正值，并有增大的趋势，说明周口市财政支出的增长快于地区生产总值的增长。

表 19 – 12　周口市 2007～2012 年财政支出的弹性系数

单位：亿元

年　份	财政支出	财政支出年增长率	地区生产总值	地区生产总值年增长率	财政支出的弹性系数
2007	101.04	23.03	437.02	17.82	1.29
2008	128.83	13.81	550.26	23.24	0.59
2009	162.93	31.60	541.68	– 3.30	– 9.58
2010	193.70	18.45	680.49	29.07	0.63
2011	244.83	25.03	751.70	14.59	1.72
2012	323.56	27.69	797.12	11.88	2.33

19.5　周口市财政支出结构分析

19.5.1　周口市财政支出的项目结构分析

周口市 2007～2012 年财政支出项目的绝对数结构情况如表 19 – 13 所示。河南省的财政支出从 2007 年的 1546.99 亿元增大到 2012 年的 5006.40 亿元，增长 2.3 倍，周口市的财政支出也从 2007 年的 101.04 亿元增大到 2012 年的 323.56 亿元，增长 2.2 倍，几乎等于全省的增长倍数。2010 年后统计项目发生变化，财政支出中其他支出被分为交通运输支出和住房保障支出两项。在周口市的财政支出中，教育、一般公共服务、社会保障和就业、农林水事务、医疗卫生支出在周口市的财政支出中占有较大份额，其中教育支出 2012 年为 85.26 亿元，社会保障和就业支出为 43.98 亿元。2007 年周口市教育支出为 27.36 亿元，到 2012 年增长了 2.4 倍多，增长迅速。

表 19 – 13　周口市 2007～2012 年财政支出项目绝对数结构

单位：亿元

年份	财政支出合计	一般公共服务	公共安全	教育	科学技术	文化体育与传媒	社会保障和就业	医疗卫生	环境保护	城乡社区事务	农林水事务	交通运输	住房保障
2007	101.04	19.33	5.66	27.36	0.77	1.22	14.68	6.13	2.43	6.83	8.06	8.57	
2008	128.83	21.94	6.57	34.74	0.97	1.36	15.74	12.01	4.12	9.42	11.56	10.39	
2009	162.93	25.59	8.94	39.34	1.02	2.98	22.50	15.44	4.24	7.88	16.94	18.06	
2010	193.70	28.13	10.54	45.15	1.38	3.55	25.24	21.60	4.52	9.04	18.15	9.13	1.86
2011	244.83	32.83	10.27	61.09	1.52	3.57	31.46	32.92	5.18	9.68	23.43	14.55	4.55
2012	323.56	40.67	12.37	85.26	2.63	4.49	43.98	40.90	5.04	9.02	41.36	15.58	10.43

从表 19 - 14 可以看出，周口市财政支出占河南省财政支出的比例从 2007 年的 6.53%下降到了 2012 年的 6.46%，下降比例不多，相对比较稳定，其中的各个支出项目变化也不是很剧烈，相对稳定，说明周口市的财政支出水平与河南省的支出相适应。其中，文化体育与传媒支出比重从 2007 年的 4.62% 增长到 2012 年 6.45%，增长较为明显；医疗卫生支出比重从 2007 年 7.27% 增长到 2012 年 9.60%；农林水事务支出比重从 2007 年的 6.52% 增长到 2012 年的 7.50%。2012 年周口市医疗卫生支出比重为 9.60%，在其他支出项目比重中最高，说明周口市在医疗卫生支出中投入较多。2012 年周口市科学技术支出比重为 3.78%，在其他支出项目比重中最低，说明周口市在科学技术支出中投入较少。

表 19 - 14　周口市 2007~2012 年财政支出项目相对数结构

单位：%

年份	财政支出合计	一般公共服务	公共安全	教育	科学技术	文化体育与传媒	社会保障和就业	医疗卫生	环境保护	城乡社区事务	农林水事务	交通运输	住房保障
2007	6.53	6.63	5.55	8.36	3.79	4.62	6.65	7.27	5.86	6.15	6.52	4.32	
2008	6.93	6.59	5.53	8.67	3.82	3.92	7.15	9.08	5.73	6.97	6.41	5.04	
2009	6.90	6.66	6.09	8.28	3.40	5.98	7.73	7.85	4.71	6.03	6.86	5.66	
2010	5.67	5.88	5.55	7.41	3.10	6.45	5.47	7.99	4.69	5.47	4.55	5.25	2.41
2011	5.76	5.87	5.01	7.13	2.68	6.20	5.74	9.11	5.42	5.06	4.88	5.17	3.19
2012	6.46	6.13	5.06	7.71	3.78	6.45	6.96	9.60	4.60	3.79	7.50	5.19	5.62

19.5.2　周口市财政支出的地区结构分析

表 19 - 15 反映了周口市 2007~2012 年财政支出的地区结构情况。周口市 9 个县市财政支出的绝对数都是逐年增加的，财政支出最多的是太康县，2012 年财政支出达到 35.9亿元；财政支出最少的是扶沟县，2012 年财政支出为 20.7 亿元；周口市下辖县市的财政支出大部分在 30 亿元左右，有 6 个县市财政收入超过了 30 亿元。

表 19 - 15　周口市 2007~2012 年财政支出地区结构情况

单位：万元

县　市	2007 年	2008 年	2009 年	2010 年	2011 年	2012 年
扶沟县	77402	90905	119148	137189	181789	206518
西华县	81502	101937	123171	143468	166941	240568
商水县	87157	114306	148803	173234	210509	319314
沈丘县	95560	125268	158958	175588	230850	320188
郸城县	94689	133466	165036	198689	251986	343193
淮阳县	101176	132118	161622	200158	230748	354710
太康县	104078	132559	173199	200666	255916	359360
鹿邑县	104901	128616	161166	180168	246369	327866
项城市	94436	120943	165453	186380	234791	291355

19.6　小结

周口市作为河南省的第一大产粮大市，常年粮食播种面积达 1600 万亩，总产量在 130 亿斤左右，占全省粮食总产量的 1/7，其中夏粮产量占全省的 1/6，约占全国总产量的 1/25，有着"中原粮仓"的美誉，为保障国家粮食安全做出了贡献。但农业地区一般都是财政上比较困难的地区。周口市也是如此，其财政困难主要表现为以下四个方面。

一是收入能力较弱。历年来农业对财政的贡献度较低，特别是农村税费改革后，这种贡献更是微乎其微，导致财政收入能力较弱。2012 年周口市公共预算收入虽然完成 60.13 亿元，但财政收入占市生产总值比重只有 3.82%，比全省该比重 6.85% 低 3 个百分点；2012 年周口市人均财政收入 546.64 元，只相当于全省人均财政收入 2169.46 元的 1/4，占河南省财政收入的比重也只有 2.95%。

二是财政资金自给水平低。在 2012 年全市公共预算支出 323.56 亿元中，来源于本级的资金只有 60.13 亿元，财政资金自给率只有 18.58%。

三是财政支农任务较重。周口的 9 个县市是全国优质粮食产业工程基地，4 个县市进入全国粮食生产百强县行列，5 个县市被列入省重点扶持的 24 个粮食生产重点县，财政支农任务较重。2012 年，在市级可用财力 280.70 亿元中，对各县市转移支付 243.00 亿元，占 86.57%。

四是人均财力水平偏低。2012 年全市总财力 323.56 亿元，在全省的位次中排第四位，但人均财力只有 2941 元，大大低于全省人均财力 5322 元。人均财力水平偏低，导致统筹用于民生的公共财政资金不足，农业生产基础设施薄弱的状况长期得不到根本改善，一些涉及群众切身利益的问题尚未得到很好解决，社会事业发展对财政投入的要求越来越高，财政收支矛盾突出。

近年来，周口市财税部门上下通力合作，依法组织收入，严厉打击偷、漏、骗、欠税行为，进一步提高财政收入的增长速度和增长质量，同时加强非税收入征管，开展非税收入稽查和会计质量检查，实行"票款分离"，收入直达国库。财政收入规模绝对数不断增加，周口市财政收入由 2003 年的 12.84 亿元，提升至 2012 年的 60.13 亿元，增长 3.68 倍，规模在全省的位次在第八位到第 16 位之间大幅波动，说明周口市财政收入增长波动很大。周口市公共预算收入规模的绝对数稳步增加，2003 年以来年均财政收入增长率为 17.28%。周口市财政收入占市生产总值比重逐年增加，由 2003 年的 3.18% 上升到 2012 年的 3.82%，这在一定程度上表明了周口市产业结构有所优化。2003～2012 年，周口市财政收入占河南省财政收入的比重有所下滑，说明农业地区财政收入潜力较弱。

周口市财政坚持"积极稳妥、保障民生"，促进了社会事业的发展和民生问题的持续改善。①统筹安排，确保财政供给人员的工资性支出。②保证机构正常运转的需要，对省、市政府确定的十项民生工程和十件实事等项目支出，及时进行了安排。③对法定支出和涉及稳定的支出、重点工程支出，按照轻重缓急，多方筹措资金，妥善加以安排。2004

年全市公共预算支出规模登上 40 亿元台阶，2007 年登上 100 亿元台阶，2011 年登上 200 亿元台阶，2012 年登上 300 亿元台阶，达到 323.56 亿元。与人民群众日常生活密切相关的基本民生支出 2012 年达到 211 亿元，增长 25.7%，占公共预算支出的 75.9%。

周口市财政收支的良好现状除了经济发展水平的提升等因素以外，还得益于财政科学理财能力的提升。近年来，周口市财政主要从推进预算绩效管理与预算公开、推进国库管理与非税收入收缴改革、推进政府采购、政府投资评审、行政事业单位国有资产管理工作和推进财政监督方面进行了一系列有益的探索，具体如下。

一是推进预算绩效管理和预算公开。扎实推进绩效评价试点工作，绩效管理与预算编制、项目支出评审结合度进一步提高。积极向市人大报送市级部门预算，接受市人大审查并向社会公开。完善竞争性分配机制和专家评审机制，专项资金分配的公正性、公平性和透明度进一步提高。

二是推进国库管理与非税收入收缴改革。国库集中支付、非税收入收缴、预算执行动态监控等改革覆盖面进一步扩大。实行财政惠民补贴"一卡通"，强化乡镇财政监管职责，确保了惠民政策及时有效落实。

三是推进政府采购、政府投资评审和行政事业单位国有资产管理等工作。开展"政府采购提升年"活动，2012 年全市政府采购规模为 34.6 亿元，节约资金 3.7 亿元，平均节支率为 10.7%。拓展财政投资评审领域，2013 年全市各级财政投资评审机构共完成评审项目 1428 个，完成评审额 65.2 亿元，审减 16.1 亿元，平均审减率达 20%。制定出台了《周口市行政事业单位公务用车配备实施管理细则》，对全市公务车辆进行了专项治理，清理违规借（换）车 32 辆、超编车 695 辆、超标车 52 辆，并按有关规定进行了公开处置。

四是推进财政监督。开展财政专项资金、企事业单位会计信息质量、非税收入收缴和票据管理、市直部门预算执行情况等监督检查。2012 年市级直接组织检查单位或项目 57 个，查出违规资金 1.1 亿元，进一步规范了财经秩序，提高了财政资金使用效益。

第 20 章
驻马店市财政发展报告

20.1　驻马店市财政发展概述

驻马店市位于河南省中南部，古为交通要冲，因历史上南来北往的信使、官宦在此驻驿歇马而得名。驻马店市总面积 1.5 万平方千米，总人口 887 万人，现辖 9 个县、3 个区，共 190 个乡镇和街道办事处，是河南重要的人口大市、农业大市和发展潜力巨大的新兴工业城市。

2012 年驻马店市完成地区生产总值 1387 亿元，增长 10.4%，其中，第一、第二、第三产业增加值分别增长 4.6%、14.7% 和 9%；地方财政总收入 97.2 亿元，增长 24.7%；地方公共预算收入 58.9 亿元，增长 25.1%；固定资产投资 817.6 亿元，增长 23.4%；社会消费品零售总额 514.24 亿元，增长 15.9%；城镇居民人均可支配收入 17671 元，农民人均纯收入 6599 元，分别增长 11.9% 和 13.7%。

2012 年，驻马店市完成地方公共预算收入 58.91 亿元，完成年初各级人大批准收入预算的 109.5%，增长 25.1%。收入规模居全省第 13 位，增幅居第三位。税收收入占地方公共预算收入的比重达到 73.1%。2012 年，驻马店市完成地方公共预算支出 268.81 亿元，为调整预算的 97.8%，增长 26.4%。驻马店市基金预算收入完成 64.56 亿元，完成年初各级人大批准收入预算的 152.9%，增长 26.8%；基金预算支出完成 76.41 亿元，增长 36.4%。其中，市级基金预算收入完成 16.92 亿元，增长 10.4%；基金预算支出完成 19.79 亿元，增长 26%。

20.2　驻马店市财政收入规模分析

20.2.1　驻马店市财政收入绝对规模分析

多年来，驻马店市加强经济运行调节，持续推进各项建设，经济保持了平稳较快的增长态势，财政收入规模绝对数不断增加。

从表 20-1 可以看出，驻马店市财政收入规模的绝对数稳步增加，其中 2007 年突破 20 亿元大关，2012 年将近 50 亿元；2003~2012 年财政收入较上年产增加数平均为 5.05 亿元，年均增加比重为 17.82%；当年财政收入在全省的位次从 2003 年的第九位下降至 2012 年的第 13 位。

表 20 - 1　驻马店市 2003 ~ 2012 年公共预算收入情况

单位：亿元，%

年　份	公共预算收入	财政收入较上年增加数	财政收入增长率	当年财政收入在河南省的位次
2003	11. 95	- 0. 11	- 0. 94	9
2004	12. 84	0. 88	7. 39	11
2005	12. 53	- 0. 30	- 2. 37	16
2006	16. 20	3. 67	29. 28	14
2007	21. 27	8. 73	31. 26	12
2008	25. 61	4. 34	20. 41	12
2009	29. 32	3. 71	14. 50	13
2010	36. 44	7. 12	24. 29	14
2011	47. 10	10. 66	29. 25	13
2012	58. 91	11. 81	25. 08	13
平　均	—	5. 05	17. 82	—

驻马店市 2003 ~ 2012 年公共预算收入增长最快的是 2007 年，增速为 31.26% ；增速最慢的是 2005 年，增速仅为 - 2.37% 。从增长趋势上看，2003 ~ 2012 年，财政收入绝对数逐年增长的趋势没有变化，环比增长率经历大起大落的变化过程。

20.2.2　驻马店市财政收入相对规模分析

驻马店市 2003 ~ 2012 年财政收入占地区生产总值的比重情况如表 20 - 2 所示。2003 ~ 2012 年，在驻马店市地区生产总值不断增加的情况下，驻马店市财政收入占市生产总值比重从 2003 年的 3.46% 增加到 4.29% ，增加不到 1 个百分点。一般来说，经济运行质量高、第一产业比重低、新兴行业、资源型行业和高附加值行业比重大的地区，财政收入占地区生产总值的比重比较高。从驻马店市财政收入占市生产总值比重增长幅度不大来看，这在一定程度上反映了农业大市农业大县的窘境，也表明了驻马店市产业结构还需要进一步优化。

表 20 - 2　驻马店市 2003 ~ 2012 年财政收入占地区生产总值的比重

单位：亿元，%

年　份	财政收入	地区生产总值	财政收入占地区生产总值比重
2003	11. 95	345. 71	3. 46
2004	12. 84	445. 83	2. 88
2005	12. 53	500. 36	2. 50
2006	16. 20	571. 92	2. 83
2007	21. 27	667. 48	3. 19
2008	25. 61	812. 98	3. 15

年　份	财政收入	地区生产总值	财政收入占地区生产总值比重
2009	29.32	806.13	3.64
2010	36.44	1053.71	3.46
2011	47.10	1244.77	3.78
2012	58.91	1373.55	4.29

　　驻马店市 2003～2012 年财政收入占地区生产总值的比重呈现波浪形稳步上升的趋势，在 2005 年、2008 年和 2010 年出现了三次小幅度的回落，即从 2007 年的 3.19% 下降至 2008 年的 3.15%，从 2009 年的 3.64% 下降至 2010 年的 3.46%。2012 年驻马店市财政收入占地区生产总值的比重达到最大值，为 4.29%，2005 年达到最小值，为 2.50%。

　　从表 20-3 可以看出，驻马店市公共财政收入绝对数不断增加，相对数呈现小幅波动的态势。2003～2012 年驻马店市财政收入占河南省财政收入的比重除个别年份外，基本在 2.3%～3.0%，这说明驻马店市财政发展一直与全省财政发展保持同步状态。

表 20-3　驻马店市 2003～2012 年财政收入占河南省财政收入的比重

单位：亿元，%

年　份	财政收入	河南省财政收入	驻马店市财政收入占河南省财政收入比重
2003	11.95	338.05	3.54
2004	12.84	428.78	2.99
2005	12.53	537.65	2.33
2006	16.20	679.17	2.39
2007	21.27	862.08	2.47
2008	25.61	1008.9	2.54
2009	29.32	1039.66	2.60
2010	36.44	1381.32	2.64
2011	47.10	1721.76	2.74
2012	58.91	2040.33	2.89

　　驻马店市 2003～2012 年财政收入占河南省财政收入的比重除初期略有下降外，其他时期均呈现缓慢上升的趋势，即从 2005 年的 2.33% 上升至 2012 年的 2.89%。

20.3　驻马店市财政收入结构分析

20.3.1　驻马店市财政收入的项目结构分析

　　驻马店市 2007～2012 年财政收入占地区生产总值的比重情况如表 20-4 所示。可以看出，驻马店市税收收入的绝对额随着时间的推移在逐年增加，从 2007 年的 156736 万元增加到 2012 年的 430585 万元，增加了 1.75 倍；同时，税收收入占公共预算收入的比重也在随着时间的推移没有发生太大的变化，从 2007 年的 73.70% 变为 2012 年的 73.09%，变化不大。从纳入公共预算收入的非税收入来看，非税收入占公共预算收入的比重变化也不明显，从 2007 年的 26.30% 变为 2012 年的 26.91%。

表 20-4　驻马店市 2007~2012 年公共预算收入中税收收入比重情况

单位：万元，%

年　份	公共预算收入	税收收入	税收收入占比	非税收入	非税收入占比
2007	212669	156736	73.70	55933	26.30
2008	256069	189042	73.82	67027	26.18
2000	293191	218868	74.65	74323	25.35
2010	364400	277100	76.04	87300	23.96
2011	471000	350600	74.44	120400	25.56
2012	589141	430585	73.09	158556	26.91

表 20-5 显示了驻马店市税收收入占比、河南省税收收入占比和全国税收收入占比。无论是河南省的这一比例还是驻马店市的这一比例，都没有全国税收收入占比高，差距最大的年份是 2007 年，达到 15.19 个百分点，其他年份的差距也都在 14 个百分点左右。驻马店市税收占财政收入的比重几乎没有发生变化，而我国这一比例是逐年下降的。税收在多数国家财政收入中的比重都超过了 90%，著名经济学家熊彼特由此将现代国家称为税收国家。可见，税收国家是在财政国家的模式下从收入层面对国家进行的定位。驻马店市乃至河南省税收占财政收入比重较低，警示我们要在我国财政收入不断增长的同时，关注财政收入结构问题。

表 20-5　驻马店、河南省、全国 2007~2012 年税收收入占财政收入比重情况

单位：%

年　份	税收收入占比	河南省税收收入占比	全国税收收入占比
2007	73.70	72.5	88.89
2008	73.82	73.6	88.41
2009	74.65	73.0	86.87
2010	76.04	73.6	88.10
2011	74.44	73.4	86.39
2012	73.09	72.0	85.83

表 20-6 显示了驻马店市 2007~2012 年间四大税种（增值税、营业税、企业所得税、个人所得税）收入及其占税收收入总额的比重。可以看出，四大税种的绝对额都呈现逐年上升的态势；营业税在税收中所占比重最大，其次是增值税，再次是企业所得税和个人所得税。在四大税种中，企业所得税占比在逐年上升，其中企业所得税从 2007 年的 5.98% 上升至 2012 年的 9.28%，上升了 3.3 个百分点；而增值税、营业税和个人所得税的占比在逐年下降，其中增值税从 2007 年到 2012 年下降了 8.86 个百分点，营业税下降

了 0.72 个百分点，个人所得税下降了 4.24 个百分点，下降的幅度都较大。这说明了以下几个方面的问题：一是由于增值税与工业经济运行密切相关，增值税的下降说明了驻马店市工业增加值增速放缓，而企业所得税的增加说明了工业企业利润的大幅增加；营业税的增加说明了驻马店市第三产业发展得较快；个人所得税下降的主要原因在于我国个人所得税改革缩小了税基。

表 20 - 6　驻马店市 2007 ~ 2012 年税收收入的项目结构情况

单位：万元，%

年　份	税收收入	增值税		营业税		企业所得税		个人所得税	
		数额	占比	数额	占比	数额	占比	数额	占比
2007	156736	29826	19.03	57057	36.40	9367	5.98	11945	7.62
2008	189042	31641	16.74	68504	36.24	14051	7.43	13171	6.97
2009	218868	34476	15.75	81876	37.41	14821	6.77	9963	4.55
2010	277100	35600	12.85	102000	36.81	21100	7.61	12400	4.47
2011	350600	41200	11.75	135200	38.56	31100	8.87	11600	3.31
2012	430585	43780	10.17	153619	35.68	39972	9.28	10242	2.38

20.3.2　驻马店市财政收入的地区结构分析

驻马店市现辖 9 个县。其中，确山县面积 1783 平方千米，人口 50 万人；泌阳县面积 2789 平方千米，人口 95 万人；遂平县面积 1081 平方千米，人口 54 万人；西平县面积 1098 平方千米，人口 84 万人；上蔡县面积 1518 平方千米，人口 136 万人；汝南县面积 1306 平方千米，人口 78 万人；平舆县面积 1285 平方千米，人口 94 万人；新蔡县面积 1442 平方千米，人口 102 万人；正阳县面积 1904 平方千米，人口 74 万人。

表 20 - 7 显示了 2007 ~ 2012 年驻马店市 9 个县的财政收入情况。可以看出，驻马店市 9 个县财政收入的绝对数都是逐年增加的，从平均数看，2012 年是 2007 年的 2.86 倍。参考各年财政收入的绝对数，在驻马店 9 个县中，平舆县的财政收入始终处于第一位，2012 年其财政收入是最后一名新县的 1.55 倍，与其他市财政收入差距相比，驻马店市差距不大；其次是泌阳县、西平县、遂平县等。

表 20 - 7　驻马店市 2007 ~ 2012 年财政收入的地区结构情况

单位：万元

县　城	2007 年	2008 年	2009 年	2010 年	2011 年	2012 年
西平县	15006	16196	20022	24192	31372	41202
上蔡县	12666	15216	17136	20736	27166	33256
平舆县	13366	17802	22259	30013	39489	43849
正阳县	9119	11111	13116	16866	22099	28239
确山县	12603	15619	18566	22658	29266	35890

县　城	2007 年	2008 年	2009 年	2010 年	2011 年	2012 年
泌阳县	17000	20369	22609	27009	34576	41500
汝南县	11826	14200	15900	19150	25220	31721
遂平县	13069	15699	18666	23999	30169	37899
新蔡县	9566	12000	14100	18000	24120	33026
平　均	12691.22	15356.89	18041.56	22513.67	29275.22	36286.89

20.4　驻马店市财政支出规模分析

20.4.1　驻马店市财政支出规模的绝对数分析

驻马店市 2003～2012 年财政支出规模情况如表 20-8 所示。驻马店市的财政支出是在稳步增加的，2003 年财政支出 33.08 亿元，2012 年增长到 268.98 亿元，2003～2012 年财政支出较上年增加数年均为 23.83 亿元，年均增长率为 24.52%，增长比较迅速，在全省的排名从 2003 年、2004 年的第八位、第九位，上升到 2012 年的第七位。

表 20-8　驻马店市 2003～2012 年财政支出规模情况

单位：亿元,%

年　份	公共预算支出	财政支出较上年增加数	财政支出较上年增加比重	当年财政支出在河南省的位次
2003	33.08	2.40	7.82	8
2004	40.01	6.93	20.94	9
2005	50.56	10.55	26.36	9
2006	64.49	13.93	27.55	9
2007	90.95	26.46	41.04	7
2008	108.65	17.69	19.45	7
2009	143.50	34.85	32.08	7
2010	172.30	28.80	20.07	7
2011	212.60	40.30	23.39	7
2012	268.98	56.39	26.52	7
平　均	—	23.83	24.52	—

驻马店市 2003～2012 年公共预算支出绝对数逐年稳步增加；从增长率来看，呈现波浪形的态势，在 2008 年和 2010 年出现了两次增幅小幅度的回落；增长最快的是 2007 年，增速为 41.04%，增速最慢的是 2003 年，增速仅有 7.82%。

20.4.2　驻马店市财政支出规模的相对数分析

驻马店市 2003～2012 年财政支出占地区生产总值的比重情况如表 20-9 所示。2003

年驻马店市财政支出为 33.08 亿元，地区生产总值为 345.71 亿元，财政支出占驻马店市地区生产总值的比重为 9.57%，到 2012 年，财政支出为 268.98 亿元，地区生产总值为 1373.55 亿元，财政支出占地区生产总值的比重为 19.58%，增长比较迅速。其中，2008 年受到金融危机的影响，驻马店市财政收入占地区生产总值的比例并未受到影响，2008 年驻马店市财政支出占地区生产总值比重为 13.36%，2003~2012 年财政支出占地区生产总值比例都在稳定增长。

表 20-9　驻马店市 2003~2012 年财政支出占地区生产总值的比重情况

单位：亿元，%

年　份	财政支出	地区生产总值	财政支出占地区生产总值的比重
2003	33.08	345.71	9.57
2004	40.01	445.83	8.97
2005	50.56	500.36	10.10
2006	64.49	571.92	11.28
2007	90.95	667.48	13.63
2008	108.65	812.98	13.36
2009	143.50	806.13	17.80
2010	172.30	1053.71	16.35
2011	212.60	1244.77	17.08
2012	268.98	1373.55	19.58

驻马店市 2003~2012 年财政支出占市地区生产总值的比重呈现波浪形上升的趋势，在 2008 年和 2010 年出现了两次小幅度的回落，与财政收入的变动趋势保持一致，即从 2007 年的 13.63% 下降到 2008 年的 13.36%，从 2009 年的 17.80% 下降至 2010 年的 16.35%；2012 年驻马店市财政支出占市地区生产总值的比重达到最大值，为 19.58%，2004 年达到最小值，为 8.97%。

从表 20-10 可以看出驻马店市财政支出与河南省财政支出之间的关系，在驻马店市财政支出增长的同时，河南省的财政支出也在增长，但是驻马店市财政支出占河南省财政支出的比重从 2003 年的 4.62% 升至 2012 年的 5.37%，提高了 0.75 个百分点，变化不是很明显，说明驻马店市财政支出在河南省财政支出中变化并不是很明显，但是有缓慢的增长。

表 20-10　驻马店市 2003~2012 年财政支出占河南省财政支出的比重

单位：亿元，%

年　份	驻马店市财政支出	河南省财政支出	财政支出占河南省财政支出的比重
2003	33.08	716.6	4.62
2004	40.01	879.96	4.55
2005	50.56	1116.04	4.53

年　份	驻马店市财政支出	河南省财政支出	财政支出占河南省财政支出的比重
2006	64.49	1440.09	4.48
2007	90.95	1870.61	4.86
2008	108.65	2281.61	4.76
2009	143.50	2905.76	4.94
2010	172.30	3416.14	5.04
2011	212.60	4248.82	5.00
2012	268.98	5006.40	5.37

　　驻马店市 2003～2012 年财政支出占河南省财政支出的比重呈现波浪形上升的趋势。驻马店市财政支出占全省财政支出的比重最高是 2012 年的 5.37%，最低为 2006 年的 4.48%，其他年份波动不大，但普遍来说比重很小，均未超过5.5%。

　　从表 20-11 可以看出，驻马店市财政支出的边际系数从 2007 年的 0.28 升至 2012 年的 0.44，可见驻马店市财政支出的年增加额相对于地区生产总值年增加额的结构是在发生着变化的。2007～2009 年，驻马店市的财政支出的边际系数缓慢下降，但在 2009 年达到 -5.09，主要是金融危机导致经济下滑。2010 年为 0.12，实现了由负到正的转变，并实现了增长。2010～2012 年驻马店市财政支出的边际系数有增大的趋势说明财政支出增长快于地区生产总值的增长。从边际系数的分析中可以使得我们对驻马店市的财政支出规模有更深层的了解。

表 20-11　驻马店市 2007～2012 年财政支出的边际系数

单位：亿元

年　份	财政支出	财政支出年增加额	地区生产总值	地区生产总值年增加额	财政支出的边际系数
2007	90.95	26.46	667.48	95.56	0.28
2008	108.65	17.69	812.98	145.50	0.12
2009	143.50	34.85	806.13	-6.85	-5.09
2010	172.30	28.80	1053.71	247.58	0.12
2011	212.60	40.30	1244.77	191.06	0.21
2012	268.98	56.39	1373.55	128.77	0.44

　　由表 20-12 可以看出，驻马店市财政支出的弹性系数从 2007 年的 2.46 到 2012 年的2.56，中间年份变化很大，不稳定。2007～2009 年驻马店市财政支出的弹性系数出现了下降，但 2009 年达到了 -38.19，2010 年达到 0.65，实现了由负到正的转变。2010～2012 年驻马店市的财政支出弹性系数是正值，并有增大的趋势，说明驻马店市财政支出的增长快于地区生产总值的增长。

表 20 - 12　驻马店市 2007~2012 年财政支出的弹性系数

单位：亿元，%

年　份	财政支出	财政支出年增长率	地区生产总值	地区生产总值年增长率	财政支出的弹性系数
2007	90.95	41.04	667.48	16.71	2.46
2008	108.65	19.45	812.98	21.80	0.89
2009	143.50	32.08	806.13	-0.84	-38.19
2010	172.30	20.07	1053.71	30.71	0.65
2011	212.60	23.39	1244.77	18.13	1.29
2012	268.98	26.52%	1373.55	10.35	2.56

20.5　驻马店市财政支出结构分析

20.5.1　驻马店市财政支出的项目结构分析

驻马店市 2007~2012 年财政支出项目绝对数结构情况如表 20 - 13 所示。从表 20 - 13 可以看出，河南省的财政支出从 2007 年的 1546.99 亿元增大到 2012 年的 5006.40 亿元，增长了 2.3 倍，驻马店市的财政支出也从 2007 年的 90.95 亿元增大到 2012 年的 268.98 亿元，增长近 2 倍，小于等于全省的增长倍数。2010 年后统计项目发生变化，财政支出中其他支出被分为交通运输支出和住房保障支出两项。在驻马店市的财政支出中，教育、一般公共服务、社会保障和就业、农林水事务、医疗卫生支出占有较大份额，其中，教育支出 2012 年为 61.27 亿元，一般公共服务支出为 40.93 亿元。并且，2007 年驻马店市教育支出为 20.04 亿元，至 2012 年增长了 2 倍，增长迅速。

表 20 - 13　驻马店市 2007~2012 年财政支出项目绝对数结构

单位：亿元

年份	财政支出合计	一般公共服务	公共安全	教育	科学技术	文化体育与传媒	社会保障和就业	医疗卫生	环境保护	城乡社区事务	农林水事务	交通运输	住房保障
2007	90.95	14.35	5.65	20.04	0.97	1.03	15.54	4.77	3.59	4.97	9.28	10.77	
2008	108.65	17.59	6.48	25.19	1.09	1.21	16.03	9.91	3.60	4.51	12.11	10.93	
2009	143.50	21.04	8.98	30.77	1.42	1.64	21.92	13.96	4.10	4.44	17.84	17.39	
2010	172.30	24.54	9.19	35.10	1.80	1.58	23.70	18.99	4.10	4.47	24.31	7.34	5.20
2011	212.60	30.74	10.43	48.92	2.14	2.51	30.20	25.56	4.13	5.01	24.00	9.37	8.85
2012	268.98	40.93	10.64	61.27	2.80	2.78	36.43	30.51	3.87	6.49	39.36	12.27	14.01

从表 20 - 14 可以看出，驻马店市财政支出占河南省财政支出的比重从 2007 年的 5.88% 下降到了 2012 年的 5.37%，下降比例不多，相对比较稳定，其中的各个支出项目

变化也不是很剧烈，相对稳定，说明驻马店市的财政支出水平与河南省的支出相适应，其中医疗卫生支出比重从 2007 年 5.65% 增长到 2012 年 7.16%，增长较为明显。一般公共服务支出比重也从 2007 年的 4.92% 增长到 2012 年的 6.17%。2012 年驻马店市住房保障支出比重为 7.55%，在其他支出项目比重中最高，说明驻马店市在住房保障支出中投入较多。2012 年驻马店市科学技术支出比重为 4.02%，在其他支出项目比重中最低，说明驻马店市在科学技术支出中投入较少。

表 20 - 14　驻马店市 2007～2012 年财政支出项目相对数结构

单位:%

年份	财政支出合计	一般公共服务	公共安全	教育	科学技术	文化体育与传媒	社会保障和就业	医疗卫生	环境保护	城乡社区事务	农林水事务	交通运输	住房保障
2007	5.88	4.92	5.54	6.12	4.80	3.88	7.04	5.65	8.67	4.47	7.51	5.43	
2008	5.84	5.29	5.45	6.29	4.28	3.47	7.28	7.49	5.00	3.34	6.72	5.29	
2009	6.08	5.48	6.12	6.48	4.73	3.29	7.53	7.10	4.55	3.40	7.23	5.45	
2010	5.04	5.13	4.85	5.76	4.04	2.87	5.14	7.03	4.26	2.71	6.09	4.22	6.73
2011	5.00	5.50	5.09	5.71	3.79	4.35	5.51	7.07	4.32	2.62	4.99	3.33	6.20
2012	5.37	6.17	4.35	5.54	4.02	3.99	5.77	7.16	3.53	2.73	7.13	4.08	7.55

根据表 20 - 15，从历年驻马店市和全省的财政支出项目结构（相对数）数据比对来看，可以发现以下问题。一是驻马店的一般公共服务项目占比要低于全省占比，其年度差额幅度较大；二是驻马店市在公共安全方面的投入要低于全省投入水平，其年度差额幅度在 0.6 个百分点左右；三是驻马店市在教育支出方面的投入远低于全省投入水平，差额在 10 个百分点以上；四是驻马店市在科技支出方面的投入高于全省水平，高出近 3 个百分点；驻马店市在社会保障和就业方面的支出历年都低于全省水平，且呈现逐年拉大的趋势；在医疗方面的投入接近全省投入水平。

表 20 - 15　驻马店市 2007～2012 年财政支出相对数结构与河南省比较分析

单位:%

年份	省市	一般公共服务	公共安全	教育	科学技术	文化体育与传媒	社会保障和就业	医疗卫生	环境保护	城乡社区事务	农林水事务	交通运输	住房保障
2007	河 南 省	18.84	6.6	21.16	1.31	1.71	14.26	5.45	2.68	7.18	7.99	12.82	
	驻马店市	4.92	5.54	6.12	4.80	3.88	7.04	5.65	8.67	4.47	7.51	5.43	
2008	河 南 省	17.8	6.2	19.5	1.3	1.8	14.5	6.4	3.3	5.9	9.2	12.2	
	驻马店市	5.29	5.45	6.29	4.28	3.47	7.28	7.49	5.00	3.34	6.72	5.29	
2009	河 南 省	16.27	6.22	20.13	1.27	2.11	12.34	8.33	3.82	5.54	10.46	13.51	
	驻马店市	5.48	6.12	6.48	4.73	3.29	7.53	7.10	4.55	3.40	7.23	5.45	

年份	省市	一般公共服务	公共安全	教育	科学技术	文化体育与传媒	社会保障和就业	医疗卫生	环境保护	城乡社区事务	农林水事务	交通运输	住房保障
2010	河南省	14.01	5.55	17.84	1.31	1.61	13.5	7.91	2.82	4.84	11.69	5.09	2.26
	驻马店市	5.13	4.85	5.76	4.04	2.87	5.14	7.03	4.26	2.71	6.09	4.22	6.73
2011	河南省	13.16	4.82	20.17	1.33	1.35	12.9	8.51	2.25	4.5	11.31	6.62	3.36
	驻马店市	5.50	5.09	5.71	3.79	4.35	5.51	7.07	4.32	2.62	4.99	3.33	6.20
2012	河南省	13.24	4.88	22.1	1.39	1.39	12.62	8.51	2.19	4.75	11.02	6	3.71
	驻马店市	6.17	4.35	5.54	4.02	3.99	5.77	7.16	3.53	2.73	7.13	4.08	7.55

20.5.2 驻马店市财政支出的地区结构分析

驻马店市 2007~2012 年财政支出的地区结构情况如表 20-16 所示。表 20-16 显示了 2007~2012 年驻马店市 9 个县的财政支出情况。驻马店市 9 个县财政支出的绝对数都是逐年增加的，从平均数看，2012 年是 2007 年的 3.06 倍。参考各年财政支出的绝对数，在驻马店 9 个县中，上蔡县财政支出始终处于第一位，其 2012 年财政支出是最后一名遂平县的 1.90 倍；其次是新蔡县、泌阳县、正阳县等。

表 20-16 驻马店市各县 2007~2012 年财政支出的地区结构情况

单位：万元

县　城	2007 年	2008 年	2009 年	2010 年	2011 年	2012 年
西平县	87327	95498	128726	152229	174962	219040
上蔡县	95197	127335	167750	190713	240540	314096
平舆县	76868	97268	123903	160430	202652	243196
正阳县	72293	91088	122521	160953	175488	247766
确山县	57066	73188	100834	99289	134461	175948
泌阳县	94449	109300	152000	162600	219000	258000
汝南县	71819	85481	110501	128240	171861	213360
遂平县	61765	74949	100059	114379	145586	165779
新蔡县	78796	100559	125996	149899	200699	294412
平　均	77286.67	94962.89	125810.00	146525.78	185027.67	236844.11

20.6　小结

驻马店市作国家和河南省重要的粮油生产基地，素有"中原粮仓""中州油库""芝麻王国"之称，为保障国家粮食安全做出了贡献。近年来其财政发展取得的成就主要表现为：

一是财政收入稳步增长。近年来驻马店市财税部门上下通力合作，依法组织收入，严厉打击偷、漏、骗、欠税行为，进一步提高财政收入的增长速度和增长质量，同时加强非税收入征管，开展非税收入稽查和会计质量检查，实行"票款分离"，收入直达国库。财政收入规模绝对数不断增加，驻马店市财政收入由 2003 年的 11.95 亿元，提升至 2012 年 58.91 亿元，增长 3.93 倍，规模在全省位次在第九位到第 16 位之间大幅波动，说明驻马店市财政收入增长波动很大。驻马店市公共预算收入规模的绝对数稳步增加，2003 年以来年均财政收入增长率为 17.82%。驻马店市财政收入占市生产总值比重逐年增加，由 2003 年的 3.46% 上升到 2012 年的 4.29%，这在一定程度上表明了驻马店市产业结构有所优化。2003~2012 年驻马店市财政收入占河南省财政收入的比重有所下滑，说明农业地区财政收入潜力较弱。

二是支出规模迈上新台阶。近年来驻马店市财政坚持"积极稳妥、保障民生"，促进了社会事业的发展和民生问题的持续改善。①统筹安排，确保财政供给人员的工资性支出。②保证机构正常运转的需要，对省、市政府确定的十项民生工程和十件实事等项目支出，及时进行了安排。③对法定支出和涉及稳定的支出、重点工程支出，按照轻重缓急，多方筹措资金，妥善加以安排。2004 年全市公共预算支出规模登上 40 亿元台阶，2008 年登上 100 亿元台阶，2011 年登上 200 亿元台阶，2012 年达到 268.98 亿元。与人民群众日常生活密切相关的基本民生支出 2012 年达到 206.7 亿元，增长 30.4%，占公共预算支出的 76.9%。

第 21 章
南阳市财政发展报告

21.1　南阳市财政发展概述

南阳市简称宛，位于河南省西南部，豫、鄂、陕三省交界处，处于三面环山、南部开口的盆地，因地处伏牛山以南、汉水以北而得名。全市现辖 2 个区（卧龙区、宛城区）、4 个开发区、10 个县（南召、方城、西峡、镇平、内乡、淅川、社旗、唐河、新野、桐柏）及 1 个县级市（邓州市），总面积 2.66 万平方千米，在河南省 18 个省辖市中面积最大、人口最多。2012 年底总人口为 1166 万人。

南阳市近年来经济发展迅速。2012 年，南阳市实现地区生产总值 2340.73 亿元，比上年增长 10.1%，其中第一产业增加值 423.62 亿元，增长 4.5%；第二产业增加值 1220.99 亿元，增长 12.6%；第三产业增加值 696.11 亿元，增长 9.2%。2012 年南阳市人均地区生产总值达 23086 元。三次产业结构为 17.9：52.7：29.4。2012 年居民消费价格较 2011 年上涨 2.5%，其中食品类价格上涨 4.1%。

1994 年实行分税制的当年，南阳市地方财政收入为 7.22 亿元，2003 年地方财政预算收入达到 21.16 亿元，2012 年达到 103.65 亿元，前 9 年收入规模年均增长 12.6%，后 9 年年均增长 19.3%。2012 年税收收入 82.59 亿元，增长 22.3%，税收收入占地方公共预算收入的比重为 79.7%。在南阳市的 13 个县市区中，2012 年有 7 个县市区的地方公共预算收入超过 5 亿元，其中淅川县超过 10 亿元。

1994 年南阳市地方财政支出为 12.56 亿元，2003 年增加到 49.35 亿元，2012 年达到 386.56 亿元，前 9 年支出规模年均增长 16.4%，后 9 年年均增长 25.7%。

21.2　南阳市财政收入规模分析

21.2.1　南阳市财政收入绝对规模分析

南阳市公共预算收入及其变化情况如表 21-1 所示。自 2003 年以来，南阳市公共预算收入实现了稳步增长，2003~2012 年财政收入较上年增加数平均为 8.25 亿元，年均增长率达 18.21%。10 年中只有 2006 年出现 11.38% 的负增长。2003 年，南阳市财政收入规模仅为 21.16 亿元，2012 年，南阳市财政预算收入突破 100 亿元。2003 年南阳市公共预算收入在河南省居第三位，2012 年下降至第五位。

表 21 - 1　南阳市 2003～2012 年公共预算收入情况

单位：亿元,%

年　份	公共预算收入	财政收入较上年增加数	财政收入增长率	当年财政收入在河南省的位次
2003	21. 16	2. 08	10. 93	3
2004	25. 25	4. 09	19. 34	3
2005	28. 83	3. 58	14. 17	6
2006	25. 55	- 3. 28	- 11. 38	8
2007	44. 83	19. 28	75. 45	5
2008	51. 29	6. 46	14. 41	4
2009	56. 17	4. 88	9. 51	4
2010	69. 07	12. 90	22. 97	5
2011	87. 10	18. 03	26. 10	5
2012	103. 65	16. 55	19. 00	5
平　均		8. 25	18. 21	

21. 2. 2　南阳市财政收入相对规模分析

如表 21 - 2 所示，自 2003 年以来，南阳市财政收入占地区生产总值比重呈现波动上升的态势，2003～2012 年，该比重由 2.92% 上升至 4.43%，提高了 1.51 个百分点。其中，2003～2005 年该比重逐年降低，2008～2012 年逐年提高，2012 年达到最高值。

表 21 - 2　南阳市 2003～2012 年财政收入占地区生产总值的比重情况

单位：亿元,%

年　份	财政收入	地区生产总值	财政收入占地区生产总值比重
2003	21. 16	724. 16	2. 92
2004	25. 25	893. 32	2. 83
2005	28. 83	878. 67	3. 28
2006	25. 55	1203. 05	2. 12
2007	44. 83	1376. 33	3. 26
2008	51. 29	1636. 43	3. 13
2009	56. 17	1714. 49	3. 28
2010	69. 07	1953. 36	3. 54
2011	87. 10	2202. 31	3. 95
2012	103. 65	2340. 73	4. 43

但整体上看，南阳市财政收入占地区生产总值比重依然偏低，如 2012 年南阳市财政收入占地区生产总值的比重为 4.43%，而同期河南省的比重为 6.89%，郑州市为 10.54%。

表 21 - 3 反映了南阳市 2003～2012 年财政收入占河南省财政收入的比重的变化情况。

2003～2012 年，南阳市财政收入占河南省财政收入从 6.26% 下降至 5.08%，总体下降了 0.29 个百分点。其中，2003～2006 年该占比呈连续下降趋势，2006～2009 年波动较大，2009 年以后则连续缓慢提升。

表 21 - 3　南阳市 2003～2012 年财政收入占河南省财政收入的比重情况

单位：亿元，%

年　份	财政收入	河南省财政收入	财政收入占河南省财政收入的比重
2003	21.16	338.05	6.26
2004	25.25	428.78	5.89
2005	28.83	537.65	5.36
2006	25.55	679.17	3.76
2007	44.83	862.08	5.20
2008	51.29	1008.90	5.08
2009	56.17	1126.06	4.99
2010	69.07	1381.32	5.00
2011	87.10	1721.76	5.06
2012	103.65	2040.33	5.08

21.3　南阳市财政收入结构分析

21.3.1　南阳市财政收入的项目结构分析

表 21 - 4 反映了南阳市 2007～2012 年公共预算收入中税收收入的比重的变化情情况。2007～2012 年，南阳市税收收入占比呈现波动上升的趋势，而非税收入占比呈现波动下降的趋势。2007 年，南阳市税收收入占公共预算收入的比重的 71.71%，而非税收入比重为 28.29%；2008 年税收收入比重呈现短暂的上升后，于 2009 年下降；2010 年，税收收入比重再次出现反弹，次年又呈现短暂的下降；2012 年，税收收入占比上升至最高，达79.68%。然而非税收入与税收收入呈现相反的变化趋势。

表 21 - 4　南阳市 2007～2012 年公共预算收入中税收收入的比重情况

单位：亿元，%

年　份	公共预算收入	税收收入	税收收入占比	非税收入	非税收入占比
2007	44.83	32.15	71.71	12.68	28.29
2008	51.29	38.50	75.07	12.78	24.93
2009	56.17	41.57	74.02	14.59	25.98
2010	69.07	54.15	78.40	14.92	21.60
2011	87.10	67.52	77.52	19.58	22.48
2012	103.65	82.59	79.68	21.07	20.32

如表 21 - 5 所示，2007～2012 年，南阳市税收收入占比低于全国水平。2007 年，南阳市财政收入占比低于全国 17.18 个百分点，2012 年，南阳市仅低于全国 6.15 个百分点。与河南省相比，2007～2009 年南阳市税收收入占比低于河南省占比，2010 年后，南阳市税收收入占财政收入的比重高于河南省。

表 21 - 5　南阳、河南省、全国 2007～2012 年税收收入占财政收入的比重

单位：%

年　份	南阳市税收收入占比	河南省税收收入占比	全国税收收入占比
2007	71.71	75.70	88.89
2008	75.07	78.51	88.41
2009	74.02	74.92	86.87
2010	78.40	73.59	88.10
2011	77.52	73.36	86.39
2012	79.68	72.03	85.83

从变化趋势看，2007～2012 年，南阳市税收收入占财政收入的比重呈现波动上升趋势，而河南省和全国的变化趋势则呈现波动下降，这表明南阳市财政对非税收入的依赖在减小，税收对南阳市财政收入的贡献在不断增大。

如表 21 - 6 所示，2007～2012 年南阳市四个主要税种——增值税、营业税、企业所得税、个人所得税税收总额都呈现稳步增加的趋势。从税收结构上来看，营业税所占比重最高，增值税次之，个人所得税所占比重最小。其中，营业税所占比重在 2007～2012 年呈现波动下降的趋势，企业所得税所占比重自 2007 年的 6.58% 上升到 2012 年的 7.99%，上升了 1.41 个百分点。而个人所得税在 2007～2012 年下降了 3.02 个百分点。

表 21 - 6　南阳市 2007～2012 年税收收入的项目结构情况

单位：万元，%

年　份	税收收入	增值税		营业税		企业所得税		个人所得税	
		数额	占比	数额	占比	数额	占比	数额	占比
2007	32.15	7.77	24.16	11.23	34.94	2.12	6.58	1.74	5.42
2008	38.50	9.40	24.41	11.97	31.09	2.81	7.30	1.72	4.46
2009	41.57	7.80	18.77	13.49	32.45	3.27	7.86	1.57	3.76
2010	54.15	9.08	16.77	15.62	28.85	3.69	6.81	1.97	3.64
2011	67.52	10.78	15.97	19.47	28.84	4.95	7.33	2.20	3.26
2012	82.59	11.66	14.12	24.99	30.27	6.43	7.79	1.98	2.40

21.3.2　南阳市财政收入的地区结构分析

南阳市现辖 10 县 1 市的财政收入情况如表 21 - 7 所示。2007～2012 年南阳市所辖 11 县市财政收入总体上呈现上升的趋势。2007 年，南阳市财政收入规模排名前五位的县市

依次为西峡县、邓州市、唐河县、镇平县、淅川县，2012 年，前五位则变为淅川县、西峡县、邓州市、唐河县、方城县，社旗县和南召县的收入规模一直处于后两位。其中，淅川县 2012 年财政收入是 2007 年的 5.86 倍，占南阳市财政收入的比重由 2007 年的 5.15%上升到 2012 年的 13.06%。

表 21 - 7　南阳市 2007～2012 年财政收入地区结构情况

单位：亿元

县　　市	2007 年	2008 年	2009 年	2010 年	2011 年	2012 年
南召县	1.85	1.91	2.09	2.44	3.00	3.40
方城县	1.93	2.37	2.63	3.15	4.60	5.21
西峡县	4.00	4.88	5.37	5.86	6.80	7.66
镇平县	2.47	2.61	2.85	3.44	4.57	5.18
内乡县	2.00	2.20	2.41	2.82	3.50	4.00
淅川县	2.31	2.77	3.02	7.35	9.60	13.54
社旗县	1.11	1.27	1.40	1.77	2.36	3.00
唐河县	2.91	3.21	3.55	4.28	5.69	5.82
新野县	2.01	2.31	2.46	2.85	3.50	3.98
桐柏县	2.30	2.35	2.45	2.86	4.17	4.71
邓州市	3.21	3.76	4.15	5.00	6.20	7.44
平　　均	2.37	2.70	2.94	3.80	4.91	5.81

21.4　南阳市财政支出规模分析

21.4.1　南阳市财政支出规模的绝对数分析

表 21 - 8 反映了南阳市 2003～2012 年财政支出规模变化情况。2003～2012 年，南阳市财政支出规模不断扩大。2003 年南阳市财政支出为 49.35 亿元，2012 年达到 386.56 亿元，2003～2012 年财政支出较上年增加数平均为 33.72 亿元。从增长速度来看，2003～2012 年，南阳市财政支出规模年均增长率达 22.91%。财政支出规模增速整体呈现加快的趋势，2003 年财政支出的增加率达 11.08%，2012 该比率达 24.84%。其财政支出规模在河南省排位也由 2003 年的第 3 位上升至 2012 年第二位。

表 21 - 8　南阳市 2003～2012 年财政支出规模情况

单位：亿元,%

年　　份	公共预算支出	财政支出较上年增加数	财政支出较上年增加比重	当年财政支出在河南省的位次
2003	49.35	5.47	11.08	3
2004	57.06	7.70	15.61	3

年　份	公共预算支出	财政支出较上年增加数	财政支出较上年增加比重	当年财政支出在河南省的位次
2005	76.88	19.82	34.74	3
2006	109.06	32.18	41.86	3
2007	139.16	30.09	27.59	3
2008	163.25	24.09	17.31	3
2009	203.53	40.28	24.68	3
2010	247.11	43.58	21.41	2
2011	309.65	62.54	25.31	2
2012	386.56	76.91	24.84	2
平　均	—	33.72	22.91	—

21.4.2　南阳市财政支出规模的相对数分析

表 21 - 9 反映了南阳市 2003 ~ 2012 年财政支出占南阳市地区生产总值的比重的变化情况。2003 ~ 2012 年，南阳市财政支出与南阳市地区生产总值总额呈现稳步上升的趋势。2003 年南阳市财政支出占地区生产总值的比重为 6.82%，2012 年该比重上升至 16.51%。其中，只有 2008 年比 2007 年有小幅下降，其余年份均为上升走势。

表 21 - 9　南阳市 2003 ~ 2012 年财政支出占地区生产总值比重情况

单位：亿元，%

年　份	财政支出	地区生产总值	财政支出占地区生产总值的比重
2003	49.35	724.16	6.82
2004	57.06	893.32	6.39
2005	76.88	878.67	8.75
2006	109.06	1203.05	9.07
2007	139.16	1376.33	10.11
2008	163.25	1636.43	9.98
2009	203.53	1714.49	11.87
2010	247.11	1953.36	12.65
2011	309.65	2202.31	14.06
2012	386.56	2340.73	16.51

表 21 - 10 反映了 2003 ~ 2012 年南阳市财政支出占河南省财政支出的比重的变化情况。2003 ~ 2012 年，南阳市财政支出占河南省财政支出的比重呈现波动上升趋势，2003 年南阳市财政支出仅占河南省财政支出的 6.89%，2012 年这一比重上升至 7.72%，上升了 0.83 个百分点。这表明南阳市财政在河南省财政中分量在加大。

表 21 - 10　南阳市 2003～2012 年财政支出占河南省财政支出的比重情况

单位：亿元，%

年　份	财政支出	河南省财政支出	财政支出占河南省财政支出的比重
2003	49.35	716.60	6.89
2004	57.06	879.96	6.48
2005	76.88	1116.04	6.89
2006	109.06	1440.09	7.57
2007	139.16	1870.61	7.44
2008	163.25	2281.61	7.15
2009	203.53	2905.76	7.00
2010	247.11	3416.14	7.23
2011	309.65	4248.82	7.29
2012	386.56	5006.40	7.72

　　如表 21 - 11 所示，2003～2012 年，南阳市财政支出的边际系数呈现波动上升的趋势，2003 年南阳市边际支出系数为 0.06，2012 年达到 0.56。这说明南阳市政府对新增地区生产总值的控制程度不断提高。

表 21 - 11　南阳市 2003～2012 年财政支出的边际系数

单位：亿元

年　份	财政支出	财政支出年增加额	地区生产总值	地区生产总值年增加额	财政支出的边际系数
2003	49.35	5.47	724.16	99.09	0.06
2004	57.06	7.70	893.32	169.16	0.05
2005	76.88	19.82	878.67	- 14.65	- 1.35
2006	109.06	32.18	1203.05	324.38	0.10
2007	139.16	30.09	1376.33	173.28	0.17
2008	163.25	24.09	1636.43	260.10	0.09
2009	203.53	40.28	1714.49	78.06	0.52
2010	247.11	43.58	1953.36	238.86	0.18
2011	309.65	62.54	2202.31	248.96	0.25
2012	386.56	76.91	2340.73	138.41	0.56

　　如表 21 - 12 所示，2003～2012 年，南阳市财政支出的弹性系数呈现波动上升的趋势。2003 年南阳市财政支出的弹性系数为 1.11，2012 年该系数上升至 2.46。这说明 2003～2012 年南阳市财政支出弹性在变大。

表 21 - 12　南阳市 2003～2012 年财政支出的弹性系数

单位：亿元，%

年　份	财政支出	财政支出年增长率	地区生产总值	地区生产总值年增长率	财政支出的弹性系数
2003	49.35	12.45	724.16	11.20	1.11
2004	57.06	15.61	893.32	15.60	1.00

年　份	财政支出	财政支出年增长率	地区生产总值	地区生产总值年增长率	财政支出的弹性系数
2005	76.88	34.74	878.67	13.50	2.57
2006	109.06	41.86	1203.05	13.60	3.08
2007	139.16	27.59	1376.33	17.30	1.59
2008	163.25	17.31	1636.43	12.10	1.43
2009	203.53	24.68	1714.49	10.00	2.47
2010	247.11	21.41	1953.36	11.60	1.85
2011	309.65	25.31	2202.31	11.20	2.26
2012	386.56	24.84	2340.73	10.10	2.46

21.5　南阳市财政支出结构分析

21.5.1　南阳财政支出的项目结构分析

表 21 - 13 反映了 2007 ~ 2012 年南阳市主要财政支出项目支出金额的变化情况。在南阳市各支出项目中，教育支出规模最大，依次是农林水事务支出、一般公共服务支出、社会保障和就业支出、医疗卫生支出，科学技术支出、文化体育与传媒支出规模较小。

表 21 - 13　南阳市 2007 ~ 2012 年财政支出各项目绝对数情况

单位：亿元

年份	一般公共服务	公共安全	教育	科学技术	文化体育与传媒	社会保障和就业	医疗卫生	环境保护	城乡社区事务	农林水事务	交通运输	住房保障
2007	2.21	7.92	28.72	1.74	1.35	26.12	8.00	4.35	5.12	12.50	21.27	
2008	25.62	9.21	34.40	2.86	1.65	21.78	12.35	15.46	6.86	18.36	14.71	
2009	31.62	12.12	39.03	2.89	2.27	27.85	18.27	16.13	5.79	25.27	22.29	
2010	36.29	13.39	45.18	3.53	2.38	33.60	22.90	15.76	8.07	32.02	11.46	4.39
2011	43.56	14.32	65.77	4.31	2.73	38.02	31.74	12.68	6.84	36.59	29.04	7.52
2012	52.87	17.18	81.41	5.19	4.24	44.94	38.94	13.32	9.40	57.10	30.10	14.07

表 21 - 14 反映了 2007 ~ 2012 年南阳市财政支出各项目相对数的变化情况。如表 21 - 14 所示，2007 ~ 2012 年南阳市财政支出中，教育所占比重最大，且一直稳定在 20% 左右，2012 年该占比为 21.06%。南阳市一般公共服务支出占比 15% 左右，且该比重自 2007 年以来有小幅下降，2007 年南阳市一般公共服务支出占到其财政总支出的 15.85%，2012 年降为 13.68%。科学技术支出所占比重近几年均低于 2%。

表 21 - 14　南阳市 2007 ~ 2012 年财政支出各项目相对数情况

单位 : %

年份	一般公共服务	公共安全	教育	科学技术	文化体育与传媒	社会保障和就业	医疗卫生	环境保护	城乡社区事务	农林水事务	交通运输	住房保障
2007	15.85	5.69	20.64	1.25	0.97	18.77	5.75	3.13	3.68	8.98	15.29	
2008	15.70	5.64	21.07	1.75	1.01	13.34	7.56	9.47	4.20	11.25	9.01	
2009	15.53	5.95	19.18	1.42	1.11	13.68	8.98	7.92	2.85	12.42	10.95	
2010	14.69	5.42	18.28	1.43	0.96	13.60	9.27	6.38	3.27	12.96	4.64	1.78
2011	14.07	4.62	21.24	1.39	0.88	12.28	10.25	4.09	2.21	11.82	9.38	2.43
2012	13.68	4.44	21.06	1.34	1.10	11.62	10.07	3.45	2.43	14.77	7.79	3.64

2007 ~ 2012 年，南阳市公共安全、文化体育与传媒支出所占比重整体低于河南省；一般公共服务的支出占比呈现先低于河南省，后又高于河南省。然而南阳市社会保障和就业支出先高于河南省，自 2011 年起略低于河南省（见表 21 - 15）。

表 21 - 15　南阳市 2007 ~ 2012 年财政支出相对数结构与河南省比较分析

单位 : %

年份	省市	一般公共服务	公共安全	教育	科学技术	文化体育与传媒	社会保障和就业	医疗卫生	环境保护	城乡社区事务	农林水事务	交通运输	住房保障
2007	河南省	18.84	6.6	21.16	1.31	1.71	14.26	5.45	2.68	7.18	7.99	12.82	
	南阳市	15.85	5.69	20.64	1.25	0.97	18.77	5.75	3.13	3.68	8.98	15.29	
2008	河南省	17.8	6.2	19.5	1.3	1.8	14.5	6.4	3.3	5.9	9.2	12.2	
	南阳市	15.70	5.64	21.07	1.75	1.01	13.34	7.56	9.47	4.20	11.25	9.01	
2009	河南省	16.27	6.22	20.13	1.27	2.11	12.34	8.33	3.82	5.54	10.46	13.51	
	南阳市	15.53	5.95	19.18	1.42	1.11	13.68	8.98	7.92	2.85	12.42	10.95	
2010	河南省	14.01	5.55	17.84	1.31	1.61	13.5	7.91	2.82	4.84	11.69	5.09	2.26
	南阳市	14.69	5.42	18.28	1.43	0.96	13.60	9.27	6.38	3.27	12.96	4.64	1.78
2011	河南省	13.16	4.82	20.17	1.33	1.35	12.9	8.51	2.25	4.5	11.31	6.62	3.36
	南阳市	14.07	4.62	21.24	1.39	0.88	12.28	10.25	4.09	2.21	11.82	9.38	2.43
2012	河南省	13.24	4.88	22.1	1.39	1.39	12.62	8.51	2.19	4.75	11.02	6	3.71
	南阳市	13.68	4.44	21.06	1.34	1.10	11.62	10.07	3.45	2.43	14.77	7.79	3.64

21.5.2　南阳财政支出的地区结构分析

如表 21 - 16 所示，2007 ~ 2012 年南阳市所辖 11 县市，财政支出总体上呈现逐渐上升的趋势。2007 年，南阳市财政支出规模排名前五位的县市依次为邓州市、唐河县、淅川县、方城县、西峡县，2012 年，前五位则变为邓州市、淅川县、唐河县、方城县、镇平县，2012 年支出规模最小的为桐柏县。

表 21 -16 南阳市各县市 2007~2012 年财政支出地区结构情况

单位：亿元

县 市	2007 年	2008 年	2009 年	2010 年	2011 年	2012 年
南召县	6.50	8.02	10.92	12.00	15.46	19.11
方城县	8.84	11.11	13.62	15.88	20.24	29.17
西峡县	8.20	10.26	12.20	14.94	15.76	19.67
镇平县	8.03	9.84	11.94	13.64	17.17	24.63
内乡县	6.69	8.53	10.73	12.08	15.61	19.32
淅川县	8.87	11.02	14.04	22.02	24.95	32.38
社旗县	6.34	7.63	10.17	12.09	15.10	20.02
唐河县	11.18	13.17	17.21	20.08	25.58	32.15
新野县	6.83	8.38	10.23	12.41	15.28	19.17
桐柏县	6.08	7.13	8.98	10.68	13.87	17.87
邓州市	11.81	15.90	20.24	25.02	31.34	40.66
平 均	8.13	10.09	12.75	15.53	19.12	24.92

21.6 小结

2003 年以来，南阳市财政收入规模不断扩大。2003~2012 年南阳市公共预算收入由 21.16 亿元上升至 103.65 亿元，年均增长率达 19.23%。从南阳市财政收入占河南省财政收入的比重来看，南阳市 2003 年财政收入占河南省的 6.26%，2012 年该比重达 5.08%。。南阳市公共预算收入在河南省的排位由第三位下降至第五位。

从南阳市的财政收入的结构来看，税收收入是南阳市公共预算收入的主要来源，2012 年财政收入中有 82.59% 来源于税收收入。2010 年以来，南阳市税收收入占财政收入的比重高于河南省，但与全国相比，南阳市该比重略小于全国。从南阳市的税收项目构成来看，营业税是税收收入的最主要来源，其次是增值税，个人所得税所占比重最小。

从财政支出规模看，近年来，南阳市财政预算支出规模不断扩大，2007 年南阳市财政预算支出为 139.61 亿元，2012 年达到 386.56 亿元。财政支出规模在全省的排位由第三位上升至第二位。2007 年南阳市财政支出占其地区生产总值的比重为 10.11%，2012 年该比重上升为 16.51%。

从南阳市财政支出的结构来看，2007~2012 年，在南阳市财政支出中，教育支出所占比重最大，一般公共服务支出、社会保障和就业支出次之，科学技术支出占比重最小。

今后南阳市的财政工作应主要做好以下方面。第一，狠抓增收节支。依法加强税收和非税收入征管，认真落实结构性减税政策，提高财政收入效益和质量。严格落实中央"八项规定"，严格控制行政经费、"三公经费"、修建楼堂馆所和节会庆典活动。第二，强化预算约束，从严控制临时预算追加。完善部门预算公开机制，推动单位及时、主动公开预决算信息。第三，推进财税管理改革。做好营改增试点工作，扶持企业经营发展。第四，严格财政监督。积极开展财政支出绩效监督检查，建立预算编制、执行和评价、监督相互制约和协调的运行机制。第五，逐步规范政府债务管理，将政府债务纳入预算管理，完善决策审批程序，防范财政风险。

第 22 章
信阳市财政发展报告

22.1 信阳市财政发展概述

信阳市，又名"申城"，位于河南省南部，东邻安徽，南接湖北，为三省通衢，是江淮河汉间的战略要地，豫南政治、经济、文化、教育、交通中心，鄂豫皖区域性中心城市。全市总面积 1.89 万平方千米，总人口 858.96 万人，下辖浉河区、平桥区两区，潢川县、淮滨县、息县、新县、商城县、罗山县、光山县、固始县八县，代管固始县人事事务，另有羊山新区、南湾湖风景区、上天梯管理区、鸡公山管理区、信阳工业新区、潢川经济技术开发区、高新区七个县级行政单位。

2012 年信阳市地区生产总值突破 1400 亿元，同比增长 10.5%，高于河南省平均水平；地方公共预算收入突破 55 亿元，地方公共预算收入增长 25.1%，位居全省第二位；全社会固定资产投资完成 1274.5 亿元，其中，工业投资完成 434 亿元，全社会固定资产投资增长 21%，"十大项目"完成投资 100.5 亿元，地方公共预算支出 278 亿元，增长 24.8%，高出河南省 7 个百分点；社会消费品零售总额增长 16% 左右；金融机构各项存款余额较年初增长 21.3%，贷款余额较年初增长 17.3%，均高于河南省平均水平。激蓝 OLED 项目被列为省重大科技专项，电子信息等战略支撑产业不断发展壮大，信阳国际家居产业小镇等一批龙头型、基地型、集群型项目在信阳开工建设，义乌小商品城等一批商贸物流企业也在信阳展开战略布局，信阳市加快发展的基础更加坚实。

2012 年信阳市地方财政总收入 77.42 亿元，较上年增长 22.2%。地方公共预算收入 55.46 亿元，增长 25.1%，增幅居全省第二位。其中，税收收入 42.32 亿元，增长 23.4%；非税收入 13.14 亿元，增长 30.9%。信阳市财政收入结构不断优化。2007 年税收收入占公共财政收入的比重为 70.78%，2012 年税收收入占公共财政收入的比重上升为 76.31%，2007 年非税收入占公共财政收入比重为 29.22%，2012 年非税收入占公共财政收入的比重下降为 23.69%。

22.2 信阳市财政收入规模分析

22.2.1 信阳市财政收入绝对规模分析

多年来，信阳市加强经济运行调节，持续推进各项建设，经济保持了平稳较快的增长态势，财政收入规模绝对数不断增加。

从表 22 - 1 可以看出，信阳市财政收入规模的绝对数稳步增加，其中 2003 年突破 10 亿元大关，2007 年突破 20 亿元大关，2012 年突破 50 亿元大关，达到 55.46 亿元。2003 ~ 2012 年财政收入较上年增加数平均为 4.57 亿元，年均增加比重为 19.19%；当年财政收入在全省的位次从 2003 年的第 12 位下降至第 14 位，其中 2008 年和 2010 年下降至第 15 位，下降较为明显。

表 22 - 1　信阳市 2003 ~ 2012 年公共预算收入情况

单位：亿元，%

年　份	公共预算收入	财政收入较上年增加数	财政收入较上年增加比重	当年财政收入在河南省的位次
2003	10.75	1.02	10.44	12
2004	12.21	1.45	13.51	13
2005	13.44	1.23	10.09	13
2006	16.26	2.82	20.99	13
2007	20.36	4.11	25.25	13
2008	24.99	4.63	22.75	15
2009	28.02	3.03	12.11	14
2010	34.10	6.08	21.69	15
2011	44.33	10.23	30.00	14
2012	55.46	11.13	25.10	14
平　均		4.57	19.19	

信阳市 2003 ~ 2012 年公共预算收入增长最快的 2011 年，增速为 30.00%，增速最慢的是 2005 年，增速仅有 10，09%。从增长趋势上看，2003 ~ 2012 年，财政收入绝对数逐年增长的趋势没有变化，环比增长率经历了较大幅度波动的变化过程。

22.2.2　信阳市财政收入相对规模分析

信阳市 2003 ~ 2012 年财政收入占地区生产总值的比重情况如表 22 - 2 所示。从表 22 - 2 可以看出，2003 ~ 2012 年，在信阳市地区生产总值不断增加的情况下，信阳市财政收入占地区生产总值比重从 2003 年的 3.10% 增加到 2012 年的 3.97%，增加了 0.87 个百分点。一般来说，经济运行质量高，第一产业比重低，新兴行业、资源型行业和高附加值行业比重大的地区，财政收入占地区生产总值的比重较高。这在一定程度上表明了信阳市企业的经营效益在不断增大，产业结构在不断优化。

表 22 - 2　信阳市 2003 ~ 2012 年财政收入占地区生产总值的比重

单位：亿元，%

年　份	财政收入	地区生产总值	财政收入占地区生产总值比重
2003	10.75	347.12	3.10
2004	12.21	434.27	2.81

年　份	财政收入	地区生产总值	财政收入占地区生产总值比重
2005	13.44	508.56	2.64
2006	16.26	588.35	2.76
2007	20.36	699.03	2.91
2008	24.99	866.79	2.88
2009	28.02	835.29	3.35
2010	34.10	1091.83	3.12
2011	44.33	1257.68	3.52
2012	55.46	1397.32	3.97

信阳市 2003～2012 年财政收入占地区生产总值的比重呈现稳步上升的趋势，仅在 2010 年出现了小幅度的下降，即从 2009 年的 3.35% 下降至 2010 年的 3.12%。2012 年信阳市财政收入占地区生产总值的比重达到最大值，为 3.97%，2005 年达到最小值，为 2.64%。

从表 22 - 3 可以看出，信阳市公共财政收入绝对数不断增加，相对数呈现先缓慢下降后缓慢上升的态势。第一阶段，2003～2007 年，信阳市财政收入占河南省财政收入的比重从 3.18% 缓慢回落到 2.36%；第二阶段，2007～2012 年，信阳市财政收入占河南省财政收入的比重从 2.36% 缓慢上升到 2.72%。从整个时期来看，相对数虽有波动，但波幅较窄，这说明信阳市财政发展与全省财政发展保持同步的状态。

表 22 - 3　信阳市 2003～2012 年财政收入占河南省财政收入的比重情况

单位：亿元,%

年　份	财政收入	河南省财政收入	信阳市财政收入占河南省财政收入比重
2003	10.75	338.05	3.18
2004	12.21	428.78	2.85
2005	13.44	537.65	2.50
2006	16.26	679.17	2.39
2007	20.36	862.08	2.36
2008	24.99	1008.9	2.48
2009	28.02	1039.66	2.49
2010	34.10	1381.32	2.47
2011	44.33	1721.76	2.57
2012	55.46	2040.6	2.72

信阳市 2003～2012 年财政收入占河南省财政收入的比重呈现上升的趋势，仅在 2010 年出现了小幅度的下降，即从 2009 年的 2.49% 下降至 2010 年的 2.47%。6 年中，信阳市财政收入占全省财政收入的比重最低为 2007 年的 2.36%，最高是 2003 年的 3.18%，总

体来看呈现窄幅波动的态势。

22.3 信阳市财政收入结构分析

22.3.1 信阳市财政收入的项目结构分析

信阳市2007～2012年财政收入中税收收入比重情况如表22-4所示。可以看出，信阳市税收收入的绝对额随着时间的推移在逐年增加，从2007年的144119万元增加到2012年的423215万元，增加了2.94倍；同时，税收收入占公共预算收入的比重也在随着时间的推移增加，从2007年的70.78%增加到2012年的76.31%，增加了5.53个百分点。从纳入公共预算的非税收入来看，情况正好相反，非税收入占公共预算的比重在逐年下降，从2007年的29.22%下降到2012年的23.69%，下降了5.53个百分点。

表22-4 信阳市2007～2012年公共预算收入中税收收入的比重情况

单位：万元,%

年 份	公共预算收入	税收收入	税收收入占比	非税收入	非税收入占比
2007	203629	144119	70.78	59510	29.22
2008	249945	175833	70.35	74112	29.65
2009	280210	200475	71.54	79735	28.46
2010	341000	256100	75.10	84900	24.90
2011	443300	343000	77.37	100300	22.63
2012	554589	423215	76.31	131374	23.69

表22-5显示了信阳市税收收入占比、河南省税收收入占比和全国税收收入占比。无论是河南省的这一比例还是信阳市的这一比例，都没有全国税收收入占比高，差距最大的年份是2007年，达到18.11个百分点，其他年份的差距也都在9个百分点以上。但可喜的是，信阳市税收占财政收入的比重在逐年上升，这一趋势是好的，而我国这一比例是逐年下降的。税收在多数国家财政收入中的比重超过了90%。信阳市乃至河南省税收占财政收入比重较低，警示我们要在我国财政收入不断增长的同时，关注财政收入结构问题。

表22-5 信阳市、河南省、全国2007～2012年税收收入占财政收入比重情况

单位:%

年 份	信阳市税收收入占比	河南省税收收入占比	全国税收收入占比
2007	70.78	72.5	88.89
2008	70.35	73.6	88.41
2009	71.54	73.0	86.87
2010	75.10	73.6	88.10
2011	77.37	73.4	86.39
2012	76.31	72.0	85.83

表 22 - 6 显示了信阳市 2007 ~ 2012 年四大税种（增值税、营业税、企业所得税、个人所得税）收入及其占税收收入总额的比重。可以看出，四大税种的绝对额都呈现逐年上升的态势；营业税在税收中所占比重最大，其次是企业所得税，再次是增值税和个人所得税。在四大税种中，企业所得税占比在逐年上升，其中企业所得税从 2007 年的 3.11% 上升至 2012 年的 9.63%，上升了 6.52 个百分点，上升的幅度较大；营业税的变化则比较复杂，2007 年为 45.02%，2008 年下降到 43.15%，之后的 2009 年上升至 44.52%，2010 年下降至 42.72%，2012 年有缓慢上升，达到 43.64%；而增值税和个人所得税的占比在逐年下降，其中增值税在 2007 ~ 2012 年下降了 6.23 个百分点，个人所得税下降了 4.31 个百分点，下降的幅度都较大。这说明了以下几个方面的问题：一是由于增值税与工业经济运行密切相关，增值税的下降说明了信阳市工业增加值增速放缓，而企业所得税的增加说明了工业企业利润的大幅增加；营业税的增加说明了信阳市第三产业的发展较快；个人所得税下降的主要原因在于我国个人所得税改革缩小了税基。

表 22 - 6　信阳市 2007 ~ 2012 年税收收入的项目结构情况

单位：万元，%

年　份	税收收入	增值税		营业税		企业所得税		个人所得税	
		数额	占比	数额	占比	数额	占比	数额	占比
2007	144119	21836	15.15	64878	45.02	7.21	3.11	10396	7.21
2008	175833	24096	13.70	75875	43.15	5.77	3.99	10144	5.77
2009	200475	25050	12.50	89252	44.52	4.54	3.75	9092	4.54
2010	256100	26700	10.43	109400	42.72	3.90	5.23	10000	3.90
2011	343000	35300	10.29	148900	43.41	3.76	7.93	12900	3.76
2012	423215	37737	8.92	184711	43.64	2.90	9.63	12281	2.90

22.3.2　信阳市财政收入的地区结构分析

信阳市现辖 8 个县。其中，息县面积 1893 平方千米，人口 108.74 万人；淮滨县面积 1208 平方千米，人口 74.71 万人；潢川县面积 1636 平方千米，人口 86.75 万人；光山县面积 1835 平方千米，人口 83.11 万人；固始县面积 2944 平方千米，人口 173.6 万人；商城县面积 2111 平方千米，人口 76.73 万人；罗山县面积 2171 平方千米，人口 74.61 万人；新县面积 1555 平方千米，人口 37.71 万人。

表 22 - 7 显示了 2007 ~ 2012 年信阳市 8 个县的财政收入情况。可以看出，信阳市 8 个县财政收入的绝对数都是逐年增加的，从平均数看，2012 年是 2007 年的 2.33 倍。参考各年财政收入的绝对数，在信阳 8 个县中，固始县财政收入始终处于第一位，2012 年其财政收入是最后一名新县的 3.28 倍；其次是潢川县、光山县、罗山县等。

表 22 - 7　信阳市 2007～2012 年财政收入的地区结构情况

单位：万元

县　城	2007 年	2008 年	2009 年	2010 年	2011 年	2012 年
罗山县	10360	12700	15118	19068	24416	30675
光山县	15163	18397	20666	24112	29148	34185
新　县	8810	10500	11773	13387	16799	19019
商城县	10798	12959	15000	18000	22428	28162
固始县	28872	34127	38291	43640	50056	62420
潢川县	17826	20220	21106	25224	30919	36745
淮滨县	8081	10020	12025	14510	18650	22951
息　县	12227	14295	16051	18521	21415	26812
平　均	14017.13	16652.25	18753.75	22057.75	26728.88	32621.13

22.4　信阳市财政支出规模分析

22.4.1　信阳市财政支出规模的绝对数分析

信阳市 2003～2012 年财政支出规模情况如表 22 - 8 所示。信阳市的财政支出是在稳步增加的，2003 年财政支出 34.97 亿元，2012 年增长到 277.11 亿元，2003～2012 年财政支出较上年增加数平均为 24.67 亿元，年均增加比重为 24.97%，增长比较迅速，在全省的排名一直在第 5～7 位徘徊。

表 22 - 8　信阳市 2003～2012 年财政支出规模情况

单位：亿元,%

年　份	公共预算支出	财政支出较上年增加数	财政支出较上年增加比重	当年财政支出在河南省的位次
2003	34.97	4.60	15.14	6
2004	42.30	7.33	20.97	4
2005	51.27	8.97	21.20	7
2006	66.82	15.55	30.33	7
2007	95.09	28.27	42.31	5
2008	119.94	24.85	26.14	5
2009	153.37	33.43	27.87	5
2010	173.76	20.39	13.30	6
2011	222.80	49.04	28.23	6
2012	277.11	54.31	24.37	6
平　均	—	24.67	24.97	—

信阳市 2003～2012 年公共预算支出绝对数逐年稳步增加。从增长率来看，在较大幅度范围内波动，年度之间增长速度也不均衡，增长最快的是 2007 年，增速为 42.31%；增速最慢的是 2010 年，增速仅有 13.30%。

22.4.2　信阳市财政支出规模的相对数分析

信阳市 2003～2012 年财政支出占地区生产总值的比重情况如表 22-9 所示。信阳市财政支出与信阳市地区生产总值之间的关系，2003 年信阳市财政支出为 34.97 亿元，地区生产总值为 347.12 亿元，财政支出占信阳市地区生产总值的比重为 10.07%，到 2012 年，财政支出为 277.11 亿元，地区生产总值为 1397.32 亿元，财政支出占地区生产总值的比重为 19.83%，增长比较迅速。其中，2008 年受到金融危机的影响，财政收入占地区生产总值的比重并未受到影响，2008 年信阳市财政支出占地区生产总值比重为 13.84%，2010 年财政支出占地区生产总值比例出现明显下降，为 15.91%，2010～2012 年都没有出现太大的变化，都是在稳定增长。

表 22-9　信阳市 2003～2012 年财政支出占地区生产总值的比重情况

单位：亿元,%

年　份	财政支出	地区生产总值	财政支出占信阳市地区生产总值的比重
2003	34.97	347.12	10.07
2004	42.30	434.27	9.74
2005	51.27	508.56	10.08
2006	66.82	588.35	11.36
2007	95.09	699.03	13.60
2008	119.94	866.79	13.84
2009	153.37	835.29	18.36
2010	173.76	1091.83	15.91
2011	222.80	1257.68	17.72
2012	277.11	1397.32	19.83

信阳市 2003～2012 年财政支出占市地区生产总值的比重呈现上升的趋势，仅在 2010 年出现了小幅度的下降，与财政收入的变动趋势保持一致，即从 2009 年的 18.36% 下降至 2010 年的 15.91%。2012 年信阳市财政支出占市地区生产总值的比重达到最大值，为 19.83%，2004 年达到最小值，为 9.74%。

从表 22-10 可以看出信阳市财政支出与河南省财政支出之间的关系，在信阳市财政支出增长的同时，河南省的财政支出也在增长，但是信阳市财政支出占河南省财政支出的比重从 2003 年的 4.88% 变为 2012 年的 5.54%，增长了 0.66 个百分点，变化不是很明显，说明信阳市财政支出在河南省变化并不是很明显，但是有缓慢的增长。

表 22 - 10   信阳市 2003～2012 年财政支出占河南省财政支出的比重情况

单位：亿元，%

年　份	财政支出	河南省财政支出	财政支出占河南省财政支出的比重
2003	34.97	716.6	4.88
2004	42.30	879.96	4.81
2005	51.27	1116.04	4.59
2006	66.82	1440.09	4.64
2007	95.09	1870.61	5.08
2008	119.94	2281.61	5.26
2009	153.37	2905.76	5.28
2010	173.76	3416.14	5.09
2011	222.80	4248.82	5.24
2012	277.11	5006.40	5.54

　　信阳市 2003～2012 年财政支出占河南省财政支出的比重呈现平稳上升的趋势。信阳市财政支出占全省财政支出的比重最高是 2012 年的 5.54%，最低为 2005 年的 4.59%，其他年份波动不大，但普遍来说比重很小，在 4.5%～5.5%。

　　从表 22 - 11 可以看出，信阳市财政支出的边际系数从 2007 年的 0.26 升至 2012 年的 0.39，可见信阳市财政支出的年增加额相对于地区生产总值年增加额的结构是在发生着变化的。2007～2009 年，信阳市的财政支出的边际系数缓慢下降，但在 2009 年甚至达到 -1.06，主要是金融危机导致经济下滑。2010 年 0.08，实现了由负到正的转变，并实现了增长，2010～2012 年有增大的趋势说明信阳市的财政支出快于地区生产总值增长的速度。从边际系数的分析中可以使得我们对信阳市的财政支出规模有更深层次的了解。

表 22 - 11   信阳市 2007～2012 年财政支出的边际系数

单位：亿元

年　份	财政支出	财政支出年增加额	地区生产总值	地区生产总值年增加额	财政支出的边际系数
2007	95.09	28.27	699.03	110.68	0.26
2008	119.94	24.85	866.79	167.76	0.15
2009	153.37	33.43	835.29	-31.50	-1.06
2010	173.76	20.39	1091.83	256.54	0.08
2011	222.80	49.04	1257.68	165.85	0.30
2012	277.11	54.31	1397.32	139.64	0.39

　　由表 22 - 12 可以看出，信阳市财政支出的弹性系数从 2007 年的 2.25 到 2012 年的 2.20，变化很大，不稳定。2007～2009 年信阳市财政支出的弹性系数出现了下降，但 2009 年达到了 -7.68，2010 年达到 0.43，实现了由负到正的转变。2010～2012 年信阳市的财政支出弹性系数是正值，并有增大的趋势，说明信阳市财政支出的增长快于地区生产总值的增长。

表 22 – 12　信阳市 2007～2012 年财政支出的弹性系数

单位：亿元,%

年　份	财政支出	财政支出年增长率	地区生产总值	地区生产总值年增长率	财政支出的弹性系数
2007	95.09	42.31	699.03	18.81	2.25
2008	119.94	26.14	866.79	24.00	1.09
2009	153.37	27.87	835.29	– 3.63	– 7.68
2010	173.76	13.30	1091.83	30.71	0.43
2011	222.80	28.23	1257.68	15.19	1.86
2012	277.11	24.37	1397.32	11.10	2.20

22.5　信阳市财政支出结构分析

22.5.1　信阳市财政支出项目结构分析

信阳市 2007～2012 年财政支出项目绝对数结构情况如表 22 – 13 所示。河南省的财政支出从 2007 年的 1546.99 亿元，增大到 2012 年的 5006.40 亿元，增长 3.3 倍，信阳市的财政支出也从 2007 年的 95.09 亿元，增大到 2012 年的 277.11 亿元，增长近 2 倍，小于等于全省的增长倍数。2010 年后统计项目发生变化，财政支出中其他支出被分为交通运输支出和住房保障支出两项。信阳市中的财政支出中，教育、一般公共服务、农林水事务在信阳市的财政支出中占有较大份额，其中教育支出 2012 年支出 75.10 亿元，一般公共服务支出 46.46 亿元。并且，2007 年信阳市教育支出 24.62 亿元，6 年增长了 3 倍多，增长迅速。

表 22 – 13　信阳市 2007～2012 年财政支出项目绝对数结构情况

单位：亿元

年份	财政支出合计	一般公共服务	公共安全	教育	科学技术	文化体育与传媒	社会保障和就业	医疗卫生	环境保护	城乡社区事务	农林水事务	交通运输	住房保障
2007	95.09	18.25	5.05	24.62	0.69	0.97	13.94	5.63	3.44	3.96	9.98		8.56
2008	119.94	24.78	5.78	30.34	0.78	1.38	13.37	8.71	4.52	4.83	16.87		8.58
2009	153.37	29.67	7.71	35.34	0.91	2.11	17.02	13.79	4.34	5.54	21.68		15.27
2010	173.76	30.34	9.19	40.04	1.16	2.15	19.64	15.88	3.58	7.72	21.85	7.40	3.60
2011	222.80	36.57	8.68	58.29	1.41	2.55	26.82	20.32	5.07	5.31	29.21	13.06	7.18
2012	277.11	46.46	10.44	75.10	1.83	2.87	28.06	24.26	6.50	6.42	41.58	13.71	11.95

从表 22 – 14 可以看出，信阳市财政支出占河南省财政支出的比例从 2007 年的 6.15% 下降到了 2012 年的 5.54%，下降比例不多，相对比较稳定，其中的各个支出项目变化也不是很剧烈，相对稳定，说明信阳市的财政支出水平与河南省的支出相适应，其中环境保

护支出比重从2007年的8.31%下降到2012年的5.94%，下降较为明显。社会保障和就业支出比重从2007年的6.32%下降到2012年的4.44%。一般公共服务支出比重从2007年的6.26%增长到2012年的7.01%。文化体育与传媒支出比重从2007年的3.65%增长到2012年的4.12%。2012年信阳市农林水事务支出比重为7.54%，在其他支出项目比重中最高，说明信阳市在农林水事务支出中投入较多。2012年信阳市科学技术支出比重为2.63%，在其他支出项目比重中最低，说明信阳市科学技术支出在河南省中投入较少。

表22-14　信阳市2007～2012年财政支出项目相对数结构情况

单位：%

年份	财政支出合计	一般公共服务	公共安全	教育	科学技术	文化体育与传媒	社会保障和就业	医疗卫生	环境保护	城乡社区事务	农林水事务	交通运输	住房保障
2007	6.15	6.26	4.95	7.52	3.39	3.65	6.32	6.68	8.31	3.56	8.07	4.32	
2008	6.45	7.45	4.86	7.57	3.09	3.98	6.07	6.59	6.30	3.57	9.36	4.16	
2009	6.50	7.72	5.25	7.44	3.05	4.24	5.84	7.01	4.82	4.24	8.78	4.79	
2010	5.09	6.34	4.84	6.57	2.60	3.91	4.26	5.88	3.71	4.67	5.47	4.26	4.67
2011	5.24	6.54	4.24	6.80	2.49	4.43	4.89	5.62	5.30	2.77	6.08	4.64	5.03
2012	5.54	7.01	4.27	6.79	2.63	4.12	4.44	5.69	5.94	2.70	7.54	4.56	6.44

根据表22-15，从历年信阳市和全省的财政支出项目结构（相对数）数据比对来看，可以发现以下问题。一般公共服务项目占比要低于全省占比，其年度差额幅度逐渐缩小；在公共安全方面的投入与全省投入水平差别不大；在教育支出方面的投入要低于全省投入水平，差额在10个百分点以上，差距较大；在科学技术支出方面的投入方面，信阳与全省投入都很低，差距并不大；在文化体育与传媒方面，信阳市投入要大于全省水平；在社会保障和就业方面的支出历年都低于全省水平；在医疗卫生方面的投入要低于全省投入水平。

表22-15　信阳市2007～2012年财政支出相对数结构与河南省比较分析

单位：%

年份	省市	一般公共服务	公共安全	教育	科学技术	文化体育与传媒	社会保障和就业	医疗卫生	环境保护	城乡社区事务	农林水事务	交通运输	住房保障
2007	河南省	18.84	6.6	21.16	1.31	1.71	14.26	5.45	2.68	7.18	7.99	12.82	
	信阳市	6.26	4.95	7.52	3.39	3.65	6.32	6.68	8.31	3.56	8.07	4.32	
2008	河南省	17.8	6.2	19.5	1.3	1.8	14.5	6.4	3.3	5.9	9.2	12.2	
	信阳市	7.45	4.86	7.57	3.09	3.98	6.07	6.59	6.30	3.57	9.36	4.16	
2009	河南省	16.27	6.22	20.13	1.27	2.11	12.34	8.33	3.82	5.54	10.46	13.51	
	信阳市	7.72	5.25	7.44	3.05	4.24	5.84	7.01	4.82	4.24	8.78	4.79	

年份	省市	一般公共服务	公共安全	教育	科学技术	文化体育与传媒	社会保障和就业	医疗卫生	环境保护	城乡社区事务	农林水事务	交通运输	住房保障
2010	河南省	14.01	5.55	17.84	1.31	1.61	13.5	7.91	2.82	4.84	11.69	5.09	2.26
	信阳市	6.34	4.84	6.57	2.60	3.91	4.26	5.88	3.71	4.67	5.47	4.26	4.67
2011	河南省	13.16	4.82	20.17	1.33	1.35	12.9	8.51	2.25	4.5	11.31	6.62	3.36
	信阳市	6.54	4.24	6.80	2.49	4.43	4.89	5.62	5.30	2.77	6.08	4.64	5.03
2012	河南省	13.24	4.88	22.1	1.39	1.39	12.62	8.51	2.19	4.75	11.02	6	3.71
	信阳市	7.01	4.27	6.79	2.63	4.12	4.44	5.69	5.94	2.70	7.54	4.56	6.44

22.5.2　信阳市财政支出的地区结构分析

信阳市 2007～2012 年财政支出的地区结构情况如表 22－16 所示。信阳市 8 个县财政支出的绝对数都是逐年增加的，从平均数看，2012 年是 2007 年的 2.99 倍。参考各年财政支出的绝对数，在信阳 8 个县中，固始县财政支出始终处于第一位，2012 年其财政支出是最后一名新县的 2.90 倍；其次是息县、光山县、潢川县等。

表 22－16　信阳市 2007～2012 年财政支出的地区结构

单位：万元

县　域	2007 年	2008 年	2009 年	2010 年	2011 年	2012 年
罗山县	77509	98928	131598	140980	186198	221908
光山县	78603	100197	129622	142008	182827	242120
新　县	60205	65113	95670	93692	114353	148600
商城县	78666	98386	132760	144390	186500	226000
固始县	132113	166409	214416	244576	294706	431332
潢川县	79562	104868	130048	140272	182276	235137
淮滨县	71680	87690	108000	123450	167530	223229
息　县	84084	108073	140540	166941	211533	254032
平　均	82802.75	103708.00	135331.75	149538.63	190740.38	247794.75

22.6　小结

信阳市近年来加强财政收入和支出工作，财政工作取得了一定的成就，具体如下。

一是财政收入稳步增长。近年来信阳市财税部门上下通力合作，依法组织收入，建立联席会议制度，加强税收征管的基础基层工作，依法组织收入，严厉打击偷、漏、骗、欠税行为，进一步提高财政收入的增长速度和增长质量，同时加强非税收入征管，开展非税收入稽查和会计质量检查，实行"票款分离"，收入直达国库。公共预算收入在 2007～2012 年，除 2009 年受金融危机影响收入增长较缓外，其余年份增长率都在 20% 以上。2012 年全市公共预算收入完成 554585 万元，比上年增长 25.1%，增幅居全省第二位。

二是支出规模迈上新台阶。近年来，信阳市财政坚持"积极稳妥、保障民生"，促进了社会事业的发展和民生问题的持续改善。①统筹安排，确保财政供给人员的工资性支出。②保证机构正常运转的需要，对省、市政府确定的十项民生工程和十件实事等项目支出，及时进行了安排。③对法定支出和涉及稳定的支出、重点工程支出，按照轻重缓急，多方筹措资金，妥善加以安排。2008 年全市公共预算支出规模登上 100 亿元台阶，2011 年登上 200 亿元台阶，2012 年达到 278 亿元。与人民群众日常生活密切相关的基本民生支出 2012 年达到 211 亿元，增长 25.7%，占公共预算支出的 75.9%。

信阳市财政收支的良好现状除了经济发展水平的提升等因素以外，还得益于财政管理监督水平的提高，近年来信阳市财政主要从财政业务管理、政府采购管理、项目评审管理和财政财政资金方面进行了一系列有益的探索。

一是加强业务管理，推进国库管理制度改革。①按照"合理调配，优先支付，保证重点，照顾一般"的原则，及时调度资金，确保优先支付，实现财政专户资金保值增值。②为进一步深化国库集中支付制度改革，提高公务支出透明度，加强财政监督，在市本级预算单位全面推行公务卡改革。

二是加强采购管理，扩大政府采购规模和范围。全市大力推广电子化政府采购工作，积极探索市县联合、区域统一的市场模式，建立多层次、全方位的监督机制。

三是加强评审管理，完善投资评审机制。围绕政府投资项目，加强制度建设，完善评审机制，严格评审程序，提高投资效益，规范政府投资。

四是加强资金管理，完善财政监督机制。构建财政监督长效机制，加强预算绩效管理，促进财政监督与财政管理有机融合。对专项资金、惠农强农资金进行监督检查，保证了财政资金的安全。逐步建立财政部门、主管部门、资金使用单位、审计部门相互制约的预算执行监督体系。

第 23 章
济源市财政发展报告

23.1　济源市财政发展概述

　　济源市位于河南省西北部、黄河北岸，邻接晋城市，北依太行山，西距王屋山，南临十三朝古都洛阳，东接太极故里焦作，1997 年上升为省直辖县级行政单位，是中原经济区充满活力的新兴中心城市。济源市建成区面积 38 平方千米，总人口 68 万人，现有 5 个街道办事处、11 个镇、94 个居民委员会、456 个村民委员会。

　　2012 年济源市实现地区生产总值 430.86 亿元，同比增长 15.4%，人均生产总值为62358 元。其中，第一产业增加值 19.55 亿元，同比增长 6.46%；规模以上工业增加值277.93 亿元，同比增长 18.63%；第三产业增加值 85.47 亿元，同比增长 11.17%。2012年济源市城镇居民人均可支配收入为 21240 元，比上年增长 12.85%，农村居民人均纯收入为 10648 元，比上年增长 14.00%。2012 年底从业人员 45.30 万人，其中城镇从业人员18.74 万人。全市新增就业 0.34 万人；城镇登记失业率为 2.80%。全市城镇化率达到53.44%，比上年提高 2.00 个百分点。

　　济源市地方财政收入由 2003 年的 3.98 亿元增加到 2007 年的 15.04 亿元，增长了 2.8倍，规模在全省位次从 2003 年的第 18 位上升至 2007 年的第 17 位。2012 年财政收入28.87 亿元，是 2007 年的 1.9 倍，5 年时间财政收入实现了大约翻一番。全市地方财政支出由 2003 年的 5.98 亿元增加到 2012 年的 47.68 亿元，增长了将近 7 倍，规模在全省的位次保持在第 18 位。

　　近年来，济源市财政收入结构不断优化。一是财政收入占地区生产总值的比重稳步提高。财政收入占地区生产总值比重从 2003 年的 4.22% 提高到 2012 年的 6.70%。二是税收收入占比提高。2007 年税收收入占公共财政收入的比重为 81.99%，2012 年税收收入占公共财政收入比重为 74.15%。

23.2　济源市财政收入规模分析

23.2.1　济源市财政收入绝对规模分析

　　多年来，济源市加强经济运行调节，积极统筹财力，充分利用项目建设、招商引资和产业集聚区等有利平台，加强对重大招商引资项目和新投产项目的跟踪服务，培植和涵养新的财政收入增长点，切实将经济发展成果转化为财政增收成果，财政收入规模绝对数不断增加。

从表 23 - 1 可以看出，2003～2012 年济源市公共预算收入规模的绝对数稳步增加，10 年间从 3.98 亿元增加到 28.87 亿元，增长了 6 倍多。2003～2012 年财政收入较上年增加数平均为 2.89 亿元，年均增加比重为 21.46%；当年财政收入在全省的位次维持在第18 位。期间收入增长最快的 2005 年增速为 47.27%；增速最慢的是 2009 年，增速仅有10.66%。从增长趋势上看，2003～2012 年，财政收入绝对数逐年增长的趋势没有变化，环比增长率经历了先上升后降又缓慢上升的变化过程，保持 10% 以上的增长态势。

表 23 - 1　济源市 2003～2012 年公共预算收入情况

单位：亿元，%

年　份	公共预算收入	财政收入较上年增加数	财政收入较上年增加比重	当年财政收入在河南省的位次
2003	3.98	0.64	19.12	18
2004	5.63	1.65	41.43	18
2005	8.29	2.66	47.27	17
2006	10.82	2.53	30.52	17
2007	15.04	4.22	39.06	17
2008	18.08	3.04	20.21	17
2009	20.01	1.93	10.66	17
2010	22.22	2.21	11.06	17
2011	25.52	3.30	14.85	18
2012	28.87	3.35	13.11	18
平　均	—	2.89	21.46	—

23.2.2　济源市财政收入相对规模分析

如表 23 - 2 所示，2003～2012 年，济源市财政收入占地区生产总值比重从 2003 年的4.22% 增加到 2012 年的 6.70%，增加了 2.48 个百分点。济源市 2003～2012 年财政收入占地区生产总值的比重呈现上升的趋势，仅在 2008 年和 2010 年出现了小幅度的下降，即从 2007 年的 6.72% 下降至 2008 年的 6.27%，又从 2009 年的 7.29% 下降至 2010 年的6.47%。2009 年济源市财政收入占市地区生产总值的比重达到最大值，为 7.29%，2003年达到最小值，为 4.22%。

表 23 - 2　2003～2012 年济源市财政收入占市地区生产总值的比重情况

单位：亿元，%

年　份	财政收入	地区生产总值	财政收入占地区生产总值比重
2003	3.98	94.19	4.22
2004	5.63	120.55	4.67
2005	8.29	144.33	5.74

年　份	财政收入	地区生产总值	财政收入占地区生产总值比重
2006	10.82	181.03	5.97
2007	15.04	223.74	6.72
2008	18.08	288.35	6.27
2009	20.01	274.55	7.29
2010	22.22	343.38	6.47
2011	25.52	373.36	6.84
2012	28.87	430.86	6.70

从表23-3可以看出，2003～2012年济源市公共财政收入占河南省财政收入的比重呈现围绕均值上下小幅度波动的稳定态势。首先，济源市公共预算收入从2003年的3.98亿元增长到2012年的28.87亿元，而公共预算收入占河南省公共预算收入的比重从1.74%降低到1.41%，降低了0.33个百分点。其次，2003～2012年，在济源市地区生产总值不断增加的情况下，济源市财政收入占地区生产总值比重变化不大，在均值6.71%附近浮动。

表23-3　济源市2003～2012年财政收入占河南省财政收入的比重情况

单位：亿元，%

年　份	财政收入	河南省财政收入	财政收入占河南省财政收入比重
2003	3.98	338.05	1.18
2004	5.63	428.78	1.31
2005	8.29	537.65	1.54
2006	10.82	679.17	1.59
2007	15.04	862.08	1.74
2008	18.08	1008.90	1.79
2009	20.01	1126.06	1.78
2010	22.22	1381.32	1.61
2011	25.52	1721.76	1.48
2012	28.87	2040.33	1.41

济源市2007～2012年财政收入占河南省财政收入的比重呈现先上升后下降的趋势，即从2007年的1.74%上升至2008年的1.79%，随即降至2012年的1.41%；济源市财政收入占全省财政收入的比重最高是2008年的1.79%，比重最低为2012年的1.41%，其他年份波动不大，但普遍来说比重很小，均未超过2%。

23.3　济源市财政收入结构分析

表23-4显示了济源市2007～2012年的公共预算收入、税收收入及其占比、非税收

入及其占比。可以看出，济源市税收收入的绝对额随着时间的推移在逐年增加，从2007年的123302万元增加到2012年的214034万元，增加了1.74倍；同时，税收收入占公共预算收入的比重也在随着时间的推移降低，从2007年的81.99%下降到2012年的74.15%，减少7.84个百分点，其中2009年、2011年有小幅度的增加，平均占比为77.95%。从纳入公共预算的非税收入来看，情况正好相反，非税收入占公共预算的比重在逐年增加，从2007年的18.01%增加到2012年的25.85%，其中2009年、2011年有小幅度的减少，平均占比为22.05%。

表23-4　济源市2007~2012年公共预算收入中税收收入的比重情况

单位：万元，%

年　　份	公共预算收入	税收收入	税收收入占比	非税收入	非税收入占比
2007	150393	123302	81.99	27091	18.01
2008	180818	144909	80.14	35909	19.86
2009	200066	160823	80.38	39243	19.62
2010	222200	167600	75.43	54600	24.57
2011	255200	193000	75.63	62200	24.37
2012	288668	214034	74.15	74634	25.85

表23-5显示了济源市税收收入占比与河南省和全国的比较。从表中可以明显看出，济源市的这一比例都没有全国高，差距最大的年份是2010年，达到12.67个百分点。济源市税收占财政收入的比重与河南省税收收入占比的差距在逐年递减，2007年这一比例为9.49%，到2012年变为2.12%，下降了7.37个百分点。

表23-5　济源、河南省、全国2007~2012年税收收入占财政收入的比重

单位：%

年　　份	济源市税收收入占比	河南省税收收入占比	全国税收收入占比
2007	81.99	72.50	88.89
2008	80.14	73.57	88.41
2009	80.38	72.95	86.87
2010	75.43	73.59	88.1
2011	75.63	73.36	86.39
2012	74.15	72.03	85.83

表23-6显示了济源市2007~2012年四大税种（增值税、营业税、企业所得税、个人所得税）收入及其占税收收入总额的比重。可以看出，四大税种的绝对额都呈现逐年上升的态势；营业税在税收中所占比重最大，其次是企业所得税，再次是增值税和个人所得税。在四大税种中，营业税和企业所得税占比明显在逐年上升，其中营业税从2007年的17.13%上升至2012年的24.42%，上升了7.29个百分点；企业所得税从2007年的20.98%上升至2012年的22.04%，上升了1.06个百分点；增值税和个人所得税的占比在

逐年下降，其中增值税从 2007 年到 2012 年下降了 20.14 个百分点；个人所得税下降了 0.21 个百分点。

表 23-6　济源市 2007~2012 年税收收入的项目结构情况

单位：万元,%

年　份	税收收入	增值税		营业税		企业所得税		个人所得税	
		数额	占比	数额	占比	数额	占比	数额	占比
2007	123302	44220	35.86	21118	17.13	25872	20.98	3949	3.20
2008	144909	52681	36.35	23513	16.23	21866	15.09	4811	3.32
2009	160823	43838	27.26	28595	17.78	20624	12.82	5353	3.33
2010	167600	30900	18.44	35900	21.42	26700	15.93	6900	4.12
2011	193000	36600	18.96	43800	22.69	40500	20.98	7900	4.09
2012	214034	33656	15.72	52267	24.42	47175	22.04	6398	2.99

23.4　济源市财政支出规模分析

23.4.1　济源市财政支出规模的绝对数分析

从表 23-7 可以看出，济源市公共预算财政支出规模的绝对数稳步增加，从 2003 年的 5.98 亿元增长到 2012 年的 47.68 亿元，增加了 28.24 亿元，2003~2012 年财政支出较上年平均为 4.23 亿元，年均增加比重为 22.89%，其财政支出在全省的位次近年来一直处于 18 位，与其财政收入的排位保持一致。

表 23-7　济源市 2003~2012 年财政支出规模情况

单位：亿元,%

年　份	公共预算支出	财政支出较上年增加数	财政支出较上年增加比重	当年财政支出在河南省的位次
2003	5.98	0.59	10.92	18
2004	8.12	2.14	35.73	18
2005	11.29	3.17	39.04	18
2006	14.38	3.09	27.37	18
2007	19.44	5.06	35.21	18
2008	24.34	4.90	25.22	18
2009	29.64	5.30	21.76	18
2010	33.70	4.06	13.69	18
2011	39.89	6.19	18.36	18
2012	47.68	7.79	19.54	18
平　均	—	4.23	22.89	—

济源市 2003~2012 年公共预算支出绝对数逐年稳步增加。从增长率来看，2003~2012 年济源市财政支出各年之间没有明显的规律性的趋势，年度之间增长速度也不均衡，其中增长最快的为 2005 年，增速为 39.04%；增速最慢的是 2003 年，增速仅有10.92%。

23.4.2 济源市财政支出规模的相对数分析

从表 23-8 可知，在济源市地区生产总值不断增加的情况下，财政支出所占地区生产总值的比重也在逐步上升，从 2003 年的 6.35% 增长至 2012 年的 11.07%，仅在 2008 年和 2010 年出现了小幅度下降，其余年份均保持稳步上升，与财政收入的变动趋势基本保持一致，即从 2007 年的 8.69% 下降到 2008 年的 8.44%，从 2009 年的 10.80% 下降至 2010 年的 9.81%。济源市在 2012 年财政支出占市地区生产总值的比重达到最大，为 11.07%。

表 23-8　济源市 2003~2012 年财政支出占地区生产总值比重情况

单位：亿元，%

年　份	财政支出	地区生产总值	财政支出占地区生产总值比重
2003	5.98	94.19	6.35
2004	8.12	120.55	6.73
2005	11.29	144.33	7.82
2006	14.38	181.03	7.94
2007	19.44	223.74	8.69
2008	24.34	288.35	8.44
2009	29.64	274.55	10.80
2010	33.70	343.38	9.81
2011	39.89	373.36	10.68
2012	47.68	430.86	11.07

从表 23-9 可以看出，济源市 2003~2012 年财政支出占河南省财政支出的比重呈现先升后降的趋势；该比重最高是 2008 年的 1.07%，最低为 2003 年的 0.83%，其他年份波动不大，但普遍来说比重都比较小，均在 1% 附近浮动。

表 23-9　济源市 2003~2012 年财政支出占河南省财政支出的比重情况

单位：亿元，%

年　份	财政支出	河南省财政支出	财政支出占河南省财政支出的比重
2003	5.98	716.60	0.83
2004	8.12	879.96	0.92
2005	11.29	1116.04	1.01
2006	14.38	1440.09	1.00
2007	19.44	1870.61	1.04

年 份	财政支出	河南省财政支出	财政支出占河南省财政支出的比重
2008	24.34	2281.61	1.07
2009	29.64	2905.76	1.02
2010	33.70	3416.14	0.99
2011	39.89	4248.82	0.94
2012	47.68	5006.40	0.95

表 23－10 可知，济源市财政支出的边际系数多数年份在 0.1～0.2，但有些年份边际系数较大（如 2011 年达到 0.21），有些年份较小甚至出现负值（如 2009 年为－0.38）。

表 23－10 济源市 2003～2012 年财政支出的边际系数

单位：亿元

年 份	财政支出	财政支出年增加额	地区生产总值	地区生产总值增加额	财政支出的边际系数
2003	5.98	0.59	94.19	14.57	0.04
2004	8.12	2.14	120.55	26.36	0.08
2005	11.29	3.17	144.33	23.78	0.13
2006	14.38	3.09	181.03	36.71	0.08
2007	19.44	5.06	223.74	42.71	0.12
2008	24.34	4.90	288.35	64.61	0.08
2009	29.64	5.30	274.55	－13.80	－0.38
2010	33.70	4.06	343.38	68.82	0.06
2011	39.89	6.19	373.36	29.99	0.21
2012	47.68	7.79	430.86	57.50	0.14

财政支出弹性系数是指年度财政支出变化率与年度地区生产总值变化率的比值。财政支出弹性系数反映了在预算年度内，财政支出变化率对地区生产总值变化率反应得敏感程度。其值的含义是指当地区生产总值有 1% 的变化时所带来的财政支出的变化百分比。由表 23－11 可知，济源市财政支出的弹性系数多数年份维持在 1.0～2.0，有些年份较大（如 2011 年达到 2.10），有些年份较小（如 2010 年为 0.55）。大部分年份的财政支出弹性系数大于 1，这说明财政支出的变化率快于年度地区生产总值变化率，或者说财政支出变化相对于年度地区生产总值变化比较敏感。

表 23－11 济源市 2003～2012 年财政支出的弹性系数

单位：亿元,%

年 份	财政支出	财政支出年增长率	地区生产总值	地区生产总值年增长率	财政支出的弹性系数
2003	5.98	10.92	94.19	18.31	0.60
2004	8.12	35.73	120.55	27.98	1.28

续表

年　份	财政支出	财政支出年增长率	地区生产总值	地区生产总值年增长率	财政支出的弹性系数
2005	11. 29	39. 04	144. 33	19. 72	1. 98
2006	14. 38	27. 37	181. 03	25. 43	1. 08
2007	19. 44	35. 21	223. 74	23. 59	1. 49
2008	24. 34	25. 22	288. 35	28. 88	0. 87
2009	29. 64	21. 76	274. 55	- 4. 78	- 4. 55
2010	33. 70	13. 69	343. 38	25. 07	0. 55
2011	39. 89	18. 36	373. 36	8. 73	2. 10
2012	47. 68	19. 54	430. 86	15. 40	1. 27

23.5　济源市财政支出结构分析

从表 23 - 12 和表 23 - 13 来看，济源市一般公共服务支出尽管总额在不断上升，但是其占总支出的比重在逐年下降，从 2007 年的占比 17.74% 下降到 2012 年的占比 13.33%，这一趋势符合公共财政的内在要求；公共安全支出占比在基本稳定的基础上有所下降；教育支出占比总体呈现上升趋势，个别年份有下降的情况，比如 2008 年这一比例为16.53%，低于 2007 年 17.95% 的水平；科学技术支出占比呈现逐年下降趋势；文化体育与传媒支出占比逐年下降，从 2007 年的 2.05% 下降到 2012 年的 1.47%，下降了 0.58 个百分点；社会保障和就业支出逐年下降，从 2007 年的 11.17% 下降到 2012 年的 9.40%，下降了 1.77 个百分点；环境保护支出先升后降，最高占比为 2010 年的 6.89%，最低则为2007 年的 3.01%；城乡社区事务支出逐年下降，从 2007 年的 10.47% 下降为 2012 年的6.91%，下降了 3.56 个百分点。此外，从各年的财政支出相对数排名情况，教育支出在历年都居第一位的，这和绝对数支出的排位是吻合的；其次是一般公共服务支出；再次是农林水事务支出等。

表 23 - 12　济源市 2007～2012 年财政支出各项目绝对数情况

单位：亿元

年份	财政支出合计	一般公共服务	公共安全	教育	科学技术	文化体育与传媒	社会保障和就业	医疗卫生	环境保护	城乡社区事务	农林水事务	其他支出
2012	47. 68	6. 35	2. 29	9. 61	0. 44	0. 70	4. 48	3. 96	2. 41	3. 30	6. 25	7. 89
2011	39. 89	5. 43	1. 58	7. 60	0. 39	0. 51	4. 11	2. 63	1. 79	2. 73	5. 57	7. 55
2010	33. 70	4. 63	1. 36	5. 52	0. 34	0. 46	3. 82	2. 14	2. 32	2. 83	4. 94	5. 34
2009	29. 64	4. 24	1. 44	4. 91	0. 28	0. 52	3. 07	1. 92	1. 97	2. 29	4. 36	4. 64
2008	24. 34	3. 80	1. 24	4. 02	0. 23	0. 36	2. 11	1. 03	1. 37	2. 61	3. 17	4. 40
2007	19. 44	3. 45	1. 04	3. 49	0. 18	0. 40	2. 17	0. 77	0. 58	2. 04	1. 72	3. 60

表 23 - 13　济源市 2007 ~ 2012 年财政支出各项目相对数情况

单位:%

年份	一般公共服务	公共安全	教育	科学技术	文化体育与传媒	社会保障和就业	医疗卫生	环境保护	城乡社区事务	农林水事务	其他支出
2012	13.33	4.81	20.15	0.92	1.47	9.40	8.31	5.05	6.91	13.11	16.55
2011	13.61	3.95	19.06	0.99	1.28	10.3	6.59	4.48	6.84	13.97	18.93
2010	13.74	4.02	16.37	1.02	1.36	11.35	6.34	6.89	8.4	14.66	15.86
2009	14.29	4.85	16.55	0.96	1.77	10.35	6.49	6.65	7.71	14.70	15.67
2008	15.60	5.10	16.53	0.93	1.47	8.66	4.25	5.63	10.71	13.04	18.07
2007	17.74	5.36	17.95	0.94	2.05	11.17	3.94	3.01	10.47	8.84	18.52

　　根据表 23 - 14 可以看出,济源市一般公共服务项目占比 2012 年高于全省 0.09 个百分点,2011 年占比高于全省 0.45 个百分点,其他年度差额幅度在 0.27 ~ 2.20 个百分点。济源市在公共安全方面的投入要低于全省投入水平,其年度差额幅度在 0.07 ~ 1.53 个百分点。济源市在教育支出方面的投入要低于全省投入水平,其年度差额幅度在 1.11 ~ 3.58 个百分点。济源市在科技支出方面的投入普遍低于全省占比,其年度差额幅度在 0.223 ~ 0.47 个百分点。济源市在文化体育和传媒方面的支出水平在 2012 年和 2007 年比全省高,其他年度都比全省低。

表 23 - 14　济源市 2007 ~ 2012 年财政支出相对数结构与河南省比较分析

单位:%

年份	省市	一般公共服务	公共安全	教育	科学技术	文化体育与传媒	社会保障和就业	医疗卫生	环境保护	城乡社区事务	农林水事务	其他
2012	河南省	13.24	4.88	22.10	1.39	1.39	12.62	8.51	2.19	4.75	11.02	6.00
	济源市	13.33	4.81	20.15	0.92	1.47	9.40	8.31	5.05	6.91	13.11	16.55
2011	河南省	13.16	4.82	20.17	1.33	1.35	12.90	8.51	2.25	4.50	11.31	6.62
	济源市	13.61	3.95	19.06	0.99	1.28	10.30	6.59	4.48	6.84	13.97	18.93
2010	河南省	14.01	5.55	17.84	1.31	1.61	13.50	7.91	2.82	4.84	11.69	5.09
	济源市	13.74	4.02	16.37	1.02	1.36	11.35	6.34	6.89	8.40	14.66	15.86
2009	河南省	16.27	6.22	20.13	1.27	2.11	12.34	8.33	3.82	5.54	10.46	13.51
	济源市	14.29	4.85	16.55	0.96	1.77	10.35	6.49	6.65	7.71	14.70	15.67
2008	河南省	17.80	6.20	19.50	1.30	1.80	14.50	6.40	3.30	5.90	9.20	12.20
	济源市	15.60	5.10	16.53	0.93	1.47	8.66	4.25	5.63	10.71	13.04	18.07
2007	河南省	18.84	6.60	21.16	1.31	1.71	14.26	5.45	2.68	7.18	7.99	12.82
	济源市	17.74	5.36	17.95	0.94	2.05	11.17	3.94	3.01	10.47	8.84	18.52

23.6 小结

从财政收入规模来看，2003 年，济源市的地区生产总值为 94.19 亿元，其财政收入为 3.98 亿元；2012 年，济源市的地区生产总值为 430.86 亿元，财政收入绝对规模增长至 28.87 亿元。除了济源市财政收入的绝对规模增加以外，我们还注意到其财政收入的相对规模也有一个较大幅度的增长，由于济源市面积小、人口少，其财政收入总规模在河南省的排名一直靠后垫底，但从人均指标看，2012 年济源市人均财政收入 4124.29 元，大约是全省人均财政收入为 2169.18 元的 2 倍，在河南省仅次于郑州市。

济源市作为河南省西北部的一个新兴城市，从 1988 年撤县建市，到 1997 年实行省直管体制，到被列入中原城市群、被确定为城乡一体化试点城市，走过了从大到小、从低到高、从稚嫩到苗壮、从貌不惊人到亮丽转身的历程。第一，济源市深入开展"龙头引进年"和"项目落实年"活动，开放招商规模扩大、质量提升、领域拓宽，分别签约或开工建设了中国煤科矿用机电产业园、西安交大科技产业园、天能绿色能源、巨力钢丝绳等一批重大战略性结构调整项目，引进了令全省瞩目的富士康产业园项目，实现当年洽谈、签约、建设、达产，创造了"济源速度"。第二，济源积极开展中原经济区西北四市战略合作研究，加强与周边城市的务实合作，区域发展合力增强。第三，济源强力推进项目建设，积蓄发展后劲。把项目建设作为拉动增长、促进转型、积蓄后劲的重要抓手，强化领导分包、台账管理、奖惩激励、观摩点评等推进措施，实施千万元以上项目 436 个，完成投资 281 亿元，其中亿元以上项目 219 个，重点实施了沁北电厂三期、河口村水库、小浪底北岸灌区、沁济天然气、玉川 220KV 变电站、济源－吉利快速通道等一大批经济发展支撑项目。第四，济源强力推进产业集聚（开发）区基础设施建设，载体功能进一步增强。以"基础设施建设"为抓手，统筹整合各类要素资源，进一步提升产业集聚（开发）区的承载能力，完成基础设施建设投资 38 亿元，其中虎岭集聚区入选中原经济区 100 名片，玉川集聚区成功创建省新型工业化示范产业集聚区，高新技术产业开发区成为省级高新技术产业开发区。第五，济源市作为河南省城乡一体化试点市，从 2008 年 8 月 1 日起在 16 个镇（街道办）事处全面实行"放权强镇"战略，出台了支持镇级发展的一系列新政策，在财政体制方面给予了镇级较大倾斜，极大地促进了镇级政府服务经济发展的积极性，镇级公共预算收入迅猛增加。

虽然从财政支出看，济源市财政支出总额一直排在末位，但从人均财政支出看，2012 年其人均财政支出 6811.43 元，比全省人均高出约 1500 元。同时，济源市民生财政投入不断加大，财政支出结构不断优化。财政对民生领域的投入逐年递增，2009 年全市用于民生事业的支出占到整个财政支出的 61.9%，2010 年增加到 64.9%，2012 年全市公共财政用于民生事业发展的支出为 33.44 亿元，占到财政总支出的 70.1%。济源市在健全和完善公共财政体系的过程中，把改善和保障民生放在重要位置，以"小市办大事"的气魄和"小财政办好大民生"的胆识，积极探索"民生财政"发展之路，形成了较为完善的民生财政保障体制和机制，稳步推进民生事业发展，不断加快和谐富裕新济源的建设步伐。财政部门始终把"民生工程"和"幸福工程"作为财政保障的重中之重,将民生事项纳入预算管理,将资金预算安排到具体的民生项目,有效地保障了各项民生工程的实施。济源市腾出资金投入经济社会发展,在保运转、保工资的前提下,逐步把目光转移和聚焦到发展民生事业上,认真思考"民生财政"建设问题。为此,财政逐年加大对民生领域的投入力度,由"量力而行"到"尽力而为",充分发挥了"小财政托起大民生"的支撑作用,人民群众普遍得到实惠,开创了财政保障和改善民生的全新局面,让人民群众更加充分享受到发展的成果,为建设和谐富裕新济源做出了积极的贡献。

区域篇二（山西、河北、山东、安徽部分）

第 24 章
运城市财政发展报告

24.1 运城市财政发展概述

运城市古称河东，是三国时期蜀汉名将关羽的故乡，位于山西省西南部，北依吕梁山与临汾市接壤，东峙中条山和晋城市毗邻，西、南与陕西省渭南市、河南省三门峡市隔黄河相望。全市辖 1 区 2 市 10 县 133 个乡镇（街道办事处）3338 个行政村。全市总人口 519.46 万人。

2012 年运城市实现地区生产总值 1068.1 亿元。其中，第一产业增加值 177 亿元，增长 6.4%；第二产业增加值 491.8 亿元，增长 7.5%；第三产业增加值 399.3 亿元，增长 8.6%。在第三产业中，金融业实现增加值 30.8 亿元，增长 19.4%；房地产业实现增加值 28.3 亿元，增长 13.7%；批发和零售业实现增加值 84.9 亿元，增长 11.3%；交通运输、仓储和邮政业实现增加值 96 亿元，增长 5%。第一、第二和第三产业增加值占全市生产总值的比重分别为 16.6%、46% 和 37.4%，对经济增长的贡献率分别为 13.3%、44.9% 和 41.8%。人均地区生产总值为 20618 元，比上年增长 7.2%。

2012 年，运城市完成财政总收入 81.7 亿元，比上年下降 6.52%。一般预算收入 41.5 亿元，下降 46.77%。在总收入中，税收收入为 67.2 亿元，下降 11.1%。运城市一般预算支出达 192.71 亿元，比上年增长 24.97%，当年财政支出规模居山西省第二位。其中，一般公共服务支出 20.16 亿元，教育支出 45.45 亿元，社会保障和就业支出 25.34 亿元。

24.2 运城市财政收入规模分析

24.2.1 运城市财政收入绝对规模分析

运城市 2007～2012 年财政总收入情况如表 24－1 所示。运城市财政总收入规模的绝对数经历了先升后降又升再降的过程，2007 年为 86.4 亿元，2012 年为 81.7 亿元，从 2007～2012 年财政总收入总量不但没有增加反而下降。其间，财政总收入最低年份为 2009 年，仅有 63.7 亿元，最高年份为 2008 年，为 92.5 亿元。当年财政总收入在全省的位次从 2007 年的第七位下降至 2012 年的第 11 位，居山西省最后一位。财政总收入增长最快的是 2010 年，增速为 26.06%，最慢的是 2009 年，增速仅有 -31.14%，这主要是受 2008 年金融危机的影响，运城市煤炭产业收入下降。

表 24-1　运城市 2007～2012 年财政总收入情况

单位：亿元,%

年　份	财政总收入	财政总收入较上年增加数	财政总收入较上年增加比重	财政总收入在山西省的位次
2007	86.4	16.6	23.78	7
2008	92.5	6.1	7.08	9
2009	63.7	-28.8	-31.14	11
2010	80.3	16.6	26.06	11
2011	87.4	7.1	8.84	6
2012	81.7	-5.7	-6.52	11
平　均	82.0	1.98	-1.11	—

从表 24-2 可以看出，2007～2012 年运城市一般预算收入规模的绝对数呈现"升 - 降 - 升 - 降"的趋势，2008 年突破 30 亿元大关，2009 年有所降低，2011 年预算收入大幅增加，突破 70 亿元大关，较上年增加了一倍多。但是在 2012 年一般预算收入又急剧降低，仅为 41.54 亿元。从一般预算收入较上年增加比重可以看出，2011 年最高达到 119.57%。2009 年运城市一般预算收入较上年减少，同样的情况出现在 2012 年，为 -46.77%，为历年最低。一般预算收入增长率波动较大。2007 年以来年均一般预算收入增加比重为 34.69%。2007 年以来，一般预算收入在全省的位次最高为 2011 年，居全省第五位，2012 年退居全省第 11 位。

表 24-2　运城市 2007～2012 年一般预算收入情况

单位：亿元,%

年　份	一般预算收入	一般预算收入较上年增加数	一般预算收入年增加比重	一般预算收入在山西省的位次
2007	29.01	7.7	36.13	9
2008	32.65	3.64	12.53	9
2009	26.27	-6.38	-19.52	11
2010	35.54	9.27	35.27	11
2011	78.04	42.50	119.57	5
2012	41.54	-36.50	-46.77	11
平　均	—	3.37	34.69	—

24.2.2 运城市财政收入相对规模分析

运城市 2007～2012 年财政收入占市地区生产总值的比重情况如表 24 - 3 所示。从表 24 -3 可以看出，2007～2012 年，运城市财政总收入水平波动较大，2012 年财政总收入总量较 2007 年没升反而下降，其中 2009 年和 2012 年财政收入下降较明显。从运城市财政总收入占山西省财政收入的比重看，除 2010 年稍有回升外大体上是逐年降低的，财政总收入占全省财政收入比重由 2007 年的最高水平 7.20% 降低到 2012 年的最低水平 3.08%（见表 24 -4）。运城市财政总收入占全省财政收入比重呈逐年减少趋势，表明运城市对山西省财政收入的贡献率在不断萎缩。这与运城市近年来煤炭企业进行资源整合、不少煤企关闭造成税收明显下降的因素有关。

表 24 - 3　运城市 2007～2012 年财政总收入占地区生产总值的比重情况

单位：亿元,%

年　份	财政总收入	地区生产总值	财政总收入占地区生产总值比重
2007	86.4	619.5	13.84
2008	92.5	691.5	13.37
2009	63.7	723.0	8.81
2010	80.3	827.4	9.71
2011	87.4	1016.8	8.60
2012	81.7	1068.7	7.65

2007～2012 年，运城市地区生产总值呈现逐年增加的趋势，运城市财政总收入呈现先升后降再升再降的趋势。其中，受金融危机影响，2009 年财政收入最低，仅 63.7 亿元，2012 年为 81.7 亿元。从运城市财政总收入占其地区生产总值比重来看，最高比例为 2007 年的 13.84%，最低是 2012 年的 7.65%，除 2010 年小幅回升之外，财政总收入占地区生产总值的比重基本上在逐年减少。这主要是近几年运城市煤炭企业不景气，加上 2008 年与 2012 年金融危机的影响，使得运城市企业的产值与经营效益在不断下降。

表 24 - 4　运城市 2007～2012 年财政总收入占山西省财政收入的比重情况

单位：亿元,%

年　份	财政总收入	山西省财政收入	财政收入占山西省财政收入比重
2007	86.4	1200.54	7.20
2008	92.5	1518.78	6.09
2009	63.7	1538.02	4.14
2010	80.3	1810.18	4.44
2011	87.4	2260.54	3.87
2012	81.7	2650.33	3.08

资料来源：《运城市统计公报》与《山西省统计年鉴》。

24.3 运城市财政收入结构分析

24.3.1 运城市财政收入的项目结构分析

表 24-5 显示了运城市 2007~2012 年财政总收入、一般预算收入及其占比、一般预算支出及其占比的变化情况，可以看出，运城市财政总收入，一般预算收支呈现波动变化。其中，2007~2008 年和 2009~2011 年逐年递增，但 2009 年和 2012 年较上年出现显著降低。财政总收入也表现出相应的变化情况。这是因为运城市 2011 年进行煤炭资源整合，煤矿全面关停，原煤提供的税收几乎没有，所以在报告数据中，2011 年和 2012 年运城市财政收入出现明显的落差。一般预算收入占财政总收入的比重由 2007 年最低的 33.58% 到 2012 年的 51.87% 大体上为增长的趋势，其中 2012 年突破 50%。财政支出的边际系数占财政总收入的比重除 2011 年明显下降外，整体呈现上升趋势，2012 年达到 186.45%，一般预算支出是财政总收入的约 1.86 倍。

表 24-5 运城市 2007~2012 年财政总收入及一般预算收支占比情况

单位：亿元,%

年 份	财政总收入	一般预算收入	一般预算收入占比	一般预算支出	一般预算支出占比
2007	86.4	29.01	33.58	72.22	83.59
2008	92.5	32.65	35.29	93.08	100.62
2009	63.7	26.27	41.28	103.26	162.22
2010	80.3	35.54	44.27	134.81	167.92
2011	87.4	78.04	43.81	154.20	86.56
2012	81.7	41.54	51.87	192.71	186.45

表 24-6 显示了运城市一般预算收入占比、山西省一般预算收入占比变化情况。从表中可以明显看出，无论是山西省的这一比例还是运城市的这一比例，都大体显现出逐年增加的趋势，在同一年中运城市一般预算收入占比始终低于山西省一般预算收入占比，差距一直维持在 10 个百分点左右，其中 2012 年相差最小，相差最大的是 2007 年，达到 16.23 个百分点之多。

表 24-6 运城市、山西省 2007~2012 年一般预算收入的占比情况

单位:%

年 份	运城市一般预算收入占比	山西省一般预算收入占比
2007	33.58	49.80
2008	35.29	49.25
2009	41.28	52.39

年 份	运城市一般预算收入占比	山西省一般预算收入占比
2010	44.27	53.57
2011	43.81	53.68
2012	51.87	57.21

资料来源：报据《山西省统计年鉴》数据计算得出。

如表 24-7 所示，2007 年运城市财政总收入完成 86.4 亿元，主体税种保持了强劲增长，四大税种共完成税收 75.1 亿元，占到财政总收入的 86.9%。其中，增值税完成 51.9 亿元，营业税完成 5.2 亿元，企业所得税完成 15.1 亿元，个人所得税完成 2.9 亿元。2008 年全市财政总收入完成 92.5 亿元，比上年增收 6.1 亿元。四大税种共完成税收 78.4 亿元，占到财政总收入的 84.8%。其中，增值税完成 59 亿元，增长 13.6%；营业税完成 6.9 亿元，增长 32.7%；企业所得税完成 8.8 亿元，下降 41.6%；个人所得税完成 3.7 亿元，增长 27.6%。值得关注的是，2009 年全市财政总收入只有 63.7 亿元，比上年下降 31.2%，税收收入仅为 20 亿元，非税收入则为 6.3 亿元，受运城市煤炭企业经济效益下滑原因的影响，三者较上年均出现明显下降。2010 年全市财政总收入 80.3 亿元，比上年增长 26.1%，其中，税收收入 71 亿元，较 2009 年大幅增加。2011 年全市财政总收入 87.4 亿元，比上年增长 8.9%，税收收入为 75.6 亿元。这是因为近两年运城市对煤炭资源进行整合改革，企业生产效率明显改善。由于煤炭行业遇冷，量降价跌，增值税减收严重，2012 年运城市财政总收入下降为 81.7 亿元，比上年下降 6.5%，税收收入 67.2 亿元，较上年有所下降。

表 24-7　运城市 2007~2012 年财政总收入中税收收入的比重情况

单位：亿元，%

年 份	财政总收入	税收收入	税收收入占比
2007	86.4	75.1	86.9
2008	92.5	78.4	84.8
2009	63.7	20	31.4
2010	80.3	71	88.4
2011	87.4	75.6	86.5
2012	81.7	67.2	82.3

表 24-8 列出了运城市税收收入占比[①]、山西省税收收入占比和全国税收收入占比变化情况。从表中可以明显看出，运城市的这一比例与全国的这一比例在大多数年份在 80% 以上的高位运行，而山西省税收收入占比在 70% 左右。其中，运城市税收占财政收入的比重在 2009 年大幅下降，仅有 31.4%，其他年份这一比例保持在 80% 以上，到 2012

---

① 需要说明的是，由于运城市税收收入占其预算收入的比重数据无法获取，此处用税收收入占其财政总收入的比重来代替。

年这一比例为 82.3%，比上年下降了 4.2 个百分点，这一趋势与我国近两年这一比例逐年下降的趋势是相吻合的。山西省税收占财政收入比重较低，警示我们在财政收入不断增长的同时，更要关注山西省税源单一、过多地依赖于煤炭产业所蕴含的税收收入风险问题及其引发的财政收入的结构问题。

表 24 - 8　运城、山西省、全国 2007～2012 年税收收入占财政总收入的比重情况

单位：%

年　份	运城市税收收入占比	山西省税收收入占比	全国税收收入占比
2007	86.9	71.99	88.89
2008	84.8	75.74	88.41
2009	31.4	72.21	86.87
2010	88.4	71.43	88.1
2011	86.5	71.93	86.39
2012	82.3	68.93	85.83

资料来源：由《国家统计年鉴》《山西省统计年鉴》《运城市国民经济与社会发展统计公报》相关数据计算得出。

考虑到数据的连续性与口径的统一性，表 24 - 9 只能列出运城市 2007～2012 年增值税和企业所得税收入及其占一般预算收入总额的比重。可以看出，增值税和企业所得税绝对额大体上呈现逐年降低的趋势，2009 年和 2012 年增值税和企业所得税都呈现下滑趋势。从所占比例上看，增值税在一般预算收入中所占比重较大，其次是企业所得税；增值税占一般预算收入比例在 2008 年达到最大，为 31.6%，其间变化不等，到 2011 年达到最低（9.22%）；企业所得税占一般预算收入的比例在 2007 年达到最高（14.61%），在 2011 年陡然降低到 2.31%，2012 年为 4.03%，反映出特定年份的宏观经济运行形势。增值税与工业经济运行密切相关，增值税的下降说明了运城市工业增加值增速放缓，而企业所得税的减少说明了工业企业利润降低。

表 24 - 9　运城市 2007～2012 年税收收入的项目结构情况

单位：亿元，%

年　份	一般预算收入	增值税		企业所得税	
		数额	占比	数额	占比
2007	29.01	9.08	31.31	4.24	14.61
2008	32.65	10.32	31.61	2.47	7.58
2009	26.27	6.27	23.85	1.15	4.37
2010	35.54	7.15	20.13	1.62	4.55
2011	78.04	7.19	9.22	1.81	2.31
2012	41.54	5.46	13.15	1.68	4.03

24.3.2　运城市财政收入的地区结构分析

截至 2012 年，运城下辖 1 区 2 市 10 县、133 个乡镇（办事处）、3338 个行政村，总

人口 519.46 万人。其中，盐湖区人口 68 万人（2011 年）；永济市面积 1221.06 平方千米；河津市面积 593 平方千米；绛县面积 619.78 平方千米；夏县面积 1352.6 平方千米，人口 34.27 万人；新绛县面积 598 平方千米，人口 32 万人；稷山县面积 686.2 平方千米，人口 32.31 万人；芮城县辖 7 镇 3 乡，有 310 个村民委员会、707 个自然村；临猗县面积 1339.3 平方千米，人口 56 万人；万荣县面积 1080.5 平方千米；闻喜县面积 1164 平方千米，人口 38 万人（2003 年）；垣曲县面积 1620 平方千米，人口 23.1 万人；平陆县面积 1173.5 平方千米，人口 24.6 万人。

表 24－10 反映了运城市 2007～2012 年各县市区财政收入情况，2007～2012 年河津市财政收入一直在运城市保持在第一位，2007～2012 年排在最后一位的分别是风陵渡开发区、风陵渡开发区、华信开发区、华信开发区、华信开发区和华信开发区。

表 24－10　运城市各县市区 2007～2012 年财政收入地区结构

单位：亿元

县市区	2007 年	2008 年	2009 年	2010 年	2011 年	2012 年
盐湖区	8.74	9.98	11.42	14.88	18.82	20.13
临猗县	2.3	2.67	2.34	2.83	3.53	3.81
万荣县	1.29	2.01	2.17	2.46	2.85	2.45
闻喜县	8.29	10.33	4.96	7.54	7.25	5.15
稷山县	3.27	4.65	3.42	4.14	4.71	3.77
新绛县	2.3	3.04	2.79	3.52	4.35	5.01
绛县	1.45	1.59	1.14	1.45	1.46	1.36
垣曲县	2.85	3.93	2.02	2.54	3.3	3.75
夏县	0.92	1.26	1.1	1.31	1.57	1.69
平陆县	1.6	1.99	1.38	1.69	2.21	2.57
芮城县	1.48	2.22	1.73	2.24	2.74	2.71
永济市	6.34	6.01	5.01	6.03	6.37	6.01
河津市	40.14	38.44	18.38	23.05	21.25	12.22
经济开发区	0.5	0.84	0.87	1.7	2.21	2.36
风陵渡开发区	0.27	0.73	1.62	1.69	1.25	1.59
华信开发区	0.63	0.75	0.56	0.79	0.65	0.49

24.4　运城市财政支出规模分析

24.4.1　运城市财政支出规模的绝对数分析

运城市 2007～2012 年财政支出规模情况如表 24－11 所示。运城市 2007～2012 年一般预算支出呈逐年递增的趋势，2009 年突破 100 亿元大关，在 2012 年达 192.7 亿元的支出总额，总体上，2007～2012 年平均支出额为 125.04 亿元。从财政支出增加数看，2009 年财政支出增加数最小，为 10.18 亿元，其中，2009 年相较于 2008 年一般预算支出差别最小，财政支出较上年的比重最低是 10.94%。而 2010 年相对于 2009 年一般预算支出差别达到最高的 31.55 亿元，财政支出较上年增加比重达到 30.55%。纵观运城市财政支出在省内的位次，2007～2009 年维持在第六位，2011 年由第七位跃居 2012 年的第二位。

表 24 - 11　运城市 2007～2012 年财政支出规模情况

单位：亿元，%

年　份	一般预算支出	财政支出较上年增加数	财政支出年增加比重	当年财政支出在山西省的位次
2007	72.22	16.91	30.57	6
2008	93.08	20.86	28.88	6
2009	103.26	10.18	10.94	6
2010	134.81	31.55	30.55	5
2011	154.20	19.39	14.39	7
2012	192.71	38.51	24.97	2
平　均	125.04	22.9	21.69	—

24.4.2　运城市财政支出规模的相对数分析

运城市 2007～2012 年财政支出占市地区生产总值的比重情况如表 24 - 12 所示。2007～2012 年运城市一般预算支出由 72.22 亿元增长到 192.71 亿元，增长 1.7 倍。运城市地区生产总值稳步增长，由 2007 年的 619.45 亿元增长到 2012 年的 1068.65 亿元，实现 0.73 倍的增长。运城市财政支出占运城市地区生产总值的比重大体上呈逐年递增的趋势，在 2012 年达到 18.03%。

表 24 - 12　运城市 2007～2012 年财政支出占地区生产总值的比重情况

单位：亿元，%

年　份	财政支出	地区生产总值	财政支出占地区生产总值的比重
2007	72.22	619.51	11.66
2008	93.08	691.45	13.46
2009	103.26	723.01	14.28
2010	134.81	827.43	16.29
2011	154.20	1016.82	15.16
2012	192.71	1068.65	18.03

由表 24 - 13 可以看出，运城市和山西省财政支出在 2007～2012 年逐年增加。其中，运城市 2007 年财政支出为 72.22 亿元，在 2009 年突破 100 亿元大关，到 2012 年达到 192.71 亿元。山西省财政支出在 2007 年为 1049.92 亿元，在 2011 年突破 2000 亿元大关，

到 2012 年达到 2759.46 亿元。另外，运城市财政支出占山西省财政支出的比重自 2007 年起基本维持在 6.5% ~ 7.1% 的水平，在 2008 年达到最高的 7.08%，最低为 2011 年的 6.52%，2012 年升至 6.98%。

表 24 - 13　运城市 2007 ~ 2012 年财政支出占山西省财政支出的比重情况

单位：亿元，%

年　份	运城市财政支出	山西省财政支出	运城市财政支出占山西财政支出的比重
2007	72.22	1049.92	6.88
2008	93.08	1315.02	7.08
2009	103.26	1561.70	6.61
2010	134.81	1931.36	6.98
2011	154.20	2363.85	6.52
2012	192.71	2759.46	6.98

从表 24 - 14 可以看出，运城市财政支出年增加额在 2009 年最低，为 10.18 亿元，反映出运城市当年财政支出力度明显降低，在 2012 年最高，为 38.51 亿元。从运城市地区生产总值增加额可以看出，2009 年地区生产总值增加额相较于其他年份最低，为 31.56 亿元。在 2011 年达到最大，为 189.39 亿元。可以看出，运城市的财政支出是与其地区生产总值基本同步的。而从运城市财政支出的边际系数上看，2011 年边际系数最低 (0.10)，2012 年达到最高 (0.74)。

表 24 - 14　运城市 2007 ~ 2012 年财政支出的边际系数

单位：亿元

年　份	财政支出	财政支出年增加额	地区生产总值	地区生产总值年增加额	财政支出边际系数
2007	72.22	16.91	619.51	69.30	0.24
2008	93.08	20.86	691.45	71.94	0.29
2009	103.26	10.18	723.01	31.56	0.32
2010	134.81	31.55	827.43	104.42	0.30
2011	154.20	19.39	1016.82	189.39	0.10
2012	192.71	38.51	1068.65	51.83	0.74

从表 24 - 15 可以看出，2007 ~ 2012 年运城市财政支出年增长率呈现不规则变动趋势，2009 年年增长率最低，为 10.94%，2010 年最高，为 30.55%。相应的运城市地区生产总值年增长率最低为 2009 年的 4.56%，最高为 2011 年的 22.89%。财政支出的弹性系数 2011 年最低，为 0.63，2012 年最高，为 4.9。该弹性系数反映出运城市 2011 年煤炭企业关闭等因素导致当年收入锐减，从而影响了 2012 年的地区生产总值增长这一情况。

表 24 - 15　运城市 2007 ~ 2012 年财政支出的弹性系数

单位：亿元，%

年　份	财政支出	财政支出年增长率	地区生产总值	地区生产总值年增长率	财政支出的弹性系数
2007	72. 22	30. 57	619. 51	12. 60	2. 43
2008	93. 08	28. 88	691. 45	11. 61	2. 49
2009	103. 26	10. 94	723. 01	4. 56	2. 40
2010	134. 81	30. 55	827. 43	14. 44	2. 12
2011	154. 20	14. 38	1016. 82	22. 89	0. 63
2012	192. 71	24. 97	1068. 65	5. 10	4. 90

24.5　运城市财政支出结构分析

24.5.1　运城市财政支出的项目结构分析

运城市 2007 ~ 2012 年财政支出各项目绝对数与山西省比较分析如表 24 - 16 所示。整体上，山西省财政支出的项目投入在 2007 ~ 2012 年呈逐年递增的趋势，分别在 2012 年达到最高：一般公共服务支出为 558.03 亿元，教育支出为 558.03 亿元，社会保障和就业支出为 354.61 亿元。运城市在一般公共服务、教育上的财政支出以及社会保障和就业支出方面都表现出逐年递增的趋势。教育支出自 2007 年呈明显的增长趋势。

表 24 - 16　运城市 2007 ~ 2012 年财政支出各项目绝对数与山西省比较分析

单位：亿元

财政支出项目	省　市	2007 年	2008 年	2009 年	2010 年	2011 年	2012 年
一般公共服务	山西省	158. 62	223. 48	247. 94	215. 83	251. 58	558. 03
	运城市	12. 70	13. 97	15. 25	16. 57	18. 60	20. 16
教育事业	山西省	157. 36	234. 99	278. 07	328. 58	421. 79	558. 03
	运城市	16. 63	22. 33	24. 73	28. 54	37. 56	45. 45
社会保障和就业	山西省	120. 99	218. 38	236. 94	274. 46	321. 60	354. 61
	运城市	11. 40	15. 41	17. 86	18. 47	23. 47	25. 34

如表 24 - 17 所示，从运城市财政支出项目相对数结构上看，2007 ~ 2012 年，在一般公共服务方面，山西省在财政支出上的比例在 2012 年达到最高，为 21.05%，在 2011 年最低，为 11.13%。运城市在 2009 年达到最高的 23.96%，在 2011 年达到最低的 10.44%。在教育方面，山西省投入比例先是逐年增加，在 2011 年达到最高的 18.66%，2012 年降至 13.38%。运城市在 2007 年最低，为 19.24%，在 2009 年最高，为 38.85%。社会保障和就业方面，山西省在 2007 年最低，为 10.08%，到 2009 年达到最高，为 15.41%，2012 年为 13.68%。运城市社会保障和就业支出占比变化较大，在 2011 年最低，仅有 13.18%。

表 24 - 17　运城市 2007～2012 年财政支出相对数结构与山西省比较分析

单位:%

财政支出项目	省　市	2007 年	2008 年	2009 年	2010 年	2011 年	2012 年
一般公共服务	山西省	13.21	14.71	16.12	11.92	11.13	21.05
	运城市	14.70	15.10	23.96	20.65	10.44	25.18
教育	山西省	13.11	15.47	18.08	18.15	18.66	13.38
	运城市	19.24	24.14	38.85	35.56	21.09	31.63
社会保障和就业	山西省	10.08	14.38	15.41	15.16	14.23	13.68
	运城市	13.20	16.66	28.05	23.01	13.18	31.63

24.5.2　运城市财政支出的地区结构分析

运城市各区县 2007～2012 年财政支出地区结构情况如表 24 - 18 所示。运城市各区县在 2007～2012 年财政一般预算支出绝对数额大体上呈逐年递增的趋势。其中，2007～2009 年一般预算支出最高地区为河津市，最低为华信开发区。2010～2012 年一般预算支出最高的地区为盐湖区所替代，最低仍为华信开发区。

表 24 - 18　运城市各区县 2007～2012 年财政支出地区结构情况

单位：亿元

县市区	2007 年	2008 年	2009 年	2010 年	2011 年	2012 年
盐湖区	5.87	7.48	9.33	13.04	17.36	18.82
临猗县	4.90	6.27	7.88	10.16	13.32	16.15
万荣县	4.34	5.73	7.16	8.70	10.94	12.67
闻喜县	4.86	6.73	6.84	9.07	11.64	13.08
稷山县	3.69	5.51	6.21	7.16	9.30	11.20
新绛县	3.63	4.85	6.31	7.59	9.91	11.80
绛县	3.74	5.15	5.78	6.96	8.46	9.84
垣曲县	3.60	4.49	6.08	7.52	9.09	10.26
夏县	3.75	4.96	5.99	7.92	8.96	11.88
平陆县	3.83	4.73	5.89	6.98	9.54	10.97
芮城县	3.84	5.58	6.95	8.88	11.21	13.81
永济市	5.12	6.44	7.67	11.48	11.54	13.68
河津市	8.82	11.47	7.63	10.86	13.09	14.02
经济开发区	0.27	0.30	0.27	1.02	1.13	0.96
风陵渡开发区	0.19	0.25	0.38	0.55	0.93	0.65
华信开发区	0.15	0.20	0.23	0.50	0.52	0.51

24.6　小结

近年来，运城市受煤炭资源整合、产业结构调整等因素影响，经济下行压力加大，财政收入与财政支出矛盾较为突出。2007 年以来，运城市财政收入波动较大，2007 年财政总收入为 86.4 亿元，2012 年财政总收入为 81.7 亿元，总体来看，财政收入不但没有增加，反而减少。其中，2009 年与 2012 年财政收入较上年下降明显，2009 年财政收入下降颇为厉害。运城市财政总收入在山西省的排名由 2007 年的第九位下降至 2012 年的第 11 位。与财政收入不增反降趋势相反，2007~2012 年，运城市一般预算支出呈明显逐年递增的趋势。2009 年突破 100 亿元大关，2012 年达到 192.7 亿元的支出总额，年均支出额为 125.04 亿元。2007~2012 年平均财政支出较上年增加比重为 21.69%。纵观运城市财政支出在省内的位次，2007~2009 年维持在第六位，2011 年由第七位跃居 2012 年的第二位。

尽管近年来运城市加大了经济结构调整力度，但由于经济结构调整是一项复杂的系统工程，任重而道远，目前运城市财政收入仍严重依赖煤、焦、冶、电等行业。相较于山西省兄弟城市地区，运城市财政发展总体上处于劣势地位，但是在全市政府和人民的共同努力下，依然取得了一些成绩。2012 年，运城市一般预算收入规模在山西省居第 11 位，一般预算支出规模居山西省第二位。面对经济下行压力加大的严峻形势和挑战，运城市财政总收入增长 10%，一般预算收入增长 6%。

从总体上讲，运城市在未来财政规划中要充分发挥财政职能作用，积极推进运城市经济结构调整和发展方式转变，着力提升经济发展的质量和效益，实现财政管理的创新。

首先，深入推进产业结构调整。一是着力支持传统产业整合提升。整合企业发展扶持资金，支持培育壮大产业集群；支持开发生产上下游配套产品，延伸产业链条，提高产品附加值。二是着力培育新兴产业发展壮大。全面落实国家、省产业调整振兴规划，立足运城市产业基础，积极支持新型产业做大做强。三是着力推动服务业加快发展。认真落实促进服务业发展的各项财税优惠政策，重点支持发展旅游业和文化产业，不断提高第三产业在地区经济中的比重，促进运城市产业结构优化升级。

其次，积极推动发展方式转变。一是支持推进科技创新。积极争取国家、省技术创新扶持资金，对企业技术改造项目、技术创新活动予以财政资金补贴和税收政策优惠。二是支持发展循环经济、低碳经济。支持加快发展循环经济企业、园区、社区和城镇，继续做好淘汰落后产能工作，同时要加大财政对低碳产业的扶持力度，积极支持发展新能源。三是支持治理生态环境。深入推进实施"蓝天碧水"工程，继续推进运城生态市试点建设，加快建设资源节约型、环境友好型社会，切实增强可持续发展能力。

第 25 章
晋城市财政发展报告

25.1 晋城市财政发展概述

晋城市位于山西省东南部，东枕太行山，南临中原，西望黄河，北通幽燕，区位适中，交通便捷，是山西通往中原的重要门户。晋城市下辖城区、泽州县、高平市、阳城县、陵川县和沁水县六县（市、区），总面积 9490 平方千米，占全省总面积的 6%。总耕地面积为 283.38 万亩，人均耕地 1.42 亩，总人口为 228 万人。晋城市矿产资源丰富，特别是煤、铁的储量十分可观，有"煤铁之乡"之美称，煤炭资源以无烟煤为主，储量占全国无烟煤储量的 1/4 以上，占山西省的 1/2 多。

2012 年晋城市地区生产总值为 1012.8 亿元。其中，第一产业增加值为 41.6 亿元，增长 6.3%，占地区生产总值的 4.1%；第二产业增加值为 653.8 亿元，增长 12.1%，占地区生产总值的 64.6%；第三产业增加值为 316.3 亿元，增长 9.4%，占地区生产总值的 31.3%。在第三产业中，金融保险业增加值为 38.8 亿元，增长 16.6%；交通运输、仓储和邮政业增加值为 73.6 亿元，增长 8.4%；批发和零售业增加值为 59.4 亿元，增长 13.9%；住宿和餐饮业增加值为 26.6 亿元，增长 11.9%；营利性服务业增加值为 34.1 亿元，增长 10.5%。人均地区生产总值为 44206 元，按 2012 年平均汇率计算为 7003 美元。

2012 年，晋城市财政总收入达 213.48 亿元，增长 17.43%。一般财政预算收入规模为 82.91 亿元，增长 22.07%。其中，税收收入为 178.8 亿元，增长 16.18%。晋城市一般预算支出达到 129.83 亿元，增长 14.65%。2012 年财政支出规模居山西省第十位。其中，一般公共服务支出 6.83 亿元，教育支出 14.12 亿元，社会保障和就业支出 7.62 亿元。

25.2 晋城市财政收入规模分析

25.2.1 晋城市财政收入绝对规模分析

晋城市 2007～2012 年财政总收入情况如表 25-1 所示。晋城市财政总收入规模的绝对数稳步增加，2007～2012 年从 96.55 亿元增加到 213.48 亿元，增长了 1.2 倍。其中，2008 年突破 100 亿元，2012 年突破 200 亿元。2007～2012 年财政收入较上年平均为 23.39 亿元；当年财政总收入在全省的位次从第五位上升至第四位。财政总收入增长最快的是 2009 年，增速为 20.31%，增速最慢的是 2010 年，增速有 12.41%。从增长趋势上看，2007～2012 年，财政总收入绝对数逐年增长的趋势没有变化，增长率经历了先升后降又升又降的变化过程。

表 25－1 晋城市 2007～2012 年财政总收入情况

单位：亿元，%

年 份	财政总收入	财政收入较上年增加数	财政总收入年增长率	财政总收入在山西省的位次
2007	96.55	—	—	5
2008	113.16	16.61	17.20	7
2009	136.14	22.98	20.31	4
2010	153.04	16.90	12.41	4
2011	181.80	28.76	18.79	4
2012	213.48	31.68	17.43	4
平 均	—	23.39	17.20	—

从表 25－2 可以看出，2007～2012 年，晋城市一般预算收入规模的绝对数呈现稳步增加态势，其中 2010 年突破 50 亿元，2011 年达到 67.92 亿元，2012 年一般预算收入规模增至 82.91 亿元；2007～2012 年平均一般预算收入为 55.06 亿元，一般预算收入较上年增加数平均为 9.77 亿元，年均增加比重为 19.17%；2007 年和 2008 年一般预算收入在全省占第七位，2009 年和 2010 年有所下降，2011 年和 2012 年又恢复至全省第七位。

表 25－2 晋城市 2007～2012 年一般预算收入情况

单位：亿元，%

年份	一般预算收入	一般预算收入较上年增加数	一般预算收入年增长率	一般预算收入在山西省的位次
2007	34.08	—	—	7
2008	41.86	7.78	22.83	7
2009	48.07	6.21	14.84	9
2010	55.49	7.42	15.44	10
2011	67.92	12.43	22.40	7
2012	82.91	14.99	22.07	7
平均	—	9.77	19.17	

25.2.2 晋城市财政收入相对规模分析

晋城市 2007～2012 年财政收入占市地区生产总值的比重情况如表 25－3 所示。从表 25－3可以看出，2007～2012 年，晋城市财政收入实现了稳步增长，年均增长 149.03亿元。与此同时，晋城市地区生产总值也实现了稳步增长。在晋城市地区生产总值与财政收入不断增加的情况下，晋城市财政收入占其生产总值比重呈现先降后升再降再升的趋势，2007 年最高，为 22.99%；后下降至 2008 年的 21.45%；2009 年回升至 22.46%，后连续两年下降，2011 年达到最低的 20.31%；2012 年又回升至 21.08%。当然，这两次财政收入的地区生产总值占比下降与2008年金融危机的冲击有关，也与近些年晋城煤炭行业收入下降有关。

表 25 - 3　晋城市 2007~2012 年财政收入占地区生产总值的比重情况

单位：亿元,%

年　份	财政总收入	地区生产总值	财政总收入占地区生产总值比重
2007	96.55	419.96	22.99
2008	113.16	527.55	21.45
2009	136.14	606.05	22.46
2010	153.04	730.54	20.95
2011	181.80	894.98	20.31
2012	213.48	1012.81	21.08

从表 25 - 4 可以看出，2007~2012 年晋城市地方财政收入在逐年增长的同时，财政收入占山西省财政收入的比重一直维持在 8% 左右，其中，2008 年最低，仅为 7.45%，2009 年最高，为 8.85%，相差 1.4 个百分点。2012 年相较于 2011 年仅增长 0.01 个百分点。

表 25 - 4　晋城市 2007~2012 年财政收入占山西省财政收入的比重情况

单位：亿元,%

年　份	财政收入	山西省财政收入	财政收入占山西省财政收入比重
2007	96.55	1200.54	8.04
2008	113.16	1518.78	7.45
2009	136.14	1538.02	8.85
2010	153.04	1810.18	8.45
2011	181.80	2260.54	8.04
2012	213.48	2650.33	8.05

25.3　晋城市财政收入结构分析

25.3.1　晋城市财政收入的项目结构分析

晋城市 2007~2012 年财政总收入及一般预算收支占比情况如表 25 - 5 所示。可以看出，晋城市财政总收入和一般预算收支均呈逐年增加趋势。其中一般预算收入占财政总收入的比重一直维持在 35% 以上，2012 年突破 38%，呈现较平缓的增长趋势，2009~2012 年这一比重逐年增加，反映出晋城市经济规模的增加、财政收入的向好局面。一般预算支出占财政收入比例总体上表现出逐年递增态势，维持在 55% 以上的规模，其中 2011 年支出规模达到 62.29%，2012 年为 60.82%。

表 25 - 5　晋城市 2007 ~ 2012 年财政总收入及一般预算收支占比情况

单位：亿元，%

年　份	财政总收入	一般预算收入	一般预算收入占比	一般预算支出	一般预算支出占比
2007	96.55	34.08	35.29	54.05	55.98
2008	113.16	41.86	37.00	63.29	55.93
2009	136.14	48.07	35.31	76.49	56.19
2010	153.04	55.49	36.26	89.51	58.48
2011	181.80	67.92	37.36	113.24	62.29
2012	213.48	82.91	38.84	129.83	60.82

表 25 - 6 显示了晋城市一般预算收入占比、山西省一般预算收入占比的变化情况。从表中可以明显看出，无论是山西省的这一比例还是晋城市的这一比例（除个别年份有轻微下降外），都显现出大致逐年增加的趋势，而同一年中晋城市一般预算收入占比与山西省一般预算收入占比的差距一直维持在 15% 左右，其中 2007 年相差最小，为 14.51 个百分点，相差最大的是 2012 年，达到 18.37 个百分点。

表 25 - 6　晋城市、山西省 2007 ~ 2012 年一般预算收入的占比情况

单位：%

年　份	晋城市一般预算收入占比	山西省一般预算收入占比
2007	35.29	49.80
2008	37.00	49.25
2009	35.31	52.39
2010	36.26	53.57
2011	37.36	53.68
2012	38.84	57.21

资料来源：根据《山西省统计年鉴》数据计算得出。

表 25 - 7 列出了 2007 ~ 2012 年晋城市财政总收入与税收收入及其占财政收入比重的变化情况。由于个别数据缺失，这里以五大税种收入情况来推断税收收入情况。可以看出，晋城市税收收入变化跌宕起伏，2007 年五大税种收入为 85.22 亿元，税收收入占财政总支出比重较高，为 88.27%，受国际金融危机的影响，2008 年陡降为 25.8 亿元，税收收入占比降至 22.8%，2009 年与 2010 年税收收入稍有增加，到 2011 年猛增至 153.9 亿元，2012 年延续税收收入增长的良好势头，五大税种税收总额达 178.8 亿元，较 2010 年增长了 3 倍多，税收收入占比重回 2007 年的高位水平，这与近些年来晋城市产业结构调整、企业生产效益提高有关。

表 25 - 7　晋城市 2007 ~ 2012 年财政总收入中税收收入的比重情况

单位：亿元，%

年　份	财政总收入	税收收入	税收收入占比
2007	96.55	85.22	88.27
2008	113.16	25.8	22.80

年 份	财政总收入	税收收入	税收收入占比
2009	136.14	37.5	27.55
2010	153.04	43.2	28.23
2011	181.80	153.9	84.65
2012	213.48	178.8	83.75

资料来源：《晋城市国民经济和社会发展统计公报》。

表25-8显示了2007～2012年晋城市税收收入占比[①]、山西省与全国税收收入占比变化的情况。可以看出，与全国80%以上的税收收入占比水平相比，山西省税收收入占比较小，为70%左右，晋城市税收收入占比变化较大，最高的为2007年88.27%的水平，最低为2008年，税收收入占比仅有22.8%，这是因为受2008年金融危机的影响，企业生产效益急剧下滑，煤炭企业遭受重挫，税源大大减小。2011年、2012年，晋城市企业生产效益提高，产业结构调整催生了新的生产力，税收收入占比显著增加。

表25-8　晋城、山西省、全国2007～2012年税收收入占财政总收入的比重情况

单位：%

年 份	晋城市税收收入占比	山西省税收收入占比	全国税收收入占比
2007	88.27	71.99	88.89
2008	22.80	75.74	88.41
2009	27.55	72.21	86.87
2010	28.23	71.43	88.1
2011	84.65	71.93	86.39
2012	83.75	68.93	85.83

资料来源：由《国家统计年鉴》《山西省统计年鉴》《晋城市国民经济与社会发展统计公报》相关数据计算得出。

表25-9给出了晋城市2007～2012年增值税、企业所得税收入及其占一般预算收入总额的比重变化情况。可以看出，不管是一般预算收入、增值税还是企业所得税，在绝对数额上大体呈现逐年上升的态势。从比例上看，增值税在一般预算收入中相对于企业所得税所占比重较大；增值税占一般预算收入的比重从2007年的22.98%增长至2009年的26.58%，2009～2012年逐年下滑，达到最低的18.6%；企业所得税占一般预算收入的比重在2007年达到最高，为22.53%，到2009年达到最低，为16.83%，2009～2012年出现增长趋势，2012年为21.16%。税收结构的变化反映出特定年份的宏观经济运行形势。增值税与工业经济运行密切相关，增值税的下降说明了晋城市工业增加值增速放缓，而企业所得税的增加说明了工业企业利润的大幅增加。

---

① 需要说明的是，由于晋城市税收收入占其预算收入的比重数据无法获取，此处用税收收入占其财政总收入的比重来代替。

表 25 – 9　晋城市 2007～2012 年税收收入的项目结构情况

单位：亿元，%

年　份	一般预算收入	增值税及其占比		企业所得税及其占比	
2007	34.08	7.83	22.98	7.68	22.53
2008	41.86	9.72	23.23	7.17	17.14
2009	48.07	12.78	26.58	8.09	16.83
2010	55.49	13.35	24.05	9.76	17.58
2011	67.92	15.02	22.12	12.17	17.92
2012	82.91	15.42	18.60	17.62	21.26

25.3.2　晋城市财政收入的地区结构分析

晋城市下辖城区、高平市、泽州县、阳城县、陵川县和沁水县六县（市、区），总面积 9490 平方千米，占全省总面积的 6%。城区位于山西省东南部，四周与泽州县接壤，总面积 141 平方千米，总人口 48 万人；高平市位于山西东南部、泽州盆地北端、太行山西南边缘，总面积 946 平方千米；泽州县总面积 2023 平方千米，总人口 52.6 万人；阳城县总面积 1930.7 平方千米；陵川县总面积 1751 平方千米，总人口 25 万人，其中农业人口 22.6 万人；沁水县总面积 2676.6 平方千米，总人口 21 万人。

表 25 – 10 反映了晋城市 2007～2012 年各县市区财政收入情况，2007 年阳城县财政收入最高，开发区最低。2008 年高平市财政收入最高，开发区最低。2009～2012 年高平市稳居第一位，陵川县最低。

表 25 – 10　晋城市各县市区 2007～2012 年财政收入地区结构

单位：亿元

县市区	2007 年	2008 年	2009 年	2010 年	2011 年	2012 年
城　区	4.05	5.03	5.68	6.43	8.42	11.59
沁水县	11.32	14.25	19.50	22.23	26.07	32.63
阳城县	17.61	20.02	22.20	25.09	25.34	30.39
陵川县	2.04	2.31	2.54	2.77	3.63	4.28
泽州县	17.27	20.76	26.04	29.48	34.17	37.52
高平市	16.72	21.59	28.80	31.43	36.46	42.31
开发区	1.27	2.00	2.58	3.25	4.38	5.71

25.4　晋城市财政支出规模分析

25.4.1　晋城市财政支出规模的绝对数分析

晋城市 2007～2012 年财政支出规模情况如表 25 – 11 所示。晋城市 2007～2012 年一般预算支出呈逐年递增的趋势，2011 年突破 100 亿元大关，2012 年达到 129.83 亿元，2007～2012 年一般预算支出总额年均为 87.74 亿元。从财政支出增加数看，2008 年相较于 2007 年一般预算支出增加最小，仅有 9.24 亿元，2012 年一般预算支出较上年增加的比重最低，仅有 14.65%。而 2011 年相对于 2010 年一般预算支出总量增加最多，达到 23.73 亿元，一般预算支出较上年增加的比重 2011 年也达到最高，为 26.51%。这几年晋城市一般预算支出在省内的位次也有所下降，由第九位降到第十位。

表 25 - 11　晋城市 2007～2012 年财政支出规模情况

单位：亿元，%

年　份	一般预算支出	财政支出较上年增加数	财政支出年增长率	当年财政支出在山西省的位次
2007	54.05	—	—	9
2008	63.29	9.24	17.10	9
2009	76.49	13.20	20.85	9
2010	89.51	13.02	17.02	10
2011	113.24	23.73	26.51	10
2012	129.83	16.59	14.65	10
平　均	—	15.16	19.16	—

25.4.2　晋城市财政支出规模的相对数分析

晋城市 2007～2012 年财政支出占市地区生产总值的比重情况如表 25 - 12 所示。2007～2012 年晋城市地区生产总值由 419.96 亿元增长到 1012.81 亿元，增长 1.4 倍。相应的一般预算支出也实现了在稳步中增长，由 2007 年的 54.05 亿元增长到 2012 年的 129.83 亿元，实现了 1.4 倍的增长。从晋城市财政支出占其地区生产总值比重看，2008 年较 2007 年有所降低，总体上维持在 12% 左右的水平。

表 25 - 12　晋城市 2007～2012 年财政支出占地区生产总值的比重情况

单位：亿元，%

年　份	一般预算支出	地区生产总值	一般预算支出占地区生产总值的比重
2007	54.05	419.96	12.87
2008	63.29	527.55	12.00
2009	76.49	606.05	12.62
2010	89.51	730.54	12.25
2011	113.24	894.98	12.65
2012	129.83	1012.81	12.82

由表 25 - 13 可以看出，晋城市和山西省财政支出在 2007～2012 年都呈逐年增加趋势。其中晋城市 2007 年财政支出为 54.05 亿元，在 2011 年突破 100 亿元大关，2012 年达到 129.83 亿元。山西省财政支出在 2007 年为 1049.92 亿元，2011 年突破 2000 亿元大关，

2012 年达到 2759.46 亿元。晋城市财政支出占山西省财政支出的比重 2007 年最高，为 5.15%，次年下降，2009 年略有回升，2010 年降至 6 年的最低水平，为 4.63%，2011 年略有增加，2012 年这一比例又降至 4.7%的水平。

表 25 - 13　晋城市 2007~2012 年财政支出占山西省财政支出的比重情况

单位：亿元，%

年　份	晋城市财政支出	山西省财政支出	晋城市财政支出占山西省财政支出的比重
2007	54.05	1049.92	5.15
2008	63.29	1315.02	4.81
2009	76.49	1561.70	4.90
2010	89.51	1931.36	4.63
2011	113.24	2363.85	4.79
2012	129.83	2759.46	4.70

从表 25 - 14 中可以看出，晋城市财政支出呈逐年增加趋势，晋城市财政支出年增加额在 2008 年最低，为 9.24 亿元，随后财政支出明显增加，2011 年支出增加额最高，为 23.73 亿元，2012 年财政支出增加额降至 16.59 亿元，反映出 2012 年晋城市财政支出力度降低。从晋城市地区生产总值增加额可以看出，2009 年地区生产总值增加额相较于其他年份最低，为 78.5 亿元，2011 年达到最高，为 164.43 亿元，2012 年地区生产总值减少，这一因素直接导致了晋城市 2012 年财政支出增加力度明显降低。从晋城市财政支出的边际系数看，2007 年边际系数最小，为 0.086，2009 年达到最高，为 0.168，2012 年这一系数为 0.141。

表 25 - 14　晋城市 2007~2012 年财政支出的边际系数

单位：亿元

年　份	财政支出	财政支出年增加额	地区生产总值	地区生产总值年增加额	财政支出的边际系数
2007	54.05	—	419.96	—	—
2008	63.29	9.24	527.55	107.59	0.086
2009	76.49	13.20	606.05	78.50	0.168
2010	89.51	13.02	730.54	124.49	0.105
2011	113.24	23.73	894.98	164.43	0.145
2012	129.83	16.59	1012.81	117.84	0.141

从表 25 - 15 可以看出，2007~2012 年晋城市财政支出水平变化较大，财政支出增长率 2012 年最低，为 14.65%，最高为 2011 年的 26.51%。晋城市地区生产总值年增长率在 2008 年最高，为 25.62%，最低为 2012 年的 13.17%。财政支出弹性系数 2007 年最低，为 0.67，2009 年最高，为 1.4，2012 年为 1.11。

表25－15　晋城市2007～2012年财政支出的弹性系数

单位：亿元，%

年　份	财政支出	财政支出年增长率	地区生产总值	地区生产总值年增长率	财政支出的弹性系数
2007	54.05	—	419.96	—	—
2008	63.29	17.10	527.55	25.62	0.6675
2009	76.49	20.85	606.05	14.88	1.4012
2010	89.51	17.02	730.54	20.54	0.8285
2011	113.24	26.51	894.98	22.51	1.1779
2012	129.83	14.65	1012.81	13.17	1.1127

25.5　晋城市财政支出结构分析

25.5.1　晋城市财政支出的项目结构分析

晋城市2007～2012年财政支出各项目绝对数与山西省比较分析如表25－16所示。整体上，在山西省内财政支出的各项目投入在2007～2012年呈逐年递增的趋势，2012年分别达到各自最高支出水平，一般公共服务支出在2012年为274.47亿元，教育支出在2012年为558.03亿元，社会保障和就业支出在2012年为354.61亿元。晋城市一般公共服务支出在2007年最低，为10.5亿元，在2012年达到最高，为14.58亿元。教育支出也呈逐年递增的趋势，由2007年的10.88亿元增长到2012年的30.15亿元。晋城市在社会保障和就业方面的支出变化较明显，2012年达到最高水平，为16.26亿元。

表25－16　晋城市2007～2012年财政支出各项目绝对数与山西省比较分析

单位：亿元

财政支出项目	省　市	2007年	2008年	2009年	2010年	2011年	2012年
一般公共服务	山西省	158.62	223.48	247.94	215.83	251.58	274.47
	晋城市	10.50	11.70	11.46	12.76	13.95	14.58
教育	山西省	157.36	234.99	278.07	328.58	421.79	558.03
	晋城市	10.88	13.30	16.32	18.89	23.82	30.15
社会保障和就业	山西省	120.99	218.38	236.94	274.46	321.60	354.61
	晋城市	10.61	8.90	11.27	11.35	13.55	16.26

从表25－17所示的晋城市财政支出项目相对数结构上看，2007～2012年，在一般公共服务方面，山西省的占比在2009年达到最高，2012年则减少为最低的10.36%；晋城市在2012年达到最高的6.83%，在2011年达到最低的7.67%。在教育方面，山西省投入比例基本上逐渐增加，在2012年达到最高的21.05%；晋城市在2007～2012年逐年提高。在社会保障和就业方面，山西省在2007年为最低的10.08%，到2009年为最高的15.41%，2012年为13.38%；晋城市在2010～2012年增长速度呈现逐年递增的趋势，2012年达到7.62%。

表 25 – 17　晋城市 2007～2012 年财政支出相对数结构与山西省比较分析

单位:%

财政支出项目	省　市	2007 年	2008 年	2009 年	2010 年	2011 年	2012 年
一般公共服务	山西省	13.21	14.71	16.12	11.92	11.13	10.36
	晋城市	10.88	10.34	8.42	8.34	7.67	6.83
教育	山西省	13.11	15.47	18.08	18.15	18.66	21.05
	晋城市	11.26	11.76	11.99	12.34	13.10	14.12
社会保障和就业	山西省	10.08	14.38	15.41	15.16	14.23	13.38
	晋城市	10.98	7.86	8.28	7.42	7.45	7.62

25.5.2　晋城市财政支出的地区结构分析

晋城市各县市区 2007～2012 年财政支出地区结构情况如表 25 – 18 所示。由表 25 – 18 看出，晋城市各县市区在 2007～2012 年财政一般预算支出绝对数大体上呈逐年递增的趋势。其中，2007 年一般预算支出最高的县是泽州县，最低的为开发区。2008～2012 年一般预算支出最高的地区始终为高平市，最低的仍为开发区。

表 25 – 18　晋城市各区县 2007～2012 年财政支出地区结构情况

单位：亿元

县市区	2007 年	2008 年	2009 年	2010 年	2011 年	2012 年
城　区	3.91	4.58	5.68	6.77	8.75	11.01
沁水县	5.20	6.27	7.99	10.03	11.53	14.07
阳城县	7.35	8.45	10.55	11.94	15.33	17.32
陵川县	3.95	4.87	6.48	7.50	9.73	11.05
泽州县	7.92	8.91	12.03	14.15	16.37	20.24
高平市	7.55	10.07	12.77	14.37	17.83	20.70
开发区	0.37	0.75	0.88	1.15	4.88	2.26

25.6　小结

近年来，晋城市财政发展呈现了健康稳步的发展态势。自 2000 年经过十年的发展，直到 2010 年财政收入翻了 21 倍之多。又经过两年的发展全市地方财政收入由 2010 年的 153.04 亿元增加到 2012 年的 213.5 亿元，实现大规模的增长。

2007 年以来，晋城市地方财政总收入呈现逐年增长的趋势，由 2007 年的 96.55 亿元逐年增加到 2012 年的 213.48 亿元。与财政总收入逐年递增趋势相一致，2007～2012 年，晋城市一般预算支出也呈逐年递增的趋势。

2012 年全市财政总收入达 213.48 亿元，增长 17.43%。其中，增值税完成 88.2 亿元，增长 2.7%；企业所得税 62.9 亿元，增长 44.8%；个人所得税 7.9 亿元，下降 7.9%；营业税 17 亿元，增长 26.2%；资源税 2.8 亿元，增长 14.4%。公共预算收入达 82.9 亿元，增长 22.1%，其中，税收收入 61.5 亿元，增长 18.1%。

晋城市财政收入规模呈逐年递增趋势，经济运行总体还算平稳，但财政经济运行中也存在一些突出问题：一是煤炭行业收入下降对财政增收构成影响；二是电力、化工、装备制造等传统产业增长缓慢，难以发挥主导作用；三是新上项目尚未成为经济增长点。

2012 年公共预算支出达 129.8 亿元，增长 14.5%。其中，科学技术支出增长 27.3%，教育支出增长 26.6%，农林水事务支出增长 24.5%，社会保障和就业支出增长 20%，文化体育与传媒支出增长 16.9%，医疗卫生支出增长 8.4%，环境保护支出下降 21.1%。

尽管晋城市财政发展取得了不错的成绩，加强和改进财政预算管理，对促进经济持续健康发展和社会和谐稳定仍然具有重大的意义。晋城应大力推进财政发展改革，切实完善财政科学管理，充分发挥财政职能作用。加快建立公开、透明、规范、完整的预算体制，切实加强财政规范化、科学化和信息化管理，进一步提高预算管理水平和财政资金使用效益。为此，必须要做好以下几个方面的工作。

首先，严格控制一般性支出。建立健全相关管理制度，严肃财经纪律。严控"三公经费"支出，强化"三公经费"预算执行管理。同时，按照守住底线、突出重点、完善制度的要求，补充短板，健全机制，保障好教育、科学技术、医疗卫生、社会保障等各项重点支出需求。

其次，依法规范收入管理。推进营改增等税制改革，减轻中小企业特别是小微企业负担。税务部门依法征管，应收尽收，坚决遏制收"过头税（费）"和向企业违规收取税费等行为。全面清理各种不规范的税费减免政策，依法严厉打击偷漏税和骗退税等违法行为，努力提高财政收入质量，严禁为完成收入任务而虚增财政收入。

再次，加快推进预算绩效管理。积极探索新的预算绩效管理模式，扩大预算支出绩效评价范围，将民生项目和具有较大经济社会影响的重大项目作为绩效评价的重点。建立绩效评价结果反馈制度，研究绩效评价结果与预算资金安排有机结合的机制，逐步实行绩效问责和评价结果公开，促进部门改善预算管理，提高资金使用效益。

最后，发挥积极财政政策效应。加快民生财政建设，重点加大对全民社保、住房保障、教育、医疗卫生、就业创业、文化体育等民生事业的投入力度，提高保障水平，以民生事业发展促进经济社会转型。集中财力办大事，压缩一般性支出，将有限的财力集中用于稳增长、调结构、惠民生的重点领域和关键环节。切实加快支出进度，对预算安排的支出项目和执行中的支出环节认真排查，发现存在的问题，分析形成原因，有针对性地提出解决措施，促使财政资金更好更快地发挥应有效益。

第 26 章
长治市财政发展报告

26.1 长治市财政发展概述

长治市位于太行山南段、山西省东南部。总面积 13896 平方千米，常住人口为 3334564 人。2012 年，地区生产总值达 1328.6 亿元，比上年增长 10.6%。其中，第一产业增加值为 53.5 亿元，增长 5.6%，占地区生产总值的 4.0%；第二产业增加值为 894.9 亿元，增长 11.5%，占地区生产总值的 67.4%；第三产业增加值为 380.2 亿元，增长 9.2%，占地区生产总值的 28.6%。在第三产业中，金融保险业增加值为 45.7 亿元，增长 16.3%；交通运输、仓储和邮政业增加值为 80.6 亿元，增长 7.7%；批发和零售业增加值为 85.7 亿元，增长 13.9%。

第一，财政收入稳步快速增长。2007 年以来，长治市财政收入实现了稳步快速的增长，2007 年全市财政总收入为 125.19 亿元，2012 年全市完成财政总收入 302.05 亿元，年均增长 203.02 亿元。2007 年完成一般预算收入 49.75 亿元，2012 年完成一般预算收入 133.49 亿元。2012 年，财政总收入和一般预算收入规模全省排位均为第三位，增幅全省排位分别为第三位和第二位。

第二，财政收入结构不断优化。财政收入保持较快增长，收入规模不断扩大，全省排名稳步前移，全市财政总收入和一般预算收入规模居全省第二位。与经济发展密切相关的增值税、所得税、营业税等主体税种全部增收，占一般预算增收总额的 74.48%。财政支出能力增强，财政支出结构不断优化。财政公共保障能力进一步提高，兼顾了各项社会事业发展的需要。

26.2 长治市财政收入规模分析

26.2.1 长治市财政收入绝对规模分析

长治市 2007~2012 年财政收入的绝对规模情况如表 26-1 所示。长治市财政收入规模的绝对数稳步增加，2007~2012 年从 125.19 亿元增加到 302.05 亿元，增长了 1.4 倍。其中，2011 年突破 200 亿元，2012 年突破 300 亿元；2007~2012 年平均财政收入为 203.02 亿元，年均增加比重为 19.5%；当年财政收入在全省的位次始终保持在前三位。财政预算收入增长最快的是 2011 年，增速为 29.08%，增速最慢的是 2010 年，增速仅有 11.24%。从增长趋势上看，2007~2012 年，财政收入绝对数逐年增长的趋势没有变化，环比增长率经历了先降后升又降的变化过程。

表 26 - 1 长治市 2007 ~ 2012 年财政收入情况

单位：亿元, %

年 份	财政总收入	财政收入较上年增加数	财政收入较上年增加比重	当年财政收入在山西省的位次
2007	125.19	—	—	2
2008	159.56	34.37	27.45	3
2009	177.91	18.35	11.50	2
2010	197.91	20.0	11.24	2
2011	255.47	57.56	29.08	3
2012	302.05	46.58	18.23	3
平 均	203.02	35.37	19.50	—

26.2.2 长治市财政收入相对规模分析

长治市 2007 ~ 2012 年财政收入占地区生产总值的情况如表 26 - 2 所示。2007 ~ 2012 年，长治市财政收入呈稳步快速增长的趋势，由 2007 年的 125.19 亿元增加至 2012 年的 302.05 亿元。在长治市地区生产总值不断增加的情况下，长治市财政收入占地区生产总值的比重维持在 20% 以上，基本上实现财政收入与地区生产总值的同步增长。这表明了长治市企业的经营效益在不断增大，产业结构在不断优化，经济发展势头较好。

表 26 - 2 长治市 2007 ~ 2012 年财政收入占地区生产总值的比重情况

单位：亿元, %

年 份	财政收入	地区生产总值	财政收入占地区生产总值比重
2007	125.19	550.63	22.74
2008	159.56	682.13	23.39
2009	177.91	775.29	22.95
2010	197.91	920.23	21.51
2011	255.47	1218.60	20.96
2012	302.05	1328.61	22.73
平 均	203.02	912.58	22.38

从表 26 - 3 可以看出，2007 ~ 2012 年长治市财政收入占山西省财政收入的比重一直维持在 10% 以上，从 2007 年的 10.43% 增加到 2012 年的 11.40%，增长了约 1 个百分点，长治市地方财政收入占全省财政收入比重逐年增加，这说明长治市对山西省财政收入的贡献率在不断增加。

财政收入规模是衡量地方政府在社会经济生活中职能范围的重要指标。财政收入的规模及其增长要受到各种政治、经济条件的制约和影响，它是多种因素共同作用的结果，主要包括经济发展水平、收入分配政策、价格因素、体制因素、财政政策因素等。从长治市的实际情况看，2007 年长治市的地区生产总值为 550.63 亿元，其财政收入为 125.19 亿元；2012 年长治市的地区生产总值为 1328.61 亿元，自 2011 年突破千亿元大关，财政收入绝对规模也达到了创纪录的 1328.61 亿元。当然，长治市财政收入绝对规模的增加也在一定程度上受我国物价水平上涨因素的影响。

表 26 - 3　长治市 2007～2012 年财政收入占山西省财政收入的比重情况

单位：亿元，%

年　份	财政收入	山西省财政收入	财政收入占山西省财政收入比重
2007	125.19	1200.54	10.43
2008	159.56	1518.78	10.51
2009	177.91	1538.02	11.57
2010	197.91	1810.18	10.93
2011	255.47	2260.54	11.30
2012	302.05	2650.33	11.40

26.3　长治市财政收入结构分析

26.3.1　长治市财政收入的项目结构分析

表 26 - 4 给出了长治市 2007～2012 年的一般预算收入及其占比、一般预算支出及其占比变化情况。可以看出，长治市一般预算收支逐年增加。其中一般预算收入占财政总收入的比重一直维持在 39% 以上，2011 年突破 40%，2012 年达到 44.20%，反映出长治市经济规模的增加，中央对方财政的控制有所放缓，地方财政收入逐年增加的向好局面。一般预算支出占财政收入比例变化不等，但都维持在 60% 以上的规模，其中 2010 年和 2011年支出规模达到 68%，显现出相当大的规模。

表 26 - 4　长治市 2007～2012 年财政收入中一般预算收支占比情况

单位：亿元，%

年　份	一般预算收入	一般预算收入占比	一般预算支出	一般预算支出占财政总收入比
2007	49.75	39.74	78.88	63.01
2008	62.63	39.25	97.15	60.89
2009	69.57	39.11	112.65	63.32
2010	77.90	39.36	135.87	68.65
2011	104.41	40.87	176.03	68.91
2012	133.49	44.20	201.87	66.83

表26-5给出了长治市一般预算收入占比、山西省一般预算收入占比变化情况。从中可以明显看出，无论是山西省的这一比例还是长治市的这一比例，都显现出逐年小幅增加的趋势，而同一年中长治市一般预算收入占比始终低于山西省一般预算收入占比，差距一直维持在10%左右，其中2008年相差最小，相差最大的是2010年，达到14.20%之多。

表26-5　长治市2007～2012年一般预算收入占比与山西省的比较情况

单位:%

年　份	一般预算收入占比	山西省一般预算收入占比
2007	39.74	49.80
2008	39.25	49.25
2009	39.11	52.39
2010	39.36	53.57
2011	40.87	53.68
2012	44.20	57.21

表26-6显示了长治市2007～2012年增值税、企业所得税收入及其占一般预算收入总额的比重变化情况。可以看出，增值税和企业所得税绝对额大体上呈现逐年上升的态势，2012年增值税出现略微的下滑。从占比上看，增值税在一般预算收入中所占比重较大，其次是企业所得税；增值税在一般预算收入的在2008年达到最大，其间变化不等，到2012年达到最低的15.16%；企业所得税占一般预算收入的比例在2007年达到最高的16.73%，在2008年陡然降低到14.37%，2009年有所增加，出现小高潮，但是接下来两年一直呈下降趋势，到2012年再次出现增长趋势，反映出特定年份的宏观经济运行趋势。增值税与工业经济运行密切相关，增值税的下降说明了长治市工业增加值增速放缓，而企业所得税的增加说明了工业企业利润的大幅增加。

表26-6　长治市2007～2012年税收收入的项目结构情况

单位：亿元,%

年　份	一般预算收入	增值税		企业所得税	
		数额	占比	数额	占比
2007	49.75	9.86	19.82	8.32	16.73
2008	62.63	13.56	21.65	9.00	14.37
2009	69.57	14.45	20.78	11.39	16.37
2010	77.90	16.27	20.89	11.67	14.98
2011	104.41	20.39	19.52	15.04	14.40
2012	133.49	20.23	15.16	21.64	16.21

26.3.2　长治市财政收入的地区结构分析

长治市辖10个县、2个区、1个县级市：长治县、长子县、屯留县、壶关县、黎城县、平顺县、襄垣县、武乡县、沁县、沁源县、城区、郊区、潞城市。长治县地处上党盆地南界，面积 483 平方千米，人口 32 万人。长子县总面积 1029 平方千米，总人口近 35 万人。屯留县总面积 1142 平方千米，2002 年人口 25.6 万人。壶关县是长治市的东大门，系上党城镇群重点之一。黎城县位于长治市东北部，地处晋、冀、豫三省交界，面积 1101 平方千米，总人口 15.7 万人。平顺县地处太行山南端的上党盆地边缘地带。襄垣县位于山西省东南部，太行山的西麓，上党盆地之北，总面积 1160 平方千米，总人口 26 万人。武乡县位于太行山西麓，山西省东南部，长治市最北端，全县总面积 1610 平方千米，总人口 21 万人。沁县位于山西省长治市北部，总人口 16.7 万人。潞城市位于山西省东南部，面积 612.5 平方千米，人口 22.69 万人。

表 26 - 7 反映了长治市 2007～2012 年各区县财政收入情况，2007～2009 年财政收入一直保持最高的是襄垣县，最低的为沁县。从 2010 年开始，长治县始终保持财政收入的第一位。

表 26 - 7　长治市 2007～2012 年财政收入地区结构情况

单位：亿元

县　　市	2007 年	2008 年	2009 年	2010 年	2011 年	2012 年
长治县	14.04	18.09	24.15	30.34	47.34	57.28
襄垣县	16.95	21.01	26.63	30.01	35.67	40.17
屯留县	6.21	9.62	10.79	12.21	15.51	16.05
平顺县	1.51	2.39	1.12	1.39	1.75	1.59
黎城县	2.77	3.46	3.04	3.29	3.92	3.95
壶关县	3.52	4.52	2.60	2.88	3.46	4.10
长子县	4.43	7.02	8.00	10.02	16.84	30.28
武乡县	6.48	8.52	8.99	10.07	12.13	13.52
沁　县	0.81	1.02	1.02	1.12	1.37	1.31
沁源县	9.12	14.86	16.05	17.67	21.90	25.57
潞城市	12.00	15.00	10.08	11.09	12.30	8.01
高新区	12.11	15.12	24.94	24.74	28.18	31.29

26.4　长治市财政支出规模分析

26.4.1　长治市财政支出规模的绝对数分析

从表 26 - 8 可以看出，长治市 2007～2012 年一般预算支出呈逐年递增的趋势，2009 年突破 100 亿元大关，在 2012 年创下 201.87 亿元的支出规模。从年支出增加额看，总体上历年维持在 20 亿元上下，其中 2009 年相较于 2008 年一般预算支出差别最小，为 15.5 亿元，一般预算支出较上年的比重也是最低，为 15.96%。而 2011 年相对于 2010 年一般预算支出差别达到最高，为 40.17 亿元，一般预算支出较上年的比重达到最高，29.56%。2007～2012 年财政支出较上年增加比重为 12.19%。纵观长治市财政支出规模在省内的位次，由 2008 年最低的第五位，提升至 2012 年的第一位，财政支出力度显著加大。

表 26－8　长治市 2007～2012 年财政支出规模情况

单位：亿元，%

年　份	一般预算支出	财政支出较上年增加数	财政支出较上年增加比重	当年财政支出在山西省的位次
2007	78.88	—	—	3
2008	97.15	18.27	23.16	5
2009	112.65	15.50	15.96	4
2010	135.87	23.21	20.60	4
2011	176.03	40.17	29.56	4
2012	201.87	25.83	14.68	1
平　均	—	24.60	12.19	—

26.4.2　长治市财政支出规模的相对数分析

由表 26－9 可以看出，2007～2012 年长治市地区生产总值由 550.63 亿元增长到 1328.61 亿元，增长 1.4 倍。一般预算支出在稳步中增长，由 2007 年的 78.88 亿元增至 2012 年的 201.87 亿元，实现 1.6 倍的增长。相比之下，2008 年和 2011 年长治市一般预算支出占长治市地区生产总值的比重较 2007 年和 2010 年有所降低，其中 2008 年最低，为 14.24%，2012 年达到新高，为 15.19%。

表 26－9　长治市 2007～2012 年一般预算财政支出占长治市地区生产总值的比重情况

单位：亿元，%

年　份	一般预算支出	地区生产总值	长治市一般预算支出占长治地区生产总值的比重
2007	78.88	550.63	14.33
2008	97.15	682.13	14.24
2009	112.65	775.29	14.53
2010	135.87	920.23	14.76
2011	176.03	1218.60	14.45
2012	201.87	1328.61	15.19

由表 26－10 可以看出，长治市和山西省财政支出总量在 2007～2012 年呈现逐年增加趋势。其中长治市 2007 年财政支出为 78.88 亿元，在 2012 年突破 200 亿元大关。山西省财政支出在 2007 年为 1049.92 亿元，在 2011 年突破 2000 亿元大关，到 2012 年达到 2759.46 亿元。长治市财政支出占山西省财政支出的比重看经历了先降后升又降的过程，近几年这一数值基本在 7% 以上水平，变动幅度不大，其中 2010 年最低，为 7.03%，2007 年最高，为 7.51%。

表 26 – 10　长治市 2007～2012 年财政支出占山西省财政支出的比重情况

单位：亿元，%

年　份	财政支出	山西省财政支出	长治市财政支出占山西省财政支出的比重
2007	78.88	1049.92	7.51
2008	97.15	1315.02	7.39
2009	112.65	1561.70	7.21
2010	135.87	1931.36	7.03
2011	176.03	2363.85	7.45
2012	201.87	2759.46	7.32

从表 26 – 11 中可以看出，2007～2012 年，长治市财政支出总额逐年增加，其中 2011 年财政支出额度增加最大，比 2010 年增加 40.16 亿元。通过对比长治市地区生产总值增加额可以看出，2009 年地区生产总值增加额相较于其他年份最低，为 93.16 亿元，2011 年达到最高，为 298.37 亿元。从长治市财政支出的边际系数上看，2011 年边际系数最低，为 0.13，2012 年边际系数达到最高，为 0.23。

表 26 – 11　长治市 2007～2012 年财政支出的边际系数

单位：亿元

年　份	财政支出	财政支出年增加额	地区生产总值	地区生产总值年增加额	财政支出的边际系数
2007	78.88	—	550.63	—	—
2008	97.15	18.27	682.13	131.51	0.14
2009	112.65	15.50	775.29	93.16	0.17
2010	135.87	23.22	920.23	144.94	0.16
2011	176.03	40.16	1218.60	298.37	0.13
2012	201.87	25.84	1328.61	110.01	0.23

财政支出弹性系数是指当地区生产总值有 1% 的变化时所带来的财政支出的变化百分比。从表 26 – 12 可以看出，2007～2012 年长治市财政支出呈逐年增加趋势，其中，2011 年其增长率达到最高水平，为 29.56%，2012 年增长率最低，为 14.68%。长治市地区生产总值也呈逐年递增趋势，2011 年达到最高，为 32.42%，2012 年达到最低为 9.03%。从财政支出弹性系数看，2011 年最低，为 0.91，2012 年最高，为 1.63。可以看出，2007～2011 年长治市财政支出增幅与其地区生产总值的增加呈近似同步趋势，只是 2012 年财政支出力度加大。

表 26 – 12　长治市 2007～2012 年财政支出的弹性系数

单位：亿元，%

年　份	财政支出	财政支出年增长率	地区生产总值	地区生产总值年增长率	财政支出的弹性系数
2007	78.88	—	550.63	—	—
2008	97.15	23.16	682.13	23.88	0.97

年　份	财政支出	财政支出年增长率	地区生产总值	地区生产总值年增长率	财政支出的弹性系数
2009	112.65	15.95	775.29	13.66	1.17
2010	135.87	20.61	920.23	18.70	1.10
2011	176.03	29.56	1218.60	32.42	0.91
2012	201.87	14.68	1328.61	9.03	1.63

26.5　长治市财政支出结构分析

26.5.1　长治市财政支出的项目结构分析

表26-13给出了长治市和山西省财政支出的主要项目（一般公共服务、教育及社会保障和就业三项）的变化情况。整体上，山西省财政支出的三项投入在2007～2012年呈逐年递增的趋势，分别在2012年达到最高，一般公共服务支出为274.47亿元，教育支出为558.03亿元，社会保障和就业支出为354.61亿元。长治市在一般公共服务上的财政支出在2010年达到最低，为17.86亿元，在2009年达到最高，为26.02亿元。长治市在教育上的财政支出呈逐年递增的趋势，由2007年的16.24亿元提高到2012年的44.48亿元，提高近2倍。2012年长治市在社会保障和就业方面的支出达到2007～2012年的最高水平，为22.10亿元。

表26-13　长治市2007～2012年财政支出项目绝对数情况

单位：亿元

支出项目	省　市	2007年	2008年	2009年	2010年	2011年	2012年
一般公共服务	山西省	158.62	223.48	247.94	215.83	251.58	274.47
	长治市	22.08	23.06	26.02	17.86	21.36	22.74
教育	山西省	157.36	234.99	278.07	328.58	421.79	558.03
	长治市	16.24	19.97	23.90	28.04	32.85	44.48
社会保障和就业	山西省	120.99	218.38	236.94	274.46	321.60	354.61
	长治市	8.53	11.44	12.58	12.12	18.49	22.10

从表26-14长治市财政支出项目相对数结构上看，2007～2012年，在一般公共服务方面，山西省的占比在2009年达到最高，为16.12%，在2012年减少为最低，为10.36%；长治市在2007年达到最高，为17.64%，自2009年起逐年降低，在2012年达到最低，为7.53%。在教育方面，山西省投入比例逐年增加，在2012年达到最高的21.05%；长治市在2011年达到最低，为12.86%，在2012年达到最高，为14.73%。在社会保障和就业方面，山西省在2007年达到最低，为10.08%，在2009年达到最高，为15.41%，2012年为13.38%。长治市除在2010年略有减少之外，其他年份均呈现逐年递增的趋势。

表 26 – 14　长治市 2007～2012 年财政支出项目相对数情况

单位:%

支出项目	省　市	2007 年	2008 年	2009 年	2010 年	2011 年	2012 年
一般公共服务	山西省	13.21	14.71	16.12	11.92	11.13	10.36
	长治市	17.64	14.45	14.63	9.02	8.36	7.53
教　育	山西省	13.11	15.47	18.08	8.15	18.66	21.05
	长治市	12.97	12.51	13.44	14.17	12.86	14.73
社会保障和就业	山西省	10.08	14.38	15.41	15.16	14.23	13.38
	长治市	6.82	7.17	7.07	6.12	7.24	7.32

26.5.2　长治市财政支出的地区结构分析

由表 26 – 15 看出，长治市各县市区在 2007～2012 年财政一般预算支出绝地数大体上呈逐年递增的趋势。其中，2007～2009 年一般预算支出最高的为襄垣县，最低的为高新区。2010～2012 年一般预算支出最高的为长治县，最低的仍为高新区。

表 26 – 15　长治市 2007～2012 年财政一般预算支出的地区结构情况

单位：亿元

县市区	2007 年	2008 年	2009 年	2010 年	2011 年	2012 年
城　区	2.48	3.75	4.31	4.90	6.09	6.51
郊　区	3.76	4.68	4.52	6.24	8.18	9.22
长治县	6.12	8.04	9.05	14.10	20.05	24.66
襄垣县	7.77	8.95	10.02	11.95	15.79	18.58
屯留县	4.47	6.06	6.79	8.47	10.31	10.78
平顺县	2.92	3.62	4.70	5.59	6.93	8.18
黎城县	2.78	3.40	4.01	5.54	6.65	7.16
壶关县	4.54	5.50	6.48	8.33	10.27	11.77
长子县	4.67	6.08	7.40	8.74	11.55	15.75
武乡县	4.87	6.25	7.08	7.84	10.45	10.19
沁　县	3.08	3.77	4.45	5.64	7.88	8.58
沁源县	5.83	7.66	9.66	9.68	11.92	15.67
潞城市	4.98	6.19	5.98	6.85	8.58	7.41
高新区	0.65	0.83	1.14	1.43	1.09	1.33

26.6　小结

近年来，长治市财政收入快速增长，在山西省财政综合竞争力中处于领先地位。2012 年全年全市财政总收入和一般预算收入规模全省排位均居第三位，增幅全省排位分别为第三位和第二位，实现了财政的持续稳定快速发展。2007年以来，长治市财政支出呈逐年递增的趋势，2009年突破100亿元大关，2012年突破200亿元，2007~2013年平均一般预算支出为133.74亿元。全市地方财政支出规模在山西省位次从2007年的第三位跃居2012年的第一位。财政支出结构不断优化。长治市民生财政投入稳步加大，财政支出结构不断优化，财政公共保障能力进一步提高。

但长治市仍然需要进一步深化财政改革，创新机制体制，发挥职能作用。具体来说包括以下三个方面。

第一，发挥财政职能，抓好政策落实。落实好积极财政政策的各项措施，密切跟踪分析政策实施效果，并根据经济运行态势，增强财政政策的针对性、灵活性和前瞻性。支持扩大内需、促进消费和实体经济发展，增强科技创新能力，促进经济稳定增长，推动经济结构调整和经济发展方式转变。保障重点项目资金，支持项目建设，加快构建新型产业板块。采取贷款贴息等方式，加大对中小微企业的扶持力度。落实强农惠农富农政策，促进以富民增收为重点的"三农"投入稳定增长。推进城镇化和生态化建设，创新筹融资机制。加强民生保障，推动实现更高质量的就业，加强城乡社会保障体系建设，提高人民健康水平，促进文化事业产业发展，支持人民生活水平再提高，进一步支持创优环境、文明提升、本质安全、社会管理，促进经济发展与社会全面进步。

第二，推进预算改革，完善体制机制。进一步建立健全预算编制、执行、监督、绩效评价和信息公开"五位一体"的预算管理机制。继续完善市县财政体制，巩固扩大县级基本财力保障机制建设。推行规范、完整、公开、透明的预算体制，健全政府性基金预算编制制度，全面提高基金预算编制准确性和精细化程度，加强国有资本经营预算编制管理，做好社会保险基金预算汇总编制工作，进一步推动预算编制与资产管理、预算评审、政府采购、监督检查和绩效评价的有机结合。健全财政国库管理制度，深化国库单一账户体系建设，实现公务卡制度和非税收入改革全覆盖，推进财政资金支付、会计核算、动态监控的一体化管理。深化财政行政审批制度改革，实施以营改增为重点的财税体制改革，健全政府性债务动态管理机制，严格控制新增债务规模，落实还款责任和资金来源，有效防范和化解财政金融风险。

第三，提高预算绩效，加强科学管理。扎实做好预算执行管理工作，加强组织协调，完善增收促收政策措施，全面支持各级征收部门依法征收、依法稽查，实现财政收入和经济发展同步增长。推行预算与绩效管理捆绑、履责与绩效挂钩的预算管理模式，提高财政运行的规范性，以关乎经济社会长远发展和人民群众切身利益的若干重大财政法规政策、重要财政支出项目和财政专项资金为重点，着力构建内外结合、市县联动的协同监督机制，逐步实现事前审核、事中监控和事后检查的有机结合，努力降低行政成本。

第 27 章
邢台市财政发展报告

27.1　邢台市财政发展概述

邢台市位于河北省南部，东隔大运河和山东省相望，西依太行山和山西省毗邻，北及东北与石家庄市、衡水市相连，南接邯郸市，总面积12439平方千米。邢台市是华北地区重要的工业、能源基地和京津冀地区的中心城市之一，邢台市地处环渤海经济区腹地，位于冀、晋、鲁、豫四省要冲，是中原经济区的北方门户城市和连接东部沿海地区、华北地区和中原地区的重要交通枢纽城市。

2012年，邢台市地区生产总值达到1532.06亿元，按可比价格计算，比上年增长9.5%。其中，第一产业增加值240.4亿元，增长4.0%；第二产业增加值829.5亿元，增长11.1%；第三产业增加值462.1亿元，增长9.2%。全市人均生产总值21361元，比上年增加1334元。三次产业结构由上年的15.3：55.5：29.2调整为15.7：54.1：30.2。三次产业对经济增长的贡献率依次为6.2%、66.0%和27.8%，分别拉动经济增长0.6个、6.3个和2.6个百分点。

在财政收入方面，2012年邢台市全部财政收入为170.9亿元，从2008年起五年累计完成667.5亿元，是上一个五年的2.25倍，年均增长10.8%。全市财政支出为250.25亿元，五年累计867.3亿元，是上一个五年的3.13倍，年均增长21.21%。邢台市的财政收支状况为经济社会的发展提供了有力保障，财政支出对义务教育经费保障、医疗体制的改善与完善、社会保障制度城乡高覆盖、养老保险等社会事业工作稳步推进。

27.2　邢台市财政收入规模分析

27.2.1　邢台市财政收入绝对规模分析

多年来，邢台市加强经济运行调节，持续推进各项建设，经济保持了平稳较快的增长态势，财政收入规模绝对数不断增加。邢台市2007~2012年公共预算支出如表27-1所示。

表 27-1　邢台市 2007~2012 年公共预算收入情况

单位：亿元,%

年　份	财政预算收入	财政收入较上年增加数	财政收入增长率	当年财政收入在河北省的位次
2007	85.16	15.00	21.40	10
2008	102.30	17.14	20.10	10

年　份	财政预算收入	财政收入较上年增加数	财政收入增长率	当年财政收入在河北省的位次
2009	110.00	7.70	7.60	10
2010	132.90	22.90	20.80	9
2011	151.40	18.50	13.90	10
2012	170.90	19.50	12.90	9
平　均	—	17.15	14.83	—

邢台市财政收入规模的绝对数稳步增加，其中2007年突破85亿元大关，2008年突破100亿元大关，2009年突破110亿元大关，2010年突破130亿元大关，2011年突破150亿元大关，2012年突破170亿元大关；2007～2012年平均财政预算收入为150.53亿元，年均增加数为17.15亿元，2007～2012年财政收入较上年增加数平均为14.83%。从财政收入在全省的排名来看，2012年邢台市财政收入在河北省位列第九位，近年来排名基本没有变化，稳定在第9～10位。

27.2.2　邢台市财政收入相对规模分析

表27-2反映了2007～2012年邢台市财政收入占市地区生产总值的比重情况。2007～2012年，在邢台市地区生产总值不断增加的情况下，邢台市财政收入占地区生产总值比重呈现总体上升、有升有降的震荡趋势，财政收入占地区生产总值比重从2007年的9.56%增加到2012年的11.16%，增加了1.6个百分点。

表27-2　邢台市2003～2012年财政收入占地区生产总值的比重情况

单位：亿元,%

年　份	财政收入	地区生产总值	财政收入占地区生产总值比重
2007	85.16	890.42	9.56
2008	102.30	970.01	10.34
2009	110.00	1056.29	10.42
2010	132.90	1212.09	10.96
2011	151.40	1428.90	10.61
2012	170.90	1532.06	11.16

从表27-3可以看出，2007～2012年邢台市财政收入占河北省财政收入的比重从2007年的5.57%下降到2012年的4.91%，减少了0.6个百分点，这说明，邢台市对河北省财政收入的贡献率有所减少。

表27-3　邢台市2007～2012年财政收入占河北省财政收入的比重情况

单位：亿元,%

年　份	财政收入	河北省财政收入	邢台市财政收入占河北省财政收入比重
2007	85.16	1528.92	5.57
2008	102.30	1824.0	5.61

年　份	财政收入	河北省财政收入	邢台市财政收入占河北省财政收入比重
2009	110.00	2020.77	5.44
2010	132.90	2409.0	5.52
2011	151.40	3017.59	5.02
2012	170.90	3479.30	4.91

27.3　邢台市财政收入结构分析

27.3.1　邢台市财政收入的项目结构分析

表 27 - 4 显示了邢台市 2007～2012 年的公共预算收入、税收收入及其占比、非税收入及其占比。可以看出，邢台市税收收入的绝对额随着时间的推移在逐年增加，从 2007 年的 23.5 亿元增加到 2011 年的 57.3 亿元，增加了 1.44 倍；同时，税收收入占公共预算收入的比重也在随着时间的推移增加，从 2007 年的 75% 增加到 2011 年的 81%，增加了 6 个百分点，从纳入公共预算的非税收入来看，情况正好相反，非税收入占公共预算的比重在逐年下降，从 2007 年的 25% 下降到 2011 年的 19%。

表 27 - 4　邢台市 2007～2012 年公共预算收入中税收收入比重情况

单位：亿元,%

年　份	公共预算收入	税收收入	税收收入占比	非税收入	非税收入占比
2007	31.4	23.5	75	7.9	25
2008	36.9	28.5	77	8.4	23
2009	43.0	33.4	78	9.6	21
2010	57.1	44.8	78	12.3	21
2011	70.6	57.3	81	13.3	19
2012	85.6	—	—	—	—

表 27 - 5 显示了邢台市税收收入占比、河北省税收收入占比和全国税收收入占比，从表中可以明显看出，邢台市与河北省的此数据都低于全国税收收入占比，差距最大的年份是 2007 年达到 14.05 个百分点。邢台市税收占财政收入的比重在逐年上升，2007 年这一比例为 74.84%，2011 年达到了 81.16%，上升了 6.32 个百分点，而全国的这一比例是逐年下降的。

表 27 - 5　邢台、河北省、全国 2007～2012 年税收收入占财政收入的比重

单位:%

年　份	税收收入占比	河北省税收收入占比	全国税收收入占比
2007	74.84	78.35	88.89
2008	77.23	79.03	88.41

年　份	税收收入占比	河北省税收收入占比	全国税收收入占比
2009	77.67	78.65	86.87
2010	78.45	80.64	88.10
2011	81.16	77.60	86.39
2012	—	74.84	85.81

表 27-6 列示了邢台市 2007~2011 年两大税种（增值税、营业税）收入及其占税收收入总额的比重。可以看出，增值税和营业税的绝对额都呈现逐年上升的态势；营业税在税收中所占比重最大，其次是增值税。在四大税种中，营业税占比在逐年上升，从 2007 年的 25.15% 上升至 2011 年的 31.05%，上升了 5.90 个百分点，上升的幅度较大；而增值税的占比在逐年下降，其中增值税从 2007 年到 2011 年下降了 12.61 个百分点，下降的幅度都较大。

表 27-6　邢台市 2007~2012 年税收收入的项目结构情况

单位：亿元,%

年　份	税收收入	增值税		企业所得税	
		数额	占比	数额	占比
2007	23.5	6.76	28.77	5.91	25.15
2008	28.5	8.42	29.54	7.18	25.19
2009	33.4	8.55	25.60	9.45	28.29
2010	44.8	9.15	20.42	13.70	30.58
2011	57.3	9.26	16.16	17.79	31.05
2012	—	9.67	—	22.93	—

27.3.2　邢台市财政收入的地区结构分析

邢台市总面积 12439 平方千米，全域呈马鞍形，下辖两区 2 个县级市、15 个县。沙河市总面积 999 平方千米，总人口 474260 人。南宫市总面积 856 平方千米，总人口 50 万人。邢台县位于河北省西南部、太行山东麓，东临邢台市区，总面积 1848 平方千米，总人口 33.6 万人。临城县总面积 797 平方千米，总人口 20.2 万人。内丘县总人口 25.38 万人。柏乡县总面积 268 平方千米，总人口 18.3 万人。隆尧县总面积 749 平方千米，总人口 50 万人。任县总面积 431 平方千米，总人口 29.4 万人。宁晋县总面积 1046 平方千米，总人口 75 万人。新河县总面积 366 平方千米，总人口 16.7 万人。平乡县总面积 406 平方千米，总人口 32 万人，是综合型农业县。广宗县位于河北省南部、邢台市东部，总面积 503 平方千米，总人口 30 万人。威县总面积 994 平方千米，总人口 52 万人。清河县总面积 502 平方千米，总人口 36 万。临西县总面积 542 平方千米。总人口 31 万人。

表 27 - 7　邢台市 2007 ~ 2012 年财政收入地区结构情况

单位：万元

县　市	2007 年	2008 年	2009 年	2010 年	2011 年	2012 年
邢台县	25866	24349	31535	37831	32966	53952
临城县	5424	5644	7140	11616	15909	22093
内丘县	12352	15661	21610	29939	23920	32473
柏乡县	2090	2771	3511	4843	5922	9003
隆尧县	11215	12113	15241	18557	24826	28957
任　县	2553	3430	4193	7209	12116	20008
南和县	3070	3825	4796	7882	14205	21872
宁晋县	25291	29344	35159	47042	52991	57437
巨鹿县	4123	4308	5266	7996	13912	19923
新河县	1273	1648	2132	2960	5471	8108
广宗县	1504	1894	2644	3626	4774	6432
平乡县	4919	4084	4656	8078	14320	19430
威　县	3272	3984	5533	7938	14020	19590
清河县	11022	12630	14275	19521	26644	36062
临西县	4689	4252	5799	8333	13739	18898
南宫市	5128	6137	8194	11601	16386	23276
沙河市	25472	31398	41336	53442	61243	89003

邢台市 17 个县市财政收入的绝对数都是逐年增加的，沙河市财政收入最高，达到 8.9 亿元，遥遥领先与其他县市；宁晋县和邢台县都超过了 5 亿元，分别达到 5.7 亿元和 5.4 亿元；财政收入超过 1 亿元的县市共有 14 个，财政收入在亿元以下的只有 3 个。邢台市下辖县域较多，且经济实力较强，财政收入规模较大，为整个邢台市的发展提供了重要保障。

27.4　邢台市财政支出规模分析

27.4.1　邢台市财政支出规模的绝对数分析

2007 年以来，邢台市财政支出平稳增长，从 2007 年的 81.76 亿元增长到 2012 年的 250.25 亿元，5 年间增长了 2 倍多。财政支出较上年增加的比重稳定在 30% 左右，财政支出较上年增加数呈逐年增加趋势，而邢台市财政支出在全省的位次一直稳定在中等水平，大概在第八位左右（见表 27 - 8）。

表 27 - 8　邢台市 2007～2012 年财政支出规模情况

单位：亿元,%

年　份	财政支出	财政支出较上年增加数	财政支出较上年增加比重	当年财政支出在河北省的位次
2007	81.76	13.53	20.10	8
2008	109.72	27.96	34.20	7
2009	132.63	22.91	20.90	7
2010	172.34	39.71	30.00	7
2011	214.64	42.30	24.50	8
2012	250.25	45.61	21.25	8
年均增加数	14.22	29.28	25.90	—

27.4.2　邢台市财政支出规模的相对数分析

由表 27 - 9 可知，邢台市 2007～2012 年财政支出占地区生产总值的比重呈现上升的趋势，与财政收入的变动趋势保持一致，从 2007 年的 81.76 亿元增加到 2012 年的 250.25 亿元，占地区生产总值的比重从 2007 年的 9.2% 增加到 2012 年的 16.33%，邢台市在 2012 年财政支出占市地区生产总值的比重达到最大值，为 16.33%，在 2007 年比重最小，为 9.2%。

表 27 - 9　邢台市 2007～2012 年财政支出占地区生产总值比重情况

单位：亿元,%

年　份	财政支出	地区生产总值	财政支出占地区生产总值的比重
2007	81.76	890.42	9.2
2008	109.72	970.01	11.1
2009	132.63	1056.29	12.6
2010	172.34	1212.09	14.2
2011	214.61	1428.92	15.0
2012	250.25	1532.06	16.33

从表 27 - 10 可以看出，2007～2012 年邢台市财政支出占河北省财政支出的比重从 2007 年的 5.43% 增加到 2012 年的 6.13%，增加了 0.7 个百分点，同河北省的财政支出保持了相同的增长趋势。

表 27 - 10　邢台市 2007～2012 年财政支出占河北省财政支出的比重情况

单位：亿元,%

年　份	财政支出	河北省财政支出	邢台市财政支出占河北省财政支出的比重
2007	81.76	1506.65	5.43
2008	109.72	1881.67	5.83

年　份	财政支出	河北省财政支出	邢台市财政支出占河北省财政支出的比重
2009	132.63	2347.59	5.65
2010	172.34	2820.24	6.11
2011	214.61	3537.39	6.07
2012	250.25	4079.44	6.13

　　邢台市 2007～2012 年财政支出占河北省财政支出的比重呈现总体上升、有升有降的趋势。邢台市财政支出占全省财政支出的比重最高是 2012 年的 6.13%，最低为 2007 年的 5.43%，其他年份波动不大，但普遍来说比重很小，均未超过 7%。

表 27-11　邢台市 2007～2012 年财政支出的边际系数

单位：亿元

年　份	财政支出	财政支出年增加额	地区生产总值	地区生产总值年增加额	财政支出的边际系数
2007	81.76	13.53	890.42	100.42	0.13
2008	109.72	27.96	970.01	98.58	0.28
2009	132.63	22.91	1056.29	67.29	0.34
2010	172.34	39.71	1212.09	155.8	0.25
2011	214.61	42.27	1428.92	216.83	0.19
2012	250.25	45.61	1532.06	103.14	0.44

　　2007 年以来，邢台市的财政边际系数呈较大波动趋势，从 2007 年的 0.13 增加到 2012 年的 0.44，2009 年达到小高峰之后开始下降，到 2011 年这一系数减少到 19.5%，这表明 2007～2009 年政府对新增国民收入的集中和控制程度随着年份的增加先逐渐增强，到 2009 年达到小高峰之后，在 2010～2011 年逐渐减弱。

　　由表 27-12 可知，邢台市财政支出的弹性系数也呈现不稳定变化的趋势，但综合分析大部分年份的财政支出弹性系数大于 1，这说明财政支出的变化率快于年度地区生产总值变化率，或者说财政支出变化相对于年度地区生产总值变化比较敏感。2007 年以来，邢台市财政支出的增长速度一直快于地区生产总值的增长速度，弹性系数大小也呈现先增后减的趋势，财政支出的增长速度相对于地区生产总值增长速度在 2009 年和 2010 年达到顶峰，然后回落。

表 27-12　邢台市 2007～2012 年财政支出的弹性系数

单位：亿元，%

年　份	财政支出	财政支出年增长率	地区生产总值	地区生产总值增长率	财政支出的弹性系数
2007	81.76	20.1	890.42	12.7	1.58
2008	109.72	34.2	989	11.1	3.08
2009	132.63	20.9	1056.29	6.8	3.07
2010	172.34	30.0	1212.09	14.7	2.04

年　份	财政支出	财政支出年增长率	地区生产总值	地区生产总值增长率	财政支出的弹性系数
2011	214.61	24.5	1428.92	17.8	1.38
2012	250.25	21.3	1532.06	9.5	2.24

27.5　邢台市财政支出结构分析

27.5.1　邢台市财政支出项目结构分析

从表27-13可以看出，在财政支出项目当中，一般公共服务支出项目和教育支出项目所占的比重最大，相比河北省的教育支出增长规模，教育支出从2007年的283.39亿元增加到2011年的652.11亿元，5年中增加了1倍多，而邢台市从2007年的20.03亿元增加到2011年的48.92亿元，5年中增加了1倍多，这说明邢台市正在大力发展教育事业。医疗卫生事业增长突飞猛进，从2007年的4.76亿元增加到2011年的25.56亿元，5年中增加了4倍多。其他项目支出均保持较快速度增长。

表27-13　邢台市2007~2012年财政支出各项目绝对数情况

单位：亿元

年　份	财政支出合计	一般公共服务	公共安全	教育	科学技术	文化体育与传媒	社会保障和就业	医疗卫生	环境保护	城乡社区事务	农林水事务	交通运输	住房保障
2007	81.76	13.35	4.65	20.03	0.87	1.02	14.54	4.76	3.09	3.96	8.28	3.52	—
2008	109.72	17.59	6.48	25.20	1.58	1.10	16.03	9.90	3.60	4.51	12.11	4.38	—
2009	132.60	23.28	9.13	27.45	1.89	1.32	12.71	11.65	7.60	7.18	14.24	5.62	
2010	172.34	24.54	9.19	35.10	1.80	1.58	23.70	18.99	4.10	4.47	24.31	7.34	
2011	214.61	30.74	10.43	48.92	2.14	2.51	30.20	25.56	4.13	5.01	24.00	9.37	
2012	250.25	28.37	—	60.50	—	—	25.50				29.20		

从表27-14可以看出，2007年以来，邢台市财政支出中一般公共服务支出项目所占比重总体呈现减少的趋势，从2007年的16.32%降低到2012年的11.34%，2009年呈现反弹状态，达到17.49%。在教育支出方面，邢台市教育支出所占比重从2007年的24.02%降低到2011年的22.61%。其他项目支出基本保持平稳。

表27-14　邢台市2007~2012年财政支出各项目相对数情况

单位:%

年份	一般公共服务	公共安全	教育	科学技术	文化体育与传媒	社会保障和就业	医疗卫生	环境保护	城乡社区事务	农林水事务	交通运输	住房保障
2007	16.32	5.68	24.02	1.06	1.24	17.36	5.90	3.71	5.02	9.75	3.65	—
2008	16.03	6.02	22.97	1.10	1.42	13.26	4.62	2.35	6.52	8.36	4.56	—

续表

年份	一般公共服务	公共安全	教育	科学技术	文化体育与传媒	社会保障和就业	医疗卫生	环境保护	城乡社区事务	农林水事务	交通运输	住房保障
2009	17.49	5.23	20.80	1.20	1.32	15.32	5.98	3.74	7.15	7.61	3.02	—
2010	14.24	4.76	20.37	1.12	1.42	17.58	8.23	5.36	8.54	5.46	6.85	—
2011	14.17	4.86	22.61	1.15	1.80	17.32	9.32	5.61	7.36	8.69	6.75	—
2012	11.34	—	23.67	—	—	—	—	—	—	—	—	—

27.5.2 邢台市财政支出区域结构分析

由表 27 - 15 可知,财政支出较大的几个县市分别是沙河市、南宫市、邢台县、宁晋县、威县、清河县等,财政支出都超过了 12 亿元。其中,沙河市的总量最大,超过了 17 亿元,其次是宁晋县,达到 16.41 亿元。而柏乡县与新和县由于经济发展偏落后,财政支出一直处于较低水平,从 2007 年的 2 亿元左右增加到 2012 年的 6 亿元左右,地区财政支出很不平衡。

表 27 - 15 邢台市 2007~2012 年财政支出地区结构情况

单位:亿元

县 市	2007 年	2008 年	2009 年	2010 年	2011 年	2012 年
沙河市	3.89	4.95	6.26	8.19	11.14	17.84
南宫市	6.06	8.43	9.82	12.47	14.55	12.28
邢台县	6.51	7.51	7.93	9.73	11.62	12.72
临城县	2.54	3.64	4.69	5.48	7.44	8.67
内丘县	3.33	4.57	5.37	7.18	7.17	8.56
柏乡县	1.88	2.53	3.37	4.44	5.44	6.03
隆饶县	3.75	5.17	7.34	8.34	9.82	10.67
任 县	2.59	3.27	4.83	5.78	7.76	9.45
南和县	2.69	3.50	4.50	5.56	7.37	9.15
宁晋县	6.54	8.31	10.72	13.00	15.19	16.41
巨鹿县	3.55	4.02	5.65	7.69	10.02	10.82
新和县	2.04	2.74	3.12	4.25	5.08	6.57
广宗县	2.34	3.46	4.47	5.24	6.20	7.19
平乡县	2.75	3.24	4.47	5.83	8.22	10.06
威 县	3.98	5.21	6.78	7.49	9.90	12.12
清河县	4.02	4.71	6.42	7.96	10.00	12.26
临西县	2.89	3.55	4.33	6.36	7.46	9.81

27.6　小结

近年来，邢台市财政收支规模快速增长，财政实力显著增强。2008 年金融危机爆发以来，全国面临金融危机的剧烈冲击，在此背景下，邢台市全部财政收入由 2008 年的 102.3 亿元增加到 170.9 亿元，5 年累计完成 667.5 亿元，年均增长 10.8%。2007～2012 年，在邢台市地区生产总值不断增加的情况下，邢台市财政收入占地区生产总值比重从 2007 年的 9.56% 增加到 2012 年的 11.16%，增加了 1.60 个百分点。这表明了邢台市企业的经营效益在不断增大，产业结构在不断优化；财政收入占河北省财政收入的比重从 2007 年的 5.57% 下降到 2012 年的 4.91%，减少了 0.66 个百分点，对河北省财政收入的贡献率有所减小。

全市财政支出由 109.72 亿元增加到 250.25 亿元，是上一个五年的 3.13 倍，年均增长 21.21%。2012 年，全市公共预算支出为 250.25 亿元，增长 13.9%。其中，教育支出 60.5 亿元，增长 20.4%；农林水事务支出 29.2 亿元，增长 14.8%；社会保障和就业支出 25.5 亿元，增长 45.3%。财政支出较上年增加数呈逐年增加趋势，而邢台市财政支出在全省的位次一直稳定在中等水平。

邢台市财政收支的良好现状除了经济发展水平的提升等因素以外，还得益于创新财政支农机制、创新财政审计机制、创新财政效能等方面。坚持实施"问效制"和"问责制"，建立有效的绩效评价体系，对财政资金的决策、实施和运作情况进行全面总结评价；以财政预算执行审计为依托，揭示体制、机制、制度层面的问题。通过对县本级预算执行情况的审计，确保财政预算编制的科学性、完整性和合理性，关注财政资金和公共资源配置使用的经济性、效率性和效果性，关注公共财政体制的运行和改革效果；以预算执行部门的延伸审计为切入点，规范管理，关注民生资金的使用效果。紧抓收入质量，做大做强财政"蛋糕"。优化投资环境，扶持企业发展，不断培育壮大新增财源；完善社会综合治税体系建设，强化征管措施。财政支出继续向基层、社会保障、"三农"和改善民生倾斜。切实保障医疗卫生、住房保障等项目的支出需求。积极推进预算建设项目"先评审、后入库、再实施"的管理模式；完善国库集中支付制度改革，实行直接支付模式；建立地方政府债务规模管理和风险预警机制。

第 28 章
邯郸市财政发展报告

28.1 邯郸市财政发展概述

邯郸东界山东聊城，南临河南安阳，西连山西长治，北接河北邢台，是中原经济区核心区的重要组成部分。南北最大纵距 104 千米，东西最大横距 180 千米，总面积 12062 平方千米。现辖 5 个区、1 个县级市、14 个县，总人口 963.5 万人。邯郸是中原经济区腹心，工业基础良好，工业门类较为齐全，为全国重要的冶金、电力、煤炭、建材、纺织、日用陶瓷生产基地。2012 年邯郸市地区生产总值达到 3023.7 亿元，同比增长 10.5%，总量和增速分居河北省第三位和第二位。

2012 年，邯郸市全部财政收入 329.1 亿元，其中，公共预算收入 184.6 亿元，增长 16.2%，财政一般预算支出 365.7 亿元，比上年增长 11.3%。民生支出增长较快，其中，城乡社区事务支出增长 14.7%，科学技术支出增长 74.5%，教育支出增长 41.7%。邯郸市财政收入结构不断优化。2007 年地方一般预算收入 69.5 亿元，完成全年预算的 117.3%，增长 31.5%。经过近年的发展，邯郸市财政收入快速增长，规模不断扩大，财政收支结构逐步改善。

28.2 邯郸市财政收入规模分析

28.2.1 邯郸市财政收入绝对规模分析

多年来，邯郸市加强经济运行调节，持续推进各项建设，经济保持了平稳较快的增长态势，财政收入规模绝对数不断增加。

从表 28-1 可以看出，邯郸市财政收入规模的绝对数稳步增加，其中 2007 年突破 60 亿元大关，2010 年突破 100 亿元大关，2012 年突破 180 亿元大关；2007~2012 年平均财政预算收入为 22.90 亿元；2011 年绝对数增长最快，比上年增长 43.05 亿元，增幅达 37.14%，2008 年增长最慢，绝对数增长 8.0 亿元，增幅仅为 11.51%。2007~2012 年，邯郸市财政收入较上年增加数平均为 23.58%。邯郸市 2007~2012 年财政预算收入在河北省长期居于第三位，排名靠前，发展稳定。

表 28 − 1　邯郸市 2007 ~ 2012 年公共预算收入情况

单位：亿元,%

年　份	财政预算收入	财政收入较上年增加数	财政收入增长率	当年财政收入在河北省的位次
2007	69.50	21.89	31.25	3
2008	77.50	8.00	11.51	3
2009	87.20	9.70	12.52	3
2010	115.90	28.70	32.91	3
2011	158.95	43.05	37.14	3
2012	184.65	25.70	16.17	3
年均增加数	115.62	22.84	23.58	—

邯郸市 2007 ~ 2012 年公共预算收入绝对数呈现逐年增长的趋势，增幅变化较大；从增长趋势上看，2007 ~ 2012 年，财政收入增长率呈现上下浮动的变化趋势，其中 2008 年增速回落的幅度较大，2010 年增速上升较快，在 2012 年又大幅下降，总体呈现一种"S"形的增幅曲线。

28.2.2　邯郸市财政收入相对规模分析

从表 28 − 2 可以看出，在邯郸市地区生产总值不断增加的情况下，邯郸市财政收入占地区生产总值比重从 2007 年的 4.32% 增加到 2012 年的 6.11%，增加了 1.79 个百分点。

表 28 − 2　邯郸市 2007 ~ 2012 年财政收入占地区生产总值的比重情况

单位：亿元,%

年　份	财政收入	地区生产总值	财政收入占地区生产总值比重
2007	69.5	1608.13	4.32
2008	77.5	1906.36	4.07
2009	87.2	2015.28	4.33
2010	115.9	2361.56	4.91
2011	158.95	2789.03	5.70
2012	184.65	3024.29	6.11

邯郸市 2007 ~ 2012 年财政收入占地区生产总值的比重呈现先降后升的趋势，在 2008 年出现了大幅下降，从 2009 年起逐年回升；2012 年时邯郸市财政收入占地区生产总值的比重达到最大值，为 6.11%，2008 年达到最小值，为 4.07%。

从表 28 − 3 可以看出，2007 ~ 2012 年邯郸市地方财政收入占河北省地方财政总收入的比重从 2007 年的 4.55% 增加到 2012 年的 5.31%，增长了 0.76 个百分点，这说明邯郸市对河北省财政收入的贡献率在不断增加。

表 28 - 3　邯郸市 2007～2012 年财政收入占河北省财政收入的比重情况

单位：亿元,%

年　份	财政收入	河北省地方财政总收入	财政收入占河北省地方财政总收入比重
2007	69. 50	1528. 92	4. 55
2008	77. 50	1824. 00	4. 25
2009	87. 20	2020. 77	4. 32
2010	115. 90	2409. 00	4. 81
2011	158. 95	3017. 59	5. 27
2012	184. 65	3479. 30	5. 31

邯郸市 2007～2012 年财政收入占河北省财政收入的比重呈现先降后升的趋势，仅在 2008 年出现了小幅度的下降。6 年间，邯郸市财政收入占全省财政收入的比重最高是 2012 年的 5. 31%，最低为 2008 年的 4. 25%。

28. 3　邯郸市财政收入结构分析

28. 3. 1　邯郸市财政收入的项目结构分析

表 28 - 4 显示了邯郸市 2007～2012 年的地方财政收入、增值税和营业税收入及其占比，可以看出，邯郸市两税收入的绝对额随着时间的推移在逐年增加，从 2007 年的 24.8 亿元增加到 2012 年的 52.34 亿元，增加了 27.54 亿元；同时，两税收入占地方财政收入的比重也维持在较高的 30% 左右，并且在 2009 年达到了最大值 37.5%。

表 28 - 4　邯郸市 2007～2012 年地方财政收入中增值税和营业税收入占财政收入比重情况

单位：亿元,%

年　份	地方财政收入	两税收入	两税收入占财政收入的比重
2007	69. 50	24. 80	35. 68
2008	77. 50	27. 41	35. 35
2009	87. 20	32. 73	37. 50
2010	115. 90	41. 70	35. 98
2011	158. 95	48. 30	30. 39
2012	184. 65	52. 34	28. 35

表 28 - 5 显示了邯郸市增值税和营业税收入占比、河北省增值税和营业税收入占比。从表中可以明显看出，邯郸市的这一比例没有全省两税收入占比高，差距最大的年份是 2012 年，达到 9. 25 个百分点，其他年份的差距也都在 5 个百分点以上。但邯郸市税收占财政收入的比重总体维持在 30% 以上，财政收入结构较为优化。

表 28 - 5　邯郸市 2007～2012 年增值税和营业税税收入与河北省的比较情况

单位：%

年　份	邯郸市两税收入占比	河北省两税收入占比
2007	35. 68	43. 90
2008	35. 35	43. 68
2009	37. 50	42. 98
2010	35. 98	42. 54
2011	30. 39	39. 54
2012	28. 35	37. 60

表 28 - 6 显示了邯郸市 2007～2012 年两大税种（增值税、营业税）收入及其占地方财政收入的比重。可以看出，两大税种的绝对额都呈现逐年上升的态势。在两大税种中，营业税占比在逐年上升，从 2007 年的 16.17% 上升至 2012 年的 19.36%，上升了 3.19 个百分点，上升的幅度较大；而增值税的占比在逐年下降，从 2007 年的 19.72% 下降到 2012 年的 8.99%，下降了 10.73 个百分点，下降的幅度也较大。

表 28 - 6　邯郸市增值税和营业税收入的项目结构情况

单位：万元，%

年　份	地方财政收入	增值税		营业税	
		数额	占比	数额	占比
2007	694588	136999	19. 72	112322	16. 17
2008	774586	134903	17. 42	138712	17. 91
2009	871760	148944	17. 09	178313	20. 45
2010	1158975	159640	13. 77	256780	22. 16
2011	1589504	164200	10. 33	318800	20. 06
2012	1846504	165971	8. 99	357478	19. 36

28.3.2　邯郸市财政收入的地区结构分析

邯郸市现辖 4 个区、1 个县级市、14 个县，全市共有 96 个镇、118 个乡、28 个办事处、461 个居委会、5252 个行政村。

武安市地处晋、冀、鲁、豫四省交界地带。矿产资源极为丰富，以铁、煤矿为主，是全国 58 个重点产煤县（市）和全国四大富铁矿基地之一。鸡泽县，在永年县东北偏东，地处平原。邱县，地处曲周县东北，因平丘山得名，黄河故道过其境，大禹治水导河曾至衡漳（今邱城东南）。永年县，邯郸北鄙，西部为丘陵，东部则一马平川。曲周县，处肥乡县东北。邯郸县，环抱邯郸市，西部有丘陵，东部为平原。肥乡县，在邯郸东，皆平原之地。馆陶县，在肥乡县东。涉县，位于武安县西南，地处山区，太行盘桓全境，清漳、浊漳汇于其间。广平县，在肥乡东南，地处平原，金大定七年建县。成安县，在邯郸东南偏东，为平原之地，汉时作斥丘县，北齐时置成安县，寇准曾在此为知县。魏县，在广平南，地势平坦，漳水、卫水过境。磁县，在邯郸南，地有山丘，漳滏过焉，民国二年方作磁县。临漳县，在成安县南，土多沙质，漳水穿其境。大名县，在魏县东，漳水、卫水过其境，有泄洪区。

从 2012 年中邯郸市各县市财政收入分析表来看，2012 年财政收入绝对数最高的是武安市，超过了 31 亿元；财政收入超过 10 亿元的有 4 个，分别是武安市、永年县、涉县和磁县。邯郸市下辖所有的县市财政收入均超过亿元，其中，磁县增速最快，增长率高达 41.7%。

表 28 – 7　邯郸市 2007～2012 年财政收入地区结构情况

单位：万元

县　市	2007 年	2008 年	2009 年	2010 年	2011 年	2012 年
武安市	129976	130439	137889	212542	282227	313608
鸡泽县	2741	3123	3639	7056	10781	13893
邱　县	3205	3624	5678	7943	10290	12675
永年县	37014	49333	57174	67319	84889	106427
曲周县	4352	4964	6028	9811	14263	22077
邯郸县	43213	48137	39289	37801	50451	63070
肥乡县	4676	5330	7600	11212	17041	24086
馆陶县	4269	5260	7988	11504	16697	22732
涉　县	42340	59992	81482	96638	124699	128759
广平县	4837	6045	6960	8842	11459	17383
成安县	5709	6661	10063	13388	18661	31578
魏　县	6289	8660	13496	21060	30083	39455
磁　县	46146	57065	69124	66866	113524	160833
临漳县	6366	6506	8258	11204	15317	18604
大名县	5346	5953	7586	9942	14268	20140

28.4　邯郸市财政支出规模分析

28.4.1　邯郸市财政支出规模的绝对数分析

从表 28 – 8 可以看出，邯郸市财政支出规模的绝对数稳步增加，其中 2007 年突破 120 亿元，2010 年突破 250 亿元，2011 年突破 320 亿元，2012 年突破 360 亿元；2007～2012 年财政支出较上年增加数平均为 42.68 亿元，2007～2012 平均财政收入增加比重为 21.13%。2007～2012 年，邯郸市财政支出在河北省的位次长期居于第四位，排名较高。

表 28 - 8　邯郸市 2007～2012 年财政支出规模情况

单位：亿元，%

年　份	财政一般预算支出	财政支出较上年增加数	财政支出较上年增加比重	当年财政支出在河北省的位次
2007	129.1	19.5	17.8	4
2008	155.1	26.0	19.0	4
2009	192.2	37.1	24.0	4
2010	256.8	64.6	29.9	4
2011	329.2	72.4	24.8	4
2012	365.7	36.5	11.3	4
年均增加数	238.02	42.68	21.13	—

邯郸市 2007～2012 年公共预算支出绝对数逐年稳步增加。从增长率来看，呈现先升后降的趋势，年度之间增长速度也不均衡，增长最快的是 2010 年，增速为 29.9%；增速最慢的是 2012 年，增速仅有 11.3%。

28.4.2　邯郸市财政支出规模的相对数分析

由表 28 - 9 可知，邯郸市 2007～2012 年财政支出占市地区生产总值的比重基本呈现上升的趋势，仅在 2008 年出现了小幅度的下降，从 2007 年的 8.02% 下降到 2008 年的 7.79%；邯郸市在 2012 年财政支出占地区生产总值的比重达到最大值，为 12.09%，2008 年达到最小值，为 7.79%。

表 28 - 9　邯郸市 2007～2012 年财政支出占地区生产总值的比重情况

单位：亿元，%

年　份	财政支出	地区生产总值	财政支出占地区生产总值的比重
2007	129.1	1608.13	8.02
2008	155.1	1906.36	7.79
2009	192.2	2015.28	9.54
2010	256.8	2361.56	10.96
2011	329.2	2789.03	11.81
2012	365.7	3024.29	12.09

从表 28 - 10 可以看出，邯郸市财政支出占河北省财政支出的比重多年维持在一个较稳的水准，其中，2008～2012 年都保持在 9% 左右。2010 年过后，邯郸市财政支出占河北省财政支出的比重一直在 9% 以上。

表 28 - 10　邯郸市 2007～2012 年财政支出占河北省财政支出比重情况

单位：亿元，%

年　份	邯郸市财政支出	河北省财政支出	邯郸市财政支出占河北省财政支出的比重
2007	129.1	1506.65	12.21
2008	155.1	1881.67	8.24

年　份	邯郸市财政支出	河北省财政支出	邯郸市财政支出占河北省财政支出的比重
2009	192.2	2347.59	8.19
2010	256.8	2820.24	9.11
2011	329.2	3537.39	9.31
2012	365.7	4079.44	9.10

邯郸市 2007～2012 年财政支出占河北省财政支出的比重呈现先降后升的趋势。邯郸市财政支出占全省财政支出的比重最高是 2007 年的 12.21%，最低为 2009 年的 8.19%，其他年份波动不大。

从表 28-11 可以看出，邯郸市财政支出的边际系数波动较大，其中在 2009 年一度超过 1，主要原因是 2009 年的地区生产总值增长幅度较小，2010 年之后邯郸市财政支出的边际系数处于较稳定的状态，均在 0.1～0.2。

表 28-11　邯郸市 2007～2012 年财政支出的边际系数

单位：亿元

年　份	财政支出	财政支出年增加额	地区生产总值	地区生产总值年增加额	财政支出的边际系数
2007	129.1	19.5	1609.5	271.4	0.07
2008	155.1	26.0	1990.4	380.9	0.06
2009	192.2	37.1	2015.3	24.9	1.49
2010	256.8	64.6	2342.2	326.9	0.19
2011	329.2	72.4	2787.4	445.2	0.16
2012	365.7	36.5	3023.7	236.3	0.15

从表 28-12 可以看出，邯郸市财政支出的弹性系数各年份之间变化不大，最高点在 2009 年，达到 4.19，2012 年又回落至 1.31，波动幅度较大。综合分析，邯郸市大部分年份的财政支出弹性系数大于 1，这说明财政支出的变化率快于年度地区生产总值变化率，或者说财政支出变化相对于年度地区生产总值变化比较敏感。

表 28-12　邯郸市 2007～2012 年财政支出的弹性系数

单位：亿元，%

年　份	财政支出	财政支出年增长率	地区生产总值	地区生产总值年增长率	财政支出的弹性系数
2007	129.1	19.5	1608.13	20.18	0.97
2008	155.1	20.14	1906.36	18.55	1.09
2009	192.2	23.92	2015.28	5.71	4.19
2010	256.8	33.61	2361.56	17.18	1.96
2011	329.2	28.19	2789.03	18.10	1.56
2012	365.7	11.09	3024.29	8.44	1.31

28.5 邯郸市财政支出结构分析

28.5.1 邯郸市财政支出项目结构分析

近年来，邯郸市财政支出项目的绝对数逐年增加，伴随着国民经济的快速发展和财政收入的增长不断上涨。具体来看，教育支出是所有支出项目中绝对数最大的，从 2007 年的 31.12 亿元增加到 2012 年的接近 100 亿元，特别是在 2012 年，财政对教育的支出增加了接近 30 亿元，体现了邯郸重视教育发展；一般公共服务和社会保障和就业支出也较大，民生事务支出占了相当一部分的财政支出。

表 28-13 邯郸市 2007~2012 年财政支出项目绝对数情况

单位：亿元

年份	财政支出合计	一般公共服务	公共安全	教育	科学技术	文化体育与传媒	社会保障和就业	医疗卫生	环境保护	城乡社区事务	农林水事务	交通运输
2007	130.31	22.35	8.36	31.12	1.58	1.87	13.32	7.57	2.95	9.15	10.81	3.51
2008	154.99	25.08	11.04	39.13	1.79	1.85	17.35	12.03	5.83	8.06	13.65	3.85
2009	197.72	26.52	11.99	49.47	2.01	2.25	22.65	19.06	8.58	14.19	21.01	6.37
2010	263.86	31.25	14.69	57.92	2.15	3.28	25.02	24.28	12.14	19.35	25.61	17.76
2011	328.63	39.67	16.69	70.13	2.67	3.91	32.52	31.64	8.17	23.69	31.85	26.45
2012	365.70	—	—	99.37	4.66	—	—	—	—	27.17	—	—

如表 28-14 所示，从财政支出项目相对数结构上看，在教育支出方面，邯郸市 2011 年最低，为 21.34%，2012 年最高，为 27.17%；在科学技术支出方面，邯郸市 2010 年和 2011 年最低，为 0.81%，2012 年最高，为 1.27%，虽然有所增长，但总体比例仍然较低；邯郸市城乡社区事务支出比例变化不大，呈现逐年稳步增长的趋势，在 2008 年最低，仅有 5.20%，2012 年增加至 7.43%。

表 28-14 邯郸市 2007~2012 年财政支出项目相对数情况

单位：%

年份	财政支出合计	一般公共服务	公共安全	教育	科学技术	文化体育与传媒	社会保障和就业	医疗卫生	环境保护	城乡社区事务	农林水事务	交通运输
2007	130.31	17.15	6.42	23.88	1.21	1.44	10.22	5.81	2.26	7.02	8.30	2.69
2008	154.99	16.18	7.12	25.25	1.15	1.19	11.19	7.76	3.76	5.20	8.81	2.48
2009	197.72	13.41	6.06	25.02	1.02	1.14	11.46	9.64	4.34	7.18	10.63	3.22
2010	263.86	11.84	5.57	21.95	0.81	1.24	9.48	9.20	4.60	7.33	9.71	6.73

续表

年份	财政支出合计	一般公共服务	公共安全	教育	科学技术	文化体育与传媒	社会保障和就业	医疗卫生	环境保护	城乡社区事务	农林水事务	交通运输
2011	328.63	12.07	5.08	21.34	0.81	1.19	9.90	9.63	2.49	7.21	9.69	8.05
2012	365.70	—	—	27.17	1.27					7.43		

28.5.2　邯郸市财政支出区域结构分析

从表28-15来看，2012年财政支出的总体情况与财政收入相似，绝对数最高的是武安市，超过了48亿元。财政支出超过20亿元的有永年县和磁县。财政收入超过10亿元的有邯郸县、涉县、魏县、临漳县和大名县。邯郸市下辖所有的县市财政支出均超过5亿元。其中，武安县、磁县和大名县增速较快，涉县是唯一的财政支出较上年下降的县。

表 28-15　邯郸市 2007～2012 年财政支出地区结构情况

单位：万元

县　　市	2007 年	2008 年	2009 年	2010 年	2011 年	2012 年
武安市	177752	183306	230185	321933	433088	482737
鸡泽县	27836	37192	46323	60058	73287	84171
邱　县	23213	31600	46770	56206	60822	82616
永年县	79127	90148	143738	175658	215166	244043
曲周县	38646	50945	69443	84419	99086	114591
邯郸县	58256	64864	76788	107354	113480	150923
肥乡县	30813	35985	53110	67062	92613	110454
馆陶县	31729	39982	66505	69786	88739	108083
涉　县	87548	106519	125659	182448	197058	190340
广平县	29432	35916	45510	63217	78562	88460
成安县	34454	41878	67079	83376	98288	125448
魏　县	58979	72916	108290	143714	169728	181406
磁　县	81122	103512	123346	168882	206410	276289
临漳县	48381	59608	77138	94460	118738	135902
大名县	61437	78789	100152	123544	166108	180870

28.6　小结

长期以来，邯郸市财政在经济建设、社会发展、保障改革和宏观经济调控等方面发挥了重要的作用。经济发展水平的提升、预算编制的科学与合理化都保证了邯郸市财政收支的良好发展状况。

从财政收入的情况看，2012 年，邯郸市财政预算收入 184.65 亿元，较上年增长 16.17%。具体到财政收入的规模上，2007 ~ 2012 年平均财政收入为 115.62 亿元，年均增加比重为 23.58%。从财政收入的相对规模来看，邯郸市 2012 年财政收入占地区生产总值的 6.11%，且近些年来保持稳定；财政收入占河北省财政收入的比重为 5.31%，占比较小。在财政收入的结构上，2007 ~ 2012 年，邯郸市财政收入中两税收入从 24.8 亿元提升至 52.34 亿元，两税收入占财政收入的比重从 35.68% 下降到 28.35%，明显低于河北和全国水平，财政收入展现多元化发展趋势。在财政收入的地区结构上，邯郸市所辖县域财政收入普遍不高，除了武安市超过 30 亿元外，其他县的财政收入大多在 10 亿元以下。

从财政支出的情况看，2012 年，邯郸市财政支出为 365.7 亿元，较上年增长 11.3%；在财政支出的规模上，2007 年以来的年均财政支出为 238.02 亿元，年均增长 21.13%。从财政支出的相对规模来看，邯郸市 2012 年财政支出占地区生产总值的比重为 12.09%，且近些年来保持稳定；财政支出占河北省财政支出的比重为 9.10%，相对于财政收入占河北省财政收入比重大。2012 年邯郸市财政支出的边际系数为 0.15，说明地区生产总值每增加 1 元，财政支出增长 0.15 元；弹性系数为 1.31，说明邯郸市财政支出对于地区生产总值变化率比较敏感。在财政支出的项目结构上，教育支出、社会保障支出、医疗保障支出、一般公共服务支出为邯郸市财政支出中占比较大的项目。在财政支出的地区结构上，邯郸市所辖县市财政支出最高的是武安市，超过了 48 亿元，大部分县市财政支出在 10 亿元左右。

虽然邯郸市财政发展取得了一定的成绩，但仍需在一些方面抓好工作。持续稳定地推进财政管理改革，在预算改革、国库支付改革、政府采购改革和政府收支分类改革等方向加大力度，确保改革继续深入。进一步加强财政财务监督，规范财政运行机制，切实做到依法行政、依法理财，将财政工作推向新的高度。

第 29 章
聊城市财政发展报告

29.1 聊城市财政发展概述

聊城因古有聊河而得名，聊城市地处经济发达的山东省，居鲁西，临河南、山东，位于华东、华北、华中三大行政区交界处。聊城是京九铁路与胶济铁路、胶济邯铁路、济郑高铁在山东省内的交会点，横跨冀、鲁、豫三省的最大交通物流枢纽，是中原经济区东部的核心城市。

2012 年，聊城市实现地区生产总值 2145.65 亿元，按可比价格计算，比上年增长 12.7%。其中，第一产业增加值为 257.80 亿元，增长 4.6%；第二产业增加值为 1187.98 亿元，增长 15.0%；第三产业增加值为 699.87 亿元，增长 11.7%。

2012 年，全市公共预算收入达 104.49 亿元，比上年同口径增长 18.0%。其中，国税部门完成 18.24 亿元，增长 9.2%；地税部门完成 54.37 亿元，增长 19.9%；财政部门完成 31.89 亿元，增长 24.1%。全市公共预算支出 217.00 亿元，增长 15.7%。民生支出继续加大。其中，教育支出增长 24.6%，医疗卫生支出增长 19.7%，社会保障和就业支出增长 21.9%。在全市财政发展中，财政收入规模从 2002 年的 166562 万元增长到 2011 年的 965630 万元，绝对数增加了 799068 万元，财政收入规模增长了近 5 倍，2006 年财政收入总量达到 336419 万元，首次突破了 30 亿元的大关，2007 年突破了 40 亿元大关，2009 年突破了 50 亿元大关，2011 年突破了 90 亿元大关。

29.2 聊城市财政收入规模分析

29.2.1 聊城市财政收入绝对规模分析

从表 29-1 来看，2007~2012 年，聊城市财政收入逐年增加，2007 年达到 42.40 亿元，2010 年突破 70 亿元，2012 年达到 104.49 亿元。2010~2012 年财政收入绝对数增长最快，2011 年的增加额达到 26.06 亿元，增长率达到了 26.99%。2007~2012 年平均财政预算收入为 69.71 亿元，财政收入较上年增加数平均为 11.98 亿元，平均增加比重为 15.83%。从增长趋势来看，2007~2009 年是财政收入增长率回落时期，2009~2011 年财政收入增长率不断攀升，2012 年又大幅回落至 7.59%，远低于平均增长水平。聊城市财政收入在山东省排位较低，长期处于第 14 位左右，2012 年，聊城市财政收入在山东省排第 15 位。

表 29 - 1 聊城市 2007~2012 年公共预算收入情况

单位：亿元，%

年　份	财政预算收入	财政收入较上年增加数	财政收入增加比重	当年财政收入在山东省的位次
2007	42.40	9.76	23.02	13
2008	48.93	6.53	13.35	14
2009	55.38	6.45	11.65	14
2010	70.50	15.12	21.45	15
2011	96.56	26.06	26.99	14
2012	104.49	7.93	7.59	15
年均增加值	—	11.98	15.83	—

29.2.2　聊城市财政收入相对规模分析

从表 29 - 2 可以看出，2007~2012 年，从整体上看，在聊城市地区生产总值不断增加的情况下，聊城市财政收入占地区生产总值的比重从 2007 年的 4.13% 增加到 2012 年的4.87%，增加了 0.74 个百分点，2011 年占比达到最大值 5.03%。总体而言，聊城市财政收入占地区生产总值比重较小，近些年来保持平稳，在 4%~5% 小幅波动。

表 29 - 2 聊城市 2007~2012 年财政收入占地区生产总值的比重情况

单位：亿元，%

年　份	财政收入	地区生产总值	财政收入占地区生产总值比重
2007	42.40	1025.42	4.13
2008	48.93	1252.67	3.91
2009	55.38	1378.37	4.02
2010	70.50	1622.38	4.35
2011	96.56	1919.42	5.03
2012	104.49	2146.75	4.87

从表 29 - 3 可以看出，2007~2012 年聊城市财政收入不断增加，山东省财政收入也不断增加；同时，聊城市财政收入占山东省财政收入的比重在整体上也呈现上升趋势，比重从 2007 年的 2.53% 增加到 2011 年的 2.79%，增长了 0.26 个百分点，在 2012 年稍稍回落到 2.57%。总体来看，聊城市财政收入占山东省财政收入的比重较小，在 2%~3%，且变化幅度不大。

表 29 - 3 聊城市 2007~2012 年财政收入占山东省财政收入的比重情况

单位：亿元，%

年　份	聊城市财政收入	山东省财政收入	聊城市财政收入占山东省财政收入比重
2007	42.40	1675.40	2.53
2008	48.93	1957.05	2.50

年　份	聊城市财政收入	山东省财政收入	聊城市财政收入占山东省财政收入比重
2009	55. 38	2198. 63	2. 52
2010	70. 50	2749. 38	2. 56
2011	96. 56	3455. 93	2. 79
2012	104. 49	4059. 43	2. 57

29. 3　聊城市财政收入结构分析

29. 3. 1　聊城市财政收入的项目结构分析

从表 29 - 4 来看，2007~2012 年，聊城市的税收收入和非税收入随着财政收入的不断增加而呈现不断增加的趋势，税收收入从 2007 年的 31. 14 亿元增加到 2012 年的 70. 03 亿元；非税收入从 2007 年的 11. 26 亿元增加到 2012 年的 34. 46 亿元。从整体上来看，聊城市税收收入占比呈现下降趋势，只在 2010 年有所反弹，2011 年之后继续下降，非税收入占比在整体上呈现上升趋势，分别在 2010 年、2012 年有所下降。

表 29 - 4　聊城市 2007~2012 年财政收入中税收收入比重情况

单位：亿元,%

年　份	财政收入	税收收入	税收收入占比	非税收入	非税收入占比
2007	42. 40	31. 14	73. 44	11. 26	26. 56
2008	48. 93	35. 80	73. 17	13. 13	26. 83
2009	55. 38	31. 65	57. 15	23. 73	42. 85
2010	70. 50	48. 69	69. 06	21. 81	30. 94
2011	96. 56	59. 75	61. 88	36. 81	38. 12
2012	104. 49	70. 03	67. 02	34. 46	32. 98

表 29 - 5 显示了聊城市税收收入占比、山东省税收收入占比和全国税收收入占比的数据。从表中可以明显看出，聊城市与山东省的此数据都低于全国税收收入占比。聊城市税收占财政收入的比重在逐年下降，2007 年这一比例为 73. 44%，2012 年下降到 67. 02%，下降了 6. 42 个百分点；山东省税收收入占比从 2007 年的 78. 1% 下降到 2012 年的 75. 1%，下降了 3 个百分点。总体看来，聊城市、山东省和全国的税收收入占比数据变化趋势基本相同，都是在逐年下降，2011 年下降幅度最大。

表 29 - 5　聊城市、山东省、全国 2007~2012 年税收收入占财政收入的比重情况

单位:%

年　份	税收收入占比	山东省税收收入占比	全国税收收入占比
2007	73. 44	78. 1	88. 89
2008	73. 17	78. 4	88. 41

续表

年　份	税收收入占比	山东省税收收入占比	全国税收收入占比
2009	57.15	78.2	86.87
2010	69.06	78.2	88.10
2011	61.88	75.3	86.39
2012	67.02	75.1	85.83

表29-6显示了聊城市2007～2012年间两大税种（增值税、营业税）收入及其占税收收入总额的比重。2007～2012年，增值税总额由9.49亿元增长到13.36亿元，其占比由30.48%下降到19.08%；营业税由7.23亿元增加到20.62亿元，其占比由23.22%上升到29.44%。2007～2008年，增值税所占比重大于营业税；2009年以后，营业税所占比重超过了增值税。增值税税额总体呈现下降趋势，营业税税额则呈现上升的趋势。

表29-6　聊城市2007～2012年税收收入的项目结构情况

单位：亿元，%

年　份	税收收入	增值税		企业所得税	
		数额	占比	数额	占比
2007	31.14	9.49	30.48	7.23	23.22
2008	35.80	10.81	30.20	9.50	26.54
2009	31.65	9.82	31.03	9.86	31.15
2010	48.69	12.27	25.20	13.97	28.69
2011	59.75	12.52	20.95	17.46	29.22
2012	70.03	13.36	19.08	20.62	29.44

29.3.2　聊城市财政收入的地区结构分析

聊城市位于冀、鲁、豫三省交界处，是黄河与京杭大运河的交汇点，总面积8715平方千米，全市常住人口为604.22万人。聊城市下辖东阿县、茌平县、冠县、莘县、阳谷县、高唐县和临清市7个县市。

阳谷县地处聊城市南端，黄河之北，东临大运河，南接河南省。总面积1064平方千米，2012年底全县户籍人口79.48万人，阳谷县属于山东济南省会都市圈城市之一和中原经济区中的山东区域之一。

莘县在2009年被列为山东省省管县，是国家级生态示范区、中国塑编之城、中国蔬菜第一县。莘县位于山东省西部、冀鲁豫三省交界处，是聊城市辐射中原经济区的"桥头堡"，是聊城市内面积最大、人口最多的县，总面积1416平方千米，辖24个乡镇（街道），1154个行政村，人口104万人。

茌平县是鲁西平原上的一座明星级小型城市。总面积987平方千米，人口54.2万人。

东距济南 50 千米，西距聊城 20 千米，近年经济发展迅速，连续多年位居中国县级城市百强之列，同时也是鲁西唯一的百强县。

东阿县位于鲁西平原，东依泰山，南临黄河，总面积 787 平方千米，辖 8 个乡镇、2 个街道、1 个开发区，共有 559 个行政村，人口 42 万人。

冠县位于山东省最西部，地处鲁西北平原，辖 7 个镇、10 个乡，总面积 1152 平方千米，总人口 76 万人。

高唐县位于山东省西北部，现辖 9 个镇、3 个街道。

临清市位于山东省西北部，是鲁西北地区比较重要的中心城市之一，是山东西进、晋冀东出的重要门户，全市总面积 950 平方千米。辖 16 个镇（街道办事处）、654 个行政村（社区）。2011 年底全市总人口 76.7 万人，其中城镇人口 32.2 万人。

聊城市 7 个县市财政收入的绝对数都是逐年增加的，茌平县财政收入最高，达到 18.8 亿元，遥遥领先与其他县市；其次是临清市，财政收入达到 10.6 亿元；高唐县和阳谷县财政收入都超过了 6 亿元，聊城市所辖县市财政收入都超过 5 亿元。总的来说，聊城市下辖县市经济实力较强，财政收入规模较大，为整个聊城市的发展提供了重要保障（见表 29 - 7）。

表 29 - 7　聊城市 2007～2012 年财政收入地区结构情况

单位：万元

县　市	2007 年	2008 年	2009 年	2010 年	2011 年	2012 年
阳谷县	19533	22722	27266	33155	51390	60718
莘　县	18775	21362	24139	34199	42398	50250
茌平县	75100	90156	101098	121317	146796	188081
东阿县	20240	24922	28802	35194	42337	50188
冠　县	16517	20080	23177	33509	44246	54246
高唐县	60710	63800	71778	86979	90520	91222
临清市	44355	52118	58535	70373	88670	106406

29.4　聊城市财政支出规模分析

29.4.1　聊城市财政支出规模的绝对数分析

2007 年以来，财政支出平稳增长，从 2007 年的 75.04 亿元增长到 2012 年的 217.0 亿元，5 年间增长了 2 倍多，年均财政支出为 134.76 亿元，财政支出较上年增加数平均为 26.17 亿元。从财政支出增长率看，有 3 年增幅超过了 20%，2010 年达到最高的 25.82%，年均增加比重为 18.92%，财政支出增长曲线呈 "W" 形。2012 年，聊城市财政支出在山东省排第 13 位，长期排位较低。

表 29 - 8 聊城市 2007~2012 年财政支出规模情况

单位：亿元，%

年 份	财政支出	财政支出较上年增加数	财政支出较上年增加比重	当年财政支出在山东省的位次
2007	75.04	15.06	20.07	14
2008	91.20	16.16	17.72	13
2009	107.26	16.06	14.97	13
2010	144.60	37.34	25.82	14
2011	173.47	28.87	16.64	13
2012	217.0	43.53	20.06	13
平 均	—	26.17	18.92	—

29.4.2 聊城市财政支出规模的相对数分析

由表 29 - 9 可知，聊城市 2007~2012 年财政支出占地区生产总值的比重呈现上升的趋势，从 2007 年的 75.04 亿元增加到 2012 年的 217.0 亿元，占地区生产总值的比重从 2007 年的 7.32% 增加到 2012 年的 10.11%，总体来看，财政支出占地区生产总值的比重呈现稳定上升趋势。

表 29 - 9 聊城市 2007~2012 年财政支出占地区生产总值比重情况

单位：亿元，%

年 份	财政支出	地区生产总值	财政支出占地区生产总值的比重
2007	75.04	1025.42	7.32
2008	91.20	1252.67	7.28
2009	107.26	1378.37	7.78
2010	144.60	1622.38	8.91
2011	173.47	1919.42	9.04
2012	217.0	2146.75	10.11

从表 29 - 10 可以看出，2007~2012 年聊城市财政支出占山东省财政支出的比重从 2007 年的 4.98% 增加到 2012 年的 5.32%，增加了 0.34 个百分点。6 年间变化幅度不大，在 5% 上下浮动，2012 年达到最大值 5.32%。

表 29 - 10 聊城市 2007~2012 年财政支出占山东省财政支出的比重情况

单位：亿元，%

年 份	财政支出	山东省财政支出	聊城市财政支出占山东省财政支出的比重
2007	75.04	1506.65	4.98
2008	91.20	1881.67	4.85
2009	107.26	2347.59	4.57

续表

年　份	财政支出	山东省财政支出	聊城市财政支出占山东省财政支出的比重
2010	144.60	2820.24	5.13
2011	173.47	3537.39	4.90
2012	217.0	4079.44	5.32

聊城市 2007~2012 年财政支出占山东省财政支出的比重呈现上下震荡的趋势。聊城市财政支出占全省财政支出的比重最高是 2012 年的 5.32%，最低为 2009 年的 4.57%，普遍来说聊城市财政支出占山东省财政支出比重较小，均在 5% 左右。

聊城市级财政支出年增加额在 2007 年最低，为 15.06 亿元，反映出聊城市当年财政支出力度明显降低；在 2012 年最高，为 43.53 亿元。从聊城市地区生产总值增加额可以看出，2009 年地区生产总值增加额相较于其他年份最低，为 125.70 亿元，在 2011 年达到最大，为 297.04 亿元。从聊城市财政支出的边际系数上看，2008 年边际系数为最低0.07，2012 年达到最高，为 0.19。

表 29－11　聊城市 2007~2012 年财政支出的边际系数

单位：亿元

年　份	财政支出	财政支出年增加额	地区生产总值	地区生产总值年增加额	财政支出的边际系数
2007	75.04	15.06	1025.42	185.97	0.08
2008	91.20	16.16	1252.67	227.25	0.07
2009	107.26	16.06	1378.37	125.70	0.13
2010	144.60	37.34	1622.38	244.01	0.15
2011	173.47	28.87	1919.42	297.04	0.10
2012	217.0	43.53	2146.75	227.33	0.19

由表 29－12 可知，聊城市财政支出的弹性系数也呈现不稳定变化的趋势，其中，2009 年、2010 年和 2012 年财政支出弹性系数大于 1，说明财政支出的变化率快于年度地区生产总值变化率，或者说财政支出变化相对于年度地区生产总值变化比较敏感。

表 29－12　聊城市 2007~2012 年财政支出的弹性系数

单位：亿元，%

年　份	财政支出	财政支出年增长率	地区生产总值	地区生产总值增长率	财政支出的弹性系数
2007	75.04	20.07	1025.42	22.15	0.91
2008	91.20	17.72	1252.67	22.16	0.80
2009	107.26	14.97	1378.37	10.03	1.49
2010	144.60	25.82	1622.38	17.70	1.46
2011	173.47	16.64	1919.42	18.31	0.91
2012	217.0	20.06	2146.75	11.84	1.69

29.5 聊城市财政支出结构分析

29.5.1 聊城市财政支出项目结构分析

从表 29 – 13 可以看出，在财政支出项目当中，教育支出项目所占的比重最大，从 2007 年的 16.47 亿元增加到 2012 年的 54.92 亿元；其次是农林水事务支出，由 2007 年的 7.05 亿元增加到 2012 年的 28.95 亿元；社会保障和就业支出与一般公共服务支出也超过了 20 亿元。其他项目的支出也均保持了增长。

表 29 – 13　聊城市 2007～2012 年财政支出项目绝对数情况

单位：亿元

年　份	财政支出合计	一般公共服务	公共安全	教育	科学技术	文化体育与传媒	社会保障和就业	医疗卫生	环境保护	城乡社区事务	农林水事务	交通运输	住房保障
2007	75.04	16.09	5.20	16.47	1.11	1.33	6.96	4.94	1.09	7.33	7.05	1.28	—
2008	91.20	16.91	5.68	20.29	1.44	1.84	8.87	7.16	2.68	7.01	10.22	1.49	—
2009	107.26	16.79	6.28	23.87	1.64	1.69	11.33	—	—	—	18.77	—	—
2010	144.60	18.89	9.42	30.07	2.07	2.57	14.67	14.10	5.16	9.11	18.77	5.83	—
2011	173.47	21.75	10.52	41.64	2.14	3.26	18.17	18.82	5.47	6.73	22.04	7.32	2.98
2012	217.0	23.62	11.32	54.92	3.21	6.33	24.06	22.65	7.11	8.72	28.95	6.79	5.67

从表 29 – 14 可以看出，2007 年以来，聊城市财政支出中一般公共服务支出虽然总额在增长，但所占比重总体呈现降低的趋势，从 2007 年的 21.45% 大幅降低到 2012 年的 10.88%，说明了公共服务支出增加值小于财政总支出的增加值。在教育支出方面，占比从 2007 年的 21.95% 增加到 2012 年的 25.31%，增幅稳定，说明聊城市对教育的支出增速是略大于财政总支出增速的；农林水事务支出与社会保障和就业支出占比都超过了 10%，且近年来稳定增长；其他项目支出基本保持平稳。

表 29 – 14　聊城市 2007～2012 年财政支出项目相对数结构情况

单位：%

年份	一般公共服务	公共安全	教育	科学技术	文化体育与传媒	社会保障和就业	医疗卫生	环境保护	城乡社区事务	农林水事务	交通运输	住房保障
2007	21.45	6.93	21.95	1.48	1.77	9.27	6.59	1.45	9.77	9.39	1.71	—
2008	18.55	6.22	22.25	1.58	2.02	9.72	7.85	2.94	7.69	11.21	1.63	—
2009	15.65	5.86	22.25	1.53	1.57	10.56	—	—	—	12.98	—	—
2010	13.06	6.52	20.80	1.43	1.78	10.15	9.75	3.57	6.30	12.98	4.03	—
2011	12.54	6.06	24.00	1.23	1.88	10.47	10.85	3.15	3.88	12.71	4.22	1.72
2012	10.88	5.22	25.31	1.48	2.92	11.09	10.44	3.28	4.02	13.34	3.13	2.61

29.5.2　聊城财政支出区域结构分析

聊城市 7 个县市区财政支出的绝对数都是逐年增加的，茌平县财政支出最大，达到 27.20 亿元，领先于其他县市，这与其财政收入的地位相符合；其次是莘县，财政支出达到 23.18 亿元；冠县、高唐县和阳谷县财政支出都在 20 亿元左右，东阿县财政支出相对较少，为 13.0 亿元。总的来看，聊城市所辖县城财政支出普遍较大，这与其县域经济实力较强、财政收入规模较大是相关的，适合经济发展的财政支出规模对保障社会经济平稳增长具有重要的意义。

表 29 - 15　聊城市 2007～2012 年财政支出的地区结构情况

单位：万元

县　市	2007 年	2008 年	2009 年	2010 年	2011 年	2012 年
阳谷县	64449	70644	103030	137349	166177	199371
莘　县	66527	99763	108897	159375	192169	231796
茌平县	117746	139371	161890	198092	234405	271957
东阿县	53377	63067	72136	88304	103310	130213
冠　县	65004	80044	91149	120020	150326	213654
高唐县	91743	103029	115042	140678	159020	190897
临清市	75389	93900	102528	132364	160221	196923

29.6　小结

近年来，聊城市财政运行健康平稳，财政收入规模绝对数不断增加，收支进度均衡协调，重点支出保障良好。

从财政收入的情况看，2012 年，聊城市财政预算收入达 104.49 亿元，增长率为 7.59%；具体到财政收入的规模上，2007 年以来年均财政收入为 69.71 亿元，年均增长率为 15.83%。从财政收入的相对规模来看，聊城市 2012 年财政收入占地区生产总值的 4.87%，且近些年来保持稳定；财政收入占山东省财政收入的比重为 2.57%，占比较小。在财政收入的结构上，2007～2012 年，聊城市财政收入中税收收入从 31.14 亿元提升至 70.03 亿元，税收收入占财政收入比重从 73.44% 下降到 67.02%，明显低于山东和全国水平，财政收入呈现多元化发展。在财政收入的地区结构上，聊城市所辖县域财政收入普遍较高，都超过了 5 亿元。其中，茌平县、临清市超过了 10 亿元。

从财政支出的情况看，2012 年，聊城市财政支出为 217.0 亿元，较上年增长 20.06%。在财政支出的规模上，2007～2012 年平均财政支出为 134.76 亿元，年均增加比重为 18.92%。从财政支出的相对规模来看，聊城市 2012 年财政支出占地区生产总值的比重为 10.11%，且近些年来保持稳定；财政支出占山东省财政支出的比重为 5.32%，相对于财政收入占山东省财政收入比重大。2012 年聊城市财政支出的边际系数为 0.19，说明地区生产总值每增加 1 元，财政支出增长 0.19 元；弹性系数为 1.69，说明聊城市财政支出对于地区生产总值变化率比较敏感。在财政支出的项目结构上，教育支出、农林水事务支出、一般公共服务支出、社会保障和就业支出为聊城市财政支出中占比较大的项目。在财政支出的地区结构上，聊城市所辖县域财政支出普遍较高，除了东阿县外，大部分县市财政支出在 20 亿元左右。

虽然聊城市财政发展取得一定的成绩，但仍然存在完善工作的空间。一是要加强财源建设，继续提高财政收入占地区生产总值比重。重点调整好工业结构，发展对财税、就业贡献大的产业，逐步改变资源消耗型、低附加值、低就业的工业企业结构。二是加强收入征管，确保收入稳定增长。重点强化税收征管，完善税源控管体系。三是进一步调整支出结构，确保重点支出需要。四是积极推进财政改革，切实加强财政管理监督，提高财政资金使用效益。

第30章
菏泽市财政发展报告

30.1 菏泽市财政发展概述

菏泽市位于山东省西南部，与江苏、河南、安徽三省接壤，地处黄河冲积平原，面积12239平方千米，人口881万人，市区人口134.67万人。菏泽市是中原城市群重要的组成城市，区位优越，交通便利，京九铁路与新欧亚大陆桥在此交会，四条国道贯穿全境，日东高速、日南高速、济菏高速与部分通车的德商高速以及规划中的枣菏高速、东新高速构成"米"字形高速公路主骨架。

2012年，菏泽市实现地区生产总值1787.36亿元，按可比价格计算，比上年增长13.0%。第一产业增加值为241.01亿元，增长3.0%；第二产业增加值为974.22亿元，增长16.2%；第三产业增加值为572.13亿元，增长12.3%。三次产业结构由2011年的14.7∶54.5∶30.8调整为13.5∶54.5∶32.0。

菏泽市地方财政收入由2007年的42.11亿元增加到2012年的140.37亿元，收入规模实现新的突破。地方财政支出由2007年的95.53亿元元增加到2012年的281.49亿元，规模在全省位次有所提升。

30.2 菏泽市财政收入规模分析

30.2.1 菏泽市财政收入绝对规模分析

多年来，菏泽市加强经济运行调节，持续推进各项建设，经济保持了平稳较快的增长态势，财政收入规模绝对数不断增加。

从表30-1可以看出，菏泽市财政收入规模的绝对数稳步增加，其中2007年突破40亿元，2009年突破60亿元，2010年突破80亿元，2012年突破140亿元；2007~2012年财政收入较上年增加数平均为19.20亿元，年均增加比重为29.58%；当年财政收入增长率位居全省前列。2007~2012年，菏泽市财政收入在山东省的排位是不断上升的，6年来上升了2个位次，说明菏泽市财政收入增长较快，2012年在山东省居第12位。

表 30 - 1　菏泽市 2007 ~ 2012 年公共预算收入情况

单位：亿元，%

年　份	公共预算收入	财政收入较上年增加数	财政收入增加比重	当年财政收入在山东省的位次
2007	42. 11	16. 93	40. 2	14
2008	50. 48	8. 37	19. 9	13
2009	60. 57	10. 09	20. 0	13
2010	84. 69	24. 12	39. 8	12
2011	111. 59	26. 90	31. 8	12
2012	140. 37	28. 78	25. 8	12
平　均	—	19. 20	29. 58	—

菏泽市 2007 ~ 2012 年公共预算收入绝对数逐年增长，2010 年之后增长较快；增长率在 2007 年后开始下降，2009 年后回升幅度较大，2010 年后又开始呈现下降趋势，总体增长率不稳定，有升有降。

30. 2. 2　菏泽市财政收入相对规模分析

从表 30 - 2 可以看出，2007 ~ 2012 年，菏泽市的财政收入和地区生产总值不断增加，在菏泽市地区生产总值不断增加的情况下，菏泽市财政收入占地区生产总值比重也呈现上升趋势，从 2007 年的 6.38% 增加到 2012 年的 7.85%，增加了 1.47 个百分点，2010 年财政收入占地区生产总值比重增速最快。

表 30 - 2　菏泽市 2007 ~ 2012 年财政收入占地区生产总值的比重情况

单位：亿元，%

年　份	财政收入	地区生产总值	财政收入占地区生产总值比重
2007	42. 11	659. 9	6. 38
2008	50. 48	821. 79	6. 14
2009	60. 57	953. 62	6. 35
2010	84. 69	1151. 58	7. 35
2011	111. 59	1475. 68	7. 56
2012	140. 37	1787. 36	7. 85

从表 30 - 3 可以看出，2007 ~ 2012 年，山东省财政收入不断增加，在菏泽市财政收入也不断增加的情况下，菏泽市财政收入占山东省财政收入的比重从 2007 年的 2.51% 增加到 2012 年的 3.46%，6 年间增长了约 0.9 个百分点，增长幅度较小，说明菏泽市的财政收入增长幅度同山东省的增长幅度差别不大，对山东省财政收入增长的贡献率并不明显。

表 30 - 3 菏泽市 2007～2012 财政收入占山东省财政收入的比重情况

单位：亿元,%

年 份	财政收入	山东省财政收入	财政收入占山东省财政收入比重
2007	41.14	1674.5	2.51
2008	48.77	1956.9	2.58
2009	55.89	2198.5	2.76
2010	70.46	2749.3	3.08
2011	90.73	3455.7	3.23
2012	108.30	4059.4	3.46

30.3 菏泽市财政收入结构分析

30.3.1 菏泽市财政收入的项目结构分析

表 30 - 4 显示了菏泽市 2007～2012 年公共预算收入、税收收入及其占比、非税收入及其占比。可以看出，菏泽市税收收入的绝对额随着时间的推移在逐年增加，从 2007 年的 31.92 亿元增加到 2012 年的 104.72 亿元，增加了 2.28 倍；然而，税收收入占公共预算收入的比重的变化不是连续的，从 2007 年的 75.8% 增加到 2010 年的 81.0%，增加了 4.2 个百分点，只是在随后的 2011 年又有所下降，至 74.5%，比上一年下降了 6.5 个百分点。从纳入公共预算收入的非税收入来看，情况正好相反，非税收入占公共预算收入的比重在下降后又有所上升，从 2007 年的 24.2% 下降到 2010 年的 19%，2011 年有所反弹。

表 30 - 4 菏泽市 2007～2012 年税收收入占财政收入比重情况

单位：亿元,%

年 份	公共预算收入	税收收入	税收收入占比	非税收入	非税收入占比
2007	42.11	31.92	75.8	10.19	24.2
2008	50.48	38.82	76.9	11.66	23.1
2009	60.57	47.61	78.6	12.96	21.4
2010	84.69	68.60	81.0	16.09	19.0
2011	111.59	83.13	74.5	28.45	25.5
2012	140.37	104.72	74.6	35.65	25.4

表 30 - 5 显示了菏泽市税收收入占比、山东省税收收入占比和全国税收收入占比。从表中可以明显看出，无论是山东省的这一比例还是菏泽市的这一比例，都没有全国税收收入占比高。但菏泽市税收占财政收入的比重在逐年上升，2007 年这一比例为 75.8%，2010 年达到了 81.0%，上升了 5.2 个百分点，2011 年有所回落，2012 年与 2011 年相比仅增长了 0.1 个百分点；而我国这一比例是逐年下降的。

表 30 - 5　菏泽市、山东省、全国 2007 ~ 2012 年税收收入占财政收入比重情况

单位:%

年　份	菏泽市税收收入占比	山东省税收收入占比	全国税收收入占比
2007	75.8	78.1	88.89
2008	76.9	78.4	88.41
2009	78.6	78.2	86.87
2010	81.0	78.2	88.1
2011	74.5	75.3	86.39
2012	74.6	75.1	85.83

从表 30 - 6 可以看出，两大税种的绝对额都呈现逐年上升的态势，营业税在税收中所占比重最大，其次是增值税。在两大税种中，营业税占比的变化是不确定的，2007 ~ 2008 年下降，2008 ~ 2010 年上升，2010 ~ 2012 年又下降；增值税的占比在逐年下降，其中 2007 ~ 2012 年下降了 4.61 个百分点，下降的幅度都较大。

表 30 - 6　菏泽市 2007 ~ 2012 年税收收入的项目结构情况

单位：亿元,%

年　份	税收收入	增值税		企业所得税	
		数额	占比	数额	占比
2007	31.92	5.36	16.79	8.77	27.47
2008	38.82	6.38	16.43	9.79	25.22
2009	47.61	6.97	14.64	13.27	27.87
2010	68.60	9.72	14.17	19.89	28.99
2011	83.13	11.64	14.00	21.67	26.07
2012	104.72	12.76	12.18	25.18	24.05

30.3.2　菏泽市财政收入的地区结构分析

菏泽市现辖 1 个区（牡丹区），8 个县（曹县、定陶县、成武县、单县、巨野县、郓城县、鄄城县、东明县）及 1 个省级经济技术开发区，168 个乡、镇、办事处（其中，乡 26 个、镇 113 个，城区办事处 29 个），292 个城市社区居委会，5755 个村委会，14017 个自然村。

曹县位于山东省西南部，处于鲁、豫、皖、苏四省八县交界处，是东部企业向中西部地区梯次转移的桥头堡和承接带，是中原经济区东部县市之一。总面积 1969 平方千米，总人口约 162 万人。

定陶县总面积 846 平方千米，人口 56.58 万人。现辖 2 个街道办事处、8 个镇、2 个乡。2011 年，全县实现地区生产总值 85.6 亿元，农民人均纯收入 6500 元，城镇居民人均可支配收入 12780 元，全县规模以上工业企业达到 163 家，2011 年完成主营业务收入

186 亿元。

成武县位于山东省西南部，总面积 988.3 平方千米，辖 12 镇、2 个街道办事处和 1 个省级工业园区，473 个村民委员会（居委会），总人口 70 万人。

单县位于山东省西南部，苏、鲁、豫、皖四省八县交界处，总面积 1702 平方千米，人口 139.76 万人。

巨野县位于山东省菏泽市东部，邻接济宁市，总面积 1303 平方千米，总人口 93 万人。

郓城县位于山东省西南部，东邻梁山县、嘉祥县，西接鄄城县，南连巨野县、牡丹区，北隔黄河与河南省台前县、范县相望。南北长 44 千米，东西宽 35.71 千米，总面积为 1571.3 平方千米，人口 108.8 万人。

鄄城县位于山东省西南部，西北两面跨黄河与河南省毗邻，总面积 1332 平方千米，总人口 91 万人。

东明县位于山东省西南部，总面积 1370 平方千米，总人口 79 万人。

菏泽市 8 个县财政收入的绝对数都是逐年增加的，定陶县财政收入最高，达到 5.7 亿元，财政收入超过 5 亿元的县有 2 个，分别是定陶县和单县；超过 2 亿元的有 5 个，仅有巨野县财政收入较低，财政收入在 1 亿元以下。总体来看，菏泽市下辖县域财政收入普遍较少，对菏泽市财政的贡献率较低（见表 30 - 7）。

表 30 - 7　菏泽市 2007～2012 年财政收入地区结构情况

单位：万元

县　域	2007 年	2008 年	2009 年	2010 年	2011 年	2012 年
单　县	25866	24349	31535	37831	32966	53952
东明县	5424	5644	7140	11616	15909	22093
曹　县	12352	15661	21610	29939	23920	32473
巨野县	2090	2771	3511	4843	5922	9003
郓城县	11215	12113	15241	18557	24826	28957
鄄城县	2553	3430	4193	7209	12116	20008
成武县	3070	3825	4796	7882	14205	21872
定陶县	25291	29344	35159	47042	52991	57437

30.4　菏泽市财政支出规模分析

30.4.1　菏泽市财政支出规模的绝对数分析

菏泽市的财政支出的绝对规模从 2007 年的 95.53 亿元迅速增长到 2012 年的 281.49 亿元，呈逐年增长的趋势，6 年间增长了 1.95 倍。从增长的绝对数来看，2008 年的绝对数最小，为 19.99 亿元；2012 年的绝对数最大，为 50.11 亿元。在财政支出增加比重方面，菏泽市财政支出增加的比重稳定在20%以上，2007年和2010年则超过了30%。财政支出较上年增加比重呈现上下波动的趋势。2007～2012年，菏泽市财政支出在山东省的排位是不断上升的，表明菏泽市财政发展状况良好，2012年，菏泽市财政支出在山东省居第8位（见表30-8）。

表30-8　菏泽市2007～2012年财政支出规模情况

单位：亿元，%

年　份	财政支出	较上年增加数	财政支出较上年增加比重	当年财政支出在山东省的位次
2007	95.53	26.26	37.90	10
2008	115.52	19.99	20.80	9
2009	141.03	25.51	22.10	8
2010	186.97	45.94	32.40	8
2011	231.38	44.41	23.80	8
2012	281.49	50.11	21.70	8
年均增加数	175.32	35.37	25.75	—

30.4.2　菏泽市财政支出规模的相对数分析

由表30-9可知，菏泽市2007～2012年财政支出占地区生产总值的比重呈现先升后降，趋于稳定的发展趋势，财政支出的增长要慢于地区生产总值的增长，从2007年的95.53亿元增加到2012年的281.49亿元，占地区生产总值比重从2007年的14.48%增加到2012年的15.75%，增幅不大。2010年财政支出占地区生产总值比重达到最大值为16.24%，之后开始下降，2012年缓慢回升。

表30-9　菏泽市2007～2012年财政支出占地区生产总值的比重情况

单位：亿元，%

年　份	财政支出	地区生产总值	财政支出占地区生产总值的比重
2007	95.53	659.9	14.48
2008	115.52	821.79	14.06
2009	141.03	953.62	14.79
2010	186.97	1151.58	16.24
2011	231.38	1475.68	15.68
2012	281.49	1787.36	15.75

从表30-10可以看出，2007～2012年菏泽市财政支出占山东省财政支出的比重从2007年的6.34%增加到2012年的6.90%，增加了0.56个百分点，同山东省的财政支出保持了相同的增长趋势。

表 30 – 10　菏泽市 2007～2012 年财政支出占山东省财政支出的比重情况

单位：亿元，%

年　份	财政支出	山东省财政支出	菏泽市财政支出占山东省财政支出的比重
2007	95.53	1506.65	6.34
2008	115.52	1881.67	6.14
2009	141.03	2347.59	6.01
2010	186.97	2820.24	6.63
2011	231.38	3537.39	6.54
2012	281.49	4079.44	6.90

　　菏泽市 2007～2012 年财政支出占山东省财政支出的比重呈现总体上升、有升有降的趋势。菏泽市财政支出占全省财政支出的比重最高是 2012 年的 6.90%，最低为 2009 年的 6.01%，其他年份波动不大，但普遍来说比重在 6% 上下浮动。

　　从 2007 年以来，菏泽市的财政边际系数呈较大波动趋势，从最高点 2007 年的 0.21 降低到 2008 年的 0.12，之后开始回升，2010 年为 0.23，接着又开始下降，到 2012 年这一系数降低到 0.16，除去 2 个边际系数超过 0.2 的年份，菏泽市地区生产总值每增加 1 亿元，财政支出相应增加 0.12 亿～0.19 亿元（见表 30 – 11）。

表 30 – 11　菏泽市 2007～2012 年财政支出的边际系数

单位：亿元

年　份	财政支出	财政支出年增加额	地区生产总值	地区生产总值年增加额	财政支出的边际系数
2007	95.53	26.26	659.9	122.20	0.21
2008	115.52	19.99	821.79	161.89	0.12
2009	141.03	25.51	953.62	131.83	0.19
2010	186.97	45.94	1151.58	197.96	0.23
2011	231.38	44.41	1475.68	324.10	0.14
2012	281.49	50.11	1787.36	311.68	0.16

　　由表 30 – 12 可知，菏泽市财政支出的弹性系数也呈现基本稳定变化的趋势，但综合分析，大部分年份的财政支出弹性系数大于 1，这说明财政支出的变化率快于年度地区生产总值变化率，或者说财政支出变化相对于年度地区生产总值变化比较敏感。从 2007 年以来，菏泽市财政支出的增长速度大多快于地区生产总值的增长速度，弹性系数也呈现先增后减的趋势，财政支出的弹性系数在 2007 年达到顶峰，然后回落。

表 30 – 12　菏泽市 2007～2012 年财政支出的弹性系数

单位：亿元，%

年　份	财政支出	财政支出年增长率	地区生产总值	地区生产总值增长率	财政支出的弹性系数
2007	95.53	37.90	659.9	22.73	1.67
2008	115.52	20.80	821.79	24.53	0.85

续表

年　份	财政支出	财政支出年增长率	地区生产总值	地区生产总值增长率	财政支出的弹性系数
2009	141.03	22.10	953.62	16.04	1.38
2010	186.97	32.40	1151.58	20.76	1.56
2011	231.38	23.80	1475.68	28.14	0.85
2012	281.49	21.70	1787.36	21.12	1.03

30.5　菏泽市财政支出结构分析

30.5.1　菏泽市财政支出项目结构分析

近几年，菏泽财政积极调整财政支出结构，要尽量减少对工业项目的直接补贴，加大对人才及人才团队培养引进、节能减排、科技创新的扶持支持力度；要大力促进创业，千方百计扩大就业；要加大在公共服务、基础设施、医疗卫生、文化旅游业发展上的投入。

从表 30-13 可以看出，菏泽市财政支出在科技投入方面呈小幅增长的态势，从 2007 年的 1.18 亿元增加到 2012 年的 3.93 亿元；教育支出从 2007 年的 22.3 亿元增加到 2012 年的 68.39 亿元，总体呈上升的趋势；医疗卫生支出增长也较快，从 2007 年的 6.15 亿元增长到 2012 年 33.89 亿元。

表 30-13　菏泽市 2007~2012 年财政支出项目绝对数情况

单位：亿元

年份	财政支出合计	一般公共服务	公共安全	教育	科学技术	社会保障和就业	医疗卫生	农林水事务	住房保障
2007	95.53	20.1	4.96	22.3	1.18	14.81	6.15	10.37	-
2008	115.43	20.73	5.83	27.92	1.4	18.29	9.83	16.14	——
2009	141.03	22.4	7.1	32.44	1.5	22.09	14.12	23.57	-
2010	186.96	26.4	10.06	41.67	1.84	28.6	19.08	30.49	——
2011	231.38	32.53	10.52	54.53	2.81	32.23	27.4	32.7	——
2012	281.49	37.18	12.58	68.39	3.93	38.81	33.89	36.37	——

从表 30-14 可以看出，2007 年以来，菏泽市财政支出中一般公共服务支出项目所占比重总体呈现减少的趋势，从 2007 年的 21.04% 降低到 2012 年的 13.21%，降低的幅度较大；在教育支出方面，菏泽市教育支出所占比重从 2007 年的 21.04% 提高到 2012 年的 24.30%，增长幅度较慢；其他项目支出基本保持平稳。在各个支出项目中，教育支出所占比重最大，其次是社会保障和就业支出，一般公共服务支出和农林水事务支出所占比重也较大。

表 30－14　菏泽市 2007～2012 年财政支出项目相对数结构

单位:%

年份	一般公共服务	公共安全	教育	科学技术	社会保障和就业	医疗卫生	农林水事务	住房保障
2007	21.04	5.20	21.04	1.23	15.50	6.43	10.85	—
2008	17.95	5.10	24.18	1.21	15.80	8.50	13.98	—
2009	15.90	5.00	23.0	1.16	15.60	10.0	16.70	—
2010	14.12	5.30	22.28	0.98	15.20	10.20	16.30	—
2011	14.02	4.50	23.56	1.21	13.90	11.84	14.13	—
2012	13.21	4.47	24.30	1.40	13.60	12.04	12.92	—

30.5.2　菏泽市财政支出地区结构分析

由表 30－15 可知，2007～2012 年，曹县、单县、成武县、巨野县、郓城县、鄄城县、定陶县和东明县的财政支出均呈现增长趋势。从细分层面来看，在上述各县中，财政支出规模最大的是曹县，2007 年为 113317 万元，位居各县之首，2012 年曹县财政支出达到 361718 万元，财政支出规模依然排在首位；单县和郓城县的财政支出规模较为接近；定陶县的财政支出规模最小，2007 年为 58350 万元。2012 年财政支出为 174606 万元；菏泽市各县的财政支出规模不平衡。

表 30－15　菏泽市 2007～2012 年财政支出地区结构情况

单位：万元

县　域	2007 年	2008 年	2009 年	2010 年	2011 年	2012 年
曹　县	113317	143903	166011	225540	289643	361718
单　县	104962	120771	161385	219337	246697	318009
成武县	68463	79768	90088	122000	150706	184902
巨野县	87416	112495	140117	198228	254374	295306
郓城县	112034	130668	158222	214189	258523	300343
鄄城县	68688	82537	96144	137681	170206	205928
定陶县	58350	72164	85840	106039	131142	174606
东明县	94469	110306	131590	163379	202266	250899

30.6　小结

长期以来，菏泽市财政收入保持了持续快速增长。财政在菏泽市经济建设、社会发展、保障改革和宏观经济调控等方面发挥了愈来愈重要的作用。财政收入结构不断优化，税收比重在公共预算收入中为 74.6%，增值税营业税收入规模稳定增长。财政支出绝对额的增加，相应的重点支出得到保障，推动了医疗卫生、教育、社会保障和就业等社会事业的全面发展，财政调控能力得到进一步增强。

在财政收入规模上，菏泽市财政收入不断增加，2007～2012 年财政收入较上年增加数平均为 19.20 亿元，年均增加比重为 29.58%，保持了快速稳定增长的态势。同时，在地区生产总值逐年增长的背景下，财政收入占地区生产总值的比重不断提升，财政收入相对规模持续增长，财政状况态势良好。在财政收入结构方面，在总量增长的情况下，税收收入和非税收入保持相对稳定增长，各自所占财政收入的比重变化不大，且税负比重要低于山东省和全国水平，体现出稳定发展的态势。在财政收入的地区结构上，菏泽市下辖的县域总体经济实力较强，财政收入大多数都过亿元，为菏泽市的发展奠定了良好的基础。

在财政支出规模上，菏泽市近年来财政支出绝对数不断增长，增速保持稳定，财政支出占地区生产总值的比重总体保持稳定，同时菏泽市财政支出占山东省财政支出的比重也保持了相对稳定，体现出菏泽市财政支出的稳定式增长。在支出结构上，菏泽市 2012 年在教育上的支出占到全部财政支出的 24.30%，体现了菏泽市对发展教育的重视程度。在支出的区域结构上，菏泽市所辖县域财政支出大多在 20 亿元左右，个别超过了 30 亿元。

综上所述，菏泽市财政发展的态势同经济发展的情况相符合，支撑了经济稳定增长，同时也应当紧抓政策落实，密切跟踪分析政策实施效果，继续推进预算改革，完善体制机制。在预算管理方面，提高预算绩效，加强科学管理。

第 31 章
淮北市财政发展报告

31.1　淮北市财政发展概述

淮北市地处苏、鲁、豫、皖四省交界，淮海经济区腹心，市辖三区一县：相山区、杜集区、烈山区和濉溪县，总面积 2741 平方千米，人口 218 万人。城市规划区面积 420 平方千米，城市建成区面积已达 100 平方千米。

建市以来，淮北市综合实力明显增强，城市面貌日新月异，人民生活大幅改善，经济社会步入了加快发展的快车道。全市经济总量（地区生产总值）由 1960 年的 1.28 亿元增加到 2012 年的 620.54 亿元，增长约 484 倍；财政收入由 0.1 亿元增加到 51.85 亿元，增长约 518 倍；固定资产投资从 0.53 亿元增加到 280.3 亿元，增长约 528 倍。农业从传统迈向现代，总产值增长 261 倍；工业由弱变强，总产值增长 1959 倍；市场日益繁荣，社会消费品零售总额增长 271 倍。

2012 年，淮北市完成财政总收入 101.1 亿元，比上年增收 10.7 亿元，增长 11.9%。其中，地方一般预算收入完成 51.9 亿元，比上年增收 13.8 亿元，增长 36.2%；上划中央收入完成 48.2 亿元，比上年减收 2.9 亿元，下降 5.7%；出口货物退增值税完成 1.1 亿元，下降 12.2%。分级次看，市级财政收入完成 78.1 亿元，比上年增收 7.8 亿元，增长 11.1%；濉溪县财政收入完成 23 亿元，比上年增收 2.9 亿元，增长 14.7%。全年完成财政支出 108.5 亿元，比上年增长 24.3%。其中，教育支出为 17.5 亿元，增长 4.1%；一般公共服务支出为 11.4 亿元，增长 35.5%，医疗卫生支出为 9.3 亿元，增长 17.9%；城乡社区事务支出为 20.1 亿元，增长 47.2%；农林水事务支出为 10.4 亿元，增长 53.1%。

31.2　淮北市财政收入规模分析

31.2.1　淮北市财政收入绝对规模分析

2003 ~ 2012 年，淮北市财政收入绝对规模逐年稳定增长，从 2003 年的 7.65 亿元，增至 2012 年的 51.85 亿元。但是，在安徽省 16 个地级市的排名中仍处于落后地位，尤其是 2010 ~ 2012 年，均排在第 15 位（见表 31 - 1）。

表 31 - 1　淮北市 2003~2012 年公共预算收入情况

单位：亿元, %

年　份	公共预算收入	财政收入较上年增加数	财政收入年增长率	财政收入在安徽省的位次
2003	7.65	0.66	9.44	12
2004	8.90	1.25	16.34	12
2005	11.30	2.4	26.97	10
2006	13.33	2.03	17.96	13
2007	15.65	2.32	17.40	13
2008	18.52	2.87	18.34	13
2009	22.12	3.6	19.44	14
2010	29.60	7.48	33.82	15
2011	38.07	8.47	28.61	15
2012	51.85	13.78	36.20	15
年均增加数	—	4.49	23.26	—

2003~2012 年，淮北市财政收入增幅较大，但增速并不稳定，2012 年的增速高达 36.2%，而 2003 年的增速最慢，仅 9.44%，2009 年以后，财政收入的增长速度有了大幅提升，特别是 2010~2012 年，增速一直保持在 30% 左右。

31.2.2　淮北市财政收入相对规模分析

表 31 - 2 给出了淮北市 2003~2012 年财政收入及其占该市地区生产总值比重的变化情况。2003~2012 年淮北市地区生产总值不断增加，由 2003 年的 132.47 亿元增加至 2012 年的 620.54 亿元，增长了 488.07 亿元。2004 年淮北市财政收入仅占当年该市地区生产总值的 5.26%，是 10 年中的最低水平，之后有所上升，特别是 2008 年以来上升较快，至 2012 年，该比重达到 8.36%。

表 31 - 2　淮北市 2003~2012 年财政收入占地区生产总值的比重情况

单位：亿元, %

年　份	财政收入	地区生产总值	财政收入占地区生产总值比重
2003	7.65	132.47	5.77
2004	8.90	169.1	5.26
2005	11.30	208.99	5.41
2006	13.33	224.72	5.93
2007	15.65	259.19	6.04
2008	18.52	349.09	5.31
2009	22.12	371.88	5.95
2010	29.60	461.64	6.41
2011	38.07	554.92	6.86
2012	51.85	620.54	8.36

表 31 - 3 给出了淮北市 2003 ~ 2012 年财政收入占安徽省地方财政收入比重的变化情况。从表中可以看出，2003 ~ 2012 年安徽省地方财政收入不断增加，由 2003 年的 220.75 亿元增加至 2012 年的 1792.72 亿元，增长了 1571.97 亿元。淮北市 2003 ~ 2012 年财政收入占安徽省地方财政收入比重整体上呈现下降态势，从最高 2003 年的 3.47%，逐渐降至 2008 年和 2009 年的 2.56%，之后有所上升，到 2012 年，达到 2.89%。

表 31 - 3　淮北市 2003 ~ 2012 年财政收入占安徽省财政收入的比重情况

单位：亿元，%

年　份	财政收入	安徽省财政收入	财政收入占安徽省财政收入比重
2003	7.65	220.75	3.47
2004	8.90	274.63	3.24
2005	11.30	334.02	3.38
2006	13.33	428.03	3.11
2007	15.65	543.70	2.88
2008	18.52	724.62	2.56
2009	22.12	863.92	2.56
2010	29.60	1149.40	2.58
2011	38.07	1463.56	2.60
2012	51.85	1792.72	2.89

31.3　淮北市财政收入结构分析

31.3.1　淮北市财政收入的项目结构分析

从表 31 - 4 可以看出，2007 ~ 2012 年淮北市税收收入不断增加，在淮北市财政收入中，淮北市税收收入占相当大的比重，而非税收入占的比重较小；从整体上看，在淮北市财政收入中，税收入占的比重在下降，非税收入在财政收入中占的比重在上升。

表 31 - 4　淮北市 2007 ~ 2012 年公共预算收入中税收收入的比重情况

单位：亿元，%

年　份	公共预算收入	税收收入	税收收入占比	非税收入	非税收入占比
2007	15.65	13.97	90.71	1.43	9.29
2008	18.52	17.30	93.41	1.22	6.59
2009	22.12	20.02	92.69	1.58	7.31
2010	29.60	27.47	92.80	2.13	7.20
2011	38.07	35.83	94.04	2.37	5.96
2012	51.85	42.64	82.00	9.36	18.00

从表31-5可以看出，整体上，2007～2012年，全国税收收入占比、安徽省税收收入占比、淮北市税收收入占比都在下降；淮北市税收收入占比要大于全国税收收入占比和安徽省税收收入占比。

表31-5　淮北、安徽省、全国2007～2012年税收收入占财政收入的比重情况

单位:%

年　份	淮北市税收收入占比	安徽省税收收入占比	全国税收收入占比
2007	90.71	74.05	88.89
2008	93.41	72.86	88.41
2009	92.69	72.85	86.87
2010	92.80	75.39	88.10
2011	94.04	75.73	86.39
2012	82.00	72.80	85.83

从表31-6来看，2007～2012年，淮北市税收收入不断增加，由2007年的13.97亿元增加到2012年的42.64亿元。在税收收入中，增值税及营业税所占份额较大，特别是营业税自2007年以来均保持25%以上的增长率；企业所得税和个人所得税占比较少，企业所得税占比在整体上呈上升趋势。

表31-6　淮北市2007～2012年税收收入的项目结构情况

单位：亿元,%

年　份	税收收入	增值税		营业税		企业所得税		个人所得税	
		数额	占比	数额	占比	数额	占比	数额	占比
2007	13.97	4.61	33.00	3.96	28.72	0.98	7.01	0.45	3.22
2008	17.30	5.55	32.08	4.46	25.78	1.25	7.22	0.48	2.77
2009	20.02	6.81	34.02	5.54	27.67	1.89	9.44	0.47	2.35
2010	27.47	8.87	32.29	7.74	28.18	2.94	10.70	0.54	1.97
2011	35.83	10.58	29.53	9.69	27.04	4.70	13.12	0.85	2.37
2012	42.64	8.46	19.84	11.33	26.57	6.19	14.52	0.60	1.29

31.3.2　淮北市财政收入的地区结构分析

淮北市辖三区一县：相山区、杜集区、烈山区和濉溪县。濉溪县因古濉河和溪河在此交汇而得名，为淮北市唯一辖县，全县辖11个镇和省级濉溪经济开发区、濉溪芜湖现代产业园。面积1987平方千米，人口107万人。口子窖酒产自濉溪县。濉溪县连续8年被评为全国粮食生产先进县，素有"酒乡煤城""中原粮仓"等美誉。

从表31-7可以看出，2007～2012年，濉溪县财政收入不断增加，由2007年的3.04亿元增加到2012年的11.85亿元，特别是2011～2012年增幅较大，增加了3.91亿元。

表 31 - 7　　淮北市濉溪县 2007 ~ 2012 年财政收入地区结构

单位：亿元

县　域	2007 年	2008 年	2009 年	2010 年	2011 年	2012 年
濉溪县	3.04	3.65	5.06	6.65	7.94	11.85

31.4　淮北市财政支出规模分析

31.4.1　淮北市财政支出规模的绝对数分析

从表 31 - 8 可以看出，2003 ~ 2012 年，淮北市财政支出由 11.43 亿元增加到 108.53 亿元，2009 年突破 50 亿元，2009 年到 2012 年翻了一番。淮北市财政支出在安徽省的位次除了 2008 ~ 2010 年排在第 16 位以外，2011 年、2012 年均排在第 15 位，从全省来看处于落后的位置。从淮北市 2003 ~ 2012 年财政支出规模及增长率的逐年变化情况看，淮北市的财政支出在 2005 年经历了一个大幅增长（增长率为 43.91%）阶段之后，一直处于震荡状态。

表 31 - 8　　淮北市 2003 ~ 2012 年财政支出规模情况

单位：亿元，%

年　份	公共预算支出	财政支出较上年增加数	财政支出年增长率	财政支出在安徽省的位次
2003	11.43	1.35	13.39	15
2004	13.05	1.62	14.17	15
2005	18.78	5.73	43.91	15
2006	23.67	4.89	26.04	15
2007	30.08	6.41	27.08	15
2008	40.97	10.89	36.20	16
2009	54.26	13.29	32.44	16
2010	65.92	11.66	21.49	16
2011	87.29	21.37	32.42	15
2012	108.53	21.24	24.33	15
平　均	—	9.85	28.41	—

31.4.2　淮北市财政支出规模的相对数分析

表 31 - 9 给出了淮北市 2003 ~ 2012 年地区生产总值及财政支出占该市地区生产总值比重的逐年变化情况。从表中可以看出，2003 ~ 2012 年淮北市地区生产总值从 132.47 亿元增长到 620.54 亿元，增幅达到 488.07 亿元。淮北市财政支出占地区生产总值的比重基本呈现逐渐增长的态势，从 2003 年的 8.63% 增长到 2012 年的 17.49%。

表 31 – 9　淮北市 2003～2012 年财政支出占地区生产总值比重情况

单位：亿元，%

年　份	财政支出	地区生产总值	财政支出占地区生产总值的比重
2003	11. 43	132. 47	8. 63
2004	13. 05	169. 1	7. 72
2005	18. 78	208. 99	8. 99
2006	23. 67	224. 72	10. 53
2007	30. 08	259. 19	11. 61
2008	40. 97	349. 09	11. 74
2009	54. 26	371. 88	14. 59
2010	65. 92	461. 64	14. 28
2011	87. 29	554. 92	15. 73
2012	108. 53	620. 54	17. 49

　　表 31 – 10 给出了 2003～2012 年安徽省财政支出和淮北市财政支出占该省财政支出比重的年度变化情况。安徽省财政支出从 2003 年的 507.44 亿元，增至 2012 年的 3961.01 亿元，增长了 3453.57 亿元。淮北市财政支出占安徽省财政支出的比重基本保持在 2.5% 左右，10 年间该比重略有上升，至 2012 年达到最大值，为 2.74% 。

表 31 – 10　淮北市 2003～2012 年财政支出占安徽省财政支出的比重情况

单位：亿元，%

年　份	财政支出	安徽省财政支出	财政支出占安徽省财政支出的比重
2003	11. 43	507. 44	2. 25
2004	13. 05	601. 53	2. 17
2005	18. 78	713. 06	2. 63
2006	23. 67	940. 23	2. 52
2007	30. 08	1243. 83	2. 42
2008	40. 97	1647. 12	2. 49
2009	54. 26	2141. 92	2. 53
2010	65. 92	2587. 61	2. 55
2011	87. 29	3302. 99	2. 64
2012	108. 53	3961. 01	2. 74

　　表 31 – 11 给出的是淮北市 2003～2012 年财政支出的边际系数和弹性系数。这两个系数分别反映了政府对新增地区生产总值的集中和控制程度，以及财政支出变化率对地区生产总值变化率反应的敏感程度。从表 31 – 11 可以看出，2003～2012 年，淮北市财政支出的边际系数和弹性系数变化并没有规律性，对边际系数来说，2004 年最低，仅为 0.04，2009 年最高，达到 0.58；弹性系数最低的年份为 2004 年，仅 0.51，2009 年最高，达到 4.97。这说明 2004 年是政府对新增地区生产总值的集中和控制程度最弱及财政支出变化

率对地区生产总值变化率反应的敏感程度最弱的年份，而 2009 年是该两项程度最强的年份。

表 31 - 11　淮北市 2003～2012 年财政支出的边际系数及弹性系数

单位：亿元,%

| 年　份 | 财政支出 | 财政支出年增加额 | | 地区生产总值 | 地区生产总值年增加额 | | 边际系数 | 弹性系数 |
		数额	增长率		数额	增长率		
2003	11.43	1.35	13.39	132.47	14.37	12.17	0.09	1.10
2004	13.05	1.62	14.17	169.1	36.63	27.65	0.04	0.51
2005	18.78	5.73	43.91	208.99	39.89	23.59	0.14	1.86
2006	23.67	4.89	26.04	224.72	15.73	7.53	0.31	3.46
2007	30.08	6.41	27.08	259.2	34.48	15.34	0.19	1.76
2008	40.97	10.89	36.20	349.1	89.9	34.68	0.12	1.04
2009	54.26	13.29	32.44	371.9	22.8	6.53	0.58	4.97
2010	65.92	11.66	21.49	461.6	89.7	24.12	0.13	0.89
2011	87.29	21.37	32.42	554.9	93.3	20.21	0.23	1.60
2012	108.53	21.24	24.33	620.5	65.6	11.82	0.32	2.06

31.5　淮北市财政支出结构分析

31.5.1　淮北市财政支出的项目结构分析

表 31 - 12 给出的是淮北市 2007～2012 年财政支出主要项目的绝对数。从表中可以看出，除了社会保障和就业与环境保护两个项目的个别年份外，其余各项目的支出在2007～2012年均呈现增长态势。增长最快的是交通运输支出，从 2007 年的 0.4 亿元增至2012 年的 2.98 亿元，6 年间增长 6 倍多。除此以外，公共安全、科学技术、文化体育与传媒、医疗卫生、城乡社区事务、农林水事务等项目的支出也实现较快的增长。

表 31 - 12　淮北市 2007～2012 年财政支出各项目绝对数情况

单位：亿元

年份	财政支出合计	一般公共服务	公共安全	教育	科学技术	文化体育与传媒	社会保障和就业	医疗卫生	环境保护	城乡社区事务	农林水事务	交通运输
2007	30.08	4.41	1.61	6.34	0.23	0.25	5.91	1.82	0.58	3.77	2.07	0.40
2008	40.97	5.30	2.06	8.72	0.32	0.33	6.79	2.81	2.36	4.68	2.96	0.43
2009	54.26	6.60	2.73	9.89	0.67	0.43	10.24	4.22	1.38	7.19	4.52	0.64
2010	65.92	6.95	3.55	10.60	0.83	0.53	8.19	4.90	0.77	8.27	5.44	0.86
2011	87.29	8.40	3.91	16.70	1.16	0.68	10.24	7.89	0.94	13.67	6.81	2.18
2012	108.53	11.39	5.33	17.50	1.47	1.13	11.11	9.30	0.98	20.12	10.43	2.98

表 31 - 13 给出的是淮北市 2007 ~ 2012 年财政支出各项目占该市财政支出总值的比重。从表中可以看出，2007 年淮北市财政支出主要发生在教育（占 21.08%）上，其次是社会保障和就业（占 19.65%）和一般公共服务（占 14.66%），但到 2012 年，淮北市主要财政支出发生在城乡社区事务（占 18.54%）上，其次才是教育（占 16.12%）和一般公共服务（占 10.49%）。这说明，2007 ~ 2012 年淮北市财政支出的方向发生了较大调整，向城乡社区事务方面倾斜，同时相对缩减公共安全、教育、社会保障和就业等项目的支出。

表 31 - 13　淮北市 2007 ~ 2012 年财政支出各项目相对数情况

单位：%

年份	一般公共服务	公共安全	教育	科学技术	文化体育与传媒	社会保障和就业	医疗卫生	环境保护	城乡社区事务	农林水事务	交通运输
2007	14.66	5.35	21.08	0.76	0.83	19.65	6.05	1.93	12.53	6.88	1.33
2008	12.94	5.03	21.28	0.78	0.81	16.57	6.86	5.76	11.42	7.22	1.05
2009	12.16	5.03	18.23	1.23	0.79	18.87	7.78	2.54	13.25	8.33	1.19
2010	10.54	5.39	16.08	1.26	0.80	12.42	7.43	1.17	12.55	8.25	1.30
2011	9.62	4.48	19.13	1.33	0.78	11.73	9.04	1.08	15.66	7.80	2.50
2012	10.49	4.91	16.12	1.35	1.04	10.24	8.57	0.90	18.54	9.61	2.75

31.5.2　淮北市财政支出的地区结构分析

从表 31 - 14 可以看出，2007 ~ 2012 年，濉溪县财政支出不断增加，由 2007 年的 10.28 亿元增加到 2012 年的 35.71 亿元，特别是 2011 年增幅较大，增长了 44.1%。

表 31 - 14　淮北市濉溪县 2007 ~ 2012 年财政支出地区结构

单位：亿元

县　域	2007 年	2008 年	2009 年	2010 年	2011 年	2012 年
濉溪县	10.28	12.94	16.49	20.31	29.26	35.71

31.6　小结

淮北市的财政发展状况可以概括为以下几个方面。

第一，从淮北市财政收入的规模来看，呈现逐年稳定增长态势，从 2003 年的 7.65 亿元增至 2012 年的 51.85 亿元，但增速并不稳定，2012 年的增速高达 36.2%，而 2003 年的增速最慢，仅 9.44%。并且，在安徽省 16 个地级市的排位中仍处于落后地位，尤其是 2010 ~ 2012 年，均排在第 15 位。从财政收入占该市地区生产总值比重的变化情况来看，

2004 年淮北市财政收入仅占当年该市地区生产总值的 5.26%，是 10 年中的最低水平，之后有所上升，特别是 2008 年以来上升较快，至 2012 年，该比重达到 8.36%。淮北市 2003~2012 年财政收入占安徽省地方财政收入比重整体上呈现下降态势。

第二，从淮北市财政收入的结构来看，2007~2012 年淮北市税收收入不断增加。在淮北市财政收入中，淮北市税收收入占了相当大的比重，而非税收入占的比重较小。从整体上看，在淮北市财政收入中，税收收入占的比重在下降，非税收入在财政收入中占的比重在上升。与全国、全省相比，淮北市税收收入占比要大于全国税收收入占比和安徽省税收收入占比。在税收收入中，增值税及营业税所占份额较大，特别是营业税，2007 年以来均保持 25% 以上的增长率；企业所得税和个人所得税占比较少，企业所得税占比在整体上呈上升趋势。

第三，从淮北市财政支出的规模来看，2003~2012 年，淮北市财政支出由 11.43 亿元增加到 108.53 亿元，2009 年突破 50 亿元，2009~2012 年翻了一番。在增长速度上，2005 年经历了一个大幅增长（增长率为 43.91%）阶段之后，一直处于震荡状态。总体上，淮北市财政支出在安徽省的位次除了 2008~2010 年排在第 16 位以外，其余年份均排在第 15 位，从全省来看处于落后的位置。淮北市财政支出占该市地区生产总值的比重基本呈现逐渐增长的态势，从 2003 年的 8.63% 增长到 2012 年的 17.49%。而淮北市财政支出占安徽省财政支出的比重基本保持在 2.5% 左右，10 年间该比重略有上升，至 2012 年达到最大值，为 2.74%。从 2003~2012 年淮北市财政支出的边际系数和弹性系数来看，2004 年政府对新增地区生产总值的集中和控制程度最弱，财政支出变化率对地区生产总值变化率反应的敏感程度最弱，而 2009 年则最强。

第四，从淮北市财政支出的结构来看，除了社会保障和就业与环境保护两个项目的个别年份外，其余各项目的支出在 2007~2012 年均呈现增长态势。增长最快的是交通运输支出，从 2007 年的 0.4 亿元增至 2012 年的 2.98 亿元，6 年间增长了 6 倍。除此以外，公共安全、科学技术、文化体育与传媒、医疗卫生、城乡社区事务、农林水事务等项目的支出也实现较快的增长。2007 年淮北市财政支出主要发生在教育（占 21.08%）上，其次是社会保障和就业（占 19.65%）和一般公共服务（占 14.66%），但到 2012 年，淮北市主要财政支出发生在城乡社区事务（占 18.54%）上，其次才是教育（占 16.12%）和一般公共服务（占 10.49%）。这说明，2007~2012 年，淮北市财政支出的方向发生较大调整，向城乡社区事务方面倾斜，同时相对缩减公共安全、教育、社会保障和就业等项目的支出。

第 32 章
宿州市财政发展报告

32.1 宿州市财政发展概述

宿州市位于安徽省东北部，地处皖、苏、鲁、豫四省交会地带，襟连沿海，背倚中原，承东启西，是安徽的北大门。1999 年撤地建市，现辖四县一区、6 个省级开发区、宿马现代产业园区和高新技术产业开发区，面积 9787 平方千米，人口 651.66 万人。

2012 年，宿州市完成地区生产总值 914.95 亿元，增速居全省第八位；三次产业结构调至 25.9∶41.5∶32.6；财政收入为 83.1 亿元，增长 29.6%，增速居全省第二位；固定资产投资完成 613.7 亿元，增长 27.8%，增速居全省第七位；社会消费品零售总额完成 266 亿元，增长 16.3%，增速居全省第八位。

2012 年，宿州市财政总收入达 83 亿元，其中，地方财政收入 53.3 亿元，占财政收入的 63.8%，比上年增加 14.3 亿元。宿州市财政支出完成 193.8 亿元，比上年增加 36.8 亿元。财政民生支出完成 155.1 亿元，占财政支出的 80.0%，其中，教育支出 42.4 亿元；农林水事务支出 31.5 亿元。

32.2 宿州市财政收入规模分析

32.2.1 宿州市财政收入绝对规模分析

从表 32 - 1 来看，2003 ~ 2012 年，宿州市财政收入不断增加，2003 年宿州市财政收入为 8.1 亿元，至 2012 年，宿州市财政收入突破 50 亿元，10 年间，宿州市财政收入增加了 45.19 亿元；2006 ~ 2010 年，宿州市财政收入在安徽省排名都排在第 16 位，2011 年上升到第 14 位，2012 年又上升到第 13 位。

表 32 - 1　宿州市 2003 ~ 2012 年公共预算收入情况

单位：亿元，%

年　份	公共预算收入	财政收入较上年增加数	财政收入年增长率	财政收入在安徽省的位次
2003	8.10	0.34	4.38	11
2004	7.95	− 0.15	− 1.85	13
2005	7.00	− 0.95	− 11.95	16
2006	9.03	2.03	29.00	16

年　份	公共预算收入	财政收入较上年增加数	财政收入年增长率	财政收入在安徽省的位次
2007	11.89	2.86	31.67	16
2008	15.30	3.41	28.68	16
2009	18.53	3.23	21.11	16
2010	26.15	7.62	41.12	16
2011	38.96	12.81	48.99	14
2012	53.29	14.33	36.78	13
年均增加数	—	4.55	23.28	—

宿州市 2003～2012 年财政收入增长最快的是 2011 年，增速为 48.99%；增速最慢的是 2005 年，增速仅有 –11.95%，增速落差较大。从增长趋势上看，2003～2012 年，宿州市财政收入绝对数基本呈现逐年增长的趋势，但增长率经历了阶段性攀升的过程。

32.2.2　宿州市财政收入相对规模分析

从表 32 – 2 可以看出，2003～2012 年宿州市地区生产总值不断增加，由 2003 年的 219.93 亿元增加至 2012 年的 914.95 亿元，10 年增长了 695.02 亿元。2005 年宿州市财政收入仅占当年该市地区生产总值的 2.24%，是 10 年中的最低水平，之后不断攀升，至 2012 年，该比重达到 5.82%。

表 32 – 2　宿州市 2003～2012 年财政收入占地区生产总值的比重情况

单位：亿元,%

年　份	财政收入	地区生产总值	财政收入占地区生产总值比重
2003	8.10	219.93	3.68
2004	7.95	279.12	2.85
2005	7.00	312.98	2.24
2006	9.03	359.01	2.52
2007	11.89	424.92	2.80
2008	15.30	511.10	2.99
2009	18.53	541.71	3.42
2010	26.15	650.57	4.02
2011	38.96	802.42	4.86
2012	53.29	914.95	5.82

表 32 – 3 给出了宿州市 2003～2012 年财政收入占安徽省地方财政收入比重的变化情况。从表中可以看出，2003～2012 年安徽省地方财政收入不断增加，由 2003 年的 220.75 亿元增加至 2012 年的 1792.72 亿元，增长了 1571.97 亿元。宿州市 2003～2012 年财政收

入占安徽省地方财政收入比重经历了先下降后上升的态势，从 2003 年的 3.67% 降至 2005 年的最低水平 2.1%，之后平稳上升至 2012 年的 2.97%。

表 32 - 3　宿州市 2003~2012 年财政收入占安徽省财政收入的比重情况

单位：亿元，%

年　份	财政收入	安徽省财政收入	财政收入占安徽省财政收入比重
2003	8.10	220.75	3.67
2004	7.95	274.63	2.89
2005	7.00	334.02	2.10
2006	9.03	428.03	2.11
2007	11.89	543.70	2.19
2008	15.30	724.62	2.11
2009	18.53	863.92	2.14
2010	26.15	1149.40	2.28
2011	38.96	1463.56	2.66
2012	53.29	1792.72	2.97

32.3　宿州市财政收入结构分析

32.3.1　宿州市财政收入的项目结构分析

从表 32 - 4 来看，2007~2012 年，宿州市税收收入和非税收入均不断增加，在宿州市财政收入中，税收收入占比远远高于非税收入占比，但 2012 年非税收入的增长速度快于税收收入。

表 32 - 4　宿州市 2007~2012 年公共预算收入中税收收入的比重情况

单位：亿元，%

年　份	公共预算收入	税收收入	税收收入占比	非税收入	非税收入占比
2007	11.89	8.16	68.63	3.73	31.37
2008	15.30	10.75	70.26	4.55	29.74
2009	18.53	12.81	69.13	5.72	30.87
2010	26.15	19.01	72.70	7.14	27.30
2011	38.96	29.18	74.90	9.78	25.10
2012	53.29	37.39	70.16	15.9	29.84

从表 32 - 5 来看，全国税收收入占比在规模上最高，高于同年的安徽省税收收入占比和宿州市税收收入占比；安徽省税收收入占比次于全国税收收入占比，略高于同年宿州市税收收入占比；宿州市税收收入占比低于同年安徽省税收收入占比和全国税收收入占比。

表 32 – 5　宿州市、安徽省、全国 2007～2012 年税收收入占财政收入的比重情况

单位:%

年　份	宿州市税收收入占比	安徽省税收收入占比	全国税收收入占比
2007	68.63	74.05	88.89
2008	70.26	72.86	88.41
2009	69.13	72.85	86.87
2010	72.70	75.39	88.1
2011	74.90	75.73	86.39
2012	70.16	72.80	85.83

从表 32 – 6 来看，在宿州市的税收收入中，增值税、营业税占的比重较高，2007～2012 年，营业税占比均在 35% 以上；企业所得税和个人所得税占比较低，2007～2012 年，个人所得税占比持续下降，由 2007 年的 4.41% 下降到 2012 年的 1.34%。

表 32 – 6　宿州市 2007～2012 年税收收入的项目结构情况

单位：亿元,%

年　份	税收收入	增值税		营业税		企业所得税		个人所得税	
		数额	占比	数额	占比	数额	占比	数额	占比
2007	8.16	2.04	25	2.99	36.64	0.35	4.29	0.36	4.41
2008	10.75	2.81	26.14	7.42	69.02	0.42	3.91	0.38	3.53
2009	12.81	3.04	23.73	4.57	35.67	0.61	4.76	0.36	2.81
2010	19.01	3.46	18.20	7.42	39.03	0.84	4.42	0.58	3.05
2011	29.18	5.02	17.20	11.52	39.48	1.66	5.69	0.58	1.99
2012	37.39	6.02	16.10	14.1	37.71	2.20	5.88	0.50	1.34

32.3.2　宿州市财政收入的地区结构分析

宿州市现辖四县一区：砀山县、萧县、灵璧县、泗县和埇桥区。砀山县共 386 个行政村，总面积 1193 平方千米，总人口 94 万人。萧县总面积 1885 平方千米，总人口 142.91 万人，辖 23 个乡镇。灵璧县现辖 6 乡 13 镇和 1 个省级经济开发区，总面积 2054 平方千米，总人口 125.8 万人。泗县位于安徽省东北部，苏、皖两省五县交界地带，辖 15 个乡镇、1 个省级经济开发区，总面积 1787 平方千米，总人口 94.41 万人。

从表 32 – 7 可以看出，2007～2012 年，砀山县、萧县、灵璧县、泗县的财政收入持续增加，萧县的财政收入规模高于砀山县、灵璧县、泗县。

表 32 – 7　宿州市各县 2007～2012 年财政收入地区结构

单位：亿元

县　域	2007 年	2008 年	2009 年	2010 年	2011 年	2012 年
砀山县	1.00	1.30	1.53	2.23	3.46	4.57
萧　县	1.52	2.06	2.43	2.98	5.30	7.00

续表

县 域	2007 年	2008 年	2009 年	2010 年	2011 年	2012 年
灵璧县	0.97	1.33	1.59	2.10	3.17	4.41
泗 县	1.08	1.46	1.69	2.36	3.75	4.78

32.4 宿州市财政支出规模分析

32.4.1 宿州市财政支出规模的绝对数分析

从表 32－8 来看，2003～2012 年，宿州市财政支出持续增加，由 2003 年的 19.5 亿元增加到 2012 年的 193.8 亿元，2011 年财政支出较上年增加数最高，为 43.83 亿元。宿州市财政支出在安徽省的位次在 2009～2012 年一直稳定在第七位。2006 年宿州市的财政支出较上年增加比重最高，为 51.07%；2005 年最低，为 9.3%。

表 32－8 宿州市 2003～2012 年财政支出规模情况

单位：亿元，%

年 份	公共预算支出	财政支出较上年增加数	财政支出年增加比重	财政支出在安徽省的位次
2003	19.5	2.5	14.71	7
2004	23.99	4.49	23.03	7
2005	26.22	2.23	9.30	11
2006	39.61	13.39	51.07	8
2007	50.85	11.24	28.38	9
2008	71.74	20.89	41.08	9
2009	95.49	23.75	33.11	7
2010	113.19	17.7	18.54	7
2011	157.02	43.83	38.72	7
2012	193.8	36.78	23.42	7
平 均	—	17.68	29.07	—

32.4.2 宿州市财政支出规模的相对数分析

表 32－9 给出了宿州市 2003～2012 年地区生产总值及财政支出占该市地区生产总值比重的逐年变化情况。从表中可以看出，2003～2012 年宿州市地区生产总值从 219.93 亿元增长到 914.95 亿元，增长了 695.02 亿元。财政支出占地区生产总值的比重基本呈现逐渐增长的态势，从 2003 年的 8.87% 增长到 2012 年的 21.18%。

表 32 - 9　宿州市 2003～2012 年财政支出占地区生产总值比重情况

单位：亿元，%

年　份	财政支出	地区生产总值	财政支出占地区生产总值的比重
2003	19.50	219.93	8.87
2004	23.99	279.12	8.59
2005	26.22	312.98	8.38
2006	39.61	359.01	11.03
2007	50.85	424.92	11.97
2008	71.74	511.10	14.04
2009	95.49	541.71	17.63
2010	113.19	650.57	17.40
2011	157.02	802.42	19.57
2012	193.80	914.95	21.18

　　表 32 - 10 给出了 2003～2012 年安徽省财政支出和宿州市财政支出占该省财政支出比重的年度变化情况。从表中可以看出，安徽省财政支出从 2003 年的 507.44 亿元增至 2012 年的 3961.01 亿元，增长了 3453.57 亿元。宿州市财政支出占安徽省财政支出的比重在 2003～2012 年呈小幅攀升态势，从 3.84% 增至 4.89%。

表 32 - 10　宿州市 2003～2012 年财政支出占安徽省财政支出的比重情况

单位：亿元，%

年　份	财政支出	安徽省财政支出	财政支出占安徽省财政支出的比重
2003	19.50	507.44	3.84
2004	23.99	601.53	3.99
2005	26.22	713.06	3.68
2006	39.61	940.23	4.21
2007	50.85	1243.83	4.09
2008	71.74	1647.12	4.36
2009	95.49	2141.92	4.46
2010	113.19	2587.61	4.37
2011	157.02	3302.99	4.75
2012	193.80	3961.01	4.89

　　表 32 - 11 给出了宿州市 2003～2012 年财政支出的边际系数和弹性系数。这两个系数分别反映了政府对新增地区生产总值的集中和控制程度和财政支出变化率对地区生产总值变化率反应的敏感程度。2003～2012 年，宿州市财政支出的边际系数和弹性系数变化并没有规律性，对边际系数来说，2005 年最低，仅为 0.07，2009 年最高，达到 0.78；弹性系数最低的年份为 2005 年，仅 0.77，最高年份为 2009 年，达到 5.53。这说明 2005 年是政府对新增地区生产总值的集中和控制程度最弱及财政支出变化率对地区生产总值变化率

反应的敏感程度最弱的年份，而 2009 年最强。这主要是因为金融危机之后，各级政府普遍采取扩大公共投资的做法，拉动经济增长，致使这两个指标值在 2009 年达到最大。

表 32－11　宿州市 2003～2012 年财政支出的边际系数及弹性系数

单位：亿元，%

年　份	财政支出	财政支出年增加额		地区生产总值	地区生产总值年增加额		边际系数	弹性系数
		数额	增长率		数额	增长率		
2003	19.50	2.5	14.71	219.93	12.52	6.04	0.20	2.44
2004	23.99	4.49	23.03	279.12	59.19	26.91	0.08	0.86
2005	26.22	2.23	9.30	312.98	33.86	12.13	0.07	0.77
2006	39.61	13.39	51.07	359.01	46.03	14.71	0.29	3.47
2007	50.85	11.24	28.38	424.92	65.91	18.36	0.17	1.55
2008	71.74	20.89	41.08	511.10	86.18	20.28	0.24	2.03
2009	95.49	23.75	33.11	541.71	30.61	5.99	0.78	5.53
2010	113.19	17.7	18.54	650.57	108.86	20.10	0.16	0.92
2011	157.02	43.83	38.72	802.42	151.85	23.34	0.29	1.66
2012	193.80	36.78	23.42	914.95	112.53	14.02	0.33	1.67

32.5　宿州市财政支出结构分析

32.5.1　宿州市财政支出的项目结构分析

表 32－12 给出的是宿州市 2007～2012 年财政支出主要项目的绝对数。从表中可以看出，这些项目在 2007～2012 年基本呈现逐年增长态势。增长最快的是文化体育与传媒支出，从 2007 年的 0.68 亿元增至 2012 年的 4.92 亿元，6 年间增长了 6 倍多。除此之外，农林水事务、交通运输、医疗卫生、城乡社区事务等项目的支出也实现较快的增长。

表 32－12　宿州市 2007～2012 年财政支出各项目绝对数情况

单位：亿元

年份	财政支出合计	一般公共服务	公共安全	教育	科学技术	文化体育与传媒	社会保障和就业	医疗卫生	环境保护	城乡社区事务	农林水事务	交通运输
2007	50.85	8.23	2.99	18.07	0.27	0.68	4.66	3.51	1.35	1.50	4.59	1.36
2008	71.74	9.33	3.69	26.09	0.45	0.89	6.77	6.35	1.37	2.12	7.68	1.31
2009	95.49	11.89	3.93	17.19	0.18	0.93	13.81	10.02	1.49	2.01	11.16	2.13
2010	113.19	13.91	6.63	28.16	0.66	1.85	7.65	14.35	2.65	4.07	14.95	2.40
2011	157.02	16.70	6.47	40.39	1.03	2.36	12.61	20.62	2.80	3.37	23.52	5.17
2012	193.80	20.95	8.39	43.84	1.16	4.92	15.78	21.42	2.49	7.53	31.50	8.08

表 32 – 13 给出的是宿州市 2007～2012 年财政支出各项目占该市财政支出总值的比重。从表中可以看出，2007 年宿州市财政支出主要发生在教育（占 35.54%）上，其次是一般公共服务（占 16.18%）与社会保障和就业（占 9.16%），到 2012 年，宿州市主要财政支出的方向仍然是教育（占 22.62%），但支出规模相对于 2007 年有所缩小，而农林水事务支出增长较快，2012 年占财政支出的 16.25%，其次是医疗卫生支出（占 11.05%）和一般公共服务支出（占 10.81%）。这说明，2007～2012 年宿州市财政支出的方向发生调整，向农林水事务方面倾斜，同时相对缩减一般公共服务、公共安全、教育、社会保障和就业、环境保护等项目的支出。

表 32 – 13　宿州市 2007～2012 年财政支出各项目相对数情况

单位:%

年份	一般公共服务	公共安全	教育	科学技术	文化体育与传媒	社会保障和就业	医疗卫生	环境保护	城乡社区事务	农林水事务	交通运输
2007	16.18	5.88	35.54	0.53	1.34	9.16	6.90	2.65	2.95	9.03	2.67
2008	13.01	5.14	36.37	0.63	1.24	9.44	8.85	1.91	2.96	10.71	1.83
2009	12.45	4.12	18.00	0.19	0.97	14.46	10.49	1.56	2.10	11.69	2.23
2010	12.29	5.86	24.88	0.58	1.63	6.76	12.68	2.34	3.60	13.21	2.12
2011	10.64	4.12	25.72	0.66	1.50	8.03	13.13	1.78	2.15	14.98	3.29
2012	10.81	4.33	22.62	0.60	2.54	8.14	11.05	1.28	3.89	16.25	4.17

32.5.2　宿州市财政支出的地区结构分析

从表 32 – 14 可以看出，2007～2012 年，砀山县、萧县、灵璧县、泗县的财政支出持续增加，萧县的财政支出规模高于砀山县、灵璧县、泗县。

表 32 – 14　宿州市各县 2007～2012 年财政支出地区结构

单位：亿元

县域	2007 年	2008 年	2009 年	2010 年	2011 年	2012 年
砀山县	10.14	10.14	13.57	15.40	20.36	24.36
萧县	13.15	13.15	18.49	21.08	30.18	35.12
灵璧县	11.04	11.04	14.72	18.52	25.24	29.57
泗县	8.91	8.91	12.04	14.62	20.31	25.75

32.6　小结

宿州市的财政发展状况可以概括为以下几个方面。

第一，从宿州市财政收入的规模来看，2003～2012 年，宿州市财政收入不断增加，

2003 年宿州市财政收入为 8.1 亿元，至 2012 年，宿州市财政收入突破 50 亿元，10 年时间，宿州市财政收入增加了 45.19 亿元。2006~2010 年，宿州市财政收入在安徽省的排位都在第 16 位，2011 年上升到第 14 位，2012 年又上升到第 13 位。宿州市 2003~2012 年财政收入增长最快的是 2011 年，增速为 48.99%；增速最慢的是 2005 年，增速仅有 -11.95%，增速落差较大。2005 年宿州市财政收入仅占当年该市地区生产总值的 2.24%，是 10 年中的最低水平，之后不断攀升，至 2012 年，该比重达到 5.82%。宿州市 2003~2012 年财政收入占安徽省地方财政收入比重经历了先下降后上升的态势，从 2003 年的 3.67% 降至 2005 年的最低水平 2.1%，之后平稳上升至 2012 年的 2.97%。

第二，从宿州市财政收入的结构来看，2007~2012 年，宿州市税收收入和非税收入均不断增加，宿州市财政收入中，税收收入占的比远远高于非税收入占的比重，但 2012 年非税收入的增长快于税收收入的增长。宿州市税收收入占比低于同年份安徽省税收收入占比和全国税收收入占比。宿州市的税收收入中，增值税、营业税占的比重较高，2007~2012 年，营业税占比均在 35% 以上；企业所得税和个人所得税占比较低，2007~2012 年，个人所得税占比持续下降，由 2007 年的 4.41% 下降到 2012 年的 1.34%。

第三，从宿州市财政支出的规模来看，2003~2012 年，宿州市财政支出持续增加，由 2003 年的 19.5 亿元增加到 2012 年的 193.80 亿元，2011 年财政支出较上年增加额最高为 43.83 亿元。宿州市财政支出在安徽省的位次近 4 年来一直稳定在第七位。宿州市的财政支出在 2006 年经历了一个大幅增长（增长率为 51.07%）之后，一直处于震荡状态，年增长率维持在 30% 左右。财政支出占地区生产总值的比重基本呈现逐渐增长的态势，从 2003 年的 8.87% 增长到 2012 年的 21.18%。宿州市财政支出占安徽省财政支出的比重在 2003~2012 年呈小幅攀升态势，从 3.84% 增至 4.89%。从宿州市 2003~2012 年财政支出的边际系数和弹性系数来看，2005 年是政府对新增地区生产总值的集中和控制程度最弱及财政支出变化率对地区生产总值变化率反应的敏感程度最弱的年份，而 2009 年最强，主要因为金融危机之后，各级政府普遍采取扩大公共投资的做法拉动经济增长，致使这两个指标值在 2009 年最大。

第四，从宿州市财政支出的结构来看，宿州市财政支出主要项目在 2007~2012 年基本呈现逐年增长态势。增长最快的是文化体育与传媒支出，从 2007 年的 0.68 亿元增至 2012 年的 4.92 亿元，6 年间增长 6 倍多。除此以外，农林水事务、交通运输、医疗卫生、城乡社区事务等项目的支出也实现较快的增长。2007 年宿州市财政支出主要发生在教育（占 35.54%）上，其次是一般公共服务（占 16.18%）与社会保障和就业（占 9.16%），到 2012 年，宿州市主要财政支出的方向仍然是教育（占 22.62%），但支出规模相对于 2007 年有所缩小，而农林水事务支出增长较快，2012 年占财政支出的 16.25%，其次是医疗卫生支出（占 11.05%）和一般公共服务支出（占 10.81%）。这说明，2007~2012 年宿州市财政支出的方向发生调整，向农林水事务方面倾斜，同时相对缩减一般公共服务、公共安全、教育和社会保障和就业、环境保护等项目的支出。

第 33 章
蚌埠市财政发展报告

33.1 蚌埠市财政发展概述

蚌埠市地处皖北、淮河中游、京沪和淮南铁路交会点，是安徽省重要的综合性工业基地。总面积 5952 平方千米，总人口 367.81 万人。

2012 年，蚌埠市地区生产总值达 890.22 亿元。分产业看，第一产业增加值完成 158.86 亿元，增长 6%；第二产业增加值完成 445.08 亿元，增长 16.3%；第三产业增加值完成 286.28 亿元，增长 11.9%。三次产业结构由 2011 年的 18.5∶49.3∶32.2 调整为 17.8∶50∶32.2，其中工业增加值占地区生产总值的比重为 44%，比上年提高 0.7 个百分点。

2012 年，蚌埠市财政总收入达 164.7 亿元，比上年增长 21.1%，增幅高于全省平均水平，位居安徽省 16 市第五位，比上年提升 2 个位次。财政收入结构进一步改善，地方财政收入达 78.4 亿元，占全部财政收入的 47.6%，比上年增加 17 亿元，增长 27.7%。税收收入与财政收入基本同步增长，非税收入占财政收入比重低于全省。县区财政收入 86.2 亿元，占全市财政收入的 52.4%，较上年提升 1.8 个百分点。怀远县、五河县、禹会区财政收入规模均超过 10 亿元；财政支出 165.17 亿元，其中财政民生支出 140 亿元，教育、科学技术、农林水事务、文化体育与传媒、社会保障和就业、医疗卫生、保障住房等支出保持较快增长。

33.2 蚌埠市财政收入规模分析

33.2.1 蚌埠市财政收入绝对规模分析

从表 33-1 可以看出，蚌埠市财政收入在整体上呈现不断增加的趋势，财政收入由 2003 年的 10.55 亿元增加至 2012 年的 78.42 亿元，经过 10 年的时间，财政收入增加 67.87 亿元。2003 年蚌埠市财政收入在安徽省排在第五位，在 2008 年、2009 年分别下降到第八位、第十位，这在宏观上与全球金融危机对我国带来的负面影响有关；2010~2012 年，蚌埠市财政收入在安徽省的位次又上升到第八位。

表 33-1 蚌埠市 2003~2012 年公共预算收入情况

单位：亿元,%

年 份	公共预算收入	财政收入较上年增加数	财政收入年增长率	财政收入在安徽省的位次
2003	10.55	0.26	2.53	5
2004	11.50	0.95	9.00	7

续表

年　份	公共预算收入	财政收入较上年增加数	财政收入年增长率	财政收入在安徽省的位次
2005	12.83	1.33	11.57	6
2006	16.83	4.00	31.18	6
2007	22.62	5.79	34.40	6
2008	27.50	4.88	21.57	8
2009	31.72	4.22	15.35	10
2010	42.90	11.18	35.25	8
2011	61.36	18.46	43.03	8
2012	78.42	17.06	27.80	8
年均增加数	—	6.81	24.97	—

蚌埠市2003～2012年财政收入增长最快的是2011年，增速为43.03%；增速最慢的是2003年，增速为2.53%，10年中蚌埠市的财政收入均保持正增长，从增长趋势上看，2003～2012年，财政收入绝对数呈现逐年增长的趋势，但增长率呈现曲折上升的态势。

33.2.2　蚌埠市财政收入相对规模分析

表33-2给出了蚌埠市2003～2012年财政收入占该市地区生产总值比重的变化情况。从表33-2中可以看出，2003～2012年蚌埠市的地区生产总值呈现不断增加的趋势，2003年地区生产总值为208.14亿元，经过10年的发展，2012年蚌埠市地区生产总值达到890.22亿元，逼近900亿元大关。随着蚌埠市财政收入的不断增加，财政收入占地区生产总值的比重提高，从最低2005年的4.12%增加至2012年的8.81%。

表33-2　蚌埠市2003～2012年财政收入占市地区生产总值的比重情况

单位：亿元，%

年　份	财政收入	地区生产总值	财政收入占地区生产总值比重
2003	10.55	208.14	5.07
2004	11.50	263.66	4.36
2005	12.83	311.33	4.12
2006	16.83	359.02	4.69
2007	22.62	412.09	5.49
2008	27.50	486.39	5.65
2009	31.72	532.09	5.96
2010	42.90	636.90	6.74
2011	61.36	780.24	7.86
2012	78.42	890.22	8.81

表 33 - 3 给出了蚌埠市 2003 ~ 2012 年财政收入占安徽省地方财政收入比重的变化情况。从表中可以看出，2003 ~ 2012 年安徽省地方财政收入不断增加，由 2003 年的 220.75 亿元增加至 2012 年的 1792.72 亿元，10 年增长了 1571.97 亿元。蚌埠市 2003 ~ 2012 年财政收入占安徽省地方财政收入比重基本保持稳定，最低为 2009 年的 3.67%，而最高水平是 2003 年的 4.78%，10 年中整体处于略微下降的态势。

表 33 - 3　蚌埠市 2003 ~ 2012 年财政收入占安徽省财政收入的比重情况

单位：亿元，%

年　份	财政收入	安徽省财政收入	财政收入占安徽省财政收入比重
2003	10.55	220.75	4.78
2004	11.50	274.63	4.19
2005	12.83	334.02	3.84
2006	16.83	428.03	3.93
2007	22.62	543.70	4.16
2008	27.50	724.62	3.80
2009	31.72	863.92	3.67
2010	42.90	1149.40	3.73
2011	61.36	1463.56	4.19
2012	78.42	1792.72	4.37

33.3　蚌埠市财政收入结构分析

33.3.1　蚌埠市财政收入的项目结构分析

从表 33 - 4 可以看出，2007 ~ 2012 年，蚌埠市税收收入和非税收入均呈现增加的趋势，在财政收入中，税收收入占相当大的比例，均保持在 70% 以上。从整体上看，税收收入占比呈现下降的态势，在 2009 年、2010 年出现小幅上升，由 2007 年的 81.12% 下降到 2012 年的 72.42%；而非税收入在财政收入中的比重在整体上呈现上升趋势，仅在 2009 年、2010 年出现微小的下降幅度，由 2007 年的 18.88% 增加到 2012 年的 27.56%，增加幅度较大。

表 33 - 4　蚌埠市 2007 ~ 2012 年公共预算收入中税收收入的比重情况

单位：亿元，%

年　份	财政收入	税收收入	税收收入占比	非税收入	非税收入占比
2007	22.62	18.35	81.12	4.27	18.88
2008	27.50	21.52	78.25	5.98	21.75
2009	31.72	25.01	78.85	6.71	21.15

续表

年　份	财政收入	税收收入	税收收入占比	非税收入	非税收入占比
2010	42.90	34.08	79.44	8.82	20.56
2011	61.36	45.58	74.28	15.78	25.72
2012	78.42	56.79	72.42	21.63	27.56

从表33-5可以看出，全国税收收入占比、安徽省税收收入占比、蚌埠市税收收入占比在整体上均呈现下降趋势，其中全国税收收入占比在2010年出现小幅上升，安徽省税收收入占比在2010年出现小幅上升，蚌埠市税收收入占比在2009年、2010年出现小幅上升。全国税收收入占比要高于安徽省税收收入占比规模和蚌埠市税收收入占比规模。

表33-5　蚌埠市、安徽省、全国2007～2012年税收收入占财政收入的比重情况

单位：%

年　份	蚌埠市税收收入占比	安徽省税收收入占比	全国税收收入占比
2007	81.12	74.05	88.89
2008	78.25	72.86	88.41
2009	78.85	72.85	86.87
2010	79.44	75.39	88.1
2011	74.28	75.73	86.39
2012	72.42	72.80	85.83

从表33-6可以看出，蚌埠市的税收结构中，增值税和营业税占的比例很高，两项税收之和占税收总收入的50%左右，增值税和营业税占比在整体上呈现下降趋势，下降幅度不大。企业所得税和个人所得税在蚌埠市税收收入中占比较小，而企业所得税占比有上升趋势。

表33-6　蚌埠市2007～2012年税收收入的项目结构情况

单位：亿元，%

年　份	税收收入	增值税		营业税		企业所得税		个人所得税	
		数额	占比	数额	占比	数额	占比	数额	占比
2007	18.35	3.67	20.00	6.84	37.28	0.92	5.01	0.44	2.40
2008	21.52	4.13	19.19	7.74	35.97	1.00	4.65	0.53	2.46
2009	25.01	4.59	18.35	9.41	37.62	1.14	4.56	0.55	2.20
2010	34.08	5.36	15.73	11.57	33.95	2.08	6.10	0.58	1.70
2011	45.58	7.53	16.52	15.58	34.18	3.00	6.58	0.75	1.65
2012	56.79	9.47	16.68	18.83	33.16	3.78	6.66	0.63	1.11

33.3.2　蚌埠市财政收入的地区结构分析

蚌埠市现辖三县四区：怀远县、五河县、固镇县和龙子湖区、蚌山区、禹会区、淮上区。怀远县辖19个乡镇，399个村（居），2个省级经济开发区，1个省级风景名胜区，1

个现代农业自主创新综合试验区，总面积 2396 平方千米，总人口 137.9 万人。五河县地处皖东北淮河中下游，因境内淮、浍、漴、潼、沱五水汇聚而得名，全县总面积 1595 平方千米，人口 73 万人，辖 15 个乡镇，1 个省级经济开发区（城南工业区和沫河口工业区）、1 个省级自然保护区、1 个省级森林公园、240 个村（居）。固镇县位于安徽省东北部、淮河中游北岸，总面积 1360 平方千米，总人口 63.39 万人，耕地 105.4 万亩，县城规划面积 35 平方千米，建成区面积 10.5 平方千米，城区人口 9.21 万人。

表 33 - 7 显示，2007～2012 年，怀远县、五河县、固镇县的财政收入均呈现不断增加的趋势。蚌埠市三个县中，怀远县的财政收入规模要高于五河县和固镇县。

表 33 - 7　蚌埠市各县市 2007～2012 年财政收入地区结构

单位：亿元

县　域	2007 年	2008 年	2009 年	2010 年	2011 年	2012 年
怀远县	2.05	2.73	3.21	4.62	7.81	11.31
五河县	1.37	1.75	2.32	3.62	6.59	8.02
固镇县	1.03	1.36	1.85	2.98	5.33	6.68

33.4　蚌埠市财政支出规模分析

33.4.1　蚌埠市财政支出规模的绝对数分析

从表 33 - 8 来看，2003～2012 年蚌埠市财政支出不断增加，而且在 2010 年以来呈现较大幅度的增加，至 2012 年，蚌埠市财政支出达到 165.17 亿元，财政支出规模在安徽省的排名由 2007 年的第七位下降到 2012 年的第 11 位。

表 33 - 8　蚌埠市 2003～2012 年财政支出规模情况

单位：亿元，%

年　份	公共预算支出	财政支出较上年增加数	财政支出年增长率	财政支出在安徽省的位次
2003	19.25	2.72	16.45	9
2004	20.30	1.05	5.45	11
2005	26.79	6.49	31.97	9
2006	41.67	14.88	55.54	7
2007	55.00	13.33	31.99	7
2008	73.60	18.6	33.82	8
2009	87.73	14.13	19.20	9
2010	106.98	19.25	21.94	8
2011	141.21	34.23	32.00	9
2012	165.17	23.96	16.97	11
平　均	—	14.86	26.98	—

蚌埠市财政支出的增长率在 2005～2006 年经历了一个大幅上升（增长率为 31.97% 和 55.54%）之后，处于震荡下行状态，至 2012 年降至 16.97%。

33.4.2 蚌埠市财政支出规模的相对数分析

表 33-9 给出了蚌埠市 2003～2012 年地区生产总值及财政支出占该市地区生产总值比重的逐年变化情况。从表 33-9 可以看出，2003～2012 年蚌埠市地区生产总值从 208.14 亿元增长到 890.22 亿元，增长了 682.08 亿元。财政支出占地区生产总值的比重基本呈现逐渐增长的态势，从 2003 年的 9.25% 增长到 2012 年的 18.55%。

表 33-9　蚌埠市 2003～2012 年财政支出占地区生产总值的比重

单位：亿元，%

年　份	财政支出	地区生产总值	财政支出占地区生产总值的比重
2003	19.25	208.14	9.25
2004	20.30	263.66	7.70
2005	26.79	311.33	8.61
2006	41.67	359.02	11.61
2007	55	412.09	13.35
2008	73.60	486.39	15.13
2009	87.73	532.09	16.49
2010	106.98	636.90	16.80
2011	141.21	780.24	18.10
2012	165.17	890.22	18.55

表 33-10 给出了 2003～2012 年安徽省财政支出和蚌埠市财政支出占该省财政支出比重的年度变化情况。安徽省财政支出从 2003 年的 507.44 亿元增至 2012 年的 3961.01 亿元，10 年增长了 3453.57 亿元。蚌埠市财政支出占安徽省财政支出的比重除了 2003～2005 年在 3%，其余年份均稳定在 4% 以上。

表 33-10　蚌埠市 2003～2012 年财政支出占安徽省财政支出的比重情况

单位：亿元，%

年　份	财政支出	安徽省财政支出	财政支出占安徽省财政支出的比重
2003	19.25	507.44	3.79
2004	20.30	601.53	3.37
2005	26.79	713.06	3.76
2006	41.67	940.23	4.43
2007	55	1243.83	4.42
2008	73.60	1647.12	4.47
2009	87.73	2141.92	4.10

续表

年　份	财政支出	安徽省财政支出	财政支出占安徽省财政支出的比重
2010	106.98	2587.61	4.13
2011	141.21	3302.99	4.28
2012	165.17	3961.01	4.17

表 33-11 给出的是蚌埠市 2003～2012 年财政支出的边际系数和弹性系数。这两个系数分别反映了政府对新增地区生产总值的集中和控制程度和财政支出变化率对地区生产总值变化率反应的敏感程度。2003～2012 年，蚌埠市财政支出的边际系数和弹性系数变化并没有规律性，对边际系数来说，2004 年最低，仅为 0.02，2006 年和 2009 年最高，达到 0.31；弹性系数最低的年份是 2004 年，仅 0.2，最高的是 2006 年，达到 3.63。这说明 2004 年是政府对新增地区生产总值的集中和控制程度最弱及财政支出变化率对地区生产总值变化率反应的敏感程度最弱的年份，而 2006 年是该两项程度最强的年份。

表 33-11　蚌埠市 2003～2012 年财政支出的边际系数及弹性系数

单位：亿元,%

年　份	财政支出	财政支出年增加额		地区生产总值	地区生产总值年增加额		边际系数	弹性系数
		数额	增长率		数额	增长率		
2003	19.25	2.72	16.45	208.14	17.95	9.44	0.15	1.74
2004	20.30	1.05	5.45	263.66	55.52	26.67	0.02	0.20
2005	26.79	6.49	31.97	311.33	47.67	18.08	0.14	1.77
2006	41.67	14.88	55.54	359.02	47.69	15.32	0.31	3.63
2007	55	13.33	31.99	412.09	53.07	14.78	0.25	2.16
2008	73.60	18.6	33.82	486.39	74.3	18.03	0.25	1.88
2009	87.73	14.13	19.20	532.09	45.7	9.40	0.31	2.04
2010	106.98	19.25	21.94	636.90	104.81	19.70	0.18	1.11
2011	141.21	34.23	32.00	780.24	143.34	22.51	0.24	1.42
2012	165.17	23.96	16.97	890.22	109.98	14.10	0.22	1.20

33.5　蚌埠市财政支出结构分析

33.5.1　蚌埠市财政支出的项目结构分析

表 33-12 给出的是蚌埠市 2007～2012 年财政支出主要项目的绝对数。从表中可以看出，除了社会保障和就业与环境保护两个项目的个别年份外，其余各项目的支出在 2007～2012 年均呈现增长态势。增长最快的是科学技术支出，从 2007 年的 0.35 亿元增至 2012 年的 5.68 亿元，6 年间增长 15 倍。除此以外，医疗卫生、环境保护、农林水事务、交通运输等项目的支出也实现较快的增长。

表 33 - 12　蚌埠市 2007～2012 年财政支出各项目绝对数情况

单位：亿元

年份	财政支出合计	一般公共服务	公共安全	教育	科学技术	文化体育与传媒	社会保障和就业	医疗卫生	环境保护	城乡社区事务	农林水事务	交通运输
2007	55	5.82	2.72	9.16	0.35	0.48	11.84	2.56	1.22	4.90	3.79	0.55
2008	73.60	6.69	3.65	12.18	2.00	0.69	13.51	4.66	11.11	7.61	3.97	0.64
2009	87.73	7.82	5.20	13.48	2.38	0.99	15.93	7.57	10.09	6.83	7.98	1.20
2010	106.98	9.39	6.12	17.06	3.46	1.22	12.40	9.09	9.78	10.11	9.35	1.74
2011	141.21	12.40	6.13	24.97	4.51	1.49	16.35	13.64	9.14	13.79	15.03	4.81
2012	165.17	15.06	7.05	29.32	5.68	1.95	18.34	15.66	7.55	18.89	19.31	6.43

表 33 - 13 给出的是蚌埠市 2007～2012 年财政支出各项目占该市财政支出总值的比重。从表中可以看出，2007 年蚌埠市财政支出主要发生在社会保障和就业（占 21.53%）上，其次是教育（占 16.65%）和一般公共服务（占 10.58%），但到 2012 年，蚌埠市主要财政支出发生在教育（占 17.75%）上，其次是农林水事务（占 11.69%）和城乡社区事务（占 11.44%）。这说明，2007～2012 年蚌埠市财政支出的方向发生较大调整，向农林水事务和城乡社区事务方面倾斜，同时相对缩减一般公共服务、公共安全、社会保障和就业等项目的支出。

表 33 - 13　蚌埠市 2007～2012 年财政支出各项目相对数情况

单位：%

年份	一般公共服务	公共安全	教育	科学技术	文化体育与传媒	社会保障和就业	医疗卫生	环境保护	城乡社区事务	农林水事务	交通运输
2007	10.58	4.95	16.65	0.64	0.87	21.53	4.65	2.22	8.91	6.89	1.00
2008	9.09	4.96	16.55	2.72	0.94	18.36	6.33	15.10	10.34	5.39	0.87
2009	8.91	5.93	15.37	2.71	1.13	18.16	8.63	11.50	7.79	9.10	1.37
2010	8.78	5.72	15.95	3.23	1.14	11.59	8.50	9.14	9.45	8.74	1.63
2011	8.78	4.34	17.68	3.19	1.06	11.58	9.66	6.48	9.77	10.64	3.41
2012	9.12	4.27	17.75	3.44	1.18	11.10	9.48	4.57	11.44	11.69	3.89

33.5.2　蚌埠市财政支出的地区结构分析

表 33 - 14 显示，2007～2012 年，怀远县、五河县、固镇县的财政支出均呈现不断增加的趋势。在蚌埠市三个县中，怀远县的财政支出规模要高于五河县和固镇县。

表 33－14　蚌埠市各县 2007～2012 年财政支出地区结构

单位：亿元

县　域	2007 年	2008 年	2009 年	2010 年	2011 年	2012 年
怀远县	12.56	12.56	16.12	20.86	31.53	37.12
五河县	8.20	8.20	11.15	14.76	22.17	25.21
固镇县	7.72	7.72	10.24	12.64	19.09	21.53

33.6　小结

蚌埠市的财政发展状况可以概括为以下几个方面。

第一，从蚌埠市财政收入的规模来看，2003～2012 年，蚌埠市财政收入在整体上呈现不断增加的趋势，财政收入由 2003 年的 10.55 亿元增加至 2012 年的 78.42 亿元，经过 10 年的时间，财政收入增加了 67.87 亿元。2003 年蚌埠市财政收入在安徽省排在第五位，在 2008 年、2009 年分别下降到第八位、第十位，这在宏观上与全球金融危机对我国带来的负面影响有关；2010～2012 年，蚌埠市财政收入在安徽省的位次又上升到第八位并稳定下来。10 年中蚌埠市的财政收入均保持正增长。从增长趋势上看，2003～2012 年，财政收入绝对数呈现逐年增长的趋势，但增长率呈现曲折上升的态势。蚌埠市财政收入占地区生产总值的比重不断提高，从最低 2005 年的 4.12% 增加至 2012 年的 8.81%。蚌埠市 2003～2012 年财政收入占安徽省地方财政收入比重基本保持稳定，最低点是 2009 年的 3.67%，而最高水平是 2003 年的 4.78%，10 年中整体处于略微下降的态势。

第二，从蚌埠市财政收入的结构来看，2007～2012 年，蚌埠市税收收入和非税收入均呈现增加的趋势。在财政收入中，税收收入占相当大的比例，均保持在 70% 以上。从整体上看，税收收入占比呈现下降的态势，而非税收入在财政收入中的比重在整体上呈现上升趋势。全国税收收入占比要高于安徽省税收收入占比和蚌埠市税收收入占比。在蚌埠市的税收结构中，增值税和营业税占的比例很高，两项税收之和占税收总收入的 50% 左右，增值税和营业税占比在整体上呈现下降趋势，下降幅度不大。企业所得税和个人所得税在蚌埠市税收收入中占比较小，而企业所得税占比有上升趋势。

第三，从蚌埠市财政支出的规模来看，2003～2012 年蚌埠市财政支出不断增加，而且 2010 年以来呈现较大幅度的增加，至 2012 年，蚌埠市财政支出达到 165.17 亿元，财政支出规模在安徽省的排名由 2007 年的第七位下降到 2012 年的第 11 位。蚌埠市财政支出的增长率在 2005～2006 年经历了一个大幅上升（增长率为 31.97% 和 55.54%）阶段之后，处于震荡下行状态，至 2012 年降至 16.97%。财政支出占地区生产总值的比重基本呈现逐渐增长的态势，从 2003 年的 9.25% 增长到 2012 年的 18.55%。蚌埠市财政支出占安徽省财政支出的比重除了 2003～2005 年在 3% 外，其余年份均稳定在 4% 以上。从蚌埠市 2003～2012 年财政支出的边际系数和弹性系数来看，2004 年是政府对新增地区生产总值的集中和控制程度最弱及财政支出变化率对地区生产总值变化率反应的敏感程度最弱的年份，而 2006 年是该两项程度最强的年份。

第四，从蚌埠市财政支出的结构来看，除了社会保障和就业与环境保护两个项目的个别年份外，其余各项目的支出在 2007~2012 年均呈现增长态势。增长最快的是科学技术支出，从 2007 年的 0.35 亿元增至 2012 年的 5.68 亿元，6 年间增长了 15 倍。除此之外，医疗卫生、环境保护、农林水事务、交通运输等项目的支出也实现较快的增长。2007 年蚌埠市财政支出主要发生在社会保障和就业（占 21.53%）上，其次是教育（占 16.65%）和一般公共服务（占 10.58%），但到 2012 年，蚌埠市主要财政支出发生在教育（占 17.75%）上，其次是农林水事务（占 11.69%）和城乡社区事务支出（占 11.44%）。这表明，2007~2012 年蚌埠市财政支出的方向发生较大调整，向农林水事务和城乡社区事务方面倾斜，同时相对缩减一般公共服务、公共安全、社会保障和就业等项目的支出。

第 34 章
亳州市财政发展报告

34.1　亳州市财政发展概述

亳州市位于安徽省西北部，黄淮平原南端，四周与河南省商丘市、周口市，安徽省阜阳市、蚌埠市、淮南市接壤。亳州市辖涡阳县、蒙城县、利辛县和谯城区三县一区，全市总面积 8374 平方千米，总人口 610 万人（2010 第六次人口普查数据）。

2012 年，亳州市生产总值 715.66 亿元。分产业看，第一产业增加值 181.13 亿元，增长 6.1%；第二产业增加值 288.8 亿元，增长 15.1%；第三产业增加值 245.72 亿元，增长 12.5%。三次产业比例由 2011 年的 26.2∶39.6∶34.2 变化为 25.3∶40.4∶34.3。人均地区生产总值为 14642 元，较上年增加 1776 元。

2007 年，亳州市财政收入完成 9.91 亿元，增长 26.8%，亳州市财政支出完成 43.72 亿元。2012 年亳州市财政收入完成 47.70 亿元，增长 40.13%，位居全省第 13 位，增幅位居全省第一位，财政支出完成 177.26 亿元，同比增加 38.64 亿元，增长 27.87%。

34.2　亳州市财政收入规模分析

34.2.1　亳州市财政收入绝对规模分析

从表 34-1 可以看出，亳州市财政收入从 2003 年的 7.19 亿元增长到 2012 年的 47.7 亿元，10 年增长了 40.51 亿元。从在全省的位次来看，2003 年居第 14 位，2005~2011 年均居于末位，2012 年亳州市财政收入实现快速增长，增速达 40.13%，财政收入居全省第 13 位。

表 34-1　亳州市 2003~2012 年公共预算收入情况

单位：亿元，%

年　份	公共预算收入	财政收入较上年增加数	财政收入年增加比重	财政收入在安徽省的位次
2003	7.19	0.41	6.03	14
2004	6.74	-0.44	-6.14	16
2005	5.73	-1.01	-15.01	17
2006	7.86	2.12	37.11	17
2007	9.91	2.05	26.08	17

年　份	公共预算收入	财政收入较上年增加数	财政收入年增加比重	财政收入在安徽省的位次
2008	12.69	2.78	28.05	17
2009	17.32	4.63	36.48	17
2010	23.3	5.98	34.52	17
2011	34.04	10.74	46.09	17
2012	47.70	13.66	40.13	13
年均增加数	—	4.09	23.40	—

亳州市 2003～2012 年财政收入增长最快的是 2011 年，增速为 46.09%；增速最慢的是 2005 年，增速仅为 -15.01%，增速落差较大。从增长趋势上看，2003～2012 年，财政收入绝对数基本呈现逐年增长的趋势，但增长率 2006 年以来稳定在一个较高水平上。

34.2.2　亳州市财政收入相对规模分析

从表 34-2 可以看出，2003～2012 年亳州市地区生产总值不断增加，由 2003 年的 183.25 亿元增加至 2012 年的 715.66 亿元，10 年增长 532.41 亿元。亳州市的财政收入占市地区生产总值的比重经历了先下降后上升的态势，即财政收入占地区生产总值的比重在 2003～2005 年趋于下降，2005 年达到最低值，仅 2.16%，之后呈现快速上升的态势，2012 年财政收入占地区生产总值的比重达到 6.67%。

表 34-2　亳州市 2003～2012 年财政收入占地区生产总值的比重情况

单位：亿元，%

年　份	财政收入	地区生产总值	财政收入占地区生产总值比重
2003	7.19	183.25	3.92
2004	6.74	224.64	3.00
2005	5.73	265	2.16
2006	7.86	298.73	2.63
2007	9.91	343.27	2.89
2008	12.69	404.22	3.14
2009	17.32	431.93	4.01
2010	23.3	512.78	4.54
2011	34.04	626.65	5.43
2012	47.70	715.66	6.67

表 34-3 给出了亳州市 2003～2012 年财政收入占安徽省地方财政收入比重的变化情况。2003～2012 年安徽省地方财政收入不断增加，由 2003 年的 220.75 亿元增加至 2012 年的 1792.72 亿元，10 年增长了 1571.97 亿元。亳州市 2003～2012 年财政收入占安徽省

地方财政收入比重经历了先下降后上升的态势，从 2003 年的 3.26% 降至 2005 年的 1.72%，之后缓慢上升至 2012 年的 2.66%。

表 34 - 3　亳州市 2003～2012 年财政收入占安徽省财政收入的比重情况

单位：亿元,%

年　份	财政收入	安徽省财政收入	财政收入占安徽省财政收入比重
2003	7.19	220.75	3.26
2004	6.74	274.63	2.45
2005	5.73	334.02	1.72
2006	7.86	428.03	1.84
2007	9.91	543.70	1.82
2008	12.69	724.62	1.75
2009	17.32	863.92	2.00
2010	23.3	1149.40	2.03
2011	34.04	1463.56	2.33
2012	47.70	1792.72	2.66

34.3　亳州市财政收入结构分析

34.3.1　亳州市财政收入的项目结构分析

从表 34 - 4 可以得出，2007～2012 年亳州市税收收入逐年增长，税收收入占财政收入的比重也呈现增长趋势，从 2007 年的 68.31% 上升至 2012 年的 74.23%，表明了税收收入在财政收入中发挥了主体作用。同时，非税收入有相对下降的趋势，从 2007 年占财政收入的 31.69% 降至 2012 年的 25.77%。

表 34 - 4　亳州市 2007～2012 年公共预算收入中税收收入的比重情况

单位：亿元,%

年　份	财政收入	税收收入	税收收入占比	非税收入	非税收入占比
2007	9.91	6.77	68.31	3.14	31.69
2008	12.69	8.86	69.82	3.84	30.26
2009	17.32	11.98	69.17	5.34	30.83
2010	23.3	17.6	75.54	5.7	24.46
2011	34.04	26.3	77.26	7.74	22.74
2012	47.7	35.41	74.23	12.29	25.77

从表 34 - 5 来看，全国税收收入占比在规模上最高，高于同年的安徽省税收收入占比和亳州市税收收入占比；安徽省税收收入占比次于全国税收收入占比，在

2007～2009 年略高于同年亳州市税收收入占比，但 2010～2012 年低于同年亳州市税收收入占比。

表 34 – 5　亳州市、安徽省、全国 2007～2012 年税收收入占财政收入的比重情况

单位：%

年　份	亳州市税收收入占比	安徽省税收收入占比	全国税收收入占比
2007	68.31	73.91	88.89
2008	69.82	72.86	88.41
2009	69.17	72.84	86.87
2010	75.54	75.39	88.10
2011	77.26	75.73	86.39
2012	74.23	72.80	85.83

从表 34 – 6 可以得出，亳州市税收收入在 2007～2012 年实现了增长，而且税收收入中的四大税种（增值税、营业税、企业所得税、个人所得税）也在逐步增加，营业税和企业所得税占比变化较小，而增值税和个人所得税所占比重则呈现明显的下降趋势。

表 34 – 6　亳州市 2007～2012 年税收收入的项目结构情况

单位：亿元，%

年　份	税收收入	增值税		营业税		企业所得税		个人所得税	
		数额	占比	数额	占比	数额	占比	数额	占比
2007	6.76	1.49	22.12	2.71	40.87	0.39	5.76	0.31	4.6
2008	8.86	1.98	22.29	3.3	37.28	0.47	5.31	0.31	3.48
2009	11.98	2.28	19.02	4.8	40.03	0.51	4.3	0.31	2.61
2010	17.6	3.03	17.21	7.13	40.52	0.93	5.26	0.394	2.23
2011	26.3	4.53	17.22	10.6	40.3	1.38	5.23	0.46	1.73
2012	35.41	6.14	17.35	14.31	40.43	2.00	5.65	0.55	1.54

34.3.2　亳州市财政收入的地区结构分析

亳州市现辖三县一区——涡阳县、蒙城县、利辛县和谯城区。涡阳县位于亳州平原，地处亳州市中心地带，全县面积 2109 平方千米，城区面积 22 平方千米，人口 160 万人。利辛县面积 1950 平方千米，城区面积 18 平方千米，人口 130 万人。被誉为"能源新城"。蒙城县面积 2091 平方千米，城区面积 20 平方千米，人口 145 万人，是全国农村改革试验区、全国林业百佳县。谯城区位于安徽西北部，西、北、东三面分别与河南省的鹿邑、商丘、夏邑、永城交界，南与涡阳、太和接壤，面积 2226 平方千米，耕地面积 13.2 万公顷，人口 158 万人。

从表 34 – 7 中可以得出，亳州市各区县的财政收入 2007～2012 年呈现增长态势，其中涡阳县的财政收入规模高于其他两县一区。

表 34 – 7　亳州市各县区 2007 ~ 2012 年财政收入地区结构

单位：亿元

县　区	2007 年	2008 年	2009 年	2010 年	2011 年	2012 年
涡阳县	2. 34	2. 92	3. 82	10. 01	13. 01	16. 7
利辛县	1. 39	1. 82	2. 51	4. 4	6. 69	9
蒙城县	1. 99	2. 64	3. 77	8. 22	11. 51	14. 4
谯城区	1. 75	2. 36	5. 39	8	12. 07	16. 1

34. 4　亳州市财政支出规模分析

34. 4. 1　亳州市财政支出规模的绝对数分析

从表 34 – 8 来看，2003 ~ 2012 年，亳州市财政支出由 16. 20 亿元增加到 177. 26 亿元，10 年增长了 161. 06 亿元。亳州市财政支出在安徽省的位次从 2004 年的第 14 位降至 2012 年的第十位。2003 ~ 2007 年亳州市财政支出增长速度较快，2008 ~ 2012 年稳步增长，2012 年增长率为 27. 87% 。

表 34 – 8　亳州市 2003 ~ 2012 年财政支出规模情况

单位：亿元，%

年　份	公共预算支出	财政支出较上年增加数	财政支出年增加比重	财政支出在安徽省的位次
2003	16. 20	1. 99	14. 00	12
2004	18. 80	2. 6	16. 05	14
2005	22. 67	3. 87	20. 59	13
2006	30. 74	8. 07	35. 60	13
2007	43. 72	12. 98	42. 23	11
2008	60. 93	17. 21	39. 36	11
2009	80. 1	19. 17	31. 46	11
2010	103. 34	23. 24	29. 01	11
2011	138. 62	35. 28	34. 14	10
2012	177. 26	38. 64	27. 87	10
平　均	—	16. 31	30. 45	—

34. 4. 2　亳州市财政支出规模的相对数分析

表 34 – 9 给出了亳州市 2003 ~ 2012 年地区生产总值及财政支出占该市地区生产总值比重的逐年变化情况。从表 34 – 9 可以看出，2003 ~ 2012 年亳州市地区生产总值从 183. 25 亿元增长到 715. 66 亿元，增长了 532. 41 亿元。财政支出占地区生产总值的比重基本呈现逐渐增长的态势，从 2003 年的 8. 84% 增长到 2012 年的 24. 77% 。

表 34 – 9　亳州市 2003～2012 年财政支出占地区生产总值比重情况

单位：亿元，%

年　份	财政支出	地区生产总值	财政支出占地区生产总值的比重
2003	16.20	183.25	8.84
2004	18.80	224.64	8.37
2005	22.67	265	8.55
2006	30.74	298.73	10.29
2007	43.72	343.27	12.74
2008	60.93	404.22	15.07
2009	80.1	431.93	18.54
2010	103.34	512.78	20.15
2011	138.62	626.65	22.12
2012	177.26	715.66	24.77

　　表 34 – 10 给出了 2003～2012 年安徽省财政支出和亳州市财政支出占该省财政支出比重的年度变化情况。安徽省财政支出从 2003 年的 507.44 亿元增至 2012 年的 3961.01 亿元，10 年增长了 3453.57 亿元。亳州市财政支出占安徽省财政支出的比重呈现逐年增长的态势，从 2003 年的 3.19% 增至 2012 年的 4.48%，说明亳州市的财政支出在安徽省财政支出中所占份额不断上升。

表 34 – 10　亳州市 2003～2012 年财政支出占安徽省财政支出的比重情况

单位：亿元，%

年　份	财政支出	安徽省财政支出	财政支出占安徽省财政支出的比重
2003	16.20	507.44	3.19
2004	18.80	601.53	3.13
2005	22.67	713.06	3.18
2006	30.74	940.23	3.27
2007	43.72	1243.83	3.51
2008	60.93	1647.13	3.70
2009	80.1	2141.92	3.74
2010	103.34	2587.61	3.99
2011	138.62	3302.99	4.20
2012	177.26	3961.01	4.48

　　表 34 – 11 给出的是亳州市 2003～2012 年财政支出的边际系数和弹性系数。从中可以看出，2003～2012 年，亳州市财政支出的边际系数和弹性系数变化并没有规律性，对边际系数来说，2004 年最低，仅为 0.06，2009 年最高，达到 0.69；弹性系数最低的年份为 2004 年，仅 0.71，最高年份为 2009 年，达到 4.59。说明 2004 年是政府对新增地区生产总值的集中和控制程度最弱及财政支出变化率对地区生产总值变化率反应的敏感程度最弱的年份，而 2009 年是该两项程度最强的年份。

表 34 – 11　亳州市 2003～2012 年财政支出的边际系数及弹性系数

单位：亿元, %

| 年　份 | 财政支出 | 财政支出年增加额 | | 地区生产总值 | 地区生产总值年增加额 | | 边际系数 | 弹性系数 |
		数额	增长率		数额	增长率		
2003	16.20	1.99	14.00	183.25	10.79	6.26	0.18	2.24
2004	18.80	2.6	16.05	224.64	41.39	22.59	0.06	0.71
2005	22.67	3.87	20.59	265	40.36	17.97	0.10	1.15
2006	30.74	8.07	35.60	298.73	33.73	12.73	0.24	2.80
2007	43.72	12.98	42.23	343.27	44.54	14.91	0.29	2.83
2008	60.93	17.21	39.36	404.22	60.95	17.76	0.28	2.22
2009	80.1	19.17	31.46	431.93	27.71	6.86	0.69	4.59
2010	103.34	23.24	29.01	512.78	80.85	18.72	0.29	1.55
2011	138.62	35.28	34.14	626.65	113.87	22.21	0.31	1.54
2012	177.26	38.64	27.87	715.66	89.01	14.20	0.43	1.96

34.5　亳州市财政支出结构分析

34.5.1　亳州市财政支出的项目结构分析

表 34 – 12 给出的是亳州市 2007～2012 年财政支出主要项目的绝对数。从表中可以看出，除了科学技术与城乡社区事务两个项目的个别年份外，其余各项目的支出在 2007～2012 年均呈现增长态势。增长最快的是交通运输支出，从 2007 年的 1.01 亿元增至 2012 年的 10.78 亿元，6 年间增长了 9 倍。除此之外，科学技术、医疗卫生、农林水事务等项目的支出也实现较快增长。

表 34 – 12　亳州市 2007～2012 年财政支出各项目绝对数情况

单位：亿元

年份	财政支出合计	一般公共服务	公共安全	教育	科学技术	文化体育与传媒	社会保障和就业	医疗卫生	环境保护	城乡社区事务	农林水事务	交通运输
2007	43.72	5.42	2.21	12.22	0.14	0.39	8.60	3.52	0.84	0.83	3.98	1.01
2008	60.93	7.13	2.65	15.99	0.13	0.63	10.11	6.68	1.18	2.06	5.78	1.28
2009	80.10	9.59	3.93	17.19	0.18	0.93	13.81	10.02	1.49	2.01	11.16	2.13
2010	103.34	11.71	4.66	20.80	0.36	1.26	13.86	13.17	1.56	4.20	12.90	2.48
2011	138.62	15.30	5.05	29.61	0.87	0.98	19.49	20.37	1.96	2.14	17.57	4.25
2012	177.26	18.79	5.95	40.79	0.94	1.26	23.47	23.10	2.51	3.4	22.67	10.78

表 34 - 13 给出的是亳州市 2007～2012 年财政支出各项目占该市财政支出总值的比重。从表中可以看出，6 年间亳州市财政支出的主要方向没有发生改变，即首先重视教育支出，2007 年教育支出的比重为 27.95%，其次是社会保障和就业支出，2007 年该比重为 19.68%。同时，医疗卫生和农林水事务方面倾斜，2012 年该两项支出所占比重分别为 13.03% 和 12.79%，一般公共服务、公共安全等项目的支出相对缩减。

表 34 - 13　亳州市 2007～2012 年财政支出各项目相对数情况

单位：%

年份	一般公共服务	公共安全	教育	科学技术	文化体育与传媒	社会保障和就业	医疗卫生	环境保护	城乡社区事务	农林水事务	交通运输
2007	12.40	5.05	27.95	0.31	0.89	19.68	8.05	1.92	1.90	9.10	2.31
2008	11.70	4.36	26.24	0.21	1.04	16.60	10.97	1.94	3.38	9.48	2.10
2009	11.97	4.91	21.46	0.23	1.16	17.25	12.51	1.86	2.50	13.94	2.65
2010	11.34	4.51	20.13	0.34	1.22	13.41	12.74	1.51	4.07	12.48	2.40
2011	11.04	3.64	21.36	0.63	0.71	14.06	14.70	1.41	1.55	12.68	3.06
2012	10.60	3.36	23.01	0.53	0.71	13.24	13.03	1.42	1.92	12.79	6.08

34.5.2　亳州市财政支出的地区结构分析

从表 34 - 14 中可以得出，亳州市各区县的财政支出在 2007～2012 年呈现增长态势，其中利辛县的财政支出规模高于其他两县一区。

表 34 - 14　亳州市各县区 2007～2012 年财政支出地区结构

单位：亿元

县　域	2007 年	2008 年	2009 年	2010 年	2011 年	2012 年
涡阳县	13.45	13.45	18.87	24.38	30.94	37.04
利辛县	13.74	13.74	17.97	23.68	31.76	40.80
蒙城县	12.80	12.80	16.75	22.20	30.10	35.12

34.6　小结

亳州市的财政发展状况可以概括为以下几个方面。

第一，从亳州市财政收入的规模来看，亳州市财政收入从 2003 年的 7.19 亿元增长到 2012 年的 47.7 亿元，10 年间增长了 40.51 亿元。从在全省的位次来看，亳州市 2003 年居第 14 位，2005～2011 年均居于末位，2012 年亳州市财政收入实现高速增长，增速达 40.13%，财政收入总量位居全省第 13 位。亳州市 2003～2012 年财政收入增长最快的是 2011 年，增速为 46.09%；最慢的是 2005 年，增速仅为 -15.01%，增速落差较大。亳州市的财政收入相对量经历了先下降后上升的态势，即财政收入占地区生产总值的比重在2003～2005 年间趋于下降，2005 年达到最低值为 2.16%，之后呈现快速上升的态势，2012 年财政收入占地区生产总值的比重达到 6.67%。亳州市 2003～2012 年财政收入占安徽省地方财政收入比重经历了先下降后上升的态势，从 2003 年的 3.26% 降至 2005 年的1.72%，之后缓慢上升至 2012 年的 2.66%。

第二，从亳州市财政收入的结构来看，2007～2012 年亳州市税收收入逐年增长，税收收入占财政收入的比重也呈现增长趋势，从 2007 年的 68.31% 上升至 2012 年的74.23%，表明了税收收入在财政收入中发挥了主体作用。同时，非税收入占比有相对下降的趋势，从 2007 年的 31.69% 降至 2012 年的 25.77%。全国税收收入占比在规模上最高，高于同年的安徽省税收收入占比和亳州市税收收入占比；安徽省税收收入占比次于全国税收收入占比，2007～2009 年略高于同年份亳州市税收收入占比，但 2010～2012 年低于同年亳州市税收收入占比。2007～2012 年亳州市税收收入中的四大税种（增值税、营业税、企业所得税、个人所得税）逐步增加，营业税和企业所得税占比变动较小，而增值税和个人所得税所占比重则呈现明显的下降趋势。

第三，从亳州市财政支出的规模来看，2003～2012 年，亳州市财政支出由 16.2 亿元增加到 177.26 亿元，10 年间增长了 161.06 亿元。亳州市财政支出在安徽省的位次从2004 年的第 14 位降至 2012 年的第十位，处于中游水平。2012 年亳州市的财政支出增长率为 27.87%。财政支出占地区生产总值的比重基本呈现逐渐增长的态势，从 2003 年的8.84% 增长到 2012 年的 24.77%。亳州市财政支出占安徽省财政支出的比重呈现逐年增长的态势，从 2003 年的 3.19% 增至 2012 年的 4.48%，说明亳州市的财政支出在安徽省财政支出中所占份额不断上升。从亳州市 2003～2012 年财政支出的边际系数和弹性系数来看，2004 年是政府对新增地区生产总值的集中和控制程度最弱及财政支出变化率对地区生产总值变化率反应的敏感程度最弱的年份，而 2009 年是该两项程度最强的年份。

第四，从亳州市财政支出的结构来看，除了科学技术与城乡社区事务两个项目的个别年份外，其余各项目的支出在 2007～2012 年呈现增长态势。增长最快的是交通运输支出，从 2007 年的 1.01 亿元增至 2012 年的 10.78 亿元，6 年间增长了 9 倍。除此之外，科学技术、医疗卫生、农林水事务等项目的支出也实现较快增长。6 年间亳州市财政支出的主要方向没有发生改变，即首先重视教育支出，2007 年教育支出的比重为 27.95%，其次是社会保障和就业支出，2007 年该项比重为 19.68%。同时，亳州市财政支出向医疗卫生和农林水事务方面倾斜，2012 年该两项支出所占比重分别为 13.03% 和 12.79%，一般公共服务、公共安全等项目的支出相对缩减。

第 35 章
阜阳市财政发展报告

35.1 阜阳市财政发展概述

阜阳市位于安徽省西北部、华北平原南端、阜阳平原的西部。阜阳市是皖北中心城市，国家级中原经济区（CPER）南部区域中心城市，淮海经济区区域中心城市。阜阳市辖3个市辖区（颍州区、颍东区、颍泉区），4个县（临泉县、颍上县、阜南县、太和县），1个县级市（界首市）。阜阳市面积9979平方千米，户籍人口1014.8万人，人口总量居安徽省首位。

阜阳市财政总收入从1978年的1.2亿元增加到2007年的40.2亿元。2012年全市实现财政总收入136.6亿元，同比增长18.7%。其中，地方财政收入69.31亿元，增长24.4%，阜阳市财政收入实现稳步增长。在财政支出中，关系社会民生的农业、教育、医疗卫生、社会保障和基础设施建设等支出逐年大幅增长，促进社会各项事业协调发展，并使城乡居民得到了更多改革和发展带来的实惠。全市财政支出由1978年的1.4亿元增加到2007年的73.30亿元，2012年全市完成财政支出272.28亿元，同比增长25.73%。阜阳市在公共服务领域的支出不断加大，而且不断优化财政支出结构，各项重点支出得到保障，财力向社会保障、社会事业、促进"三化"协调发展倾斜，有力地促进了全市经济社会事业发展。

35.2 阜阳市财政收入规模分析

35.2.1 阜阳市财政收入绝对规模分析

从表35-1来看，2003~2012年，阜阳市财政收入不断增加，2003年阜阳市财政收入为10.48亿元，至2012年，阜阳市财政收入达69.31亿元，10年间阜阳市财政收入增加了58.83亿元。在全省的排位上，2004年居第五位，之后基本在第十位以上，2012年又上升到第九位。

表35-1 阜阳市2003~2012年公共预算收入情况

单位：亿元，%

年　份	财政收入	财政收入较上年增加数	财政收入年增长率	财政收入在安徽省的位次
2003	10.48	0.36	3.57	6
2004	11.89	1.41	13.45	5

年　份	财政收入	财政收入较上年增加数	财政收入年增长率	财政收入在安徽省的位次
2005	11.40	− 0.49	− 4.12	9
2006	13.88	2.48	21.75	11
2007	17.03	3.15	22.69	12
2008	22.64	5.61	32.94	12
2009	29.92	7.28	32.16	12
2010	41.18	11.26	37.63	10
2011	55.73	14.55	35.33	10
2012	69.31	13.58	24.37	9
年均增加数	—	5.92	23.36	—

阜阳市 2003～2012 年财政收入增长最快的是 2010 年，增速为 37.63%；增长最慢的是 2005 年，增速为 − 4.12%。从增长趋势上看，2003～2012 年，财政收入绝对数基本呈现逐年增长的趋势，增长率曲折上升，但近两年有下行的态势。

35.2.2　阜阳市财政收入相对规模分析

表 35 - 2 给出了阜阳市 2003～2012 年财政收入占该市地区生产总值比重的变化情况。2003～2012 年阜阳市的地区生产总值呈现不断增加的趋势，2003 年地区生产总值为 216.86 亿元，经过 10 年的发展，2012 年阜阳市地区生产总值达到 962.5 亿元，逼近千亿元大关。随着阜阳市财政收入的不断增加，财政收入占地区生产总值的比重也相应提高，财政收入占地区生产总值比重从最低 2005 年的 3.51% 增加至 2012 年的 7.2%。

表 35 - 2　阜阳市 2003～2012 年财政收入占地区生产总值的比重情况

单位：亿元,%

年　份	财政收入	地区生产总值	财政收入占地区生产总值比重
2003	10.48	216.86	4.83
2004	11.89	263.32	4.52
2005	11.40	324.61	3.51
2006	13.88	378.36	3.67
2007	17.03	462.4	3.68
2008	22.64	541.3	4.18
2009	29.92	607.8	4.92
2010	41.18	721.8	5.71
2011	55.73	853.2	6.53
2012	69.31	962.5	7.20

表 35 - 3 给出了阜阳市 2003~2012 年财政收入占安徽省地方财政收入比重的变化情况。2003~2012 年安徽省地方财政收入不断增加，由 2003 年的 220.75 亿元增加至 2012 年的 1792.72 亿元，10 年增长了 1571.97 亿元。阜阳市 2003~2012 年财政收入占安徽省地方财政收入比重经历了先下降后上升的态势，从 2003 年的 4.75% 降至 2008 年的 3.12%，之后缓慢上升至 2012 年的 3.87%。

表 35 - 3　阜阳市 2003~2012 年财政收入占安徽省财政收入的比重情况

单位：亿元，%

年　份	财政收入	安徽省财政收入	财政收入占安徽省财政收入比重
2003	10.48	220.75	4.75
2004	11.89	274.63	4.33
2005	11.40	334.02	3.41
2006	13.88	428.03	3.24
2007	17.03	543.70	3.13
2008	22.64	724.62	3.12
2009	29.92	863.92	3.46
2010	41.18	1149.40	3.58
2011	55.73	1463.56	3.81
2012	69.31	1792.72	3.87

35.3　阜阳市财政收入结构分析

35.3.1　阜阳市财政收入的项目结构分析

表 35 - 4 列出了阜阳市 2007~2012 年的税收收入及其占比、非税收入及其占比。可以看出，阜阳市税收收入占财政收入的比重随着时间的推移下降，从 2007 年的 86.96% 到 2012 年的 75.03%，呈现的是税收收入在财政收入中所占比重逐步下降；而非税收入的绝对值和占财政收入的比重都在稳步上升，这表明阜阳市不断调整税收收入在财政收入中的比重，也不断完善非税收入的征管。

表 35 - 4　阜阳市 2007~2012 年公共预算收入中税收收入的比重情况

单位：亿元，%

年　份	财政收入	税收收入	税收收入占比	非税收入	非税收入占比
2007	17.03	14.81	86.96	2.22	13.05
2008	22.64	19.47	86	3.17	14
2009	29.92	24.96	83.41	4.96	16.59
2010	41.18	33.01	80.16	8.17	19.84
2011	55.73	45.11	80.94	10.62	19.06
2012	69.31	52.00	75.03	17.30	24.96

从表 35 - 5 可以看出，全国税收收入占比、安徽省税收收入占比、阜阳市税收收入占比在整体上均呈现下降趋势，其中全国税收收入占比在 2010 年出现小幅上升，安徽省税收收入占比在 2010 年出现小幅上升，阜阳市税收收入占比在 2011 年出现小幅上升。在规模上，阜阳市税收收入占比低于同年全国税收收入占比而高于同年安徽省税收收入占比。

表 35 - 5　阜阳市、安徽省、全国 2007 ～ 2012 年税收收入占财政收入的比重情况

单位:%

年　份	阜阳市税收收入占比	安徽省税收收入占比	全国税收收入占比
2007	86.95	73.91	88.89
2008	86	72.86	88.41
2009	81.93	72.84	86.87
2010	80.16	75.39	88.1
2011	80.94	75.73	86.39
2012	75.03	72.80	85.83

从表 35 - 6 可以看出，阜阳市税收收入在 2007 ～ 2012 年在逐年增长，由 2007 年的 14.81 亿元增加至 2012 年的 52 亿元，增加了 37.19 亿元。税收收入的逐年增长表明了阜阳市加大了税收收入在财政收入中的作用和地位。四大税种（增值税、营业税、企业所得税、个人所得税）的收入也在逐年增长。其中，增值税在税收收入所占的比例比较稳定，而营业税企业所得税个人所得税在税收收入中所占的比例在 2007 ～ 2012 年中有所浮动。

表 35 - 6　阜阳市 2007 ～ 2012 年税收收入的项目结构情况

单位：亿元,%

年　份	税收收入	增值税		营业税		企业所得税		个人所得税	
		数额	占比	数额	占比	数额	占比	数额	占比
2007	14.81	3.63	24.49	5.85	39.46	0.47	3.19	0.58	3.88
2008	19.47	4.69	24.12	7.54	38.7	1.06	5.43	0.61	3.12
2009	20.39	5.31	26.05	9.51	46.64	1.68	8.26	0.68	3.36
2010	33.01	7.31	22.13	12.09	36.62	1.87	5.66	0.63	1.91
2011	36.27	9.03	24.89	15.29	42.16	2.96	8.17	0.81	2.23
2012	52.00	10.20	19.61	18.69	35.94	4.14	7.96	0.81	1.55

35.3.2　阜阳市财政收入的地区结构分析

阜阳市辖 3 个市辖区（颍州区、颍东区、颍泉区）、4 个县（临泉县、颍上县、阜南县、太和县）、1 个县级市（界首市）。颍上县地处淮河与颍河交汇处、黄淮平原最南端，是平原旅游县、煤电能源城，全县面积 1859 平方千米，耕地 10.7 万公顷，人口 160 万人。阜南县位于安徽省西北部，淮河中游左岸，黄淮平原南端，面积 1768 平方千米，人

口 155.3 万人。太和县位于安徽省西北部，地处黄淮平原腹地，位于阜阳、亳州两市之间，面积 1822 平方千米，人口 162.7 万人。界首市是安徽西北大门，位于京九经济带和欧亚大陆桥经济带交会处，面向以上海为中心的华东经济圈，背靠中原腹地，是东西进出的重要门户，具有广阔的发展空间，全市总面积 667.3 平方千米，耕地面积 62 万亩，人口 73 万人。

从表 35 - 7 可以看出，2007 ~ 2012 年，阜阳市各区县的财政收入整体呈现增长态势，绝对规模增长显著。从 2006 年起，阜阳市采取有效措施发展县域经济，县域财政实力增强。而且可以看出，颍上县的财政收入在 2007 ~ 2012 年均高于其余四个县市，增幅也比较大。

表 35 - 7　阜阳市各县市 2007 ~ 2012 年财政收入地区结构

单位：亿元

县　市	2007 年	2008 年	2009 年	2010 年	2011 年	2012 年
临泉县	1.41	1.72	2.18	2.83	3.76	4.48
太和县	1.51	2.05	2.86	4.29	6	6.92
阜南县	1.19	1.42	1.61	2.07	2.76	3.46
颍上县	2.65	3.91	5.87	8.5	10.19	12.98
界首市	1.2	1.68	2.51	3.59	4.79	6.54

35.4　阜阳市财政支出规模分析

35.4.1　阜阳市财政支出规模的绝对数分析

从表 35 - 8 来看，2003 ~ 2012 年，阜阳市财政支出由 28.22 亿元增加到 272.28 亿元，10 年间增长了 244.06 亿元。阜阳市财政支出在安徽省的位次除了 2010 年居第二位以外，其余年份均排在第三位，处于安徽省的前列。阜阳市的财政支出在 10 年间一直处于水平震荡状态，年增长率维持在 30% 左右。

表 35 - 8　阜阳市 2003 ~ 2012 年财政支出规模情况

单位：亿元，%

年　份	公共预算支出	财政支出较上年增加数	财政支出年增加比重	财政支出在安徽省的位次
2003	28.22	4.34	18.17	3
2004	35.57	7.35	26.05	3
2005	42.21	6.64	18.67	3
2006	56.50	14.29	33.85	3
2007	73.3	16.8	29.73	3
2008	102.8	29.5	40.25	3

年　份	公共预算支出	财政支出较上年增加数	财政支出年增加比重	财政支出在安徽省的位次
2009	133.99	31.19	30.34	3
2010	164.35	30.36	22.66	2
2011	216.56	52.21	31.77	3
2012	272.28	55.72	25.73	3
平　均	—	24.84	28.64	—

35.4.2　阜阳市财政支出规模的相对数分析

表 35-9 给出了阜阳市 2003~2012 年地区生产总值及财政支出占该市地区生产总值比重的逐年变化情况。2003~2012 年阜阳市地区生产总值从 216.86 亿元增长到 962.5 亿元，增长了 745.64 亿元。财政支出占地区生产总值的比重基本呈现逐渐增长的态势，从 2003 年的 13.01% 增长到 2012 年的 28.29%。

表 35-9　阜阳市 2003~2012 年财政支出占地区生产总值比重情况

单位：亿元,%

年　份	财政支出	地区生产总值	财政支出占地区生产总值的比重
2003	28.22	216.86	13.01
2004	35.57	263.32	13.51
2005	42.21	324.61	13.00
2006	56.50	378.36	14.93
2007	73.3	462.4	15.85
2008	102.8	541.3	18.99
2009	133.99	607.8	22.05
2010	164.35	721.8	22.77
2011	216.56	853.2	25.38
2012	272.28	962.5	28.29

表 35-10 给出了 2003~2012 年安徽省财政支出和阜阳市财政支出占该省财政支出比重的年度变化情况。安徽省财政支出从 2003 年的 507.44 亿元增至 2012 年的 3961.01 亿元，10 年间增长了 3453.57 亿元。阜阳市财政支出占安徽省财政支出的比重基本保持在 6% 左右，10 年间该比重略有上升，至 2012 年达到最大值为 6.87%。

表 35-10　阜阳市 2003~2012 年财政支出占安徽省财政支出的比重情况

单位：亿元,%

年　份	财政支出	安徽省财政支出	财政支出占安徽省财政支出的比重
2003	28.22	507.44	5.56
2004	35.57	601.53	5.91

年 份	财政支出	安徽省财政支出	财政支出占安徽省财政支出的比重
2005	42.21	713.06	5.92
2006	56.50	940.23	6.01
2007	73.3	1243.83	5.89
2008	102.8	1647.13	6.24
2009	133.99	2141.92	6.26
2010	164.35	2587.61	6.35
2011	216.56	3302.99	6.56
2012	272.28	3961.01	6.87

表35－11 给出的是阜阳市2003～2012年财政支出的边际系数和弹性系数。这两个系数分别反映了政府对新增地区生产总值的集中和控制程度和财政支出变化率对地区生产总值变化率反应的敏感程度。2003～2012年，阜阳市财政支出的边际系数和弹性系数变化并没有规律性，对于边际系数来说，2005年最低，仅为0.11，最高2003年，达到0.61；弹性系数最低的年份是2005年，仅0.8，最高年份是2003年，达到5.38。说明2005年是阜阳市对新增地区生产总值的集中和控制程度最弱及财政支出变化率对地区生产总值变化率反应的敏感程度最弱的年份，而2003年是该两项程度最强的年份。

表35－11 阜阳市2003～2012年财政支出的边际系数及弹性系数

单位：亿元，%

年 份	财政支出	财政支出年增加额		地区生产总值	地区生产总值年增加额		边际系数	弹性系数
		数额	增长率		数额	增长率		
2003	28.22	4.34	18.17	216.86	7.09	3.38	0.61	5.38
2004	35.57	7.35	26.05	263.32	46.46	21.42	0.16	1.22
2005	42.21	6.64	18.67	324.61	61.29	23.28	0.11	0.80
2006	56.50	14.29	33.85	378.36	53.75	16.56	0.27	2.04
2007	73.3	16.8	29.73	462.4	84.04	22.21	0.20	1.34
2008	102.8	29.5	40.25	541.3	78.9	17.06	0.37	2.36
2009	133.99	31.19	30.34	607.8	66.5	12.29	0.47	2.47
2010	164.35	30.36	22.66	721.8	114	18.76	0.27	1.21
2011	216.56	52.21	31.77	853.2	131.4	18.20	0.40	1.75
2012	272.29	55.72	25.73	962.5	109.3	12.81	0.51	2.01

35.5 阜阳市财政支出结构分析

35.5.1 阜阳市财政支出的项目结构分析

表35－12 给出的是阜阳市2007～2012年财政支出主要项目的绝对数。从表中可以看

出，除了个别年份外，所有项目支出基本呈现逐年增长态势。增长最快的是交通运输支出，从 2007 年的 1.61 亿元增至 2012 年的 15.88 亿元，6 年间增长了约 9 倍。除此以外，科学技术、医疗卫生、环境保护、城乡社区事务、农林水事务等项目也实现较快增长。

表 35 – 12　阜阳市 2007 ~ 2012 年财政支出各项目绝对数情况

单位：亿元

年份	财政支出合计	一般公共服务	公共安全	教育	科学技术	文化体育与传媒	社会保障和就业	医疗卫生	环境保护	城乡社区事务	农林水事务	交通运输
2007	73.30	11.60	3.24	20.01	0.30	0.65	17.49	4.52	0.60	2.58	6.95	1.61
2008	102.80	13.18	4.16	24.83	0.36	0.73	20.07	9.86	1.42	6.46	9.66	2.27
2009	133.99	14.25	6.67	29.80	0.40	1.22	26.99	15.41	1.73	7.23	16.25	3.38
2010	164.35	16.06	7.93	30.90	0.59	1.64	25.60	17.31	2.80	10.89	20.30	5.55
2011	216.56	17.90	8.78	47.35	1.31	2.17	32.41	30.64	2.31	9.34	26.56	8.77
2012	272.29	23.91	10.02	65.08	1.88	1.62	40.52	31.71	3.05	10.72	34.04	15.88

表 35 – 13 给出的是阜阳市 2007 ~ 2012 年财政支出各项目占该市财政支出总值的比重。从表中可以看出，6 年间阜阳市财政支出的主要方向没有发生改变，即首先重视教育支出，2007 年教育支出的比重为 27.3%，其次是社会保障和就业支出，2007 年该比重为 23.86%。同时，阜阳市财政支出向医疗卫生和农林水事务方面倾斜，2012 年该两项支出所占比重分别为 11.65% 和 12.51%，相对缩减一般公共服务、公共安全等项目的支出。

表 35 – 13　阜阳市 2007 ~ 2012 年财政支出各项目相对数情况

单位:%

年份	一般公共服务	公共安全	教育	科学技术	文化体育与传媒	社会保障和就业	医疗卫生	环境保护	城乡社区事务	农林水事务	交通运输
2007	15.83	4.42	27.30	0.41	0.89	23.86	6.17	0.82	3.52	9.48	2.20
2008	12.82	4.05	24.15	0.35	0.71	19.52	9.59	1.38	6.28	9.40	2.21
2009	10.64	4.98	22.24	0.30	0.91	20.14	11.50	1.29	5.40	12.13	2.52
2010	9.77	4.83	18.80	0.36	1.00	15.58	10.53	1.70	6.63	12.35	3.38
2011	8.27	4.05	21.86	0.60	1.00	14.97	14.15	1.07	4.31	12.26	4.05
2012	8.78	3.68	23.90	0.69	0.59	14.88	11.65	1.12	3.94	12.51	5.83

35.5.2　阜阳市财政支出的地区结构分析

从表 35 – 14 可以看出，2007 ~ 2012 年，阜阳市各区县的财政支出整体呈现增长态势，绝对规模增长显著。临泉县的财政支出从 2011 年、2012 年均高于其余四个县市，增幅也比较大。

表 35 – 14　阜阳市各县市 2007～2012 年财政支出地区结构

单位：亿元

县　　市	2007 年	2008 年	2009 年	2010 年	2011 年	2012 年
临泉县	15.46	15.46	19.72	23.94	33.85	42.39
太和县	13.73	13.73	17.70	20.23	30.37	37.37
阜南县	12.13	12.13	16.68	21.84	29.29	35.10
颍上县	15.49	15.49	23.35	25.45	33.42	40.92
界首市	8.33	8.33	10.88	15.33	17.79	22.08

35.6　小结

阜阳市的财政发展状况可以概括为以下几个方面。

第一，从阜阳市财政收入的规模来看，2003～2012 年，阜阳市财政收入不断增加，2003 年阜阳市财政收入为 10.48 亿元，2012 年阜阳市财政收入达 69.31 亿元，10 年时间，阜阳市财政收入增加了 58.83 亿元；在全省的排名上，2004 年居第五位，之后基本在第十位以上，2012 年又上升到第九位。阜阳市 2003～2012 年财政收入增长最快的是 2010 年，增速为 37.63%；增长最慢的是 2005 年，增速为 – 4.12%。阜阳市财政收入占地区生产总值的比重从最低 2005 年的 3.51% 增加至 2012 年的 7.2%。阜阳市 2003～2012 年财政收入占安徽省地方财政收入比重经历了先下降后上升的态势，从 2003 年的 4.75% 降至 2008 年的 3.12%，之后缓慢上升至 2012 年的 3.87%。

第二，从阜阳市财政收入的结构来看，阜阳市税收收入占财政收入的比重随着时间的推移下降，从 2007 年的 86.96% 下降到 2012 年的 75.03%，呈现的是税收收入在财政收入中所占比重逐步下降；而非税收入的绝对值和占财政收入的比重都在稳步上升，这表明阜阳市不断调整税收收入在财政收入中的比重。阜阳市税收收入占比低于同年全国税收收入占比而高于同年安徽省税收收入占比。四大税种（增值税、营业税、企业所得税、个人所得税）的收入也在逐年增长。其中，增值税在税收收入所占的比例比较稳定，而营业税企业所得税个人所得税在税收收入中所占的比例在 2007～2012 年中有所浮动。

第三，从阜阳市财政支出的规模来看，2003～2012 年，阜阳市财政支出由 28.22 亿元增加到 272.28 亿元，10 年间增长了 244.06 亿元。阜阳市财政支出在安徽省的位次除了 2010 年居第二位以外，其余年份均排在第三位，处于安徽省的前列。阜阳市的财政支出在 10 年间一直处于震荡状态。财政支出占地区生产总值的比重基本呈现逐渐增长的态势，从 2003 年的 13.01% 增长到 2012 年的 28.29%，表明阜阳市政府在社会经济活动中发挥的作用越来越大。阜阳市财政支出占安徽省财政支出的比重基本保持在 6% 左右，10 年间该比重略有上升，至 2012 年达到最大值，为 6.87%。从阜阳市 2003～2012 年财政支出的边际系数和弹性系数来看，2005 年是阜阳市对新增地区生产总值的集中和控制程度最弱及财政支出变化率对地区生产总值变化率反应的敏感程度最弱的年份，而 2003 年是该两项程度最强的年份。

　　第四，从阜阳市财政支出的结构来看，除了个别年份外，所有项目支出基本呈现逐年增长态势。增长最快的是交通运输支出，从 2007 年的 1.61 亿元增至 2012 年的 15.88 亿元，6 年间增长了约 9 倍。除此之外，科学技术、医疗卫生、环境保护、城乡社区事务、农林水事务等项目的支出也实现较快增长。6 年间阜阳市财政支出的主要方向没有发生改变，即首先重视教育支出，2007 年教育支出的比重为 27.3%，其次是社会保障和就业支出，2007 年该比重为 23.86%。同时，阜阳市财政支出向医疗卫生和农林水事务方面倾斜，2012 年该两项支出所占比重分别为 11.65% 和 12.51%，相对缩减一般公共服务、公共安全等项目的支出。

第36章
中原经济区区域财政发展综述

中原经济区建设已列入国家"十二五"发展规划，并"重点推进"。要建设好中原经济区，充分发挥河南在全国区域协调发展中的作用，必须充分发挥政府和市场的双重作用。财政政策是政府调控经济的重要工具，中原经济区各级政府自身财政收支状况如何事关中原崛起和中部崛起的大局。本报告第6章到第35章对中原经济区30个地级市的财政收支状况区分规模和结构进行了梳理和分析，本章将对30个地级市的财政收支状况在一定的范围内进行比较和分析，以期得出综合的中原经济区财政收支状况，为各级政府在中原经济区建设中的财政决策提供参考。

36.1 中原经济区区域财政收入规模分析

36.1.1 区域财政收入规模比较分析

表36-1显示了2011年和2012年中原经济区30个地级市的财政收入的绝对数，并按照收入高低进行了排名，在表格的最下面一行计算出了中原经济区30个城市的平均财政收入（2011年为84.18亿元、2012年为99.68亿元）和两组数据的标准差、离散系数。为了进一步分析，我们还计算出了2011年和2012年30个城市与平均数的绝对差额数。从表36-1可以看出，郑州市作为河南省省会城市和中原经济区的核心区城市，其财政收入在2011年（502.32亿元）和2012年（606.65亿元）均排第一位；洛阳市、邯郸市、菏泽市、长治市财政收入在2011年和2012年均排第2~5位；聊城市在2011年排第六位，2012年则退居第八位；平顶山市财政收入在2011年和2012年均排第七位；新乡市在2011年居于第八位，2012年升至第六。财政收入绝对数排名较为靠后的城市有：亳州市、漯河市、运城市、鹤壁市、济源市等。郑州市的财政收入是排位最后的济源市财政收入的19.68倍（2011年）、21.01倍（2012年）；在财政收入排前五位的城市中，除了郑州和洛阳外，其他三个城市都是非河南省城市，而2012年在河南排第三位的新乡市在中原经济区30个城市中的排位只在第六位。在中原经济区30个地级市中，2011~2012年财政收入规模高于平均数的都是相同的9个城市，分别为郑州市、洛阳市、平顶山市、新乡市、南阳市、长治市、邯郸市、聊城市、菏泽市。

表 36 - 1　中原经济区各地市财政收入绝对数

单位：亿元

地　　市	2011 年			2012 年		
	一般预算财政总收入	与平均数的差额	排名	一般预算财政收入	与平均数的差额	排名
郑 州 市	502.32	418.14	1	606.65	506.97	1
开 封 市	49.05	- 35.13	20	61.92	- 37.76	19
洛 阳 市	178.27	94.09	2	205.26	105.58	2
平顶山市	95.30	11.12	7	107.36	7.68	7
安 阳 市	77.36	- 6.82	11	83.57	- 16.11	13
鹤 壁 市	28.02	- 56.16	29	32.66	- 67.02	29
新 乡 市	90.73	6.55	8	108.35	8.67	6
焦 作 市	74.51	- 9.67	12	85.13	- 14.55	12
濮 阳 市	39.02	- 45.16	24	48.09	- 51.59	25
许 昌 市	74.17	- 10.01	13	90.37	- 9.31	10
漯 河 市	33.69	- 50.49	28	41.61	- 58.07	27
三门峡市	57.61	- 26.57	17	68.62	- 31.06	18
南 阳 市	87.10	2.92	9	103.65	3.97	9
商 丘 市	56.44	- 27.74	18	70.19	- 29.49	16
信 阳 市	44.33	- 39.85	23	55.46	- 44.22	22
周 口 市	48.72	- 35.46	21	60.13	- 39.55	20
驻马店市	47.10	- 37.08	22	58.91	- 40.77	21
济 源 市	25.52	- 58.66	30	28.87	- 70.81	30
运 城 市	78.04	- 6.14	10	41.54	- 58.14	28
晋 城 市	67.92	- 16.26	15	82.91	- 16.77	14
长 治 市	104.41	20.23	5	133.49	33.81	5
邢 台 市	70.58	- 13.6	14	85.61	- 14.07	11
邯 郸 市	158.95	74.77	3	184.65	84.97	3
聊 城 市	96.56	12.38	6	104.49	4.81	8
菏 泽 市	111.59	27.41	4	140.30	40.62	4
淮 北 市	38.07	- 46.11	26	51.85	- 47.83	24
宿 州 市	38.96	- 45.22	25	53.30	- 46.38	23
蚌 埠 市	61.36	- 22.82	16	78.42	- 21.26	15
亳 州 市	34.04	- 50.14	27	47.69	- 51.99	26
阜 阳 市	55.73	- 28.45	19	69.31	- 30.37	17
平 均 数	84.18	—	—	99.68	—	—
标 准 差	85.17	—	—	102.51	—	—
离散系数	1.01	—	—	1.03	—	—

离散系数是一组数据的标准差和平均值的比。一般来讲，离散系数大于1.0说明该数据波动性很大，属于强变异；介于0.1和1.0属于中等变异，小于0.1属于弱变异。2011年、2012年中原经济区30个城市的离散系数分别为1.01和1.03，都大于1，这说明中原经济区30个城市财政收入规模的差异程度较大。

36.1.2　区域间人均财政收入比较分析

人均财政收入是指某一地方（省、市、县）地方财政年度收入除以常住人口数，人均财政收入比财政收入的绝对数以及人均地区生产总值更能反映地方经济发展富裕程度。表36-2显示了2011年和2012年中原经济区30个地级市的人均财政收入，并按照收入高低进行了排名。可以看出，2011年、2012年中原经济区30城市的人均财政收入为1717.15元、2032.04元；郑州市作为河南省省会和中原经济区的核心区城市，其人均财政收入在2011年（5734.97元）和2012（6783.13元）年均排第一位；财政收入绝对数排位中居最后一位的济源市人均财政收入排位在2011年（3765.83元）和2012年（4177.84元）居第二位，可见济源市的经济规模虽小，但其经济效益好，富裕程度较高；山西省长治市人均财政收入2012年排第三位（3971.01元）、2011年排名第四位（2966.68元）；同属山西省的晋城市人均财政收入2012年排第四位（3618.76元）、2011年排第三位（2975.27元）；洛阳市人均财政收入排位从绝对数的第二位下降到第五位（2011年和2012相同）；三门峡市人均财政收入的排位则由绝对数的第18位上升至第六位。人均财政收入排位较为靠后的城市有：周口市（2012年：677.23元、第30位）、运城市（2012年：801.84元、第29位）、驻马店市（2012年：840.33元、第28位）、信阳市（2012年：886.93元、第27位）、阜阳市（2012年：908.53元、第26位）等。其中，排第一位的郑州市人均财政收入是排最后一位的周口市人均财政收入的10.53倍（2011年）、10.02倍（2012年）。在人均财政收入排前五名的城市中，河南省辖市有3个，其他两个是山西省辖市；在人均财政收入排后五名的城市中，河南省辖市有3个。在中原经济区30个地级市中，人均财政收入高于平均数的城市都是相同的13个城市，分别是郑州市、洛阳市、平顶山市、鹤壁市、焦作市、许昌市、三门峡市、商丘市、济源市、晋城市、长治市、淮北市、蚌埠市。

表36-2　中原经济区各地市人均财政收入

单位：元

地　　市	2011 年			2012 年		
	一般预算财政总收入	与平均数的差额	排名	一般预算财政收入	与平均数的差额	排名
郑　州　市	5734.97	4017.82	1	6783.13	4751.09	1
开　封　市	1050.67	-666.48	21	1329.71	-702.33	20
洛　阳　市	2717.33	1000.18	5	3120.2	1088.16	5

续表

地 市	2011 年			2012 年		
	一般预算 财政总收入	与平均数 的差额	排名	一般预算 财政收入	与平均数 的差额	排名
平顶山市	1940.31	223.16	8	2180.48	148.44	10
安 阳 市	1499.01	−218.14	17	1633.35	−398.69	17
鹤 壁 市	1778.18	61.03	11	2061.8	29.76	12
新 乡 市	1595.89	−121.26	15	1912.91	−119.13	14
焦 作 市	2107.77	390.62	7	2416.15	384.11	9
濮 阳 市	1089.95	−627.2	20	1343.88	−688.16	19
许 昌 市	1723.77	6.62	12	2103.44	71.4	11
漯 河 市	1321.57	−395.58	19	1629.19	−402.85	18
三门峡市	2574.5	857.35	6	3068.03	1035.99	6
南 阳 市	853.87	−863.28	23	1022.3	−1009.74	22
商 丘 市	766.94	−950.21	24	955.89	−1076.15	25
信 阳 市	726.19	−990.96	27	886.93	−1145.11	27
周 口 市	544.64	−1172.51	30	677.23	−1354.81	30
驻马店市	658.24	−1058.91	29	840.33	−1191.71	28
济 源 市	3765.83	2048.68	2	4177.84	2145.8	2
运 城 市	1514.49	−202.66	16	801.84	−1230.2	29
晋 城 市	2975.27	1258.12	3	3618.76	1586.72	4
长 治 市	2966.68	1249.53	4	3971.01	1938.97	3
邢 台 市	986.37	−730.78	22	1190.94	−841.1	21
邯 郸 市	1720.39	3.24	13	1988.4	−43.64	13
聊 城 市	1658.52	−58.63	14	1773.03	−259.01	15
菏 泽 市	1341.43	−375.72	18	1684.6	−347.44	16
淮 北 市	1810.61	93.46	10	2446.94	414.9	8
宿 州 市	726.31	−990.84	26	992.19	−1039.85	23
蚌 埠 市	1934.13	216.98	9	2466.45	434.41	7
亳 州 市	698.89	−1018.26	28	975.72	−1056.32	24
阜 阳 市	731.69	−985.46	25	908.53	−1123.51	26
平 均 数	1717.15	—	—	2032.04	—	—
标 准 差	1085.87	—	—	1293.13	—	—
离散系数	0.63	—	—	0.64	—	—

从离散系数来看，2011 年、2012 年中原经济区 30 个城市人均财政收入的离散系数分别为 0.63 和 0.64，介于 0.1 和 1.0，属于中等变异，这说明中原经济区 30 个城市人均财政收入差异程度居中。但 2012 年的离散系数比 2011 年有所扩大，说明差异度在加大，这应该引起我们的关注。

36.2 中原经济区区域财政收入结构分析

由于资料的可及性较差，我们未能够获得一些城市的相关数据。从表 36 - 3 可以看出，2011 年中原经济区 30 个地级市中财政一般预算收入中税收收入占比大致在 61.88% ~ 94.04%，2012 年为 67.02% ~ 82.00%。从平均数来看，2011 年税收收入占比为 76.21%，2012 年税收收入占比为 73.89%。

表 36 - 3   中原经济区各地市税收收入占财政收入的比重

单位:%

地　　市	2011 年		2012 年	
	税收收入占比	排名	税收收入占比	排名
郑 州 市	77.60	9	74.6	12
开 封 市	70.46	23	72.22	19
洛 阳 市	73.61	20	72.36	18
平顶山市	74.04	19	69.36	21
安 阳 市	69.35	25	66.68	26
鹤 壁 市	71.20	22	68.14	23
新 乡 市	74.39	17	72.47	16
焦 作 市	69.98	24	65.28	27
濮 阳 市	80.55	6	81.9	4
许 昌 市	78.94	8	77.08	7
漯 河 市	81.92	4	80.15	5
三门峡市	73.53	21	68.56	22
南 阳 市	77.52	10	79.68	6
商 丘 市	80.30	7	75.36	9
信 阳 市	77.37	11	76.31	8
周 口 市	67.82	26	67.26	24
驻马店市	74.44	16	73.09	15
济 源 市	75.63	13	74.15	14
运 城 市	86.50	2	82.3	2
晋 城 市	84.65	3	83.75	1
长 治 市	—	—	56.7	28
邢 台 市	—	—	—	—
邯 郸 市	—	—	—	—
聊 城 市	61.88	27	67.02	25
菏 泽 市	74.51	15	74.62	11
淮 北 市	94.04	1	82.00	3

地　市	2011 年		2012 年	
	税收收入占比	排名	税收收入占比	排名
宿 州 市	74.90	14	70.16	20
蚌 埠 市	74.28	18	72.42	17
亳 州 市	77.26	12	74.23	13
阜 阳 市	80.94	5	75.03	10
平 均 数	76.21		73.89	

36.3　中原经济区区域财政支出规模分析

36.3.1　区域财政支出规模绝对数比较分析

表 36 - 4 显示了 2011 年和 2012 年中原经济区 30 个地级市的公共财政支出的绝对规模，并按照收入高低进行了排名，在表格的最下面一行计算出了中原经济区 30 个城市的 2011 年（186.69 亿元）、2012 年（227.43 亿元）平均的公共财政支出规模。为了进一步分析，我们还计算出了 2011 年和 2012 年 30 个城市与平均数的差额。从表 36 - 4 可以看出，郑州市作为河南省省会和中原经济区的核心区城市，其公共财政支出规模在 2011 年（566.58 亿元）和 2012 年（700.70 亿元）均排第一位，分别比平均数高出 379.89 亿元、473.27 亿元；2011 年，邯郸市、南阳市、洛阳市、周口市财政支出排第 2～5 位；2012 年略有调整的城市有南阳市、邯郸市、洛阳市、周口市。财政支出总额排位较为靠后的城市有（2011 年、2012 年同）：晋城市、漯河市、淮北市、鹤壁市、济源市等。在中原经济区 30 个地级市中，2011～2012 年财政支出规模高于平均数的都是相同的 13 个城市，分别为郑州市、洛阳市、新乡市、南阳市、商丘市、信阳市、周口市、驻马店市、邢台市、邯郸市、菏泽市、淮北市、阜阳市。郑州市的财政支出规模是排位最后的济源市财政支出规模的 14.20 倍（2011 年）、14.70 倍（2012 年）。

表 36 - 4　中原经济区各地市公共财政支出绝对数

单位：亿元

地　市	2011 年			2012 年		
	公共财政支出	与平均数的差额	排名	公共财政支出	与平均数的差额	排名
郑 州 市	566.58	379.89	1	700.7	473.27	1
开 封 市	144.99	- 41.7	20	171.69	- 55.74	20
洛 阳 市	296.9	110.21	4	345.11	117.68	4
平顶山市	175.17	- 11.52	14	209.65	- 17.78	14
安 阳 市	174.54	- 12.15	15	204.81	- 22.62	15
鹤 壁 市	74.25	- 112.44	29	83.5	- 143.93	29

地　　市	2011 年			2012 年		
	公共财政支出	与平均数的差额	排名	公共财政支出	与平均数的差额	排名
新 乡 市	201.32	14.63	12	241.5	14.07	12
焦 作 市	144.8	-41.89	21	165.97	-61.46	21
濮 阳 市	118.45	-68.24	25	150.66	-76.77	24
许 昌 市	150.31	-36.38	19	178.39	-49.04	18
漯 河 市	87.48	-99.21	27	111.7	-115.73	27
三门峡市	118.61	-68.08	24	137.13	-90.3	25
南 阳 市	309.65	122.96	3	386.56	159.13	2
商 丘 市	229.04	42.35	7	286.31	58.88	6
信 阳 市	222.8	36.11	8	277.11	49.68	8
周 口 市	244.83	58.14	5	323.56	96.13	5
驻马店市	212.6	25.91	11	268.98	41.55	10
济 源 市	39.89	-146.8	30	47.68	-179.75	30
运 城 市	165.77	-20.92	17	192.71	-34.72	17
晋 城 市	113.24	-73.45	26	129.83	-97.6	26
长 治 市	176.03	-10.66	13	201.87	-25.56	16
邢 台 市	214.61	27.92	10	250.25	22.82	11
邯 郸 市	329.2	142.51	2	379.58	152.15	3
聊 城 市	172.47	-14.22	16	217	-10.43	13
菏 泽 市	231.38	44.69	6	280.28	52.85	7
淮 北 市	87.29	-99.4	28	108.53	-118.9	28
宿 州 市	157.02	-29.67	18	157.02	-70.41	23
蚌 埠 市	141.21	-45.48	22	165.17	-62.26	22
亳 州 市	138.62	-48.07	23	177.26	-50.17	19
阜 阳 市	216.56	29.87	9	272.28	44.85	9
平 均 数	186.69	—	—	227.43	—	—
标 准 差	97.05	—	—	120.60	—	—
离散系数	0.52	—	—	0.53	—	—

从离散系数来看，2011 年、2012 年中原经济区 30 个城市财政支出绝对数的离散系数分别为 0.52 和 0.53，介于 0.1 和 1.0，属于中等变异。这说明中原经济区 30 个城市人均财政收入差异程度居中。此外，与财政收入规模和人均财政收入的离散系数相比较，财政支出的离散系数明显偏低，差异程度缩小，但 2012 年的离散系数比 2011 年有所扩大，说明差异度在加大，这应该引起我们的关注。

36.3.2　区域间人均公共财政支出规模比较分析

人均财政支出是指某一地方（省、市、县）地方财政年度支出除以常住人口数。表

36 - 5 显示了 2011 年和 2012 年中原经济区 30 个地级市的人均财政支出，并按照收入高低进行了排位。可以看出，郑州市作为河南省省会和中原经济区的核心区城市，其人均财政支出在 2011 年（6468.63 元）和 2012（7834.72 元）年均排第一位；财政支出绝对数排位中最后的济源市人均财政支出排位在 2011 年（5885.70 元）和 2012 年（6900.75 元）居于第二位；三门峡市、长治市、晋城市分列人均财政支出第三位、第四位（两年同）。2011 年人均财政支出排位较为靠后的城市有：驻马店市、亳州市、阜阳市、菏泽市、周口市、宿州市；2012 年人均财政支出排名较为靠后的城市有：周口市、亳州市、阜阳市、邢台市、菏泽市、宿州市。其中，排第一位的郑州市人均财政支出是排位最后的宿州市人均财政支出的 3.07 倍（2011 年）、2.68 倍（2012 年），其差距比人均财政收入差距大大缩小，即 3.07 倍远小于 2011 年人均财政收入的 10.53 倍，2.68 倍远小于 2011 年人均财政收入的 10.02 倍。在人均财政支出排前五位的城市中，河南省辖市有 3 个，其他两个是山西省辖市；在人均财政支出排后五位的城市中，河南省辖市在 2011 年有 2 个，2012 年有 1 个。在中原经济区 30 个地级市中，2011 年、2012 年人均财政支出高于平均数的城市都是相同的 10 个城市，分别是郑州市、洛阳市、鹤壁市、焦作市、三门峡市、济源市、晋城市、长治市、淮北市、蚌埠市。

表 36 - 5　中原经济区各地市人均公共财政支出

单位：元

地　　市	2011 年			2012 年		
	人均公共 财政支出	与平均数 的差额	排名	人均公共 财政支出	与平均数 的差额	排名
郑 州 市	6468.63	2735.32	1	7834.72	3331.07	1
开 封 市	3105.64	- 627.67	20	3687.04	- 816.61	23
洛 阳 市	4525.59	792.28	7	5246.03	742.38	7
平顶山市	3566.52	- 166.79	12	4258.12	- 245.53	14
安 阳 市	3382.16	- 351.15	17	4002.95	- 500.7	18
鹤 壁 市	4711.77	978.46	6	5271.19	767.54	6
新 乡 市	3541.13	- 192.18	14	4263.85	- 239.8	13
焦 作 市	4096.11	362.8	10	4710.39	206.74	10
濮 阳 市	3308.72	- 424.59	18	4209.82	- 293.83	15
许 昌 市	3493.21	- 240.1	15	4152.35	- 351.3	16
漯 河 市	3431.63	- 301.68	16	4373.7	- 129.95	12
三门峡市	5300.64	1567.33	3	6131.29	1627.64	3
南 阳 市	3035.58	- 697.73	21	3812.56	- 691.09	21
商 丘 市	3112.28	- 621.03	19	3899.13	- 604.52	19
信 阳 市	3649.87	- 83.44	11	4431.73	- 71.92	11
周 口 市	2736.97	- 996.34	29	3643.89	- 859.76	25

地　市	2011 年			2012 年		
	人均公共 财政支出	与平均数 的差额	排名	人均公共 财政支出	与平均数 的差额	排名
驻马店市	2971.12	-762.19	25	3836.66	-666.99	20
济　源　市	5885.7	2152.39	2	6900.75	2397.1	2
运　城　市	2992.49	-740.82	23	3719.86	-783.79	22
晋　城　市	4960.53	1227.22	5	5666.68	1163.03	5
长　治　市	5001.67	1268.36	4	6005.15	1501.5	4
邢　台　市	2999.23	-734.08	22	3481.21	-1022.44	28
邯　郸　市	3556.91	-176.4	13	4087.48	-416.17	17
聊　城　市	2979.52	-753.79	24	3682.15	-821.5	24
菏　泽　市	2783.52	-949.79	28	3365.35	-1138.3	29
淮　北　市	4151.5	418.19	9	5121.83	618.18	9
宿　州　市	2110.13	-1623.18	30	2922.96	-1580.69	30
蚌　埠　市	4451.09	717.78	8	5194.89	691.24	8
亳　州　市	2846.06	-887.25	26	3626.69	-876.96	26
阜　阳　市	2843.27	-890.04	27	3569.09	-934.56	27
平　均　数	3733.31	—	—	4503.65	—	—
标　准　差	1004.33	—	—	1101.21	—	—
离散系数	0.27	—	—	0.24	—	—

　　从离散系数来看，2011 年、2012 年中原经济区 30 个城市人均公共财政支出的离散系数分别为 0.27 和 0.24，介于 0.1 和 1.0，属于中等变异。这说明中原经济区 30 个城市人均财政收入差异程度居中。此外，与财政收入规模、人均财政收入和财政支出规模的离散系数相比较，人均财政支出的离散系数明显偏低，差异程度缩小，而且 2012 年的离散系数与 2011 年相比较大幅度地变小，说明财政支出较好地发挥了调节收入分配的职能。

36.4　中原经济区区域财政支出结构分析

　　按照 2007 年 1 月 1 日正式实施的政府收支分类改革，我国现行支出分类采用了国际通行做法，即同时使用支出功能分类和支出经济分类两种方法对财政支出进行分类（以《2009 年政府收支分类科目》为例）。支出功能分类简单地讲，就是按政府主要职能活动分类。我国政府支出功能分类设置一般公共服务、外交、国防等大类，类下再分款、项两级。主要支出功能科目包括：一般公共服务、外交、国防、公共安全、教育、科学技术、文化体育与传媒、社会保障和就业、社会保险基金、医疗卫生、环境保护、城乡社区事务、农林水事务、交通运输、采掘电力信息等事务、粮油物资储备及金融监管等事务、国债事务，以及其他支出和转移性支出。表 36-6 显列示了 2012 年中原经济区 30 个地级市的公共财政支出各个项目的绝对数规模，由于资料的可及性差，我们没有获得较为完整的山西省运城市、长治市、晋城市和河北省邢台市、邯郸市的财政支出项目结构资料，但从以上资料我们仍可获得一定的有用信息。在一般公共服务支出中，郑州市、运城市、邯郸市、南阳市财政支出金额较大；在公共安全支出中，郑州市、洛阳市、新乡市、南阳市财政支出金额较大；在教育支出中，郑州市、菏泽市、南阳市、洛阳市、商丘市财政支出金额较大；社会保障和就业支出中，郑州市、阜阳市、菏泽市、南阳市、运城市、商丘市财政支出金额较大；在医疗卫生支出中，总体来讲，郑州市、周口市、菏泽市、南阳市、阜阳市财政支出金额较大。郑州市、南阳市、菏泽市、阜阳市、宿州市财政支出金额较大。

表 36－6　中原经济区各地市 2012 年财政支出项目绝对数

单位：亿元

城　　市	一般公共服务	公共安全	教育	科学技术	文化体育与传媒	社会保障和就业	医疗卫生	环境保护	城乡社区事务	农林水事务	交通运输
郑 州 市	68.30	27.99	91.95	10.16	8.63	49.17	35.04	13.25	74.99	40.12	21.83
开 封 市	28.64	8.85	28.07	1.52	1.43	21.26	16.43	1.97	2.44	15.48	7.11
洛 阳 市	32.63	15.95	63.33	5.96	5.85	26.93	24.60	6.31	22.10	26.07	16.19
平顶山市	28.18	10.02	33.97	2.23	3.40	22.65	17.99	4.17	8.29	18.08	8.25
安 阳 市	23.91	10.16	42.14	3.33	3.23	15.95	19.60	6.10	6.26	17.32	8.77
鹤 壁 市	8.46	3.77	14.51	0.65	1.02	8.42	5.56	2.10	2.84	6.72	3.44
新 乡 市	28.94	12.68	45.72	2.54	2.84	18.65	18.69	7.33	7.31	21.05	12.24
焦 作 市	21.74	9.14	24.91	3.26	2.27	14.62	13.38	4.40	8.22	12.66	8.95
濮 阳 市	13.12	6.74	28.50	1.43	1.58	18.64	12.94	1.78	3.75	14.63	6.12
许 昌 市	24.16	7.80	34.33	1.64	3.64	14.86	13.28	4.83	9.17	14.15	8.02
漯 河 市	11.84	4.33	16.23	0.57	1.16	10.99	9.19	2.03	4.50	7.16	6.45
三门峡市	19.52	6.07	24.88	1.92	1.88	11.26	8.77	4.77	5.08	11.94	9.06
南 阳 市	43.56	14.32	65.77	4.31	2.73	38.02	31.74	12.68	6.84	36.59	29.04
商 丘 市	27.69	9.83	61.60	1.58	1.75	31.26	24.79	4.15	4.46	22.74	11.94
信 阳 市	36.57	8.68	58.29	1.41	2.55	26.82	20.32	5.07	5.31	29.21	13.06
周 口 市	32.83	10.27	61.09	1.52	3.57	31.46	32.92	5.18	9.68	23.43	14.55
驻马店市	30.74	10.43	48.92	2.14	2.51	30.20	25.56	4.13	5.01	24.00	9.37
济 源 市	5.43	1.58	7.60	0.39	0.51	4.11	2.63	1.79	2.73	5.57	3.51
运 城 市	56.75	—	31.63	—	—	31.63	—	—	—	—	—
晋 城 市	30.15	—	30.15	—	—	16.26	—	—	—	—	—
长 治 市	22.74	—	44.48	—	—	22.10	—	—	—	—	—
邢 台 市	28.37	—	—	—	—	—	—	—	—	—	—
邯 郸 市	45.78	—	—	—	—	—	—	—	—	—	—
聊 城 市	23.62	11.32	54.92	3.21	6.33	24.06	22.65	7.11	8.72	28.95	6.79

续表

城　市	一般公共服务	公共安全	教育	科学技术	文化体育与传媒	社会保障和就业	医疗卫生	环境保护	城乡社区事务	农林水事务	交通运输
菏泽市	37.18	12.58	68.40	3.93	4.04	38.81	33.89	6.66	9.41	36.37	8.92
淮北市	11.39	5.33	17.50	1.47	1.13	11.11	9.30	0.98	20.12	10.43	2.98
宿州市	20.95	8.39	43.84	1.16	4.92	15.78	21.42	2.49	7.53	31.50	8.08
蚌埠市	18.79	5.95	40.79	0.94	1.26	23.47	23.10	2.51	3.40	22.67	10.78
亳州市	18.79	5.95	40.79	0.94	1.26	23.47	23.10	2.51	3.40	22.67	10.78
阜阳市	23.91	10.02	65.08	1.88	1.62	40.52	31.71	3.05	10.72	34.04	15.88
平均数	27.49	9.53	42.48	2.40	2.84	22.95	19.94	4.69	10.09	21.34	10.48
标准差	13.28	4.99	19.39	2.04	1.89	10.49	8.92	3.02	14.05	9.67	5.68
离散系数	0.48	0.52	0.46	0.85	0.67	0.46	0.45	0.64	1.39	0.45	0.54

　　从表 36－6 所计算的离散系数来看，2012 年中原经济区 30 个城市财政支出只有城乡社区事务项目的离散系数（1.39）大于 1，其他所有项目的离散系数介于 0.1 和 1.0，属于中等变异。这说明中原经济区 30 个城市财政支出项目的差异程度居中。相对而言，离散系数由高到低分别为城乡社区事务（1.39）、科学技术支出（0.85）、文化体育与传媒（0.67）、环境保护（0.64）、交通运输（0.54）、一般公共服务（0.48）、教育（0.46）、社会保障和就业（0.46）、医疗卫生和农林水事务（0.45）等支出。

　　相比较而言，财政支出各项目所占比重更能反映政府财政支出的投向重点。表 36－7 显示了 2012 年中原经济区 30 个地级市的公共财政支出各个项目支出在财政支出总额中所占比重。可以看出，在一般公共服务支出中，开封市、三门峡市、信阳市、平顶山市、焦作市比重较大；教育支出在所有地市财政支出中都是占比较高的，其中商丘市、聊城市、安阳市、周口市、濮阳市财政支出比重较大；在社会保障和就业支出中，运城市、阜阳市、开封市、濮阳市、驻马店市财政支出比重较大；在医疗卫生支出中，周口市、蚌埠市、亳州市、菏泽市、开封市财政支出比重较大。

表 36－7　中原经济区各地市财政支出各项目比重

单位：%

城　市	一般公共服务	公共安全	教育	科学技术	文化体育与传媒	社会保障和就业	医疗卫生	环境保护	城乡社区事务	农林水事务	交通运输
郑州市	12.05	4.94	16.23	1.79	1.52	8.68	6.19	2.34	13.24	7.08	3.85
开封市	19.75	6.10	19.36	1.05	0.98	14.66	11.33	1.36	1.68	10.68	4.90
洛阳市	10.99	5.37	21.33	2.01	1.97	9.07	8.29	2.12	7.44	8.78	5.45
平顶山市	16.09	5.72	19.39	1.27	1.94	12.93	10.27	2.38	4.73	10.32	4.71
安阳市	13.70	5.82	24.14	1.91	1.85	9.14	11.23	3.50	3.59	9.92	5.03

续表

城　　市	一般公共服务	公共安全	教育	科学技术	文化体育与传媒	社会保障和就业	医疗卫生	环境保护	城乡社区事务	农林水事务	交通运输
鹤壁市	11.40	5.08	19.54	0.87	1.38	11.35	7.48	2.82	3.82	9.05	4.63
新乡市	14.38	6.30	22.71	1.26	1.41	9.27	9.28	3.64	3.63	10.46	6.08
焦作市	15.01	6.31	17.20	2.25	1.57	10.10	9.24	3.04	5.67	8.75	6.18
濮阳市	11.08	5.69	24.06	1.21	1.34	15.74	10.92	1.50	3.16	12.35	5.17
许昌市	16.07	5.19	22.84	1.09	2.42	9.89	8.84	3.21	6.10	9.42	5.33
漯河市	13.54	4.95	18.56	0.65	1.32	12.56	10.50	2.32	5.15	8.19	7.38
三门峡市	16.45	5.12	20.97	1.62	1.59	9.49	7.40	4.02	4.28	10.07	7.63
南阳市	14.07	4.62	21.24	1.39	0.88	12.28	10.25	4.09	2.21	11.82	9.38
商丘市	12.09	4.29	26.89	0.69	0.77	13.65	10.82	1.81	1.95	9.93	5.21
信阳市	16.41	3.90	26.16	0.63	1.14	12.04	9.12	2.28	2.38	13.11	5.86
周口市	13.41	4.19	24.95	0.62	1.46	12.85	13.45	2.11	3.95	9.57	5.94
驻马店市	14.46	4.91	23.01	1.01	1.18	14.21	12.02	1.94	2.36	11.29	4.41
济源市	13.61	3.95	19.06	0.99	1.28	10.30	6.59	4.48	6.84	13.97	8.81
运城市	11.22	—	16.41	—	—	16.41	—	—	—	—	—
晋城市	12.32	—	23.22	—	—	12.52	—	—	—	—	—
长治市	11.26	—	22.03	—	—	10.95	—	—	—	—	—
邢台市	11.34	—	—	—	—	—	—	—	—	—	—
邯郸市	12.06	—	—	—	—	—	—	—	—	—	—
聊城市	10.88	5.22	25.31	1.48	2.92	11.09	10.44	3.28	4.02	13.34	3.13
菏泽市	13.27	4.49	24.40	1.40	1.44	13.85	12.09	2.37	3.36	12.98	3.18
淮北市	10.49	4.91	16.12	1.35	1.04	10.24	8.57	0.90	18.54	9.61	2.75
宿州市	10.81	4.33	22.62	0.60	2.54	8.14	11.05	1.28	3.89	16.25	4.17
蚌埠市	10.60	3.36	23.01	0.53	0.71	13.24	13.03	1.42	1.92	12.79	6.08
亳州市	10.60	3.36	23.01	0.53	0.71	13.24	13.03	1.42	1.92	12.79	6.08
阜阳市	8.78	3.68	23.90	0.69	0.59	14.88	11.65	1.12	3.94	12.50	5.83
平均数	12.94	4.87	21.70	1.16	1.44	11.89	10.12	2.43	4.79	11.00	5.49

36.5　小结

中原经济区是经济欠发达地区，也是财政上比较困难的地区。与目前已上升为国家战略层面的综合类经济区相比，海西、江苏沿海、辽宁沿海经济区本身已是东部沿海的发达地区，只是与长江三角洲和珠江三角洲相比，经济实力较弱，属于"经济高地中的低地"，关中天水、广西北部湾虽地处西部欠发达地区，但是相应区域的经济强势地区，属于"经济低地中的高地"，发展的起点都比较高。相较之下，中原经济区地处欠发达的中部地区，发展水平更低于中部其他地区，属于"经济低地中的低地"，整体发展水平低于全国平均水平。从财政角度看，其财政困难主要表现为以下三个方面。

一是财政收支规模较小。2012年，作为中原经济区核心城市的郑州市的一般预算收入只有606.65亿元，与同属中部省会的武汉市的828.58亿元相差221.93亿元；2012年中原经济区30各地级市的人均财政收入2032.04元，相当于河南省人均财政收入2169.46元的93.67%，相当于中部地区山西省4199.59元的48.39%。从财政一般预算支出来看，2012年郑州市的一般预算支出只有700.70亿元，与同属中部省会的武汉市的885.55亿元相差184.85亿元；2012年中原经济区30各地级市的人均财政支出4503.65元，相当于河南省人均财政支出5322.56元的84.61%；相当于北京市人均财政支出12486.88元的36.07%。

二是财政收支结构不甚合理。首先是财政收入结构。从中原经济区30各地级市税收收入占一般预算收入比重的平均数来看，2011年税收收入占比为76.21%，2012年税收收入占比为73.89%，而这一比例的国家数字分别为86.39%、85.83%，无论哪一年其数值都远低于我国税收收入占比。更应引起我们关注的是税收收入占比在2012年比2011年有所下降，这一趋势不太合理。其次是财政支出结构。上文计算了中原经济区30各地级市财政支出的绝对数结构和相对数结构，可以看出，中原经济区的一般公共服务支出占财政支出的比重明显偏高。如2012年开封市一般公共服务支出占一般预算支出的比重为19.75%，中原经济区30个城市的一般公共服务支出占一般预算支出的平均比重为12.94%，同年度山西省这一比重为9.95%。此外，还有一些财政支出项目占比明显偏低，如中原经济区30个城市的环境保护支出平均比重仅占财政支出的2.34%，而广东省的这一比例为8.44%。

三是财政收支差距明显。从财政收入的绝对数看，郑州市的财政收入是排位最后的济源市财政收入的19.68倍（2011年）、21.01倍（2012年）；从人均财政收入看，郑州市人均财政收入是排位最后的周口市人均财政收入的10.53倍（2011年）、10.02倍（2012年）；从财政支出规模的绝对数看，郑州市的财政支出是排位最后的济源市财政支出的14.20倍（2011年）、14.70倍（2012年）；从人均财政支出看，郑州市人均财政支出是排位最后的宿州市人均财政支出的3.07倍（2011年）、2.16倍（2012年）。如果说财政收支规模的绝对数受影响的因素较多，不足以说明贫富差距的话，人均财政收支的差距则可说明一定的问题。可以看出，在整体贫困的基础上，中原经济区区域内部的贫困差距也比较明显，这一特点从财政收入、人均财政收入、财政支出、人均财政支出四组数据计算的离散系数也可见一斑。

要破解中原经济区当前的财政困局，一是要充分利用国家给予中原经济区的优惠政策，寻求相互合作的空间，加强该区域的经济合作力度，提高经济增长水平。二是要提高经济增长质量，降低第一产业在地区生产总值中的比重，提高第二、第三产业的比重，将第一产业由传统农业向现代农业转变，有选择地发展高新技术产业，改造传统产业，培育一批具有市场竞争力的龙头企业、高附加值企业，提高经济增长质量，实现税收收入与经济的同步增长。三是要加大财政对中原经济区事关民生方面的支持力度。主要是进一步加大教育、文化、医疗卫生、社会保障和就业等方面的支出。要保证财政性教育经费的增长幅度明显高于财政经常性收入的增长幅度；要重点支持构建华夏历史文明核心传承区战略的实施，加大对文化资源保护和开发的财政投入；要尽快把已经建立起来的覆盖全民的基本医疗保障制度落到实处。要逐步提高社会保障预算内支出占财政总支出的比重，建立中原经济区社会保险关系跨统筹区转移制度和信息网络，完善参保人员社会保险关系转移、衔接的政策措施，建立健全区域内流动人口管理与服务协调机制。四是要清理和规范非税收入，强化税收征管，进一步完善纳税申报制度，加快税收网络化信息建设，完善税源监控体系，抓好重点税源和纳税大户的监督检查，减少税收收入流失。

后　记

　　《中原经济区财政发展报告（2014）》是"中原发展研究院智库丛书"系列中的一种，也是财政系列年度报告的第一本。本报告由中原发展研究院与河南省财政税务高等专科学校依托双方共建的财政研究所联手打造。本报告的编撰工作于2013年9月启动，由我任主编，提出编撰思路，并负责统筹协调；河南省财政税务高等专科学校王雪云书记任执行主编，负责专业指导和行政协调；河南大学徐全红教授和河南省财政税务高等专科学校文小才教授担任常务副主编，负责学术事务和编撰组织工作；张国骁与石琳琳担任学术秘书。编委会经过多次讨论，确立编撰思路，拟定编撰提纲和相关专题及分工，统一技术路线和写作规范，由各部分负责人分别完成相关专题写作。在徐全红、文小才主持下讨论通稿定稿，最后由王雪云和我审定。

　　报告具体编撰分工如下：耿明斋（前言），徐全红（河南省财政发展综述），袁宁（河南省财政支出报告），陈少克（河南省财政收入报告、财税体制改革专题），侯朝璞（河南省省级以下财政管理体制），全胜奇、张超（郑州报告、洛阳报告、许昌报告、南阳报告），李硕、秦姣（开封报告、安阳报告、焦作报告、商丘报告），崔潮、林月雯（平顶山报告、鹤壁报告、三门峡报告），文小才、丁朵（新乡报告、濮阳报告、济源报告、中原经济区区域财政发展综述），金克明、程博（漯河报告、周口报告、驻马店报告、郑州报告、信阳报告），刘俊英、吕军义（运城报告、晋城报告、长治报告），周秋明、刘岱宁（邢台报告、邯郸报告、聊城报告、菏泽报告），刘迎霞、苏鹏辉（淮北报告、宿州报告、蚌埠报告、亳州报告、阜阳报告）。

耿明斋

2014年3月24日

图书在版编目（CIP）数据

中原经济区财政发展报告 . 2014 / 耿明斋主编 . —北京：社会科学
文献出版社，2014.5
（中原发展研究院智库丛书）
ISBN 978 - 7 - 5097 - 5911 - 0

Ⅰ.①中… Ⅱ.①耿… Ⅲ.①地方财政 - 研究报告 - 河南省 - 2014
Ⅳ.①F812.761

中国版本图书馆 CIP 数据核字（2014）第 073467 号

·中原发展研究院智库丛书·

中原经济区财政发展报告（2014）

主　　编／耿明斋
执行主编／王雪云
常务副主编／徐全红　文小才

出 版 人／谢寿光
出 版 者／社会科学文献出版社
地　　址／北京市西城区北三环中路甲 29 号院 3 号楼华龙大厦
邮政编码／100029

责任部门／皮书出版分社（010）59367127　　　　责任编辑／陈　帅
电子信箱／pishubu@ ssap. cn　　　　　　　　　责任校对／赵贝培
项目统筹／邓泳红　　　　　　　　　　　　　　责任印制／岳　阳
经　　销／社会科学文献出版社市场营销中心（010）59367081　59367089
读者服务／读者服务中心（010）59367028

印　　装／北京鹏润伟业印刷有限公司
开　　本／787mm×1092mm　1/16　　　　　印　　张／33.5
版　　次／2014 年 5 月第 1 版　　　　　　　字　　数／749 千字
印　　次／2014 年 5 月第 1 次印刷
书　　号／ISBN 978 - 7 - 5097 - 5911 - 0
定　　价／158.00 元